U0112561

郭齐勇 主编

中国哲学通史

学术版

秦汉卷

丁四新
龚建平 著

A
HISTORY
OF
CHINESE
PHILOSOPHY

江苏人民出版社

图书在版编目(CIP)数据

中国哲学通史.秦汉卷 / 丁四新,龚建平著. -- 南
京:江苏人民出版社,2021.6(2021.12 重印)
ISBN 978 - 7 - 214 - 24597 - 7

Ⅰ.①中… Ⅱ.①丁… ②龚… Ⅲ.①哲学史-中国
Ⅳ.①B2

中国版本图书馆 CIP 数据核字(2020)第 019872 号

中国哲学通史

郭齐勇　主编

秦汉卷

丁四新　龚建平　著

策　　　划	府建明
责 任 编 辑	刘　焱　陈　茜　康海源
装 帧 设 计	周伟伟
责 任 监 制	陈晓明
出 版 发 行	江苏人民出版社
地　　　址	南京市湖南路 1 号 A 楼,邮编:210009
照　　　排	江苏凤凰制版有限公司
印　　　刷	苏州市越洋印刷有限公司
开　　　本	652 毫米×960 毫米　1/16
印　　　张	45.5　插页 4
字　　　数	613 千字
版　　　次	2021 年 6 月第 1 版
印　　　次	2021 年 12 月第 2 次印刷
标 准 书 号	ISBN 978 - 7 - 214 - 24597 - 7
定　　　价	168.00 元(精装)

(江苏人民出版社图书凡印装错误可向承印厂调换)

目　录

导　言　*1*

第一章　从秦国到秦朝：以法家为主导的政治哲学　*29*

　　第一节　从秦简《为吏之道》《语书》看秦法治主义的强化　*29*

　　第二节　秦始皇的哲学思想　*34*

　　第三节　李斯的法家哲学　*41*

第二章　杂糅与会通：《吕氏春秋》的哲学思想　*48*

　　第一节　吕不韦与《吕氏春秋》　*48*

　　第二节　天道观与历史哲学　*53*

　　第三节　生命哲学："贵生"和"重己"　*70*

　　第四节　《吕氏春秋》的政治哲学：贵公去私、形名说与主术　*83*

第三章　汉初的思想斗争与黄老思潮　*101*

　　第一节　汉初的思想斗争　*101*

　　第二节　陆贾、贾谊的哲学思想　*119*

　　第三节　黄老思潮及其思想要旨　*139*

第四章 董仲舒的天人感应哲学 152

第一节 早期公羊学与董仲舒的发展 152

第二节 宇宙论及"天人相与"的思想体系 157

第三节 人性论:善质与三品 164

第四节 "深察名号"的认识论 170

第五节 政治哲学 179

第五章 《淮南子》的哲学思想 190

第一节 "气"与宇宙论 191

第二节 "自然"概念 199

第三节 以"性命之情"为核心的生命哲学 203

第四节 对儒家思想的吸收 209

第六章 诸子分派观念的演进与司马迁的哲学思想 219

第一节 先秦至汉初的诸子分派观念 219

第二节 司马谈《论六家要旨》与班固《汉志》九流十家之说 227

第三节 司马迁"究天人之际,通古今之变"的观念 233

第七章 西汉周易哲学与谶纬思潮 245

第一节 西汉易学的传承与《周易》经学地位的变迁 245

第二节 西汉易学的主要问题及其在思想解释上的转变 250

第三节 马王堆帛书《易传》的哲学思想 257

第四节 孟喜、京房的周易哲学 275

第五节 谶纬思潮与《易纬》的哲学思想 290

第八章 刘向、刘歆的哲学思想 320

第一节 刘向、刘歆简介 320

第二节　刘向、刘歆的五行灾异说和新德运观　322

第三节　从《汉书·律历志》论刘歆的天道观　332

第四节　刘向的性情说与政治哲学　343

第九章　严遵与扬雄的哲学思想　349

第一节　严遵其人与《老子指归》　349

第二节　严遵《老子指归》的哲学思想　352

第三节　扬雄的生平与著作　386

第四节　扬雄的玄哲学、宇宙论与人性论　394

第十章　桓谭与张衡的哲学思想　412

第一节　桓谭的形神论思想　412

第二节　桓谭的经验认识论与政治哲学　421

第三节　张衡的宇宙论思想　433

第四节　张衡的政治哲学与人生哲学　442

第十一章　《白虎通德论》的儒学理论系统与思想贡献　451

第一节　《白虎通德论》的产生背景　451

第二节　《白虎通德论》所构造的儒学理论系统　455

第三节　天人关系　463

第四节　性情说与寿命论　471

第五节　三统说　476

第六节　三纲六纪说　484

第十二章　王充的自然哲学　492

第一节　王充的生平及著作　492

第二节　自然观:"天"与"气"　496

第三节 人性论 508

第四节 认识论:"实知"与"效验" 512

第五节 历史观:德力与时命 522

第六节 对鬼神思想和儒家的批判 539

第十三章 王符、崔寔、仲长统、徐干哲学思想合论 551

第一节 汉末的社会、政治批判思潮通说 551

第二节 王符的"德化"思想和"崇本抑末"的主张 561

第三节 崔寔的霸政论 575

第四节 仲长统的无神论与政治哲学 583

第五节 徐干的天道观与人才观 599

第十四章 荀悦的哲学思想 610

第一节 生平及著作 610

第二节 "性三品"与"情不主恶"说 611

第三节 "三势"的天人观 616

第四节 重真实与定道义 625

第五节 社会、政治批判 634

第十五章 汉末易学与易学在汉魏之际的转变 642

第一节 东汉易学的传承 642

第二节 汉末易学的象数建构与思想主旨 644

第三节 从象数到义理:汉易的弊病与王弼《周易略例》 669

第十六章 道教的形成与《太平经》《老子想尔注》的哲学思想 678

第一节 道教的形成 678

第二节 《太平经》的宗教哲学思想 683

第三节　《老子想尔注》的哲学思想　699

主要参考文献　716

后　记　719

导　言

　　秦汉哲学是中国哲学的重要组成部分。秦汉哲学史单独立卷,列入长编《中国哲学通史》的撰写,这既是题中之义,也是十分必要的。由任继愈先生主编的《中国哲学发展史(秦汉)》一书出版于 1985 年,距今已有 30 多年。在这 30 多年里,专业学者的哲学及哲学史观念都发生了很大的变化,而这种变化即要求今人再写一部新的秦汉哲学史。另外,近二三十年来,学者在汉代哲学研究上取得了不错的成绩,撰有论著多部(篇)。这两个因素即决定了今天重写秦汉哲学史是很有必要的。当然,在二者中,前一个因素是主要的。

　　《中国哲学通史·秦汉卷》共分 17 章,主要梳理和论述了秦朝、西汉和东汉三个历史时期的哲学观念、命题、思潮、人物、著作及其成就、意义等内容。此外,本卷还部分涉及了秦国和汉魏之际的哲学。秦汉哲学是如何展开的? 它包括什么主题、线索,发生了哪些变化? 以及某一家、某一派或某一时期的思想是如何构建或瓦解的? 这些问题,都是本卷关心的重点。

一

　　秦朝的哲学主要由法家构成,法家哲学属于政治哲学。从逻辑上来看,秦朝的法家思想始于秦孝公时期,即始于商鞅(约前390—前338)和秦孝公(前361—前338在位)二人。公元前356年和前350年,秦孝公起用商鞅,先后两次变法。商鞅以农、战为中心采取了一系列的改革措施,并以国法君令的形式("法""令")将这些改革措施颁布于众。商鞅变法的目的在于富国强兵,增强君权和国家的力量,进而赢得兼并战争的胜利。商鞅变法的效果是良好的,达到了预期目的。尽管在秦孝公去世之后,商鞅被车裂处死,但是变法的精神在秦国流传了下来。在战国晚期,天下统一的历史趋势日益明显,秦国具备了相应的实力;并且,从合纵连横的外交政策和手段来看,秦国自战国中期以来即有攻灭六国、并吞天下的雄心。战国末季,秦王嬴政认为需要进一步强化君权和中央权力,同时需要一种有力且有效的哲学来指导他和帮助他完成统一大业。在此种需要下,秦王采纳了韩非、李斯的新法家哲学,而抛弃了吕不韦杂糅诸家的思想体系。[①] 韩非、李斯的法家哲学以"法""术""势"为基本概念,"法"即法、律、令,是国家权威的直接体现,是君主统治全体国民的基本工具;"术"即统御之术(或政治管理之术),其内容主要为刑名学,即通过考核臣下、官员之名实是否相符,从而驾驭之,使之有效地服从和执行君主法令,完成国家任务的一套方法;"势"即君主的权势或位势,人君如何保持自身的权势而不被臣下借用和滥用,这是南面术中的一个非常重要的问题。实践证明,秦始皇的选择是对的,他在李斯等人的帮助下进一步强化国家机器,强化君主的权威,从而保证了秦国十分有效地攻灭六国,兼并天下,完成了统一大业。

不过,法家哲学是一把双刃剑。一方面它有效地指导秦王嬴政攻灭六国,兼并天下,建立了强大的秦朝和以皇帝为中心的中央集权制政府,但是另一方面它也是导致秦朝迅速崩溃和灭亡的直接原因。在统一之

---

① 实际上,吕不韦的杂家哲学很可能更适合统一之后的国家统治的需要。随着统一的临近,吕不韦集团具有一定的前瞻性,他们在努力寻求一种综合和融贯诸思想的新哲学来指导天下统一后的秦王朝的统治,其中包括新王朝合法性的论证,以及如何守护和治理天下等问题。

后,秦始皇和秦二世不但继续以法家哲学为指导,而且大力强化国家机器和君主个人的权威,使国家机器和国家权力在很大程度上蜕化为皇帝个人意志(独裁意志)的直接体现。这样,皇帝的个人意志和个人权威就凌驾于法律和法家哲学之上,皇帝与法家、君主权威与法律权威之间的平衡被打破,法家哲学(法家精神)不再被严肃看待,而被完全看成服务于君主个人意志及其好恶的工具。《史记》即记载了秦始皇极度贪图权势的情景,而秦二世则行"督责之术",认为皇帝的权威应当直接体现在个人权力使用的"肆意极欲"上。这样,在秦始皇父子心中,"权势"成了法家哲学的绝对核心,打破了法家原所设想的"法""术""势"三者之间的平衡关系。进一步,这种权势论法家不但对"法""术"二者构成了严重的破坏和消解,而且在较大程度上毁掉了法家的声誉。应当说,秦氏父子的"法家"概念与韩非、李斯的定义是不尽相同的。另外,秦始皇借助秦为水德说强化了法家观念,《史记·秦始皇本纪》曰:"刚毅戾深,事皆决于法,刻削毋仁恩和义,然后合五德之数。于是急法,久者不赦。"正是这种"刚毅戾深,事皆决于法""刻削毋仁恩和义"的极端主张,①将秦朝推向了黎民百姓、六国旧贵族的对立面,埋下了积怨和祸根,最终导致了帝国的迅速崩溃和灭亡。

二

　　西汉哲学的产生、发展和变化,与如下四大事件或因素相关:第一件是秦亡汉兴,它直接导致了汉人对于秦亡的持久反思以及黄老思潮的兴起。第二件是汉武帝"罢黜百家,表章《六经》",它直接导致了经学地位的上升和儒学的繁荣,从此儒家成为中国思想、文化的主干。第三件是

---

① 后人往往将"法家"标签化,一提及"法家"就认为它必然具有"刻薄寡恩""严刑峻法"的特点,实际上这是完全不对的。韩非、李斯与秦始皇父子对于"法家"的概念有别,而汉初的吴公、贾谊则更是将"仁义"的观念糅合在他们的思想中。《汉书·循吏传》曰:"是时,循吏如河南守吴公、蜀守文翁之属,皆谨身帅先,居以廉平,不至于严,而民从化。"吴公、贾谊属于法家的温和派。

浑天说的提出和太初历的颁布,它改变了中国人的宇宙论和历法,对武帝之后的中国思想产生了非常深远的影响。最后是谶纬思潮的兴起,图谶改变了汉儒的言说方式,经学由此一变而为谶纬学。

1. 秦亡与汉初哲学的展开

"秦亡"是一个标志性的历史事件,它为西汉哲学特别是汉初哲学的缘起提供了反思的前提和动力。汉以秦亡为鉴,政治精英和知识精英总结出三条经验、教训。

第一条,黎民百姓久离战争之苦,故统治集团在汉初不得不实行"与民休息"或"休息无为"的政策。① 这条政策直接导致了文景之治——财富大量积聚,人口大量繁衍,同时黄老借此流行开来,在文景时期形成了思潮。黄老学是一种政治哲学,以"无为"为宗,"其术以虚无为本,以因循为用"②,同时它吸纳了名家、阴阳家等的思想。黄老学的经典为《老子》和《黄老帛书》(或称《黄帝四经》)。不过,值得注意的是《黄老帛书》并没有出现"自然"和"形神"概念。后来,黄老学在政治上不能适应汉帝国的迅速崛起和中央集权的历史趋势,它在中央与封建诸侯的斗争中倾向于支持后者。汉帝国的崛起要求加强中央集权,一方面强化郡县制,另一方面削弱分封势力,以此彰显帝国本身的权威和皇帝个人的雄心。此外,在王朝的合法性、宗教信仰、王教等重大问题上,黄老学如果不是缺位,就是论证过于简单。在景帝时期,黄老学在意识形态上的独擅地位已受到挑战,而武帝一俟上位即欲将其从"王座"上打落下来。

第二条,当时的政治精英和知识精英普遍认为"仁义不施",乃是秦

① 《史记·吕太后本纪》曰:"(太史公曰)孝惠皇帝、高后之时,黎民得离战国之苦,君臣俱欲休息乎无为,故惠帝垂拱,高后女主称制,政不出房户,天下晏然。"同书《曹相国世家》曰:"(太史公曰)然百姓离秦之酷后,参与休息无为,故天下俱称其美矣。"《汉书·景帝纪》班固赞曰:"汉兴,扫除烦苛,与民休息。至于孝文,加之以恭俭,孝景遵业,五六十载之间,至于移风易俗,黎民醇厚。"同书《循吏传》曰:"汉兴之初,反秦之敝,与民休息,凡事简易,禁罔疏阔,而相国萧、曹以宽厚清静为天下帅,民作'画一'之歌。孝惠垂拱,高后女主,不出房闼,而天下晏然,民务稼穑,衣食滋殖。至于文、景,遂移风易俗。"
② 参见司马谈《论六家要旨》,载《史记·太史公自序》。

亡的重要原因。不过,人们对此有四种立场的演绎:陆贾认识到"攻"与"守"的不同,认为"行仁义,法先王"是巩固王朝统治的大政方针。这是从儒家的立场来主张所谓仁义观念。贾谊认为,秦亡的原因在于"仁义不施而攻守之势异也"。这是从法家的立场来主张仁义观念。需要指出,贾谊并未对秦法作过分的否定,而只是认为秦始皇父子运用不当、未能分清时势不同而已。实际上,贾谊及其师吴公属于温和派的新法家。[①]此外,统治集团推行"与民休息"或"休息无为"的政策,而黄老主张"清静无为",都是从一种间接的立场来主张仁义观念。

第三条,以德运说论证王朝的合法性(受命),这是西汉政治哲学的一个重要问题。汉得水德、土德还是火德? 这是从汉高祖一直到光武帝都在讨论的问题。这个问题涉及汉朝合法性的论证以及如何处理秦朝在历史中的位置。而且,这一问题还涉及国家政治制度和礼乐制度的建构。汉高祖、文帝、武帝、王莽、光武帝以及张苍、贾谊、公孙臣、倪宽、司马迁、刘向、刘歆等都参与了汉朝德运说的争论。汉人的德运说分为两类,一类在刘向之前,德运说"从所不胜",人们无非主张汉得水德还是得土德;一类在刘向之后,刘向、刘歆根据相生说而提出了"母传子"的新德运说,认为周得木德而汉得火德。[②] 而刘向、刘歆的改造,其实是对德运说理论本身作了较大程度的儒化。另外,董仲舒等人利用三统说(黑、白、赤三统)来论证汉朝受命的合法性及对汉朝之历史存在本质的刻画,也是值得注意的。

2."罢黜百家,表章《六经》"与适应帝国需要的西汉儒学

汉武帝"罢黜百家,表章《六经》"又是一个标志性的历史事件。汉

---

① 据《史记·屈原贾生列传》,贾谊师从河南守吴公,"(文帝)闻河南守吴公治平天下第一",而吴公为李斯弟子。《汉书·循吏传》曰:"循吏如河南守吴公、蜀守文翁之属,皆谨身帅先,居以廉平,不至于严,而民从化。"所谓循吏,指上顺公法、下顺人情之官史。由此可见吴公属于温和派的新法家。

② 参看《汉书·律历志》《郊祀志赞》。王莽改制,据刘向、刘歆说,认为新朝得土德(《汉书·王莽传》)。实际上,指武帝太初元年(前104)之前,汉人实行水德;太初元年之后,实行土德。贾谊和文帝曾试图推行土德,这可能与他们力图加强中央集权的愿望有关。另外,火德的施行,实自光武帝建武二年(26)正月开始。

初,黄老学者和儒家为了争夺在王朝中的地位而展开了长期的斗争,其中以景帝至武帝初即位的一段时期最为激烈。武帝建元元年(前140)"罢黜百家",建元五年(前136)"置《五经》博士",由此初步形成了高度尊崇儒术的局面。建元六年(前135),一俟窦太后驾崩,武帝即"黜黄老、刑名百家之言,延文学儒者以百数"。《汉书·儒林传》曰:"及窦太后崩,武安君田蚡为丞相,黜黄老、刑名百家之言,延文学儒者以百数,而公孙弘以治《春秋》为丞相,封侯,天下学士靡然乡风矣。"从此儒学正式登上了帝国的宝座,在意识形态的建设中占据主导地位。其中,窦婴、田蚡、赵绾、王臧、董仲舒、公孙弘等人发挥了重要作用。

儒家为何能够取代黄老而担负起建设帝国意识形态的重任?这是一个重要问题。这个问题既与汉帝国的需要有关,也与儒学的思想性质及其成分有关。从景帝到武帝时期,加强中央集权、削弱封建诸侯王的势力已成为帝国的迫切任务,而通过宗教信仰和施仁政的方式加强帝国的凝聚力、消弭内部的不和谐因素,同样是皇朝大事。此外,由于汉帝国日趋强盛,"华夷之辨"也提上了意识形态建构的日程。在百家之中唯有儒家能够满足以上各种需求。儒家的"大一统""天人感应"《六艺》之教"和"华夷之辨"等最能满足帝国意识形态建设的需要。反观黄老,其内容单一,总言之曰"君人南面之术"而已矣。而且,在性质上它落后于现实政治的需要,黄老提倡"清静无为"之旨,这在一定程度上即或明或暗地支持封建制。景帝时期,皇朝与王朝,帝国与诸侯国的权力、制度斗争日趋炽烈,天子和帝庭迫切希望改变现状,加强中央集权。武帝洞晓帝国的未来和发展需要,一俟即位,他就急于起用儒家,"罢黜百家,表章《六经》"①。相反,对于那些支持黄老而敢于拂逆鳞的朝中大员,武帝轻则予以罢黜,重则加以刑辱。这其中最典型的例子是司马谈、司马迁父子,他们二人同宗黄老,但不识时务,故先后招致奇耻大辱。

武帝之后,儒家经学和哲学得到迅速发展,其中公羊家的政治哲学、

①《汉书·武帝纪赞》。

《周易》哲学和儒家人性论十分突出。（1）董仲舒发展出一套系统的天人感应之学，其主要内容为大一统、三统说、三纲说和灾异说等。"天人感应"是汉儒最基本的哲学观念、宗教观念和思维方式。"尊大一统"既是公羊学的要义，也是汉代现实政治的迫切需要。"三统说"论证了王朝受命的合法性，并通过"王者改制"体现出来。"三纲"（君为臣纲、父为子纲、夫为妻纲）奠定了中国传统社会的伦理基础，它通过"阳主阴从""阳生阴成"和"阳先阴后"的天道观来作论证，即所谓"王道之三纲可求于天"①是也。"灾异"本来是自然界给予人类的一大消极因素，但是董仲舒等人将其转化为表达天意和上天用来谴告人君的政治符号，因而具有一定的积极意义。（2）除了训解经义之外，西汉易学长于表现天道，"《易》著天地阴阳四时五行，故长于变"②，孟喜的卦气说即是落实天道的一个具体例子。而汉人以阴阳概念来勘定"天道"，这使得《周易》的地位急剧上升，居于《五经》之首；而对于诸经来说，《周易》具有方法论的意义。在西汉中后期，《周易》经学经历了灾异化和谶纬化两个阶段，前一阶段以京房易学为代表，后一阶段以《易纬》为代表。此外，西汉易学在象数学上狄得了长足的发展，狭义的"象数"概念即以汉易为依据。对于汉人而言，"象数"是表达"天道"的重要手段。（3）汉儒高度重视人性善恶问题，陆贾、贾谊、韩婴、董仲舒、刘向、扬雄等均有论述。董仲舒认为人虽有"善质"（"身两有仁贪之性"）但"未可谓善"，在他看来，"性"和"善"，是"禾"与"米"的关系。他批评孟子误将"善质"当作"性善"来说，认为"善"其实出于圣王之教。扬雄持人性善恶混的观点，善恶两端混杂于性中。③而刘向继承《中庸》的说法，以"未发"为性为阴，以"已发"为情为阳。④　他的人性说虽然不合于汉儒的一般思路，但与宋儒之说较为接近。在东汉时期，王充和荀悦继续讨论了人性善恶的问题。王充批判性地总结了从

---

① 《春秋繁露·基义》。
② 《史记·太史公自序》。
③ 参看扬雄《法言·修身篇》。
④ 参看王充《论衡·本性篇》。

孔子到扬雄之间的人性论观点,并认同人性有善有恶之说。[1] 荀悦则不但赞同三品人性说,而且细分为九品;在诸家说中,他赞成刘向的人性论主张。[2]

3. 浑天说及其影响

浑天说的提出和太初历的颁布实行,对于武帝太初元年之后的汉代哲学、思想和文化产生了广泛而深远的影响。首先,浑天说的起源虽然很早,但是其正式形成则很可能在景帝(前 156—前 141 在位)至武帝初期。浑天说包括宇宙生成论和宇宙结构论两个部分,其中以结构论为基础。盖天说认为"天圆如张盖,地方如棋局"(天圆地方)或"天象盖笠,地法覆槃"[3],而浑天说则认为天体是一个球形。早期的浑天说对于地体的形状认识不清,至东汉中期张衡明确认为地体亦为球形。从生成论来看,古人很早即突破了天上地下的刚性宇宙观,深入地思考和追问了先天地的生成阶段(即天地的来源)问题。古人对于"先天地"之生成阶段的思考,见于《老子》、楚简《太一生水》和楚竹书《恒先》等文献。[4] "太初""太始""太素"等词语已见于先秦文献,但直到汉初,它们才逐渐演变成宇宙生成论的基本概念,且很可能在武帝前期被组织在一起,构成一个理论系统,明确地表示了浑天说之宇宙生成论的先天地阶段。[5]

浑天说深刻地影响着古人的时空观及人们对于天文现象的认识,而由此也引发了古人关于"宇宙"之"真"的争论。王充批评浑天说,认为它是错误的,而赞美盖天说;[6]张衡无疑支持浑天说,并在理论上作了发展。浑天说影响着古人的哲学思考,扬雄的《太玄》即以浑天说为宇宙论基

① 《论衡·本性篇》。
② 《申鉴·杂言》。
③ 《周髀算经》卷下之一。
④ 荆门市博物馆编:《郭店楚墓竹简》,第 125 页,北京,文物出版社,1998;马承源主编:《上海博物馆藏战国楚竹书(三)》,第 288—299 页,上海,上海古籍出版社,2003。
⑤ 丁四新:《浑天说的宇宙生成论与结构论溯源——兼论楚竹书〈太一生水〉〈恒先〉与浑天说之起源》,《人文杂志》2017 年第 10 期。
⑥ 《论衡·谈天篇》。

础,《易纬·乾凿度》直接吸纳了浑天说的宇宙生成论,甚至在汉末,魏伯阳、虞翻提出的月体纳甲说都受到了浑天说的影响。当然,浑天说最为直接和最为重要的影响表现在历法上,因为准确的"时间"和"时节"是衡定宇宙运行和确定人类生活历程的基本尺度。

在浑天说的背景下,邓平等人制定了《太初历》。据《史记·历书》《汉书·律历志》的记载,武帝以元封七年为太初元年,诏造《太初历》。《太初历》最后采用邓平所造八十一分律历。它以"以律起历"的办法来确定日长,一日八十分,为黄钟一龠之长;一月二十九日又八十一分日之四十三。《太初历》又是刘向、刘歆制定《三统历》的基础。《太初历》的基本数字对于汉代易学,特别是易数和卦气说产生了重要影响,甚至《老子》总分为 81 章、上下篇分为 37 章和 44 章也是《太初历》《三统历》影响的结果。① "历法"或称"历数"。古人十分重视制历的问题,这不仅因为制历关系到时间和时节的确定,而且历法("历数")本身即代表着"天命"或"天道"。《论语·尧曰篇》载帝尧曰:"天之历数在尔躬,允执其中。"《史记·历书》曰:"王者易姓受命,必慎始初,改正朔,易服色,推本天元,顺承厥意。"同书《礼书》曰:"乃以太初之元改正朔,易服色,封太山,定宗庙百官之仪,以为典常,垂之于后云。""历数"具有神圣性,"正朔"代表着天意和天道,对于古人而言它们具有崇高而神圣的政治哲学含义。

需要指出,尽管浑天说在宇宙论上更接近所谓真理,依据它所制定的时间和时节更为精确,但是中国古人不但没有放弃盖天说,而且在价值观上一直以盖天说为基础。天上地下、天圆地方、天阳地阴,人们长期习惯于如此描述我们所居处的环境和空间,并根据这种描述来确定所谓"天道"的内涵,建立诸如"天尊地卑""阳主阴从"之类的价值观念。总之,在西汉中期以后,浑天说和盖天说以各有分工的方式长期并存于中国人的文化心理结构中。

---

① 丁四新:《早期〈老子〉文本的演变、成型与定型——以出土简帛本为依据》,《中州学刊》2014年第 10 期;《论刘向本(通行本)〈老子〉篇章数的裁划依据》,《哲学研究》2014年第 12 期;《老子的分章观念及其检讨》,《学术月刊》第 48 卷第 9 期(2016 年 9 月)。

4. 经学哲学：从灾异学到谶纬学

经学和谶纬学是汉代哲学的主要表现形式，其中《易》之《十翼》、《书》之《洪范》、《春秋》之《公羊》《穀梁》起着重要作用。在西汉，经学经历了两次大的变化：一变为灾异之学，再变为谶纬学。"灾异"与"瑞应"相对。所谓灾异，旱灾、水灾、蝗灾为"灾"，日蚀、月蚀、地震、陨石、星坠、木鸣、六鹢退飞为"异"。① 对于汉人的灾异说，班固在《汉书·眭两夏侯京翼李传赞》中作了总结，曰：

> 幽赞神明，通合天人之道者，莫著乎《易》《春秋》。然子赣犹云"夫子之文章可得而闻，夫子之言性与天道不可得而闻"已矣。汉兴，推阴阳言灾异者，孝武时有董仲舒、夏侯始昌；昭、宣则眭孟、夏侯胜；元、成则京房、翼奉、刘向、谷永；哀、平则李寻、田终术。此其纳说时君著明者也。

汉人的灾异说起源于景帝时期，在宣帝时形成风气，此后经学家解经多说灾异。董仲舒以《公羊》说灾异，刘向以《穀梁》说灾异，京房以《易》说灾异，夏侯始昌以《洪范·五行》说灾异。《汉书》《后汉书·五行志》专记灾异及经师说解，足见灾异说对于汉人影响之甚。而灾异说在今天之所以可以称为哲学，有两个根据：一个，它是天人感应说的重要组成部分，起着谴告人君（不德、政令不当都在谴告之列），从而要求人君恐惧自省、再行德政的作用；另一个，它是一种具有政治、宗教象征含义的符号语言，具有超越具体事件的一般含义。关于第一个根据，董仲舒在《天人三策》中说："及至后世，淫佚衰微，不能统理群生，诸侯背畔，残贼良民以争壤土，废德教而任刑罚。刑罚不中，则生邪气；邪气积于下，怨恶畜于上。上下不和，则阴阳缪盭而妖孽生矣。此灾异所缘而起也。"②

---

① 《汉书·眭两夏侯京翼李传》："（京房曰）《春秋》纪二百四十二年灾异，以视万世之君。今陛下即位以来，日月失明，星辰逆行，山崩泉涌，地震石陨，夏霜冬雷，春凋秋荣，陨霜不杀，水旱螟虫，民人饥疫，盗贼不禁，刑人满市，《春秋》所记灾异尽备。陛下视今为治邪、乱邪？"

② 参看《汉书·董仲舒传》。

《汉书·宣帝纪》载宣帝诏曰:"盖灾异者,天地之戒也。"《汉书·元帝纪》载元帝诏曰:"盖闻贤圣在位,阴阳和,风雨时,日月光,星辰静,黎庶康宁,考终厥命。今朕恭承天地,托于公侯之上,明不能烛,德不能绥,灾异并臻,连年不息。"《汉书·成帝纪》载成帝诏曰:"君道得,则草木、昆虫咸得其所;人君不德,谪见天地,灾异屡发,以告不治。"关于第二个根据,《汉书·五行志》记杜邺曰:"《春秋》灾异,以指象为言语。"这一句话,《汉书·谷永杜邺传》记为"案《春秋》灾异,以指象为言语,故在于得一类而达之也"。

关于灾异说的局限,班固在《汉书·眭两夏侯京翼李传赞》中作了深入评论,曰:

> 察其所言,仿佛一端。假经设谊(义),依托象类,或不免乎"亿则屡中"。仲舒下吏,夏侯囚执,眭孟诛戮,李寻流放,此学者之大戒也。京房区区,不量浅深,危言刺讥,枢怨强臣,罪辜不旋踵,亦不密以失身,悲夫!

汉人发明灾异之例,其出发点是良善的,但是其虚假性显而易见,其弊端在此暴露无遗:"假经设义,依托象类"正是灾异说的特点,但也是其弊病所从生的根源。

经学演变成谶纬学有两个先决条件,一个是经学先自行衍生灾异之说,并予以充分的自我肯定,另一个是在汉代经学之外已存在谶纬文化,武帝等人崇祭鬼神,给予其合法性和发展的动力。前者是内因,而后者是外因。不过,从源流看,后者为前者的导因,作为整体意识出现的"谶纬"则居于其后。不仅如此,"谶"更能体现谶纬文化的特质。《四库全书总目》曰:"谶者,诡为隐语,预决吉凶;纬者,经之支流,衍及旁义。"[1]谶语产生很早,秦时已颇流行。谶解《六经》在武帝之后逐渐形成风潮,《六纬》在哀帝之前已经形成。经师李寻在哀帝(前 6—前 1 在位)初年说道:

---

[1] 永瑢等撰:《四库全书总目》卷六《经部·易类六》,第 47 页,北京,中华书局,1965。

"《五经》《六纬》,尊术显士。"①很可能,《六纬》作于宣成之间。从宣帝到哀帝是谶纬逐步合流而形成纬书的时期。正因为具有谶语的特质,纬书才成其为纬书。不过,谶纬登上西汉政治舞台应该是在哀平之际,张衡说"图谶成于哀平之际",又说"成、哀之后,乃始闻之"②,这是恰当的。建武初,光武帝刘秀命令薛汉、尹敏校定图谶八十一篇;建武中元元年(56),光武帝"宣布图谶于天下"③,并将图谶(或谶纬)称为内学,反将五经之学称为外学。由此,汉代经学发生巨变,正式转变为谶纬之学。谶纬学吸收了多方面的哲学思想,但其特质在于"神异",即将世间生成和变化着的事物看作包含着神意的象征符号。不过,尽管谶纬在叙述和表达方式上发生了巨变,但是它仍然属于天人感应之学,是天人感应之学走向更神秘化、象征化和象数化的变种。

此外,西汉哲学还有三点值得注意:其一,"孝"的伦理观念在战国末至汉初完成了天道化的论证,并通过皇家的提倡和《孝经》立经等方式完成其意识形态化的过程。"孝"是理解汉人行为方式的一个重要观念。其二,在武帝"罢黜百家"之后,黄老学在西汉中后期继续存在,仍受到部分官员和士人的推崇。同时,黄老学的主旨发生改变,养生论和性命论得到阐扬,并逐渐与元气自然论结合起来。其三,医学哲学在西汉达到了高峰,《黄帝内经》不仅系统地阐述了中医基础理论,而且系统地阐述了人体生命和健康哲学,对中医理论和中国文化的影响非常深远。

三

谶纬是西汉哲学的终点,也是东汉哲学的起点。换一句话说,东汉哲学既是对西汉哲学的继续,又是在批判它的基础上展开的。由于光武

---

① 《汉书·眭两夏侯京翼李传》。
② 《后汉书·张衡列传》。
③ 《后汉书·光武帝纪》。

帝的大力支持，谶纬学取代了五经学，登上了帝国意识形态的宝座。图谶（谶纬）被列为内学，而五经之学反被称为外学。针对谶纬神学的流行，有识之士在东汉初期即展开了大力批判。对于谶纬的批判大体上可分为两系，一系以桓谭、王充、张衡等人为代表，他们一面批判了图谶，一面提出了自己的哲学观点。这一系往往采取积极批判的态度。另一系以保守的经学家为代表，他们在拨乱反正的同时使得经注之学重新兴起。这一系往往采取消极批评的态度。

1. 桓谭、王充、张衡对谶纬的批判及其哲学

桓谭是东汉初的思想家，他批评光武帝迷信谶记，反对灾异之说。桓谭认为谶记多载"奇怪虚诞之事"，并非先王之正道，甚至指出当时存在"增益图书，矫称谶记"的欺君现象。他要求光武帝"屏群小之曲说，述五经之正义"①。就灾异之说，桓谭云："夫灾异变怪者，天下所常有，无世而不然。"②并说，如果明主贤臣"修德善政、省职慎行以应之"，那么"咎殃消亡而祸转为福焉"；如果"君臣多淫骄失政，士庶多邪心恶行"，那么就会多有灾异变怪之事。③ 很显然，这是继承了荀子《天论》的观点。更为重要的是，桓谭提出了新的形神观，不但否定长生不老之说，而且认为形尽神灭，形神犹如烛火，"火烛俱尽"④，烛尽则其火即灭。桓谭"火烛俱尽"的形神说从根本上否定了鬼神实体的存在，从而极大地打击了谶纬神学。在形神关系问题上，王充的主张跟桓谭基本相同。《论衡·论死篇》曰："夫物未死，精神依倚形体，故能变化，与人交通；已死，形体坏烂，精神散亡，无所复依，不能变化。夫人之精神，犹物之精神也。物生，精神为病；其死，精神消亡。人与物同，死而精神亦灭，安能为害祸！"在王充看来，不但人死不能为鬼，而且动植物死后也不能为怪，这样就彻底否定了"鬼""怪"观念。

王充高度怀疑和否定谶记或谶书所载故事的真实性。《论衡·奇怪

---

① 《后汉书·桓谭冯衍列传》。
②③ 《新论·谴非》。
④ 《新论·祛蔽》。

篇》曰:"如实论之,虚妄言也。"同书《书虚篇》曰:"传书之言,多失其实。"同书《实知篇》曰:"此皆虚也。"在王充看来,谶记或谶书都是虚妄之言。不仅如此,他的批判是建立在认识论的自觉上的。从书名看,《论衡》即衡定各种言论(特别是谶纬之言)的真实性。《对作篇》曰:"《论衡》诸篇……冀悟迷惑之心,使知虚实之分。"《佚文篇》曰:"《论衡》篇以十数,亦一言也,曰疾虚妄。""疾虚妄"而"使知虚实之分",这是王充写作《论衡》的出发点和目的,同时也是他写作该书的指导观念。王充的认识论由两点构成,第一点为"证验"。《论衡·知实篇》曰:"凡论事者,违实不引效验,则虽甘义繁说,众不见信。……事有证验,以效实然。"第二点为"以心意议"或"以心原物"。《论衡·实知篇》曰:"实者,圣贤不能性知,须任耳目以定情实。其任耳目也,可知之事,思之辄决;不可知之事,待问乃解。"同书《薄葬篇》曰:"夫论不留精澄意,苟以外效立事是非,信闻见于外,不诠订于内,是用耳目论,不以心意议也。夫以耳目论,则以虚象为言;虚象效,则以实事为非。是故是非者不徒耳目,必开心意。墨议不以心而原物,苟信闻见,则虽效验章明,犹为失实。"在王充看来,认识活动正确与否,或是否如实,需要感性认识和理性认识的共同参与(且后者无疑高于前者),需要引效验以证明之。而认识活动的目的在于求实,在于实事求是。王充说"圣人不能神而先知"[1],又说"含血之类,无性知者""实者,圣贤不能性知",[2]这是他的观点。顺便指出,王充和扬雄都强调"学知"的重要性,乃是针对谶纬神学所谓"圣人性知""神知"的观点而发的。[3]

除了批判主义的方法论和认识论之外,王充在哲学上还主张元气自然生成论。《论衡·物势篇》曰:"天地合气,人偶自生。"又曰:"天地合气,物偶自生。"同书《自然篇》曰:"天地合气,万物自生。"王充认为,存在于天地之间的万物(人和物)是自然而偶然地生成的,而非故生或

①《论衡·知实篇》。
②③《论衡·实知篇》。

由神性之天生成的。天地所合以生物之"气"即"元气"。关于元气，王充认为它是存在于天地之间的至精至微之气，人物俱禀此气而生；人物既生于元气，死后又复归于元气。很显然，王充以元气为宇宙本体。① 而这个"元气"概念来自于稷下道家的"精气"，与《庄子·知北游》"通天下一气耳"的"气"相同。王充主张元气自然生成论，其目的在于批判谶纬化的儒家所主张的"天地故生人"的观念。不但如此，王充借用"自然"概念消解了"河出图，洛出书""黄石授书"等故事的神秘性。② 不过，在天道观上王充存在一些错误观点。他赞成盖天说而反对浑天说，他赞成骨相论、命禄论而轻视人的后天努力对于自身命运的积极意义，这些说法都是不恰当的，或者错误的，在价值观和人生观上起着消极作用。

在谶纬盛行的时代，扬雄、桓谭、王充和张衡等人属于清流。扬雄仿照《周易》《论语》造作了《太玄》《法言》二书，这其实是他不愿同流合污，而力图重返真儒的重要表现。桓谭、王充和张衡三人都推崇扬雄及《太玄》《法言》二书。经过光武帝、明帝和章帝的大力倡导和扶持，谶纬之学在东汉初期即走向鼎盛，"自中兴之后，儒者争学图纬，兼复附以訞言"。在此种背景下，张衡却认为"图纬虚妄，非圣人之法"，于是上疏皇帝批评谶纬之学。从《后汉书·张衡列传》所记这份奏疏来看，张衡大概是汉代第一位对谶书作定义，并推断其具体兴起时间的学者。他说，"立言于前，有征于后，故智者贵焉，谓之谶书"，并推断"图谶成于哀平之际"。他深刻地揭露了谶书的本质，并予以无情的挞伐，一曰："一卷之书，互异数事，圣人之言，势无若是，殆必虚伪之徒，以要世取资。"二曰："此皆欺世罔俗，以昧势位，情伪较然，莫之纠禁。……譬犹画工。恶图犬马而好作鬼魅，诚以实事难形，而虚伪不穷也。""虚伪"即谶书的本质。张衡大概也是历史上第一个正式上疏

---

① 《论衡·言毒篇》曰，"万物之生，皆禀元气"；同书《四讳篇》曰："元气，天地之精微也"；同书《论死篇》曰："人未生，在元气之中；既死，复归元气。元气荒忽，人气在其中。"
② 《论衡·自然篇》。

皇帝、请求禁绝图谶的学者。他说:"宜收藏图谶,一禁绝之,则朱紫无所眩,典籍无瑕玷矣。"①

　　除了批评谶纬、推崇扬雄的玄学之外,张衡完善和发展了浑天说。从《灵宪》和《浑天仪注》来看,张衡从宇宙结构论和宇宙生成论两个方面阐明了浑天说,其中有部分内容应当是由他首先提出来的。浑天说的宇宙结构分为天内和天外两个部分。顾名思义,"浑天"即以浑天(视周天为球形)本身来作界定,天包地外,而且张衡明确认为大地亦为球形。"天表里皆水",球天之内均由"气"生成,而球天之外则弥漫着"水"。在此,"水"不但更接近终极始源,而且其存在比"气"更为普遍。浑天说的宇宙生成论包括元气以上的生成和元气以下的生成两个部分。元气以下的生成,即元气剖判为清浊二气,然后生天生地,进而生成万物。元气之上的生成,西汉浑天说以太初、太始、太素分别表示气、形、质之始;张衡浑天说的特别之处在于将老子"道生万物"的观念与浑天说的先天地生成系列关联起来。而张衡在宇宙论或天文学上的自觉也促使他深入地批判了谶纬,指斥其为伪学,乃至上书欲"禁绝"之。

　　2. 东汉经学哲学:《白虎通》与汉末易学

　　在东汉初期,经学及其哲学仍然在发展,其中白虎观会议的召开及《白虎通》(或称《白虎通义》《白虎通德论》)的撰集,乃是汉代经学史上的大事。建初四年(79),杨终上书,指摘章句之徒"破坏(五经)大体",并建议汉章帝仿照石渠阁会议(西汉宣帝主持)召开一次儒林大会,目的在于讨论、裁断和重新统一经义,"永为后世则"②。章帝采纳了他的意见,会集诸儒,在白虎观召开五经会议,"讲议五经同异"③。对于白虎观会议,《后汉书》中的章帝纪、丁鸿传、班固传、杨终传和儒林传等都有记

---

① 本段引文,均见《后汉书·张衡列传》。
② 《后汉书·杨李翟应霍爰徐列传》。
③ 《后汉书·肃宗孝章帝纪》。

载，①丁鸿、刘羡、楼望、成封、桓郁、贾逵、李育、赵博、鲁恭、魏应、淳于恭、班固等人参加了这次大会。其中，五官中郎将魏应承制问难，侍中淳于恭奏上，汉章帝称制临决，最后由班固摘要，撰集《白虎通》。《白虎通》是西汉后期至东汉前期儒家经学的系统性概括和总结，其特点在于"通义"，与"破坏大体"的章句之学相对。此书以叙述儒家制度文化为中心，而以天道贯通上下，即以天道作为构造具体制度的逻辑基础和原理。《白虎通》的"天道"可分为客观原则和价值原则两个方面。作为客观原则的"天道"，具体指宇宙论。《白虎通》的宇宙论以盖天说为基础，但同时吸纳了浑天说的宇宙生成论思想。由盖天说所导致的天上地下、天阳地阴和天尊地卑等观念则形成了价值原则的所谓天道，或称价值原理。《白虎通》正是通过此种天道概念来奠定人道世界的价值基础和规范人伦世界的基本秩序的。作为中国传统伦理结构的核心——"三纲六纪"正是通过盖天说的"天道"概念来作论证的。不但如此，《白虎通》还通过盖天说的天道观，即以"天地""阴阳"为基本原理来解释抽象的性情论命题和论证具体的礼乐制度。可以说，章帝召开白虎观会议，这不仅是为了汇集当时的经学知识，讨论经学命题和

---

① 《后汉书·肃宗孝章帝纪》曰："于是下太常，将、大夫、博士、议郎、郎官及诸生、诸儒会白虎观，讲议五经同异，使五官中郎将魏应承制问，侍中淳于恭奏，帝亲称制临决，如孝宣甘露石渠故事，作白虎议奏。"同书《桓荣丁鸿列传》曰："肃宗诏鸿与广平王羡及诸儒楼望、成封、桓郁、贾逵等，论定五经同异于北宫白虎观，使五官中郎将魏应主承制问难，侍中淳于恭奏上，帝亲称制临决。鸿以才高，论难最明，诸儒称之，帝数嗟美焉。时人叹曰：'殿中无双丁孝公。'"同书《班彪列传》曰："天子会诸儒讲论五经，作白虎通德论，令固撰集其事。"同书《杨李翟应霍爰徐列传》曰："终又言：'宣帝博征群儒，论定五经于石渠阁。方今天下少事，学者得成其业，而章句之徒，破坏大体。宜如石渠故事，永为后世则。'于是诏诸儒于白虎观论考同异焉。会终坐事系狱，博士赵博、校书郎班固、贾逵等，以终深晓春秋，学多异闻，表请之，终又上书自讼，即日贳出，乃得与于白虎观焉。后受诏删太史公书为十余万言。"同书《儒林列传》曰："建初中，大会诸儒于白虎观，考详同异，连月乃罢。肃宗亲临称制，如石渠故事，顾命史臣，著为通义。"又曰："应（魏应）经明行修，弟子自远方至，著录数千人。肃宗甚重之，数进见，论难于前，特受赏赐。时会京师诸儒于白虎观，讲议五经同异，使应专掌难问，侍中淳于恭奏之，帝亲临称制，如石渠故事。明年，出为上党太守，征拜骑都尉，卒于官。"又曰："建初元年，卫尉马廖举育（李育）方正，为议郎。后拜博士。四年，诏与诸儒论五经于白虎观，育以公羊义难贾逵，往返皆有理证，最为通儒。"

辨析经义,而且是为了依据天道原理对汉帝国的伦理和制度再作判断、论证和建构。在西汉中期,儒家经学以天人感应为基本特征,在西汉后期它的神秘性得到强化,象征逻辑突显;而《白虎通》则从天道原理出发,揭示经书大义,论证世间伦理和制度的合理性,这无疑是经学在思维方式和学术态度上的一大转变。当然,《白虎通》受到了谶纬的一定影响,但它只是吸纳了谶纬中最为合理的成分,与谶纬本身还是有着显著区别的。

从汉代经学和思想的演变历程来看,白虎观会议的召开和《白虎通》的撰集实际上标志着正统经学(五经之学)重新得到了朝廷的重视,重返意识形态的宝座,同时标志着谶纬学走向衰落。班固作《儒林传》,即以五经学为主导,述其源流,旁及阴阳灾异,而未曾涉及谶纬;作《眭两夏侯京翼李传赞》,列数诸经学大师,亦未曾涉及图谶,足见对于班固而言,经学(五经之学)与谶纬学之间有着在难以磨灭的区别。这一点也得到了《后汉书·儒林列传》的证明,凡入传者,均因其在五经上学有专长,取得了一定的学术成就,而不以是否擅长谶纬为标准。在汉代中后期,注经之学正是在这种背景下兴起和展开的。

从经学和哲学的角度看,汉末易学象数学最值得注意,其中以郑玄、荀爽、虞翻等为代表。何谓象数?广义的"象数"概念产生于先秦,《十翼》是易学象数规则的设立者和奠基者。而狭义的"象数"概念则与"义理"相对,特指汉人新发明出来、用以注解《周易》的某些方法。需要指出的是,它们同样是经学家表达和诠释"天道"的哲学方式。从方法论来看,汉末易学有三大特点:其一,汉末易学以求"象"为宗,其中虞翻最为典型。占、画、辞、象、意五者,本是《周易》文本的基本结构。汉易,特别是汉末易学认为注经解经即是将卦画爻之"象"与卦爻辞之"象"对应起来,由此"象"成为了整个解经活动的中心。而为了求"象",汉儒发明了互体、反对、飞伏、卦变、五行、纳甲、纳支、半象、消息、权变等方法,而它们均在《十翼》象数系统之外。毫无疑问,这种高举"象"和发明"象"的解经活动在很大程度上忽视了"意"(经义)的存在,将"手段"当作"目的"本身来对待了。繁琐、牵强和舍本求末，这是汉易的三大通病。王弼即在《周易略例·明象》中作了批评，否定了汉易特别是汉末易学的注经观念及其象数方法。其二，汉末易学不但注重象数方法的运用和发明，而且注重梳理和建构各象数方法之间的逻辑关系，特别重视乾坤二卦（别卦）和八卦（经卦）对于易卦系统本身及整个世界的建构作用，郑玄、荀爽和虞翻等莫不如此。乾坤二卦的贯通作用，一个体现在此二卦十二爻与世间万有的关联上，一个体现在此二卦对于诸易例的统摄上。前者以郑玄的乾坤十二爻辰说为代表，后者以荀爽乾坤升降说为代表，荀氏的乾坤升降说是其卦变说的基础。毫无疑问，汉末易学象数学具有明显的系统性和统一性。虞翻同样重视乾坤二卦的建构作用，但为了满足注经的需要，与郑、荀二氏不同的是，他更加重视易例的博取和发明，乃至达到了令人目眩的地步。以虞翻易学为参照，可知王弼对于汉易的批判不但是完全必要的，而且极具针对性。其三，汉末易学注重"天象"和"天道"。李鼎祚《周易集解序》曰："郑则多参天象，王乃全释人事。"①"天象"与"人事"相对，它是宇宙生成的表现和人所面对、所居处的物象世界，换句话说，"天象"是天道流行的客观表现。在此，"天道"是一个更高的概念。汉易或汉末易学过分倚重"天象"，通过卦气说、阴阳升降说、五行说、月相纳甲说、乾坤十二爻辰说等方法来表现"天象"，不能不说这在很大程度上迷失了解释的方向，因为人类认识"天象"的目的毕竟是为了把握"天道"，进而通过对"天道"的把握来规范"人事"。在古典语境中，"天道"不但是人认识和把握宇宙万有的基本原理，而且是建构人间伦理、制度和其他秩序的基本根据。总之，正因为汉易（特别是汉末易学）具有如上特点，所以王弼一是要回归《易十翼》的方法论，二是要以"人事"为诠释的重点。在"得意忘象"②说的指导下，王弼开创了《周易》经学的义理之学（以阐明经义及其所蕴含之道理为核心的一种方法论，与所谓象数

---

① 实则，唐李鼎祚《周易集解》引"郑玄曰"仅 52 例，而引"虞翻曰"多达 1292 例，无疑虞翻更能体现汉末易学的特点。
②《周易略例·明象》。

学相对）。

3. 道教的创立与道教哲学

在东汉中后期，宗教发生了重大转变，由国家型宗教向社会组织型宗教转变，由天人感应、谶纬神学向关注个人生命、现实生活及其内心信仰之宗教转变。道教正是在这种社会意识的背景下产生的。道教是以方仙道、黄老道的思想为基本理论依据，而以"道"和"鬼神"为信仰对象，以建立互助团体乃至太平社会为政治目标，以个体的健康延年为基本生存目标，而以长生不死、得道成仙为终极目的的一种新兴宗教。相应地，道教哲学在本质上是一种生命哲学，是将人的个体生命特别是肉体生命通过信仰托付给鬼神（延年）和神仙肯定（成仙）的哲学。很显然，道教哲学不等于黄老道家哲学。从来源看，道教综合了先秦以来的道德观念、太平理想、神仙理想和以鬼神为中心的民间信仰等内容。其中，鬼神观念起源甚早，而神仙观念则流行于战国末季。在历史上，秦始皇和汉武帝是仰慕仙人和推动仙人信仰的两位关键人物。道教的创立受到了"太平"思潮的严重影响，太平道和五斗米道（天师道）都是如此。① 汉代流行"天下太平"的观念（《礼记·礼运》的"大同"观念在汉代处于蛰伏状态），何休的"三世说"（据乱世、升平世和太平世）即是对此一观念的一种深化。不过，随着黄巾起义的失败及张鲁政权的瓦解，道教逐渐放下"太平社会"的政治理想，改变其发展方向，而转入人的生活世界、生命世界和信仰世界中来。

太平道和五斗米道分别以《太平经》和《老子想尔注》为经典，《太平

---

① "太平社会"（或"天下太平"）的观念出自先汉，通行本《老子》第三十五章曰："执大象，天下往。往而不害，安（焉）平太。"郭店简本有此章。"平太"，即"太平"。因押韵的需要，作者颠倒了"太平"的字序。《吕氏春秋·大乐》曰："天下太平，万物安宁。"《史记·秦始皇本纪》载秦刻石曰："黔首脩絜，人乐同则，嘉保太平。""太平社会"是一个政治哲学的用语。进入汉代以后，官方和民间都乐于谈论"太平"，在景武之间形成思潮，汉末达到鼎盛状态。在先秦，儒家提出了"大同社会"（《礼记·礼运》）的理想，进入汉代以后，儒家更多地采用"太平社会"的概念，公羊学"三世说"中的"太平世"即直接来自这一概念。

经》出自《太平清领书》，①而《老子想尔注》为张陵所作。在《太平经》中，
"道""气""天君"是三大本原，"道"通过"元气"生成天地万物，"天地人本
同一元气"，而人为中和之气所生；"天君"是至上神，是天地万物的主宰
者，天意（神旨）即出自天君，而天师传达天意，《太平经》即是对天意的表
达。《太平经》还深刻地思考了"恶"的根源，认为"恶"产生于宇宙生成过
程中的"承负"，而释解"承负"的办法是"守一"。只有"守一"才能治身治
国，才能实现"太平"之功。《想尔注》同样以"道""气"为核心概念，它将
"道"人格化和神格化，认为"道"即原始的"一"，"一散形为气，聚形为太
上老君，常治昆仑，或言虚无，或言自然，或言无名，皆同一耳"，解决了人
格神、具象化之"太上老君"的来源问题。"太上老君"是五斗米道信奉的
尊神。此外，《想尔注》还提出了"道气"和"道诫"两个重要概念，前者回
答了"生"（生命力）的来源问题，后者乃修道的工夫，是连通"道体"和"道
气"的中介，是太上老君之言语和道意的显现。

　　4. 阴阳五行的开展及其要义

　　阴阳五行观念在两汉有重大的发展和极其广泛的应用，深入到经
学、谶纬、政治、天文、历法、乐律、医学和宗教等领域。"阴阳"和"五行"
本是两个彼此独立的观念，它们在春秋后期之前已具备哲学性质。直到
战国中晚期，这两大观念虽然有一定的关涉，但是并无"阴阳生五行"的
说法。阴阳生四时，四时可与四方五行搭配，但这种搭配关系仍不过是
以五行图式关联万物的结果。"阴阳生五行"很可能首先出现在元气生
成论的思想系统中，换一句话说它最可能出现在汉代。《春秋繁露·五
行相生》曰："天地之气，合而为一，分为阴阳，判为四时，列为五行。""阴
阳生五行"的说法即首先见于此。

　　概括而言，汉代的阴阳观念主要有如下五种意义：（1）生成义。即阴
阳生成四时、五行和万物，生物的生命性来源于阴阳二气。（2）对待义。

---

① 《后汉书·襄楷列传》。又，《汉书·李寻传》载成帝时齐人甘忠可诈造《包元太平经》等书。
　　《包元太平经》大概是《太平清领书》的源头。

此义的阴阳不从气言,而从原理言。此义又包含配合、平衡与和谐等含义。"一阴一阳之谓道"即是表达阴阳对待义的一个关键命题。不过,所谓对待从总体言,而不是在任何情况下阴阳双方都必须同时兼具的。所谓从总体言,一岁之阴阳消息为相须对待的关系,二者不可或缺,而无一岁尽阳或尽阴之理。因阴阳消息之故而有纯阳、纯阴或阳极阴生、阴极阳生之时。(3)价值义。阴阳价值义在天道观上主要以盖天说为依据,它包括阳尊阴卑、阳主阴从、阳先阴后、阳左阴右、阳上阴下、阳男阴女、阳天阴地、阳善阴恶、阳性阴情等。在西汉中后期,由于受到浑天说"天包地外"的影响而产生了"乾元包坤元"的说法,并在盖浑二说交混作用的情况下又产生了"阳中有阴""阴中有阳"的观念。汉代道家有尚阴尚柔的倾向,则是故意持相反观念的结果。(4)阴阳刑德义。阴阳刑德的观念起源于阴阳家,在先秦已颇流行,汉代黄老道家和儒家都自觉地吸收和运用了这一思想。阴阳刑德理论以自然时节的春生秋杀为所谓天道,并以此天道为根据主张人君应当"依时寄政",即春夏施以德政,秋冬实以刑政。从目的来看,阴阳刑德理论也属于政治哲学。(5)阴阳灾异义。灾异说乃古义,起源于《尚书·洪范》和《春秋》等书。一度,荀子以客观化和自然化的天道观念反对灾异说,但在西汉景武之际,灾异说重新兴起,并与阴阳观念相结合而形成了所谓阴阳灾异说,其中董仲舒和公羊学起到了关键作用。阴阳灾异说是汉代天人感应之学的一个重要构成部分,它将"灾异"神意化和政治化,在西汉经学和谶纬学中发挥着谴告人君、制约君权而面向民本政治的重要作用。王充等人则反对此说,批判尤甚。

五行观念在汉代具有如下五种意义:(1)材质义和生成义,即水火木金土是构成和生成世间事物的五种基本材质。在此基础上,春秋时期的史伯以"和实生物"("先王以土与金木水火杂以成百物")的命题解决了先王如何创造万物和参赞万物之化育的问题。(2)关联性思维义,即以五行五方四时为基础而将万有关联成一个有机的整体。同时,生克关系被运用到这一思维方式之中。这种思维方式又称五行思维图式,在中国传统思维方式中长期占据着重要位置,至今它仍然顽强地存活在中医的基础理论中。(3)五行生胜义,即金生水、水生木、木生火、火生土、土生金,和金胜木、木胜土、土胜水、水胜火、火胜金之说。汉人从五行图式看此生胜义,进一步将它们归纳为"比相生而间相胜"①。汉人还提出了木壮、水老、火生、金囚、土死及"五行相治"的说法,②进一步看到了事物联系的复杂性,深化了五行思维的整体主义观念。(4)德运义,即邹衍在五行相胜说的基础上提出来的历史哲学。秦人据此以为秦为水德,汉人以为汉为水德(武帝太初以前)或土德(武帝太初以后)。在成帝时期,刘向、刘歆根据五行相生说提出了新的德运观,认为汉朝之运为火德。不过,西汉王朝没有采纳刘向的这一新德运观。王莽是采纳刘向说的第一位皇帝,他据此认为新朝为土德。刘秀重建汉朝之后即很快采纳了这一德运观,认为汉为火德。德运观既为历史哲学,亦为政治哲学。(5)五行灾异义,即以《洪范》"五行"为基础衍生的一套灾异学说。它滥觞于先秦,在西汉中期成为阴阳灾异说的一个部分,后期则发展为灾异说的大宗。五行灾异说的经典主要有《洪范五行传》和《洪范五行传论》(多位经学大师撰有自己的《论》)。《汉书》以下历代正史一般设《五行志》,专记当朝灾异现象和诸家的灾异说。顺便指出,隋朝萧吉《五行大义》是专门梳理和总结古人阴阳五行理论的著作,不过其内容大体上来源于汉人。

此外,王符、崔寔、仲长统、徐干等人推进了汉代的政治学说,荀悦再次论述了人性论问题,对东汉哲学有一定的贡献。

四

秦汉是从旧制度、旧文化向新制度、新文化转变的一个关键时期,奠定了其下两千余年中国传统社会的政治、思想、文化和国家、民族的基础。秦汉哲学是中国哲学的重要发展阶段,在中国思想史上具有多方面

---

① 《春秋繁露·五行相生》。
② 《淮南子·地形篇》。

的重要意义和价值：

　　其一，儒学成为中国思想和文化的主干，是在经过汉初一系列的思想斗争中逐步变成现实，最终由武帝统一思想、有意拔擢，从而登上帝国意识形态的宝座的。秦朝的遽尔灭亡说明了法家不足恃，汉初思想和哲学呈现出多元演绎的态势，都是历史的必然。值得一提的是，吕不韦早在秦统一六国之前已经开始反思单一指导思想（法家哲学）的巨大局限，而试图以综合诸家的新思想来指导即将建立的新王朝。汉初，民生极度凋敝和人性高度扭曲的现实为精英集团提供了深刻反省的基础，相应地，统治集团遂不得不在政治上实行"与民休息"的政策，而在文化上重启《诗》《书》《礼》《乐》的所谓王教。这两大政策的实施不仅为道家的无为哲学，而且为儒家的仁政哲学开辟了发展的道路。鉴于秦亡，陆贾认为"取""治"之势不同，而贾谊认为"攻守之势异也"。由此，二氏认为，人主应当相应地改变统治观念，在秦亡之后应当以仁义礼乐补救法家之偏弊。在"与民休息"的共识下，曹参、文帝、窦太后、景帝提倡黄老学，而诸儒则提倡经术，倡导《六艺》。一者黄老"清静无为"的宗旨与朝廷"与民休息"的政策很接近，二者得到了曹参、文帝、窦太后、景帝的大力支持，故汉初黄老先盛，形成思潮，并占据了帝国意识形态的宝座。但是，随着财富的大量积累和社会的稳定，帝国变得日益强大，而那种宣扬无为而治、从而暗中支持封建体制的黄老哲学就不再能够满足帝国的需要。先是文帝、景帝采纳贾谊和晁错的计策（霸术）削藩，抑制封建势力的膨胀，继而武帝一俟即位即大张旗鼓地擢升儒学，"罢黜百家，表章《六经》"[1]。与黄老相对，儒家的"大一统"说、天人感应思想（其实以皇帝为中心）和三纲王教说都非常符合肯定帝国强大和满足皇帝之雄心的需要。这样，吸纳了诸家精华的汉代儒学在武帝的特别青睐下迅速登上了帝国意识形态的宝座。不仅如此，武帝还开启了以经术取士的途径，而这个政策对于儒学在汉代地位的巩固和学术繁荣至为关键，当然对于中国文化的

---

[1]《汉书·武帝纪赞》。

影响也极为深远。而儒学在西汉中后期经过了一系列的制度化之后便正式成为了中国思想、文化的主干。

其二，经学是汉代儒家哲学乃至汉代哲学的主要表现形式。汉人的经学哲学在历史上经历了四种形态或四个阶段，它们是汉初的《六艺》之学，武帝至元成时期的五经之学，哀平至东汉前期的谶纬学，和东汉中后期的经注之学。在哲学上，汉代经学的意义在于：（1）为汉代哲学确立了"经学"的表达范式，其中《春秋》公羊学、《洪范》五行学和易学最为突出。（2）提出了一整套天人感应之学和政治哲学，其中"阴阳灾异"乃诸经之通义，最受经学大师的重视，这些大师"孝武时有董仲舒、夏侯始昌，昭宣则眭孟、夏侯胜，元成则京房、翼奉、刘向、谷永，哀平则李寻、田终术"①。（3）"天道"成为汉代经学哲学的基本原理和最为重要的论述对象，其中在天道的诠释和表达上，《周易》象数学非常突出，"象数"成为汉代哲学的重要表达方式。（4）盖天说和浑天说成为汉代经学的宇宙论背景，浑天说虽然在较大程度上改变了汉人的宇宙观，但是盖天说仍然是汉人价值观形成的天道基础。（5）不但焦赣的《易林》、扬雄的《太玄》《法言》是对经学的补充，谶纬是经学的变形，而且桓谭的形神论、张衡的浑天说和王充的批判哲学都是在批判谶纬思潮的过程中推展出来的。汉代的"经学"范式对于今天的中国哲学学科的建设仍然具有一定的积极意义。

其三，在汉代，"天道"成为一个表示"普遍原理"的概念，它贯穿于古人的宇宙观、价值观和人生观之中，而汉人即以"天道"作为人事的根本依据和原理。在汉代，"天道"从天人、古今两个方面展开，即司马迁所谓"究天人之际，通古今之变"②。从天人关系来看，汉人的"天道"包括两种，一种是感应论式的，一种是自然论式的。前者以"天"为一有意志的

---

① 《汉书·眭两夏侯京翼李传赞》。

② 这两句话出自《史记·太史公自序》。在《太史公自序》中，司马迁还说："礼乐损益，律历改易，兵权山川鬼神，天人之际，承敝通变，作八书。""天人之际，承敝通变"也是"究天人之际，通古今之变"的意思。在司马迁之前，相近的概括已经出现，公孙弘曰："明天人分际，通古今之义。"（《史记·儒林列传》）董仲舒曰："由此言之，天人之征，古今之道也。孔子作《春秋》，上揆之天道，下质诸人情，参之于古，考之于今。"（《汉书·董仲舒传》）

存在,这常常表现在经学、谶纬学的观念中,而后者则以"天"为一自然的或者物质性的存在,如气化之天,如苍苍之天,人们常常以"元气"概念为宇宙生成的总根。毫无疑问,神性义的"天"在汉代思想中是主要的,天人感应之说占据了汉代哲学的主流。在价值观上,汉人以"天道"为总根据,将盖天说的宇宙观价值化,并落实在"天地""阴阳"两对概念上,以它们为人间价值的生成根源。"天地"从结构看,"阴阳"从流行看。这两个概念对言有别,散言则通。阳尊阴卑(天尊地卑)、阳主阴从和阳善阴恶等,是汉儒普遍持有的价值观念。董子曰"王道之三纲可求于天"①,又说"道之大原出于天"②,汉人的三纲学说通过阴阳化的"天道"得到了合理性的论证。另外,黄老的政治哲学也以"天道"为论证根据,其所谓"天道"概念主要包括两个方面,一个指存在于宇宙中的"天常"(类似于客观规律的概念),一个指阴阳刑德。"通古今之变"当然应以知识性的把握为前提,但是尽此不足以通古今之变,对于汉人而言更重要的是把握"道",以"道"通古今之变。在此方面,德运说和三统说的历史哲学最具代表性。朝代或时代的命运,由当下某一转运之金德、木德、水德、火德、土德主宰,此即所谓德运说。西汉的德运说有两种,一种遵循从所不胜的法则,一种遵循相生法则。前者本自邹衍,汉人据之而以为汉得水德或土德;后者乃刘向的新说,刘向、刘歆认为汉为火德。董仲舒不言德运说,但他提出了三统说(夏黑、殷白、周赤),以之解释改朝换代和受命为王的问题。

　　其四,汉代是形成阴阳五行思维、象征思维和批判性思维的关键时期,而这些思维方式对于华夏民族文化特质的形成具有重要意义。(1) 阴阳、五行的思维方式初步形成于先秦,进入汉代以后,一方面得到深化,另一方面得到广泛的应用。阴阳思维即二元思维,五行思维即五元思维。阴阳思维以对待、流行为基本原则,将世间万有区分为对立的

---

① 《春秋繁露·基义》。
② 《汉书·董仲舒传》。

两极或二元;五行思维则以生克或王相死囚休的关系建立五元的时空图式,进而将世间万有如此这般地关联起来。阴阳五行是汉人宇宙生成论、天人感应说(包括灾异说)、传统价值观和中医理论等的思维原理。此后两千余年,阴阳五行占据了中国人的思维世界。(2)汉人的象征思维主要体现在两个方面,一个是具体事物或事件的象征化和符号化,另一个是易学解释的象征化。在"灾异"和"瑞应"中,自然事物或事件通过象征化和符号化而具有或吉或凶的政治化寓意,而这个寓意其实主要是为了给人君开示所谓天意。顺便指出,灾异说的流行,实际上表明了革命说在当时已不合时宜,故儒者转而推明灾异说,从而达到了谴告人君、重视民生和维护王朝统治的政治目的。在汉易解释学中,象征主义占据了主导地位。《周易》解释的象征化,即是执行"象思维"的结果。易学"象思维"概念的提出,即以爻象、卦象及预设"万物唯象"为前提。"象思维"在汉末易学中得到了最充分的运用,为了达成"象"的解释,郑玄、荀爽、虞翻、陆绩等人发明了许多取象的方法(易例),而这些方法常常未必见于《易十翼》。很显然,汉易存在滥用甚至严重滥用象思维的倾向,而这种滥用倾向主要表现在两个方面,一个是颠倒了意、象关系,即颠倒了目的和手段的关系,另一个是大大超出了《易十翼》所本具的象数方法。(3)汉人的批判性思维是在对抗和批判神秘主义天人感应说、灾异说和谶纬思潮中兴起的,桓谭、张衡和王充是其中的杰出代表。王充的批判性思维最为突出。他"疾虚妄",对于流行意见、说法是否真实、正确,他都要再作怀疑、考察、辩驳和判断。而如何再作考察和判断?王充即从认识论着手,第一步,重视"效验"原则,《论衡·知实篇》曰:"凡论事者,违实不引效验,则虽甘义繁说,众不见信。"第二步,将经验认识和理性认识结合起来,其中理性认识更为重要。他说:"夫论不留精澄意,苟以外效立事是非,信闻见于外,不诠订于内,是用耳目论,不以心意议也。夫以耳目论,则以虚象为言;虚象效,则以实事为非。是故是非者不徒耳目,必开心意。墨议不以心而原物,苟信闻见,则虽效验章明,犹为失实。"①"用耳目论",即所谓经验认识;"以心意议",即所谓理性认识。耳目看到的是事象,不一定为实情,因此一个认识是否正确,必须"以心原物"。

此外,汉代哲学还有多方面的重要贡献:汉代提出了"三纲六纪"的伦理框架,为中国传统社会打下了牢固的伦理基础;提出了"太平盛世"的社会理想,为统治集团的政治活动设定了恰当而重要的社会奋斗目标;深化了人性善恶问题的讨论,为宋儒讨论相关问题提供了一个重要的反思前提;实现了从经学哲学、谶纬神学到道教哲学的转变;医学哲学化达到了高峰,出现了重要理论著作《黄帝内经》;形成了元气自然论和以精气神为中心的新生命哲学观念;宇宙学说取得了重大突破,浑天说的提出和《太初历》的制定影响深远;司马谈、司马迁父子分诸子为六家,刘向、刘歆、班固分诸子为九流十家,并将《六艺》经传置于诸家之前,较好地完成了哲学史梳理和知识体系重构的任务;从解经、注经传统中形成的汉学方法,奠定了清代以来中国现代人文学术研究的方法论基础。

总之,汉代哲学的贡献是巨大的,它不但构成了中国哲学发展的一个必要的历史环节,为魏晋玄学的产生提供了前提,而且对后世产生了极其深远的影响。

---

① 《论衡·薄葬篇》。

第一章 从秦国到秦朝：以法家为主导的政治哲学

在中国历史上,秦国和秦朝是一个连续的政治实体。秦自襄公（前777—前766在位）立国至秦王政二十六年（前221）攻灭六国、统一天下,这一段时间为秦国;自秦王政二十六年统一天下至秦朝灭亡（前206）,这一段时间为秦朝。很显然,叙述秦朝哲学不能割断其思想来源——秦国哲学,不能将秦始皇（前246—前210在位）的统治历史及其思想割裂为毫不相干的两半。实际上,自秦孝公任用商鞅变法以后,秦国逐渐走上了以法家思想为主导并不断强化这一特点的道路。

第一节 从秦简《为吏之道》《语书》看秦法治主义的强化

睡虎地秦简于1975年12月发掘于湖北省云梦县睡虎地秦墓,墓主是一个叫"喜"的地方官吏,他死于秦始皇三十年（前217）。这批秦简共1155支,另有残片80块,抄写于战国末至秦始皇时期,它们包括《秦律十八种》《效律》《秦律杂抄》《法律答问》《封诊式》《编年记》《语书》《为吏之道》《日书（甲乙种）》,其中《效律》《封诊式》《语书》《日书》四种为原题篇名。它们都是"喜"的藏书。"喜"做过安陆御史、安陆令史、鄢令史和鄢狱吏等,是一位非常熟悉秦律的官员。①《为吏之道》和《语书》是我们下面要论述的两篇秦简。这两篇简书的性质不同,前一篇属于官吏文化,由多段文本构成,来源应该比较复杂,其中大部分很可能是官场传习很久的材料;后一篇则属于文告性质,是官对民、上级郡守对下级县、道啬夫的正式告谕,具有严正的官方立场。

一、官吏角色内涵的转变:《为吏之道》与《语书》比较

秦简《为吏之道》一共 51 支竹简,抄写于公元前 252 年之后,很可能早于《语书》。《为吏之道》杂抄了两段魏律,除此之外,它主要围绕如何做官、如何保护自己在官场的人身安全来展开。这篇竹书虽然包含了一些所谓明哲保身、圆滑处世的内容,但在整体上是积极的,受到了诸子特别是儒家思想和价值观念的深刻影响。现将跟儒家思想比较接近的内容引出(从宽式):②

(1) 凡为吏之道……宽容忠信,和平毋怨,悔过勿重。慈下勿陵,敬上勿犯,听谏勿塞。审知民能,善度民力,劳以率之,正以矫之。……毋穷穷,毋矜矜,毋衰衰。临财见利,不取苟富;临难见死,不取苟免。欲富太甚,贫不可得;欲贵太甚,贱不可得。毋喜富,毋恶贫,正行修身,祸去福存。

(2) 吏有五善:一曰忠信敬上,二曰清廉毋谤,三曰举事审当,四曰喜为善行,五曰恭敬多让。五者毕至,必有大赏。

(3) 怵惕之心,不可【不】长。以此为人君则怀,为人臣则忠;为人父则慈,为人子则孝;能审行此,无官不治,无志不彻,为人上则明,为人下则听。君怀臣忠,父慈子孝,政之本也;志彻官治,上明下听,治之纪也。

---

① 本书关于睡虎地秦简基本情况的介绍,参看睡虎地秦墓竹简整理小组编《睡虎地秦墓竹简》(北京,文物出版社,1990)书前的出版说明。
② 秦简《为吏之道》文本,参看睡虎地秦墓竹简整理小组编《睡虎地秦墓竹简》,第 167—176 页。

（4）除害兴利，慈爱万姓。毋罪无罪，【无罪】可赦。

（5）处如斋，言如盟，出则敬，毋弛常。昭如有光施而喜之，敬而起之，惠以聚之，宽以治之，有严不怠。与民有期，按驺而步，毋使民惧。疾而毋谀，简而毋鄙。当务而治，不有可改。劳有成既，事有机时。治则敬自赖之，施而息之。密而牧之；听其有矢，从而则之；因而征之，将而兴之，虽有高山，鼓而乘之。民之既教，上亦毋骄，熟导无怠，发正乱昭。安而行之，使民望之。道易车利，精而勿至，兴之必疾，夜以接日。观民之作，辄服必固。地修城固，民心乃宁。百事既成，民心既宁，既无后忧，从政之经。不时怒，民将逃去。

（6）凡戾人，表以身，民将望表以戾真。表若不正，民心将移乃难亲。

上述六段文字具有明显的儒家色彩，从内容来看主要包括修身正行、仁政哲学、民本思想三个方面。修身正行的内容见上引第（1）（2）（6）三段文字，仁政哲学见上引第（3）（4）两段文字，民本思想见上引第（5）段文字。而仁政哲学是对民本思想的深化，来自孟子。由此可知，竹简的如上观点或主张当受到了孔孟思想的深刻影响，而跟荀子没有关系。进一步，《为吏之道》确实反映了在天下统一之前秦文化的复杂性和宽容性，尽管秦国在商鞅变法之后已偏向于法家，法治主义的观点在逐步推进，但在焚书坑儒之前仍然对于诸子书及其思想持宽容的态度。①

与《为吏之道》相对，《语书》所要求的"官吏"在内涵上大不相同。在《语书》第一部分中，郡守腾的姿势居高临下，语气强硬、严肃，一副教训的口吻。在他看来，破除乡俗、恶俗的关键在于官吏，在于以法律为武

---

① 高敏、邢义田、余宗发、徐富昌指出，《为吏之道》受到了儒家思想的影响。转见工藤元男：《睡虎地秦简所见秦代国家与社会》，广濑薰雄、曹峰译，第8—9页，上海，上海古籍出版社，2010。

器,同时"公"观念的确立也在于破除官吏个人的私好。《语书》第二部分即直接阐明了什么是"良吏"和什么是"恶吏"的内涵,竹简曰:[①]

> 凡良吏明法律令,事无不能也;又廉洁敦愨而好佐上;以一曹事不足独治也,故有公心;又能自端也,而恶与人辨治,是以不争书。恶吏不明法律令,不知事,不廉洁,无以佐上,偷惰疾事,易口舌,不羞辱,轻恶言而易病人,无公端之心,而有冒抵之治,是以善诉事,喜争书。争书,因伴瞑目扼腕以示力,吁谔疾言以示治,诓讪丑言麃斫以示险,阢闻强伉以示强,而上犹智之也。故如此者不可不为罚。发书,移书曹,曹莫受,以告府,府令曹画之。其画最多者,当居曹奏令、丞,令、丞以为不直,志千里使有籍书之,以为恶吏。

《语书》所说的"良吏",无疑是以法治为基础的,除了知法、明法外,还需要具备能干、廉洁、公心和端正四种品德。"恶吏"则与"良吏"相对,他"不明法律令,不知事,不廉洁,无公正之心"。《语书》所描绘的"良吏"或"恶吏",与《为吏之道》所说之"吏有五善""吏有五失"相去甚远。[②] 如果说《为吏之道》表达的是做官文化,或者"喜"个人的爱好的话,那么它确实可以反衬出竹简《语书》(作为官方文件)所包含的强硬的法治主义精神。

二、《语书》与秦法治主义的强化

秦简《语书》一共 14 竹简,作于秦王政二十年(前 227),即秦统一天下前 6 年,属于官府正式文告。竹简第一部分属于文告本身,第二部分则从法治主义的角度阐明了什么是"良吏"、什么是"恶吏"。第一部分主要反映了官家与乡土、秦法与民俗的对立,表现了秦人强化法治主义的强烈意图。这一部分竹简曰:

---

① 秦简《语书》文本,参看睡虎地秦墓竹简整理小组编《睡虎地秦墓竹简》,第 13—16 页。
② 所谓"吏有五失",《为吏之道》曰:"吏有五失:一曰夸以迣,二曰贵以泰,三曰擅制割,四曰犯上弗知害,五曰贱士而贵货贝。一曰见民倨傲,二曰不安其朝,三曰居官善取,四曰受令不偻,五曰安家室忘官府。一曰不察所亲,不察所亲则怨数至;二曰不知所使,不知所使则以权衡求利;三曰兴事不当,兴事不当则民□指;四曰善言惰行,则士无所比;五曰非上,身及于死。"

廿年四月丙戌朔丁亥，南郡守腾谓县、道啬夫：古者，民各有乡俗，其所利及好恶不同，或不便于民，害于邦。是以圣王作为法度，以矫端民心，去其邪僻，除其恶俗。法律未足，民多诈巧，故后有干令下者。凡法律令者，以教道（导）民，去其淫僻，除其恶俗，而使之之于为善也。今法律令已具矣，而吏民莫用，乡俗淫泆之民不止，是即废主之明法也，而长邪僻、淫泆之民，甚害于邦，不便于民。故腾为是而修法律令、田令及为奸私方而下之，令吏明布，令吏民皆明知之，毋距于罪。今法律令已布，闻吏民犯法为奸私者不止，私好、乡俗之心不变，自从令、丞以下知而弗举论，是即明避主之明法也，而养匿邪僻之民。如此，则为人臣亦不忠矣。若弗知，是即不胜任、不智也；知而弗敢论，是即不廉也。此皆大罪也，而令、丞弗明知，甚不便。今且令人案行之，举劾不从令者，致以律，论及令、丞。又且课县官，独多犯令而令、丞弗得者，以令、丞闻。以次传；别书江陵布，以邮行。

“廿年”，即秦王政二十年，公元前 227 年。这篇文告是由一位叫腾的南郡守以一副教训的口气对县、道啬夫发布的。文告不但是秦国和法家主张“以吏为师”的证据，而且直接体现了“乡俗”与“法律”的对立。竹简在肯定有些乡俗是恶俗的同时，断定法律令一般是善的。《语书》曰：“凡法律令者，以教道（导）民，去其淫僻，除其恶俗，而使之之于为善也。”其善恶判断很明显，秦国就是要以法、律、令三者针锋相对地教导和规范黎民百姓，使之归于为善，而否定了乡俗的价值和意义，要“去其淫僻，除其恶俗”。这种强调法律的规范作用和社会作用，而希望将乡俗文化改变为由法、律、令主导的规范文明，确实为秦在当时积极推行法治主义措施的重要表象。与此相对，竹简《为吏之道》则反对“变民习俗”，承认民俗或乡俗的社会价值。① 如果《为吏之道》确实早于《语书》的写作，那么二篇简书的这一尖锐对立，无疑反映了秦人从温和的法治主义走向了严

---

① 秦简《为吏之道》曰：“临事不敬，倨骄无人，苛难流民，变民习俗，须（懦）身遂过，兴事不时，缓令急征，决狱不正，不精于财，废置以私。”这些都是为吏所要戒除的行为举止。

厉的法治主义。日本学者工藤元男说:"这样看来,虽然秦法治主义的转换是从南郡设置的 20 年后(前 258)开始的,但它在统一六国过程中有一定的发展过程。初期的统治比较宽容,后来开始追求像《语书》所见那样强硬的一元化统治。喜历任南郡诸县的史、令史、治狱等官职的时期,正好在这个过程中。就是说,秦走向一元化统治,最后到了像《语书》所表明的地步。"又说:"在睡虎地秦简中,宽容基层社会习俗的具有容忍性的法治主义与追求一元化统治的严格的法治主义并存,这反映出秦法治主义的过渡性。正因为睡虎地秦简是带有过渡性质的文书,所以其记述往往含有互相矛盾的内容。"①他的推断是可取的。如果《为吏之道》《语书》大体作于同时,或者"喜"一面抄写《语书》另一面私下诵读和传抄《为吏之道》,那么这说明秦人在焚书坑儒之前所采取的仍然是温和、宽容的法家立场。根据《史记》的记载,实际情况很可能如此。

单凭《语书》本身来看,即可以直接反映法律本身的意志在秦国通过集权制(即郡县制)得到了贯彻:它正试图以强硬的姿势闯入乡族社会,破除所谓乡里恶俗,进而主宰这一民间社会,同时它也理所当然地闯入官员的私人空间,破除其所谓私好,从而建立起"公"对"私"("民间"和"个人")的权威,建立起法律的权威,建立起国家和君主的权威。需要指出,郡守腾以法律为武器,其所破除的不过是乡俗中的"恶俗",而不是全部乡俗! 全部乡俗的破除基本上是在现当代中国完成的。

第二节 秦始皇的哲学思想

秦始皇(前 259—前 210),姓嬴名政,又名赵政。《史记·吕不韦列传》说嬴政为赵姬所妊吕不韦之子,这未必可信。嬴政十三岁时,庄襄王

---

① 上引两段文字,参看工藤元男《睡虎地秦简所见秦代国家与社会》,广濑薰雄、曹峰译,第 365—366 页、第 366 页。工藤元男的论点受到了詹越、熊铁基论文的启示。参看詹越《斥"四人帮"在秦代史上的反动谬论》,《考古》1978 年第 3 期;熊铁基《释〈南郡守腾文书〉——读云梦秦简札记》,《中国史研究》1979 年第 3 期。

死,嬴政代立为秦王。秦王政二十六年,改称始皇帝。秦始皇的历史功绩主要有两条,其一为并诸侯,统一中国。自秦王政十三年(前234)至二十六年(前221),先后攻灭了韩、魏、楚、赵、燕、齐六国,吞并天下。其二为定制度,这包括皇帝、郡县、统一文字法度量衡、博士制度、巡守和以水德定制等。从思想上来看,秦始皇主要信奉和推崇法家哲学、五德终始说、皇帝功业说和神仙观念等。

一、秦朝的历史哲学:秦得水德之说

　　自秦孝公任用商鞅变法以来,法家逐渐成为秦国的主导思想,申、韩之术亦被秦始皇所信奉。秦始皇与李斯一道将法家哲学比较成功地运用于秦国和秦朝的政治实践。而在实施法家思想的过程中,秦始皇下令焚书和坑儒,制造了两起屡遭后世非议的严重事件。焚书发生于始皇三十四年(前213),这一事件确立了公学的垄断地位,昭示了强权即真理的国家原则。所谓以陛下"别白黑而定一尊""以吏为师",[1]即将韩非子的相关思想在行政和制度上落实了下来。坑儒事件发生在始皇三十五年(前212),其直接诱因源于方士卢生求奇药而不成,遂与侯生诽谤始皇,因惧诛而亡去。于是始皇大怒,"使御史悉案问诸生"治罪,结果"犯禁者四百六十余人,皆坑之咸阳"。[2]所坑之儒,乃广义的儒生,非独儒家之儒。"坑儒"对于中国知识分子的影响比"焚书"更大,它直接地威胁到士人肉体生命的安全。"焚书"和"坑儒",都是法家思想在秦朝发生现实作用的两个必然事件。

　　为了论证秦灭六国、统一天下的合理性,秦始皇君臣除了指斥六国的暴虐及申明天下分裂给百姓带来的巨大灾乱之外,还借用宣扬天命转移的德运说(五德终始说)来论证其夺取天下的合法性。五德终始说以五行相胜说为基础,火胜金,金胜木,木胜土,土胜水,水胜火。五行相胜

---

① 《史记·李斯列传》。
② 《史记·秦始皇本纪》。

说产生很早,在战国中后期之交,它被邹衍改造为五德终始说。邹衍为齐士,也是稷下诸先生之一。他"称引天地剖判以来,五德转移,治各有宜",拥有"谈天衍"的美誉。[①] 邹子首先将火、金、木、土、水五行肯定为五种基本的宇宙力量,认为它们是天命转移的载体与象征符号,然后认为它们是按照"从所不胜"[②]的先后次序来体现天命转移的,具体为虞土、夏木、商金、周火,而继周的王朝则当得水德。五德终始说既是历史哲学也是政治哲学。这种依五行从所不胜的模式来展现天命的转移,从而论证世间政权更迭之合理性的学说,很容易被秦国和秦朝统治阶级所认可和采纳。因为"胜克"观念本身即符合武力统一天下的特征,而"从所不胜"也符合秦代周为王的历史逻辑。另外,秦自襄公立国祠上帝以来即逐步接受和形成了五帝的观念,这为秦人接受五德终始说提供了思想准备。根据《吕览·应同篇》,秦在统一天下之前,五德终始说已经传入秦国,但是直到始皇称帝之后才被秦人正式采用。关于秦得水德,相关文献见下:

(1) 始皇推终始五德之传,以为周得火德,秦代周德,从所不胜。方今水德之始,改年始,朝贺皆自十月朔。衣服旄旌节旗皆上黑。数以六为纪,符、法冠皆六寸,而舆六尺,六尺为步,乘六马。更名河曰德水,以为水德之始。刚毅戾深,事皆决于法,刻削毋仁恩和义,然后合五德之数。于是急法,久者不赦。[③]

(2) 是时独有邹衍,明于五德之传,而散消息之分,以显诸侯。而亦因秦灭六国,兵戎极烦,又升至尊之日浅,未暇遑也。而亦颇推五胜,而自以为获水德之瑞,更名河曰"德水",而正以十月,色上黑。然历度闰余,未能睹其真也。[④]

(3) 自齐威、宣之时,邹子之徒论著终始五德之运,及秦帝而齐

---

① 《史记·孟子荀卿列传》。
② 《淮南子·齐俗篇》许慎《注》引《邹子》,参看何宁《淮南子集释》卷十一,第789页,北京,中华书局,1998。
③ 《史记·秦始皇本纪》。
④ 《史记·历书》。

人奏之，故始皇采用之。①

（4）秦始皇既并天下而帝，或曰：黄帝得土德，黄龙地螾见。夏得木德，青龙止于郊，草木畅茂。殷得金德，银自山溢。周得火德，有赤乌之符。今秦变周，水德之时。昔秦文公出猎，获黑龙，此其水德之瑞。于是秦更命河曰德水，以冬十月为年首，色上黑，度以六为名，音上大吕，事统上法。②

（5）战国扰攘，秦兼天下，未皇暇也，亦颇推五胜，而自以为获水德，乃以十月为正，色上黑。③

从这五条文献来看，第一，秦始皇称帝之后才采用五德终始说，且它是由齐人上奏的，而不是直接采自吕不韦门下。第二，上奏五德终始之说既是为了论证秦得天下的合理性，同时也是为了劝说秦始皇采纳阴阳家的理论以定制度。"今秦变周"当得"水德之时"，与秦文公（前765—前716在位）获黑龙的符瑞相应。这里，符瑞启示于前，而推断秦得水德在后。第三，秦得水德的确定在秦王嬴政改称始皇帝之同年，并依水德改制，如以十月为年始、色上黑、数以六为纪等。值得注意的是，秦由得水德而强化了法家刻薄寡恩的特征，所谓"刚毅戾深，事皆决于法，刻削毋仁恩和义，然后合五德之数"是也。当然，在此需要将廷尉李斯与秦始皇略作区别，前者并不主张如此之"急法"。④

总之，"革命"及改代更制之合理性的论证，在战国中晚期之交已从周人所谓"以德配天"转变为邹衍的"五德终始转运"之说。前者以主观的德行自省、修养为配天的依据，后者则以客观的命数转运来说明世间王朝更替的合理性。就秦始皇的性格来说，后者更适合其论证的需要。虽然如此，但这并不是说秦始皇完全无视君主个人之"德"。在主观意识

---

① ②《史记·封禅书》。

③《汉书·律历志上》。

④ 李斯与秦始皇、二世对于法家的作用和态度不是完全相同的，这可以参看《史记·李斯列传》，如李斯狱中上书二世曰："缓刑罚，薄赋敛，以遂主得众之心，万民戴主，死而不忘。罪七矣。"这跟儒家的主张相合。

上,其实他是德业并重的。

二、作为君主理想的"皇帝"观念与秦人的道德观

"皇帝"尊号的设立,本是秦始皇君臣将始皇之功业与三皇五帝相比并的结果。从《史记·秦始皇本纪》来看,这其中也包含了道德的因素;或者说,道德因素也是秦王政可以配上"皇帝"尊号的一个基本理由。同时,这一尊号本身也是法古折中的一个结果。不过,从政治体制的构设来看,"皇帝"在随后的中国历史中不幸逐渐演变为君主独断专制者的代名词。甚至在秦始皇之当时,他除谥法,并希望自始皇帝之后,"二世三世至于万世,传之无穷"①,这种想法本身——即垄断天下之权源永为一家之私有的想法——已将"皇帝"观念在逻辑上推向了专制集权之代名词的地步。虽然如此,在政治及与其相关涉的文化转型时期,秦始皇在享受"皇帝"这一尊号的同时,从一个角度来看也传达出他尊重道德的观念。

秦人重德的历史十分悠久,今不俱论。这个"德"的观念包括天命有德和世教之道德两个方面。巡守和封禅,与皇帝制相配,它们也属于古制。始皇二十八年(前219),登泰山,立石诵秦德,其刻辞曰:"本原事业,祗诵功德。"又曰:"贵贱分明,男女礼顺,慎遵职事。"同年,南登琅邪,作琅邪台,立石,诵秦德曰:"以明人事,合同父子。圣智仁义,显白道理。"又曰:"尊卑贵贱,不逾次行。"又曰:"六亲相保,终无寇贼。驩欣奉教,尽知法式。"又曰:"昭明宗庙,体道行德,尊号大成。"二十九年(前218),登之罘,立石,其刻辞有曰:"外教诸侯,光施文惠,明以义理。"其东观刻辞曰,"皇帝明德,经理宇内"。又曰:"群臣嘉德,祗诵圣烈,请刻之罘。"三十二年(前215)之碣石,其刻辞曰:"皇帝奋威,德并诸侯,初一泰平。"在三十四年(前213)下焚书令之前,秦始皇在巡守过程中反复宣扬并以为荣耀的乃是将统一天下的盖世功业主要看作"德明"的结果,并且在较大

---

① 《史记·秦始皇本纪》。

程度上肯定了儒家赞同维系家庭和社会的基本伦理观念。而即使在焚书坑儒之后，秦始皇仍在一定程度上保持了崇德的观念，例如三十七年（前210）上会稽，立石刻，诵秦德，云"德惠修长""圣德广密"等。①

秦代非常重视刑罚，这主要是从统治手段上来说的，但是从目的和内容来看，世间基本伦理仍然受到了秦法的保护，或者说，世间基本伦理以法律的形式表现了出来，这可以参看云梦睡虎地法律类秦简。值得一提的是，睡虎地秦简有一篇名为《为吏之道》的文章，其中有不少地方与儒家思想一致。由此可见，儒家虽然在秦朝受到严重的裁抑和打击，但是那些能够与世教相符合的基本伦理思想，还是居于秦法及皇权的大力保护之下。

三、形神、方术与政治

古人由于医疗条件不足、水平有限等原因，寿命的长短遂成为一个大家普遍关心的重要问题，对此秦始皇也不例外。《史记·秦始皇本纪》曰："天下之事无小大皆决于上，上至以衡石量书，日夜有呈，不中呈不得休息。贪于权势至如此，未可为求仙药。"从一个方面来看，秦始皇勤勉于政事，可以算得上是一个优秀的皇帝；但是从另一个方面来看，正如侯生、卢生所云，其勤政也是其严重"贪于权势至如此"的一种具体表现。秦始皇五十岁即驾崩，在一定意义上说他是累死的，被自己对于权势的贪欲害死的。其实，秦始皇对自己很了解，统一天下之后不久，他即对长生之术及寻找奇药、仙人产生了浓厚的兴趣。奇药仙人的传说作俑于战国中期的燕齐方士，在战国晚期产生了广泛的影响。在《庄子》内外杂篇中都可以看到广泛运用方仙术的文本例子。不过，庄子及其学派只是借用了这些仙话，其实成为真人、神人、至人还得依靠个人的内在修养。方仙术与庄子学派不同，方士们突破了在世之生命由魂魄变现的传统观念，而认为人的肉体生命可以借助于奇药的神妙作用而得以长生不老或

---

① 以上引文，俱见《史记·秦始皇本纪》。

成仙。应当说,这是关于生命自身的一次哲学观念的大转变。

《史记·秦始皇本纪》曰:

> (1)(二十八年)既已,齐人徐市等上书,言海中有三神山,名曰蓬莱、方丈、瀛洲,仙人居之。请得斋戒,与童男女求之。于是遣徐市发童男女数千人,入海求仙人。

> (2)三十二年,始皇之碣石,使燕人卢生求羡门、高誓……因使韩终、侯公、石生求仙人不死之药……燕人卢生使入海还,以鬼神事,因奏录图书,曰"亡秦者胡也"。始皇乃使将军蒙恬发兵三十万人北击胡,略取河南地。

> (3)(三十七年)还过吴,从江乘渡。并海上,北至琅邪。方士徐市等入海求神药,数岁不得,费多,恐谴,乃诈曰:"蓬莱药可得,然常为大鲛鱼所苦,故不得至,愿请善射与俱,见则以连弩射之。"始皇梦与海神战,如人状。问占梦,博士曰:"水神不可见,以大鱼蛟龙为候。今上祷祠备谨,而有此恶神,当除去,而善神可致。"乃令入海者赍捕巨鱼具,而自以连弩候大鱼出射之。自琅邪北至荣成山,弗见。至之罘,见巨鱼,射杀一鱼。遂并海西。

秦始皇对于长生之术及寻找仙人、不死之药产生了浓厚的兴趣,毫无疑问,这源于人悦生恶死的自然情感和他对于生死的高度关心。方士徐市、卢生等人上书言神仙、不死之药,这不但勾起了秦始皇企求长生的强烈愿望,而且由此也严重地影响了他的政治判断及对维系帝国统治的思考。公元前219年,秦始皇派遣方士徐市率领数千童男童女"入海求仙人"。公元前210年,秦始皇北至琅琊(即琅邪),徐市"求神药"不得,惧诛,于是诈言之所以不能得到蓬莱神药,乃由于"常为大鲛鱼所苦,故不得至"。是夜,秦始皇就梦见自己"与海神战,如人状",达到了神魂颠倒、梦寐以求乃至心理极度焦虑的地步。方士燕人卢生"使入海还"而上奏"亡秦者胡也"谶语,秦始皇竟然听信其言,下令将军蒙恬发兵三十万人北击胡人。公元前212年,始皇听信卢生有关"真人"的说法而改变制度;后来,卢生与侯生诽谤秦始皇并亡去,始皇闻讯大怒,"使御史悉案问诸生",由此导致了所谓"坑儒"事件。① 长子扶苏因谏得罪,"始皇怒,使扶苏北监蒙恬于上郡"②,秦朝继统的根基由此发生了严重动摇。

总之,秦始皇寻求不死之药的动机既出于他对世俗权势的贪求,也出于人皆有之的悦生恶死的自然情感。他不满足于世俗所谓延年之术的说教,而祈求长生之方、不死之药,企图以此超脱生死,而入于不生不死的仙人境界。这种想法符合人们对于生命神化的愿望,但是它是建立在不正确的生命认识的基础上的。如果位居人极的皇帝迷恋上了这种荒诞想法,并且单纯依靠外因("奇药")而企图将肉体生命升华到不死不朽之境,那么由此产生的政治危害可能是非常巨大的。需要指出的是,这种方仙术的观念并不因为秦始皇的遽尔死去而自动废止,反而因为所谓"不死之药"的神奇传说,此后即不断诱发人们对于生命的仙化幻想。

第三节　李斯的法家哲学

秦孝公与商鞅,秦始皇与李斯,都是法家思想的积极实践者和推行者。李斯(约前280—前208),楚上蔡人。年少时曾为郡小吏,后从荀卿学帝王之术,与韩非为同学。公元前249年,西游入秦,不久庄襄王卒,不得已乃求为吕不韦舍人。李斯在秦的活动大抵可以分为三个时期:第一从为郎至廷尉时期,第二为始皇丞相时期,第三为二世丞相时期。

一、始皇时期的李斯思想

在第一个时期,李斯为郎官,游说秦王,坚定了秦王嬴政吞并六国、统一天下而成就帝业的决心。随后,他被拜为客卿。后来,遇郑国间秦,

---

①②《史记·秦始皇本纪》。

秦王下逐客令，"非秦者去，为客者逐"①，李斯乃上《谏逐客书》。是书力陈人才对于成就帝业的重要性，建议秦王应当宽大为怀，而尽纳天下英才。

在第二个时期，始皇三十四年（前213），齐人淳于越当庭谏议师古以分封子弟功臣，由此引发了一场儒法的思想斗争。李斯是法家的坚定信仰者、维护者和实践者，他上书驳斥了淳于越的师古妄议，并请求禁书：

> 古者天下散乱，莫之能一，是以诸侯并作，语皆道古以害今，饰虚言以乱实，人善其所私学，以非上之所建立。今皇帝并有天下，别黑白而定一尊。私学而相与非法教，人闻令下，则各以其学议之，入则心非，出则巷议，夸主以为名，异取以为高，率群下以造谤。如此弗禁，则主势降乎上，党与成乎下。禁之便。臣请史官非秦记皆烧之。非博士官所职，天下敢有藏诗、书、百家语者，悉诣守、尉杂烧之。有敢偶语诗书者弃市。以古非今者族。吏见知不举者与同罪。令下三十日弗烧，黥为城旦。所不去者，医药卜筮种树之书。若欲有学法令，以吏为师。②

秦始皇认可李斯的提议，随即颁布了禁书令。禁书令的颁布，对于中国文化及精神的影响甚大。从李斯上书来看，禁书令赫然确立了"强权即真理"的原则，同时开启了此后几乎中国历代政权走上摒弃私学而确保公学之垄断地位的管治道路。禁书令包括"今皇帝并有天下，别黑白而定一尊"、焚烧《诗》《书》百家语及"以吏为师"等内容。从目的来看，禁书令就是为了统一思想，维护法家的垄断地位，消除诸子尤其是儒家在政治、文化、教育上的影响，从而巩固皇帝的绝对权威。从统一国家的形成要求其具有相应的、统一的意识形态来看，李斯的提议有一定的合理性，但是统治集团以此为借口来严格限制私学、禁绝非议，并确保权势对于文化和教育的绝对支配地位，其危害是极其深远、巨大的。焚书之

---

① 《史记·李斯列传》。
② 《史记·秦始皇本纪》。这段话亦见《史记·李斯列传》，唯文辞小异。

后接着是坑儒事件（前212），前后相仍，其有以夫！

二、二世与李斯的哲学："肆意极欲"的权力享乐主义与刻薄至极的"督责之术"

在第三个时期，李斯的哲学与秦二世的哲学紧密地联系在一起，或者说李斯的哲学直接反映了秦二世的哲学。二世（前209—前207在位）名胡亥，为秦始皇少子。公元前210年，他陪秦始皇东巡，在返回京城咸阳、途经沙丘的时候始皇驾崩，他与赵高、李斯密谋，立自己为太子，赐公子扶苏、大将蒙恬自尽，随后袭位为二世皇帝。二世暴虐无道，统治数年即致秦亡。胡亥信奉法家哲学，但他信奉的是"繁刑严诛，吏治刻深"[1]的极端法家观点和皇帝"肆意极欲"[2]的权力享乐论。一次，二世责问李斯说：

> 吾有私议而有所闻于韩子也，曰"尧之有天下也，堂高三尺，采椽不斫，茅茨不翦，虽逆旅之宿不勤于此矣。冬日鹿裘，夏日葛衣，粢粝之食，藜藿之羹，饭土匦，啜土铏，虽监门之养不觳于此矣。禹凿龙门，通大夏，疏九河，曲九防，决渟水致之海，而股无胈，胫无毛，手足胼胝，面目黎黑，遂以死于外，葬于会稽，臣虏之劳不烈于此矣"。然则夫所贵于有天下者，岂欲苦形劳神，身处逆旅之宿，口食监门之养，手持臣虏之作哉？此不肖人之所勉也，非贤者之所务也。彼贤人之有天下也，专用天下适己而已矣，此所以贵于有天下也。夫所谓贤人者，必能安天下而治万民，今身且不能利，将恶能治天下哉！故吾愿赐志广欲，长享天下而无害，为之奈何？[3]

尧、禹为了天下人的福利而苦形劳神，被后世称颂为圣人，然而秦二世不以为然。他认为，像尧禹苦形而劳神之所为，乃"不肖人之所勉也，非贤者之所务也"。真正拥有天下的贤人，在他看来，就应当倾尽天下之

---

① 贾谊：《过秦论》，参看《史记·秦始皇本纪》。
② 《史记·秦始皇本纪》。
③ 《史记·李斯列传》。这段话亦见同书《秦始皇本纪》，唯所记小异。

所有以满足自己无穷无尽的欲望——而这正是人君之所以贵有天下、乐为天子的原因。二世的这种看法，乃是一种极端自私自利的权力享乐主义哲学观念。这一观念导源于战国中后期治身与治天下孰轻孰重、孰先孰后的辩论，在那时这是诸子间争论得颇为热烈的一个话题。[①] 从生命哲学的角度来看，这种辩论具有一定的意义。但是从政治哲学的角度来看，人君如果以利己自适为第一位，那么其危害性将是非常巨大的。对于皇帝而言，"利身"与"安天下而治万民"之间具有高度的相关性。二世也意识到这一点，但是他仍然优先要求享受作为人君拥有天下的那种肆意极欲的快乐。二世的这一要求彻底突破了人们关于人君的传统价值观，在自我焦虑之中二世遂责问李斯"吾愿赐（赐，尽也）志广欲，长享天下而无害，为之奈何"的问题。李斯屈从了这一无理的要求，他上书对以"督责之术"。

所谓"督责之术"，《史记·李斯列传》曰：

> 夫贤主者，必且能全道而行督责之术者也。督责之，则臣不敢不竭能以徇（殉）其主矣。此臣主之分定，上下之义明，则天下贤不肖莫敢不尽力竭任以徇（殉）其君矣。是故主独制于天下而无所制也。能穷乐之极矣，贤明之主也，可不察焉！

> 故申子曰"有天下而不恣睢，命之曰以天下为桎梏"者，无他焉，不能督责，而顾以其身劳于天下之民，若尧、禹然，故谓之"桎梏"也。夫不能修申、韩之明术，行督责之道，专以天下自适也，而徒务苦形劳神，以身徇（殉）百姓，则是黔首之役，非畜天下者也，何足贵哉！夫以人徇（殉）己，则己贵而人贱；以己徇（殉）人，则己贱而人贵。故徇（殉）人者贱，而人所徇（殉）者贵，自古及今，未有不然者也。凡古之所为尊贤者，为其贵也；而所为恶不肖者，为其贱也。而尧、禹以身徇（殉）天下者也，因随而尊之，则亦失所为尊贤之心矣！夫可谓

---

① 参看《老子·十三章》《庄子·让王》《吕氏春秋·审为》《墨子·贵义》。此外，杨朱有相关论述。

大缪（谬）矣。谓之为"桎梏"，不亦宜乎？不能督责之过也。

故韩子曰"慈母有败子而严家无格虏"者，何也？则能罚之加焉必也。故商君之法，刑弃灰于道者。夫弃灰，薄罪也，而被刑，重罚也。彼唯明主为能深督轻罪。夫罪轻且督深，而况有重罪乎？故民不敢犯也。是故韩子曰"布帛寻常，庸人不释，铄金百溢（镒），盗跖不搏"者，非庸人之心重，寻常之利深，而盗跖之欲浅也；又不以盗跖之行，为轻百镒之重也。搏必随手刑，则盗跖不搏百镒；而罚不必行也，则庸人不释寻常。是故城高五丈，而楼季不轻犯也；泰山之高百仞，而跛牂牧其上。夫楼季也而难五丈之限，岂跛牂也而易百仞之高哉？峭堑之势异也。明主圣王之所以能久处尊位，长执重势，而独擅天下之利者，非有异道也，能独断而审督责，必深罚，故天下不敢犯也。今不务所以不犯，而事慈母之所以败子也，则亦不察于圣人之论矣。夫不能行圣人之术，则舍为天下役何事哉？可不哀邪！

且夫俭节仁义之人立于朝，则荒肆之乐辍矣；谏说论理之臣间于侧，则流漫之志诎矣；烈士死节之行显于世，则淫康之虞废矣。故明主能外此三者，而独操主术以制听从之臣，而修其明法，故身尊而势重也。凡贤主者，必将能拂世磨俗，而废其所恶，立其所欲，故生则有尊重之势，死则有贤明之谥也。是以明君独断，故权不在臣也。然后能灭仁义之涂，掩驰说之口，困烈士之行，塞聪揜明，内独视听，故外不可倾以仁义烈士之行，而内不可夺以谏说忿争之辩。故能荦然独行恣睢之心而莫之敢逆。若此，然后可谓能明申、韩之术，而修商君之法。法修术明而天下乱者，未之闻也。故曰"王道约而易操"也。唯明主为能行之。若此则谓督责之诚，则臣无邪，臣无邪则天下安，天下安则主严尊，主严尊则督责必，督责必则所求得，所求得则国家富，国家富则君乐丰。故督责之术设，则所欲无不得矣。群臣百姓救过不给，何变之敢图？若此则帝道备，而可谓能明君臣之术矣。虽申、韩复生，不能加也。

在这份奏书中,李斯因故不得不阿奉二世之意,而对以所谓"督责之术"。所谓"督责之术"包括三个要点,第一,李斯在书中否定了尧、禹之行的价值,认为他们终生苦形劳神,以身殉百姓、天下,这不是至贵之人所应当做的事情,而是黔首之所为。在李斯看来,"以人徇己"乃"己贵而人贱","以己徇人"乃"己贱而人贵"。根据这种人生哲学,至贵之人(皇帝)就完全应当享受天下至极的快乐,且唯有肆意极欲才能体现出其身的尊贵。与此相对,"天下"乃适为尧、禹之"桎梏","天下"之"重任"让尧、禹完全丧失了作为人君的自由。进一步,尧、禹之所以"以天下为桎梏"的原因,在李斯、二世看来乃在于他们不能行督责之术。第二,所谓督责之术,即是在面对至轻之罪(例如弃灰于道),人主也能够深督(督,责罚也)之以重刑,而罚罪无赦。李斯认为,人主"能独断而审督责,必深罚",这是天下人之所以不敢冒犯君上而"明主圣王"之所以能够长久保持至尊权势且独擅天下之利的原因。第三,李斯认为,人主应当"独操主术以制听从之臣",而将节俭仁义之人、谏说论理之臣和死节之烈士从朝廷扫荡出去。"凡贤主者,必将能拂世磨俗,而废其所恶,立其所欲",这是将君主的权力随心所欲地发挥至极的又一种所谓"肆意极欲"。在此,天下所有的人,包括一人之下的丞相也不过是皇帝实现其"肆意极欲"的工具。

史载:"书奏,二世悦。于是行督责益严,税民深者为明吏。二世曰:'若此则可谓能督责矣。'刑者相半于道,而死人日成积于市。杀人众者为忠臣。二世曰:'若此则可谓能督责矣。'"①二世之暴虐有过于桀纣!

总之,李斯通过阐释所谓"督责之术",而将申子之所谓"术"和法家"刻薄寡恩"之意推向了极致②,以此来保证二世作为人君"肆意极欲""赐

---

① 《史记·李斯列传》。
② 《史记·老子韩非列传》,裴骃《集解》引刘向《新序》云:"申子之书言人主当执术无刑,因循以督责臣下,其责深刻,故号曰'术'。商鞅所为书号曰'法'。皆曰'刑名',故号曰'刑名法术之书'。"(《史记》卷六三,第2146—2147页,北京,中华书局,1959)李斯、二世将申子之术推向了极端。

志广欲"享受至尊位势和至高权力的极端欲求。这就完全摒弃了圣君(尧、禹)苦形劳神以为天下的传统规范,而将个人自身的利益及其欲望的满足作为设立君主的最高目的,或以此作为规定君主至尊身份的根本内涵。毫无疑问,这是一种极端自私自利而以权力享受为要旨的君主观,极端严重地背离了民本思想,而极大地瓦解了统治集团内部的团结,并迫使底层民众最大限度地敌视现存政权,其至最终不得不走向拼死反抗的道路。简言之,二世所信奉的以绝对君权为基础的极端权力享乐主义和刻薄至极的督责之术,乃是秦朝迅速走向灭亡的重要原因。

需要指出,李斯虽然极力倡导法家哲学,但是他显然反对极端的法家主义和过度用刑擅势的权术主义。他以"督责之术"上对二世之问,虽然与他的法家主张有一定的关联,也出自其手笔,但是可以肯定这并非其本意。"督责之术"乃李斯迫于二世的淫威而不得不如此曲奉之、杜撰之而已。而秦二世所认可和实践的高度权力异化的法家,特别是所谓"督责之术"给正统法家蒙上了一层厚重的污垢。

第二章　杂糅与会通：《吕氏春秋》的哲学思想

第一节　吕不韦与《吕氏春秋》

一、吕不韦其人

　　吕不韦(？—前235)，据《战国策》卷七《秦五·濮阳人吕不韦章》的记载，为卫国濮阳(今河南濮阳县西南)人。他本是一名商人[1]，后来通过投资秦公子子楚而当上了秦国的丞相；嬴政继位为王，吕不韦号称仲父。他主编了《吕氏春秋》，在中国哲学和思想上作出了一定的贡献。

　　吕不韦一生干的第一件大事就是帮助秦公子子楚(原名"异人")立为安国君(孝文王，前302—前250)的嫡嗣。秦昭襄王四十年(前267)，太子死，安国君被立为太子。安国君有亲生儿子二十余人，子楚居于中间。当时子楚在赵都邯郸做人质，吕不韦以为"奇货可居"，成功地帮助他立为嫡嗣。[2] 公元前250年，安国君薨，子楚继位(庄襄

---

[1]《史记·吕不韦列传》说吕氏为"阳翟(今河南禹州市)大贾"，"家累千金"。
[2]《史记·吕不韦列传》曰："(吕不韦对子楚曰)不韦虽贫，请以千金为子西游，事安国君及华阳夫人，立子为适嗣。"

王)。庄襄王随即"以吕不韦为丞相,封为文信侯,食河南雒阳十万户"①。公元前246年,秦王政立,"尊吕不韦为相国,号称'仲父'"②,位居人臣之极。

不过,秦王政九年(前238),因嫪毐与太后淫乱之事发,且"事连相国吕不韦",大祸随后降临在吕不韦的头上。次年十月,吕不韦被解除相国职务,并逐出咸阳,迁于河南封地。一年多后,秦王政又赐书谴责吕不韦,曰:"君何功于秦? 秦封君河南,食十万户。君何亲于秦? 号称仲父。其与家属徙处蜀!"③吕不韦恐诛,于是饮鸩自杀。司马迁曾评价吕不韦道:"孔子之所谓'闻'者,其吕子乎!"④即认为吕不韦是那种为了达到出名的目的,而不会顾及他人和后果的人,德行修养十分缺乏。

二、《吕氏春秋》的编写及其相关问题

吕不韦一生干的第二件大事,就是在他被秦王政任命为相国之后,召集门客编写了《吕氏春秋》一书。《吕氏春秋》又名《吕览》。《史记·吕不韦列传》曰:

> 当是时,魏有信陵君,楚有春申君,赵有平原君,齐有孟尝君,皆下士喜宾客以相倾。吕不韦以秦之强,羞不如,亦招致士,厚遇之,至食客三千人。是时诸侯多辩士,如荀卿之徒,著书布天下。吕不韦乃使其客人人著所闻,集论以为《八览》《六论》《十二纪》,二十余万言。以为备天地万物古今之事,号曰《吕氏春秋》。布咸阳市门,悬千金其上,延诸侯游士宾客有能增损一字者予千金。

首先,我们来看《吕氏春秋》的写作时间。《吕览》一书应当作于秦王

---

①②③④《史记·吕不韦列传》。

政即位之初,成于秦王政六年(前241)。① 不过,司马迁在《报任安书》中说"不韦迁蜀,世传《吕览》"②,此说又见《史记·太史公自序》。那么,《吕氏春秋》到底是什么时候写成的? 这是一个问题。现在看来,《报任安书》《太史公自序》所谓"不韦迁蜀,世传《吕览》",乃司马迁一时激愤之辞,未为信据。《吕氏春秋》其实在徙蜀令下达前数年已经编成,而事实上吕氏自杀,并没有迁往蜀地。

其次,吕不韦是编写《吕氏春秋》的组织者和指导者,《吕氏春秋》在一定程度上贯穿了他的思想,但他不是此书的直接作者。吕氏激于当时辩士著书可以影响朝廷和天下,于是召集门客"人人著所闻,集论以为《八览》《六论》《十二纪》,二十余万言"③,可见《吕氏春秋》的直接作者乃是他的门客。这里,有一个问题:在《吕氏春秋》的作者群中为何没有留下任何一个作者的具体名字呢? 原因大概有二,一者先慑于吕不韦的权势,二者后惧怕受到嫪毐、吕不韦案的牵连,于是这些真正的作者只能隐忍下来,不敢自著其名了。关于慑于吕不韦的权势,汉儒高诱有评论。书编撰出来后,吕不韦曾经将《吕览》公布于咸阳市门,"延诸侯游士宾客有能增损一字者予千金",但其真正用意恐怕在于一自卖自夸,二延请游士、宾客来做宣传和吹捧——哪里会是专门邀请他们来吹毛求疵的呢? 高诱《吕氏春秋序》即曰:"时人无能增损者。诱以为时人非不能也,盖惮相国,畏其势耳。"诚哉是言!

再其次,关于《吕氏春秋·八览》《六论》《十二纪》的次序,古今有三种说法。第一种,《史记·吕不韦列传》《十二诸侯年表序》说为《八览》《六论》《十二纪》,这是司马迁的说法。由于《八览》排在《六论》《十二纪》之前,故太史公在《报任安书》中将《吕氏春秋》省称为《吕览》。第二种,

---

① 《吕氏春秋·季冬纪·序意》曰:"维秦八年,岁在涒滩。秋甲子朔,朔之日,良人请问《十二纪》,文信侯曰……"高诱《注》曰:"八年,秦始皇即位八年也。"学者或说"八年"当作"六年"。参看王利器《吕氏春秋注疏》,第1204—1207页,成都,巴蜀书社,2002。按,本书凡引《吕览》及校正文字,均见王利器此书。
② 《汉书·司马迁传》。
③ 《史记·吕不韦列传》。

为今传高诱注本,高氏《吕氏春秋序》曰:"为《十二纪》《八览》《六论》,合十余万言。"《序》末云"凡十七万三千五十四言",与太史公所说"二十余万言"不同。大概至高诱注书时,《吕氏春秋》已脱佚不少文字。第三种,今人王利器认为《吕氏春秋》古本顺序当为《六论》《十二纪》《八览》。① 笔者认为,古本顺序仍当以司马迁说为正,高本次序乃其调整过的结果。《十二纪》末有《序意》一篇,根据古书通例,当在全书之末②,可为太史公说的明证。

最后,《吕氏春秋》以"春秋"命名,乃吕不韦效法孔子作《春秋》,以当王法的结果。《史记·十二诸侯年表序》曰:"(孔子)西观周室,论史记旧闻,兴于鲁而次《春秋》,上记隐,下至哀之获麟,约其辞文,去其烦重,以制义法,王道备,人事浃。七十子之徒口受其传指,为有所刺讥褒讳挹损之文辞不可以书见也。鲁君子左丘明惧弟子人人异端,各安其意,失其真,故因孔子史记具论其语,成《左氏春秋》。铎椒为楚威王傅,为王不能尽观《春秋》,采取成败,卒四十章,为《铎氏微》。赵孝成王时,其相虞卿上采《春秋》,下观近势,亦著八篇,为《虞氏春秋》。吕不韦者,秦庄襄王相,亦上观尚古,删拾《春秋》,集六国时事,以为《八览》《六论》《十二纪》,为《吕氏春秋》。"孔子编次《春秋》,其旨甚大,"以制义法,王道备,人事浃"。《史记·儒林传》曰:"(孔子)因史记作春秋,以当王法,其辞微而指博,后世学者多录焉。"所谓"以制义法""以当王法",两汉学者对此多有申述。《吕氏春秋》的得名,乃吕氏效仿左丘明、铎椒、虞卿作书之成例,而归本于孔子作

---

① 王利器并说:"《吕氏春秋》以《十二纪》为首,盖受唐明皇删定《月令》之影响。"参看王利器《吕氏春秋注疏序》,载王利器《吕氏春秋注疏》,第 10 页。
② 杨树达说:"古书自述作书之意者,其文皆殿全书之末,《庄子·天下》《淮南·要略》《太史公自序》《汉书·叙传》《论衡·自纪》之类是也。此书独在篇中者,乃后人移易《吕书》次第致然,盖今本次第非《吕书》之旧故也。据《史记·吕不韦传》及《十二诸侯年表序》述《吕氏春秋》皆以《八览》《六论》《十二纪》为次,知《十二纪》本在《八览》《六论》之后,则此篇本在全书之末也。"转见王利器《吕氏春秋注疏》,第 1203—1204 页。

《春秋》之意的结果。① 司马迁说《吕氏春秋》"以为备天地万物古今之事",即所谓"以制义法,王道备,人事浃"之意。董仲舒《天人对策》一曰"孔子作《春秋》,先正王而系万事,见素王之文焉",又曰"孔子作《春秋》,上揆之天道,下质诸人情,参之于古,考之于今"②,可见《春秋》所制之义法、王法,至少在汉人看来即存在于古今之事、天人之际中。由此可见《吕氏春秋》的本旨当是吕氏面对天下统一的历史大势,而力图为即将统一天下的秦王朝构建一个初步的王法系统。不过,《吕氏春秋》虽然合乎吕氏的性格和设想,但是并不合乎秦王朝的历史特征及秦始皇的个人性格,它所拟构的哲学,除了德运说之外,无论在秦国还是在秦朝大多没有被肯定和实行下去。

总之,《吕氏春秋》包括《十二纪》《八览》《六论》,共二十六卷,一百六十篇,十七万余字。"二十六卷",即《汉书·艺文志》所说"二十六篇"。《十二纪》对应十二月,每纪五篇,共六十篇,外加《序意》一篇。《八览》对应八节,每览八篇,共六十四篇(《有始览》缺第八篇)。《六论》以"六"为数,与水德相应,每论六篇,共三十六篇。从形式上来,《吕氏春秋》的篇章结构似乎很系统和很完整,不过从汉人的学派观念来看,《吕氏春秋》的内容非常驳杂,故《汉志》列入杂家。对于此书,班固评论道:"兼儒、墨,合名、法,知国体之有此,见王治之无不贯,此其所长也。"③具体说来,《吕氏春秋》包括阴阳、道、法、兵、农、儒、墨、纵横等家的思想。高诱《序》曰:"然此书所尚,以道德为目标,以无为为纲纪,以忠义为品式,以公方为检格,与孟轲、孙卿、淮南、扬雄相表里也,是以著在《录》《略》。"吕不韦杂取诸家而自成一家之言,其目的无非为了王治,或者说为了即将统一天下的新王朝(秦国)的统治服务。

---

① 《史记·太史公自序》曰:"(壶遂曰)孔子之时,上无明君,下不得任用,故作《春秋》,垂空文以断礼义,当一王之法。"《汉书·董仲舒传》载仲舒《对策》曰:"孔子作《春秋》,先正王而系万事,见素王之文焉。"
② 《汉书·董仲舒传》。
③ 《汉书·艺文志·诸子略》。

第二节　天道观与历史哲学

一、天道观：本体论与圜道观

1.《仲夏纪·太乐》的本体论和《季春纪·圜道》的圜道观

《吕氏春秋》的本体论见之于《仲夏纪·太乐》篇，为道家哲学。天道观则见于《季春纪·圜道》《十二纪》各篇和《有始览·应同》，属于阴阳家哲学。前者提出了"太一即道"的新观念，后者则分别以圜道观、物类关联思维和五德终始说为主要内容。其中《圜道》的圜道观可以直接纳入《十二纪》的思想系统中。在《十二纪·序意》中，吕不韦认为天地的大圜、大矩之道是君主应当取法的对象，而《十二纪》就是以大圜、大矩之道为其论说根据的。而《应同》的五德终始说则属于当时流行的政治哲学和历史哲学。

先看《太乐》"太一即道"的本体论。《仲夏纪·太乐》的本意是阐述音乐之所从来及所以和调天下、国家的重大问题，但是其中包含了非常重要的哲学思想。《太乐篇》认为音乐在本质上是一种"度量"（"数"）的和谐，它"本于太一"。"太一"是最高的本体，它既是"度量"的本源，也是"度量"的高度统一。从生成论来看，"太一出两仪，两仪出阴阳"，阴阳的变化既能成就亦能毁灭万物，《太乐》说"万物所出，造于太一，化于阴阳"，也是此意。总之，天地、阴阳、日月星辰和四时万物都是由"太一"造生出来的。

"太一出两仪"的说法，大致综合了《易·系辞》"太极生两仪"和楚竹书《太一生水》的思想。据高诱《注》"两仪，天地也"，可知"太一出两仪"还融合了天地合气而生物的思想。"天地"对"万物"而言，是万物所由生的仪则。"阴阳"即阴阳之气，具体事物的流形成体即是由此二气的离合所导致的。不但如此，《太乐》篇还认为"太一"即是"道"，并论述了"道"的本体特性。是篇曰：

> 道也者,视之不见,听之不闻,不可为状。有知不见之见、不闻
> 之闻、无状之状者,则几于知之矣。道也者,至精也,不可为形,不可
> 为名,强为之谓之太一。

本体之"道",不可见,不可闻,不可名状,是一超越的存在。此种阐述,本自通行本《老子》第十四章,《太乐》作了继承。而这种"不可为形,不可为名"的"至精"之"道",《太乐》云"强为之谓之太一",这即是说"太一"乃本体之道的"强名"。通行本《老子》第三十九章所反复阐述的"一"与此"太一"虽然具有一定的渊源关系,但是"太一"一名当系直接继承楚竹书《太一生水》篇的结果。在《太一生水》中,"太一"是终极始源,在篇中居于中心位置,由它依次生成了水→天地→神明→阴阳→四时→沧热→湿燥→岁,"成岁而止"是其目的。"太一"又是万物的本体,竹书《太一生水》曰:"是故太一藏于水,行于时。周而又【始,以己为】万物母;一缺一盈,以己为万物经。"

再看《季春纪·圜道》的圜道观。《圜道》曰:

> 天道圜,地道方,圣王法之,所以立上下。何以说天道之圜也?
> 精气一上一下,圜周复杂(匝),无所稽留,故曰天道圜。何以说地道
> 之方也? 万物殊类殊形,皆有分职,不能相为,故曰地道方。主执
> 圜,臣处方,方圜不易,其国乃昌。

《说文·囗部》曰:"圜,天体也。"同部曰:"圓,规也。"同部曰:"圆,圜全也。""圜"字段玉裁《注》曰:"圜,环也……许言天体,亦谓其体一气循环,无终无始,非谓其形浑圜也……依许则言天当作圜,言平圆当作圓,言浑圆当作圆。"[①]据许书及段《注》,圜、圓、圆三字义有分别,"圜"不等于"圆"。《管子·君臣》"主劳者方,主制者圆",《淮南子·主术》"主道员者,运转而无端,化育如神",按照许氏用字,"圆"或"员"都应当读作"圜"。"天地"由"太一"生出,天道(天所包含的原则)曰圜,"圜"者谓天

---

① 段玉裁:《说文解字注》五篇下,第 277 页,上海,上海古籍出版社,1988。

体一气循环,无终无始,所谓"精气一上一下,圜周复杂(匝),无所稽留"是也;地道(地所包含的原则)曰方,"方"谓具体的准则和义理,乃万物得以裁成的根据,所谓"万物殊类殊形,皆有分职,不能相为"是也。

《圜道》进一步认为"天道圜,地道方"是圣王"所以立上下"的根据,这就将"圜""方"之道看作政治活动的基本依据,从而上升到了政治哲学的高度。由"所以立上下",《圜道》曰:"主执圜,臣处方,方圜不易,其国乃昌。"简言之,主道效法天道之圜,在政治活动中应当把握基本原理,从而达到贯通、无所偏滞的地步;臣道效法地道之方,在政治活动中各自要谨守其分职,而不能相兼相为,超出各自官职的范围。这种"方圜不易"的观念与古人君臣定位不移的思想相一致,同时间接地反映了在战国中晚期君主地位急剧上升的政治现实。当然,这种将人间的君臣之道放之于宇宙间的天地之道来做论证的方法,在古书中习见,对于古人来说也是十分有效的。

对于所谓"圜道",《圜道》还有很具体的论述。今引述如下,但不再做讨论:

> 日夜一周,圜道也。月躔二十八宿,轸与角属,圜道也。精行四时,一上一下,各与遇,圜道也。物动则萌,萌而生,生而长,长而大,大而成,成乃衰,衰乃杀,杀乃藏,圜道也。云气西行云云然,冬夏不辍,水泉东流,日夜不休,上不竭,下不满,小为大,重为轻,圜道也。黄帝曰:"帝无常处也,有处者,乃无处也。"以言不刑(形)蹇(蹇),圜道也。人之窍九,一有所居则八虚,八虚甚久,则身毙,故唯而听唯止,听而视听止。以言说一,一不欲留,留运为败,圜道也。一也者至贵,莫知其原,莫知其端,莫知其始,莫知其终,而万物以为宗。圣王法之,以令〈全〉其性,以定其正,以出号令。令出于主口,官职受而行之,日夜不休,宣通下究,灢于民心,遂于四方,还周复归,至于主所,圜道也。令圜则可不可、善不善无所壅矣,无所壅者,主道通也。

2.《十二纪》的物类关联思维与依时行政的思想

《吕氏春秋·十二纪》与《圜道》有密切的思想关系,吕不韦本人已指明。《序意》曰:

> 维秦八(六)年,岁在涒滩,秋甲(庚)子朔,朔之日,良人请问《十二纪》,文信侯曰:"尝得学黄帝之所以诲颛顼矣:'爰有大圜在上,大矩在下,汝能法之,为民父母。'盖闻古之清世,是法天地。凡《十二纪》者,所以纪治乱存亡也,所以知寿夭吉凶也。上揆之天,下验之地,中审之人,若此则是非、可不可无所遁矣。天曰顺,顺维生;地曰固,固维宁;人曰信,信维听。三者咸当,无为而行。"行也者,行其理(数)也。行【其】数,循其理,平其私。夫私视使目盲,私听使耳聋,私虑使心狂。三者皆私设精,则智无由公。智不公则福日衰,灾日隆,以日倪而西望知之。

所谓"大圜在上,大矩在下",即是《圜道》"天道圜,地道方"之意。所谓"汝能法之,为民父母",即是《圜道》"圣王法之,所以立上下"之意。据良人与吕不韦的问答来看,《圜道》的"法天地"观念正是《十二纪》立说的依据。需要指出的是,"法天地"的观念虽然见于《老子》第二十五章,但不必以为道家所专有,这一基本原理可以为阴阳家等所共有。由圜方之道天有顺、生的特性,地有固、宁的特性;人居天地之间,戴大圜而履大方,则有信从之德。吕不韦认为,"三者咸当"则人君可以无为而行矣。从目的来看,《十二纪》是为了阐明"所以纪治乱存亡""所以知寿夭吉凶"的政治哲学和生命哲学。

《十二纪》与十二月对应,依春夏秋冬四时(每一时又分孟、仲、季三月)排列,这是一种自然时间顺序。通观各纪的内容,其基本结构相同,今引《孟春纪》为例稍作说明。《孟春纪》曰:

> 孟春之月,日在营室,昏参中,旦尾中,其日甲乙。其帝太皞,其神句芒,其虫鳞,其音角,律中太蔟,其数八,其味酸,其臭膻,其祀户,祭先脾,东风解冻,蛰虫始振,鱼上冰,獭祭鱼,候雁北。天子居

青阳左个,乘鸾辂,驾苍龙,载青旗,衣青衣,服青玉,食麦与羊,其器疏以达。

是月也,以立春,先立春三日,太史谒之天子,曰:"某日立春,盛德在木。"天子乃斋,立春之日,天子亲率三公九卿诸侯大夫以迎春于东郊,还,乃赏卿诸侯大夫于朝,命相布德和令、行庆施惠,下及兆民。庆赐遂行,无有不当。乃命太史守典奉法,司天日月星辰之行,宿离不忒,无失经纪,以初为常。

是月也,天子乃以元日祈谷于上帝,乃择元辰,天子亲载耒耜,措之参于保介之御御间,率三公九卿诸侯大夫躬耕帝籍田,天子三推,三公五推,卿诸侯大夫九推。反,执爵于太寝,三公九卿诸侯大夫皆御命,曰劳酒。

是月也,天气下降,地气上腾,天地和同,草木繁动。王布农事,命田舍东郊,皆修封疆,审端径术,善相丘陵阪险原隰,土地所宜,五谷所殖,以教道民,必躬亲之。田事既饬,先定准直,农乃不惑。

是月也,命乐正入学习舞,乃修祭典,命祀山林川泽,牺牲无用牝,禁止伐木,无覆巢,无杀孩虫胎夭飞鸟,无麛无卵,无聚大众,无置城郭,揜骼霾髊。

是月也,不可以称兵,称兵必有天殃。兵戎不起,不可以从我始,无变天之道,无绝地之理,无乱人之纪。

孟春行夏令,则风雨不时,草木早槁,国乃有恐;行秋令,则民大疫,疾风暴雨数至,藜莠蓬蒿并兴;行冬令,则水潦为败,霜雪大挚,首种不入。

从总体上来看,《吕览·孟春纪》可以分为两大部分。第一部分叙述了孟春之月的天文、神灵、物候和天子在明堂之所居、车驾、服色、食物等内容,第二部分叙述了与此月相匹应的天子之政的具体内容。第一部分所述物类现象非常繁杂,它们是由天道运行到是月(孟春之月)时所生展出来的。而这些繁杂的物类之间均依据五行的思维方式被关联起来。

第二部分文字无疑体现了"人应天道"和"依时行政"的思想：当孟春之月，天子、三公、九卿、诸侯、大夫、太史、田官、乐正等各有其政事，皆依时而行。尤其值得注意的是，第二部分文字直接点明了"依时行政"的理论根据，所谓"盛德在木"是也。根据《十二纪》各篇所述，天道的运行当春时三月，皆值木德盛行；当夏时三月，皆值火德盛行；当秋时三月，皆值金德盛行；当冬时三月，皆值水德盛行。唯土德例外，《吕氏春秋》将其附于《季夏纪》末叙述。而为何土德要附于《季夏纪》之末，而未放于任何具体一时之中呢？孔颖达、萧衍、班固已作说明①，其理由无非有二：土王四季，和土居五行之中。另外，还需要指出的是，在《吕氏春秋》中，五德之运包括两个次级法则：其一，即《十二纪》所说木德、火德、土德、金德、水德在四时的更王，它们遵循相生之序，属于自然哲学的范围；其二，即《应同篇》所云决定朝代更替、兴亡的五德转移说，在此五德遵循相胜（从所不胜）次序，属于历史哲学和政治哲学的范畴。五德之运的这两个次级法都属于阴阳家的思想，但是各自所依据的五行原理是不同的。

孟春之月，王政有其禁令，"不可以称兵"。这一点很容易理解，春天正是万物滋生，农事播殖五谷之时，故高诱《注》曰："春当行仁，非兴兵征伐时也。"如若举兵征伐，那么就会破坏农事，导致饥荒，即所谓"称兵必有天殃"是也。除了月有禁令之外，如果天子（或人君）在是月行夏令、秋令或冬令，即政与时不合，这会带来严重的自然灾乱。这是一种变相的天人感应之说。毫无疑问，阴阳家是"天人感应"说的提倡者和支持者。在汉代，阴阳家是天人感应说形成学术风气和社会风气的前导者。

《十二纪》以五行之德关联的四时物类系统，今引述如下，以见大略：

---

① 《礼记》卷一六《月令正义》曰："四时系天，年有三百六十日，则春夏秋冬各分居九十日。五行分配四时，布于三百六十日间，以木配春，以火配夏，以金配秋，以水配冬，以土则每时辄寄王十八日也。虽每分寄，而位本末宜处于季夏之末，金火之间，故在此陈之也。"（隋）萧吉《五行大义》卷二曰："《礼记》云：'中央土。'在季夏之后，此则岁之半，处四时之中央。"《白虎通·五行》曰："土所以王四季何？木非土不生，火非土不荣，金非土不成，水非土不高。土扶微助衰，历成其道，故五行更王，亦须土也。王四季，居中央，不名时。"

　　仲春之月,日在奎,昏弧中,旦建星中。其日甲乙,其帝太皞,其神句芒,其虫鳞。其音角,律中夹钟,其数八,其味酸,其臭膻,其祀户,祭先脾。始雨水,桃李华,苍庚鸣,鹰化为鸠。天子居青阳太庙,乘鸾辂,驾苍龙,载青旗,衣青衣,服青玉,食麦与羊,其器疏以达。①

　　季春之月,日在胃,昏七星中,旦牵牛中。其日甲乙,其帝太皞,其神句芒,其虫鳞。其音角,律中姑洗。其数八,其味酸,其臭膻,其祀户,祭先脾。桐始华,田鼠化为鴽,虹始见,萍始生。天子居青阳右个,乘鸾辂,驾苍龙,载青旗,衣青衣,服青玉,食麦与羊,其器疏以达。②

　　孟夏之月,日在毕,昏翼中,旦婺女中。其日丙丁,其帝炎帝,其神祝融,其虫羽,其音徵,律中仲吕。其数七,其性礼,其事视,其味苦,其臭焦,其祀灶,祭先肺。蝼蝈鸣,丘蚓出,王菩生,苦菜秀。天子居明堂左个,乘朱辂,驾赤骝,载赤旗,衣赤衣,服赤玉,食菽与鸡,其器高以觕。③

　　仲夏之月,日在东井,昏亢中,旦危中。其日丙丁,其帝炎帝,其神祝融,其虫羽。其音徵,律中蕤宾,其数七。其味苦,其臭焦,其祀灶,祭先肺。小暑至,螳蜋生,鵙始鸣,反舌无声。天子居明堂太庙,乘朱辂,驾赤骝,载赤旗,衣朱衣,服赤玉,食菽与鸡,其器高以觕,养壮狡。④

　　季夏之月,日在柳,昏心中,旦奎中。其日丙丁,其帝炎帝,其神祝融,其虫羽。其音徵,律中林钟,其数七。其味苦,其臭焦,其祀灶,祭先肺。凉风始至,蟋蟀居宇,鹰乃学习,腐草化为蚈。天子居明堂右个,乘朱辂,驾赤骝,载赤旗,衣朱衣,服赤玉,食菽与雉,其器高以觕。……中央土,其日戊己,其帝黄帝,其神后土,其虫倮。其

---

① 《吕氏春秋·仲春纪》。
② 《吕氏春秋·季春纪》。
③ 《吕氏春秋·孟夏纪》。
④ 《吕氏春秋·仲夏纪》。

音宫，律中黄钟之宫，其数五，其味甘，其臭香，其祀中溜，祭先心。天子居太庙太室，乘大辂，驾黄骝，载黄旗，衣黄衣，服黄玉，食稷与牛，其器圜以掩。①

孟秋之月，日在翼，昏斗中，旦毕中。其日庚辛，其帝少皞，其神蓐收，其虫毛。其音商，律中夷则，其数九。其味辛，其臭腥，其祀门，祭先肝。凉风至，白露降，寒蝉鸣，鹰乃祭鸟，始用行戮。天子居总章左个，乘戎路，驾白骆，载白旗，衣白衣，服白玉，食麻与犬，其器廉以深。②

仲秋之月，日在角，昏牵牛中，旦觜巂中。其日庚辛，其帝少皞，其神蓐收，其虫毛。其音商，律中南吕，其数九。其味辛，其臭腥，其祀门，祭先肝。凉风生，候雁来，玄鸟归，群鸟养羞。天子居总章太庙，乘戎路，驾白骆，载白旗，衣白衣，服白玉，食麻与犬，其器廉以深。③

季秋之月，日在房，昏虚中，旦柳中。其日庚辛，其帝少皞，其神蓐收，其虫毛。其音商，律中无射，其数九。其味辛，其臭腥，其祀门，祭先肝。候雁来宾，爵入大水为蛤，菊有黄华，豺则祭兽戮禽。天子居总章右个，乘戎辂，驾白骆，载白旗，衣白衣，服白玉，食麻与犬，其器廉以深。④

孟冬之月，日在尾，昏危中，旦七星中。其日壬癸，其帝颛顼，其神玄冥，其虫介。其音羽，律中应钟，其数六。其味咸，其臭朽，其祀行，祭先肾。水始冰，地始冻，雉入大水为蜃，虹藏不见。天子居玄堂左个，乘玄辂，驾铁骊，载玄旗，衣黑衣，服玄玉，食黍与彘，其器宏以弇。⑤

仲冬之月，日在斗，昏东壁中，旦轸中。其日壬癸，其帝颛顼，其

---

①《吕氏春秋·季夏纪》。
②《吕氏春秋·孟秋纪》。
③《吕氏春秋·仲秋纪》。
④《吕氏春秋·季秋纪》。
⑤《吕氏春秋·孟冬纪》。

神玄冥,其虫介。其音羽,律中黄钟,其数六。其味咸,其臭朽,其祀行,祭先肾。冰益壮,地始坼,鹖鴠不鸣,虎始交。天子居玄堂太庙,乘玄辂,驾铁骊,载玄旗,衣黑衣,服玄玉,食黍与彘,其器宏以弇。命有司曰:"土事无作,无发盖藏,无起大众,以固而闭。"发盖藏,起大众,地气且泄,是谓发天地之房,诸蛰则死,民多疾疫,又随以丧,命之曰畅月。①

季冬之月,日在婺女,昏娄中,旦氐中。其日壬癸,其帝颛顼,其神玄冥,其虫介。其音羽,律中大吕,其数六。其味咸,其臭朽,其祀行,祭先肾。雁北乡,鹊始巢,雉雊鸡乳。天子居玄堂右个,乘玄辂,驾铁骊,载玄旗,衣黑衣,服玄玉,食黍与彘,其器宏以弇。命有司大傩旁磔,出土牛,以送寒气,征鸟厉疾乃毕。行山川之祀,及帝之大臣、天地之神祇。②

从《史记》来看,"谈天衍"(邹衍别号)的天道观主要包括大小九州说、五德终始说和阴阳主运说。关于阴阳主运说,《史记·孟子荀卿列传》说邹衍如燕,为燕昭工师,作《主运》。《史记·封禅书》曰:"自齐威、宣之时,邹子之徒论著终始五德之运。(如淳《注》:'今其书有《五德终始》。五德各以所胜为行。')……邹衍以阴阳主运显于诸侯。(如淳《注》:'今其书有《主运》。五行相次转用事,随方面为服。')"据如淳《注》,邹子《五德终始》与《主运》所使用的五行原理不同,前者从所不胜,后者以相生为说。所谓"五行相次转用事",即是"比相生"之意,而"随方面为服"直接证明了《主运》使用的是五行相生次序。五德终始说所论朝代更替受命的合法性,属于历史哲学,与"方面"无关。简言之,阴阳主运说与五德终始说大异,前者当与《吕氏春秋·十二纪》的内容一致。这也即是说,《十二纪》在内容上受到了邹子阴阳主运说及齐学的深刻影响。

最后,从观念溯源来看,《吕氏春秋·十二纪》的思想起源甚早。《尚

①《吕氏春秋·仲冬纪》。
②《吕氏春秋·季冬纪》。

书·洪范》第八畴有所谓"休征""咎征"之说,其中的天人相征可以看作《十二纪》在思想上的上古源头。不过,从阴阳家的具体发展来看,《管子·四时》(还有《五行》《幼官》两篇)的"依时寄政"说正是《吕氏春秋·十二纪》的直接思想源头。而《十二纪》的阴阳家说对于秦汉的道家、儒家产生了较大的影响,比如《礼记·月令》和《淮南子·时则》就直接承袭了《十二纪》的内容①,而董仲舒的思想受到阴阳家思想的严重浸染,也是众所周知的事实。

二、《有始览·应同篇》的历史哲学与秦汉的五德终始说

五德终始说亦为《吕氏春秋》的天道观之一。以从所不胜为原理的五德终始说,出自邹衍。邹子此说随后成为战国晚期至秦汉时期的重要历史哲学观念,在论证新朝受命取代前朝的合法性上产生了巨大作用。《吕氏春秋·有始览·应同》曰:

> 凡帝王者之将兴也,天必先见祥乎下民。黄帝之时,天先见大螾大蝼,黄帝曰:"土气胜。"土气胜,故其色尚黄,其事则土;及禹之时,天先见草木秋冬不杀,禹曰:"木气胜。"木气胜,故其色尚青,其事则木;及汤之时,天先见金刃生于水,汤曰:"金气胜。"金气胜,故其色尚白,其事则金;及文王之时,天先见火赤乌衔丹书集于周社,文王曰:"火气胜。"火气胜,故其色尚赤,其事则火。代火者,必将水,天且先见水气胜,水气胜,故其色尚黑,其事则水。水气至而不知,数备,将徒于土。天为者时,而不农助于下。

《应同》,一名《召类》。《应同》的五德终始之说源自邹子,这是毫无疑义的,但是又与邹子说不尽相同。《淮南子·齐俗》许《注》引《邹子》

---

① 陆德明《经典释文·礼记》曰:"此是《吕氏春秋·十二纪》之首,后人删合为此记。蔡伯喈、王肃云:'周公所作。'"孔颖达《礼记·月令正义》曰:"郑《目录》云:'名曰《月令》者,以其记十二月政之所行也。本《吕氏春秋·十二月纪》之首章也,以礼家好事钞合之,后人因题之,名曰《礼记》,言周公所作,其中官名、时事多不合周法。此于《别录》属《名堂阴阳记》。"

曰:"五德之次,从所不胜,故虞土,夏木,殷金,周火。"①《文选》沈休文《安陆昭王碑文》注引《邹子》亦曰:"五德从所不胜,虞土,夏木,殷金,周火。"据此,邹衍五德终始说从虞舜起算,而未及黄帝。这是合理的,虞、夏、商、周四代相连。而且,这种起算法也与邹子由儒入于阴阳,且又归止于"仁义节俭"(《史记·孟子荀卿列传》)的思想历程相合。战国晚期,黄学兴起,黄帝逐渐演变为上古圣人的共同祖先,于是燕齐方怪之士传邹衍之术者遂将"虞舜"改为"黄帝",这可以参看《吕览·应同》和《史记·封禅书》《史记·孟子荀卿列传》等书篇。②

《吕氏春秋·应同》以从所不胜为五德终始说的基本原理,但是此篇的第一个要义在于阐明"凡帝王者之将兴也,天必先见祥乎下民"。在邹衍看来,五德终始是一循环且必然的客观历史命运,但是如何判断五德转移的历史时机,即如何判断帝王的将兴和天命的更革? 这是一个关键问题。《应同》认为,天命转移的信息会在"祯祥""符应"上首先显现出来。黄帝之时,"天先见大螾大蝼",黄帝即据此判断"土气胜",于是依土德而行改制之事;禹之时,"天先见草木秋冬不杀",禹即据其判断"木气胜",于是依木德而行改制之事;汤之时,"天先见金刃生于水",汤即据其判断"金气胜",于是依金德而行改制之事;文王之时,"天先见火赤乌衔丹书集于周社",文王即据其判断"火气生",于是依火德而行改制之事。依五德终始说,水代火,是周后一代天命转移的客观必然逻辑。

《应同》的第二个要义在于判断出现"水气胜"的历史时机。《应同》曰"天且先见水气胜",这就要求帝王根据相应的祯祥、符瑞而真实地判断"水气胜"出现的历史时机。"水气至而不知,数备,将徙于土",这是说,历史的大转折时机即将来临,人君、帝王即应对此保持高度的警觉和紧张。当然,这些说法也可以看作《应同》的作者(也可以看作是吕不韦本人)对秦王发出了十分严肃的警告,欲其自觉认识到"水气"的来临,应

---

① 何宁:《淮南子集释》卷十一,第 789 页。
② 参看萧汉明《阴阳大化与人生》,第 159—161 页,广州,广东人民出版社,1998。

当应水德之运而为帝王①；否则，水气来至，人君却毫不知觉，不能匹应天道，乃至错过了天数（水德）的历史之运（数备则过），天命就会转移到土德上了。后来，秦始皇采纳齐人奏书，"推终始五德之传"，而意识到"方今水德之始"。② 而这里所谓齐人所说，实际上与《吕览·应同篇》相同。不过，秦始皇之所以采纳齐人所说，乃因为吕不韦为罪臣，《吕氏春秋》即在弃置不用之列。另外，《史记·封禅书》所记"或曰'黄帝得土德'"云云，与《吕氏春秋·应同》所说大同小异。

邹衍的五德终始说对西汉论证王朝的合法性问题产生了重大影响。从汉初到武帝时期，官方和学者都很重视五德终始说，但是在认识上充满了斗争。大抵说来，西汉的五德终始说大抵经历了三个时期，分别为高祖、文帝和武帝时期。（1）高祖初起，先以自己为赤帝子，而以秦为白帝子，故色上赤。火赤金白，火胜金，因此刘邦认为汉得火德。事见《史记·高祖本纪》和《史记·封禅书》。③ 但刘邦的这一说法乃即时"起兴"的结果，实际上跟当时流行的成系统的邹衍五德终始说理论不合。高祖二年（前205），刘邦和张苍等人又以为汉得水德④，这一次是以邹衍说为主要依据再作判断的结果。（2）文帝时期，贾谊与张苍⑤、公孙臣与张苍

---

① 需要指出，"土气"与"土德"，"木气"与"木德"，"金气"与"金德"，"火气"与"火德"，及"水气"与"水德"，这五对概念前后二者的用法有区别，"气"（例如"土气"）是就天命的具体流行（作用）而言，"德"（例如"土德"）是就天命所转移的客观本体而言。一命（天命）而五德（土德、木德、金德、火德和水德），而五德终始从所不胜，这是邹子德说的基本内涵。

②《史记·秦始皇本纪》。

③《史记·高祖本纪》曰："众莫敢为，乃立季为沛公。祠黄帝，祭蚩尤于沛庭，而衅鼓旗，帜皆赤。由所杀蛇白帝子，杀者赤帝子，故上赤。"同书《封禅书》："汉兴，高祖之微时，尝杀大蛇。有物曰：'蛇，白帝子也，而杀者赤帝子。'高祖初起，祷丰枌榆社。徇沛，为沛公，则祠蚩尤，衅鼓旗。遂以十月至灞上，与诸侯平咸阳，立为汉王。因以十月为年首，而色上赤。"

④ 参看《史记·历书》《史记·封禅书》。

⑤ 贾谊在文帝初年即已提议汉当改从土德，他亦曾被张苍所黜。贾生从汉得水德到得土德观念的转变，应当看作其对秦朝的暴政进行深入批判的结果：对于他而言，在五德终始之运的历史模式中，秦汉不是同一历史环节（水德）的两个阶段，而是"从所不胜"的前后两个历史环节（水德→土德）。《史记·屈原贾生列传》曰："贾生以为汉兴至孝文二十余年，天下和洽，而固当改正朔，易服色，法制度，定官名，兴礼乐，乃悉草具其事仪法，色尚黄，数用五，为官名，悉更秦之法。"《史记·张丞相列传》"太史公曰"："张苍文学律历，为汉名相，而绌贾生、公孙臣等言正朔服色事而不遵，明用秦之颛顼历，何哉？"

先后两次就汉得何德发生争论,其中后一次的争论较大,参看《史记》中《孝文本纪》《历书》《封禅书》《张丞相列传》和《屈原贾生列传》。文帝十二年(前168),鲁人公孙臣上书,认为秦既然得水德,那么根据五德终始说汉即应当得土德,"宜改正朔,易服色,色上黄",并预言"土德之应黄龙见"①。但此说遭到了张苍的反对。文帝十五年(前165),"黄龙见成纪"②,文帝重新起用公孙臣,拜为博士,"与诸生草改历服色事"③,而张苍自黜④。但实际上,由于新垣平等人作乱,土德说在当时并没有真正实行下来。(3)武帝时期,"招致儒术之士,令共定仪"⑤,有人议论太古瑞应定制之事,再加上武帝本人迷信黄帝传说,于是下诏改制,从土德。《史记·礼书》曰:"乃以太初之元改正朔,易服色,封太山,定宗庙百官之仪,以为典常,垂之于后云。"《史记·封禅书》曰:"夏,汉改历,以正月为岁首,而色上黄,官名更印章以五字,为太初元年。"太初元年(前104)之后,西汉实行土德。

此外,刘向、刘歆父子将德运说的原理从相胜改为相生次序,认为汉得火德,在理论上作了重大改变。据《汉书·律历志》,刘向、刘歆的具体说法是这样的:太昊(伏羲氏)木德,炎帝(神农氏)火德,黄帝(轩辕氏)土德,少昊(金天氏)金德,颛顼(高阳氏)水德;帝喾(高辛氏)木德,唐尧火德,虞舜土德,夏禹金德,商汤水德,周文木德,汉高祖火德。《汉书·律历志》还认为自秦昭王至秦二世皇帝不过是"秦伯",而王莽则"盗袭帝位"、窃号"新室"而已,认为他们既没有受命也非天子。⑥ 而汉得火德之说,直到东汉光武帝建武二年(26)才得以真正颁布实行。

---

① 《史记·封禅书》。
② 《史记·历书》《史记·封禅书》。
③ 《史记·封禅书》。
④ 《史记·历书》《史记·张丞相列传》。
⑤ 《史记·礼书》。
⑥ 《汉书·王莽传中》曰:"武功丹石出于汉氏平帝末年,火德销尽,土德当代,皇天眷然,去汉与新,以丹石始命于皇帝。"王莽根据刘向、刘歆的德运说认为新朝得土德。火生土,汉朝为火德,则新朝为土德。不过,东汉皇帝及诸儒根本否定王莽的新朝得土德,认为自西汉至东汉,刘姓王朝一以贯之,均为火德。

三、《慎大览·贵因》的贵因说与《察今》的因时变法观

1.《慎大览·贵因》等篇的贵因说

天道及外物对于人而言具有客观性，作为主体的人就应当充分尊重它们。在《吕氏春秋·慎大览》诸篇的作者看来，"贵因"乃是主观对待客观、主体对待客体的一个重要原则。"因"是道家的重要哲学概念。《说文·口部》曰："因，就也。"段玉裁《注》曰："'就'下曰：'高也。'为高必因丘陵，为大必就基址。故因从口大，就其区域而扩充之也。"①"因"即依靠、凭借，而包含循、顺、随等义。庄子由"天"（"自然"）而重视"因"的观念，《荀子·解蔽》篇做了概括："（庄子）由天谓之道尽因矣。"但是真正将"因"作为一个哲学概念明晰地反省出来的，则首见于《管子·心术上》篇。《心术上》曰："是故有道之君，其处也，若无知；其应物也，若偶之。静因之道也。"又曰："君子之处也若无知，言至虚也。其应物也若偶之，言时适也。若影之象形，响之应声也，故物至则应，过则舍矣，舍矣者，言复返于虚也。"在这里，"静因之道"与"因术"有所区别：未感自处之时，有道之君（认知主体）"若无知"，则静也；其感物应事"若偶之"，则因也。因此"因"一定是存在于主体的能动作用之中并对其加以自我制约和规范的一个重要原则，而所谓"因术"，只是"静因之道"的一个方面。《心术上》曰："无为之道因也，因也者，无益无损也。以其形，因为之名，此因之术也。"所谓"因"，就是在发挥主观能动性的过程中，人能够以无为为原理而如实地反映和尊重客观事物。而所谓"因术"，就是具体实行"因"的方法，譬如因形而为名。在"静因之道"中，"静"为本，"因"为用。"静"是修心之术，对己而言。《心术上》曰："君子恬愉无为，去智与故，言虚素也。"以静修心的目的，乃是通过内在的无为修养去掉智故，而到达"虚素"的心境。"因"是人对于主体自身的一种规范和澄汰，目的无非是为了严格限制自身，直至完全消除主体对于客体的消极作用，古人将此叫

---

① 段玉裁：《说文解字注》六篇下，第 278 页，上海，上海古籍出版社，1988。

"舍己"或"无己"。《心术上》说:"因也者,舍己而以物为法者也。"在此基础上,《心术上》提出了所谓"贵因"的观点。

毫无疑问,《吕氏春秋·慎大览》诸篇继承了《管子·心术上》的"贵因"说。不过,《贵因》诸篇的论述重点并不在于追问"贵因"之理论根据和含义,而在于通过叙述一系列所因之对象,并在事件之成败好坏的因果关系中来突出和强化这一原则。简言之,"因"既是指导实践的观念,又是一种方法,它得到了《贵因》作者的高度肯定。《慎大览·贵因》曰:

> 三代所宝莫如因,因则无敌。禹通三江五湖,决伊阙,沟回陆,注之东海,因水之力也;舜一徙成邑,再徙成都,三徙成国,而尧授之禅位,因人之心也;汤武以千乘制夏商,因民之欲也;如秦者立而至,有车也,适越者坐而至,有舟也,秦越,远涂也,竫立安坐而至者,因其械也。

"宝"即"贵","三代所宝莫如因"即"贵因"之意。禹导水,"因水之力";尧授舜位,"因人之心";汤放桀,武王灭商,"因民之欲";乘车至秦,坐舟至越,"因其械也"。不但如此,凡事皆当贵因。《贵因》又曰:

> 夫审天者察列星而知四时,因也;推历者视月行而知晦朔,因也;禹之裸国,裸入衣出,因也;墨子见荆王,锦衣吹笙,因也;孔子道弥子瑕见厘夫人,因也;汤武遭乱世,临苦民,扬其义,成其功,因也。故因则功(工),专则拙。因者无敌,国虽大,民虽众,何益?

《慎大览·顺说》曰:

> 善说者若巧士,因人之力以自为力,因其来而与来,因其往而与往,不设形象,与生与长,而言之与响,与盛与衰,以之所归,力虽多,材虽劲,以制其命。顺风而呼,声不加疾也;际高而望,目不加明也,所因便也。……宋王,俗主也,而心犹可服,因矣。因则贫贱可以胜富贵矣,小弱可以制强大矣。

在人们推求自然规律和治国之道,乃至游说、辩说等事中,其成功与否,在作者看来,"因"起着十分重要的作用。"因"是人类实践活动(包括政治活动)能否成功的关键,"因则无敌",不因则无以成功。"因"与"专"对,因则工巧,专则拙劣。"专"谓专断、专任。"因"有善因(善于因借)与不善因之分,因其势便为善因,例如"顺风而呼""际高而望"之类即是。能够善因,这与"审因"具有密切的关系。《仲秋纪·决胜》曰:"凡兵,贵其因也。因也者,因敌之险以己固,因敌之谋以为己事,能审因而加胜则不可穷矣。胜不可穷之谓神,神则能不可胜也。"《决胜》是专就用兵而言之的,其实凡事皆涉及因借的问题。而因借的有效性即决定于人们是否善因和审因。

最后,《慎大览·不广》还提出了"因时"的概念。"时"是一种具体的历史条件和时机,它是人们的主观能动性能否有效发挥的历史前提,因此"因时"对于人的当下实践活动来说是十分重要的。《不广》曰:"智者之举事必因时,时不可必成。"聪明的人去做一件事情,他一定会去因借相应的历史条件;但是,历史条件具备了,还未必能够保证事情办成。进一步,《慎大览·察今》提出了"因时变法"的观念,将"因时"看作"变法"的根据。

2.《慎大览·察今》的因时变法观

《慎大览·察今》首先认为时君上不能取法"先王之法"。而之所以不能取法,不是因为"先王之法"不善,而是因为时代变迁,已经无可取用了。"法"与"时"之间存在历史的张力。"时"是永远在流动变化的,而"先王之法"只是依据具体的历史条件制定出来的,具有静止不动、难以趋势变化的特性,这就决定了"先王之法"在历史本质上必然终究会落后于变动不居的"时"。不过,就其制定之本初来看,"先王之法"又是"有要于时"的,"法"与"时"在当时是历史地相应的。在此,"有要于时"是一个很重要的命题,它是古往今来制定"法"的必要前提。

《慎大览·察今》曰:

> 凡先王之法,有要于时也。时不与法俱至,法虽今而至,犹若不

可法,故择(释)先王之成法,而法其所以为法,先王之所以为法者何也？先王之所以为法者,人也。而己亦人也,故察己则可以知人,察今则可以知古,古今一也,人与我同耳。

进一步,《察今》认为,虽然不能法先王之"成法",但是可以"法其所以为法"。"先王之所以为法者,人也","人"既是为法的总目的,也是其基本依据和出发点。从绝对的当下立场上来说,"法"一定要与当下之"人"的历史条件相契合。古人与今人,他人与自己,均属于人。"而己亦人也",既然如此,制定法律之人可以通过"察己"而"知人",进而知道人在某一历史条件下存在的复杂性和特殊性,"察今则可以知古"。古今制定法律的基本原则都是一样的,他人与我均属于"人"。在此,"时"虽有古今变化,"人"虽有彼我之不同,但是制定法律的通则——"时"和"人"作为基本要素来说却是亘古不变的,变化的不过是在特定历史中存在的具体之"时"和具体之"人"。这种将特殊性与普遍性、特定历史条件与基本原理("道")贯通起来思考的方法,其实源自孟子等人。① 相对于商鞅、韩非的论证来说,《察今》的论述在理论上是一大进步。总之,今日制法,必察今之时,而不必泥于先王之成法。

《察今》下文又曰:

> 故治国无法则乱,守法而弗变则悖,悖乱不可以持国,世易时移,变法宜矣。……故凡举事,必循法以动,变者,因时而化,若此论则无过务矣。夫不敢议法者,众庶也;以死守【法】者,有司也;因时变法者,贤主也。是故有天下七十一(二)圣,其法皆不同,非务相反也,时势异也。

---

① 《孟子·离娄下》曰:"(孟子曰)舜生于诸冯,迁于负夏,卒于鸣条,东夷之人也。文王生于岐周,卒于毕郢,西夷之人也。地之相去也,千有余里;世之相后也,千有余岁;得志行乎中国,若合符节。先圣后圣,其揆一也。"同书《万章上》曰:"(孔子曰)唐、虞禅,夏后、殷、周继,其义一也。"同书《告子下》曰:"(孟子曰)居下位,不以贤事不肖者,伯夷也;五就汤,五就桀者,伊尹也;不恶污君,不辞小官者,柳下惠也。三子者不同道,其趋一也。一者何也？曰仁也。君子亦仁而已矣,何必同?"

这段文字提出了"世易时移,变法宜矣"和"因时变法"的观点,更为鲜明地肯定了"时势"对于"变法"的根本作用:七十二圣之法不同,"非务相反也,时势异也"。这些观点,后来被《淮南子·齐俗》《文子·道德》所抄录。拘于成法而不知时变,以古责今,此譬如刻舟求剑,循表夜涉,不但于治无益,反而徒增惑乱和祸害而已。

第三节　生命哲学:"贵生"和"重己"

《吕氏春秋》很重视生命现象,并着重从道家的立场作了深入的思考。从先秦道家的发展线索来看,《吕氏春秋》对于"生命"的哲学思考起源于《老子》第十三章,中经杨朱对于"为我"观念的极端提倡,及庄子对于无待之自由生命的肯定,在战国晚期终于酿成"贵生"和"重己"的思潮,这特别表现在《庄子》外杂篇和《吕氏春秋·十二纪》诸篇中。将"生命"本身作为哲学思考的对象和本体,这是杨朱和庄子等人的功劳,但是杨朱后学、庄子后学、子华子、魏公子牟等人通过比较和选择的方法开显出"生命"对于"个体"(普遍之"己""我")之存在的巨大意义,并导致"贵生""重己"观念的流行。应当说,这是中国古典生命哲学在特定历史时期的一种自然反应和必然结果。不过,既然这套哲学使用了"贵贱""轻重"等词语来判断生命的价值,那么它受到了世俗价值观念的深入影响和沾染上了浓重的利己主义色彩,这是可以肯定的。

一、生命的本源与本体

在《仲夏纪·太乐》中,作者认为天地、阴阳、日月星辰、四时、万物皆出自"太一"("道"),"太一"即是万有的本源。《有始览》首篇具体说道:"天地有始,天微以成,地塞以形,天地合和,生之大经也。""太一"是生命的终极始源,而"天地合和"是生命得以生成的根本方式。在此,作者改造了以"道"为本与以"天"为本("天生百物")的两种生成论,并有层次地将它们统合起来。通览全书,在《吕氏春秋》中,"道"也是万物(包括生命现象)的本体。需要指出的是,《吕氏春秋》既继承了稷下道家以"精气"为本体的观念,又继承了庄子学派以"性"为生命本体的观念;不过,这两大观念在《吕氏春秋》中没有很好地融合起来。

《吕氏春秋》使用"精气"概念,见于《季春纪·尽数》《先己》《圜道》和《恃君览·达郁》数篇。从《圜道篇》的叙述来看,"精气"是天地万物的本源及构成本体,它具有"圜周复杂,无所稽留"的特性。《尽数》诸篇则具体指明了"精气"是"生命"的本源和本体。不过,就宇宙之全体来说,"精气"是弥散而周流的;从具体之人物来看,它又是相对集聚的。不仅如此,《尽数》《先己》和《达郁》三篇还认为"精气"具有特别的"活力",并以"流动日新"(与"稽留郁塞"相对)为其存在方式,而生死康病的生命现象与之具有本质的关联。因此养生即是保持精气,并使之在形体内持久地流动,而不郁闭。

"性命之情",在先秦文献中仅见于《吕氏春秋》和《庄子》外杂篇,前者一共出现 10 次,后者出现 9 次(《骈拇》《在宥》共 7 次,《天道》《徐无鬼》各 1 次)。据此可知,《吕氏春秋·本生》《重己》等篇所宣扬的性命说很可能出自庄子后学一脉。关于现实生命之本体,《吕氏春秋》除有"精气"说外,又有性命说。所谓"性",《吕氏春秋》曰:

> 性者,所受于天也,非人之所能为也。[1]
>
> 石可破也,而不可夺坚;丹可磨也,而不可夺赤。坚与赤,性之有也。性也者,所受于天也,非择取而为之也。[2]
>
> 治欲者不于欲,于性。性者,万物之本也,不可长,不可短,因其固然而然之,此天地之数也。[3]

何谓"性"? "性"乃在人物者,而受之于天。它属于天,是自然的,而非人为的;它既不可选择而有,亦不可选择而无;"性"是"万物之本",万

---

[1]《吕氏春秋·孟秋纪·荡兵》。
[2]《吕氏春秋·季冬纪·诚廉》。
[3]《吕氏春秋·不苟论·贵当》。

物之度数"因其固然而然之"。简言之,"性"即人物而言(在己而有),受之于天,是人物所固有的而使其所以如此的、先天而内在的根据。

《恃君览·知分》又曰:

> (禹曰)吾受命于天,竭力以养人。生,性也,死,命也,余何忧于龙焉?……命也者,不知所以然而然者也,人事智巧以举错者,不得与焉。故命也者,就之未得,去之未失,国士知其若此也,故以义为之决而安处之。

《吕氏春秋》的"命"字共出现了一百余例,大部分作动词"命使"使用,小部分或作名词"命令"使用,或作"天命""命分"等使用。"性命"二字连用,在《吕氏春秋》中大量出现,并着重针对人的生死而言的。这个"命"即是"命分",受之于天。从死亡的角度来看,"命"即"命限"义。因为生死从根本上来说不是人所能支配的,所以此"命"具有主宰性、不可知性和不可抗拒性。这是古人在面对生死的时候所构造出来的,具有绝对主宰性的一种抽象实体。进一步,《知分》又用"性""命"概念给生死现象划界。对于生命现象而言,"生"既有其共性,也有其形式上的特殊性,但是"死"只有共性而无特殊性。生死,从总体上来说均由天受命,《吕氏春秋·先识览·知接》曰:"死生,命也。"①但是具体的生命("生")只以"性"为基础,故曰:"生,性也。"结合《庄子·庚桑楚》"性者,生之质也"及《孟子·告子上》"(告子曰)生之谓性"来看,"性"是"生"的大本大源,是使生命之所以如此的先天而潜在的质体和必然规定;而"生"则是"性"的显发和实现,它既指具体的生命现象,又指人物所共有的"生命"本质。

另外,《吕氏春秋》将"情""欲""爱""力"等看作"性"的内容②,这已见

---

① "生死",是庄子哲学所要着重解决的一个问题。《庄子·大宗师》曰:"死生,命也,其有夜旦之常,天也。人之有所不得与,皆物之情也。"郭象《注》:"其有昼夜之常,天之道也。故知死生者命之极,非妄然也,若夜旦耳,奚所系哉!""死生有命"的观念,见《论语·颜渊》"商闻之矣",这大概是古人的通说。另外,《庄子·至乐篇》亦单将"死"属之于"命"。

②《吕氏春秋·孟秋纪·荡兵》曰:"民之有威力,性也。"同书《孟冬纪·节葬》曰:"孝子之重其亲也,慈亲之爱其子也,痛于肌骨,性也。"

于郭店竹简《语丛二》。不过,它对于"生命"的理解虽然包含了多个方面,但是大体上持道家自然主义的观念,而特别关注人形体生命的安全和寿命的延长问题。同时,"形—气"与"形—性"这两种生命概念在《吕氏春秋》中以非常模糊的意识被融合起来了,《恃君览·知分》曰:"凡人物者,阴阳之化也;阴阳者,造乎天而成者也。"可以设想,"性命"也是在阴阳的气化流形中一同被给予人物的。当然,最终完成"气""性"两概念的高度统一,则是在此后很遥远的未来完成的。

二、贵生和重己的生命哲学

1.《本生》《重己》和《贵生》的生命哲学

《吕氏春秋》的生命哲学,主要见于《十二纪》,特别见于《孟春纪·本生》《孟春纪·重己》《仲春纪·贵生》《仲春纪·情欲》《季春纪·尽数》五篇。这种篇章安排,与古人所谓"春生"之义相合。这五篇文献以"贵生""重己"为其思想要点,以养生和全生为根本目的。

先看《吕氏春秋》的"贵生"(或"重生""尊生")说。《本生》认为人的生命是一个天生人成的过程,"始生之者,天也;养成之者,人也"。树立天子和诸官的目的就是为了养生和全生,而不是为了害生和残生。《本生》曰:

> 夫水之性清,土者抇(汩)之,故不得清;人之性寿,物者抇(汩)之,故不得寿。物也者,所以养性也,非所(所字衍文)以性养也。今世之人,惑者多以性养物,则不知轻重也。不知轻重,则重者为轻,轻者为重矣。

"生"的大本在"性"。从自然的角度来说,"人之性寿";但是由于外物汩乱之,"故不得寿"。这里,存在"性寿"与"生寿"的辩证关系。人之性寿,但不必然意味着人之生寿。从性寿到生寿,需要后天的养护和保全;若如受到外物的伤害("物者汩之"),则虽性寿而不生寿。《本生》用水之清浊来阐明这一问题。水之性本清,若以壤土汩乱之,它就会变浑浊。毫无疑问,"性"在此是受到肯定的积极对象,而"物"被看作是一种可能致恶的消极因素。因此,"性""物"之间存在主从、轻重的关系。《本生》曰:"物也者,所以养性也,非以性养也。"要以物养性,而不能以性养物;否则,就是昧于轻重,甚至颠倒轻重了。所谓"物",《本生》又进一步指实为声色滋味。声色滋味是用来满足人的感官欲望的需求的,若失节过度,就会适得其反,导致伤生害性的严重后果。而失节过度者往往非贵即富。《本生》曰:"世之贵富者,其于声色滋味也多惑者,日夜求,幸而得之则遁焉。遁焉,性恶得不伤。""遁",高诱《注》曰:"流逸不能自禁也。"贵富之人易于放纵声色滋味而不能自禁,据此"重生"即应当轻易贵富。"贵富"成为作者批评的重点对象。当然,《本生篇》并非全然否定外物对于养性、养生的作用,是篇曰:"圣人之于声色滋味也,利于性则取之,害于性则舍之,此全性之道也。"而如何"利于性则取之,害于性则舍之",这是需要智慧的。

总之,《孟春纪·本生》的"本生"观念即是要推原生命之本体,深入到"性命"本原来看待养生、全生的问题。由此,该篇又提出了重生而轻物的观点。可以说,"本生"概念在思想上已内在地涵摄了"贵生""重己"这两个观念,因此《贵生》《重己》等篇可以看作《本生》在思想上的展开。

《仲春纪·贵生》以"贵生"为思想要点,它说:"圣人深虑天下,莫贵于生。"不过,对于"贵生"的论证,它与《本生篇》大体相同。例如,《贵生》认为耳目鼻口"四官"乃养生之事("生之役"),此种说法在《本生》篇已出现。所不同的是,一者,《贵生》强化了控制四官(耳目鼻口)之欲求的观念,所谓"必有所制""不得擅行"是也。这就将"贵生"转化为方法("贵生之术")的问题。所谓"贵生之术",指在生命与外物之间作利害比较和轻重权衡,以彰显生之利和生之重。二者,《贵生》对于人的生命从贵至贱依次划分出全生、亏生、死和迫生四种存在状态。《贵生》曰:

> 子华子曰:"全生为上,亏生次之,死次之,迫生为下。"故所谓尊生者,全生之谓。所谓全生者,六欲皆得其宜也。所谓亏生者,六欲

分得其宜也。亏生则于其尊之者薄矣,其亏弥甚者也,其尊弥薄。所谓死者,无有所以(以字衍文)知,复其未生也。所谓迫生者,六欲莫得其宜也,皆获其所甚恶者。服是也,辱是也。辱莫大于不义,故不义,迫生也,而迫生非独不义也,故曰迫生不若死。奚以知其然也?耳闻所恶,不若无闻;目见所恶,不若无见。故雷则掩耳,电则掩目,此其比也。凡六欲者,皆知其所甚恶,而必不得免,不若无有所以(以字衍文)知。无有所以(以字衍文)知者,死之谓也。故迫生不若死。嗜肉者,非腐鼠之谓也;嗜酒者,非败酒之谓也;尊生者,非迫生之谓也。

从引文看,全生、亏生、死和迫生这四种生存状态的划分来源于子华子。"贵生""重生"或"尊生",即仅就"全生"而言。所谓"全生","六欲皆得其宜也"。"六欲",高诱《注》曰:"生、死、耳、目、口、鼻也。"四官及生死的欲求均得其宜,这即是所谓适性节欲,而合乎生命需要的内在矩度。如此而生,即为"全生"。所谓"亏生",指四官及生死的欲求半得其宜,所亏愈甚,则所尊愈薄。所谓"死",高诱《注》曰:"死君亲之难,义重于生,视死如归,故曰:'无有所知,复其未生也。'""死"即指在特定的场合,人们必须舍生而取义的一种生存状态。所谓"迫生",指四官生死皆莫得其宜,而"获其所甚恶"。临大难而不能死义,反而苟且偷生、受尽屈辱地活着,这就是"迫生"。"迫生"与"死"这两种生命存在状态的差别在于:人一死可以百了,无有所知;而"迫生"却使人在余生中可以深切地感知到自己正在屈辱、卑鄙中苟且地活着,苟且地存在着,因此《贵生》云"迫生不若死"!"迫生",与"尊生"是完全相对立的。又据《贵生》,在战国末季,道家的生命哲学已经融合了儒家的某些教义,而摆脱了那种对于仁义礼乐一味严加拒斥和批判的庄学态度。

再看《孟春纪·重己》等篇对于"重己"的论述。在《吕氏春秋》中,"重己"的观点其实包含在"贵生"之中,不过在哲学上它也有特别的意义。《本生》等篇以"性"对"生"作了本原性的深化,如此,"贵生"即包含着对于形体和本性两个方面的尊重。而"生"概念既指具体的生命个体，也指人的普遍生命。"物"与"生"对，从《吕览》文本来看，"物"或指权势及其所关涉的天下、国家，或指声色滋味及其所关涉的事物、财富。而无论是权势、财富还是声色滋味，都是为了满足人的贪欲，因此"欲"也就成为了"生"的内在构成要素。进一步，通过对于"欲"的自我控制，或者说"节欲"，养生活动即成为人的一个内在事件。而"生""物"的对立，也就转化为人性的内在对立。讨论"重己"则是在"己我"与"他物"之间展开，而在己他、物我之间划出一条严格的界线，即是讨论此一问题的前提；同时，在物我的轻重权衡中，它确立了利己主义的生命哲学观。在此，"己"主要指自己的形体（肉体）生命，"物"指"外物"（身外之物），具体指个人的权位及其外化的附属之物（富贵之物）。

《贵生》曰：

> 尧以天下让于子州支父，子州支父对曰："以我为天子犹可也。虽然，我适有幽忧之病，方将治之，未暇在天下也。"天下，重物也，而不以害其生，又况于它物乎？惟不以天下害其生者也，可以托天下。越人三世杀其君，王子搜患之，逃乎丹穴。越国无君，求王子搜而不得，从之丹穴。王子搜不肯出，越人熏之以艾，乘之以王舆。王子搜援绥登车，仰天而呼曰："君乎！独不可以舍我乎？"王子搜非恶为君也，恶为君之患也。若王子搜者，可谓不以国伤其生矣，此固越人之所欲得而为君也。鲁君闻颜阖得道之人也，使人以币先焉。颜阖守闾，鹿布之衣，而自饭牛。鲁君之使者至，颜阖自对之。使者曰："此颜阖之家邪？"颜阖对曰："此阖之家也。"使者致币，颜阖对曰："恐听缪（谬）而遗使者罪，不若审之。"使者还反审之，复来求之，则不得已。故若颜阖者，非恶富贵也，由重生恶之也。世之人主，多以富贵骄得道之人，其不相知，岂不悲哉？

上引《贵生》文出自《庄子·让王篇》，《吕氏春秋》即继承了庄子学派的"贵生"和"重己"观。在上引文的三个故事中，"天下""越国"和"富贵"

即为外物。虽然《贵生篇》是从"贵生"的角度来展开论述的,但是从引文来看,其所贵之"生"即与外物相对待,而实指"己身"。为什么子州支父要坚辞天下,王子搜要逃越国于丹穴,而颜阖要巧辞富贵呢?富贵,人之所欲也,天下、国家非不重也,而三子之所以辞之、逃之、拒之,俱因为他们严肃地认为己身的生命远重于外物。以身徇物,追求所谓功名禄爵,此譬如"以隋侯之珠弹千仞之雀","所用重,所要轻也"。所以说:"道之真,以持身;其绪余,以为国家;其土苴,以治天下。"(《贵生》)其所谓"道",即"完身养生之道"(《贵生》)。

进一步,从主要倾向来看,"己身"与"外物"的轻重权衡也是在人的政治生命与肉体生命的紧张关系中及在人的自我意识中展开的。《孟春纪·重己》即直接将其揭明出来。《重己》曰:

> 倕至巧也,(倕,尧之巧工也。)人不爱倕之指,而爱己之指,有之利故也。人不爱昆山之玉、江汉之珠,而爱己之一苍璧小玑,(苍璧,石多玉少也,珠之不圜者曰玑,皆喻不好也。)有之利故也。(之犹其也。)今吾生之为我有,而利我亦大矣。论其贵贱,爵为天子,不足以比焉;论其轻重,富有天下,不可以易之;论其安危,一曙失之,(曙,旦明也。)终身不复得。此三者,有道者之所慎也。

这段引文最值得注意的是将与外物相对立的"己我"直接挑明出来,从自我的角度深入思考了生命的价值和意义。当然,这一点是继承了杨朱"为我"哲学的结果,《审分览·不二》即说"阳生贵己"。倕之指虽至巧,昆山之玉、江汉之珠虽美,然而人们不爱之,而爱"己之指""己之一苍璧小玑",因为前者终为他人之物,而后者方为我所有,而可以为我所用,"有之利故也"。以此类推,《重己》很自然地提出了"今吾生之为我有,而利我亦大矣"的观点。"今吾生之为我有",这是"利我亦大矣"的前提;若吾生不为我所有,而舍己徇物,则何利之有? 这显然是一种利己主义的生命观。这种从"己我"本位出发而肯定个人高度尊重自己之生命的观念,当然有其积极价值。在《重己》中,通过与外物(天子之爵、天下之富)

的权衡、比较，己身的价值显得更贵、更重。而且，一旦失其所安，那么己身终生绝难再得其所安；反过来说，己身及其安立，正是以某个人为天子及其富有天下的必要前提。

需要说明的是，利己重生不等于自私，但是利己主义的生命哲学在适宜的条件下必然会导致完全消极意义上的自私行为。设若王子搜之贤足以治越国，振救越民于水火，那么他逃于丹穴而不任君位，其实是为了逃避其应当承担的政治责任，因而这是一种自私自利的丑恶行为，其实与杨朱"拔一毛而利天下，不为也"①无异。在此，所谓利己重生的主张也就演变成人们掩饰其胆怯、丑恶行为的一种堂皇借口。因此，利己主义的生命哲学最终应当受到必要的约束，特别是受到道德原则（例如"义"）的规范。在此，存在两种生命观的严重冲突。从《贵生》来看，战国晚期的道家其实已经思考到了这一冲突。在"全生""亏生""死""迫生"的四种生存状态中，"义"的力量显然被考虑到了；只不过在"义"之外，"情欲"对于生命的消极影响受到了作者的高度关注罢了。

最后，我们来看《贵生》和《重己》两篇的养生方法。不管是主张"尊生"还是"重己"，其目的无非是为了全生、延年益寿和长生久视。为了实现这些目的，当然需要具体的人为修养方法。《贵生》于是提出了"贵生之术"。所谓"贵生之术"，即指对耳目鼻口四官的欲求作出相应的限制，"耳目鼻口不得擅行，必有所制，譬之若官职不得擅为，必有所制"，这是一种以控制为主导的贵生方法。《重己》认为"节性""适欲"可以"顺生"，并将其具体化和方法化，如说："昔先圣王之为苑囿园池也，足以观望劳形而已矣；其为宫室台榭也，足以辟（避）燥湿而已矣；其为舆马衣裘也，足以逸身暖骸而已矣；其为饮食酏醴也，足以适味充虚而已矣；其为声色音乐也，足以安性自娱而已矣。五者，圣王之所以养性也。""节""适"，据高《注》，与"和"通训。"节性""适欲"，就是满足身体欲望的正当需求，但又绝对不是放纵情欲。相应地，苑囿园池、宫室台榭、舆马衣裘、饮食酏

---

① 《孟子·尽心上》。

醴和声色音乐均应以此为制。

2.《情欲》《尽数》两篇的生命哲学

《仲春纪·情欲》的思想特征，介于《本生》《重己》《贵生》三篇与《季春纪·尽数》之间。其特别之处在于从"情欲"立论，对于人性的认识有所深化。《情欲》云：

> 天生人而使有贪有欲，欲有情，情有节。圣人修节以止欲，故不过行其情也。故耳之欲五声，目之欲五色，口之欲五味，情也。此三者，贵贱、愚智、贤不肖欲之若一，虽神农黄帝，其与桀纣同。圣人之所以异者，得其情也。由贵生动则得其情矣，不由贵生动则失其情矣。此二者，死生存亡之本也。俗主亏情，故每动为亡（亡字衍文）败。

作者首先认为"贪欲"是天生的，进而认为"欲有情"而"情有节"。所谓"欲"，指耳目口之欲。所谓"情"，从内容来看，指"耳之欲五声，目之欲五色，口之欲五味"；从字义来看，可训"实"。凡人皆有"欲""情"，自然如此。这里，"欲"是人的本性，"情"是"欲"的具体展开。这种"情欲"说，见于稷下诸子到荀子一系，《荀子·正名》曰"欲者，情之应也"，即与此相应。另外，本篇提出了"节情"说，亦与《荀子》相合。不过，《情欲》与《正名》不同的是，前者以自然主义的养生论为旨趣，而后者则以"化性起伪"为归宗。由"节情"，《情欲》有所谓"得其情"和"失其情"之分：圣人得其情，而俗主失其情。所谓"得其情"，高诱《注》曰："得其不过节之情。"例如沉湎于声色滋味，超过了必要的节度，即为"失其情"矣。而判断是否得情、失情的依据是"由贵生动则得其情矣，不由贵生动则失其情矣"。"贵生"是生命哲学的根本目的。

《情欲》的这种"节情"说，又见于《孟春纪·重己》。不过，《重己》使用的是"适欲"和"节性"两个术语。高诱《注》曰："适，犹节也。"又《注》曰："节，犹和也。和适其情性而已，不过制也。"可知"适欲""节性"与"节情"三词的含义是基本相同的。为什么要"适欲"？因为在《重己》看来，

"使生不顺者,欲也"。顺生则寿长,逆生则寿短,而"长生久视"几乎是每个人潜藏在内心里的终极欲望。

在方法上,《情欲》继承了《老子》第五十九章所谓啬道,提出了"早啬"之说。所谓"早啬",指人应当及早爱啬其精神。"知早啬则精不竭",如此,可以"生以寿长,声色滋味能久乐之"。简言之,"早啬"之说一是认为养生要趁早,长生是少时即做修养的结果;二是要爱惜、节省自己的精神,使之长流不绝。

《季春纪·尽数》的养生观念与《情欲》较为接近,但是与《本生》《重己》和《贵生》三篇的差距较大。所谓"尽数",即人尽其天年之数。"数",分数。《尽数》虽然没有明文提出"贵生"观念,但是也非常重视养生的问题。与《本生》等三篇不同,它认为生命的本源、本体在于"气",而"气"又可分为阴阳之气和精气,它们分别是形体和精神的来源。这种说法综合了庄学和稷下学两大传统,但是《尽数》更重视"精气"的概念。庄子具备形神的观念,但是他没有从本根论上说明"精神"的来源,只是从庄子后学那里吸取了"精神"这一概念。稷下道家以精气为神明之源,首先解决了"精神"的来源问题。形神观念的提出很重要,它超出了将生命仅仅看作物质现象的观念,对后世影响极其深远。《尽数》继承了这一重要思想成果,将"精气"和"精神"看作生命的本源和动力,而所谓养生、长生即是"精神(如何)安乎形",及"精气"如何在形体内日新流动。所谓"生",对《尽数》而言,指精气在体内的集聚、流动和安处,否则意味着非死即病。既然如此,那么养生所要防止的根本问题就是"气郁"。"郁,滞不通也"(《恃君览·达郁》"病之留,恶之生也,精气郁也"高诱《注》曰),精气滞塞在体内而不行就会产生病恶。而如何防止"气郁"?除了观念作用外,需要相应的修养方法。

"尽数之务,在乎去害",《尽数》将"害"分为三大类:一者,五味太盛、充形之害;二者,五情太过、接神之害;三者,七种非常天气动精之害。针对第一类危害,其具体去害之法是:"食能以时,身必无灾。凡食之道,无饥无饱,是之谓五藏之葆,口必甘味,和精端容,将之以神气,百节虞欢,咸进受气;饮必小咽,端直无戾。"对于第三类危害,其具体去害之法是,通过形体的运动而促使精气在体内的流行。《尽数》云:"流水不腐,户枢不蠹,动也。形气亦然,形不动则精不流,精不流则气郁。"这即是说,通过形动可以促使精动,例如导引术,乃至徒步行走,都属于此类方法。这种方法在观念上与主流道家倡导以"虚静"为宗旨的思想相反对。至于祛除情感过盛之害的方法,《尽数篇》没有谈及,因而本书也就不作议论了。①

三、生命哲学与政治哲学的关联

《吕氏春秋》一方面倡导"贵生""重己"说,试图确立以生命为本、以己我为重的生命哲学观念,但是另一方面又将生命纳入政治哲学中来讨论。当人们权衡"己身"与"天下""国家"之轻重的时候,这已经关涉到了政治哲学的问题。郭店楚竹书《老子》乙编云:"【故贵为身于】为天下,若可以厇(托)天下矣;恶(爱)以身为天下,若可以迖(寄)天下矣。"②老子认为治身先于治天下,某人只有能先治其身,然后才可以将天下托付给他来治理。这是一种道家的政治哲学观念,它将治身看作治天下的先决条件。身之不治,则宠辱患祸及其身,及于国家、天下。《庄子·在宥》引用《老子》此文,而发挥"无为"之旨,云:"无为也而后安其性命之情。"此所谓无暇治天下而天下治!《吕氏春秋·本生》《吕氏春秋·贵生》在一定程度上继承了这一传统。《本生》一开始即从立天子、百官起论,然后推及"以物养性"和"重生"之旨。这其实也即是将"重生"设定为政治活动的根本目的。《贵生》则直接说:"天下,重物也,而不以害其生,又况于它物乎?惟不以天下害其生者也,可以托天下。"《吕氏春秋》以"贵生"为可

---

① 《吕氏春秋·似顺论·有度》曰:"贵富显严名利六者,悖意者也;容动色理气意六者,缪心者也;恶欲喜怒哀乐六者,累德者也;智能去就取舍六者,塞道者也。此四六者不荡乎胸中则正,正则静,静则清明,清明则虚,虚则无为而无不为也。"按,这段话出自《庄子·庚桑楚篇》。

② 引文、解义,参看丁四新《郭店楚竹书〈老子〉校注》,第286—307页,武汉,武汉大学出版社,2010。

以托付天下的目的和判断标准,若揭日月而明!自杨朱标举"拔一毛而利天下,不为也"的"为我"哲学,即彻底将"为身"与"为天下"撕裂开来,并开启了利己主义的"己身重于天下"的生命哲学观念。"贵生""重己"之旨在《吕氏春秋》中被突显出来,应该说也受到了杨朱哲学的一定影响。

《吕氏春秋·先己》《吕氏春秋·论人》等篇将个体生命与政治活动结合起来论述,其用意更为明显。《先己》认为"凡事之本,必先治身",即使是取天下和治天下也是如此,所谓"治其身而天下治""为天下者,不于天下,于身"是也。所谓"治身",即要爱啬体内的精气,并使"精气日新,邪气尽去"。在"治身"与"治天下"之间,这里的逻辑是,二者在"无为"的原理上是相通的。《先己》曰:"故反其道而身善矣,行义则人善矣,乐备君道而百官已治矣,万民已利矣。三者之成也,在于无为。"进一步的逻辑是,从理想的角度来看,天子能否治理好天下,其关键在于己身之德;作为行政的最高主体,他应当担当天下的全部道义及将天下治理好的政治责任。而如果未能将天下治理得很好,那么他就应当"反于己身",进行自我修养,因为邪气的消解、欲望的节制,乃正是其治理好天下的必要条件:只有"无为"的原理被深刻地化入天子的体内,它才有可能通过具体的一言一行而放诸四海,从而以"无为"的原理取得天下大治。

《论人》与《先己》相关,它首先认为"主道约,君守近","近"者"身"也,紧接着提出了"太上反诸己,其次求诸人"的重要论点。何谓"反诸己",《论人篇》曰:"适耳目,节嗜欲,释智谋,去巧故,而游意乎无穷之次,事心乎自然之涂,若此则无以害其天矣。"这一点与《先己》相近,其修身的原理也是"无为"之道。比较特殊的是,《论人篇》提出了"知知一"的说法。通过无为的修养而能够自得其精神,此谓之"知一"。"知一"犹"得一"。"知知一"也就是知道如何得一,它成为《论人篇》的一个论述重点。何谓"求诸人"? 论人之智愚、贤不肖,既有"八观六验"之法,又有"六戚四隐"的关系需要注意。所谓"八观",即"通则观其所礼,贵则观其所进,富则观其所养,听则观其所行,止则观其所好,习则观其所言,穷则观其所不受,贱则观其所不为";所谓"六验",即"喜之以验其守,乐之以验其僻,怒之以验其节,惧之以验其特,哀之以验其人,苦之以验其志";所谓"六戚",即"父母,兄弟,妻子";所谓"四隐",即"交友,故旧,邑里,门郭"。《论人》曰:"内则用六戚四隐,外则用八观六验,人之情伪、贪鄙、美恶,无所失矣,譬之若逃雨污(濡),无之而非是。此圣王之所以知人也。"总之,"知知一"是为了自修,这是根本;"知人"乃为了分辨智愚、贤不肖,因为治理天下必须任用贤才。

另外,《先己》和《论人》二篇无疑以道家为基点,但是也融合了儒家的思想因素。"反己"本是儒家修养论的传统术语,但这两篇文献将其挪用了过来,这是需要注意的现象。

第四节　《吕氏春秋》的政治哲学:贵公去私、形名说与主术

在内容上,《吕氏春秋》的政治哲学非常复杂,涉及许多方面。这里,本书仅论其贵公去私说、形名说和主术三个方面的内容。

一、"贵公""去私"与"天下非一人之天下,天下之天下也"

1. 公私之辨与"天下非一人之天下,天下之天下也"

权位的设立,本是为公还是为私? 人主的权力,应当为公还是为私? 这是中国政治哲学需要面对和处理的两个基本问题。《孟春纪·贵公》曰:

> 昔先圣王之治天下也,必先公,公则天下平矣,平得于公。尝试观于上志,有得天下者众矣,其得之以公,其失之必以偏。凡主之立也,生于公。故《洪范》曰:"无偏无党,王道荡荡;无偏无颇,遵王之义;无或作好,遵王之道;无或作恶,遵王之路。"天下非一人之天下也,天下之天下也。阴阳之和,不长一类;甘露时雨,不私一物;万民之主,不阿一人。

春之德尚生,绝大多数中国古代哲人信奉天地之间生为贵的观念。由贵生而贵公,这即是由生命哲学进入政治哲学的论域。"贵公"即在政治哲学中尊重公正的原则。而为何人主应当贵公,或以公为先?首先,从为治的结果来看,"公"是圣王治理天下且使天下致太平的根本原理,所谓"公则天下平矣,平得于公"。其次,"公"是人主得立的根本依据。得天下以公正,失天下以偏私。"凡主之立也,生于公",这个命题对于古人而言具有一般意义。最后,《贵公篇》提出了"天下非一人之天下也,天下之天下也"的重要命题。此"一人"着重从"一家"为说①,下句"天下之天下也"也不专就人而言。这两句是说,天下非一人、一家之所有、私有,乃天下万人、万物之所共有。既然如此,设立"天子"或"王"的本意,就不是为了专私一人或一家,而是为了公利万民,乃至天地之间的万千事物。

2.《贵公》《去私》《下贤》三篇:从"贵公"到"至公"

由公私之辨,《孟春纪·贵公篇》进而从利己、利物的角度阐述了"贵公"之旨。《贵公》说,伯禽将行,请问周公治理鲁国之道,周公答曰:"利而勿利也。"所谓"利而勿利也",即利天下而勿自利之义。《贵公》曰:

> 荆人有遗弓者而不肯索,曰:"荆人遗之,荆人得之,又何索焉?"孔子闻之曰:"去其'荆'而可矣。"老聃闻之曰:"去其'人'而可矣。"故老聃则至公矣。天地大矣,生而弗子,成而弗有,万物皆被其泽、得其利,而莫知其所由始。此三皇五帝之德也。

由荆人遗弓而有三议,"荆人遗之,荆人得之",有私于荆人也;孔子闻之曰"去其'荆'而可矣",有私于人也;老聃闻之曰"去其'人'而可矣",则无私于人,利万物可矣。此三者都是由私入公之议,但有境界上的差别,在《贵公》的作者看来,老聃之"至公"达到了与天地合其德的境界。

---

① 《尚书大传·汤誓》曰:"夫天下非一家之有也,唯有道者之有也,唯有道者宜处之。"《周书·殷祝》曰:"此天子位有道者可以处之。天下非一家之有也,有道者之有也。故天下者唯有道者理之,唯有道者纪之,唯有道者宜久处之。"《新书·修政语下》曰:"(师尚父曰)故天下者非一家之有也,有道者之有也。"

所谓天地之德,《贵公》曰:"天地大矣,生而弗子,成而弗有,万物皆被其泽、得其利,而莫知其所由始。"这种兼利万物而莫知其所由始的境界,即是"至公"境界,三皇五帝之德也不过如此。《贵公篇》还具体举出了齐桓公的例子来作说明,曰:"桓公行公去私恶,用管子而为五伯长;行私阿所爱,用竖刀而虫出于户。"公正之利与偏私之害俱大,可不慎欤!

　　《孟春纪·去私》对"偏私"作了深入批判,从负面进一步论证了"贵公"之义。《去私》曰:"天无私覆也,地无私载也,日月无私烛也,四时无私行也,行其德而万物得遂长焉。"此天地无私之德,正是人间帝王所应当具备之德。首先,这种无私之德表现在帝王的自我禁欲上,《去私》即引黄帝之言曰:"声禁重,色禁重,衣禁重,香禁重,味禁重,室禁重。"其次,这种无私之德表现在至尊权位的移交方式上,《去私》认为人间帝王不应以一家之故而将其私与或垄断之,而应当授之于天下之德者贤者。《去私》曰:"尧有子十人,不与其子而授舜;舜有子九人,不与其子而授禹,至公也。"天子之子虽多,如果德贤不及舜、禹,那么尧当授舜,舜当授禹,如此才叫作所谓"至公"。再次,在公权的执行过程中,一定要坚持原则,严格做到不私亲、不乱权的地步。为此,《去私》举了两个例子来做论证。其一,晋大夫祁黄羊"外举不避雠,内举不避子",这种行为得到了孔子的大力赞扬,云:"祁黄羊可谓公矣!"其二,墨者巨子腹䵍之子杀人,秦惠王怜其老而无他子,且欲舍之,腹䵍则"不许惠王而遂杀之"。对此,《去私》评论道:"子,人之所私也,忍所私以行大义,巨子可谓公矣。"顺便指出,公私之辨的议论在战国中后期已非常深入,腹䵍不许惠王而杀子的观念和行为,儒家很可能持不赞成的立场,因为其中还存在忠孝、仁义观念的内在冲突问题。最后,在对待贤德的问题上,《去私》认为王霸之君应当"诛暴而不私,以封天下之贤者",如此方"可以为王伯"。这再次宣扬了"封建"思想,与彼时吕不韦被封为文信侯的身份是一致的。

　　此外,在《慎大览·下贤》,吕不韦集团宣扬了"下贤""礼贤"的观念,并认为这是"至公"之义的内涵。《下贤》曰:"帝也者,天下之适也;王也者,天下之往也。"帝王之义,即所谓为天下之贤士所归往。而天下之贤士如何可能归往于人主?《下贤》认为其关键在于人主自身的品德:礼之下之则归之,骄之倨之则不从。从政治心理的角度来看,这就要求人主对于一国或天下至尊的权位抱有一种至公的心态,既不能以权势欺凌他人,更不能将尊位霸占为私有,否则不是《吕氏春秋》所说的得道之士。帝尧北面而问善绻,周公旦朝于瓮牖之人,齐桓公见小臣稷,郑相子产往见壶丘子林,魏文侯见段干木,在《下贤》看来,这些都是人主以"至公"之心礼贤下士的实际例子。

二、形名学说与言谓理论

1. "名实"与"名辩"略说

天生百物,有形有名。[①] 形名,本是在宇宙生成论的视域下给予事物相应规定的两个概念:凡物皆有形,而"形"是百物的共同属性及其生成的前提(参看楚竹书《凡物流形》篇)[②];"名"亦随"形"而有,凡物皆可依形而称名之。自春秋后期开始,形名学即浸染在政治哲学和伦理学的语境中,它以名实问题为核心,而以正名说著称。孔子非常重视"正名",从内容来看,此说包括两个方面:一是"名言"在政事中的正当性和严谨性,以及言行之间的相应性,这可以参看《论语·子路》篇;二是从分位伦理来说,指君臣父子均应当做到名实相符,这可以参看《论语·颜渊》所载孔子所谓"君君、臣臣、父父、子子"之说及郭店楚竹书《六德》篇。当然,孔子正名说的提出,可能还与邓析运用名言作正反之说有关。邓析是先秦史上企图把握言说之奥秘而作是非不定之辞的尝试者和开拓者。战国中期偏晚,名辩思潮大起。传统的形名学在辩说风潮的影响下不断得到深化,沾染上了浓厚的名辩色彩。名实所指,从政治世界、生活世界进一

---

① 郭店楚简《语丛一》第 12、14 号简曰:"有天有命,有地有形,有物有容,有尽有厚。"第 2、13 号简曰:"有天有命,有物有名。有物有容,有称有名。"

② 曹锦炎释文注释:《凡物流形》,马承源主编:《上海博物馆藏战国楚竹书(七)》,第 221—272 页,上海,上海古籍出版社版,2008。按,曹锦炎的释文注释有重大失误,"一"和"察"二字没有释读出来。参看丁四新《"察一"("察道")的工夫与功用——论楚竹书〈凡物流形〉第二部分文本的哲学思想》,《武汉大学学报(人文科学版)》2013 年第 1 期,第 19—24 页。

步伸展到对自然事物的辩说上。所谓"名",《管子·心术上》曰:"名者,圣人之所以纪万物也。"晋鲁胜《墨辩叙》云:"名者,所以别同异、明是非,道义之门,政化之准绳也。"[①]从内容来看,战国中晚期的名家与传统形名学具有深刻的关系。司马谈《论六家要旨》云"然其正名实,不可不察也",又曰"若夫控名择实,参伍不失,此不可不察也",可以见之。而《庄子·天道》篇有一段谈论所谓大道之序的文字,值得研究者注意,今引述如下:

> 是故古之明大道者,先明天而道德次之,道德已明而仁义次之,仁义已明而分守次之,分守已明而形名次之,形名已明而因任次之,因任已明而原省次之,原省已明而是非次之,是非已明而赏罚次之,赏罚已明而愚知处宜,贵贱履位,仁贤不肖袭情。必分其能,必由其名。以此事上,以此畜下,以此治物,以此修身,知谋不用,必归其天。此之谓大平,治之至也。故书曰:"有形有名。"形名者,古人有之,而非所以先也。古之语大道者,五变而形名可举,九变而赏罚可言也。骤而语形名,不知其本也;骤而语赏罚,不知其始也。倒道而言,迕道而说者,人之所治也,安能治人! 骤而语形名赏罚,此有知治之具,非知治之道。可用于天下,不足以用天下。此之谓辩士,一曲之人也。礼法数度,形名比详,古人有之。此下之所以事上,非上之所以畜下也。

所谓"大道之序",指天、道德、仁义、分守、形名、因任、原省、是非、赏罚九者在政治活动中的重要性及其先后次序。这是庄子后学所做的排列,其实"分守"以下在战国晚期都可以笼统归入形名学的范围。此所谓形名学,从《天道》篇的批判来看,不仅在当时其影响非常深入和广泛,而且与名辩思潮交织在一起。或者说,此"形名"概念与"名辩"概念大体同义。

---

① 《晋书》卷九四《鲁胜传》。

2. 正名:《先识览·正名》论述名实治乱

《吕氏春秋》的形名学说是以名实问题为核心,而重视正名学说,并与名辩思潮相交涉的。《先识览·正名》直接论述了正名问题,是篇曰:

> 名正则治,名丧则乱。使名丧者,淫说也。说淫,则可不可而然不然,是不是而非不非。故君子之说也,足以言贤者之实、不肖者之充而已矣,足以喻治之所悖、乱之所由起而已矣,足以知物之情、人之所获以生而已矣。凡乱者,刑(形)名不当也。人主虽不肖,犹若用贤,犹若听善,犹若为可者。其患在乎所谓贤从不肖也,所谓善而(而字衍文)从邪辟【也】,所谓可从悖逆也,是刑(形)名异充而声实异谓也。夫贤不肖、善邪辟(僻)、可悖逆,国不乱,身不危,奚待也?

“名正则治,名丧则乱”,在作者看来,“名”关系到天下、国家的兴衰治乱,非常重要。无疑,《正名篇》的正名说属于政治哲学的范围。“名”是构成言说的基本单位;“名”之“正”“丧”,与政之“治”“乱”具有深刻的关系:正则得,丧则淫。名实合,形名当,此之谓“名正”“名得”。名实不合,形名不当,此之谓“名淫”“名丧”。《正名》曰:“使名丧者,淫说也。”“淫”,即过度、浮华不实之意。首先,《正名》的作者意识到,“名”是通过“说”得以存在的,“说”既可以使名存也可以使名亡,“说”高于“名”和重于“名”。“淫说”之所以使“名”丧失不存,是因为“说淫”会混淆是非、然可的界限,从而彻底遮断“名”“实”之间的本真联系,导致“实”不在“兹”而使其丧失不存。从另外一端来看,“名丧”的实质即是“实丧”。在《正名篇》的作者看来,“君子之说”反是,“说”的根本目的是为了让“实”显露出来,使贤或不肖之名实相符相合,进而知治乱所由之本和物情人生。

所谓“乱”,其根本在于“形名不当”;反之,“名实相合”,《正名》称之为“治”。当然,《正名》所谓“形名”或“名实”着重是从贤、不肖的治世材质而言的。贤者在下位、不肖者在上位,即所谓“形名不当”,即所谓

"乱"。因此，"治之要"在于人主能让贤者居于上位、不肖者处于下位，听从善者之言，而赞成可肯之意见。"治之患"在于"所谓贤从不肖也，所谓善从邪辟【也】，所谓可从悖逆也"，《正名》将其称为"形名异充而声实异谓"。"充"，填充，塞也。《广雅·释诂三》曰："充，塞也。"形名不能相掩而声实异说，这就会导致国乱身危的巨大祸害，后果非常严重。齐愍王因不能治名实而惑于游士之说，故致国破身亡；桓公却以齐霸，因为"管仲之辩（辨）名实审也"。

总之，《先识览·正名》是针对战国末期"淫说"流行的现状而发的，"淫说"的流行导致了名乱名丧；而形名不当，进而会导致政治祸乱。应当说，这种形名说既比较朴素，又较为正统，它从属于政治目的。而《荀子·正名篇》则与此差别较大，荀子所谓"正名"是以"作名"为基础的；在荀子看来，"所为有名，与所缘以同异，与制名之枢要"这三个方面都必须纳入正名者的详细考察范围之内，故带有较为强烈的名学特征。大体说来，在战国时期，形名学从属于政治学，而名学则属于辩学（以逻辑学为核心）的范围。

3.《审应览》诸篇的形名说与名辩说

《审应览》诸篇大体上也都属于形名学的范围，但其着重点在于讲述人主应当如何言谓，以应对游士或臣下辩说之是非，进而达到审于治乱的政治目的。也因此，这些篇目都沾染上了较为浓厚的名辩色彩。从内容来看，《审应览》诸篇包括三个思想要点：

其一，人主出言发令和应对辩说，都应当"审声容""慎言"和"听于无声，视于无形"。《审应览》曰：

> 人主出声应容，不可不审。凡主有识（职），言不欲先，人唱我和，人先我随；以其出为之入，以其言为之名，取其实以责其名，则说者不敢妄言，而人主之所执其要矣。

"审声容"属于"审形名"的分命题。所谓"声"，指人主应"容"而发出的言议或命令；所谓"容"，即形容，在文中特指他人所表现出来的言说内容。而人主"审声容"有术：人主先要"言不欲先，人唱我和，人先我随"，然后因其所言而"取其实以责其名"，如此则"说者不敢妄言"。这种以后责先的"审声容"之法，具有道家色彩。进一步，"我"之所以能够做到"审声容"而不惑于他人之辨说，则必由于"我"能够内在地做到"反诸己"，于己有真知真得。《审应篇》曰："凡听必反诸己，审则令无不听矣，国久则固，固则难亡。今虞夏殷周无存者，皆不知反诸己也。"将"审声容"之所以可能的条件追溯到认识主体自身的自反活动（自我修养）中，这确实是一个颇具深度的见解。

在"人先己后"的"审声容"实践及反己自修的主体重构中，人主认识到自身"慎言"的必要性，在一定意义上来说，这本是题中应有之义。《审应览·重言》开篇即曰"人主之言，不可不慎"，倡导"慎言""重言"之旨。"重""慎"同义。人主"慎言"之所以必要，在于其发言出令必定会产生相应的政治效力，导致或治或乱的后果，这就是为什么殷高宗"即位谅暗，三年不言"，楚庄王即位三年"不飞不鸣"的原因。同时，人主之言有且当有极高的权威性（所谓"天子无戏言"是也），而不能以苟且的言辞损害或减弱这种权威性，其实这是由人主的特殊身份及其至高无上的政治地位决定的。

不仅如此，《重言》还认为审察声容、形名，应当从审言、审形进入"听于无声，视于无形"的境界。"听于无声，视于无形"，这其实即是进入了圣人体道的境界。而如果达到了圣人体道的境界，那么可以不即声形而审形名、治乱。《重言》认为，人主应当效法詹何、田子方和老聃这些体道圣人而审察形名。

其二，《审应览·精谕》《离谓》和《淫辞》三篇就"言谓""言意"或"言心"关系展开了论述，具有语言哲学的意味，从而深化了《吕氏春秋》的形名学说。首先，《精谕》认为："圣人相谕（喻，晓也）不待言，有先言言者也。"这是说，圣人知事知物不必借助于言语，因为世间有先于言语而言说者。孔子见温伯雪子，不言而出；子贡问其故，孔子答曰："若夫人者，目击而道存矣，不可以容声矣。故未见其人而知其志，见其人而心与志皆见,天符同也。"①孔子,圣人;温伯雪子,亦圣人也。孔子知喻温伯雪子,见其目动而知"道"存于其身,其间不容声说矣。"目击"属于形容,而非声言,孔子借助于此一目动而立马知晓温伯雪子有道存于其身,此所谓圣人之相知相晓"不待言"者也。这是一个方面。

另一方面"有先言言者"一句还存在"谓"(或"意""心")与"言"的关系问题。《精谕》曰:

> 白公问于孔子曰:"人可与微言乎?"孔子不应。白公曰:"若以石投水,奚若?"孔子曰:"没,人能取之。"白公曰:"若以水投水,奚若?"孔子曰:"淄渑之合者,易牙尝而知之。"白公曰:"然则人【固】不可与微言乎?"孔子曰:"胡为不可? 唯知言之谓者为可耳。"白公弗得也。知谓则不以言【言】矣。言者,谓之属也。求鱼者濡,争兽者趋,非乐之也。故至言去言,至为无为。浅智者之所争则末矣,此白公之所以死于法室。

"白公",即公子胜,楚平王之孙。"微言",高诱《注》:"阴谋密事也。"白公胜欲阴谋造反,问孔子"人可与微言乎",孔子不应;再三问之,孔子回答说:唯知言之谓者为可与微言也! 高诱《注》:"知言,知仁言义。言忠信仁义大行于民,民欣而戴之,则可用也。"高《注》特就白公胜与孔子之异趣而训释之,前者欲以阴谋权诈之术夺取楚国王位,而后者则言治国应当将仁义之微言推行于民,如此乃可。白公得孔子之可"与微言"之言,却不得孔子之所谓微言,故身死于法室(即刑室)。所谓"谓",指言说的旨趣。《列子·说符篇》亦载此段文字,张湛《注》云:"谓者,所以发言之旨趣。"谓者乃言说之主,"言者,谓之属也",而言必有所谓。在此,"谓"是本,"言"是末,寻"言"以得"谓",得"谓"而可去"言":"至言去言","知谓则不以言言矣"。

此外,言谓还会出现"形名不相当",即出现言者所言与暗中所行完

全相背离的情况。在此,所谓言说其实就是为了目的的实现而用来欺骗他人的手段。在这种情况下,言之所言与言者之意谓在根本上是分裂的:言者在此,而谓者在彼,非神圣之人,其孰能察此? 所以《精谕》最后说道:"言不足以断小事,唯知言之谓者可为。"这就是说,仅凭言辞,即使是小事也不足以裁断,而唯有知言之谓者才可以裁断之啊。

"谓"既然是言辞的旨趣,那么言谓关系其实也即是言意或言心的关系。《审应览·离谓》《淫辞》两篇对此有较为深刻的论述。《离谓》曰:

> (1)言者,以谕意也。言意相离,凶也。乱国之俗,甚多流言而不顾其实,务以相毁,务以相誉,毁誉成党,众口熏天,贤不肖不分。以此治国,贤主犹惑之也,又况乎不肖者乎? 惑者之患,不自以为惑,故惑。惑之中有晓焉,冥冥之中有昭焉。亡国之主不自以为惑,故与桀纣幽厉皆(偕)也。然有亡国者,无二道矣。

> (2)夫辞者,意之表也。鉴其表而弃其意,悖。故古之人得其意则舍其言矣。听言者以言观意也,听言而意不可知,其与桥(矫)言无择。

"辞"即"言","意"即《精谕》所云"言之谓"也。据第一段文本,可知"言"是工具,"意"是目的:言以谕意,而"意"为"言"之归趣。二者应为相合不离的关系,否则"言意相离,凶也"。而使"言意相离"的原因有二:一者,"甚多流言而不顾其实",导致"毁誉成党,众口熏天,贤不肖不分"的恶果;其二,人主惑焉而"不自以为惑",无以觉其非。其实,在政治语境中,"言意相离"与国之昏乱是互为因果的。第二段文本以"辞""意"为表里,即以"意"为"辞"之本旨,而"辞"是用来表达"意"的,二者为本末或目的与手段的关系。如此,人们就应当像古人"得其意则舍其言",而不应当像邓析那样只"鉴其表而弃其意",舍本逐末,以手段取代目的——这只能造成言辞悖乱的后果。在听言的时候,应当将言意二者结合起来,"以言观意";听言而不知其意,则与矫伪之言无异。

更为难得的是,《离谓》对于言辞之是非、可否设置了一个判断的标准,认为:"理也者,是非之宗也。"这即是说,言辞本身的是非判断依据不在其自身,而在于是否合乎道理("理")。进一步,有人明知不合乎道理却故意以辞胜人,播弄是非,欺惑愚众,这种属于所谓"诈伪"现象("辩而不当理则伪,知而不当理则诈")。对于"诈伪之民",《离谓》主张诛杀之,以免除其危害社会安全。例如,邓析巧言利口,是非无度,可不可无辨,"所欲胜因胜,所欲罪因罪",导致了"郑国大乱,民口讙哗"的严重后果,所以子产患而杀之。

"意"包括言之意和心之意两个方面,其中前者源于后者;也正因为如此,言意关系可以转化为言心关系来讨论。《审应览·淫辞》曰:

> 非辞无以相期,从辞则乱。乱辞之中又有辞焉,心之谓也。言不欺心则近之矣。凡言者,以谕心也。言心相离,而上无以参之,则下多所言非所行也,所行非所言也。言行相诡,不祥莫大焉。

这段话讲了两个问题。第一,言心的分离。作者由此要求人们做到"言不欺心"。一般说来,"言辞"是人们实现社会交流和沟通的工具,"非辞无以相期";但是,如果一味顺从言辞而玩弄之,那么就会产生惑乱之辞("乱辞")。值得注意的是,"乱辞"并不一定表明言说者本身也因此惑乱不堪,而实际上,"乱辞之中又有辞焉,心之谓也"。"乱辞"也是言说者用来达到自己意图的一种掩饰或曲折手段,这样就产生了所谓言以欺心的问题。第二,"言心相离"进一步导致"言行相诡"的后果,而作者显然认为言心和言行都应当保持相一的关系。本来在正常情况下,言以谕心;然而在诈伪的情况下,言辞不但不足以谕心,而且适得其反,它们恰恰是用来掩盖言说者真实意图的工具,于是产生了所谓"言心相离"。进一步,"言心相离"如果没有得到很好的控制,那么人们就会进一步产生"言行相诡"的情况,由此整个社会陷入一片混乱。

其三,《审应览·不屈》《具备》两篇进一步宣扬了"凡说与治之务,莫若诚"的观点。《不屈》认为"察士"("辩者")虽然精于言辞之辩,应物无穷,然而"以为得道则未也"。辞察的目的不在于以辩胜人,而在于"达理明义":"察而以达理明义,则察为福矣;察而以饰非惑愚,则察为祸矣"。若惠子、匡章等察士之辩,"以贼天下为实,以治之为名",可以已矣。既然如此,那么人们的言意和言行就应当做到表里相一、内外实诚的地步。"诚"是治国、平天下之道。

《审应览·具备》同样重视"诚"道的治功作用。所谓"具备",即具备工具之意。"具",器具,在文中用来比喻治国治民所必备之术。《具备》先认为立功名必有其具,犹如繁弱良弓必有弦之具,然后乃有羿、逢蒙执而中的之功;"不得其具,贤虽过汤武,则劳而无功也"。《具备》又说:"凡立功名,虽贤,必有其具然后可成。"由具体实指之"具"到抽象实在之"具",《具备篇》通过宓子贱治理亶父的故事将其指明为"诚"道。宓子贱治理亶父三年,其功至于夜渔者得小鱼而舍之,于是巫马旗与孔子就此展开了一段对话。《具备》曰:

> 巫马旗归告孔子曰:"宓子之德至矣。使民暗行,若有严刑于旁,敢问宓子何以至于此?"孔子曰:"丘尝与之言曰:'诚乎此者,刑(形)乎彼。'宓子必行此术于亶父也。"夫宓子之得行此术也,鲁君后得之也。鲁君后得之者,宓子先有其备也。先有其备,岂遽必哉?此鲁君之贤也。

"诚乎此者,形乎彼",这段话将化成亶父的功劳,归之于宓子贱能行诚术的结果。由此可知,"诚"的原则对于为政之关系,在作者看来至关重要。

不仅如此,《具备》还提出了"凡说与治之务,莫若诚"的观点。《具备》曰:

> 三月婴儿,轩冕在前,弗知欲也,斧钺在后,弗知恶也;慈母之爱谕焉,诚也。故诚有(又)诚乃合于精,精有(又)精乃通于天。乃通于天,水(水字衍文)木石之性皆可动也,又况于有血气者乎?故凡说与治之务,莫若诚。听言哀者,不若见其哭也;听言怒者,不若见其斗也。说与治不诚,其动人心不神。

三月婴儿与慈母相知以诚，而诚道之功于此可见。通过诚之又诚的修养，可以达到"精一"的地步；通过精之又精的修养，可以达到自然（"天"）之境。"通于天"，其功可以感动木石，又何况有血气之物呢？如此看来，诚道对于言说和为政至关重要，"凡说与治之务，莫若诚"。而"说"与"治"如若没有达到"诚"的地步，那么其感动人心就不会达到神化的境界。

总之，《吕氏春秋》的形名学说及言谓理论是从"为治"的前提出发来展开论述的，而言谓理论又是从此角度对于形名学说的推演。《先识览·正名》将批判的矛头对准了"淫说"，因为"使名丧者，淫说也"。战国后期，诸子好辩，欺惑愚众，而名乱于世，是非可否相颠倒之说盛行，造成了不知如何为治的混乱局面。《审应览》诸篇同样将批判的矛头对准了"辩说"。《审应览》首篇及《重言》着重论述了审形名、察是非的指导观念和方法，而《精谕》《离谓》和《淫辞》三篇则集中在对言谓、言意、言心三组关系的论述上，其实"言谓""言意"和"言心"这三者是紧密关联在一起的，且在思想上后者比前者更为深入。对于言辞之所谓（旨意）的理解，其实也即是对于言说者之内在心意的探讨。由于在言说的过程中，言与谓、言与意、言与心各自之前者与后者并不总是一致的，甚至出现言以欺心的现象，因此如何从思想及政治上保证它们之间的一致性，这就成为了一个亟待解决的大问题。《离谓》等三篇以本末及目的与手段来处理它们的关系，认为："言"为末为手段，而"谓""意""心"为本为目的。这种理解在方式上与《庄子·外物》对于言意的论述（"言者所以在意，得意而忘言"）较为相近。另外，还可以看到，《离谓》三篇呼唤人主对于言辞的负面作用，尤其对于察士的辩说必须保持高度警惕，且诈伪之民应当受到惩处，甚至诛杀之。与《离谓》三篇批判言辞欺心的负面现象相对，《不屈》《具备》二篇则从正面肯定了言说与为政应当建立在诚道的基础上。《具备》认为，如果以诚言说和为政，那么就会感人至深至神。简言之，《吕览》的形名学说与言谓理论具有内在的紧密关系，并且在论述上具有逐步深入的特点。当然，在总体上它们都是为政治服务的，或者以政治目的论为基调。

三、主术:正名审分与主因臣为

1. 正名审分与宁静藏智

从形名学出发,《吕氏春秋·审分览》就"主术"作了更进一步的论述。《审分览》开篇即曰:"凡人主必审分,然后治可以至。"在内容上,"审分"是"主术"的第一点。所谓"审分",即"审名分"之义。它包含两个层次,其一,"审分"要求臣主各"有地",所职不同。主之所职,乃督责臣下,"乘物""察理";臣之所职,乃各尽其官守,竭其智能。如果"臣主同地",则"臣有所匿其邪矣,主无所避其累矣"。因此《审分览》反对"人主好治人官之事"。其二,"审分"要求人主对于臣下"正名审分"。后一层意思是主要的。《审分览》曰:

> 有道之主,其所以使群臣者亦有辔,其辔何如? 正名审分,是治之辔已。故按其实而审其名,以求其情;听其言而察其类,无使放悖。夫名多不当其实,而事多不当其用者,故人主不可以不审名分也。不审名分,是恶壅而愈塞也。壅塞之任,不在臣下,在于人主。……百官,众有司也;万物,群牛马也。不正其名,不分其职,而数用刑罚,乱莫大焉。……故名不正则人主忧劳勤苦,而官职烦乱,悖逆矣,国之亡也,名之伤也,从此生矣。白之顾益黑,求之愈不得者,其此义邪? 故至治之务在于正名,名正则人主不忧劳矣,不忧劳则不伤其耳目之主。

"正名审分",是人主所以使群臣之"辔"。"名",指官名;"分",指职分。审查名分,即"按其实而审其名""听其言而察其类",务使名实、事用相当。实际上,名实、事用在政治活动中往往失当,故人主"审名分"是十分必要的。"审名分"既是人主的政治责任,也是其政治智慧。通过正名分职将百官条理开来,并使之各尽智能,从而治理好国家和人民,这种政治智慧(或称"术")与"数用刑罚"的治理观念相对,而《审分篇》显然反对后者,认为它"乱莫大焉"。进一步,《审分》认为"正名分职"具有使人主解除"忧劳勤苦"的作用,合于人主保身之旨,所以说:"至治之务在于正名,名正则人主不忧劳矣,不忧劳则不伤其耳目之主。"

在境界上,"正名分职"通过人主之忘智去能而使自己达到"无有"之境。什么是"无有"之境?《审分览》曰:"不制于物,无肯为使,清静以公,神通乎六合,德耀乎海外,意观乎无穷,誉流乎无止。此之谓定性于大湫,命之曰无有。"又曰:"若此,则能顺其天,意气得游乎寂寞之宇矣,形性得安乎自然之所矣,全乎万物而不宰,泽被天下而莫知其所自始。"所谓"无有"之境,即定性命于虚空之境和"形性得安乎自然"之境。在"无有"之境中,人主能够完全忘却己智己能,正名分职,清静公正,而"神通乎六合"。

"正名分职"如何可能?《君守》即从人主之政治主体性的构成上来宣扬宁静藏智之旨。是篇曰:

> 得道者必静,静者无知,知乃无知,可以言君道也。故曰:中欲不出谓之扃,外欲不入谓之闭。既扃而又闭,天之用密。有准不以平,有绳不以正。天之大静,既静而又宁,可以为天下正。身以盛心,心以盛智,智乎深藏,而实莫得窥乎。

"静"为君道的核心观念。这一概念指君主消解己智,而达于"知乃无知"的境地。而为了达到"知乃无知"之境,就必须以闭密之术修心。"中欲不出谓之扃,外欲不入谓之闭","扃"指内闭心智,"闭"指防遏外诱,前者当然是主要的。在《君守》的作者看来,深藏心智而使臣下莫得窥探,这是一种很重要的工夫。在这里,作者显然将人主的心智、思虑一方面看作人主干扰百官尽职的根源,因此说"大圣无事而千官尽能",又说"故善为君者无识,其次无事";另一方面看作人主受制于人臣的把柄,因此《君守》曰:"凡奸邪险陂之人,必有因也。何因哉?因主之为。人主好以己为,则守职者舍职而阿主之为矣。阿主之为,有过则主无以责之,则人主日侵而人臣日得。""因术"本为君道,而如果为臣所用,则必将置君主自身于忧危之地。

2. 主因臣为与因势执一

《审分览·任数》进一步论述了主道因术之旨。所谓"任数","数"者术也。人主治官,官员为治,君臣的职分应当区分开来。如果人主不能任术,那么就会自矜耳目智巧之能;然而在《任数》看来,耳目心智"其所以知识甚阙,其所以闻见甚浅",而固不足以恃。《任数》曰:

> 故至智弃智,至仁忘仁,至德不德,无言无思,静以待时,时至而应,心暇者胜。凡应之理,清净公素而正始卒焉。此治纪,无唱有和,无先有随。古之王者,其所为少,其所因多。因者,君术也;为者,臣道也。为则扰矣,因则静矣。因冬为寒,因夏为暑,君奚事哉?故曰:君道无知无为,而贤于有知有为,则得之矣。

治乱存亡之道存乎人主。这个"道"即是因应之道。应物的根本原理为"清净公正而正始卒",而因循之术可具体表现为"无唱有和,无先有随"。总之,"因者,君也;为者,臣道也";君道"无知无为",而臣道"有知有为"。

这种君道无为的思想,还体现在人主的形神修养上。《审分览·勿躬》说朝廷的具体政治事务都应当由各种部门的职官去劳作和完成,人主不应当代替他们去做这些具体事情。君主的责任是依据自己高高在上的权势,务必使诸官"尽其巧,毕其能",如此才是一个合格的君主,甚至达到"圣王"的人格。从内在的方面来看,人主应当"养神""修德",而"矜服性命之情"。《勿躬》曰:"养其神,修其德而化矣,岂必劳形愁弊耳目哉? ……故善为君者,矜服性命之情,而百官已治矣,黔首已亲矣,名号已章矣。"又曰:"凡君也者,处平静,任德化,以听其要,若此则形性弥赢,而耳目愈精;百官慎职,而莫敢愉缗;人事其事,以充其名,名实相保,之谓知道。"可知君主个人的形神修养即是其为政的一个重要组成部分。而为何君主个人自身的形神修养即是其为政的一个重要组成部分呢?这首先与古代君主制本身直接相关,在此体制下,人君形神是其能否持续主政的前提和保障;其次与主体对于"道"的认识有关,养神修德而实现自我的反省和行为的约束,在《勿躬》看来这是人君做到因循无为的前提。

《审分览·知度》的思路与《勿躬》大体相同。其要旨,一在于"治天下之要存乎除奸,除奸之要存乎治官,治官之要存乎治道,治道之要存乎知性命";一在于"有道之主因而不为,责而不诏,去想去意,静虚以待,不伐之言,不夺之事,督名审实,官复自司,以不知为道,以奈何为实。"简言之,人主治道之要"存乎知性命"和"因而不为"。

"势位",也是法术之学所着重考虑的问题。《慎大览·贵因》曾一般性地提出了"贵因"之说,并以之为"因时变法"观念的论证基础。而《审分览·慎势》不同,提出了"因势"和"慎势"的观念,乃是从人主治理国家和管理臣下的角度来说的。可以肯定,作为人主,必须拥数("数"者术也)居势,而不能失数无势。所谓"因势",《慎势》曰:

> 水用舟,陆用车,涂用辅,沙用鸠,山用樏,因其势也者。因势者其令行;位尊者,其教受;威立者,其奸止。此畜人之道也。故以万乘令乎千乘易,以千乘令乎一家易,以一家令乎一人易。尝识及此,虽尧舜不能。诸侯不欲臣于人,而不得已,其势不便,则奚以易臣?权轻重,审大小,多建封,所以便其势也。王也者,势〈王〉也;王也者,势无敌也,势有敌则王者废矣。有知小之愈于大、少之贤于多者,则知无敌矣。知无敌则似类嫌疑之道远矣。

"势"是一种客观存在,水、陆、涂、沙、山各有其势;而"水用舟,陆用车,涂用辅,沙用鸠,山用樏",皆"因其势也"。由此及彼,人主为政亦必因其势。这个"势",既有人主自身在政治关系中本来即有的居高临下、生杀予夺之"势"(权势),也有其对治事物或对治官员的外在之"势"。当然,前者更为重要。在通常情况下,位尊则势重,势位是发号施令、建立权威的基础。万乘有万乘之势,千乘有千乘之势,一家有一家之势,一人有一人之势。前后二者之间具有统帅与服从的关系,具有前者势重、后者势轻的特征。不同的政治实体之间，其势力的轻重、大小是不同的；当然，在一定条件下它们也可能发生转化。正因为如此，所以人主不但要因势，而且要慎势。值得注意的是，《慎势》仍然局限在强烈的封建制意识中，一者主张封建便势，二者推崇封建制的"王"观念（如说："王也者，王也；王也者，势无敌也。"），这在意识形态上已经落后于历史发展的方向，与秦国实施已久的君主中央集权制（包括郡县制）明显不同。

最后，"主术"还包括"执一"的内容，人主对于自身所处之权势应当进行深刻的反省。《审分览·不二》认为众议危国，因此主张一议，所谓"一则治，异则乱；一则安，异则危"。不过，这个"一"不是人主个人的独断，而是一种统一。《不二》曰："夫能齐万不同，愚智工拙皆尽力竭能，如出乎一穴者，其唯圣人矣乎。"这种"齐一"之术十分高明，乃圣人为治必备的素质。《审分览·执一》与《不二》互补，它说："王者执一而为万物正。"又说："天子必执一，所以抟之也。""一"是天子必须把握的统一性原则，所以抟聚不同者，"一则治，两则乱"。当然，从逻辑上来看，"一"在文中首先是一种抽象性的原则，但是也可实指。从为治来看，"执一"以"为身"为本。所谓身治则家治，家治则国治，国治则天下治。当然，这里也可能吸收了《礼记·大学》的相关思想。

总之，《吕氏春秋》的内容丰富，思想复杂，但它在兼收诸家学说的同时亦有自家的主张和判断，它在本质上是一部政治哲学著作，它试图编造一套宏大、复杂的理论来满足天下统一后的新王朝的政治需要和指导其政治活动。而书的博杂，缺乏贯通全书的思想线索，这不能完全归因于作者思想能力的缺失，而很可能与是书成于战国末季、历史前进的道路尚未完全清晰地展开，颇有关系。不管怎样，《吕氏春秋》从天道观、历史哲学、生命哲学和政治哲学等几个方面对于战国晚期的思想作了梳理、总结、回应和一定程度的提高。在这部书中，有些篇章的思想实际上是非常深刻的，值得后人借鉴和再研究。

第三章 汉初的思想斗争与黄老思潮

汉初哲学发展的动力首先来源于时势的巨大变化,来源于对秦亡的反思,以及维护新王朝统治的需要。其次来源于长期战争之后的人心思安的时代要求。七雄攻战、亡秦战争和楚汉相争,导致民生极其凋敝,国库极度空虚,无论是新王朝的统治阶级还是普遍百姓都极其渴望迎来安定和谐的政治局面和社会局面。最后,儒、道等家为了各自的利益及在帝国意识形态建设中的位置而展开了激烈的思想斗争和权力争夺。这些因素构成了汉初哲学和思想发展的基本动力。在这些动力之下,我们看到汉初重视黄老,形成了所谓黄老思潮;进入武帝时期,儒家因顺应时代的需要,《五经》被立为官学,上升为汉帝国的意识形态,在经过一系列的制度化措施之后产生了深远的影响。

第一节 汉初的思想斗争

汉初的思想斗争与彼时的历史现实紧密关联在一起,主要表现在三个方面,即改朝换代的历史合法性与德运之争、新法家与黄老的思想斗争和儒家与黄老的思想斗争。

一、改朝换代的合法性与德运之争

为了论证改朝换代的历史合法性,汉人普遍运用德运说来作论证,在王朝受命上展开了一番激烈的思想斗争。除了像贾谊那样运用实践理性来作论证外,汉朝更多地运用德运说来论证获得天下的合理性,因为在古人的信仰中,天命才是改朝换代(革命)的终极根据。汉代有两种德运说,一种是从所不胜的德运说,另一种是从所相生的德运说。前一种是由邹衍发明的,这种德运说认为木德、金德、火德、水德、土德从所不胜,终始若环,而天命即通过此五德的循环来主宰历史的演变。德运说使得天命的流行具有确定性、客观性和历史性,与战国中晚期天下趋于一统的历史大势相应和。在攻灭六国之前,德运说已经传入秦国。在统一天下之后,秦始皇选择了水德说来论证秦革周命的历史必然性和合法性。后一种德运说是由刘向发明的,相对于邹衍的旧德运说它是一种新的德运说。这种新德运说,从西汉成帝时期起,一直流行于整个东汉时期。

汉得何德? 这在汉代有三种答案,一种为水德,一种为土德,还有一种为火德。到底汉朝是得水德,得土德,还是得火德? 从汉初到西汉后期,这是一个一直处于争议中的大问题。这个问题涉及论证汉朝受命的历史合理性,同时涉及新王朝应当根据何种"客观的历史精神"("德")及相应的制度来治理天下的问题。

首先,刘邦、张苍等人认为汉"亦得水德"。《史记·历书》曰:"汉兴,高祖曰'北畤待我而起',亦自以为获水德之瑞。虽明习历及张苍等,咸以为然。是时天下初定,方纲纪大基,高后女主,皆未遑,故袭秦正朔服色。"何谓"北畤待我而起"?《史记·封禅书》曰:"(高祖)二年,东击项籍而还入关,问:'故秦时上帝祠何帝也?'对曰:'四帝,有白、青、黄、赤帝之祠。'高祖曰:'吾闻天有五帝,而有四,何也?'莫知其说。于是高祖曰:'吾知之矣,乃待我而具五也。'乃立黑帝祠,命曰北畤。"秦始皇只祠白、青、黄、赤四帝,而没有祠黑帝;祠黑帝与北畤对应,故刘邦说"北畤待我而起"。在刘邦看来,支配历史运转的客观性彼时仍然为水德,而秦朝之所以遽尔灭亡可能与没有立北畤、祠黑帝有关。只有立北畤、祠黑帝才能与水德相应,才能显扬得水德的天命。

其次,在文帝时期,"汉得何德"成为了一个有争议的问题。根据《史记》中《孝文本纪》《历书》《封禅书》《张丞相列传》的记载,这一争议主要在鲁人公孙臣、丞相张苍和文帝三人之间展开。文帝十二年(前168),鲁人公孙臣上书,说"始秦得水德,今汉受之,推终始传,则汉当土德"①,承认秦朝的历史合法性,进而根据五德终始之传推断汉应得土德。张苍继续坚持刘邦的做法,不承认秦朝的历史正统性,同样通过推五德终始之传而认为汉得水德,并以"河决金隄"为符验②。这一回合,张苍赢了。不过,文帝十五年(前165),"黄龙现成纪",文帝即据此认为汉得土德,公孙臣的说法是对的。于是文帝复召公孙臣,"以为博士,申明土德事"③。不仅如此,文帝还召命公孙臣"草土德之历制度,更元年"④,而"张苍自黜"⑤,"张丞相由此自绌,谢病称老"⑥。文帝十七年(前163),改元。但不幸的是,在改元的当年新垣平"作乱",文帝随即废止了土德之说。新垣平主张汉得土德说。总之,在太初元年(前104)之前,西汉一直实行水德。直到太初元年,武帝改历,德运从土德。⑦"色上黄""官名更印章以五字"都是土德之运在制度上的反映。此后,西汉一直实行土德。

梳理文帝时期"汉得何德"的争议,可知文帝居于整个事件的核心,是其中的主导因素。在此,有必要追问,为何文帝执意要以土德为朝运?这是一个值得思考的问题。在即位之初,文帝就准备接受贾谊的意见,

---

① ②《史记·封禅书》。
③《史记·孝文本纪》。
④《史记·张丞相列传》。
⑤《史记·历书》。
⑥《史记·张丞相列传》。
⑦《史记·封禅书》曰:"夏,汉改历,以正月为岁首,而色上黄,官名更印章以五字,为太初元年。"《史记·历书》曰:"(武帝曰)朕唯未能循明也,绌绩日分,率应水德之胜。"《集解》引徐广曰:"盖以为应土德,土生水。"

更改德运,将水德说改为土德说。贾谊前后所持汉朝受命的德运有两种,一个为水德,一个为土德。在文帝元年(前179)之前,贾谊持水德说,这在《新书》的《六术》《道德说》中有直接的反映。《六术》《道德说》两篇存在大量由数字"六"构成的复合词,如《六术》曰"六理""六法""六行""六艺""六亲""六节",《道德说》曰"六理""六德""六美",《六术》并说"六者非独为《六艺》本也,他事亦皆以六为度",足见贾谊在提议改制之前是主张汉得水德说的。不过,文帝二年(前178),贾谊提出了一揽子改革计划,其中一项即将汉德从水德改为土德。《史记·屈原贾生列传》曰:"贾生以为汉兴至孝文二十余年,天下和洽,而固当改正朔,易服色,法制度,定官名,兴礼乐,乃悉草具其事仪法,色尚黄,数用五,为官名,悉更秦之法。"但他的建议遭到了朝中老臣、重臣的坚决反对,文帝只得作罢。据司马迁的评论,反对贾谊改德运的正是张苍。① 而文帝本人对于贾生的建议是非常欢迎的,《汉书·礼乐志》即言"天子说(悦)焉"。而这正是笔者要追问的问题,即为何汉文帝非常欣赏、欢迎贾生的建议呢? 推测开来,这是因为贾生大力抨击了朝廷的乱象和大臣不忠不实的怪象,而鼓励人君有为,"定制度,兴礼乐,然后诸侯轨道,百姓素朴,狱讼衰息"②,其目的在于尊君和强化中央集权,同时抑制臣下,使诸侯就范。而土德说符合尊君和中央集权的要求,因为在五行图式中土居中央,其色黄,其数五。而且改制本身即是皇权和中央权力的直接体现。正因为如此,所以后来公孙臣一旦提出汉得土德说,已经大权在握的文帝就有点迫不及待地想重新采用此说了。后来武帝真正施行土德说,目的正是为了改制,进而通过改制加强皇权和中央政府的权威。

再次,关于"汉得何德"的问题,刘向基于新的德运理论认为得火德,这在理论上与邹衍、张苍的德运说大异。刘向的德运说是建立在五行相

---

① 《史记·张丞相列传》曰,"(张苍)绌贾生、公孙臣等言正朔服色事而不遵"。陆德明曾在《经典释文叙录》中认为贾谊是张苍的学生,是《左氏春秋》学的传人。但这种可能性似乎不大,《史》《汉》并无相关线索。
② 《汉书·礼乐志》。

生(火生土,土生金,金生水,水生木,木生火)的基础上的。五行相生的新德运说见于《汉书》的《高帝纪》《律历志》《五行志》《王莽传》和《叙传》,据《律历志》,它大体是这样的:

> 太昊帝伏羲得木德,炎帝神农得火德,黄帝轩辕氏得土德,少昊帝金天氏得金德,颛顼帝高阳氏得水德,帝喾高辛氏得木德,唐帝陶唐氏得火德,虞帝有虞氏得土德,伯禹夏后氏得金德,成汤得水德,周得木德,汉得火德。

从上述文字我们看到,五德相生说代替了五德从所不胜说,天命的转移和历史的运会,从后者战胜前者的关系转变为前者衍生后者的关系,思考历史哲学的着眼点发生了根本变化。刘向(包括刘歆)推崇上古圣王,肯定王朝是圣王所受天命的实现,因此从圣王所受天命的同一性来看,朝代的变更不应该看作一种被克服和被战胜的关系,而应该看作一种衍生和相生的关系。而且,刘向新德运说的解释效力远较邹衍旧德运说的解释效力为大,可以真正地"通古今之变"。旧德运说只能应用于圣王对于暴王的革命(比如汤武革命),但不能应用于禅让制。反之,刘向的新德运说不但可以应用于帝王禅让的解释,而且可以应用于圣王对于暴王革命的解释。在此,刘向其实将德运说儒家化了。孔子曰:"唐、虞禅,夏后、殷、周继,其义一也。"[1]孟子曰:"先圣后圣,其揆一也。"[2]刘向的新德运说应当是继承了孔孟的观点,进一步将其落实在历史哲学上的结果。

从上述引文中我们还看到,刘向不承认秦朝的历史合理性,不承认它得到了天命的许可,不承认它是天命的历史实现。《汉书·律历志下》曰:"汉高祖皇帝,著《纪》,伐秦继周。木生火,故为火德。天下号曰'汉'。""伐秦继周"在此有褒善贬恶的价值判断。而在刘向的德运说中,不但天命本身是纯善的,是王朝存在之历史合理性的价值源头,而且天

---

[1]《孟子·万章上》。
[2]《孟子·离娄下》。

命之历史开展(德运)也是纯善的。这与邹衍的德运说迥然不同,邹衍的德运说无所谓善恶,乃一气化流行的天命,而人间的善朝恶代是由圣王和暴君所致,在天命处终究并无相应的善恶源头。与此相关,刘向认为汉承尧运,同得火德。《汉书·高帝纪》曰:"由是推之,汉承尧运,德祚已盛,断蛇著符,旗帜上赤,协于火德,自然之应,得天统矣。"《汉书·叙传》曰:"唐据火德,而汉绍之,始起沛泽,则神母夜号,以章赤帝之符。"刘向对于汉得火德的论证,以刘邦神化自己的斩蛇故事为依据,"赤帝子"为符应。刘向提出的新德运说还与古文经学,特别是《左传》学有关,这可以参看班彪的《王命论》和贾逵的《左氏传大义长于二传条奏》。①

刘向的火德说,实际上没有被西汉王朝所采纳,但它在刘歆的《三统历》中直接得到了体现(参看《汉书·律历志》),并通过刘歆及《三统历》在西汉晚期产生了广泛的社会影响,乃至王莽居摄、大搞篡汉活动,即利用刘向的新德运说大造舆论,认为汉受火德而莽新受土德。② 这是刘向的新德运说在历史上第一次被一个王朝所肯定和实际采纳。光武帝刘秀也接受了刘向的这套理论,即位第二年春正月即宣布汉得火德,《后汉书·光武帝纪》曰:"壬子,起高庙,建社稷于洛阳,立郊兆于城南,始正火德,色尚赤。"后来,班固、贾逵等经学大师都同意刘向的火德说。

最后,略谈一下三统说。三统说跟德运说一样,既是一种历史哲学也是一种政治哲学。三统说有两种,一种为黑、白、赤三统,一种为天、地、人三统,不过后者是在前者的基础上推衍出来的。三统说同样被用来论证改朝换代的合理性及其历史精神,并通过改制来显扬此德命,将此历史精神制度化。黑、白、赤的三统说首先是由董仲舒提出来的。《春秋繁露·三代改制质文篇》曰:"王者必受命而后王,王者必改正朔,易服色,制礼乐,一统于天下,所以明易姓非继人,通以己受之于天也。"三统

---

① 班彪在《王命论》中说:"刘氏承尧之祚,氏族之世,著乎《春秋》。"贾逵的《左氏传大义长于二传条奏》曰:"又五经家皆无以证图谶明刘氏为尧后者,而左氏独有明文。"
② 参看《汉书·王莽传中》。该传曰:"武功丹石出于汉氏平帝末年,火德销尽,土德当代,皇天眷然,去汉与新,以丹石始命于皇帝。"

循环,以显示异性更王的天意。按照董仲舒的叙述,天意又进一步体现在改正朔、易服色和制礼作乐等制度上。在三统说的基础上,汉人又很快形成了所谓三教说。所谓三教,指"夏人之王教以忠""殷人之王教以敬"和"周人之王教以文"。忠、敬、文三教即夏、殷、周三代的历史精神,"忠法人,敬法地,文法天"①。在此基础上,刘向又提出天、地、人的新三统说。新三统说可能萌芽于武帝时期,而成熟于成帝时期。司马迁曾利用三教说批评了"秦政不改,反酷刑法"之谬②,刘向、刘歆则将其发展为新三统说。据《汉书·律历志》的记载,刘向并将新三统说运用于历法中,他的儿子刘歆即据此理论制定了所谓三统历。

　　总之,汉朝的德运及得何德的争论可以据《汉书·郊祀志赞》作一概括,班固曰:"汉兴之初,庶事草创,唯一叔孙生略定朝廷之仪。若乃正朔、服色、郊望之事,数世犹未章焉。至于孝文,始以夏郊,而张苍据水德,公孙臣、贾谊更以为土德,卒不能明。孝武之世,文章为盛,太初改制,而倪宽、司马迁等犹从臣、谊之言,服色数度,遂顺黄德。彼以五德之传,从所不胜,秦在水德,故谓汉据土而克之。刘向父子以为帝出于《震》,故包羲氏始受木德,其后以母传子,终而复始,自神农、黄帝下历唐、虞三代而汉得火焉。故高祖始起,神母夜号,著赤帝之符,旗章遂赤,自得天统矣。""汉得何德"的问题在西汉历史上一直存在争议,在整个西汉,政治精英和知识精英一直都在思考汉朝的历史合理性,即得何德的问题。大致说来,以武帝太初元年为界可分为前后两期,前期从高祖到武帝太初元年朝廷承认得水德,后期从武帝太初元年到西汉末朝廷承认得土德。后者不但是对贾谊、公孙臣说的继承和肯定,而且是皇权上升和中央集权强化的结果。与邹衍的德运说相对,刘向大概在成帝时期发

①《白虎通·三教》。
②《史记·高祖本纪》"太史公曰":"夏之政忠。忠之敝,小人以野,故殷人承之以敬。敬之敝,小人以鬼,故周人承之以文。文之敝,小人以僿,故救僿莫若以忠。三王之道若循环,终而复始。周秦之间,可谓文敝矣。秦政不改,反酷刑法,岂不缪乎? 故汉兴,承敝易变,使人不倦,得天统矣。"

明了一个崭新的德运说。刘向以五行相生说为原理,设定天命及其流行
(德运)是纯善的,由此将阴阳家气化的德运说转变为儒家道德的德运
说。刘向具体认为汉承尧运,俱受火德。刘向的德运说虽然没有被朝廷
采纳,但在当时造成了重大的社会影响,乃至于王莽篡汉都需要利用这
一理论。而刘秀几乎一俟上位即全盘接受了刘向的理论,宣布汉受火德
于天下,色尚赤。

二、刑名法术与黄老的思想斗争

在战国时期,黎民百姓长期遭受战争所带来的痛苦。在秦攻灭六国、
完成统一之后,这种痛苦并没有多少减轻,旋即遭受到秦朝的奴役。新的
痛苦和奴役来自两个因素,一个是严酷的法刑统治,另一个是沉重的赋税
和徭役,轻用民力、滥用民力的现象随处可见(如修筑长城、骊山和阿房宫
等)。在经过亡秦战争和楚汉战争之后,汉朝的皇帝、大臣和诸侯国的君臣
在汉初达成了共识,即在"除秦苛政"的同时"施德惠",推行"与民休息"的
政策。为什么要施行"与民休息"的政策,具体如何实施,以及实施的效果
如何? 司马迁、班固在《史记》《汉书》中作了清晰的论述:

> 太史公曰:孝惠皇帝、高后之时,黎民得离战国之苦,君臣俱欲
> 休息乎无为,故惠帝垂拱,高后女主称制,政不出房户,天下晏然。
> 刑罚罕用,罪人是希。民务稼穑,衣食滋殖。[1]
>
> 赞曰:孝文皇帝即位二十三年,宫室、苑囿、车骑、服御无所增
> 益。有不便,辄弛以利民。尝欲作露台,召匠计之,直百金。上曰:
> "百金,中人十家之产也。吾奉先帝宫室,常恐羞之,何以台为!"身
> 衣弋绨,所幸慎夫人衣不曳地,帏帐无文绣,以示敦朴,为天下先。
> 治霸陵,皆瓦器,不得以金、银、铜、锡为饰,因其山,不起坟。南越尉
> 佗自立为帝,召贵佗兄弟,以德怀之,佗遂称臣。与匈奴结和亲,后

---

① 《史记·吕太后本纪》。

而背约入盗,令边备守,不发兵深入,恐烦百姓。吴王诈病不朝,赐
以几杖。群臣袁盎等谏说虽切,常假借纳用焉。张武等受赂金钱,
觉,更加赏赐,以愧其心。专务以德化民,是以海内殷富,兴于礼义,
断狱数百,几致刑措。呜呼,仁哉!①

　　赞曰:孔子称"斯民,三代之所以直道而行也",信哉! 周、秦之
敝,罔密文峻,而奸轨不胜。汉兴,扫除烦苛,与民休息。至于孝文,
加之以恭俭,孝景遵业,五六十载之间,至于移风易俗,黎民醇厚。
周云成康,汉言文景,美矣!②

　　正是在这样的背景下,汉初推行"清静无为"的政策,朝廷内外随即
形成了一股喜好和推崇黄老的风气。不过,"清静无为"的政策虽然与汉
初的社会现实相适应,但是它同时意味着皇权的下放和松弛。很显然,
朝中大臣和诸侯王国是十分欢迎这一政策并坚定地维护这一政策的,因
为通过皇帝和中央王朝推行"清静无为"的政策,他们的权力得到了最大
限度的扩张,他们的利益得到了最大限度的满足。这样,皇帝就不得不
起用某些新锐力量展开同既得利益集团(诸侯王,在政治上日趋保守的
大臣)的权力斗争。贾谊的治安策、晁错的削藩建议以及后来主父偃的
推恩策,都是在此一背景下提出来的。在一定意义上来说,这是主张中
央集权的申商(申韩)一派同主张清静无为的黄老一派之间的政治斗争。

　　汉初黄老的成分比较复杂。从高祖到景帝,皇帝在总体上属于黄老
派,不过这主要是针对黎民百姓来说的,所谓"与民休息"的含意正在于此;
而对于诸侯王,皇帝一般仍然采取防范和抑制的策略。在最初二十多年,
刘邦、吕后通过分封同姓诸侯王、铲除异姓诸侯王的办法来维护皇帝的权
威和汉朝的统治。随后,同姓诸侯王坐大,同样存在挑战皇朝统治的问题。
与皇帝采取"与民休息"政策的目的有所不同,同姓诸侯王有意借助黄老以
对抗中央政府的统治,而尽可能地扩张自身的势力。汉初大臣一般跟随刘

---

①《汉书·文帝纪》。
②《汉书·景帝纪》。

邦打天下,他们既是黄老的拥护者,又是既得利益者,常常被封为侯王。随着时间的推移,这帮朝中大臣、老臣逐渐蜕变成了保守势力,他们常常以黄老"清静无为"之旨为借口,阻挠和反对皇帝削弱分封制的任何改革。从文帝到武帝,皇权(中央王朝)与王权(诸侯国)之间展开了激烈的权力斗争,反映在思想上就是刑名法术之学与黄老学之间的斗争。

在这场政治斗争中,贾谊、晁错和主父偃非常重要。贾谊首先提出了"众建诸侯而少其力"的治安策。他最早注意到了诸侯王国在势力坐大的情况有可能对抗中央王朝,进而搞分裂活动甚至叛乱的问题,为此他提出了"众建诸侯而少其力"的治安策略。《汉书·贾谊传》曰:"欲天下之治安,莫若众建诸侯而少其力。力少则易使以义,国小则亡邪心。令海内之势如身之使臂,臂之使指,莫不制从,诸侯之君不敢有异心,辐凑并进而归命天子,虽在细民,且知其安,故天下咸知陛下之明。"主父偃的推恩策即直接从贾谊"众建诸侯而少其力"策略中化出。其次,晁错提出了削藩建议。随着异姓诸侯王势力被不断铲除,而同姓诸侯王的势力在急剧膨胀,在文帝后期已经威胁到中央王朝的统治。在此种形势下,景帝采纳了晁错削藩的建议。为什么要削藩,以及如何削藩?《汉书·荆燕吴传》曰:"今削之亦反,不削亦反。削之,其反亟,祸小;不削之,其反迟,祸大。"《史记·袁盎晁错列传》曰:"(晁错)迁为御史大夫,请诸侯之罪过,削其地,收其枝郡。"削藩的目的就是为了"削地以尊京师",就是为了巩固中央集权。通过削藩、平定吴楚七国之乱和严格限制诸侯的权力,同姓诸侯王受到了致命打击,解除了对中央朝廷的威胁。最后,主父偃提出了非常高明的推恩策。元朔二年(前 127),武帝进一步采纳了主父偃的建议,颁布了"推恩令"。① "推恩"的好处在于"不行黜陟,而藩国

① 《史记·平津侯主父列传》曰:"(偃说上曰)古者诸侯不过百里,强弱之形易制。今诸侯或连城数十,地方千里,缓则骄奢易为淫乱,急则阻其强而合纵以逆京师。今以法割削之,则逆节萌起,前日晁错是也。今诸侯子弟或十数,而适嗣代立,余虽骨肉,无尺寸地封,则仁孝之道不宣。愿陛下令诸侯得推恩分子弟,以地侯之。彼人人喜得所愿,上以德施,实分其国,不削而稍弱矣。"

自析"①,"析"即"崩解"。相比较而言,晁错的削藩策是骤法和刻削之法,严厉而刚硬,且"为之不以渐"②,急于求成。可以说,晁错被斩和七国反叛,都与"削藩"策过于酷虐、顿骤有关。而主父偃推恩策的颁行("推恩令"),即很自然地瓦解了封建诸侯的势力,而诸侯从此衰弱,再无力量抵抗朝廷了。总之,文帝、景帝和武帝一直在想方设法强化中央集权,扩大郡县制的范围,同时努力打击、抑制和瓦解地方诸侯王特别是同姓诸侯王的势力,防止重走封建制、最终导致天下大乱的老路。对此,司马迁和班固的评论很精到,《史记·汉兴以来诸侯王年表》曰:

> 汉定百年之间,亲属益疏,诸侯或骄奢,忕邪臣计谋为淫乱,大者叛逆,小者不轨于法,以危其命,殒身亡国。天子观于上古,然后加惠,使诸侯得推恩分子弟国邑,故齐分为七,赵分为六,梁分为五,淮南分三,及天子支庶子为王,王子支庶为侯,百有余焉。吴楚时,前后诸侯或以适削地,是以燕、代无北边郡,吴、淮南、长沙无南边郡,齐、赵、梁、楚支郡名山陂海咸纳于汉。诸侯稍微,大国不过十余城,小侯不过数十里,上足以奉贡职,下足以供养祭祀,以蕃辅京师。而汉郡八九十,形错诸侯间,犬牙相临,秉其阸塞地利,强本干,弱枝叶之势,尊卑明而万事各得其所矣。

《汉书·诸侯王表》曰:

> 故文帝采贾生之议分齐、赵,景帝用晁错之计削吴、楚。武帝施主父之册,下推恩之令,使诸侯王得分户邑以封子弟,不行黜陟,而藩国自析。自此以来,齐分为七,赵分为六,梁分为五,淮南分为三。皇子始立者,大国不过十余城。长沙、燕、代虽有旧名,皆亡南北边矣。景遭七国之难,抑损诸侯,减黜其官。武有衡山、淮南之谋,作左官之律,设附益之法,诸侯惟得衣食税租,不与政事。

---

① 《汉书·诸侯王表》。
② 《史记·景帝本纪》。

西汉中央王朝对地方诸侯的斗争在思想上属于中央集权主义对地方封建主义的斗争，贾谊、晁错、主父偃三人都站在维护中央集权的立场上。史书交代贾谊、晁错和主父偃的思想来源是清楚的。据《史记·屈原贾生列传》，贾谊为河南守吴公（后为廷尉）的门生，吴公"故与李斯同邑而常学事焉"。这即是说，吴公、贾生出自李斯一系。据《史记·袁盎晁错列传》，晁错"学申商刑名于轵张恢先所"，并以"术数"（刑名法术之学）游说景帝。又，《史记·太史公自序》说"贾生、晁错明申商"，《汉书·司马迁传》说"贾谊、晁错明申韩"，可知在反对封建势力的斗争中，贾、晁二人都是从刑名法术之学的角度提出对策的。而主父偃的推恩策则属于阳儒的纵横术，《史记·平津侯主父列传》说主父偃"学长短纵横之术，晚乃学《易》《春秋》、百家言"。纵横术产生于战国中期，从表面看是或合纵以抗衡，或连横以击纵，但从深处来看则是通过精心谋虑来采取最巧妙、最有利的办法，达到克敌制胜的目的。从本质上来看，晁错的削藩建议和主父偃的推恩策相为表里，都是贾谊"众建诸侯而少其力"的推衍，在骨子里都属于刑名法术之学。当然，推恩策考虑到了"同姓封建"之义，考虑到了亲属（皇亲国戚）之义，而使得这一计策显得颇为周到、合理，易于被诸侯所接受，从而易于实行罢了。总之，在中央反对地方分裂主义的斗争中，贾谊、晁错和主父偃都站在了申商、申韩的立场上，以维护中央集权和皇帝的统治。

与贾谊、晁错、主父偃的新法家立场相对，各诸侯王一般选择黄老道家的立场，他们借助道家"清静无为"的主旨以反对皇帝对中央集权和郡县制度的推进，其目的在于维护封建制和作为诸侯的权利。换一句话说，"无为"在较大程度上已经演变成了维护封建制度和诸侯王利益的意识形态工具。淮南王刘安在此是一个很好的例子。景帝时期，淮南王刘安召集门客编写了一部叫《淮南子》的书，这部书后来献给了武帝。在开始，武帝非常喜欢这部书，《汉书·淮南王传》曰"上爱秘之"，但是日久天长，其中的用意终究暴露了出来。这部书虽然杂糅诸家思想，但其中有三点政治意图是很明确的。其一，《淮南子》反复强调"无为"之旨，认为

"无为"是"圣人""人主"的本质内涵。《淮南子·原道》曰:"无为为之而合于道,无为言之而通乎德。"又曰:"是故达于道者,反于清静;究于物者,终于无为。"《淮南子·诠言》曰:"无为者,道之体也;执后者,道之容也。"刘安以"无为"为道家宗旨,而他为何要强调这一宗旨呢?很显然,它是针对"天子"(皇帝)来说的,告诉天子应当以"无为"来治理天下:不要企图强化中央集权,而应任由封建诸侯的发展,至少应当保证诸侯国的现状和诸侯王的既得利益。《淮南子·主术》曰:"人主之术,处无为之事,而行不言之教。"此处的"人主"从下文看是指"天子",而刘安的用心(他为何要撰写《淮南子》并献给汉武帝)于此暴露出来。其二,《淮南子》的论述都是建立在诸侯制或封建制的基础上的,这即是说,刘安不但认为诸侯制度(封建制度)是合理的,而且是非常理想的。《淮南子·览冥》曰:"逮至当今之时,天子在上位,持以道德,辅以仁义,近者献其智,远者怀其德,拱揖指麾而四海宾服,春秋冬夏皆献其贡职,天下混而为一,子孙相代,此五帝之所以迎天德也。"其中的"天子"是建立在封建制上的"天子",天下之大宗。《淮南子·修务》曰:"且古之立帝王者,非以奉养其欲也;圣人践位者,非以逸乐其身也。……绝国殊俗、僻远幽间之处,不能被德承泽,故立诸侯以教诲之。"这是借上古帝王、圣人的理想进一步肯定建立诸侯的必要。其三,《淮南子》屡次批评历史上那些维护中央集权、强调"天下统一"的学派,尤其是申商、申韩和纵横家。《淮南子·览冥》曰:"今若夫申、韩、商鞅之为治也,挬拔其根,芜弃其本,而不穷究其所由生,何以至此也:凿五刑,为刻削,乃背道德之本,而争于锥刀之末,斩艾百姓,殚尽太半,而忻忻然常自以为治,是犹抱薪而救火,凿窦而出水。"《淮南子·泰族》曰:"张仪、苏秦家无常居,身无定君,约从(纵)衡之事,为倾覆之谋,浊乱天下,挠滑诸侯,使百姓不遑启居,或从或横,或合众弱,或辅富强,此异行而归于丑者也。"很显然,刘安的批评是有针对性的,这一点联系中央集权与诸侯封建制的矛盾和斗争即可能看得很清楚。可惜,刘安自始至终站在封建诸侯的立场上说话,不能明了历史发展的大势,不知道中央集权制、郡县制乃历史发展的必然,而仍然在那里作无谓的聒噪,一厢情愿地暗中呼吁皇帝维护过时的封建制度。这样,等待他的命运就可想而知,而刘安后来果然走上了谋逆和对抗中央政府的道路。事败,他只能被迫自尽。

三、儒家与黄老道家的思想斗争

秦以法刑为治,德政严重缺失。汉兴,以秦亡为鉴,"仁义礼乐"的观念重新得到重视,从一开始起即成为帝国意识形态的一个组成部分。除此之外,儒家在汉初的生展还有两大现实基础,一个是政治、社会、家庭秩序的恢复和重建,由此产生了"家族"(宗统)与"国家(天下)"(君统)、"孝"与"忠"的双重对立。另一个现实基础是封国制与郡县制的对立。封建制的施行存在着制度性的危险,即它虽然承认了一个共主,存在一个所谓的中央,但是这个中央是非集权、非专制性质的,它内在地包含着瓦解帝国政权的分离因素。因此帝国的统治者(特别是皇帝)与诸侯王之间的斗争是不可避免的,即使对同姓诸侯王来说也是如此。而帝国内部君统与宗统、统一势力与分裂势力的斗争,乃汉代儒学开展的现实基础。而且,汉儒利用这两重现实基础同其他诸家,特别是黄老道家展开了意识形态的争夺,结果大获全胜,一跃而居于意识形态的核心,并全面制度化。

汉初,黄老道家居于国家意识形态的主导地位。黄老在汉初的推展主要有两个现实基础,一个是秦朝过于严酷的法刑统治,而皇帝过于有为,这导致汉人对于"皇帝"内涵的反思;另一个是亡秦之战和楚汉战争对社会造成的严重破坏,迫使统治集团不得不采取"与民休息"的政策。在此背景下,黄老道家"清静无为"的思想必然会受到统治集团的高度重视,从而顺利占据意识形态的中心。从汉初至武帝初期,黄老的盛况从信奉它的达官贵人及宣扬它的学者即完全可以看出来,史书明言有惠帝、高后、文帝、景帝、窦太后,有曹参、陈平、郑庄、汲黯,有盖公、田叔、黄子、王生和司马谈等人。① 文帝时期,黄老学的重要经典——帛书《经法》《十六经》《称》《道原》远播长沙国。② 景帝时期,《老子》"改子为经",正式立为官学。③ 而抄写于武帝年间的汉简《老子》,据笔者的判断,很可能是景帝立经本的复抄本。④

据史书的记载,儒家跟黄老道家的斗争主要发生在景帝和武帝时期。儒家大抵兴起于文帝时期。《史记·儒林列传》曰:"孝惠、吕后时,公卿皆武力有功之臣。孝文时颇征用,然孝文帝本好刑名之言。及至孝景,不任儒者,而窦太后又好黄老之术,故诸博士具官待问,未有进者。"虽然文景二帝在政治层面上依然倚重黄老刑名之学,但是在教化层面上很重视儒家经典的传习,《六艺》正是借助于教化而进入高层,影响社会,从而培养新的官僚集团和社会风气的。至景帝时期,通经之儒得到皇帝和朝廷更多的尊重。而就在此时,儒家和黄老道家争夺意识形态的斗争进入激烈状态。从景帝到武帝初即位,有三个著名例子很能说明这一情况。

第一例为辕固生与黄生论汤武放杀。辕固生,齐人,治《诗》,景帝时为博士。黄生,亦称黄子,黄老学的领袖,是司马迁的父亲司马谈的老师。《史记·儒林列传》曰:

① 司马迁首先是一个史家,其次是一个较为信奉黄老道家的学者。《汉书·司马迁传》班固《赞》曰:"其是非颇缪于圣人,论大道而先黄老而后六经,序游侠则退处士而进奸雄,述货殖则崇势利而羞贱贫,此其所蔽也。"

② 唐兰认为,帛书《经法》《十六经》《称》《道原》四篇就是《汉书·艺文志》所说的《黄帝四经》(参看唐兰:《马王堆出土老子乙本卷前古佚书研究——兼论其与汉初儒法斗争的关系》,《考古学报》1975年第1期。)许多从事早期道家研究的学者赞成这一意见,但也有部分学者不同意这一论断。

③ 《法苑珠林》卷五五《破邪篇第六十二》引《吴书》曰:"(阚泽对孙权说)至汉景帝以《黄子》《老子》义体尤深,改子为经,始立道学,敕令朝野悉讽诵之。"参看释道世《法苑珠林》第4册,周叔迦、苏晋仁校注,第1651页,北京,中华书局,2003。按,这段话又见于唐释道宣撰《广弘明集》卷一《归正篇》引《吴书》。《法苑珠林》和《广弘明集》分别成书于唐乾封三年(668)和唐麟德元年(664)。

④ 这个本子自题《老子上经》《老子下经》的篇名,笔者推断,它很可能是景帝立经本的复抄本。丁四新:《早期〈老子〉文本的演变、成型与定型——以出土简帛本为依据》,《中州学刊》2014年第10期;《老子的分章观念及其检讨》,《学术月刊》第48卷第9期(2016年9月)。

清河王太傅辕固生者,齐人也。以治诗,孝景时为博士。与黄生争论景帝前。黄生曰:"汤武非受命,乃弑也。"辕固生曰:"不然。夫桀纣虐乱,天下之心皆归汤武,汤武与天下之心而诛桀纣,桀纣之民不为之使而归汤武,汤武不得已而立,非受命为何?"黄生曰:"冠虽敝,必加于首;履虽新,必关于足。何者,上下之分也。今桀纣虽失道,然君上也;汤武虽圣,臣下也。夫主有失行,臣下不能正言匡过以尊天子,反因过而诛之,代立践南面,非弑而何也?"辕固生曰:"必若所云,是高帝代秦即天子之位,非邪?"于是景帝曰:"食肉不食马肝,不为不知味;言学者无言汤武受命,不为愚。"遂罢。是后学者莫敢明受命放杀者。①

这场辩论发生在御前,有可能是景帝故意安排的。黄生代表道家出场,辕固生代表儒家出场。黄生是驳难方,辕固生是辩护方。"汤武受命"是儒家旧义,黄生批驳这一观点,认为"汤武非受命,乃弑也",而辕固生则辩护了这一观点,认为汤武是"诛"而非"弑",改朝换代因此具有受命的合法性。争论的焦点在于:黄生根本否认臣下具有受命造反、推翻君上统治的权利,而辕固生则认为臣下在一定的条件或前提下可以宣称受命,进而推翻其君上的统治。辕固生所认可的革命条件或前提有两个,一个是君主施行残暴之政,另一个是天下归心于汤武之类的臣下。从历史哲学来看,双方的辩论均有其合理性,都有一定的现实意义。不过,进入景帝时期,论证汉朝合法性的理论需求大为降低,而论证君臣之位不易和国家统一的理论需要则在强劲上升。从景帝到武帝,汉朝完成了意识形态之基本目标的转换。我们看到,当辕固生举出"高帝代秦"的例子来论证"革命"的时候,景帝立马叫停了整个辩论,云:"言学者无言汤武受命,不为愚。"自此,汉代学者很知趣,再也无人敢在朝堂上辩论所谓"受命放杀"的问题。

第二例为辕固生在朝堂非议《老子》书。出场的主要人物除辕固生外还有窦太后和景帝,窦太后喜好黄老。《史记·儒林列传》曰:

---

① 亦载《汉书·儒林传》。

窦太后好《老子》书，召辕固生问《老子》书。固曰："此是家人言耳!"太后怒曰："安得司空城旦书乎?"乃使固入圈刺豕。景帝知太后怒而固直言无罪，乃假固利兵，下圈刺豕，正中其心，一刺，豕应手而倒。太后默然，无以复罪，罢之。居顷之，景帝以固为廉直，拜为清河王太傅。久之，病免。①

《老子》是当时朝野上下俱颂的经典。窦太后喜好《老子》书，召辕固生询问此书妙义，她甚至希望在此过程中听到一些夸奖《老子》的赞美之辞。但是辕固生好儒，生性耿直，他直率地说道："此是家人言耳!""家人"即"庶人""平民"之义。窦太后乃至尊之身，而辕固生却借贬损《老子》而羞辱她，犯下了大不敬之罪，这惹得窦太后勃然大怒。当时，若非景帝出手相救，辕固生差点丢了自家性命。

第三例为发生在武帝和太皇窦太后之间关于尊儒还是尊道的政治和思想斗争。关于事情的经过，史书是这样说的：

（1）建元元年冬十月，诏丞相、御史、列侯、中二千石、二千石、诸侯相举贤良、方正、直言、极谏之士。丞相绾奏："所举贤良，或治申、商、韩非、苏秦、张仪之言，乱国政，请皆罢。"奏可。②

（2）太皇窦太后好《老子》言，不说儒术，得赵绾、王臧之过以让上，上因废明堂事，尽下赵绾、王臧吏，后皆自杀。③

（3）及窦太后崩，武安侯田蚡为丞相，绌黄老、刑名、百家之言，延文学儒者数百人，而公孙弘以《春秋》白衣为天子三公，封以平津侯。天下之学士靡然乡（向）风矣。④

建元元年（前140），武帝一俟登基即干了三件大事，一件重用赵绾、王臧等文学儒士为公卿，再一件议立明堂，第三件批准丞相卫绾举贤良，但不用刑名、纵横之士的奏疏。这些改革措施惹得太皇窦太后大为不

①　亦见《汉书·儒林传》。
②　《汉书·武帝纪》。亦见《史记·武帝本纪》《史记·封禅书》。
③④　《史记·儒林列传》。亦见《汉书·儒林传》。

悦。次年,窦太后搜集了赵绾、王臧的罪过,武帝于是只好将赵、王等人下吏治罪,并废止立明堂之事。建元六年(前 135),武帝"置《五经》博士"。同年,窦太后驾崩。元光元年(前 134),武帝随即"罢黜百家",起用田蚡为丞相,"绌黄老、刑名、百家之言,延文学儒者数百人"[1]。以上即武帝"罢黜百家,表章《六经》"[2]的整个过程。而儒家最终战胜了道家,成功登上了意识形态的宝座。而为何汉武帝要独尊儒术? 这个问题主要与帝国的形势及其意识形态的重构相关,儒家提出了一套由"大一统""天人感应""三纲五常"等构成、鼓励人君大有作为,并以"阴阳五行"为论证和思维形式的思想体系。

"罢黜百家,表章《六经》"主要是从学官教授、意识形态的建构和仕进之途来说的。它不意味着百家之学从此被禁止,也不意味着修习百家之士从此不能在帝国做官,甚至做大官。事实上,杂学诸家、长于纵横术的主父偃曾一年四迁,官至中大夫,信奉黄老之学的汲黯官至主爵都尉。汉宣帝曾说汉家制度"本以霸王道杂之"[3],反映出即使儒家的正统地位得到了确立,然而汉朝仍然杂用百家之长。

总之,汉初是帝国意识形态的生长和架构期。围绕王朝受命的合法性和政体、意识形态的建构问题,统治集团内部展开了激烈的政治斗争和思想斗争。黄老、刑名和儒家等都参与了这些问题的讨论,并积极参与意识形态的建设和争夺。通过"罢黜百家,表章《六经》",儒家取得了最后的胜利。儒家何以能够取得这场斗争的最终胜利? 这是因为在景

---

[1] 董仲舒《天人三策》(写于元光元年)的第三策末尾曰:"《春秋》大一统者,天地之常经,古今之通谊也。今师异道,人异论,百家殊方,指意不同,是以上亡以持一统;法制数变,下不知所守。臣愚以为诸不在《六艺》之科、孔子之术者,皆绝其道,勿使并进。邪辟之说灭息,然后统纪可一而法度可明,民知所从矣。"

[2]《汉书·武帝纪赞》。

[3]《汉书·元帝纪》曰:"(孝元皇帝为太子时)见宣帝所用多文法吏,以刑名绳下,大臣杨恽、盖宽饶等坐刺讥辞语为罪而诛,尝侍燕从容言:'陛下持刑太深,宜用儒生。'宣帝作色曰:'汉家自有制度,本以霸王道杂之,奈何纯任德教,用周政乎! 且俗儒不达时宜,好是古非今,使人眩于名实,不知所守,何足委任?'乃叹曰:'乱我家者,太子也!'由是疏太子而爱淮阳王,曰:'淮阳王明察好法,宜为吾子。'"

武之间,儒学以《六艺》经学为基础,在吸纳阴阳、名家和法家思想之后作了重新的构造,从而使得其理论自身变得更为厚实、博大和深刻,更加符合日趋强盛之帝国的意识形态的需要。甚至在西汉后期,刘向将阴阳家的德运说改变成为儒家的德运说。反观刑名,则拘守在权术上;反观黄老,则拘守在治术上;反观阴阳,则拘守在德运和自然时节上。三者各得一偏,适不足以担当汉朝意识形态的重任。

第二节　陆贾、贾谊的哲学思想

陆贾、贾谊是汉初的两位重要思想家,都有一定的哲学思想。陆贾是建汉的功臣之一,在学派性质上大体属于儒家;而贾谊主要生活在文帝时期,其思想成分较为驳杂,从政治主张来看他近于法家,属于主要综合了儒家仁义礼乐思想的新法家。

一、陆贾的哲学思想

1. 陆贾的生平和著作

陆贾(?—前 170)是楚人,《史记》《汉书》皆有传,司马迁称其为"辩士"①,主要生活在秦末至文帝时期。相传陆贾从学于浮丘伯,浮丘伯为荀卿弟子。陆贾不但是汉朝的开国功臣,而且是重要使臣,他最早提出了汉朝的治道理论。成功出使南越,间接参与灭吕,总结秦亡的教训,提出了一套治理天下的理论,这是陆贾的主要历史功绩。

据《汉书·艺文志》的记载,陆贾著有《楚汉春秋》九篇、《陆贾》二十三篇和《陆贾赋》三篇。《楚汉春秋》《陆贾赋》二书俱亡,《陆贾》残缺,今存《新语》十二篇。《新语》之名见于《史记》《汉书》本传,十二篇分别为《道基》《术事》《辅政》《无为》《辨惑》《慎微》和《资质》《至德》《怀虑》《本行》《名诚》《思务》。前六篇为卷上,后六篇为卷下。

---

① 《史记·郦生陆贾列传》。

《新语》是陆贾最为重要的著作，它是应刘邦之问而专门写作的。《史记·郦生陆贾列传》曰：

> 陆生时时前说，称《诗》《书》。高帝骂之曰："乃公居马上而得之，安事《诗》《书》？"陆生曰："居马上得之，宁可以马上治之乎？且汤武逆取而以顺守之，文武并用，长久之术也。昔者吴王夫差、智伯极武而亡；秦任刑法不变，卒灭赵氏。乡（向）使秦已并天下，行仁义，法先圣，陛下安得而有之？"高帝不怿而有惭色，乃谓陆生曰："试为我著秦所以失天下，吾所以得之者何，及古成败之国。"陆生乃粗述存亡之征，凡著十二篇。每奏一篇，高帝未尝不称善，左右呼万岁，号其书曰《新语》。

这本书为什么叫《新语》？"新语"乃相对于"旧语"而言。云梦睡虎地秦简有一篇叫《语书》的文献，是南郡守腾在秦王政二十年（前227）对县、道"啬夫"一级官员发布的告示。《语书》申明法律令的权威和作用，云："凡法律令者，以教导民，去其淫僻，除其恶俗，而使之之于为善也。"很明显，秦人重法，以法律为教化和维护社会稳定的工具。《语书》乃"秦任刑法不变"的实例，而陆贾的主张正与此相反，陆贾主张施行"行仁义，法先圣""文武并用"的统治。因为这种新的统治观念，《新语》十二篇故被称为"新语"。班固很推崇《新语》一书，他认为陆贾不仅仅是一位"辩士"，在《汉书·高祖纪》中他将陆贾作《新语》与萧何次律令、韩信申军法、张苍定章程、叔孙通制礼仪相提并论，在《叙传》中他又将《新语》与董生、刘向、扬雄的著作相提并论，足见班固非常重视陆贾及其思想，在评价上超过了司马迁。①

---

① 对于陆贾的评价，为什么司马迁低于班固呢？这有两个原因，其一，二人距离陆贾的时间有远近不同。司马迁距陆贾的时间还是太近，看不清《新语》的思想影响。而班固距离陆贾有足够的时间距离，看清《新语》不但代表秦汉之际政治哲学的转折，而且是西汉儒学和经学的发端。其二，二家的学派立场不尽相同。司马迁先道德后仁义，而班固则有强烈的儒家和经学家的立场。班固将他的立场很鲜明地带入了《汉书》的写作中。

2. 陆贾论宇宙、人事世界的生成：天生地养与圣人成之

陆贾的哲学思想主要体现在《新语》中。《新语》"粗述存亡之征"，回答了刘邦"试为我著秦所以失天下，吾所以得之者何，及古成败之国"[1]的问题。而这个问题是《新语》的主旨所在。陆贾的哲学包括宇宙生成论、政治哲学和人格修养论，其中政治哲学是重点。

陆贾论宇宙、人事世界的生成主要包括"天生地养"和"圣人成之"两点，这两点都曾出现在《荀子·富国》篇中。《道基》曰："传曰：天生万物，以地养之，圣人成之。功德参合，而道术生焉。"关于"天生地养"，《道基》进一步说道：

> 故曰：张日月，列星辰，序四时，调阴阳，布气治性，次置五行，春生夏长，秋收冬藏，阳生雷电，阴成霜雪，养育群生，一茂一亡，润之以风雨，曝之以日光，温之以节气，降之以殒霜，位之以众星，制之以斗衡，苞之以六合，罗之以纪纲，改之以灾变，告之以祯祥，动之以生杀，悟之以文章。……盖天地相承，气感相应而成者也。

上述关于宇宙结构和万事万物的生成都是继承先秦知识的结果，陆贾本人并没有提供任何新的东西。不过，对于陆贾而言，"天地"是道、德、仁、义的根源。《道基》曰："原情立本，以绪人伦，宗诸天地。"《怀虑》曰："故事不生于法度，道不本于天地，可言而不可行也，可听而不可传也，可小觇而不可大用也。"在"宗诸天地""本于天地"的基础上，陆贾进一步提出了"天道"的概念，并用这一概念肯定儒家的五伦六位和《五经》《六艺》之道。

"圣人成之"是《道基》的一个思想重点。圣人如何成之？从主观来说，因为圣人有圣性。从客观来说，因为"在天者可见，在地者可量，在物者可纪，在人者可相"（《道基》）。据此，对于外部世界，陆贾显然持可知论。所谓"圣人成之"，包括器物和王道的制作两个方面，后者无疑更为重要。关于器物的制作，《道基》说神农"尝百草之事""教人食五谷"，黄

---

[1]《史记·郦生陆贾列传》。

帝"筑作宫室",后稷"辟土殖谷""种桑麻",禹"决江疏河",奚仲"驾马服牛,浮舟杖楫",皋陶"立狱制罪,县(悬)赏设罚"。关于王道的制作,陆贾主要推功于伏羲、文王和孔子三人,称他们三人为"三圣"——先圣、中圣和后圣。《道基》曰:

> (1) 于是先圣乃仰观天文,俯察地理,图画乾坤,以定人道,民始开悟,知有父子之亲,君臣之义,夫妇之别,长幼之序。于是百官立,王道乃生。

> (2) 民知畏法,而无礼义;于是中圣乃设辟雍庠序之教,以正上下之仪,明父子之礼,君臣之义,使强不凌弱,众不暴寡,弃贪鄙之心,兴清洁之行。

> (3) 礼义不行,纲纪不立,后世衰废,于是后圣乃定《五经》,明《六艺》,承天统地,穷事察微,原情立本,以绪人伦,宗诸天地,纂修篇章,垂诸来世,被诸鸟兽,以匡衰乱,天人合策,原道悉备,智者达其心,百工穷其巧,乃调之以管弦丝竹之音,设钟鼓歌舞之乐,以节奢侈,正风俗,通文雅。

"三圣"的提法最先出自陆贾,班固等人后来作了继承。《汉书·艺文志》曰:"人更三圣,世历三古。"其中的"三圣"即指伏羲先圣、文王中圣和孔子后圣。三圣不仅是某些重要器物的发明者,而且是王道的建立者。正是在建立和发明王道的意义上,他们三人才被陆贾尊称为"三圣"。

从另一个角度来看,陆贾的宇宙生成论其实是为"圣人成之"服务的,"功德参合,而道术生焉"。"道术"是对人事世界的规范,而"道术之生"即是王道的建立和推明。换一句话说,"圣人成之"的意义不仅在于使万物"莫不效力为用,尽情为器",而且在于"所以能统物通变,治情性,显仁义也"(《道基》),后者是陆贾思想的重点。进一步,《新语》特别注重"道德""仁义"的观念,这两个概念是陆贾政治哲学的重心。

3. 陆贾的政治哲学:握道据德与席仁杖义

陆贾的政治哲学以"道德""仁义"为基本概念,以"握道据德"和"席仁杖义"为基本命题。《新语·道基》曰:"是以君子握道而治,据德而行,席仁而坐,杖义而强,虚无寂寞,通动无量。"陆贾在此高度概括了自己的思想。

"道德",或作"道""德"。首先,陆贾是从儒家的意义来使用"道""德"概念的。《新语·术事》曰:"校修《五经》之本末,道德之真伪。"《辨惑》曰:"故孔子遭君暗臣乱,众邪在位,政道隔于三家,仁义闭于公门,故作公陵之歌,伤无权力于世,大化绝而不通,道德施而不用,故曰:'无如之何者,吾末如之何也已矣。'"《思务》曰:"是以墨子之门多勇士,仲尼之门多道德,文王之朝多贤良,秦王之庭多不详。"这三段文字都具体说明了《新语》的"道德"属于儒家概念。《道基》还说:"仁者,道之纪;义者,圣之学。"这更是以"仁"直接规定"道"的内涵。此前,"道德"在《荀子》一书中出现了 12 次,在汉儒著作中出现的次数也较多,这说明从战国晚期到汉代,"道德"成了儒家的通用概念。王利器《新语校注》说:"此儒家之道德说也,与老氏之言,区以别矣。"[①]这是正确的。其次,陆贾以"道德""仁义"作为自己思想的基本概念,这可能是继承了《礼记·曲礼》相关说法的结果。《曲礼上》曰:"道德仁义,非礼不成;教训正俗,非礼不备。"贾谊《新书·礼篇》即引用了这几句话。再次,关于"道"的含义,《新语·慎微》曰:"夫大道履之而行,则无不能,故谓之道。"又曰:"故设道者易见晓,所以通凡人之心,而达不能之行。道者、人之所行也。夫大道履之而行,则无不能,故谓之道。""道"有行道、履行和通达之义,陆贾重视道的实践性和道的规范性,道为原理义。不仅如此,陆贾还将"道"作为一种抽象的实体来理解,《慎微》曰:"故隐之则为道,布之则为文。"这里的"文"相当于战国晚期的"理"概念,"道"与"文"("理")为隐显、表里的关系。从外延看,"道"包括"天道"("地道")和"人道"。"天道"是制定"人道"的依据,而"人道"是陆贾道论的重心,且它是由圣人定制的。"人道"

---

① 陆贾:《新语校注》卷上,第 39 页,王利器校注,北京,中华书局,1986。

包括王道、五常之道、礼义之道和《五经》《六艺》之道等等。"人道"的概念加强了陆贾道论的儒家属性,而"道"落实在人道层面上即为"仁义"。《道基》曰"仁者道之纪,义者圣之学",即点明了这一点。最后看《新语》的"德"概念。陆贾使用这一概念,大体上袭用先秦儒家旧义,且主要是从"德治"的角度来说的。在先秦,"德"既可以表示政治合法性之所在,又可以表示人格成就之道德主体性。这两种含义虽然在《新语》中兼而有之,但陆贾主要是从前一义来使用这一概念的。不过,基于以秦亡为鉴,陆贾的"德"概念往往与"威""刑""虐"相对,而具有德惠、仁恩的含义。《道基》曰:"德盛者威广,力盛者骄众。齐桓公尚德以霸,秦二世尚刑而亡。"再曰:"故虐行则怨积,德布则功兴,百姓以德附。"又曰:"民畏其威而从其化,怀其德而归其境。"都是明证。

"仁义"是陆贾政治哲学最为重要的概念,《新语·道基》的后半部分即以这一概念为中心线索。《道基》曰:

(1)故圣人怀仁仗义,分明纤微,忖度天地,危而不倾,佚而不乱者,仁义之所治也。行之于亲近而疏远悦,修之于闺门之内而名誉驰于外。故仁无隐而不著,无幽而不彰者。虞舜蒸蒸于父母,光耀于天地;伯夷、叔齐饿于首阳,功美垂于万代;太公自布衣升三公之位,累世享千乘之爵;知伯仗威任力,兼三晋而亡。

(2)是以君子握道而治,据德而行,席仁而坐,杖义而强,虚无寂寞,通动无量。

(3)夫谋事不并仁义者后必败,殖不固本而立高基者后必崩。故圣人防乱以经艺,工正曲以准绳。德盛者威广,力盛者骄众。齐桓公尚德以霸,秦二世尚刑而亡。

(4)故虐行则怨积,德布则功兴。百姓以德附,骨肉以仁亲,夫妇以义合,朋友以义信,君臣以义序,百官以义承;曾、闵以仁成大孝,伯姬以义建至贞;守国者以仁坚固,佐君者以义不倾;君以仁治,臣以义平;乡党以仁恂恂,朝廷以义便便;美女以贞显其行,烈士以义彰其名；阳气以仁生，阴节以义降；《鹿鸣》以仁求其群，《关雎》以义鸣其雄。《春秋》以仁义贬绝，《诗》以仁义存亡；《乾》《坤》以仁和合，八卦以义相承；《书》以仁叙九族，君臣以义制忠；礼以仁尽节，乐以义升降。

（5）仁者道之纪，义者圣之学。学之者明，失之者昏，背之者亡。陈力就列，以义建功，师旅行阵，德仁为固，仗义而强，调气养性，仁者寿长，美才次德，义者行方。君子以义相褒，小人以利相欺，愚者以力相乱，贤者以义相治。《穀梁传》曰："仁者以治亲，义者以利尊。万世不乱，仁义之所治也。"

归纳《新语》相关文字，可以得出如下观点：第一，虽然陆贾使用了战国以来通行的"道德"一词来作为其哲学的最高概念，但是其具体内涵落实在"仁义"上。"仁义"是陆贾政治哲学的基本概念，《道基》曰"仁者，道之纪；义者，圣之学"，《本行》曰"治以道德为上，行以仁义为本"，皆可见此意。第二，在德政与刑政、德政与虐政相对的基础上，陆贾以"仁义"观念深化了儒家的德政说（或德治说），或者说将德政说集中在"仁义"观念上来作阐发，提出了"怀仁仗义""席仁杖义"的命题，和"以仁义为巢，以圣贤为杖""杖圣者帝，杖贤者王，杖仁者霸，杖义者强，杖谗者灭，杖贼者亡"的说法，这些命题和说法充分说明了"仁义"是陆贾政治哲学的核心观念，而以"仁义"为基础的"圣贤"人格则是人君最足以依仗的辅政之人。从《道基》来看，陆贾甚至描述了一个仁义流行的世界，如说"阳气以仁生，阴节以义降；《鹿鸣》以仁求其群，《关雎》以义鸣其雄"等。第三，陆贾提出仁义之政并大力宣扬这一政治哲学观念，与他对于秦亡的反思是密不可分的。他认为，"杖威任力"和"杖法任刑"正是导致秦朝迅速灭亡的原因。

就如何培养圣贤、成为王佐的问题，陆贾主张"慎微"。"慎微"，即谨慎微小之事。《新语·慎微》曰："夫建大功于天下者必先修于闺门之内，垂大名于万世者必先行之于纤微之事。"又曰："修之于内，著之于外；行之于小,显之于大。"此即所谓"慎微"。"慎微"的目的,一在于治性立身,二在于"建大功于天下",其中前者是基础。陆贾所说"慎微"是从儒家修身立场来说的。《慎微》曰:"是以君子居乱世,则合道德,采微善,绝纤恶,修父子之礼,以及君臣之序,乃天地之通道,圣人之所不失也。"陆贾反对那种"求神仙"、绝弃人伦的所谓长生的修身之法。《慎微》曰:"故谓颜渊曰:'用之则行,舍之则藏,惟我与尔有是夫。'言颜渊道施于世而莫之用。由人不能怀仁行义,分别纤微,忖度天地,乃苦身劳形,入深山,求神仙,弃二亲,捐骨肉,绝五谷,废《诗》《书》,背天地之宝,求不死之道,非所以通世防非者也。"从战国晚期至汉代,"神仙"观念颇为流行,陆贾的批评有的放矢,他坚持维护人伦的、入世的修身立场,属于儒家性格。

4. 无为与风化

"无为"是陆贾政治哲学的一个重要原则,《新语》即有《无为篇》。陆贾为什么要提出"无为"的政治哲学? 这当然出自秦亡之鉴,是汉初现实的直接要求,与朝廷所倡导的"与民休息"的大政方针高度一致。与此同时,主张"无为而治"的黄老在历史的转折关头获得了绝大多数政治精英的青睐。在此种形势下,陆贾提出"无为"的政治观念并不令人感到意外;值得注意的是,陆贾将"无为"看作儒家圣人舜和周公平治天下的法宝,而非追崇黄老的结果。

什么是"无为"? 从《无为》来看,陆贾的"无为"概念包括两个思想要点,其一,"无为"即"道莫大于无为"和"无为者乃有为也"。《无为》曰:

(1) 道莫大于无为,行莫大于谨敬。何以言之? 昔舜治天下也,弹五弦之琴,歌《南风》之诗,寂若无治国之意,漠若无忧天下之心,然而天下大治。周公制作礼乐,郊天地,望山川,师旅不设,刑格法悬,而四海之内,奉供来臻,越裳之君,重译来朝。故无为者乃有为也。

(2) 秦始皇设刑罚,为车裂之诛,以敛奸邪,筑长城于戎境,以备胡、越,征大吞小,威震天下,将帅横行,以服外国,蒙恬讨乱于外,李斯治法于内,事逾烦天下逾乱,法逾滋而天下逾炽,兵马益设而敌人逾多。秦非不欲治也,然失之者,乃举措太众、刑罚太极故也。

在这里,"无为"既是手段又是原则。从手段来看,是行政措施和法刑使用的减少。从原则来看,"无为"是对"有为"的规范,其目的是为了真正的有为,所以陆贾说"故无为者乃有为也"。不过,对于什么是"无为",什么是"有为",陆贾作了特别定义。所谓"有为",陆贾指秦人的法刑之治,即所谓"举措太众,刑罚太极"之治。所谓"无为",乃舜歌《南风》、周公制作礼乐之意。这种"无为",是礼乐教化之无为,是圣人之治达到极致之境的无为。

其二,陆贾强调"无为"的"风化"义。"风化"有正负、善恶之分,《无为》曰:"故尧、舜之民可比屋而封,桀、纣之民可比屋而诛,何者?化使其然也。"在陆贾看来,使民除恶向善、天下除乱向治的根源在于王者的风化,而风化之本在于王者以身作则。《无为》即曰:"夫王者之都,南面之君,乃百姓之所取法则者也,举措动作,不可以失法度。……故上之化下,犹风之靡草也。王者尚武于朝,则农夫缮甲兵于田。故君子之御下也,民奢应之以俭,骄淫者统之以理;未有上仁而下贼,让行而争路者也。故孔子曰:'移风易俗。'岂家令人视之哉?亦取之于身而已矣。"

进一步,从学派来看,陆贾的"无为"属于儒家性质。他所说"无为",以舜歌《南风》、周公制作礼乐以及圣王修身作则、风化下民为意,这显然属于儒家性质,与黄老的"无为"迥然不同。舜歌《南风》,即《论语·卫灵公》"恭己正南面而已矣"之意。儒家的圣王要作政治和道德的楷模,陆贾认为这体现在"无为"上。黄老的"无为"则通过"术"(政治手段和技术,例如刑名)"法""刑德"来施行,它不考虑圣王的模范作用,不考虑风化和王教,显然与儒家的"无为"概念差异较大。《无为》曰:"民不罚而畏,不赏而劝,渐渍于道德,而被服于中和之所致也。"这也是一种"无为",是儒家"中和"原则的现实化和风俗化。这样看来,陆贾在《至德》篇所描绘的至德之境,应当主要从儒家的"无为"概念来看待,尽管篇中文字沾染了一些道家色彩。换一句话说,即使陆贾的"无为"概念带有一定的道家色彩或黄老背景,但是其主要内涵仍然属于儒家。

总之,陆贾的政治哲学是以"道德""仁义"和"无为"三个概念为中心建构起来的,其中"仁义"概念最为重要。无论从思想脉络、性质还是从文献渊源来看,陆贾无疑属于儒家,他上承孟荀,下启贾董,在汉初儒学史和哲学史上占有一席之地。

二、贾谊的哲学思想

1. 贾谊的生平和著作

贾谊(前200—前168),又称贾生,洛阳人,汉代杰出的思想家、政论家和文学家,《史记》《汉书》皆有传。贾谊的后半生(十八岁以后)可以分为四个时段,第一个为河南守吴公门生时期,时间在公元前183年至公元前180年之间,贾谊年十八至二十一。据《史记·屈原贾生列传》和《汉书·贾谊传》,贾生"年十八,以能诵诗属书闻于郡中",吴公"召置门下"。吴公是李斯的学生,文帝"闻河南守吴公治平天下第一"。第二个为文帝博士时期,时间在文帝元年至二年(前179—前178)之间,贾谊年二十二至二十三。受廷尉吴公的推荐,贾谊被文帝"召为博士","超迁,一岁中至太中大夫"。在此间,贾生积极有为,他提议改革制度,"悉更秦之法",但皆未及实行。接着,文帝"议以为贾生任公卿之位",由此引发了朝廷的权力斗争,"绛、灌、东阳侯、冯敬之属尽害之"。文帝遂疏远贾生,贬为长沙王太傅。第三个为长沙王太傅时期,时间在文帝三年至六年(前177—前174)之间,贾谊年二十四至二十七。在谪居长沙期间,贾生"意不自得",常自伤悼。第四个为梁怀王太傅时期,时间在文帝七年至十二年(前173—前168)之间,贾谊年二十八至三十三。在此间,贾生的主要任务是培育和教导梁怀王,不过他一直在撰写疏策,上书文帝,为朝廷出谋划策。不幸的是,梁怀王堕马而亡,贾生因此"自伤为傅无状,哭泣岁余,亦死"。贾谊是汉初最杰出的知识分子和谋臣之一,他的不幸命运在后世引起了广泛的同情。

据《汉书·艺文志》的记载,贾谊的著作有《贾谊》五十八篇、《五曹官制》五篇(班固自注:"汉制,似贾谊所条。")和《贾谊赋》七篇。又,《汉书·儒林传》说贾谊为《左氏传训诂》。《贾谊》五十八篇(已残),即今本《新书》五十六篇,《隋书·经籍志》录为《贾子》十卷。① 除《吊屈原赋》《鹏鸟赋》收入《贾谊赋》之外,《史记》《汉书》所说贾谊文章都录入《新书》一书。

贾谊的哲学思想体现在《新书》的部分篇章中及《鹏鸟赋》《吊屈原赋》二文中。他的哲学思想表现在道德说、宇宙观(包括人生观)和政治哲学三个方面。

2. 贾谊早年的"德生六理"说与道术说

《新书·道德说》《六术》是贾谊的早期著作,写作于文帝元年(前179)之前。② 《道德说》和《六术》都非常重视数字"六"的结构和意义,这很可能受到了汉得水德说的影响。在德运说中,水之数为六。不过,在文帝二年(前178),贾谊提出了汉得土德说。③ 土之数为五,故《六术》《道德说》两篇不太可能作于文帝二年之后。《道术》以杂糅道儒的办法来构造其思想,论说简单,很可能是贾谊早期的著作。

《道德说》提出了"德有六理"的观点,并作了较为细致的论说。该篇说:"德有六理,何谓六理?曰道、德、性、神、明、命。此六者,德之理也。诸生者,皆生于德之所生,而能象人德者,独玉也。写德体,六理尽见于玉也,各有状,是故以玉效德之六理。泽者,鉴也,谓之道;腒如窃膏,谓之德;湛而润,厚而胶,谓之性;康若泝流,谓之神;光辉谓之明;碧乎坚哉,谓之命。此之谓六理。"所谓"六理",指道、德、性、神、明、命六者。这六理本是一套宇宙生成论的概念,在贾谊之前已经存在,故贾生得以用

---

① 关于《新书》的真伪问题,前人大有争议。余嘉锡、阎振益认为《新书》是贾谊作的真书,而不是所谓伪书。参看贾谊《新书校注》之《前言》和《附录三》,阎振益、钟夏校注,北京,中华书局,2000。

② 多位学者已作出了相关论断和论证,参看闫利春《贾谊道论研究》,第77—78页,北京,中国社会科学出版社,2017。

③ 参看《史记·屈原贾生列传》《汉书·贾谊传赞》。

它们来阐明"德"的内涵,他并用玉之六理来阐明所谓六理。在"德有六理"的基础上,贾谊又提出了"德有六美"的说法。《道德说》曰:"德有六美,何谓六美? 有道,有仁,有义,有忠,有信,有密,此六者德之美也。道者,德之本也,仁者德之出也,义者德之理也,忠者德之厚也,信者德之固也,密者德之高也。"所谓"六美",指道、仁、义、忠、信、密六者。"六美",又谓之"六德"。贾谊指出具体的道德性(德目)及其关系。在"德有六理"和"德有六美"的基础上,贾谊提出了"德"为世界(宇宙)本体的观点。《道德说》曰:

> 六理、六美,德之所以生阴阳、天地、人与万物也,固为所生者法也。故曰道此之谓道,德此之谓德,行此之谓行,所谓行此者德也。是故著此竹帛谓之书。《书》者此之著者也,《诗》者此之志者也,《易》者此之占者也,《春秋》者此之纪者也,《礼》者此之体者也,《乐》者此之乐者也。祭祀鬼神为此福者也,博学辩议为此辞者也。

"六理、六美,德之所以生阴阳、天地、人与万物也,固为所生者法也",这是《道德说》的核心观点。很显然,贾谊将"德"从六理、六美中抽绎出来,而予以本体化,认为它是阴阳、天地、万物的始源。不过,为何贾谊如此重视"德"概念? 笔者认为,这很可能与他在彼时十分推崇阴阳家的德运观大有干系。邹衍的德运说改变了传统的天命观,认为宇宙之间循环运行着一种决定历史和朝代命运的客观力量,而这个客观力量即"德"。这种"德"对应具体的历史,以土德、木德、金德、火德和水德之运分别主宰之。秦汉对应水德,其数六,故文物制度应与之相匹。事实上,贾谊《新书·道德说》《六术》两篇即受到水德说的深刻影响。尽管贾谊没有否定"道"作为终极始源的地位,但是他无疑将阐释的重心放在"德"概念上,他不但将六理、六美(六德)直接放在"德"概念上来解释,而且将《六艺》系附于此一系统之下,即可以为明证。顺便指出,根据文本和思想脉络,《道德说》的篇名是不够准确的,应该叫《德说》或《德有六理》。

在德本说下,《道德说》的"六理"和"六美"都有其自身的思想脉络。

其一,"六理"的脉络是这样的:道→德→性→神、明→命→形→天地万物。其中,道无而德有,道清而德浊,德是道的凝缩;道中含神,"道冰(凝缩)而为德,神载于德";"德"生六理,通六美。"道德"是造物者。道德之"神"抟聚而为一气,集聚在一起而尚未生物,如是之谓之"性"。"神""明"是"性"的功用,是从"性"上发来的:"道、德、神、气发于性"即谓之"神"(两个"神"字的含意不一样,前一"神"为道德内含的本体之神,后一"神"则从生物之神奇功能而言),神、气发于性外而有光辉,即谓之"明"。"命"即"命分",是物所得之道、德、性、神、明及形体之位分、数度各有"极量指奏"。自此以下,形体和万物生焉。其二,"六美"(或"六德")的脉络是这样的:道→德→仁、义、忠、信、密。在此,为了迎合数字"六",贾谊将道、仁、义、忠、信、密关联在一起,构造了所谓"六美"或"六德"的说法。从思想史来看,这种构造是比较独特和比较勉强的。关于道德,《道德说》曰:"物所道(导)始谓之道,所得以生谓之德。德之有也,以道为本,故曰:道者,德之本也。德生物,又养物,则物安利矣。"所谓"道",是万物所由以导始者,是"德"的本原。所谓"德",是万物所得以生、所得以养者,它内在于物之中。并且,"物"的现存性根源于"德",失德即意味着万物丧失其存在的本源。进一步,贾谊认为道、德生出仁、义、忠、信、密,或者说仁、义、忠、信、密生于道、德。

《新书·六术》很可能写作于《道德说》之后,因为从逻辑上来看,后者是前者的基础。在《六术》中,贾谊不仅认为"德有六理",而且认为六理生六法,六法生六行,六行生六术或六艺。《六术》曰:"六理无不生也,已生而六理存乎所生之内。是以阴阳、天地、人【物】尽以六理为内度,内度成业,故谓之六法。""六法"以"六理"为根据,是六理内化为在阴阳、天地、人物中的法度。《六术》曰:"六法藏内,变流而外遂,外遂六术,故谓之六行。是以阴阳各有六月之节,而天地有六合之事,人有仁、义、礼、智、信之行。行和则乐兴,乐兴则六,此之谓六行。""六行"指仁、义、礼、智、信、乐。同样,"乐"在此与仁、义、礼、智、信五者不合,但贾谊照样根据数"六"的要求而强行凑合。"六术"即"六艺","六艺"是"六术"的提高,"术"是从方法言,"艺"是从大道言,其实一也,均指《诗》《书》《易》《春秋》《礼》《乐》。《六术》曰:"是故内本六法,外体六行,以与《诗》《书》《易》《春秋》《礼》《乐》六者之术以为大义,谓之《六艺》。令人缘之以自修,修成则得六行矣。六行不正,反合六法。艺之所以六者,法六法而体六行故也,故曰六则备矣。""《六艺》"是《六术》阐释的一个重点。而贾谊很可能是最早定义"《六艺》",甚至提出"六艺"概念的学者。

值得注意的是,《六术》下文特别论述了数"六"的普遍性。其文曰:"六者非独为《六艺》本也,他事亦皆以六为度。"接着,贾谊又举出声律之道、人之戚属和数度之道皆"以六为法",乃至说"事之以六为法者,不可胜数也"。从表面来看,这是贾谊通过数"六"的普遍存在性来论证他的想法,而实际上不过是他所信奉的汉得水德说在当下历史的呈现罢了。水德之运正是贾谊构造六理、六法、六行和六术(六艺)思想系统的基本依据。

与《道德说》《六术》不同,《新书·道术》从人"接物"的角度来论述所谓"道"。很显然,此"道"不是从宇宙生成论而是从人如何接物(认识事物和把握事物)的角度来说的。而此"物"指政治事件及与此相关的人物,它们都不属于自然事物。贾谊认为此"道"包含"虚"和"术",前者("虚")为本而后者("术")为末。《道术》曰:"曰:'数闻道之名矣,而未知其实。请问道者何谓也?'对曰:'道者,所从接物也。其本者谓之虚,其末者谓之术。虚者,言其精微也,平素而无设施也。术也者,所从制物也,动静之数也。凡此皆道也。'"随后,《道术》具体阐释了"虚之接物"和"术之接物"。《道术》曰:

> 曰:"请问虚之接物,何如?"对曰:"镜仪而居,无执不臧,美恶毕至,各得其当。衡虚无私,平静而处,轻重毕悬,各得其所。明主者,南面而正,清虚而静,令名自宣,命物自定,如鉴之应,如衡之称,有瞿和之,有端随之,物鞫其极,而以当施之。此虚之接物也。"

又曰:

曰:"请问术之接物,何如?"对曰:"人主仁而境内和矣,故其士民莫弗亲也;人主义而境内理矣,故其士民莫弗顺也;人主有礼而境内肃矣,故其士民莫弗敬也;人主有信而境内贞矣,故其士民莫弗信也;人主公而境内服矣,故其士民莫弗戴也;人主法而境内轨矣,故其士民莫弗辅也。举贤则民化善,使能则官职治,英俊在位则主尊,羽翼胜任则民显,操德而固则威立,教顺而必则令行。周听则不蔽,稽验则不惶,明好恶则民心化,密事端则人主神。术者,接物之队(坠,遂)。凡权重者必谨于事,令行者必谨于言,则过败鲜矣。此术之接物之道也。"

所谓"虚",指最高统治者(人主)要做到"清虚而静",这包括在认识上做到形名自定和在道德判断上做到公正无私两个方面。或者说,这是以如镜如衡来要求人主之"心"。所谓"术",指人主具体的统治法则和方法,"术者,接物之队(遂)","凡权重者必谨于事,令行者必谨于言,则过败鲜矣"。具体说来,仁、义、礼、信、公、法,举贤使能、操德教顺、周听稽验、明好恶、密事端等都可以成为"术",成为御臣使民的方法和手段。总之,"虚"和"术"都属于所谓"君人南面之术","虚"为本而"术"为末。很显然,《道术》的"道"具有黄老性质,与《道德说》《六术》的学派性质是不同的。《道德说》和《六术》两篇则杂合阴阳家和儒家,尽管水德说深刻地影响了这两篇的论证及具体文本的构造,但是它们在内容上是以儒家为主体,在目的上是以儒家为指向的。

3. 贾谊的人生哲学

贾谊的人生哲学主要体现在《吊屈原赋》和《鹏鸟赋》两文中,这两篇赋都写于贾谊贬谪长沙期间。前一篇写于文帝三年(前177),往行长沙、"及渡湘水"的途中,后一篇则写于文帝五年(前175),他为长沙王太傅的第三年。

在遭贬之初,贾谊的心情是非常复杂的,一方面意气还盛,另一方面"又以适(谪)去,意不自得",两者相激,在他心中搅起了无尽的怨愤("国其莫我知,独埋郁兮其谁语?")。这种怨愤之情,贾谊借《吊屈原赋》作了表达和宣泄。对于自己遭贬的不幸命运,贾谊一方面认为这是他遭到权臣排挤和打击所致,控诉统治集团内部是一个"鸾凤伏窜兮,鸱枭翱翔"和"贤圣逆曳兮,方正倒植",颠倒尧桀的丑恶世界;另一方面他认为这是时势使然——罔极、不祥之时势所致("遭世罔极兮,乃陨厥身;呜呼哀哉,逢时不祥")。这两种原因互为表里,对贾谊彼时的人生哲学与人生态度产生了深刻影响。"时势"是古代人生哲学中的一个重要术语,它具有历史的客观性、主宰性和机遇性,它是命运之所以主宰人生的基本元素。既然时势如此,而"国其莫我知",那么贾谊无疑感到万分"埋郁"(苦闷、难受),而他也只能在这种"埋郁"感中力图找到安顿自家身心的哲学。一方面,他试图"自缩""自珍","所贵圣人之神德兮,远浊世而自藏",但是另一方面他又说:"彼寻常之汙渎兮,岂能容吞舟之鱼!横江湖之鳣鲸兮,固将制于蚁蝼。"满是一派孤高、愤恨的决绝之辞。这表明,贾谊彼时的人生哲学尚停留在功利的层次,并未真正找到安顿自家身心的哲学。

在谪居长沙的第三年,贾谊的人生哲学起了很大变化。变化的标志是他写了《鵩鸟赋》,超越了对死亡的恐惧,摆脱了功利对于个体生命的倒悬(即司马迁所说"同死生,轻去就"的境界),达到了"与道翱翔"的境界。鵩鸟,猫头鹰之属,古人认为它的出现预示着死亡的来临。一日,"鵩集予舍",贾生感奋之,于是写下了这篇著名的《鵩鸟赋》。其辞见下:

> 万物变化兮,固无休息。斡流而迁兮,或推而还。形气转续兮,变化而嬗。沕穆无穷兮,胡可胜言!祸兮福所倚,福兮祸所伏;忧喜聚门兮,吉凶同域。彼吴强大兮,夫差以败;越栖会稽兮,句践霸世。斯游遂成兮,卒被五刑;傅说胥靡兮,乃相武丁。夫祸之与福兮,何异纠缠。命不可说兮,孰知其极?水激则旱兮,矢激则远。万物回薄兮,振荡相转。云蒸雨降兮,错缪相纷。大专槃物兮,块轧无垠。天不可与虑兮,道不可与谋。迟数有命兮,恶识其时?

　　且夫天地为炉兮，造化为工；阴阳为炭兮，万物为铜。合散消息兮，安有常则？千变万化兮，未始有极。忽然为人兮，何足控抟？化为异物兮，又何足患？小知自私兮，贱彼贵我；通人大观兮，物无不可。贪夫徇财兮，烈士徇名；夸者死权兮，品庶冯生。述迫之徒兮，或趋西东；大人不曲兮，亿变齐同。拘士系俗兮，攌如囚拘；至人遗物兮，独与道俱。众人或或兮，好恶积意；真人淡漠兮，独与道息。释知遗形兮，超然自丧；寥廓忽荒兮，与道翱翔。乘流则逝兮，得坻则止；纵躯委命兮，不私与己。其生若浮兮，其死若休；澹乎若深渊之静，泛乎若不系之舟。不以生故自宝兮，养空而浮；德人无累兮，知命不忧。细故蒂兮，何足以疑！①

　　从上述引文来看，贾谊此时受到了老庄特别是庄子思想的深刻影响。贾谊以"变化""无常""时命"这三个关键词描述了形下世界，他认为万事万物处于永无止息的变化之中，"形气转续兮，变化而嬗"，"变化"是形下事物的本质特征，形下事物随着"形气"的变化而变化。不仅如此，人间的祸福、忧喜、吉凶亦复如是，祸福相倚、忧喜聚门、吉凶同域，"转变"乃不变的人生定律。其中最大的转变乃生死之变。进一步，贾谊认为万事万物不仅是变化的，而且是无常的，"合散消息兮，安有常则？千变万化兮，未始有极。""无常"是形下事物的第二个特征，没有常则、没有永恒性是事物之所以变化无穷的根本原因。最后，贾谊接受传统观念的影响，肯定了"时命"的存在，认为"时命"是存在于万物变化背后的真正主宰。不过，"时命"是什么——孰知时命，恶识时命？追问下去，自古至今都是难题，故时命难知、难识的论调在历史上颇为流行。

　　而既然时命难知、难识，变化无常，那么对于人生及其命运的把握，贾谊就只能放在自我的提升和超越上。他在此采取了庄子路线，先齐同物我、人物、彼是、是非、可不可、美丑、好恶、忧喜、贵贱、生死的差别，"通人大观兮，物无不可""大人不曲兮，亿变齐同"，而达到"至人遗物兮，独与道

————————————

① 参看《史记·屈原贾生列传》。

俱""真人淡漠兮,独与道息……寥廓忽荒兮,与道翱翔"和"德人无累兮,知命不忧"的生命境界。这种生命境界即是庄子所说的逍遥无待之境。

目前看来,《鹏鸟赋》是汉代第一篇庄学著作,它大量引用《庄子》言辞,以庄子的思想来解决人生困境,可以说贾谊是汉代第一位真正欣赏了《庄子》的士人。可惜,他过早离开了贬谪之地——长沙,这使得他的环境和心境发生了巨变。在对帝国事务的关心和与权贵的斗争中,贾谊很快又抛弃和忘却了庄子哲学。

4. 贾谊的政治哲学

贾谊的政治哲学主要包括三个方面:(1)贾谊提出了汉得土德的新说,以论证汉朝的合法性,强化中央集权的意识形态;(2)他重视仁义,提出了"仁义不施而攻守之势异也"的观点;(3)为了削弱同姓诸侯的力量,他提出了一套"众建诸侯而少其力"的申商之术。

其一,贾谊是汉代提出汉得土德说的第一人。在文帝二年之前,贾谊本来信奉汉得水德说,但是在文帝二年他向文帝提出了土德说,以其论证汉朝的历史合法性,《史记》中《屈原贾生列传》《张丞相列传》和《汉书》中的《贾谊传》《礼乐志》《郊祀志下》都记载了此事。《史记·屈原贾生列传》曰:"贾生以为汉兴至孝文二十余年,天下和洽,而固当改正朔,易服色,法制度,定官名,兴礼乐,乃悉草具其事仪法,色尚黄,数用五,为官名,悉更秦之法。孝文帝初即位,谦让未遑也。""色尚黄,数用五",这正是土德说的反映。《汉书·郊祀志下》即曰"公孙臣、贾谊更以为土德"。不过,贾谊的提议遭到了张苍的反对。《史记·张丞相列传》曰:"(太史公曰)张苍文学律历,为汉名相,而绌贾生、公孙臣等言正朔服色事而不遵"。实际上,土德的施行在武帝太初改元(前104)之后。

而为何贾谊要提出汉得土德说呢? 据《汉书·礼乐志》,贾谊认为:"汉承秦之败俗,废礼义,捐廉耻,今其甚者杀父兄,盗者取庙器,而大臣特以簿书不报,期会为故,至于风俗流溢,恬而不怪,以为是适然耳。夫移风易俗,使天下回心而乡道,类非俗吏之所能为也。夫立君臣,等上下,使纲纪有序,六亲和睦,此非天之所为,人之所设也。人之所设,不为不立,不修则坏。汉兴至今二十余年,宜定制度,兴礼乐,然后诸侯轨道,百姓素朴,狱讼衰息。"贾谊提出一揽子改革计划,目的在于强化以皇帝为首的中央集权和建立相应的新统治秩序,而这个新统治秩序主要包括三点:废除秦人败俗,建立伦理纲常,和加强中央集权。以汉得土德的名义宣布改制,这是德运说的本有之义,其命维新,包含着圣王改制之义;同时,土居五行中央,故宣布汉得土德,即包含了加强中央集权和弱化诸侯之义。此外,汉得土德说即承认了秦朝的历史合法性。能不能承认暴秦在历史中的独立位置,成为德运之一环,这一直在考验汉人的历史智慧及其正统观念。《汉书·郊祀志下》曰:"孝武之世,文章为盛,太初改制,而倪宽、司马迁等犹从臣、谊之言,服色数度,遂顺黄德。彼以五德之传,从所不胜,秦在水德,故谓汉据土而克之。"武帝太初元年之后,汉人终于暂时放下了深重的历史责难,容忍了秦朝在历史中的存在,承认其在五德之运中独得水德。不过,在知识精英和道德精英中,暴秦是否具有足够的历史合法性,乃是学者、经学家和统治集团彼此影响和互相争论的一大问题。刘向、刘歆、班固就对土德之说不以为然,刘向改造了德运说,以相生为序,认为汉得火德,班固则认为贾谊之说"其术固以疏矣"[1]。事实上,刘秀当上皇帝后很快就宣布汉为火德,而废除了土德说。

其二,贾谊重视仁义之道,重视礼乐之教,不过都是从维护帝国统治的角度出发的。在《过秦论》中,他评论了秦人在统一六国之后仍施行残暴的法刑统治,而不知道根据时势的不同而改变其统治策略,他说秦朝灭亡的原因正在于"仁义不施而攻守之势异也"。时势不同则统治原理应当不同,"时势"是政治哲学需要考虑的一个重大问题。《新书·大政》说:"故自古至于今,与民为雠者,有迟有速,而民必胜之。"同篇又说:"故有不能治民之吏,而无不可治之民。""人民"对于王朝的统治来说极为重要,是第一要紧的事情。而皇帝如何治理天下、统治人民,维护中央政权和社会的稳定?贾谊即提出了"仁义"原则来作回答。"礼乐"是"仁义"

---

①《汉书·贾谊传赞》。

的外化，贾谊即希望通过土德说为"兴礼乐"的政改（改制）提供合法性。从《新书》来看，贾谊颇为重视礼学，而其目的在于重构"固国家，定社稷，使君无失其民"①的人间秩序。需要指出，贾谊仁义守成的观点其实出自陆贾，这并非他的首创。从这一点来看，《过秦论》富于文采，但缺乏思想创新，笔者认为，它可能是贾谊的早期作品。

其三，贾谊的思想围绕"治术"展开，在一定意义上来说具有形名法术之学的特征。一方面，贾谊认识到"民"是"君主"（天子、皇帝）统治的基础，因此他主张以仁义安民；另一方面，他认为诸侯是皇权斗争的主要对象，诸侯的存在及其势力的膨胀在较大程度上威胁到了中央政权的地位，甚至威胁到帝国的统一和天下的安定。如何维护皇帝和中央政府的权威，同时抑制、削弱诸侯的势力？这是汉初政治的一大问题。贾谊很清醒，他的解决方案是走刑名法术之学加儒学的道路。《史记·太史公自序》曰，"自曹参荐盖公言黄老，而贾生、晁错明申、商，公孙弘以儒显"。自出仕以后，贾谊的确以申、商之术为特色。《史记·屈原贾生列传》说："诸律令所更定，及列侯悉就国，其说皆自贾生发之。"《新书·瑰玮》说："今驱民而归之农，皆著于本。"《新书·蕃强》说："欲天下之治安，天子之无忧，莫如众建诸侯而少其力。"《新书·匈奴》说："臣为陛下建三表，设五饵，以此与单于争其民，则下匈奴犹振槁也。"这些主张，都属于申、商之术。现在看来，贾谊仁以临民、礼以尊君的思想在很大程度上也属于统治术，带有阳儒阴法或者以法驭儒的色彩。它们之所以被贾谊定义为"牧民之道"，其落脚点不在于追求民众本身的利益和幸福，而在于统治方法及其效果——天下（人民）是否安宁上。贾谊在《过秦论》中说："是以牧民之道，务在安之而已矣。下虽有逆行之臣，必无响应之助。"很明显，"牧民之道"乃是贾谊的着脚点！而他的著名命题"仁义不施而攻守之势异也"同样带有"法术"的特征，因为仁义之施与不施乃是有条件的，是以"攻守之势"为前提的，与孟子的仁政说毕竟有别，差之毫厘，谬之以

①《新书·时变》《新书·礼》。

千里。总之,贾谊的政治哲学在其出仕以后大体上以形名法术之学为主导,而辅之以儒家的仁义思想。二者的关系,贾谊在《制不定篇》中说得非常清楚,他说:"仁义恩厚,此人主之芒刃也;权势法制,此人主之斤斧也。势已定、权已足矣,乃以仁义恩厚因而泽之。"这就是贾谊政治哲学的基调!另外,贾谊出自"治平天下第一"的吴公门下,而吴公又出自李斯门下,这从一个侧面同样说明了贾谊属于新法家,融合了儒家仁义思想的新法家。

总之,贾谊的学术多端,这跟他年少"颇通诸子百家之书"相关。大致说来,在为文帝博士之前,"因循说解"是其属书作文的基本特征。他提出"德有六理"说,乃是水德说的应用;他提出"虚本术末"的道论,这属于黄老学说的应用;他提出"仁义不施而攻守之势异也"的著名命题,这是汉初士人的共识,不过他作了精练的概括。此外,《鵩鸟赋》深得庄子哲学之旨。贾谊自始至终是皇权和中央集权制度的积极支持者和拥护者,在为文帝博士以后,他的思想大体上围绕帝国的统治而从"治术"和"疏策"两个方面展开。他提出改制的设想、汉为土德说,后来又提出"众建诸侯而少其力"的策略和一系列的"牧民之道",都是围绕帝国而展开的所谓"治术"。由于他的思想纳入了大量的儒家、阴阳家和道家因素,因而贾谊扩展了申、商之学的内涵。换一句话说,贾谊可以判定为一位汉初的新法家。

第三节　黄老思潮及其思想要旨

一、汉初的黄老思潮

1. 汉初黄老思潮的兴起与兴盛

黄老思潮是汉初最为重要的思潮,思潮的兴起既有时代因素,也有人为因素。经过连绵不绝的战争之后,汉初,天下极度疲困,仓廪空虚。《史记·平准书》曰:"自天子不能具钧驷,而将相或乘牛车,齐民无藏盖。"而天子"更令民铸钱"的补救措施在当时却适得其反,引发了恶性通货膨胀,《平准书》曰:"物踊腾粜,米至石万钱,马一匹则百金。"国家处于崩溃的边缘。在这种形势下,以刘邦为首的统治集团遂不得不采取"与民休息"的政策。而这种"与民休息"政策需要某种哲学提供意识形态的支撑,于是宣扬"清静无为"的黄老学很快得到了整个统治集团的赏识和认可,黄老学因此应运而起,迅速扩张,形成了所谓黄老思潮。

顾名思义,"黄老"是黄学与老学的复合。"老"指老子其人其书,其学源于春秋末期的老子。而"黄"指黄帝,黄学大概源自田齐窃国之后。一种说法认为田齐出自黄帝一系,故田齐在窃取姜齐政权之后便有意推崇黄帝,提倡黄学。黄老合流大概在战国中期,在战国晚期黄老学产生了较为广泛的影响。确切说来,"黄老"是由汉人正式提出来的一个概念,汉人并由此上溯,用这一概念来区别和定义那些接近所谓黄老的先秦诸子。例如,在《史记·老子韩非列传》中司马迁说申不害、韩非之学皆"本于黄老",在《孟子荀卿列传》中说慎到、田骈、接子、环渊"皆学黄老、道德之术"。先秦文献没有出现"黄老"一词。从目前文献看,"黄老"最先见于《史记》,全书共出现了 16 次,另外"黄帝、老子"连言出现了 6 次。不过,据《史记》的叙述,"黄老"概念在司马迁之前已经出现,最早可能在高帝时期。《史记·曹相国世家》曰:

> 孝惠帝元年,除诸侯相国法,更以参为齐丞相。参之相齐,齐七十城。天下初定,悼惠王富于春秋,参尽召长老诸生,问所以安集百姓,如齐故诸儒以百数,言人人殊,参未知所定。闻胶西有盖公,善治黄老言,使人厚币请之。既见盖公,盖公为言治道贵清静而民自定,推此类具言之。参于是避正堂,舍盖公焉。其治要用黄老术,故相齐九年,齐国安集,大称贤相。

黄老在汉初形成思潮,曹参起了关键作用。"黄老"正式受到高层政治精英的重视始自曹参。曹参任齐相国、齐丞相九年,在这段时间里曹

参师事盖公,并"荐盖公言黄老"①。汉初黄老思潮即开始于此时。惠帝
二年(前193),萧何死,曹参代萧何为汉相国,他遂将黄老的"清静无为"
带入汉朝的政治中。曹参如何实践和推行黄老?《史记·曹相国列传》
有较为详细的记述,一曰:"参代何为汉相国,举事无所变更,一遵萧何约
束。"二曰:"惠帝怪相国不治事……(参曰)且高帝与萧何定天下,法令既
明,今陛下垂拱,参等守职,遵而勿失,不亦可乎?"最后,太史公评论道:
"参为汉相国,清静极言合道。然百姓离秦之酷后,参与休息无为,故天
下俱称其美矣。"经过曹参的示范和推广,黄老遂在帝国内部迅速蔓延开
来,形成了风气和思潮。曹参推行黄老政治的历史功绩,司马迁在《吕太
后本纪》中说:"孝惠皇帝、高后之时,黎民得离战国之苦,君臣俱欲休息
乎无为,故惠帝垂拱,高后女主称制,政不出房户,天下晏然。刑罚罕用,
罪人是希。民务稼穑,衣食滋殖。"

据《史记》《汉书》所记,盖公、曹参一系当是汉代黄老学的正宗。《史
记·乐毅列传》"太史公曰":"乐臣公学黄帝、老子,其本师号曰河上丈
人,不知其所出。河上丈人教安期生,安期生教毛翕公,毛翕公教乐瑕
公,乐瑕公教乐臣公,乐臣公教盖公。盖公教于齐高密、胶西,为曹相国
师。"曹参的老师为盖公,盖公的老师为乐臣公。乐臣公,《汉书·田叔
传》作"乐钜公"。乐臣公大概为乐毅的族孙辈,"赵且为秦所灭,亡之齐
高密",晚年他以高密为中心教授黄老,"显闻于齐,称贤师"②,盖公和田
叔是他的两个著名学生。

与曹参同时,另一位喜好黄老或道家的高官是陈平。曹参卒,陈平
为左丞相。《史记·陈丞相世家》"太史公曰":"陈丞相平少时,本好黄
帝、老子之术"。不过,陈、曹二人对待道家的态度不同,曹参诚信黄老,
亲自实践黄老"清静无为"的宗旨,而陈平则往往以阴谋术看待之,他后
来反省道:"我多阴谋,是道家之所禁。"陈平擅长阴谋之事,《史记·陈丞

---

① 《史记·太史公自序》。《隋书·经籍志》曰:"自黄帝以下,圣哲之士所言道者,传之其人,世
无师说。汉时,曹参始荐盖公能言黄老,文帝宗之。自是相传,道学众矣。"
② 《史记·乐毅列传》。

相世家》多有记载。善于伪装，是陈平的一大本领，例如，吕媭曾多次向吕后谗言陈平为相"非治事，日饮醇酒，戏妇女"，而他在听闻了吕媭的谗言之后便加倍饮酒、调戏妇女，"日益甚"，这样做的目的无非为了将自己伪装起来，更好地糊弄吕太后。又如，吕太后立诸吕为王，陈平都假装听从，点头称赞。但是等到吕太后一死，陈平立即与太尉周勃合谋，发动政变，诛杀诸吕，立代王刘恒为帝（刘恒谥号孝文皇帝）。

汉初黄老思潮的鼎盛时期是文景时期。文帝、景帝和窦太后是黄老学最为重要的支持者。《史记·礼书》曰："孝文即位，有司议欲定仪礼，孝文好道家之学，以为繁礼饰貌，无益于治，躬化谓何耳，故罢去之。"景帝更推进一步，"以《黄子》《老子》义体尤深，改子为经，始立道学，敕令朝野悉讽诵之"①。一者立《黄子》《老子》为"经"，由博士官所职，二者"敕令朝野悉讽诵之"，这两项措施、政令正式将黄老学推上了国家意识形态的宝座。在背后这可能有窦太后的支持。《史记·外戚世家》曰："窦太后好黄帝、老子言，帝及太子诸窦不得不读《黄帝》《老子》，尊其术。"窦太后不但自己喜好读《黄》《老》，而且是黄老最为坚定的支持者和保卫者。武帝好儒术，即位之初即起用儒士治国，窦太后则借故予以坚决反击。《史记·魏其武安侯列传》曰："太后好黄老之言，而魏其、武安、赵绾、王臧等务隆推儒术，贬道家言，是以窦太后滋不说魏其等。及建元二年，御史大夫赵绾请无奏事东宫。窦太后大怒，乃罢逐赵绾、王臧等，而免丞相、太尉……魏其、武安由此以侯家居。"此事亦见《史记·封禅书》《史记·儒林列传》。

在景武之间，在知识界，黄生（黄子）、司马炎、司马迁及《汉书·艺文志》所说传《老》经生傅氏、徐氏、邻氏都是黄老的支持者和传播者。黄生，即司马谈的老师"黄子"，司马谈"习道论于黄子"②。黄生曾还与辕固生在景帝面前辩论"汤武放杀"的问题③。黄生估计是景帝时期职掌《老子》的博士。黄生之后，《老子》有傅、徐、邻三家之传。景帝"始立道学，

①《法苑珠林》卷五五《破邪篇第六十二》引《吴书》。
②《史记·太史公自序》。
③《史记·儒林列传》。

敕令朝野悉讽诵之",就是通过他们来执行的。

2. "罢黜百家,表章《六经》"与黄老思潮的衰落

武帝即位之初即重用儒士,尽管招致窦太后的大力报复,但是当时窦太后年事已高,在朝廷中的黄老势力已处于强弩之末。建元六年(前135),武帝"置《五经》博士",同年窦太后驾崩,武帝即于次年(元光元年)"罢黜百家",起用田蚡为丞相,"绌黄老、刑名、百家之言,延文学儒者数百人"①。这一过程,班固概括为"罢黜百家,表章《六经》"②。由此,儒家登上了国家意识形态的宝座,而黄老则被罢黜下来。从此,黄老思潮衰落下来。赞成黄老的太史公司马谈遭到汉武帝的无情抛弃和羞辱,就是一个明显的例子。元封元年(前110),天子东巡封禅,司马谈"留滞周南,不得与从事",为此他在郁闷中死去。③

需要指出,"罢黜百家"并不是禁绝百家之学。实际上,黄老在民间和官场还相当有市场,汲黯就是一个著名例子。《史记·汲郑列传》曰:"黯学黄老之言,治官理民,好清静,择丞史而任之。其治,责大指而已,不苛小。黯多病,卧闺阁内不出。岁余,东海大治。称之。上闻,召以为主爵都尉,列于九卿。治务在无为而已,弘大体,不拘文法。"汲黯学黄老,善治,武帝"召以为主爵都尉",贵列九卿之位。

大概从西汉后期开始,黄老学在性质上发生转变,从政治哲学、君人南面之术逐渐转变为主要讲论以养生为中心的性命之学。这一转变,联系东汉来看就更为明显。

二、何谓黄老道家与帛书《经法》《十六经》《称》《道原》的主要思想

1. 何谓黄老道家及其要旨

"道家",是汉人提出的概念,或称"道论""道德""黄老"。据司马迁

---

① 《史记·儒林列传》。
② 《汉书·武帝纪赞》。
③ 《史记·太史公自序》。

和班固的论述,汉人大概有四种意义上的"道家",即言道德之意、言道德之用、黄老刑名和独任清虚四种道家,而"黄老"只是其中的一种。什么是黄老道家?《史》《汉》及汉人作了很多论述,其中王充作了定义式的概括。《论衡·自然》曰:

> 贤之纯者,黄老是也。黄者,黄帝也;老者,老子也。黄老之操,身中恬淡,其治无为,正身共(恭)已而阴阳自和,无心于为而物自化,无意于生而物自成。

王充所定义的黄老道家在思想内涵上包括"身中恬淡"和"其治无为"两个方面,前者从主观修养来说,后者从治术来说。"身中恬淡"是体,"其治无为"是用。对于王充来说,二者既有紧密的联系又有明确的分别。而汉初的黄老哲学却没有明确作出这种区分,一般是从治术的角度来看待"清静""无为"的。如《史记·曹相国世家》曰"盖公为言治道贵清静而民自定",《汲郑列传》曰"黯学黄老之言,治官理民好清静,责丞史而任之……治务在无为而已",东汉的应劭以"其治尚清净无为"[1]来描述文帝之治。王充将黄老"清静无为"的宗旨从治术分别为"身中恬淡"和"其治无为"两个方面,其实这是黄老思潮在其历史运动中发生裂变和深化的反映。而变化的根源其实已经包含在汉初黄老思想的体系中了。

关于"道家",司马谈在《论六家要旨》中说:

> 道家无为,又曰无不为。其实易行,其辞难知。其术以虚无为本,以因循为用。无成势,无常形,故能究万物之情。不为物先,不为物后,故能为万物主。有法无法,因时为业;有度无度,因物与合。故曰:"圣人不朽,时变是守。"虚者道之常也,因者君之纲也。群臣并至,使各自明也。其实中其声者谓之端,实不中其声者谓之窾。窾言不听,奸乃不生,贤不肖自分,白黑乃形。在所欲用耳,何事不成?乃合大道,混混冥冥。光耀天下,复反无名。凡人所生者神也,

---

[1]《风俗通义·孝文帝》。

所讬(托)者形也。神大(太)用则竭,形大(太)劳则敝,形神离则死。死者不可复生,离者不可复反,故圣人重之。由是观之,神者生之本也,形者生之具也。不先定其神形,而曰"我有以治天下",何由哉?

《论六家要旨》是一篇重要的学术史著作。在阴阳、儒、墨、名、法和道德六家中,司马谈最推崇"道家"。《论六家要旨》即曰:"道家使人精神专一,动合无形,赡足万物。其为术也,因阴阳之大顺,采儒墨之善,撮名法之要,与时迁移,应物变化,立俗施事,无所不宜,指约而易操,事少而功多。"在司马谈看来,"道家"的要旨包括三点,分别为道家的宗旨、方法论和形神问题。宗旨为"道家无为,又曰无不为",方法论为"其术以虚无为本,以因循为用"。当然,它的方法论是围绕统治术展开的。"虚无"是从"认识心"而言,是对于"成心""成见"的消解;而"因循"是从客观立场来说的,是对于时势和外在事物的尊重。"虚"和"因"都是为了让人君更好地把握治理之"道"和统治之"道",《论六家要旨》曰:"虚者,道之常也;因者,君之纲也。"由此,道家进一步展开为御臣之术的形名学。道家所说的形神问题主要是就人主的生命及其健康状态来说的,"神者生之本也,形者生之具也"。形神问题为何如此重要?因为身体是人主治理天下的前提,只有"先定其形神"才能谈上"治天下"的问题。总之,司马谈所归纳的道家要旨都是从政治哲学来说的。不过,他所说的"道家"其实主要指汉初的黄老道家,他所概括的道家要旨正是指黄老道家的思想要点。

随着政治上的失宠,从意识形态的宝座上跌落下来,黄老学从西汉中期即开始了自身主题的变化,尽管这一变化是缓慢的。而重视养生和批判名教的黄老学,正是从汉初黄老学的一个重要主题——形神问题开始酝酿,并借助庄学推展开来的。

2. 帛书《经法》《十六经》《称》《道原》四篇的主要思想

马王堆汉墓帛书有《老子》甲本及其卷后古佚书,有《老子》乙本及其卷前古佚书。前者抄写于高帝时期,后者抄写于文帝时期。前者均无篇题,后者均有篇题。《老子》乙本卷前古佚书包括《经法》《十六经》《称》《道原》四篇,当今学者或称《黄帝四经》。其中,《经法》包括《道法》《国次》《君正》《六分》《四度》《论》《亡论》《论约》《名理》九篇,《十六经》包括《立命》《观》《五正》《果童》《正乱》《姓争》《雌雄节》《兵容》《成法》《三禁》《本伐》《前道》《行守》《顺道》十四篇半。这四篇帛书,唐兰最先判断为《汉书·艺文志》所说《黄帝四经》,并认为它们写作于公元前 400 年前后。[①] 此后,以唐说为基础,学界对于《经法》四篇与《汉志》所说《黄帝四经》的关系及其写作时代展开了讨论,大体上可以分为两派,一派学者赞成并进一步论证了唐兰的观点,另一派学者则否定唐兰的意见。笔者认为,将帛书《经法》四篇的写作时代放在战国晚期比较恰当,因为一者,《经法》四篇的思想成分从来源看比较复杂,它们以法家、阴阳家、形名学、墨家等多家思想的出现为前提;二者,据《史记·乐毅列传》所说,黄老比较可靠的传承线索起源于战国晚期的乐瑕公和乐臣公;三者,唐兰的论证有缺陷,他用以证明《经法》四篇早出的传世文献一般在战国晚期以后。至于《经法》四篇是否为《汉志》所说《黄帝四经》,这是另外一个问题,容许再讨论。

帛书《经法》四篇流行于汉初,受到人们的高度重视。这不但可以用帛书抄本本身来作证明,而且可以通过西汉文献的引用来证明之。例一,《十六经·观》曰:“圣人不巧,时反是守。”司马谈《论六家要旨》曰:“故曰:‘圣人不朽,时变是守。’”例二,《十六经·观》《兵容》曰:“当断不断,反受其乱。”《史记·齐悼惠王世家》曰:“(勃既将兵,使围相府。召平曰:)嗟乎! 道家之言‘当断不断,反受其乱’,乃是也。遂自杀。”《史记·春申君列传》“太史公曰”:“语曰:‘当断不断,反受其乱。’春申君失朱英之谓邪?”例三,《史记·陈丞相世家》曰:“(陈平曰)我多阴谋,是道家之所禁。”道家禁止阴谋的说法,这恰好在帛书《十六经》中有直接的反映。

---

① 唐兰:《马王堆出土〈老子〉乙本卷前古佚书的研究——兼论其与汉初儒法斗争的关系》,马王堆汉墓帛书整理小组编:《马王堆汉墓帛书〈经法〉》,第 150、154 页,北京,文物出版社,1976。唐文原载《考古学报》1975 年第 1 期。

《行守》曰："阴谋不祥。"《顺道》曰："不阴谋。"确实,帛书《经法》四篇流行于汉初,在当时发生了巨大的政治指导作用,它们是汉初黄老思潮的重要文本依据。

帛书《经法》《十六经》《称》《道原》四篇的思想是什么？今天看来,这是理解汉初黄老思想需要回答的问题。

首先,"道"是帛书《经法》四篇的最高概念。什么是"道"？在《经法》四篇中,"道"既是天地万物得以生成的终极本根,又是人君、圣人应当遵循的基本政治原理,它是生成自然世界和人事世界的总根源和总根据。帛书《道原》是一篇专论"道"的文章,具有总括性质。这篇帛书从体用两个方面对"道"作了论述,其体"虚无""恒一"和"无形无名",其用"万物得之以生,百事得之以成"。《道原》曰："一者其号也,虚其舍也,无为其素也,和其用也。"在帛书中,"一""虚""无为"和"和",是"道"的四大特性。这四大特性在《经法》《十六经》和《称》三篇中都有直接的反映。不过,《十六经·成法》有一段话值得注意,曰："黄帝曰：请问天下犹有一乎？力黑曰：然。昔者皇天使冯(风)下道一言而止。"这是将"道"放在神性的"皇天"之下,与老庄的说法颇不相同。[①] 这种说法应当来自黄学。

帛书认为,人主治理国家或圣人治理天下,都应当以"一""虚""无为""和"为基本原则。从逻辑上来说,"虚静"乃"道之舍",最为重要；"舍"者,居所也。"无为"乃"道之素",其次重要；"素"者,素朴。"无为"是"为"的依据和原理,而"无不为"乃"无为"通过"为"推至其极的政治效果。"和"乃"道之用",其重要性又居其次。从政治来说,"和"指君民、君臣和臣民之统治与被统治的和谐,是人与其自身、他人以及人与自然世界的和谐。"和"既是原理又是目的,良善的政治关系和效果以"和"为构成性原则。"和"是判断国家和天下之"治""乱"的准则,和则治,不和则乱。在一定意义上来说,帛书《经法》四篇更重视"乱",或者说正是通过

---

① 通行本《老子》第四章曰："吾不知谁之子？象帝之先。"《庄子·大宗师》曰："神鬼神帝,生天生地。"

对"乱"的重视来看重所谓"治"的。"乱"在帛书中出现了 40 多次,而"治"字的出现频率虽然高达 18 次,但是其中的大多数作动词用。在黄老看来,防止乱象和治理混乱,这本身即是通向"治"与"和"的政治目的。最后看"一","一"乃数之始;从"数"的哲学观念看,"一"即表示"道";但在黄老的思想体系中,"一"毕竟是一种认识和把握"道"的方法论原则。通过与"多"的相对,"一"("少")可以进一步上升为黄老学的方法论原则,《道原》即曰:"得道之本,握少以知多;得事之要,操正以正奇。"《十六经·成法》一曰"循名复一",二曰"握一以知多",三曰"抱凡守一"。"守一""握一"和"复一"就是人君得道的方法论。而通过对"虚静""无为""和""一"四个概念的阐释和推广,帛书《道原》及其他三篇帛书建立了颇为复杂的黄老学思想体系。

其次,帛书通过"虚静"开显了"形名"(或"名理")在政治中的意义,或者说在"虚静"的关照下,形名之学(名理)被黄老涵摄进来,进而丰富和深化了自己的思想。《经法·名理》曰:"故唯执道者能虚静公正,乃见〔正道〕,乃得名理之诚。"《经法·道法》曰:"见知之道,唯虚无有;虚无有,秋毫成之,必有形名;形名立,则黑白之分已。""形名"或写作"刑名",是人君颇为重要的南面之术,是君对臣、上对下的统治(管理)手段和政治技术。形名之道在帛书《经法》《十六经》《称》三篇中占有重要地位。与此相应,帛书很重视"因"的概念。"因"字在《经法》四篇中出现了 28 次(包括两处阙文)。如《经法·君正》曰:"因天之生也以养生,谓之文;因天之杀也以伐死,谓之武;〔文〕武并行,则天下从矣。"《经法·四度》曰:"〔故因阳伐死,因阴〕建生。"又曰:"因天时,伐天毁,谓之武。"《十六经·观》曰:"今始判为两,分为阴阳,离为四〔时,刚柔相成,万物乃生,德虐之行〕,因以为常。"又曰:"弗因则不成,〔弗〕养则不生。"与此相对,"无为"一词在帛书中仅出现了 3 次,而"自然"一词连 1 次都没有出现过。这种现象恰与《论六家要旨》所说"虚者道之常也,因者君之纲也"相应,证明了汉初黄老之学具有自己的思想侧重点,突出了"因"这一概念。"因"即"因循""顺因",是黄老学极其重要的一种方法论,它连接着"人君"与"天道"：人君只有通过"因"的方法，"天道"才能如实地进入他的心中及其政治实践中。

又其次，帛书从气论的角度论述了宇宙生成论，重视"天地""阴阳"等概念。"天地""阴阳"一方面是万物生成的来源和客观法则（"天道"），另一方面又是人君、圣人治理天下的当然依据。《十六经·观》曰："黄帝曰：群群（混混）〔沌沌，窈窈冥冥〕，为一囷。无晦无明，未有阴阳。阴阳未定，吾未有以名。今始判为两，分为阴阳，离为四〔时〕，〔刚柔相成，万物乃生。德虐之行〕，因以为常。""两"即两仪，有对待之义，在帛书中可以具体指"天地"。《十六经》在此叙述了整个自然世界的生成，认为自然世界起源于一团混沌，最后生成万物。其具体过程是这样的：混沌→两（天地）→阴阳→四时→刚柔→万物。而"万物"包括"人"和"物"。"人"虽出于自然生成，但是一进入人为即产生了治乱问题，或者说治乱来源于人为。因此解决人事世界的治乱问题乃是诸子思想的出发点，而黄老道家特从政治或者从治道的角度面对这一问题。毫无疑问，黄老道家的宇宙生成论受到了阴阳家的深刻影响。所谓"阴阳"，指阴阳之气。"阴阳"在四时八节十二度的消息、赢缩运动，及其德虐（德刑）循环的天政，这是阴阳家关注的重点，而帛书《经法》《十六经》《称》三篇即充分吸收和利用了这一理论（阴阳刑德论）。

在黄老思想中，"天地"是根源性原则，而"天道"则是客观法则。"天地"的根源性通过"天道"的客观性而赋予万物，并由此主宰万物。在此认识的基础上，黄老还特别强调"人事"应当遵从"天道""天地"的原则，或者说"人事"的合理性源于"天地""天道"。黄老帛书一般以"恒常"概念概括客观法则的本质特性，且人为这一概念贯通于天人两界。《经法·道法》曰："天地有恒常，万民有恒事，贵贱有恒位，畜臣有恒道，使民有恒度。天地之恒常，四时、晦明、生杀、柔刚。万民之恒事，男农、女工。贵贱之恒位，贤不肖不相放（并）。畜臣之恒道，任能毋过其所长。使民之恒度，去私而立公。""恒"即是"道"的本质特性；对于黄老来说，把握了"恒"即是把握了"道"。《十六经·果童》曰："夫天有〔恒〕干，地有恒常。

合〔此干〕常,是以有晦有明,有阴有阳。夫地有山有泽,有黑有白,有美有恶。地俗(育)德以静,而天正名以作。静作相养,德虐相成。两若有名,相与则成。阴阳备物,化变乃生。"干",即躯体之义。《果童》不但认为"天有恒干,地有恒常",而且晦明、阴阳、静作、德虐都是"合此干常"的结果。从形上到形下,黄老的世界是"天地"生成和"天道"流行的世界。总之,黄老以"天地"为根源原则,以"天道"为客观规律,而以"阴阳"为运动(流行)原理。通过消息运动,阴阳原理继而表现为主宰万物生死的德虐原则。阳德阴虐本是阴阳家的思想,而黄老作了继承,并大量运用于帛书《经法》四篇中。

进一步,"天地""天道""阴阳""德虐"的原则如何被人君认识和把握呢?帛书认为要"顺",要"因",要"文武并行"。《经法·论》曰:"顺四〔时之度〕而民不〔有〕疾。"《十六经·观》曰:"夫并(秉)时以养民功,先德后刑,顺于天。"《十六经·姓争》曰:"顺天者昌,逆天者亡。"这是讲"顺"。《经法·四度》曰:"〔故因阳伐死,因阴〕建生。"《十六经·观》曰:"弗因则不成,〔弗〕养则不生。"《十六经·兵容》曰:"因天时,与之皆断;当断不断,反受其乱。"这是讲"因"。《经法·君正》曰:"因天之生也以养生,谓之文;因天之杀也以伐死,谓之武;〔文〕武并行,则天下从矣。"《经法·四度》曰:"文武并立(莅),命之曰上同。"这是讲"文武"。不过,"文武"之说并不见于帛书《十六经》《称》《道原》三篇,这是值得注意的。此外,"时"是黄老帛书的重要概念。《道法·君正》曰:"〔省〕苛事,节赋敛,毋夺民时,治之安。"《十六经·兵容》曰:"圣人之功,时为之庸(用)。"《十六经·观》曰:"圣人不巧,时反是守。"把握"时"(包括四时之度和时机两个方面),对于黄老道家说颇为重要。

最后,帛书《经法》《十六经》《称》三篇提出了许多重要命题和观念,值得重视。例如,《经法·道法》说"道生法",《经法·明理》说"道者,神明之原",《十六经·五正》《姓争》说"夫作争者凶,不争〔者〕亦无成功",《十六经·行守》说"阴谋不祥"、《顺道》说"不阴谋"等。鉴于这些命题容易为人所注意,及学界有较多的论述,本文就不再在此展开论述了。

需要再加注意的是，一者，帛书《经法》四篇没有出现"自然"一词。这与《老》《庄》颇不相同。帛书为什么没有出现"自然"一词？这是一个值得探讨的问题。这个问题可能与黄老特别强调以人君、圣人之治，即从上到下的统治有关。而且，在《老子》中，"自然"是从"民""百姓"的角度来说的；而黄老更加关注人君对于宇宙原理的把握及对臣下的操控和统治。二者，帛书《经法》四篇没有出现"精神"一词，没有谈及形神问题。从司马谈的《论六家要旨》来看，在道家主题上出现了缺位。形神应当是黄老道家关注的一个重要问题，尤其是在古代医药、医疗水平很差的情况下。反思之，很可能帛书《经法》四篇并非汉初黄老基本著作的全部，还有一些重要论著应当在《老子》和这四篇帛书之外。

第四章　董仲舒的天人感应哲学

董仲舒生当文景之世和武帝继位改革时期，面临秦汉历史剧变之后过渡期的政治社会文化问题，综合吸收和转换先秦、汉初及同时代人的思想资源和实践经验，建构了体大思精的新儒学思想体系，为他所处时代的汉王朝政治社会改革和文化规范发展立法。董仲舒新儒学思想体系之确立，正是中国古代之学术思想和政治路线转向之时。"董仲舒之主张行，而子学时代终，董仲舒之学说立，而经学时代始。"①冯友兰认为自孔子至淮南王为子学时代，自董仲舒至康有为则经学时代，其分界即为董仲舒新儒学之建立，可见董仲舒新儒学思想体系地位之重要。

第一节　早期公羊学与董仲舒的发展

一、早期公羊学

《春秋公羊传》儒家十三经之一，主要挖掘六经之一《春秋》的微言大义、诠释《春秋》的思想内涵为主的儒家六经之传。而《春秋》被认为是孔子晚年所作。孔子以春秋时代鲁国的史书为立足点，以编年体的形式简

---

① 参阅冯友兰《中国哲学史》（上册），第 25、79 页，上海，华东师范大学出版社，2000。

略记载从鲁隐公元年(前 722)至鲁哀公十四年(前 481)共 242 年间的周王朝及诸侯国的大事,记载非常简略,但每一个字的使用都有特殊寓意,富含"一字褒贬"手法,寄托了孔子对历史人物事件的看法和政治社会理想,而孔子另外口授弟子《春秋》大义,孔子弟子记下的对《春秋》本经的孔子口传诠释称"传",经不同的孔子弟子传承并由历代后学不断丰富、深化,形成不同的《春秋》之传。到汉代,经典复出,《春秋》之传流传到汉代,据班固《汉书·艺文志》记载有《左氏传》《公羊传》《穀梁传》《邹氏传》《夹氏传》等五种,《公羊传》《穀梁传》汉初由口传而著于竹帛,立为官学,《左传》由张苍献出,经刘歆提倡而在东汉开始成为显学,后两传东汉时失传。而《公羊传》因为景帝时所立《春秋》学博士董仲舒的诠释、公孙弘的闻达和汉武帝的提倡,成为汉代政治话语的主要经典依据。

据《春秋公羊传注疏》徐彦序所引东汉初年戴宏《春秋说序》,《公羊传》由孔子口授子夏,子夏口授公羊高,然后在公羊家族父子相传(公羊高—公羊平—公羊地—公羊敢—公羊寿),汉景帝初年,公羊寿与其弟子胡毋子都一道,将这一传承脉系的《春秋》之传著于竹帛,以传经家族公羊氏之名命名为《春秋公羊传》,形成完整的文字著作。

在《春秋公羊传》这一传承系统诠释孔子《春秋》微言大义的思想体系,称为"公羊学",《春秋公羊传》是口授时代公羊学的集大成之作。据《春秋公羊传》明确记载,至少有子公羊子、子沈子、子司马子、子女子、子北宫子、鲁子、高子等阐发《春秋》微言大义,这七子加上子夏、公羊氏五代专人和胡毋子都,是口传时代公羊学的主要代表人物。

西汉初期统治者对《公羊传》和公羊学推崇备至。景帝初年《公羊传》甫一写定,景帝就立公羊寿的两位得意弟子胡毋子都和董仲舒为博士。董仲舒"天人三策"以公羊传为主要经典依据,提出"更化改制""太学养士""五常教化""不与民争利""表章《六经》"等建议,为汉武帝采纳推行。董仲舒在汉武帝即位后成为帝师角色,也经常接受武帝问对,开创以公羊学微言大义断案的"春秋决议"儒家法律传统。"仲舒在家,朝廷如有大议,使使者及廷尉张汤就其家而问之,其对皆有明法。"(《汉书·董仲舒传》)胡毋子都的弟子公孙弘因学习《公羊传》而布衣征为博士,擢升丞相,封平津侯。武帝诏太子受《公羊传》:"武帝尊公羊家,诏太子受《公羊春秋》,由是《公羊》大兴,太子既通,复私问《穀梁》而善之,有诏诏太子受《公羊》,不得受《公羊穀梁》。"(《汉书·儒林传》)董仲舒的弟子吕步舒曾依经义治狱:"上思仲舒前言,使仲舒弟子吕步舒持斧钺治淮南狱,以《春秋》谊颛断于外,不请。既还奏事,上皆是之。"(《汉书·五行志》)汉昭帝时,董仲舒再传弟子眭孟曾冒死以《春秋》大义诠释灾异,要求昭帝退位禅让皇位。

二、董仲舒著述及其对公羊学的发展

董仲舒的著述,主要依据孔子言论和儒家经典,而以《春秋》义法阐发和春秋决狱为多。《史记·儒林列传》:"故汉兴至于五世之间,唯董仲舒名为明于春秋,其传公羊氏也。"[1]《汉书·五行志》:"昔殷道弛,文王演《周易》;周道弊,孔子作《春秋》。则乾坤之阴阳,效《洪范》之咎征,天人之道,粲然著矣。汉兴,承秦灭学之后,景武之世,董仲舒治公羊春秋,始推阴阳,为儒者宗。"[2]明其有汉以来《春秋》公羊学家之魁首,且以阴阳五行学说为主要论述模式,其建立新儒学体系为后世立法的功绩,在班固看来可比肩于文王演《周易》、孔子作《春秋》。《史记·太史公自序》大段引述董仲舒言论,阐发孔子作《春秋》的原因及其《春秋》大旨[3]。《汉书·董仲舒传》载有"天人三策"全文,并记:"仲舒在家,朝廷如有大议,使使者及廷尉张就其家而问之,其对皆有明法。自武帝初立,魏其、武安侯为相而隆儒矣。及仲舒对册,推明孔氏,抑黜百家。立学校之官,州郡举茂材孝廉,皆自仲舒发之。……仲舒所著,皆明经术之意,及上疏条教,凡百二十三篇。而说《春秋》事得失,《闻举》《玉杯》《蕃露》《清明》《竹林》之

---

① 《史记》,第 3127—3128 页。
② 《汉书》,第 1317 页。
③ 《史记》,第 3296—3297 页。

属,复数十篇,十余万言,皆传于后世。掇其切当世施朝廷者著于篇。"①汉初儒学复兴运动中,董仲舒上疏或应对都以孔子言论和儒家经典为根据,天人三策中的建议被武帝定为国策,从而实现"推明孔氏、抑黜百家"。《春秋》义法阐发是他著述的主流。《汉书·艺文志》在《六艺略》"春秋"下列有"《公羊董仲舒治狱》十六篇"②在《诸子略》"儒家"下列有"《董仲舒》百二十三篇"③。而《汉书》还散录董仲舒著述文字,如《五行志》载其"庙殿火灾对"及论灾异七十七事④,《食货志》载乞种麦、限田章⑤,《匈奴传》赞御匈奴⑥。《后汉书·应劭传》:"故胶西相董仲舒老病致仕,朝廷每有政议,数遣廷尉张汤亲至陋巷,问其得失,于是作《春秋决狱》二百三十二事,动以经对,言之详矣。"⑦以春秋义法用于决狱,是董仲舒"通经致用"的重要政治实践。《隋书·经籍志》在经部春秋类中载:"《春秋繁露》十七卷(汉胶西相董仲舒撰),《春秋决事》十卷(董仲舒撰)。"⑧这是现在看到的董仲舒行世著作集《春秋繁露》十七卷最早的正史记载。而《春秋繁露》最早出现的记录是南朝梁阮孝绪之《七录》和刘昭《〈后汉书·礼仪志〉注补》,流传至今的《春秋繁露》大体可视为董仲舒著作大部分亡佚之后流散作品辑佚之合集,成书于南北朝。《四部丛刊》所收之《古文苑》,辑有董仲舒另外流传下来的诗文四篇:《士不遇赋》《诣丞相公孙弘记室书》《郊祀对》《雨雹对》。《全上古三代秦汉三国六朝文》之《全汉文》卷二十三辑录不少董仲舒文章,北京师范大学图书馆馆藏《玉函山房辑佚书》辑录董仲舒的《春秋决事》,《汉学堂丛书》辑录了《董仲舒公羊治狱》。

① 《汉书》,第 2525—2526 页。
② 同上书,第 1714 页。
③ 同上书,第 1727 页。
④ 同上书,第 1315—1523 页。
⑤ 同上书,第 1139 页。
⑥ 同上书,第 3831—3832 页。
⑦ 《后汉书》,第 1612 页。
⑧ 《隋书》,第 930 页。

　　《春秋繁露》作为董仲舒的代表性著作，以发明春秋公羊微言大义、君王之道、天道性命、阴阳五行、礼法制度等思想为主。关于该书是否为伪作，南宋时曾多有怀疑，后经清代学者楼大防、胡仲方考证和校雠，确信基本是董仲舒所作。《四库全书总目提要》据此认为："今观其文，虽未必全出于仲舒，然中多根极理要之言，非后人所能托也。"①是书计十七卷，篇目八十三，其中阙第三十九、四十、五十四等三篇。美国学者桂卓思根据各篇内容不同，把七十九篇之内容重新分类（细分到各段落），共分解经篇（1—6、7—17、23—37）、黄老篇（18—22）、阴阳篇（41、43—57、79—82）、五行篇（38、42、58—64）、礼制篇（65—76）等五部分。② 解经篇以儒家立场围绕《春秋》及公羊传为主要解读对象，阐发孔子寓于《春秋》的微言大义，构筑儒家价值体系。其中第二十三篇《三代改制质文》，吸收转化了邹衍的五德终始说。黄老篇关注君主统治术，融合了道家、墨家、名家及法家的观点，认为"老子的无为而治原则，申不害的名实理论、韩非的公平赏罚观、墨子的尚贤主张及管子的内修技巧都是实施统治的必要手段。"③阴阳篇认为统治者和人间秩序与阴阳四时之间存在着宇宙论的关联性，主张阴阳互补，阳尊阴卑，天人感应，从而推导出德主刑辅。五行篇多借鉴《尚书·洪范》《礼记·王制》《吕氏春秋·月令》的内容，与阴阳思想相配合，就如《汉书·五行志》解释灾异思想，试图建立统治者行为与天意之间的作用机制，来教育和规范统治者的政治行为和修养德行。礼制篇探讨并发展《春秋》所载的各种礼制，如郊祭、觐见、庙祭、雩祭等祭祀礼仪，说明这些礼制的社会政治涵义、具体程序以及背后的天人关系。

---

① 苏舆撰，钟哲点校：《春秋繁露义证》，第504页，北京，中华书局，1992。
② 桂思卓：《从编年史到经典——董仲舒的春秋阐释学》，第86页，北京，中国政法大学出版社，2010。
③ 同上书，第97—98页。

第二节　宇宙论及"天人相与"的思想体系

董仲舒承接《易经》的思想,吸纳先秦阴阳、五行诸家的学说,进一步拓展与建构儒家的宇宙论,使孔孟原创儒学从心性开出的价值信念获得存在论的支撑。

一、董仲舒对古代阴阳、五行观念的吸收和发展

宇宙论在董仲舒之前早已有之。冯达文认为,中国古典宇宙论,是以阴阳四时五行说为框架,描述天地万物,乃至人类社会演化的过程与规则,借揭示宇宙的终极本源及其化生过程,来为人类现时的生存与交往方式提供正当性说明或做出反省的一种哲学理论。[①] 古代最原始的宇宙论,是"天生烝民"(《诗经·大雅·烝民》)、"惟天地,万物之母"(《尚书·泰誓》)关于"天(上帝)""天地"创生万物的思想。而第一个建立其宇宙论体系的,据冯达文研究,是老子。[②]"道生一、一生二、二生三、三生万物,万物负阴而抱阳,冲气以为和。"(《老子·四十二章》)"天下万物生于有,有生于无。"(《老子·四十章》)"一生二"可能是浑然一体之道分化为阴阳二气,"二生三"可能是阴阳和合而生"和气",万物都是阴、阳、和三气交合变化产生的。最早引入阴阳概念的是西周末年之伯阳父,把地震的原因归结为"阳伏而不能出,阴迫而不能蒸。"(《国语·周语》)最早出现五行观念的是《尚书·洪范》。而把阴阳、五行、四时等观念结合在一起的,有《太一生水》《管子》(《四时》《五行》《内业》)和《礼记·月令》等文献,其宇宙论思想以阴阳为基础,由阴阳引出四时(少阳、太阳、少阴、太阴),再由四时摄合五行,又以五行统摄万物,并开始为现实政治的运作与社会日常生活的秩序提供正当性依据。自《易传》出,儒家吸收宇宙论思想真正有属于自己的系统的宇宙论。"《易》有太极、是生两仪、两仪

---

①② 冯达文:《中国古典哲学略论》,第 53 页,广州,广东人民出版社,2009。

生四象,四象生八卦,八卦定吉凶,吉凶生大业。""一阴一阳之谓道。"(《易传·系辞上》)易传以阴阳二气交变而生化万物的宇宙论中,还没有五行观念,并缺乏严密的演绎和逻辑,秦汉之际《吕氏春秋》与《淮南子》也有类似观念,直到西汉董仲舒出,才建构了儒家成熟的宇宙论。

董仲舒的宇宙论吸收前人成果,将阴阳、四时、五行同时纳入参合交变的宇宙万物生化过程:

> 天地之气,合而为一,分为阴阳,判为四时,列为五行。行者行也,其行不同,固谓之五行。五行者,五官也,比相生而间相胜也。①

天地之气,即为阴阳二气,阳盛阴息则为夏,主长,阴盛阳衰则为冬,主藏,阴阳交会则为春秋,主生与收。春夏秋冬与东南西北方位对应,而五行与主理东南中西北五方:

> 五行之随,各如其序,五行之官,各致其能。是故木居东方而主春气,火居南方而主夏气,金居西方而主秋气,水居北方而主冬气。是故木主生而金主杀,火主暑而谁主寒。使人必以其序,官人必比其能,天之数也。土居中央为之天润。土者,天股肱也。其德茂美,不可名以一时之事,故五行而四时者,土兼之也。②

阴阳四时五行与宇宙万物的各种暖寒、生杀、善恶、美丑、祸福等紧密相关,其作用机制乃为同类相互感应。"百物去其所与异,而从其所与同。故气同则会,声比则应,其验皦然也。""美事招美类,恶事招恶类,类之相应而起也。"③不仅自然无情之物,人事也不例外。"天有阴阳,人亦有阴阳。天地之阴气应之而起;人之阴气起,天地之阴气亦宜应之而起,其道一也。""帝王之将兴也,其美祥亦先见,其将亡也,妖孽亦先见,物故以类相召也,故以龙致雨,以扇逐暑,军之所处,以棘楚,美恶皆有从来以

---

① 《春秋繁露·五行相生》。
② 《春秋繁露·五行之义》。
③ 《春秋繁露·同类相动》。

为命,莫知其处所。"①"类"的感通性和应动性,遍布宇宙天人每个方面,因而有天人感应、美祥妖孽。

二、董仲舒的宇宙论建构

董仲舒宇宙论建构的最高概念是"天","天"是万物化生的本源与依据,无所不为,无所不能:

> 臣闻天者群物之祖也,故遍覆包涵而无所殊,建日月风雨以和之,经阴阳寒暑以成之。②

> 天地者,万物之本,先祖之所出也。广大无极,其德昭明,历年众多,永永无疆。③

因此,天是董仲舒哲学中万事万物最高阶的根据:"天者,百神之大君也。事天下备,虽百神尤无益也。"④但董仲舒的天,不是西方宗教中的创物主或别的神学体系,而是把"天"的化生功能与规则即"天之道"视作为阴阳、四时、五行的交变规则时,仅仅是思辨而又形象地抽象出事物发展变化的形而上学根据,以最高概念"天"来总括之,而以"天地之气"—"阴阳"—"四时"—"五行"—"万物"这样一个过程方便地说明宇宙生化历程。

阴阳、四时和五行,是董仲舒宇宙论建构的核心概念。董仲舒认为,"天道之大者,在阴阳"⑤,"天地之常,一阴一阳"⑥,认为阴阳是宇宙生化的起始与基源。阴阳交变而有"四时":"阳气始出东北而南行,就其位也;西转而北入,藏其休也。阴气始出东南而北行,亦就其位也;西转而南入,屏其伏也。是故阳以南方为位,以北方为休;阴以北方为位,以南

---

① 《春秋繁露·同类相动》。
② 《汉书·董仲舒传》。
③ 《春秋繁露·观德》。
④ 《春秋繁露·郊语》。
⑤ 《汉书·董仲舒传》。
⑥ 《春秋繁露·阴阳义》。

方为休。阳至其位而大暑热,阴至其位而大寒冻。"①"时"是古代农业社会最重要的生产观念,也是儒家哲学中的核心概念,孟子称孔子为"时之圣者","中庸"的核心义即为"时中",董仲舒把"四时"与阴阳交替和五行、方位生成对应结合起来,宇宙时空与运动动力有了完整自洽的说明,生成的是当时的中国知识系统中特有的意义世界和秩序观念:

> 天有五行:一曰木,二曰火,三曰土,四曰金,五曰水。木,五行之始也;水,五行之终也;土,五行之中也。此其天次之序也。②

> 木居东方而主春气,火居南方而主夏气,金居西方而主秋气,水居北方而主冬气。是故木主生而金主杀,火主暑而水主寒。使人必以其序,官人必以其能,天之数也。③

董仲舒的这一宇宙秩序,运动的作用机制是五行阴阳合力作用于四时和以类相动的感应机制:

> 如金木水火各奉其所主,以从阴阳,相与一力而并功,其实非独阴阳也。然阴阳因之以起,助其所生。故少阳因木而起,助春之生也。太阳因火而起,助夏之养也。少阴因金而起,助秋之成也。太阴因北而起,助冬之藏也。④

> 今平地注水,去燥就湿;均薪施火,去湿就燥。百物去其所与异,而从其所与同。故气同则会,声比则应。其验皦然也。试调琴瑟而错之,鼓其宫则他宫应之,鼓其商则他商应之,五音比而自鸣,非有神,其数然也。美事召美类,恶事召恶类,类之相应而起也。⑤

董仲舒建构的宇宙论中,宇宙万物的发生、发展及其联系与差别,是在时间与空间上的关联与差别造成的,都与阴阳、四时、五行的交合变化

---

① 《春秋繁露·阴阳位》。
②③ 《春秋繁露·五行之义》。
④ 《春秋繁露·天辨在人》。
⑤ 《春秋繁露·同类相动》。

状况密切相关。董仲舒"推物之类,以易见难"①依阴阳、四时、五行的交变状况对事物作"类"的同异判分,在时间与空间上的一种生存处境上的关联再次抽象与划分,转化为"类"的通感性。在"以类相动"原理基础上,董仲舒提出"人副天数"的命题,进而把人的意志和实践与天意对应起来,推衍为"天人感应"的理论。

三、天谴说与天命观

董仲舒天谴说就建立在"天人感应"的天命论之上。他在《天人三策》中提出这一理论:

> 臣谨案《春秋》之中,视前世已行之事,以观天人相与之际,甚可畏也。国家将有失道之败,而天乃先出灾害以谴告之,不知自省,又出怪异以警惧之,尚不知变,而伤败乃至。以此见天心之仁爱人君而欲止其乱也。自非大亡道之世者,天尽欲扶持而全安之,事在强勉而已矣。②

因为天对人事、人事对天互相之间有"类"感应能力,所以天一方面成为人事的镜子和晴雨表,能够反映一个国家及其统治者的政治道德合理性;另一方面,天又成为有意志、行奖惩的天意、天命。国家失道,则以灾异谴告;国家有道,则天降祥瑞表彰。"天下之人同心归之,若归父母,故天瑞应诚而至。"③天降祥瑞被视为王者受命之符,王者据此被认为拥有了政治统治正当性。

有了这样可以解释宇宙万物发生以及作用机制的精细大全的宇宙论,董仲舒建立其人性论和政治哲学便有了根本性的前提,一切人间秩序的建构因此顺理成章。

对于古代尧舜禅让、汤武革命等天命继移方式的解释,董仲舒继承

---

①《春秋繁露·天地阴阳》。
②《汉书》,第 2498 页。
③ 同上书,第 2500 页。

了儒家革命论。关于尧舜禅让问题,董仲舒认为天命是"天予之":

> 尧舜何缘而得擅移天下哉?孝经之语曰:"事父孝,故事天明。"事天与父同礼也。今父有以重予子,子不敢擅予他人,人心皆然;则王者亦天之子也,天以天下予尧舜,尧舜受命于天而王天下,犹子安敢擅以所重受于天者予他人也,天有不予尧舜渐夺之故,明为子道,则尧舜之不私传天下而擅移位也,无所疑也。①

董仲舒以"子事父以孝"来比喻尧舜事天以敬,说明尧舜皆受命于天而王天下,是不敢把天下擅自转移给他人,因为天没有把擅移天下的权力交给尧舜。结合后面谈到桀纣不能禁令天下、不能臣天下,而证明桀纣之天命已去,可见董仲舒的天命观接近孟子"天与之、人与之"的天命观。下面这条材料则继承了荀子"天下归之"的天命观,而且强调"众圣辅德,贤能佐职"是受天命而天下归心的重要标志:

> 臣闻尧受命,以天下为忧,而未以位为乐也,故诛逐乱臣,务求贤圣,是以得舜、禹、稷、卨、咎繇。众圣辅德,贤能佐职,教化大行,天下和洽,万民皆安仁乐谊,各得其宜,动作应礼,从容中道。故孔子曰"如有王者,必世而后仁",此之谓也。尧在位七十载,乃逊于位以禅虞舜。尧崩,天下不归尧子丹朱而归舜。舜知不可辞,乃即天子之位,以禹为相,因尧之辅佐,继其统业,是以垂拱无为而天下治。孔子曰"《韶》尽美矣,又尽善矣",此之谓也。至于殷纣,逆天暴物,杀戮贤知,残贼百姓。伯夷、太公皆当世贤者,隐处而不为臣。守职之人皆奔走逃亡,入于河海。天下耗乱,万民不安,故天下去殷而从周。文王顺天理物,师用贤圣,是以闳夭、大颠、散宜生等亦聚于朝廷。爱施兆民,天下归之,故太公起海滨而即三公也。②

董仲舒认为汤武通过革命而王天下,和尧舜是一样的圣王:"儒者以

---

①《春秋繁露·尧舜不擅移汤武不专杀》。
②《汉书·董仲舒传》。

汤武为至圣大贤也,以为全道究义尽美者,故列之尧舜,谓之圣王,如法则之。"(《春秋繁露·尧舜不擅移汤武不专杀》)针对认为"汤武不义"的人,类似于黄生那样持"汤武弑君"观点的黄老学者,董仲舒把历史上推到三皇五帝时代,因为黄帝、神农都曾通过征伐而王天下,汤武伐无道和古圣王一样有义。董仲舒还进一步从天命予夺和圣王征伐的关系去论证汤武革命的正当性:

> 且天之生民,非为王也;而天立王,以为民也。故其德足以安乐民者,天予之,其恶足以贼害民者,天夺之。诗云:"殷士肤敏,裸将于京,侯服于周,天命靡常。"言天之无常予,无常夺也。故封泰山之上,禅梁父之下,易姓而王,德如尧舜者,七十二人,王者,天之所予也,其所伐,皆天之所夺也,今唯以汤武之伐桀纣为不义,则七十二王亦有伐也,推足下之说,将以七十二王为皆不义也。故夏无道而殷伐之,殷无道而周伐之,周无道而秦伐之,秦无道而汉伐之,有道伐无道,此天理也,所从来久矣,宁能至汤武而然耶!夫非汤武之伐桀纣者,亦将非秦之伐周,汉之伐秦,非徒不知天理,又不明人礼,礼,子为父隐恶,今使伐人者,而信不义,当为国讳之,岂宜如诽谤者,此所谓一言而再过者也。君也者,掌令者也,令行而禁止也,今桀纣令天下而不行,禁天下而不止,安在其能臣天下也!果不能臣天下,何谓汤武弑?(《春秋繁露·尧舜不擅移汤武不专杀》)

董仲舒最后以秦之伐周、汉之伐秦来反诘汤武不义论者,与辕固生在景帝前以刘邦伐秦反诘黄生的论证方法如出一辙,具有很强的说服力。"故夏无道而殷伐之,殷无道而周伐之,周无道而秦伐之,秦无道而汉伐之,有道伐无道,此天理也。"董仲舒给非汉伐秦者"不知天理、不明人礼"的评价,说明当时汉王朝的政治权力正当性还不够稳固,尚须"为国讳之",汤武革命的定性也正是给汉王朝代秦的政治合法性的定性。

王者受命的符瑞和去命的灾异,要怎样才能体现呢?

> 臣闻天之所大奉使之王者,必有非人力所能致而自至者,此受

命之符也。天下之人同心归之,若归父母,故天瑞应诚而至。《书》曰"白鱼入于王舟,有火复于王屋,流为乌",此盖受命之符也。周公曰"复哉复哉",孔子曰"德不孤,必有邻",皆积善累德之效也。及至后世,淫佚衰微,不能统理群生,诸侯背畔,残贼良民以争壤土,废德教而任刑罚。刑罚不中,则生邪气;邪气积于下,怨恶畜于上。上下不和,则阴阳缪盭而娇孽生矣。此灾异所缘而起也。(《汉书·董仲舒传》)

可见受命和去命都是天人感应的结果。天意授天命于王者,"受命之符"就会出现,不是通过人力勉强得来的。"天下之人同心归之,若归父母,故天瑞应诚而至。"天降下受命之符瑞,是"积善累德之效",是天下民心所向,才能达致的。暴虐之君如桀纣,违背天意,逆天而行,所以灾害并至,乃至夺去天命。

第三节　人性论:善质与三品

一、董仲舒的人性论证成

按照董仲舒的宇宙论,人与宇宙自然的变化规律有着各方面的相似性,董仲舒称之为人副天数:

> 天地之符,阴阳之副,常设于身,身犹天也,数与之相参,故命与之相连也。天以终岁之数,成人之身,故小节三百六十六,副日数也;大节十二分,副月数也;内有五脏,副五行数也;外有四肢,副四时数也;占视占暝,副昼夜也;占刚占柔,副冬夏也;占哀占乐,副阴阳也;心有计虑,副度数也;行有伦理,副天地也;此皆暗肤着身,与人俱生,比而偶之弇合,于其可数也,副数,不可数者,副类,皆当同而副天一也。(《春秋繁露·人副天数》)

由此可见,根据同类相动的原理,无论副数还是副类,天与人是无所不感、无所不应的。这一天人感应的思想,是以宇宙论儒学的形式表达的中国自古有之的天人合一思想。不过如此表达的天人思想,是天人相

与的积极互动,投射和蕴涵了儒家社会理想:

> 阴阳二物,终岁各壹出,壹其出,远近同度而不同意,阳之出也,
> 常县于前而任事,阴之出也,常县于后而守空处,此见天之亲阳而疏
> 阴,任德而不任刑也。是故仁义制度之数,尽取之天,天为君而覆露
> 之,地为臣而持载之,阳为夫而生之,阴为妇而助之,春为父而生之,
> 夏为子而养之,秋为死而棺之,冬为痛而丧之,王道之三纲,可求于天。
> 天出阳为暖以生之,地出阴为清以成之,不暖不生,不清不成,然而计
> 其多少之分,则暖暑居百而清寒居一,德教之与刑罚犹此也。故圣人
> 多其爱而少其严,厚其德而简其刑,以此配天。(《春秋繁露·基义》)

君臣、父子、夫妇之道,都依据天人感应的原理而以厚德简刑为正
义。"王者承天意以从事,故任德不任刑。"[①]王者必须推行德政才能符合
天意,那么具体又如何推行德政呢? 这就需要对人性的特点做出说明,
作为德政的基础。

董仲舒的人性论,根据亦在宇宙论。"身之名取诸天,天两,有阴阳
之施,身亦两,有贪仁之性;天有阴阳禁,身有情欲栣,与大道一也。"(《春
秋繁露·深察名号》)人身上同时有仁有贪,有性有情。人并不是天生就
性善,有其善之质而非有善之性,要通过后天教化才能为善。"性有似
目,目卧幽而瞑,待觉而后见,当其未觉,可谓有见质,而不可谓见。今万
民之性,有其质而未能觉,譬如瞑者待觉,教之然后善。"(《春秋繁露·深
察名号》)有善之质、可待教而善的中民之性方可名性:

> 圣人之性,不可以名性,斗筲之性,又不可以名性,名性者,中民
> 之性。中民之性,如茧如卵,卵待覆二十日,而后能为雏;茧待缲以
> 涫汤,而后能为丝;性待渐于教训,而后能为善;善,教训之所然也,
> 非质朴之所能至也,故不谓性。(《春秋繁露·实性》)

这样的中民之性,才有后天王者教化的需要和可能。"性者,天质之

---

① 《汉书》,第 2502 页。

朴也;善者,王教之化也。无其质,则王教不能化;无其王教,则质朴不能善。"(《春秋繁露·实性》)有了宇宙论的前提和人性论的基础,圣人与王者教化民众为善的责任也就明确了:

> 臣闻天者群物之祖也。故遍覆包函而无所殊,建日月风雨以和之,经阴阳寒暑以成之。故圣人法天而立道,亦溥爱而亡私,布德施仁以厚之,设谊立礼以导之。……古者修教训之官,务以德善化民,民已大化之后,天下常亡一人之狱矣。今世废而不修,亡以化民,民以故弃行谊而死财利,是以犯法而罪多,一岁之狱以万千数。以此见古之不可不用也,故《春秋》变古则讥之。天令之谓命,命非圣人不行;质朴之谓性,性非教化不成;人欲之谓情,情非度制不节。是故王者上谨于承天意,以顺命也;下务明教化民,以成性也;正法度之宜,别上下之序,以防欲也;修此三者,而大本举矣。①

其中,圣人指古代圣王。古代圣王法天而立道,后之王者要奉天,亦必效法古代圣王之法。

> 《春秋》之道,奉天而法古。是故虽有巧手,弗修规矩,不能正方圆;虽有察耳,不吹六律,不能定五音;虽有知心,不览先王,不能平天下;然则先王之遗道,亦天下之规矩六律已! 故圣者法天,贤者法圣,此其大数也;得大数而治,失大数而乱,此治乱之分也;所闻天下无二道,故圣人异治同理也,古今通达,故先贤传其法于后世也。(《春秋繁露·楚庄王》)

这样"天意—圣人—王者—中民"的逻辑也就贯通了,董仲舒因此得以证立王者要奉天法古,奉行天意来约束君王自身行为,养士以儒家仁义之道教化民众,完善制度来规范天下各阶层关系。

董仲舒融合吸收了先秦儒家代表人物孔子、孟子、荀子等的人性论思想。孔子的人性论对性没有严格规定,但强调后天的作用:"性相近

---

① 《汉书》,第 2515—2516 页。

也,习相远也。"(《论语·阳货》)孟子的性善论,要在扩充先天四端之心,强调反省求其本心。荀子的性恶论,人性先天粗劣,需要圣人化性起伪,强调后天教化。董仲舒各有所取,而根据当时现实政治社会治理需要予以转化,提出性待德教而化善,切合当时实际,也可谓时之圣者。

二、民待教而善

董仲舒还从人性论的角度证明教化的必要性。董仲舒的人性论也是基于其宇宙论发挥的。首先他根据天有阴阳推断人有贪仁之性。"吾以心之名得人之诚,人之诚有贪有仁,仁贪之气两在于身。身之名取诸天,天两,有阴阳之施,身亦两,有贪仁之性;天有阴阳禁,身有情欲栣,与天道一也。"(《春秋繁露·深察名号》)他认为,人的性和质是不能分离的,既然性有仁贪,就不能说性是善或不善。禾米之喻很形象地说明了这个问题:"故性比于禾,善比于米;米出禾中,而禾未可全为米也;善出性中,而性未可全为善也。善与米,人之所继天而成于外,非在天所为之内也。天之所为,有所至而止,止之内谓之天性,止之外谓人事,事在性外,而性不得不成德。"(《春秋繁露·深察名号》)稻禾的天性是能够长出米来的,但禾出米只是一种内在可能性,还需要很多外在条件,如土地、水、阳光、气候,还有人施肥、除草、除害虫侵犯等等,万事俱备,才能长出米来。禾喻性,米喻善,即性可以为善,但不是说性就是善。这犹如亚里士多德所说的潜能和现实,性有善的潜能,善是性的现实化。

董仲舒进一步把性情比作阴阳,认为性之发用是仁善,情之发用是贪恶。又以目之瞑觉为喻,说明性待教而觉。"性有似目,目卧幽而瞑,待觉而后见,当其未觉,可谓有见质,而不可谓见。今万民之性,有其质而未能觉,譬如瞑者待觉,教之然后善。当其未觉,可谓有善质,而未可谓善,与目之瞑而觉,一概之比也。"(《春秋繁露·深察名号》)他从字源学上认为:"民之号,取之瞑也。……性而瞑之未觉,天所为也;效天所为,为之起号,故谓之民。民之为言,固犹瞑也,随其名号,以入其理,则得之矣。"(《春秋繁露·深察名号》)

名性不以上,不以下,以其中名之。性如茧、如卵,卵待覆而成
雏,茧待缲而为丝,性待教而为善,此之谓真天。天生民性有善质而
未能善,于是为之立王以善之,此天意也。民受未能善之性于天,而
退受成性之教于王,王承天意以成民之性为任者也;今案其真质而
谓民性已善者,是失天意而去王任也。万民之性苟已善,则王者受
命尚何任也?(《春秋繁露·深察名号》)

这里董仲舒提倡了重要的观点。首先,"名性不以上,不以下,以其
中名之","中"指中民之性,因为中民之性非善但有善的潜能,可以通过
后天的教化把善现实化,而其他两种不能变:"圣人之性,不可以名性,斗
筲之性,又不可以名性,名性者,中民之性。中民之性,如茧如卵,卵待覆
二十日,而后能为雏;茧待缲以涫汤,而后能为丝;性待渐于教训,而后能
为善;善,教训之所然也,非质朴之所能至也,故不谓性。"(《春秋繁露·
实性》)其次,"性待教而为善",从有善潜能的性转化为善的现实的过程,
需要教化来促成。这里又用了两个生动的比喻,即茧成雏和卵成雏:"性
如茧、如卵,卵待覆而成雏,茧待缲而为丝。"

董仲舒把实施教化的天命和责任落实在王者身上。"王承天意以成
民之性为任",这是天命题中应有之义:

其设名不正,故弃重任而违大命,非法言也。春秋之辞,内事之
待外者,从外言之。今万民之性,待外教然后能善,善当与教,不当
与性,与性则多累而不精,自成功而无贤圣,此世长者之所误出也,
非春秋为辞之术也。不法之言,无验之说,君子之所外,何以为哉!
(《春秋繁露·深察名号》)

从正名和《春秋》立法角度看,"万民之性,待外教然后能善,善当与
教,不当与性"都已经是无可置疑了。于是董仲舒可以得出结论:"性者,
天质之朴也,善者,王教之化也;无其质,则王教不能化,无其王教,则质
朴不能善。"(《春秋繁露·实性》)

三、董仲舒对古代人性论的继承和发展

董仲舒人性论的许多概念和观念直接从孔子那里借用。

> 子曰："性相近也，习相远也。"（《论语·阳货》）

> 子曰："唯上智与下愚不移。"（《论语·阳货》）

> 子贡问曰："何如斯可谓之士矣？"子曰："行己有耻，使于四方，不辱君命，可谓士矣。"曰："敢问其次。"曰："宗族称孝焉，乡党称悌焉。"曰："敢问其次。"曰："言必信，行必果，硁硁然小人哉，抑亦可以为次矣。"曰："今之从政者何如？"子曰："噫！斗筲之人，何足算也。"（《论语·子路》）

董仲舒所说的"名性不以上，不以下，以其中名之"，"上"指圣人之性，"下"指斗筲之性，"中"指中民之性，上、下分别是与"上智"和"下愚"对应，两者皆不具有可塑性即为"不移"，"性待教而善"，则与"性相近也，习相远也"对应，习被董仲舒阐释为后天教化，皆有取于孔子的思想。

对孟子的人性论，董仲舒有所不赞同，直接予以有针对性的论辩：

> 或曰："性有善端，心有善质，尚安非善？"应之曰："非也。茧有丝，而茧非丝也；卵有雏，而卵非雏也。比类率然，有何疑焉。"天生民有六经，言性者不当异，然其或曰性也善，或曰性未善，则所谓善者，各异意也。性有善端，动之爱父母，善于禽兽，则谓之善，此孟子之善。循三纲五纪，通八端之理，忠信而博爱，敦厚而好礼，乃可谓善，此圣人之善也。是故孔子曰："善人，吾不得而见之，得见有常者，斯可矣。"由是观之，圣人之所谓善，未易当也，非善于禽兽则谓之善也，使动其端善于禽兽则可谓之善，善奚为弗见也？夫善于禽兽之未得为善也，犹知于草木而不得名知，万民之性善于禽兽而不得名善，知之名乃取之圣。圣人之所命，天下以为正，正朝夕者视北辰，正嫌疑者视圣人，圣人以为无王之世，不教之民，莫能当善，善之难当如此，而谓万民之性皆能当之，过矣。质于禽兽之性，则万民之

性善矣；质于人道之善，则民性弗及也。万民之性善于禽兽者许之，圣人之所谓善者弗许，吾质之命性者，异孟子。孟子下质于禽兽之所为，故曰性已善；吾上质于圣人之所为，故谓性未善，善过性，圣人过善。春秋大元，故谨于正名，名非所始，如之何谓未善已善也。（《春秋繁露·深察名号》）

董仲舒巧妙地辨析了孟子和自己对人性的定义。董仲舒界定孟子之善性，认为那是比较禽兽之性而言，董则比之圣人之善，故不言性善。如果说人性已善，那么人的一切道德努力都是没有意义的，王者也失去了教化天下万民责任的价值，很难想象这个世界还有什么存在的动力和意义。

董仲舒的人性论在这个意义上比较接近荀子的圣人化性起伪说，因为他们都强调后天圣人或王者教化对万民人性变化的重要作用。董仲舒认为按天有阴阳的原理，推导出人有仁贪之性，后又提出身有性情："身之有性情也，若天之有阴阳也，言人之质而无其情，犹言天之阳而无其阴也，穷论者无时受也。"（《春秋繁露·深察名号》）这里隐含了董仲舒没有明说的思想，即性的现实化则为仁、善，情不节制就会发展出贪、恶。荀子的性恶论认为人性本贪，任其发展就产生恶，故圣人化性起伪，隆礼重法以教化之。董仲舒肯定不会同意天性的潜能就是恶的，但悄悄地用性之质中的情、贪保留了荀子的性恶论的先天贪婪论，用性之待教而善传承了荀子的后天圣王教化论。

第四节 "深察名号"的认识论

董仲舒的认识论，与其"天人感应"的宇宙论和"中民之性"的人性论相一致，主张人的认识先由圣人求取天意，然后由圣王执行天意，率群臣教化天下万民。按照这样的知先行后认识逻辑，从《春秋》慎始之微言大义出发，董仲舒认为名号是天意的表达，是人起心动念的开端，故与孔子一样非常重视"正名"，注重名实相符，而又赋予其丰富的政治和伦理内涵,为汉代以来的中国传统政治和道德实践提供了认识论基础。

一、求天意以教化天下

在董仲舒看来,人的认识目的在于求取天意。"天不言,使人察其意;弗为,使人行其中。"(《春秋繁露·深察名号》)人认识与实践正当与否的标准就在于与天意是否相符。根据"天人感应"的原理,"天亦有喜怒之气,哀乐之心,与人相副。以类合之,天人一也"(《春秋繁露·阴阳义》),天意通过四时表现出来,人也可以体会天意,"道莫明省身之天"(《春秋繁露·为人者天》)。而能够体会天意的认识能力者,惟有圣人君子。"君子察物之异,以求天意。"(《春秋繁露·天地之行》)"能说鸟兽之类者,非圣人之欲说也。圣人之欲说,在于说仁义而理之,知其分科条别贯所附,明其义之所审,勿使嫌疑,是乃对圣人之所贵而已矣。不然,傅于众辞,观于众物,说不急之言,而以惑后进者,君子之所甚恶也。"(《春秋繁露·重政》)圣人、君子,都是人类中的先进分子和精神导师,代表人类的认识水平,认识之责任在于"体天之微"(《春秋繁露·精华》),阐明天意中的仁义之条理,使天下之人知所依从进退,成为一个具备道德能力和实践理性的人。

而认识天意和天人互动的途径,是"十端":

> 何谓天之端? 曰:天有十端,十端而止已,天为一端,地为一端,阴为一端,阳为一端,火为一端,金为一端,木为一端,水为一端,土为一端,人为一端,凡十端而毕,天之数也。(《春秋繁露·官制象天》)

"十端"即为"天、地、人"三才和"阴阳""五行",是董仲舒融会贯通当时所具有的认识水平和思维方式而提出的系统认识论基本理论框架。董仲舒通过"阴阳""五行"理论,论证"天人感应"是普遍通行的宇宙和社会规律,而"天数毕于十,王者受十端于天"(《春秋繁露·官制象天》),三才之道的贯通者是"王者":

> 古之造文者,三画而连其中,谓之王;三画者,天地与人也,而连其中者,通其道也,取天地与人之中以为贯,而参通之,非王者庸能当是。是故王者唯天之施,施其时而成之,法其命而循之诸人,法其数而以起事,治其道而以出法,治其志而归之于仁。(《春秋繁露·王道通三》)

在"王者受十端于天"的认识方式中,王者受命于天,连接和贯通天、地、人三才之道,秉承为仁之天意,顺天之道,施天之时,天道、地道、人道各畅其性、各得其妙,从而使宇宙、自然、人间都呈现出美好的自然状态与和谐的运行秩序。

王者是认识天意的一个关键角色,但不是唯一的认识主体。董仲舒认为"中民之性"是通常的人性状态,待圣人教化才有可能把善之潜质实现出来,与此相应,圣人与教化程度不同的中民,有着不同的认识责任和认识对象:

> 古之圣人,謞而效天地,谓之号,鸣而施命,谓之名。名之为言鸣与命也,号之为言謞而效也,謞而效天地者为号,鸣而命者为名,名号异声而同本,皆鸣号而达天意者也。天不言,使人发其意;弗为,使人行其中;名则圣人所发天意,不可不深观也。受命之君,天意之所予也。故号为天子者,宜视天为父,事天以孝道也;号为诸侯者,宜谨视所候奉之天子也;号为大夫者,宜厚其忠信,敦其礼义,使善大于匹夫之义,足以化也;士者,事也,民者、瞑也;士不及化,可使守事从上而已。五号自赞,各有分,分中委曲,曲有名,名众于号,号其大全。(《春秋繁露·深察名号》)

圣人的认识责任在于阐明天意,而受天命而立的天子"事天以孝道",遵照圣人所阐明的天意号令天下。孔子之前,自尧舜至周公,圣人与天子是合一的圣王,自孔子始圣而无位,天子以圣人为师,从圣人处得以明天意所示而近乎圣。诸侯受命于天子,大夫受命于诸侯,士受命于大夫,皆贤人君子当其位,协助王者教化天下万民。大夫"厚其忠信,敦其礼义",充任教化一方的循吏,士是联结官民关系和实施教化事务的具体执行人,各司其一曲之职,天意于是乎贯彻到天下每一个人。

二、正名思想

正名思想一般可追溯到孔子。孔子早年即初步提出正名思想:"齐景公问政于孔子。孔子对曰:君君,臣臣,父父,子子。"(《论语·颜渊》)齐景公三十一年,陈桓收买人心,景公好色怠政,时鲁昭公(二十五年)为季氏三家逐出奔齐,孔子至齐,感叹两国君臣无序,孔子有感而发,提出正名思想,主要是赋予宗法礼制名分以伦理内涵,如君惠、臣礼(忠)、父慈、子孝,也规定从王室朝廷、诸侯国、卿大夫家族,每一个角色都有伦理性的行为规范要求和物质性的礼制配备等级,在当时条件下如此才能成就一个良序社会,否则"礼崩乐坏",天下大乱。孔子对季氏"八佾舞于庭"、祭祀泰山等僭越礼制行为的批评,都是从这个角度去思考的。

后来子路仕卫,恰逢卫国传位出现问题:卫国太子蒯聩因刺杀卫灵公宠爱的南子失败而出逃国外,蒯聩之子辄继位,拒不接纳其父蒯聩回国。孔子为此明确地提出"正名"理论:

> 子路曰:"卫君待子而为政,子将奚先?"子曰:"必也正名乎!"子路曰:"有是哉,子之迂也! 奚其正?"子曰:"野哉,由也! 君子于其所不知,盖阙如也。名不正则言不顺,言不顺则事不成,事不成则礼乐不兴,礼乐不兴则刑罚不中,刑罚不中则民无所措手足,故君子名之必可言也,言之必可行也。君子于其言,无所苟而已矣。"(《论语·子路》)

后期孔子的正名思想,更强调于统治者的名分与国家治理和民众教化的直接关联。如《大学》所言:"为人君止于仁;为人臣,止于敬;为人子,止于孝;为人父,至于慈;与国人交,止于信。"礼崩乐坏,根子就在德与礼的背离,礼代表宗法等级制度(名、文),德是礼的实质(实、质),名实、文质背离,德礼分离,造成礼乐征伐自诸侯出,政在大夫,陪臣执国命的乱世景象。孔子正名思想，把德转化为仁，重新把礼的实在规定为仁，要求仁内礼外表里如一，正是希望拨乱反正，回归周礼文质彬彬的原本。孔子作《春秋》，所深切著明者，不外乎通过一字褒贬为贯通仁义精神之王道正名。

孔子的正名思想，《六艺》经传中秉承孔子微言大义而多有记述，先秦诸子因之而有所阐发，勃发战国时期以名实之争为主要内容的逻辑思想大发展。老庄"无名"，墨子"取实予名"、申韩"循名责实"等，皆孔子正名思想的一曲之发。孟子以名征实，把名实关系伦理化和对等化："父子有亲，君臣有义，夫妇有别，长幼有序，朋友有信"（《孟子·滕文公上》），"君之视臣如手足，则臣视君如腹心；君之视臣如犬马，则臣视君如国人；君之视臣如土芥，则臣视君如寇雠"（《孟子·离娄下》）等，规定了名实对应内容，并把道德义务和政治权利关联起来。荀子严辨名实关系，认为名实关系是历史地发展变化着的，每一个时代都要以约定正当的名实关系，"稽实定数"，"制名以指实"（《荀子·正名》），否则将有"不喻之患""困废之祸"。

董仲舒继承发展孔子以来诸子百家正名思想，提出"深察名号"的正名思想，认为正名对于人事政治非常重要，是"天人感应"中天意在人间社会的投射，必须非常谨慎。

> 治天下之端，在审辨大；辨大之端，在深察名号。名者，大理之首章也，录其首章之意，以窥其中之事，则是非可知，逆顺自著，其几通于天地矣。是非之正，取之逆顺；逆顺之正，取之名号；名号之正，取之天地；天地为名号之大义也。（《春秋繁露·深察名号》）

《春秋》贵元、慎始，而名号是天地赋予万物的最原初的性质和条理，一旦在原初点上失其顺逆之正，那么"差之毫厘，谬以千里"，后面的一切都会跟着大错特错。"春秋大元，故谨于正名，名非所始，如之何谓未善已善也。"（《春秋繁露·深察名号》）因此正名是一切事物发展过程具有重大意义的出发点。

正名的关键在于名实相符。"名生于真,非其真弗以为名。名者,圣人之所以真物也,名之为言真也。故凡百讥有黮黮者,各反其真,则黮黮者还昭昭耳。欲审曲直,莫如引绳;欲审是非,莫如引名。名之审于是非,犹绳之审于曲直也。诘其名实,观其离合,则是非之情,不可以相澜已。"(《春秋繁露·深察名号》)名为实而生,实因名而显,一旦名实相背,则是非曲直都失去了准绳,只会导致黑白颠倒的乱世。反思秦政速败的关键在于名实不相应:"诛名而不察实,为善者不必免而犯恶者未必刑也。是以百官皆饰空言虚辞而不顾实,外有事君之礼,内有背上之心,造伪饰诈,趣利无耻。"(《汉书·董仲舒传》)因此"治国之端在正名"(《春秋繁露·玉英》)。

董仲舒认为,正名的标准则是圣人。"圣人之所命,天下以为正,正朝夕者视北辰,正嫌疑者视圣人。"(《春秋繁露·深察名号》)"循三纲五纪,通八端之理,忠信而博爱,敦厚而好礼,乃可谓善,此圣人之善也。"(《春秋繁露·深察名号》)而这样的圣人,董仲舒认为唯有孔子及其删述的"六经"中传承圣人之道的圣王可以当之。因此董仲舒在"天人三策"最后建议:"春秋大一统者,天地之常经,古今之通谊也。今师异道,人异论,百家殊方,指意不同,是以上亡以持一统。法制数变,下不知所守。臣愚以为诸不在《六艺》之科孔子之术者,皆绝其道,勿使并进。邪辟之说灭息,然后统纪可一而法度可明,民知所从矣。"(《汉书·董仲舒传》)通过董仲舒的正名理论论证,西汉政治大一统需求被董仲舒合理地归结到以"《六艺》之科、孔子之术"为正名标准的正当现实政治实践。

三、知行关系

董仲舒哲学中的知行关系,首先是一种知先行后关系。既然人认识的对象是天意,并遵循天意去实践,那么在逻辑上来说知是先于行的。"何谓智?先言而后当。凡人欲舍行为,皆以其智,先规而后为之,其规是者,其所为得其所事,当其行,遂其名,荣其身,故利而无患,福及子孙,德加万民,汤武是也。其规非者,其所为不得其所事,不当其行,不遂其名,辱害及其身,绝世无复,残类灭宗亡国是也。故曰:莫急于智。"(《必仁且智》)知(智)是行(社会道德实践)的先决条件,是社会时间之前先行规定的内容,惟知其如是,始行其如是。因此董仲舒非常重视人的思想认识和初始动机,在《春秋》微言大义的诠释中非常重视最新出现的新事物,或善或恶,均要及时褒贬,防患于未然。在《春秋》决狱实践中,注重动机之善恶决定罪行之轻重,开创"论心定罪"的古代法律传统。

董仲舒的知行关系合一的。"不仁而有勇力材能,则狂而操利兵也;不智而辩慧猥给,则迷而乘良马也。"(《春秋繁露·必仁且智》)仁是德性之智,辩慧猥给是见闻之智,都属于广义上的知之范围。勇力材能是具体技艺,智是实践智慧,都属于行的范围。仁且智,是知与行的完美结合,或者说是知行合一的典范,正是孔子以来儒家提倡的圣王理性人格。"仁而不智,则爱而不别也;智而不仁,则知而不为也。故仁者所爱人类也,智者所以除其害也。"(《春秋繁露·必仁且智》)仁与智是圣王的一体两面,互文见义。仁,是圣人之象征;智,是天子之象征。董仲舒希望圣人与天子纵然不能合一,也要紧密地合作,才能达成天人合一,实现致太平于天下的王道理想。

人认识天意和天意对人类实践的反馈是互动的,因而知行之间也是互动的。因为在董仲舒的天命观中天意主要是有道德意识的赏罚者,因此人的认识对天意不是简单的读取,而是一种互动关系。当人的认识和实践违背了天意,那么天意通过灾祥谴告昭示认识主体,认识主体于是对天意有了新一轮的认识,以调整其社会实践,而天意对此会有新的反应,如此反复,认识也不断得到提升。天子对天意的认识和执行,是王道理想社会实现的关键,董仲舒于是设计了灾祥说和天谴论,一方面用以检验人类执行天意的忠实程度,一方面用以限制凌驾于万民之上的天子权力。

臣谨案《春秋》之中,视前世已行之事,以观天人相与之际,甚可畏也。国家将有失道之败,而天乃先出灾害以谴告之,不知自省,又

出怪异以警惧之,尚不知变,而伤败乃至。以此见天心之仁爱人君而欲止其乱也。(《汉书·董仲舒传》)

天人感应,表现在政治人事上,天意就以灾异来表达,提醒人们自省改正。所以王者统治的善恶都可以在天降祥瑞中见到端倪:

> 火者夏,成长,本朝也。举贤良,进茂才,官得其能,任得其力,赏有功,封有德,出货财,振困乏,正封疆,使四方。恩及于火,则火顺人,而甘露降;恩及羽虫,则飞鸟大为,黄鹄出见,凤凰翔。如人君惑于谀邪,内离骨肉,外疏忠臣,至杀世子,诛杀不辜,逐忠臣,以妾为妻,弃法令,妇妾为政,赐予不当,则民病血,壅肿,目不明。咎及于火,则大旱,必有火灾,摘巢探觳,咎及羽虫,则飞鸟不为,冬应不来,枭鸱群鸣,凤凰高翔。(《春秋繁露·五行顺逆》)

正因为王者统治天下的天人感应特征,王者要按照天道四时的特点选择施政的要领和具体措施。"天之道,春暖以生,夏暑以养,秋清以杀,冬寒以藏,暖暑清寒,异气而同功,皆天之所以成岁也。圣人副天之所行以为政,故以庆副暖而当春,以赏副暑而当夏,以罚副清而当秋,以刑副寒而当冬,庆赏罚刑,异事而同功,皆王者之所以成德也。庆赏罚刑,与春夏秋冬,以类相应也,如合符,故曰:'王者配天,谓其道。'"《春秋繁露·四时之副》庆、赏、罚、刑之政各与春、夏、秋、冬四季相配,以配天道,方可顺天治化,天下太平。

> 其大略之类,天地之物,有不常之变者,谓之异,小者谓之灾,灾常先至,而异乃随之,灾者,天之谴也,异者,天之威也,谴之而不知,乃畏之以威,诗云:"畏天之威。"殆此谓也。凡灾异之本,尽生于国家之失,国家之失乃始萌芽,而天出灾害以谴告之;谴告之,而不知变,乃见怪异以惊骇之;惊骇之,尚不知畏恐,其殃咎乃至。以此见天意之仁,而不欲陷人也。谨案:灾异以见天意,天意有欲也、有不欲也,所欲、所不欲者,人内以自省,宜有惩于心,外以观其事,宜有验于国,故见天意者之于灾异也,畏之而不恶也,以为天欲振吾过,

救吾失,故以此报我也。春秋之法,上变古易常,应是而有天灾者,谓幸国。(《春秋繁露·必仁且智》)

万一国家政治有问题,"天出灾害以谴告之",通过灾异的方式表征,是天人感应表现出来的国家政治人事失误的萌芽,"不常之变"即奇怪的事变,叫异,小的事变,叫灾,是天对国家当政者的警告。灾异谴告之后还不知自省改过,天会再出有更大更不寻常的怪异来惊骇,如果还不知道改邪归正,"殃咎乃至",王者之天命将会失去,这个国家的人民将要跟着遭殃。所以灾异是天意的表达,是"天欲振吾过,救吾失"而来通风报信。国家当政者应当闻过则喜,立刻内省惩心,检讨人事政治,改过自新,按照天道实行王道德政,这样才不会辜负老天帮助改过救国的仁慈之心。"圣主贤君尚乐受忠臣之谏,而况受天谴也。"(《春秋繁露·必仁且智》)董仲舒很有说服力地证明,天谴是天救危国。王者总是要千方百计任贤使能,恭听忠臣直言谏过,以正德行政事,何况天意都直接来谴告了,故应当赶紧振作起来,满怀对天的敬畏感激,尽快改过自新。天意敦促天子任德不任刑、任贤使能、教化民众,而且通过谴告,提醒王者反求诸己,改过自新,拨乱反正。

于是,董仲舒从认识论角度为君王设置了三重保障,一是君王通晓天意修德作圣,二是圣人为师和忠臣之谏,三是祥瑞肯定和天谴警告。如果这三重保障还不能保障君王奉天意治乱,则该是转移天命的时候了。

总之,董仲舒"深察名号"的认识论,有很多非常重要的实践意义。如论证"德主刑辅"的统治合法性和"五行变救"政治纠偏途径:

> 阳,天之德,阴,天之刑也,阳气暖而阴气寒,阳气予而阴气夺,阳气仁而阴气戾,阳气宽而阴气急,阳气爱而阴气恶,阳气生而阴气杀。是故阳常居实位而行于盛,阴常居空位而行于末,天之好仁而近,恶戾之变而远,大德而小刑之意也,先经而后权,贵阳而贱阴也。(《春秋繁露·阳尊阴卑》)

　　五行变至,当救之以德,施之天下,则咎除;不救以德,不出三
年,天当雨石。木有变,春凋秋荣,秋木在,春多雨,此繇役众,赋敛
重,百姓贫穷叛去,道多饥人;救之者,省繇役,薄赋敛,出仓谷,振困
穷矣。火有变,冬温夏寒,此王者不明,善者不赏,恶者不绌,不肖在
位,贤者伏匿,则寒暑失序,而民疾疫;救之者,举贤良,赏有功,封有
德。土有变,大风至,五谷伤,此不信仁贤,不敬父兄,淫泆无度,宫
室荣;救之者,省宫室,去雕文,举孝悌,恤黎元。金有变,毕昂为回
三覆,有武,多兵,多盗寇,此弃义贪财,轻民命,重货赂,百姓趣利,
多奸轨(宄);救之者,举廉洁,立正直,隐武行文,束甲械。水有变,
冬湿多雾,春夏雨雹,此法令缓,刑罚不行;救之者,忧囹圄,案奸宄,
诛有罪,葭五日。《春秋繁露·五行变救》

　　以上论述,同样是在"深察名号"的认识论背景中,以"阴阳""五行"
原理及其道德、政治内涵来论证德治原则,并指导现实德治实践。总之,
无论是董仲舒实践哲学许许多多的不同层面,如《六艺》为教、"三纲五
常"乃至"士治政府"等等,还是董仲舒政治哲学基础上继承发展的中国
传统政治哲学范式以及两千年来传统政治统治和伦理道德实践,无不深
植"深察名号"的认识论基础。

第五节　政治哲学

　　董仲舒的政治哲学,既是汉武帝时代的政治社会反思和正义原则建
构,也因其流播所及,是汉代乃至两千年郡县制中央集权为主流制度的
中国古代社会政治逻辑和思维方式之奠基。

一、董仲舒政治哲学的时代背景与问题意识

　　汉初政治、社会、文化三方面时代背景均为董仲舒政治哲学提供问
题意识,董仲舒政治哲学所要解决的核心问题有权力来源合法性、政治
正义原则和社会教化问题。

首先是在政治方面,面临的关键问题是权力来源合法性和政治统治原则问题。刘邦起于平民,何以得天下？辕固生"汤武革命"可以用来说明秦政无道,刘邦受天命而诛之,但难解皇权与诸侯争势问题;黄生强调君臣上下之分,臣下有尊天子的绝对义务,但又不能解释刘邦得天下的权力来源合法性。就政治制度而言,汉承秦制,本来有郡县中央集权制度可沿用,但刘邦"惩戒亡秦孤立之败"[1],开国时大封功臣,封异姓王八,封列侯百余,后或谋反或恐其谋反而一一剪除异姓王,但又大封同姓王十人,诸侯王势力不断膨胀,封地占全国三分之二,中央直辖只有"三河、东郡、颍川、南阳,自江陵以西至巴蜀,北自云中至陇西,与京师内史凡十五郡,公主列侯颇邑其中"[2]。诸侯坐大,尾大不掉,"然之后原本以大,末流滥以致溢,小者淫荒越法,大者睽孤横逆,以害身丧国。故文帝采贾生之议分齐、赵,景帝用晁错之计削吴、楚"[3]。于是文帝时有淮南、济北之叛,景帝时有几乎令皇权覆灭的七国之乱。如何在制度伦理和权力正当性根据两者之间找到一个维护汉王朝统治秩序两全之策,是汉初政治哲学的当务之急。

而另一个问题就是政治统治原则问题。秦法酷烈,而汉承秦制,汉初基本沿袭,虽有黄老清静无为、与民休息之表象,实则汉法与秦法一样由疏而密,李斯自颂"缓刑罚,薄赋敛,以遂主得众之心"[4],而终致秦政"法令诛罚日益深刻"[5]。同理,高祖初入关中约法三章,后"三章之法不足以御奸,于是相国萧何攈摭秦法,取其宜于时者,作律九章"[6],一仍秦法行于汉世,"然孝文帝本好刑名。及至孝景,不任儒者,而窦太后又好黄老之术"[7],黄老本来就是道家帝王南面之术和法家刑名的结合,刀笔

---

① 《汉书》,第 393 页。
② 同上书,第 394 页。
③ 同上书,第 395 页。
④ 《史记》,第 2561 页。
⑤ 同上书,第 2553 页。
⑥ 《汉书》,第 1096 页。
⑦ 同上书,第 3117 页。

之吏充塞政府部门,"外有轻刑之名,内实杀人"①。故汉初有陆贾和贾谊等反思秦政之少仁义,也有晁错等用法家刑法,更有黄老道家综合道法的清静无为。秦开辟的天下一统新制度,在兴勃亡速的反省中,选择任德还是任刑的统治原则,也是当时的政治核心问题之一。

其次是在社会方面的核心问题,主要是社会各阶层的经济利益和权力配置问题。文景之治的繁荣背后,已经产生了导致社会危机的许多因素。商业流通的无节制发展,导致商人发放高利贷和对农民田产的兼并,土地日益集中到大地主手中,农民破产为奴或弃农经商,国家税源和兵源减少,四处流亡而扰乱社会秩序,宗室和官员奢侈乱制,社会风气堕落,这些都危及良序社会建设和经济良性发展。"汉政治之所急,尚不在边寇,尚不在列侯诸王之变乱,而在社会经济不均,所造成种种之病态也。"②可见董仲舒提出的"限民名田,以赡不足,塞并兼之路。盐铁皆归于民。去奴婢,除专杀之威。薄赋敛,省徭役,以宽民力"(《汉书·食货志》)等建议,是对治汉武之朝很中肯的社会经济措施。

针对政府和宗室官吏巧夺民力的情况,董仲舒提出"不与民争利"(《汉书·董仲舒传》)和在政府部门任用循吏的对策。"身宠而载高位,家温而食厚禄,因乘富贵之资力,以与民争利于下,民安能如之哉!是故众其奴婢,多其牛羊,广其田宅,博其产业,畜其积委,务此而亡已,以迫蹴民,民日削月浸,浸以大穷。富者奢侈羡溢,贫者穷急愁苦;穷急愁苦而不上救,则民不乐生;民不乐生,尚不避死,安能避罪!此刑罚之所以蕃而奸邪不可胜者也。故受禄之家,食禄而已,不与民争业,然后利可均布,而民可家足。"③因为"尔好谊,则民乡仁而俗善;尔好利,则民好邪而俗败"④。所以,"若居君子之位,当君子之行",要"皇皇求仁义常恐不能化民"。这就要求有一大批能够用仁义进行社会教化的贤能之士进入官吏阶层,成为以仁义化民成俗的循吏。而当时的官吏多来自贵族富豪子

---

① 《汉书》,第 1099 页。
② 参阅钱穆《秦汉史》,第 197 页,北京,生活·读书·新知三联书店,2004。
③④ 《汉书》,第 2520—2521 页。

弟,"夫长吏多出于郎中、中郎,吏二千石子弟选郎吏,又以富訾,未必贤也"①。故董仲舒提出选举官吏的办法,"毋以日月为功,实试贤能为上,量材而授官,录德而定位,则廉耻殊路,贤不肖异处矣"②。选贤任德的方式选举官吏,实际上是改变了社会各阶层权力配置方式,从原来的局限于贵族富豪子弟转移到全社会公开选拔。

第三是与政治、社会两方面相呼应,在文化方面的核心问题主要在于倡导何种社会主流文化和社会教化的问题。

西汉初期也存在着百家争鸣、莫衷一是的情况,而统治思想的主流黄老道家已经不能适应当时现实发展的需要。司马谈《论六家旨要》阴阳、儒、墨、名、法、道德六家津津乐道,也是战国诸子百家争鸣之遗风,但其特别表彰道家,而贬损其余,则是当时流风所趋。其中的道家,其实是流行于初汉、窦太后所好的黄老道家,被认为是综合各派优势克服各家缺点的最有价值的学说。

然而在政治统治原则和社会经济出现问题和危机的时候,在政治哲学层面的文化反思就会发生。春秋末年孔子作《春秋》以"克己复礼为仁",战国时孟子"距杨墨,放淫辞"③以推广仁政,庄子后学之《天下》弘扬"道术",荀子之《非十二子》《隆礼重法》,韩非子之《显学》反"儒墨",而李斯提议"焚书坑儒",这些都是在特定时期文化反思的成果。秦灭汉兴,反思秦政,陆贾以为"谋事不立仁义者后必败"④,贾谊以为"仁义不施,则攻守之势异也"⑤。司马谈以为"法家不别亲疏,不殊贵贱,一断于法,则亲亲尊尊之恩绝矣。可以行一时之计,而不可长用也"⑥。而董仲舒天人三策提出"大一统"建议,汉武帝采纳之而"推明孔氏,表章六经"。这一建议并没有禁止其他学派的存在,而是通过官方提倡而引导社会崇尚仁

---

①《汉书》,第2512页。
② 同上书,第2513页。
③ 朱熹:《四书章句集注》,第272页,北京,中华书局,1983。
④ 陆贾:《新语校注》,王利器校注,第29页。
⑤ 贾谊:《新书校注》,阎振益、钟夏校注,第3页。
⑥《史记》,第3291页。

义道德,形成有耻且格的社会风气,而非如李斯"焚书坑儒"以残暴的手段禁毁异己者。"及仲舒对策,推明孔氏,抑黜百家。立学校之官,州郡举茂材孝廉,皆自仲舒发之。"①用儒家整理的历史文化遗产《六经》及孔子言论和儒家著作作为教材,培养出用仁义教化天下的官吏,为政府推行德治措施,移风易俗,走向大同社会,这才是董仲舒建议的要旨。

综上所述,汉初七十年在政治方面有汉王朝政治合法性和大一统郡县制中央集权统治正义原则问题,在社会方面有社会各阶层经济利益和权力配置问题,在文化方面有倡导何种主流文化和社会教化问题。解决这些核心问题需要从不同角度对历史教训和西汉现实进行系统反思,创造性地转化先圣时贤的政治智慧。这就需要对在新形势下先秦以来诸子百家智慧加以创造性转化和创新性发展,儒家对中华优秀传统文化的忠实继承,以及"和而不同"的胸怀和"综罗百家"的综合创新能力。上述要求成为汉代政治的明智选择。

二、政治正当性根据与统治合法性原则

首先,董仲舒从宇宙论前提中,提取"天命"作为汉王朝的政治权力来源合法性的终极根据。天、帝、天命、天志等自古以来都是政治正当性的根据,这是古代政治资源的历史遗产,取此本属自然之举。但董仲舒根据时势所趋对"天命"做了一些改造和转化,解决了当时政治正当性的理论和实践难题,这才是他无可替代的贡献。首先,董仲舒把古代天命说中的革命之义转化为受命,为刘邦以平民受命为天子提供合法性依据,又淡化革命之义,维护汉王朝君主治下大一统局面的不可侵犯;其次,"屈民而申君,屈君而申天"(《春秋繁露·玉杯》),一方面强化君主权威,为维护中央集权、推行强干弱枝政策辩护,又在君王之上设立天命的制约,用天谴、祥瑞、灾异等思想,震慑和警诫君主修德慎行,勤政爱民;

---

① 《史记》,第 2525 页。

第三,提出受命改制说,促使君主推行德治。"故《春秋》受命所先制者,改正朔,易服色,所以应天也。"①而受命改制的内容,是奉天而法古,效法包括为汉立法的素王孔子在内的古代圣王所制定的、以仁义原则为核心构筑的王道。最后,董仲舒改造了邹衍的五德终始说,提出三统说,既为汉王朝政治正当性找到了合适的位置,也在大一统的格局下为多元、多样文化传统保留生存空间,为传承古代文化传统、保持文化传统创造活力提供了历史依据。

其次,董仲舒把古代德治传统转化为政治统治正义原则。在汉承秦制、严刑酷法的初汉,政治改革势在必行,然而到底以秦法和黄老道术混合的刑名法术为政治统治原则,还是通过更化改制,回归中国古代固有的德治传统,即所谓的德法斗争,是当时汉初直到汉武之世面临的政治重大问题。"今临政而愿治七十余岁矣,不如退而更化;更化则可善治,善治则灾害日去,福禄日来。"②董仲舒诉诸宇宙论和人性论,证立王者奉天而法古,继承发展古代圣王德治传统是受天命奉天意的天职,而万民要通过德政教化才可以为善,王者必须听过道德教化才能实现教化。"天生民性,有善质而未能善,于是为之立王以善之,此天意也。民受未能善治性于天,而退受成性之教于王。王承天意以成民之性为任也。"(《春秋繁露·实性》)而要实现德治教化,必须开太学养士,通过德治教育培养能够推行道德教化的循吏,选举贤能之士充实到政府中。为此,在文化教育制度上,"诸不在《六艺》之科孔子之术者,皆绝其道,勿使并进。邪辟之说灭息,然后统纪可一而法度可明,民知所从矣"③。政府要通过制度来提倡承载王道德治传统的"六艺"和孔子为代表的儒家学说,"道之以德,齐之以礼,有耻且格"(《论语·为政》),引导社会走上"无讼"的太平治世。在经济制度上,"大富则骄,大贫则忧,忧则为盗,骄则为暴,此众人之情也。圣人则于众人之情见乱之所以生,故其制人

---

① 《史记》,第2510页。
② 同上书,第2505页。
③ 同上书,第2523页。

道而差上下也,使富者足以示贵而不至于骄,贫者足以养生而不至于忧,以此为度而调均之,是以财不匮而上下相安,故易治也。"(《春秋繁露·度制》)提议"限民名田"和废除奴隶制,使百姓生活安定,人身自由,安居乐业。

第三,董仲舒把"三纲五常"确立为社会人伦秩序的原则,建构以"亲亲贤贤长长"为出发点、礼法互融的宏观和微观相结合的政治社会。在礼坏乐崩的春秋时代,孔子自觉地"克己复礼为仁",强调"正名"原则,要求"君君,臣臣,父父,子子"(《论语·颜渊》)。《礼记·大传》:"立权度量,考文章,改正朔,易服色,殊徽号,异器械,别衣服,此其所得与民变革者。其不可得变革者则有矣,亲亲也,尊尊也,长长也。男女有别,此其不可得与民变革者也。"韩非子提出君臣、父子、夫妻的服从关系:"臣事君,子事父,妻事夫,三者顺则天下治,三者逆则天下乱,此天下之常道也。"(《韩非子·忠孝》)董仲舒继承孔子"正名"思想,提出"名号"原则。"治天下之端,在审辨大;辨大之端,在深察名号。名者,大理之首章也,录其首章之意,以窥其中之事,则是非可知,逆顺自着,其几通于天地矣。是非之正,取之逆顺;逆顺之正,取之名号;名号之正,取之天地;天地为名号之大义也。"(《春秋繁露·深察名号》)根据"受命于天""阳尊阴卑"的宇宙论前提,人间秩序是尊卑有序的名号体系。"《春秋》列序位,尊卑之陈,累累乎可得而观也……天子受命于天,诸侯受命于天子,子受命于父,臣妾受命于君,妻受命于夫,诸所受命者,其尊皆天也,虽谓受命于天亦可。"(《春秋繁露·顺命》)名号中最根源也是最重要的是君臣、父子、夫妇三个重要关系,可比拟为天地、四时、阴阳。"是故仁义制度之数,尽取之天,天为君而覆露之,地为臣而持载之,阳为夫而生之,阴为妇而助之,春为父而生之,夏为子而养之,秋为死而棺之,冬为痛而丧之,王道之三纲,可求于天。"(《春秋繁露·基义》)董仲舒吸收法家思想,君臣、父子、夫妇等三者尊卑关系称为三纲,又把"仁义礼智信"称为"五常",作为处理社会人伦关系的原则。"夫仁义礼知信五常之道,王者所当修饬也;五者修饬,故受天之佑,而享鬼神之灵,德施行于方外,延及群生也。"①五常有时也被理解为五伦"君臣、父子、夫妇、兄弟、朋友",但其人伦关系原则,仍然是仁义礼智信。三纲五常的根本精神有两个方面,一是明确君为人间秩序的根本,"视大始而欲正本"②,使人君自觉以德约己,正己以正天下。"故为人君者,正心以正朝廷,正朝廷以正百官,正百官以正万民,正万民以正四方。"③另一方面,让天下万民皆守其名号所定的本分,服从有道之世的人伦纲常,共同努力创造太平盛世。虽然董仲舒没有把"三纲"和"五常"连用,但"三纲五常"作为社会秩序普遍原则,已经在董仲舒这里确立。

三、经权观和《春秋》决狱

孔子对损益周礼,即为行"权",如对具体礼节的态度,以仁义的精神实质为经,根据时势通权达变,而不拘泥于刻板的外在形式。譬如,"麻冕,礼也,今也纯,俭,吾从众"(《论语·子罕》),"礼与其奢也,宁简;丧,与其易也,宁戚"(《论语·八佾》)。而行权是非常高明的境界,孔子不轻易许人:"可与共学,未可与适道。可与适道,未可与立;可与立,未可与权"(《论语·子罕》)孟子认为:"执中无权,犹执一也。所恶执一者,为其贼道也,举一而废百也。"(《孟子·尽心上》)原则性(执中)和灵活性(权)要兼顾。"嫂溺不援,是豺狼也。男女授受不亲,礼也;嫂溺援之以手者,权也。"(《孟子·离娄上》)在具体情境中发生礼与义的冲突时,要适度行权以维护"义"。"夫大人者,言不必信,行不必果,惟义所在"(《孟子·离娄上》)。把握了义的根本行权,才可谓贤者。"夫道二,常之谓经,变之谓权,怀其常道而挟其变权,乃得为贤。"(《孟子·尽心下》)

董仲舒继承发展了孔孟经权思想,贯穿整个新儒学体系,尤其体现在政治哲学之中。在董仲舒看来,王道之经是天命和先王之法,是不可

---

① 《史记》,第 2505 页。
② 同上书,第 2502 页。
③ 同上书,第 2502—2503 页。

更易的,"道之大原出于天,天不变,道亦不变"①。道是千古不易的,出问题的是因为道的缺失或失落。"臣闻乎乐而不乱复而不厌者谓之道;道者万世无弊,弊者道之失也。"②所以王者没有变道的事实。"王者有改制之名,无改道之实。"③同时,董仲舒又认为即乱世之君可以改前朝之迹,恢复天命之道。"圣王之继乱世也,扫除其迹而悉去之,复修教化而崇起之。"④不仅可改前朝之恶道,甚至如果本朝无道或有受命之符瑞出现,也要通过禅让转移天命。"先师董仲舒有言:虽有继体守文之君,不害圣人之受命。"⑤由此看来,作为大纲大法的道、经、常,是神圣而不可轻易变动的,只有在特殊情况下,但经与其本来的精神相冲突的时候,在某些适当的范围内可以行权。"夫权虽反经,亦必在可以然之域。不在可以然之域故虽死亡,终弗为也。……故诸侯在不可以然之域者,谓之大德,大德无逾闲者,谓正经;诸侯在可以然之域者,谓之小德,小德出入可也;权谲也,尚归之以奉钜经耳。"(《春秋繁露·玉英》)权在表面上背离了经,但实际上权考虑到经所考虑不到的特殊情况,通过适当调整做法,在更高的层次上奉行了经的精神。所以董仲舒说:"《春秋》之道,固有常有变,变用于变,常用于常,各止其科,非相妨也。"(《春秋繁露·竹林》)

尽管经权常变都可以合法运用,但经为本,权为末。"阳为德,阴为刑,刑反德而顺于德,亦权之类。虽曰权,皆在权(当为'经')成……是故天以阴为权,以阳为经。……经用于盛,权用于末。以此见天之显经隐权,前德而后刑也。"(《春秋繁露·阳尊阴卑》)所以凡事首先要遵照经的要求去做,只有不得已的时候才去行权。"先经而后权,贵阳而贱阴也。"(《春秋繁露·王道通三》)"明乎经变之事,然后知轻重之分,可与适权矣"(《春秋繁露·玉英》)洞明通经达权的深刻道理,才能在关键时刻迅速判断事物的性质,寻求解决问题的适当办法。董仲舒立足当时问题意识吸收转化各种思想资源阐发春秋微言大义,应对汉武帝的政治问题解决方案,以

---

① ② ③《汉书》,第 2518—2519 页。
④ 同上书,第 2504 页。
⑤ 同上书,第 3154 页。

及他与后学用春秋大义决狱的方法,无不贯穿了这些经权之辨的智慧。

《春秋》决狱是董仲舒经权观在政治哲学中的卓越运用。董仲舒用《春秋》微言大义决狱,将经权思想运用到政治分析和法律判决,成为西汉政治、法律实践的一大特色。董仲舒开启以《春秋》"微言大义"作为判断罪之有无、罪之轻重的依据,"原心定罪"成为西汉的一种政事和法律案件的处理原则。

《春秋》决狱的一个重要特点就是原心定罪。董仲舒总结了很多《春秋》褒贬义例,可以作为法律案件处理的依据,就如英美的判例法。

> 《春秋》之听狱也,必本其事而原其志。志邪者,不待成;首恶者,罪特重;本直者,其论轻。是故逄丑父当斩,而辕涛涂不宜执,鲁季子追庆父,而吴季子释阖庐,此四者,罪同异论,其本殊也。俱欺三军,或死或不死;俱弑君,或诛或不诛;听讼折狱,可无审耶! 故折狱而是也,理益明,教益行;折狱而非也,暗理迷众,与教相妨。教,政之本也,狱,政之末也,其事异域,其用一也,不可不以相顺,故君子重之也。(《春秋繁露·精华》)

"春秋之义,原心定罪。"(《汉书·薛宣传》)《春秋》听狱与决狱同,都是原心定罪。"君亲无将,将而诛。"(《春秋繁露·王道》)如果"志邪",即有谋逆的意图,不等谋逆行为败露,就要诛灭。"首恶"即主犯,因为主犯是罪恶发生的开始和源头,论罪特别加罪于首恶,只诛首恶,是董仲舒反对连坐之法的思想。"闻恶恶止其人,疾始而诛首恶,未闻什伍之相坐。"(《盐铁论·周秦篇》)"本直",即其意图是仁义善良的,这样的反经,论罪轻微,甚至赦免和嘉奖。何休注《春秋》经文"及,我欲之。暨,不得已也",释曰:"举及、暨者,明当随意善恶而原之。欲之者,善重恶深;不得已者,善轻恶浅,所以原心定罪。"(《春秋公羊传注疏·隐公元年》)

《春秋》决狱就在这样的西汉政治法律背景下由董仲舒发明。宋艳萍认为,《春秋》决狱是对"汉承秦制"遗留的严酷法律的自觉抵制,是汉代士人对严刑酷法有效的调节方式,也是对王权的自觉抵制。"礼与刑相结合是汉代经学史及法治史的一大特色,这一思想起源于董仲舒。"①
汉初政坛流行黄老刑名之学,后来汉政也一直带有这一特点,"汉家自有
制度,本以霸、王、道杂之"(《汉书·元帝纪》)。董仲舒顺应这一时代背
景,在创建的新儒学体系有所吸收和通融,《春秋》决狱的用语也带有刑
名之学的印记。"志善而违于法者免,志恶而合于法者诛。故其治狱,时
有出入于律之外者。"(《盐铁论·刑德》)但其《春秋》决狱判断事物性质
的原则不再是黄老刑名的主张,而是置换为儒家仁义精神。

　　董仲舒只诛首恶、反对连坐的思想,也被用到"见知故纵、监临部主
之法"之中,是《春秋》决狱以仁义精神缓解秦法酷急的一个明证。汉武
帝时制定的这一法律规定,见知而故纵是重罪,见知非故纵而不报是轻
罪、不见不知则无罪。而按照秦律,三者都是重罪。"智(知)而弗举论,
是即明避主之明法也……为人臣亦不忠矣。若弗智(知),是即不胜任、
不智也。智(知)而弗敢论,是即不廉也。此皆大罪也。"(《睡虎地秦墓竹
简·语书》)《魏律序》云:"律之初制,无免坐之文。张汤、赵禹始作监临
部主、见知故纵之例。其见知而故不举劾,各与同罪,失不举劾,各以赎
论,其不见不知,不坐也,是以文约而例通。"(《晋书·刑法志》)曹魏后来
据以发展为《免坐律》。尽管司马迁认为《春秋》决狱仍为酷急:"自公孙
弘以春秋之义绳臣下取汉相,张汤用峻文决理为廷尉,于是见知之法生,
而废格沮诽穷治之狱用矣。其明年,淮南、衡山、江都王谋反迹见,而
公卿寻端治之,竟其党与,而坐死者数万人,长吏益惨急而法令明察。"
(《史记·平准书》)但见知故纵、监临部主之法按董仲舒《春秋》决狱思想
缓解了汉承秦法带来的酷烈,其功绩是不可磨灭的。

---

① 宋艳萍:《公羊学与汉代社会》,第 226 页,北京,学苑出版社,2010。

第五章　《淮南子》的哲学思想

　　《淮南子》，又称作《淮南鸿烈》或《淮南王书》，是西汉初中期淮南王刘安(前179—前122)与其宾客共同编撰、有完整规划的一部综合性论文集，东汉史学家班固《汉书》分内中外三篇，其后学者许慎与高诱有内篇注解。它是汉初黄老学者阐发原道、养生、天文、地理、人事、治世、治国、治身等思想内涵的经典著作。此以现代学者刘文典的《淮南鸿烈集解》①和其他相关研究成果为据，大致阐述其以气为基本介质的宇宙论、以物为普遍征象的自然论、以人为认知主体的性命论和以文为精神创造的道德论。首先在宇宙大视野探讨其气化说，如何变成气本说，并充实道本说；其次，在天然显化物中，原始宗教的自然神怎样落实为现世生活的自然形；再次，在绝对认知主体上，无知觉的自然存在如何成为有知觉的社会存在，辨识其性命之情；最后在儒家思想滋养与《文子》补证中，确立其道德要旨。从气本原、本体、本能所作的不确定的本性、本质规约，以此天生塑造的自然神、自然物、自然人所得的确定的形象、形式说明，进而由社会人研判其历史、现实与精神凝结的情志及散发的灵感，以此人

---

① 刘文典：《淮南鸿烈集解》(第二版)，冯逸、乔华点校，北京，中华书局，2013。所引的原文资料，皆出于该书，文字化简，仅标篇名。

文质感、意志推证社会群体的道德、仁义与政治群体的利益、法度。

第一节 "气"与宇宙论

一、气

在《淮南子》二十一篇中，关于"气"的说法依次有"气力""薄气""血气""天下之气""气志""天气""地气""神气""勇气""阴阳之气""热气""火气""寒气""水气""含气""吐气""阴气""阳气""人气""山气""云气""风气""泽气""障气""林气""木气""石气""暑气""谷气""春气""秋气""杀气""民气""生气""和气""逆气""精气""烦气""志气""蒸气""元气""冲气""天地之气""正气""邪气""音气""气势""望气""气意""虚实之气""同气""虚气""烟气""燥湿之气""形气""异气"等直接或间接表述。其绝大多数用语在《易经》《老子》《论语》《文子》《墨子》《管子》《孟子》《庄子》《吕氏春秋》以及阴阳家残文中都能分别找到相应解释，甚至在同时代大儒董仲舒的《春秋繁露》的有关表达中也有相近认知，其后严遵《老子指归》、扬雄《太玄》和王充《论衡》细化与深化关于"气"的内涵表达。这里取其"元气""生气""和气""形气""志气""正气"的相关内容，作一简述。开篇《原道训》讲：

> 夫形者，生之所也；气者，生之充也；神者，生之制也。一失位，则三者伤矣。是故圣人使人各处其位，守其职，而不得相干也。故夫形者非其所安也而处之则废，气不当其所充而用之则泄，神非其所宜而行之则昧。此三者，不可不慎守也。

据刘文典引王念孙、《文选·养生论》《文子·九守》和王冰注《素问·刺禁论》，此"充"为"元"，是"本"之意，讲"气为生之本"或"原"。在《缪称训》篇用黄帝的话说"芒芒昧昧，从天之道，与元同气"，在《泰族训》篇将此改作"芒芒昧昧，因天之威，与元同气"，同一人在不同篇目表达同样意思，即在芒昧中从天道和因天威是元与气，此气更根本、集中、系统、圆通,可称作宇宙生命事物的要素。再看"充"的会意是"云"与"儿",生活意涵是"填充""充实"等,知其在渺茫中有所认定、在现实中有所区分、在整体中明确个体、在形式中指认实质,因而与"元"动态融通。而且以"形""气""神"为一组,探讨三者的生命内蕴与生活作用,是"气"的融贯、流通,使"形"之"所"得以能、"神"之"制"得以灵、生之体得以行,使圣人明达这种互动关系、大众持守这种具体职分,得安处、充用、宜行,不荒废形体、流失内涵、迷茫精神和伤害自己。就此看,气是灵动的本源和基质,不是西方逻辑内涵规定绝离实际事物的本体与本质。也可从实在的意义讲,其为本原、本体、本能、本形、本性、本因、本事、本意,其原体(即本原与本体的合称)是元气、本能是生即生气、本形是形气、性因是和即和气、本事是正气、本意是志气。下面略补充说明,《天文训》曰:

> 天地未形……故曰太昭。道始生虚霩,虚霩生宇宙,宇宙生气。气有涯垠,清阳者薄靡而为天,重浊者凝滞而为地。清妙之合专易,重浊之凝竭难,故天先成而地后定。天地之袭精为阴阳,阴阳之专精为四时,四时之散精为万物。积阳之热气生火,火气之精者为日;积阴之寒气为水,水气之精者为月。日月之淫为精者为星辰。

学界习惯解法是,"未形"之"太昭"明"道",始推生"虚霩""宇宙""气",由"气"分清浊天地、阴阳两性、四时运作、万物形状,再由阴阳得日月星辰与金木水火土;疑惑处是,太昭如何明道,道如何能生,道与气怎样关联,气如何分化万物,道、气、物、人怎样贯通成一个整体?这显然是人类认识与实践的经验科学所总结的系列问题求解,但在古代笼统、大体的感悟、验证中,它是自然、描述、想象、渴望和可能的。基于这种笼统考量,气比道更充分、实在、精准地体现了认识过程与内涵及结果,有效贯通形上构思、信守与形下言说、实行,这是汉初学者群体的一个重大观念转向与理论贡献。所以,宇宙万物生产的原始能力在气中而非道中,道是气的理念化、理想化、理性化的设计与界识,气是道的实在性、行动性、感知性的落成与推扩。因而对"形气"类别及其状态的系统化与多样化说明,是它的重点和亮点。

> 故精诚感于内,形气动于天,则景星见,黄龙下,祥凤至,醴泉出,嘉谷生,河不满溢,海不溶波。①

> 土地各以其类生,是故山气多男,泽气多女,障气多喑,风气多聋,林气多癃,木气多伛,岸下气多肿,石气多力,险阻气多瘿,暑气多夭,寒气多寿,谷气多痹,丘气多狂,衍气多仁,陵气多贪,轻土多利,重土多迟,清水音小,浊水音大,湍水人轻,迟水人重,中土多圣人。皆象其气,皆应其类。②

其内在的精诚体验与天的认知视域,用大体具象化、跳跃式的美好图景,即"景星""黄龙""祥凤""醴泉""嘉谷""河""海"的图示,证实"形气"的内外、上下、各方、跨时、集群成一体融通之可能,确认"气"的本体地位与流变景象。又从"类"的响应功能与"土地"的经验判析,用具体区域、季节、表征的关键诉求,辨识"气"各种类型和性状,推证"形气"的本来面目与可能内涵。一个是"形气"的总的可能的普遍流行,一个"气"的分的类型的特殊识别,两者统合一起追问究竟"气"的性因如何"和"。虽其和气来自老子的"万物负阴而抱阳,冲气以为和"(通行本《老子》第四十二章)的意蕴,但更多借鉴了《庄子·齐物论》及外杂篇的表述,合乎经验认识的大致过程与内容即:

> 有未始有有始者,天气始下,地气始上,阴阳错合,相与优游竞畅于宇宙之间,被德含和,缤纷茏苁,欲与物接而未成兆朕。有未始有夫未始有有始者,天含和而未降,地怀气而未扬,虚无寂寞,萧条霄霏,无有仿佛,气遂而大通冥冥者也。③

> 天地之气,莫大于和。和者,阴阳调,日夜分,而生物。春分而

---

① 《淮南子·泰族训》。
② 《淮南子·地形训》。
③ 《淮南子·俶真训》。

生,秋分而成,生之与成,必得和之精。①

从"有"的角度追问"始"即"有始"与"无"即"未始",由此"始"区分"天气"与"地气"的上下运动,使得阴气与阳气交错结合成和气;"优游竞畅"在"宇宙"的无限时空中包含性德或命、缤纷呈现,跟万物自由对接而不受任何具体形状的局限,这是天地之间虚空通融的气,若有若无又无所不有,有始有终又有过程与内涵,它叫和气。它是形气的性能与动因,规定了后者的本性与本因,即在"和"中解证"气"的特性与归因。也可说,形气的本性是和气的特性,形气的动因是和气的归因。就此,"天地之气"被"和"的性因引导与规范,调节阴阳的交合与日夜的分化而成全万物的创生,在春秋的轮替里生成精致的和气之物。此精气之物在自然变化上为神气而通灵,在社会事业上为意气或者义气而致诚,内敛为精神、气志即:

> 夫孔窍者,精神之户牖也;而气志者,五藏之使候也。耳目淫于声色之乐……则五藏摇动而不定……则血气滔荡而不休矣。血气滔荡而不休,则精神驰骋于外而不守……气志虚静恬愉而省嗜欲……嗜欲者使人之气越,而好憎者使人之心劳,弗疾去,则志气日耗。②

据王念孙校释,第一个"气志"是"血气"之误。由此受"声色"玩乐过度感染的耳目"孔窍",使人"五藏"中"血气"摇荡不休,进而影响到"精神"的内在安宁,且有志于"驰骋"外在的"嗜欲",让人之神气飞扬、精气飞散、血气沸腾和志气磨损,这不是和气的本意,而是人气或俗气的张扬。因为"气"在人本身的用意上是和生而归根守静,即遵循和气的本性与本因、爱惜生气的本体与本命、守护元气的本原与本根,不能"意气"用事而铺张物欲,应"义气"行事、做正人君子,这是正气凛然的做法,也是

---

① 《淮南子・泛论训》。
② 《淮南子・精神训》。

"志气"的本事即：

> 君子行正气，小人行邪气。内便于性，外合于义，循理而动，不
> 系于物者，正气也。重于滋味，淫于声色，发于喜怒，不顾后患者，邪
> 气也。邪与正相伤，欲与性相害，不可两立。①

此"君子"与"小人"的判识是《论语》中孔子的标准看法，即君子以义
来断、小人以利来判；正邪的区别是老庄道家甚至包含《管子》《孟子》《荀
子》《韩非子》等关于"气"的认知理路，即生是性并内化一切、命是令或名
（义）并外推一切。"正气"是其性体内化于本根、命义外推于人事，因循
原理运动、牵系杂物沉沦的正当存在；"邪气"是满足口舌的"滋味"，迷惑
耳目的"声色"，激发心血的"喜怒"，不考虑生命忧患的虚妄存在。如果
以此"邪""欲"伤害"正""性"，那么，人就变成不顾性命义理的恶魔而胡
作非为或肆意妄为。因此，"志气"所用、所事在"正"，不在"邪"。

就上述"气"的讨论，可知"道"是场域、原理、规律、通路、方法、方式
等，"气"才是实体、主因、本质、根源、命运、归依等，才有元气本原、生气
实体、形气样式、和气性因、志气用意与正气做事。不过，这种讨论是在
宇宙视域下进行的，因而要对其宇宙视域与内涵及认知体系作进一步
考察。

二、气本宇宙论

由前述"气"诸多意涵可知，"宇宙"间充满"生气""形气""和气"，根
系"元气"并赋义"志气"、推行"正气"，是在宇宙论境域探寻"气"的基本
理路与缤纷景象。反过来，从"气"的生命基元如何当考察"宇宙"的发生
基因、构成要素和本质特征呢？首先须弄清楚"宇宙"的可能含义；其次，
讨论它是如何发生、由什么组成和决定。

---

① 《淮南子·诠言训》。

1. 宇宙

关于"宇宙"的用词,在《庄子》等中有具体的表述,但对其作明确的解释是《墨经》,《淮南子》沿袭了此义,提出一些不同的说解即:

> 约而能张,幽而能明,弱而能强,柔而能刚,横四维而含阴阳,紘宇宙而章三光。
>
> 无为为之而合于道,无为言之而通乎德,恬愉无矜而得于和,有万不同而便于性,神托于秋豪之末,而大宇宙之总。(《原道训》)
>
> 若然者,陶冶万物,与造化者为人,天地之间,宇宙之内,莫能夭遏。(《俶真训》)
>
> 凤凰之翔至德也,雷霆不作,风雨不兴,川谷不澹,草木不摇,而燕雀佼之,以为不能与之争于宇宙之间。(《览冥训》)
>
> 故知宇宙之大,则不可劫以死生;(《精神训》)
>
> 扶桑受谢,日照宇宙,昭昭之光,辉烛四海。(《道应训》)
>
> 受光于隙照一隅,受光于牖照北壁,受光于户照室中无遗物,况受光于宇宙乎?(《说山训》)
>
> 夫天之所覆,地之所载,包于六合之内,托于宇宙之间,阴阳之所生,血气之精,含牙戴角,前爪后距,奋翼攫肆,蚑行蛲动之虫,喜而合,怒而斗,见利而就,避害而去,其情一也。(《修务训》)

除前面提及"虚霸生宇宙"与"宇宙之间",此处增"紘宇宙而章三光""大宇宙之总""宇宙之内""宇宙之大""日照宇宙""受光于宇宙"等说法,都未给出"宇宙"的明晰理解,反而是后来的注解以时空来界定其为天地之无边空旷和古今之无限跨越,才明了。从第一句得"宇宙"可"紘",第二句知其"总",第三句限其"内",第五句知其"大",第七句见其"照",第六句受其"光",第八句知其"托",之前明其"生"与"游",此知宇宙整全、广大、受限、被照、有光、能生、任游、可弘、可托。其全在"神"以合道、通德、得和、便性,大得超越生死局限,又限定天地古今之间,受日月星辰普照,由阴阳之气创生,随万物畅游,可伸可缩,可包可托,是人与物的居所,是其生命存在与发展的客观基础。此神是自然神,非宗教塑造的绝对至善与万能的人格神,即是现实的、非理想的。因而其不是先天直观的时空范畴形式,是后天直接的时空存在可能。即宇宙的视域是天地的视域,生命的场域,自然的境域,这种视域、场域和境域由气充实和决定。

在这个意义上,可探讨其由气生成、构成和决定的宇宙论,而不是凭空构造其认知模式、逻辑推测其组成元素和分析其变化趋势。

2. 宇宙的发生论、构成论与决定论

以往对《淮南子》宇宙论的探讨,主要集中在《俶真训》《天文训》《精神训》《诠言训》篇目,都承认其生成论或发生论,分歧在有无构成论或结构论,有气化宇宙论与本体宇宙论之说。我们认为《淮南子》先把老庄的道本气化,然后将气化实体化,再具象而宏观地阐明其气本支撑的宇宙发生论、构成论和决定论。

第一,道本如何气化,即宇宙怎么发生或宇宙生成论如何可能。老子对"道"的认识,有"始""母""宗""根"的判断;庄子把"道"看作"自本自根",得出"本根"的界定;《管子·水地》出现"水"作为"本原",贯通万物,统合一切;如上述《淮南子》有"气"为"生之元"的简括,且与"形""神"在"生"的意义诉求中呈现其本来内涵。可见,"气"这个生命基元是宇宙事物的本原。只有"气",才能真正生成天地间的万事万物,"道"是不可能独立完成此生命任务,更多是规律范导、原则指示、理念设计与理性把握。何况老庄的本根之根也有根源与根据二义,其根源与秦汉的黄老学者之本原说相同,其根据更多是事实上而非价值上的(此为孔孟荀儒家)。因而,其以黄帝讲"气"与"元"同,很可能是稷下黄老学者假借古代圣王生命实践的根源推阐。由此可说,《淮南子》的"气"超化了老庄的"道"、黄老的"水"而为本原。

第二,气化怎样实体化,即宇宙到底由什么东西构成或宇宙的结构是什么样子的。之前有《周易》神秘化的阴阳符号建构的宇宙图像,到战国中后期有阴阳家与《吕氏春秋》的阴阳五行尤其金木水火土五种要素形成的物质世界;古印度有地火水风的四蕴说,在古希腊有"四根"说、

"种子"说和"原子"说;这些古代哲人从对现实事物的单纯简化上,发觉了宇宙构造的基本元素。同样,《淮南子》的"气"对阴阳五行是一种高度的纯化,其"生之充"是对宇宙生命的无限充实,是生命基元对宇宙事物的自由塑造或自然充润。或者说,"气"作为宇宙的生命本源即元,并非《淮南子》原创,来自前贤黄老学者的设定,但成为宇宙生命基元即组成要素或"充",是它确认,即使有庄子的天下一气之聚散和《管子》的精气说,也没从"生"的"气"场提出宇宙的"物"的构成。更重要的是,它不仅指出其发生与构成的可能,还论证其怎么被决定,即宇宙万物的形成与构造到底被谁决定的呢?

第三,宇宙被谁定制,即宇宙命运掌握在谁的手中或谁是宇宙的主宰。初看其对"形""气""神"的界识,形是生命存在的处所,气是生命构成的要素,神是生命发展的规制,这似乎意味着《淮南子》尚未走出远古神话的天真设想。实际上,上述对"气"的讨论很清楚地表明,其形是气之形而为形气,其神是气之神而为神气。因而,形是气的外表,神是气的内情,其最终是气自个存在、形塑、建构、发展、循环、圆满。因此,它在此宇宙论中的最大贡献不是本原论、本体论,而是决定论;此决定论不是孟荀的善恶本性决定而由人心或人文趋向善,也不是柏拉图的共相本质决定而由理念或智慧导出理性,它是本原、本体的决定而由本身和本能推得其质性、因果。

所以,《淮南子》的气是定根源的元气、能创造的生气、会建构的形气、可圆融的和气、有意向的志气和成事业的正气,把宇宙生命的本原、本体、本能、本性、本意与本事,作了周密考察与精准把握,提出以气为本的宇宙发生论、构成论和决定论的三合一认知体系。将此体系完整呈现在宇宙而融合本原、本体、本能是"自然",具体表现在生命根本上受元气与生气所制约的形气化作万物;赋予此体系的人文痕迹与关怀,美善本性、本意、本事普遍的功德是自觉即"性命之情"的自我思虑,具体做法在生活枝节上被和气与志气宰制的正气化育众生。

第二节 "自然"概念

把上述气本宇宙论的"本"略作引申,其本原是"气"本有的根源与要素即宇宙生命的元素,此元素是生成之基元与构成之质素;其本体是它本有的实体与主体即宇宙生命的身体,此身体是灵动之身与实有之体;其本能是它本有的潜能与动能即宇宙生命的能量,此能量是创造之能与规范之力;此三者"本有"的全面绽放,就是"自然"。也就是说,此本有是自有而非他有,是天生而非人为的,这是自然的原初义。基于这种原义,我们考察《淮南子》的"自然"概念内涵。

一、《淮南子》的"自然"叙述及推阐

《淮南子》关于"自然"的表述,一共有 21 处,大致是:

> 是故天下之事,不可为也,因其自然而推之。
>
> 万物固以自然,圣人又何事焉!
>
> 所谓无治者,不易自然也;所谓无不治者,因物之相然也。
>
> 修道理之数,因天地之自然,则六合不足均也。
>
> 两木相摩而然,金火相守而流,员者常转,窾者主浮,自然之势也。(《原道》)
>
> 故以智为治者,难以持国,唯通于太和而持自然之应者,为能有之。(《览冥》)
>
> 故至人之治也,心与神处,形与性调,静而体德,动而理通,随自然之性而缘不得已之化,洞然无为而天下自和,憺然无为而民自朴,无机祥而民不夭,不忿争而养足,兼包海内,泽及后世,不知为之谁何。(《本经》)
>
> 进退应时,动静循理,不为丑美好憎,不为赏罚喜怒,名各自名,类各自类,事犹自然,莫出于己。
>
> 夫舟浮于水,车转于陆,此势之自然也。

是故圣人举事也,岂能拂道理之数,诡自然之性,以曲为直,以屈为伸哉?

不正本而反自然,则人主逾劳,人臣逾逸。(《主术》)

且喜怒哀乐,有感而自然者也。(《齐俗》)

法修自然,己无所与。

唯灭迹于无为,而随天地自然者,唯能胜理而为受名。(《诠言》)

晓自然以为智,知存亡之枢机,祸福之门户,举而用之,陷溺于难者,不可胜计也。(《人间》)

若吾所谓"无为"者,私志不得入公道,嗜欲不得枉正术,循理而举事,因资而立权,自然之势,而曲故不得容者,事成而身弗伐,功立而名弗有,非谓其感而不应,攻而不动者。若夫以火熯井,以淮灌山,此用己而背自然,故谓之有为。

人性各有所修短,若鱼之跃,若鹊之驳,此自然者,不可损益。

各有其自然之势,无禀受于外,故力竭功沮。(《修务》)

天致其高,地致其厚,月照其夜,日照其昼,阴阳化,列星朗,非其道而物自然。

夫物有以自然,而后人事有治也。(《泰族》)

从上可得自然之本无、天地万物自然、自然之性、自然之因、自然之势、自然之应(或感)、自然之智、自然之法、自然之治与自然之反,重在本自然、物自然、性自然、因自然、势自然、应自然、识(或知)自然、法自然、事自然和反(返或归)自然。因而其本在"正"并正于"道"之元"气"、非纯"无",其物在"相"而定形于实际行状、不是符号数目,其性在"物"而内生于实体、决非外缘征兆,其因在"本"而归因于本根源泉、不是枝节条件,其势在"能"(推或循)而进展万千现象、不是唯一结果,其应在"时"而和合于各种资源与机缘、并非感觉与意念,其识在"势"而明白存亡祸福之机要、莫作是非得失之计较,其法在"智"而要人遵守天地万物本有之律则、决非故意造作之程序,其事在"人"而按己之智识与物之律则来完成生之职责与使命,别怕死之威胁与取缔,其反在"根"而记取本来之面目和憧憬未来之殿堂,担负既来之收益与败落。就此自然之本、之物、之性、之因、之势、之应、之识、之法、之事、之反,明达其正、其相、其体、其原、其能、其感、其智、其治、其功、其道。因而,《淮南子》更注重庄子个体性自然物化的可能机缘与实际过程,渐疏离老子整体性自然超越的初始根系与最终结局;后者是其生命根据与归宿,前者是其生命全程与内蕴,它融会二者用意而推扩《吕氏春秋》的自然要义。

就此自然诸义,《淮南子》诠定的"形物"自然论是对其"元气"宇宙论的完整开显。怎么开显,如何保持完整,下面补证。

二、"形物"自然论对"元气"宇宙论的完整开显

从上述"物"的"自然",可溯源"本"的自然和推引"性、因、势、应、识、法、事、反"之"自然"。即在"物"的开显下,可实际展示"本"之外形,有效导出"性"之特质、"因"之机缘、"势"之动能、"应"之感受、"识"之文言、"法"之国度、"事"之成就、"反"之命运。这从"物"的基本认知中可得一些启示,如:

> 夫无形者,物之大祖也;无音者,声之大宗也。(《原道》)
>
> 物类相动,本标相应,故阳燧见日则燃而为火,方诸见月则津而为水。(《天文》)
>
> 制度阴阳,大制有六度:天为绳,地为准,春为规,夏为衡,秋为矩,冬为权。绳者,所以绳万物也。准者,所以准万物也。规者,所以员万物也。衡者,所以平万物也。矩者,所以方万物也。权者,所以权万物也。绳之为度也,直而不争,修而不穷,久而不弊,远而不忘,与天合德,与神合明,所欲则得,所恶则亡,自古及今,不可移匡,厥德孔密,广大以容,是故上帝以为物宗。准之以为度也,平而不险,均而不阿,广大以容,宽裕以和,柔而不刚,锐而不挫,流而不滞,

易而不秽,发通而有纪,周密而不泄,准平而不失,万物皆平,民无险谋,怨恶不生,是故上帝以为物平。(《时则》)

"物之大祖"即其宗源是"无形者",此无形者是其本,本是气,因而物之宗祖是元气。该"物类"运动变化,"本标"应和互动而生成日月水火,其本是类推之根蒂而为气,其末是外推之实形而为物①。此物据气之阴阳二性,设置天、地、春、夏、秋、冬"六度",能够制约即"绳"、校正即"准"、规范、平衡、方寸、权度万物。应怎样做,可确保其完整性与贯通性呢?它提供两种大体方案即:一是约束性的神圣尺度,认可其"直""修""久""远",却不"争""穷""弊""忘",配合天德与神明,欲得恶失,古今遵循这种严密而宽容的判断原则,这是"上帝"永远坚守其判分万物的宗旨;另一是标准式的世俗尺度,赞同其"平""均""广大""宽裕""柔""锐""流""易""发通""周密""准平",不张扬其"险""阿"、狭隘、冲突、"刚""挫""秽"、混乱、"泄""失",使万物回归正常状态自在发展、人民享受健康生活却不用争你死我活,这是生命事物都习惯的生存法则,也是"上帝"日常抚平各种困苦灾害的有效策略。不能把这两种尺度对立,正如不能将人与神、气与物、道与事等对立,只有融会二者优势来推进生命成长、成熟与轮替,才真正保障其完整性绽放与贯通性充实,这是"物"的自然论在"气"的宇宙论引导下作的永久开显与日常收缩。

结合上述"气"的宇宙论与"物"的自然论的常变内涵分析,再对比同时期大儒董仲舒所言"天不变,道亦不变"和"正其义不谋其利,明其道不济其功"的经权理念诉求,恰好证明《淮南子》以物之变推阐气之变、由气之变推导道之变、以天之变道定人之常情,完全不同于董仲舒以天之不变推出道之不变、由道之不变推得理(或伦常)之不变、以人之常理定天之变道。但他们的理论落脚点都在人,不管是现实的宇宙元气与自然形物,还是历史的春秋启元与文化基业,须在人的表现中求得如何究竟成

---

① 此外推,有具体过程可参照,能实际求证,是限定的认知把握;类推,要全面概括其实际情况,为高度抽象,是恒定的原则设计。

全与及时完善,甚至包含世代与同辈累积的美誉与厚利。前者重视人的"性命之情"的生命哲学的自由塑造,后者强调人的善恶本性的生活哲学的规范作业,由此,《淮南子》更在意人的生命本能的情状的正当展现,而董氏更在乎人类的生活本性的规定的正确引导。这里不具体探讨董氏的相关论证之得失,将对《淮南子》的生命哲学的情志作适度阐发。

第三节 以"性命之情"为核心的生命哲学

《淮南子·俶真》篇曰:"诚达于性命之情,而仁义固附矣,趋舍何足以滑心。"作者高度认肯生命信仰与文化机体而塑造人类心灵港湾。《淮南子》是以"性命之情"为核心而构建"自然"的生命哲学。此哲学内涵如何,依靠什么展开,大致有何种特征,我们通过其对"性命之情"的论述与认知主体"人"的审视,剖析其生命哲学的理论实质与特征。

一、确立"性命之情"的核心地位并发挥其关键作用

除上述"性命之情"的表述外,《淮南子》该篇与其他篇目还有如下说法:

> 是故夫得道已定,而不待万物之推移也,非以一时之变化而定吾所以自得也。吾所谓得者,性命之情处其所安也。夫性命者,与形俱出其宗,形备而性命成,性命成而好憎生矣。(《原道》)
>
> 故古之治天下也,必达乎性命之情。其举错未必同也,其合于道一也。(《俶真》)
>
> 故目虽欲之,禁之以度,心虽乐之,节之以礼,趋翔周旋,诎节卑拜,肉凝而不食,酒澄而不饮,外束其形,内总其德,钳阴阳之和,而迫性命之情,故终身为悲人。(《精神》)
>
> 性命之情,淫而相胁,以不得已,则不和,是以贵乐。
>
> 是故神明藏于无形,精神反于至真,则目明而不以视,耳聪而不以听,必条达而不以思虑,委而弗为,和而弗矜,冥性命之情,而智故

不得杂焉。(《本经》)

> 故知性之情者,不务性之所无以为;知命之情者,不忧命之所无奈何。故不高宫室者,非爱木也;不大钟鼎者,非爱金也。直行性命之情,而制度可以为万民仪。(《泰族》)

第一、二小段从"道"的"定"与"一"来考察其"得"与"合",此定于"元"而充"气"以生"物",由此推出吾人生命来自本原之气禀而展现实体之性情与命运,进而安顿其心灵家园并缤纷其喜怒情绪;此合于"治"而明"情"以分"举错(措)",由此自然生命经文化生活熏陶而步入政治轨道与程序,完成共同的政治使命与事业。一从"自得"的角度推定"性命之情"安置在本源处见其形体、宗旨和情绪,另一从自治的视角通达此情在日常言行举措中规划愿景、宰制天下、发展事业;前者归根"自然"而融通元气与万物,后者须从自得中自觉而模塑自我与群体。因而,性命之情在自得与自治中间处于核心地位,起人类生活觉解与调治的关键作用。

再看第三、四、五小段,主要是对第一段的"情"之内在体验与超解即"悲""乐""智"的探讨。"终身为悲人"是有意压迫"性命之情",使它得不到正当的过程舒展与适宜的细节满足,如眼中的美好事物被有关法度禁止观看,心中的快乐要求被特定礼节管制,甚至日常言行举止与吃穿住行的基本自由被严格局限,其形体完全被"清规戒律"的社会教条与制度束缚住,思想也被指令的道德理念绝对操控着,结果只能是阴与阳失和、灵与肉分离、命或道与欲孤立、性与情紊乱、物与人受挫,最终成被刻意禁锢与伤害的悲哀生活者。可见,悲在其情之迫的实感,"乐"在其"淫"的虚张。此迫与淫是两个极端,一个管得太死,一个放得太开,但悲从喜或欲来,又乐极生悲,因而要把握度。此度是乐和,即情欲的快乐要保持中和的生命状态与原则,不可无限膨胀其欲望,也不可完全压缩其欲求,此乐才可贵,此和才适中。以此照察第五小段,据前后语法与意思,断句应在"智"末,其明确表达是"冥性命之情而智","不得杂"是统合第一、二小段而"自得一"(此一为道、为气),以潜藏在"无形"中的"神明"与回归

"至真"的"精神",观解"目明""耳聪""条达""委""和",不用"视""听""思虑""为""矜",这是超越的生命智慧、非经验的生活知识。因而人类"自得"于宇宙"元气"之"道",通过"性命之情"生"悲、乐、智"。

第六小段是在"智"或"知"的基础上讨论"情"与"性""命"的关系,及作为"仪"的可能。只有了解到本性的实际情况,才能根据其实情正当作为而不大胆妄为,即为其所为和当为而不为其所不能为和不应为,而且能为由所为判定、应为由能为决定;也只有明达了本命的实际情形,才不会无故担忧其无可奈何之事与物而安足于本分职守,即根源、过程与结果不是自己所能主宰,确参与其中发掘、变化与安排。只有掌握本性、本命之实情运作,才可造就妥善的制度安排来改进万民的言行思虑,才能规范他们的生活与事业而获得大治与一统。这是"得定"与"合一"的关系论证与功能揭示。

就此说性命之情是万物自得与人类自治的中心环节,是人在社会生活中的悲、乐、智、仪的客观基础、行动前提与认知条件。这个"人"的典范是"真"与"圣"之至,他们与天、天道、道、气、神、理、形、物、命、性、情、欲、事等相连。

二、"人"的主体确立及客观把握

在"气"的宇宙论中"人"的形象与地位不明显,就算到了"物"的自然论中"人"的精神风采与生活风貌也不够突出,但在"性命之情"中尤其是"悲、乐、智、仪"的情绪、慧识与标配中,"人"的主体地位与文化形象越来越显明、重要和完整。也可以说,人虽是宇宙一员和自然物一分子,但决非其本原的存在与变化的主宰,只有在生命情感体验与现实过程中,才是天地间榜样与古今活动主角。也就是说,在文化天地中,人堪称万物之灵与万事模范。因此有必要对《淮南子》中的"天""人""真人""圣人"作些观察,以透显性命之情、自然之物与宇宙之气是如何圆融在一起,全力推进生命过程、内涵、样态与结局的。大致如下:

人生而静，天之性也。感而后动，性之害也。物至而神应，知之动也。知与物接，而好憎生焉。好憎成形，而知诱于外，不能反己，而天理灭矣。故达于道者，不以人易天，外与物化，而内不失其情，至无而供其求，时骋而要其宿。

所谓天者，纯粹朴素，质直皓白，未始有与杂糅者也。所谓人者，偶□智故，曲巧诈伪，所以俯仰于世人而与俗交者也。故牛岐蹄而戴角，马被髦而全足者，天也。络马之口，穿牛之鼻者，人也。循天者，与道游者也。随人者，与俗交者也。……故圣人不以人滑天，不以欲乱情，不谋而当，不言而信，不虑而得，不为而成，精通于灵府，与造化者为人。（《原道》）

古之真人，立于天地之本，中至优游，抱德炀和，而万物杂累焉，孰肯解构人间之事，以物烦其性命乎！

古之圣人，其和愉宁静，性也；其志得道行，命也。是故性遭命而后能行，命得性而后能明。（《俶真》）

人的天性好静，感动是此性的伤害。是怎么伤害的呢？或者说，首先是如何被感动的？这通过人与物的交接感应，触动神灵的默契而获得认知的可能；这种认知，表征在各种生活事物上，是爱憎的情感产生，即喜欢什么与厌恶什么而有是非心；由此是非心和爱憎情，就有外形的无限追逐与欲望的不停诱惑，就会迷失本来的自己，就会抹灭天生存在的正当理据而泛滥人为的故意要求，结果便不再沿宇宙的生命大道继续前进，执着眼前各种生活的捷径，这使其从天道、天理、天性中滑落。因此，人要明达这种道理与性命，不要轻易改变天赋的东西，才能在外形上同物自然气化，在内神上保持性命之情，做到无所求才可满足一切要求，融入生命时空才会在根源中润育、在过程中充实、在归宿中圆满。这是以"道""性""天理"来范导人的"情""感""知"。接着，列举出"天"与"人"的本来规定、应当表现和可能作为，即天是质朴浑融的自然存在而人是"曲巧诈伪"的世俗智者、天是牛马之本性如此而人是牛马之装饰者、天是与

"道游"于气中而人是与"俗交"于欲中。就此,"圣"在天与人之间确保本性的发用,不可被生活之"欲"扰乱了性命之"情",无需刻意"谋""言""虑""为"却能"当""信""得""成",在"灵府"中"造化"自身而为文化天地事物的精英。其后以"古之圣人"的性命关系与"行""明",补充了人性的"和"与"静"之根本状态,也明确了人命的"志"与"道"之遭遇及达成,人必须在性命之情中坚持根性作为和发扬其志气原理,才天人合一于物化、形神合一于志气与性情合一于命运。这就意味着圣人是人在性命之情中昂扬的生命典范,也是老子思想塑造"法天道"和"自然"的圣人形象在后学中的回应与落实。

当然,更显眼的是《淮南子》采用庄子《逍遥游》《齐物论》《德充符》《人间世》《应帝王》的"至人""神人""圣人""真人"形象,挺立其生发于"天地之本",中通天下一气而"优游"环宇,其始终保持真德去和合万物与人间事,不会为物欲牵累和俗事烦扰,自在体验性命实情,因应自然普遍超越。也就是说,圣人求"真"才与天之"道、理、性、命"全融贯,求"善"或"美"总与俗之"物、事、情、感"相纠缠,前者为气化而后者成志滞。人类生命当在自然气化中应和性命之情的验证与智解,不要在世俗欲求中强制其情的胡思与妄为。由此可概括《淮南子》的生命哲学内蕴与表征。

三、《淮南子》生命哲学的内蕴与表征

简要地说,《淮南子》生命哲学的内蕴是宇宙自然之气,其表征是万物性命之情。此生命哲学的内蕴看似虚无却有元气无限运作,其表征或许平常却有实情专门研究。《淮南子》的生命哲学要点就在此,可惜太多的解读游离此基本内涵及其表现,注入西学分科体系建构的认知模式来规范其本义与用意。

有学者认为《淮南子·精神》篇主要阐述生命问题,提出前人未论的形、神、气作为生命三大要素及其关系说明等;[①]也有从生命与自然、社

---

① 参阅牟钟鉴《〈吕氏春秋〉与〈淮南子〉思想研究》,北京,人民出版社,2013。

会、个体、自由等全面考察其生命的本源、机制、结构、过程、价值、本质、存在、修养、境界,承袭老庄之道为终极根源、德作现实根据,是道家生命气化论的理论高峰而开显《吕氏春秋》的宇宙自然大生命。[①] 正如在前面对"气""自然""性命之情""人"解析的,生命的基源看似"道"而实为"气",其机制本为"气"而实成"道",构成似为三元(形气神)而实为一元,过程是气化而内涵"气",价值在自然的贡献即生而非社会的贡献即文,本质是天性赋予而非抽象规定,它存在于宇宙时空或天地古今中,它的修养作为是虚静无为,它的人文境界与形象是圣人、真人、至人和神人。因而在生命本原上莫偏执原道之虚无,要通天德之赋予,认证元气之实体,抑制万物之情欲,发扬人类之理性,推进事务之功效,求解文化之精神,让文化生命哲学理论奠基在宇宙生命哲学认知上。就此,首要考虑是生命根系为何、本体是甚、流程怎样、布局如何、结果无限,求证生命超化的依据何来、机体怎么界定、机制咋建立、机理咋分析、机缘咋把握、机能咋运作、成果咋受用、意愿咋满足。《淮南子》以人的情感观照来贞定其文化生命哲学的内核与外延,不是以天的性命之情来阐明其自然生命哲学内蕴与表征,此受先秦儒家的人文主义影响而有仁道理念指引,反而淡化老庄道家自然主义元素并抛弃其气本的实体观念支撑。这是稷下黄老学者转进到秦汉黄老学派所折衷儒道两家主旨的两可判断,在宇宙论和自然论上以老庄为主来启引其他学说,在人生论与政治论上以孔孟荀为主来涵摄相关理解,其困惑与困境在衔接此四论的性命说摇摆于儒道的天人之间穷究至极绝对。就此强调生命内蕴无限、表征有限,不能用有限表征去框住无限内蕴。

基于此,《淮南子》先是自然造化之物的气本宇宙生命哲学,而非社会塑造之人的道本精神生命哲学,它的内蕴是气而化作物、表征是性命之情而有感应,不是德而自觉仁、形式是礼仪之事而验其功。这意味着,生命是自然人的本根,是社会人的生活基础,是文化人的历史源泉,是理

---

① 参阅李霞《生死智慧——道家生命观研究》,北京,人民出版社,2004。

论人的现实主体。由此生命哲学序列,可论《淮南子》中儒道分歧与趋同及融合。

第四节 对儒家思想的吸收

在《淮南子》一书中,虽然直接以老庄思想要点为基准来研判宇宙论的气之元、生、形、和、正、志,和自然论的物之本根、表象、特性、因缘、趋势、法则、可能等,以及生命哲学的人之初、道、理、情、事、智、术、义等,但儒墨法等各家尤其是儒家的人物观点也吸收不少来补证与圆润其认知体系。甚至可以说,在人生论的个体文化修养与政治论的社会制度建构上,更倚重儒家的"仁义""礼乐""礼义"等观念要素来加持人类生命禀赋与改善群体生活事业。这可从它引用的"六艺"经典与孔子及其弟子们的话语中,特别是"仁义"的价值诉求与精神安顿及现实功能上得到印证。以下从三个方面说明。首先是对"六艺"与《论语》的直接引用、演义及提要,其次是孔子及弟子们的言行语录、形象塑造与道德追求,最后是儒家"仁义"核心观念的具体认知与整体融合。

一、"六艺"与《论语》

《淮南子》中无"独尊儒术""道统""学统"的认识痕迹,仅把《诗》《书》《易》《礼》《乐》《春秋》看作"六艺"、《论语》的言当成孔子的话。或许当时诸多经典塑造不是一下子完成,但传统教材与习惯用语把这类待完善的样本推上历史舞台,成为政客、文人、学者们的可靠资料与阐发依据。这里不罗列相关说法,大略如下:

> 周室衰而王道废,儒墨乃始列道而议,分徒而讼。于是博学以疑圣,华诬以胁众,弦歌鼓舞,缘饰《诗》《书》,以买名誉于天下。(《俶真》)

> 百川异源而皆归于海,百家殊业而皆务于治。王道缺而《诗》作,周室废、礼义坏而《春秋》作。《诗》《春秋》,学之美者也,皆衰世

之造也,儒者循之以教导于世,岂若三代之盛哉!以《诗》《春秋》为古之道而贵之,又有未作《诗》《春秋》之时。夫道其缺也,不若道其全也。诵先王之《诗》《书》,不若闻得其言;闻得其言,不若得其所以言。得其所以言者,言弗能言也。故道可道者,非常道也。(《泛论》)

故《易》之失也卦,《书》之失也敷,乐之失也淫,《诗》之失也辟,礼之失也责,《春秋》之失也刺。

天不一时,地不一利,人不一事,是以绪业不得不多端,趋行不得不殊方。五行异气而皆适调,六艺异科而皆同道。温惠柔良者,《诗》之风也;淳庞敦厚者,《书》之教也;清明条达者,《易》之义也;恭俭尊让者,礼之为也;宽裕简易者,乐之化也;刺几辩义者,《春秋》之靡也。故《易》之失鬼,乐之失淫,《诗》之失愚,《书》之失拘,礼之失忮,《春秋》之失訾。六者,圣人兼用而财制之。失本则乱,得本则治。其美在调,其失在权。(《泰族》)

政治背景是春秋战国时期周王室的权势、威望衰微和王道荒废、礼义崩坏,即周朝政治势力没落与分封诸侯政治事业壮大,给儒墨两家的人文学派势力迅速崛起提供了机会与平台,他们博学好问圣王前贤、深思明辨家国大事、成群结队地进行话题论争、喜欢粉饰《诗》《书》文本内容、铺张各自言论观点而声名显赫于天下,这直接暗示了儒家文化群体编撰性地裁剪、整顿与扩充诗书内容。也可以说,汉代使用的先秦经书受儒者的修订而成型,携带了其生活情境与观念诉求,间接熏染了《淮南子》的看法与推证。即使他们是"道议"(爱道听途说)、"分讼"(各自表彰所是)、"疑圣"(怀疑圣贤合理性与有效性)、"胁众"(蛊惑并胁迫大众作价值或立场选择)、"歌舞"(采取不严肃的表现形式即欢快的文艺做法)、"缘饰"(随机应变解释各种典籍)、"买誉"(有名无实地夸大其词而赢得声誉),更多产生这种负面形象与影响,但其开创性("始")的自由讨论、差异性("分")的个体解说、广博式("博")的学习研究、完美性("华")的理想追求、器具式("弦""鼓")的文艺表演、机智型的典籍开发与名言式的社会传播以及担负历史使命(作《春秋》)、服务政治目标("务治")、救治现实苦难与困境(造业、道全),是值得人们赏识与推举的。其不足不妥处需要警惕与增补、改进,也有亮点、优点应认可与发扬、力行,明确以批评的口吻与批判的态度来辨析其得与失、是与非,分析其成与败、因与果,不仅中肯,而且深刻。

它认为,不该"趁火打劫"政治困局而贪图"华而不实"的人间虚名,不要无故美化其传统文本的救世治世功能而完整考察其言论宗旨与背后玄机,不要被浮言乱语所感染和鼓动去"可道"、走捷径而迷失大道方向、"常道"原则,不要看不到《易》《乐》《诗》《书》《礼》《春秋》的理论缺失即神秘图示("卦""鬼")、骄奢淫逸("淫")、怪邪愚昧("辟""愚")、拘谨敷衍("敷""拘")、等级森严("责""忮")、过当非议("刺""訾");同样,也决不能"因噎废食"言论自由而习惯"照本宣科"地解读其典要与古道,也不可因"绪业""多端""趋行""殊方""六艺异科"、人事纷扰,就放弃合群、共治、同道、统本、调制。它是高度认可《诗》《书》《易》《礼》《乐》(文中对此二者未标书名号)、《春秋》的优长,即《诗》培育优良(即"温惠柔良")的社会风气、《书》提供深厚(即"淳庞敦厚")的文化教育、《易》阐释究极(即"清明条达")的事物义理、《礼》规范节制(即"恭俭尊让")的个体言行、《乐》实现宽容(即"宽裕简易")的精神感化、《春秋》铺张公正(即"刺几辩义")的政治原则。圣人是综合了解此六艺的得失后合理采用其要点并有效发挥其优长,掌握古今治道的根本而不迷乱其细枝末节,把现实社会调治到十分美善和谐的程度与状态而虚张绝对至高无上的权势,这在政治理想追求上有老庄道家的谦卑清守风范,在实际运作层面采纳了儒家六艺温良、淳厚、明达、恭敬、宽容、公正的指导原则。

另外,除了六艺典籍的原文引用、概念推演与观点提炼外,《淮南子》中还出现少许与《论语》的文句几乎完全相同的话语,未标书名而以孔子陈述。略选二则,以作疏解。

> 是故人主之立法,先自为检式仪表,故令行于天下。孔子曰:

> "其身正，不令而行；其身不正，虽令不从。"故禁胜于身，则令行于民矣。（《主术》）
>
> 故孔子曰："可以共学矣，而未可以适道也；可与适道，未可以立也；可以立，未可与权。"权者，圣人之所独见也。（《泛论》）

第一句见于《论语·子路》篇，一模一样；第二句在《子罕》篇原文是"可与共学，未可与适道；可与适道，未可与立；可与立，未可与权"，其"与"部分被"以"替代，有"矣""而""也"之类语气词和连词。究竟是后世通行本《论语》削减、修改而成，还是《淮南子》有意敷衍其文与义呢？这里主要依据后人传播孔子本人的流行话语，作些意义上的说明。它依然立足于天下政治的基本判断标准与法令执行效果，要人主自身做示范和榜样，才能正确引导民众信守和遵循，这是儒家修身、齐家、治国、平天下的基本理路，也可能是老子修身、家、乡、邦、天下以观得失的思路；但家与国的内涵不显，直接由自身跨越式地推扩到天下事业，因而更看重人主的"仪表"和"检式"，以及由此形成可行的政令。当讲了人主的"政"或"正"，便大体谈圣人的"学"之同修与"道"之确立，推得其"独见"之"权"，刚好可弥补"六艺"之"失"，共人间之美事、善政而定天下之良法、正治。《淮南子》书中孔子言论不少，不一一列举，后面会专门讨论孔子，仅以此二则言论指明其与《论语》的相同相似。可以说，从儒家原始典籍看，《淮南子》在人生实践、政治原则与学术培养上汲取了其思想营养与优长。

二、孔子及其弟子们

如果说儒家基本典籍的长期多方面影响还有点或明或暗、或多或少的两可感觉，那么，其代表人物的言行事迹与观念教化是无法逃避也不容置疑的，特别是孔子及其弟子们的文化活动与思想表现。对孟子有一处提及，即"全性保真，不以物累形，杨子之所立也，而孟子非之"（《泛论》）；对荀子未见介绍，即使其重要的观念因素化解在《淮南子》的思想世界里，这是它与汉儒董仲舒推崇孔荀礼法思想建构的一个显著区别。

它和《庄子》一样,关注重点在儒墨及其弟子而不是再传后学。这里以孔子为核心人物,看《淮南子》对其形象如何塑造与观念怎样把握。

夫颜回、季路、子夏、冉伯牛,孔子之通学也。然颜渊夭死,季路菹于卫,子夏失明,冉伯牛为厉。此皆迫性拂情而不得其和也。故子夏见曾子,一臞一肥,曾子问其故,曰:"出见富贵之乐而欲之,入见先王之道又说之,两者心战,故臞。先王之道胜,故肥。"推其志,非能贪富贵之位,不便侈靡之乐,直宜迫性闭欲,以义自防也。(《精神》)

孔子之通,智过于苌弘,勇服于孟贲,足蹑郊菟,力招城关,能亦多矣。然而勇力不闻,伎巧不知,专行教道,以成素王,事亦鲜矣。春秋二百四十二年,亡国五十二,弑君三十六,采善鉏丑,以成王道,论亦博矣。然而围于匡,颜色不变,弦歌不辍,临死亡之地,犯患难之危,据义行理而志不慑,分亦明矣。然为鲁司寇,听狱必为断,作为《春秋》,不道鬼神,不敢专己。夫圣人之智,固已多矣,其所守者有约,故举而必荣。(《主术》)

孔子造然革容曰:"善哉,持盈者乎!"子贡在侧曰:"请问持盈。"曰:"益而损之。"曰:"何谓益而损之?"曰:"夫物盛而衰,乐极则悲,日中而移,月盈而亏。是故聪明睿智,守之以愚;多闻博辩,守之以陋;武力毅勇,守之以畏;富贵广大,守之以俭;德施天下,守之以让。此五者,先王所以守天下而弗失也。反此五者,未尝不危也。"故老子曰:"服此道者不欲盈。夫唯不盈,故能弊而不新成。"(《道应》)

人或问孔子曰:"颜回何如人也?"曰:"仁人也。丘弗如也。""子贡何如人也?"曰:"辩人也。丘弗如也。""子路何如人也?"曰:"勇人也。丘弗如也。"宾曰:"三人皆贤夫子,而为夫子役,何也?"孔子曰:"丘能仁且忍,辩且讷,勇且怯。以三子之能,易丘一道,丘弗为也。"孔子知所施之也。(《人间》)

孔子弟子七十,养徒三千人,皆入孝出悌,言为文章,行为仪表,教之所成也。(《泰族》)

孔子修成、康之道,述周公之训,以教七十子,使服其衣冠,修其
篇籍,故儒者之学生焉。(《要略》)

对以上引文按一定顺序排列,先是《要略》把孔子之道、训、教、服、
修、学的概述,依次是《主术》中"孔子之通"、平生经历成就与"圣人之
智",再次是《人间》里孔子评价学生颜回"仁人"、子贡"辩人"、子路"勇
人"和自己"一道"兼能,然后是《道应》中孔子给子贡解释"持盈损益"而
归结在老子要点里,再后便是《精神训》里只有"颜回、季路、子夏、冉伯
牛"四人得"孔子通学"并引入子夏与曾子讲"富贵之乐"与"先王之道"的
性义关系,最后是《泰族》归纳孔门七十名徒、三千弟子、基本理念及言行
教育。孔子在文化教育事业中颇有成就与贡献,不仅弟子众多,而且仁
者、智者、勇者、贤者不少,更突出的是他的基本理念取自"孝悌"、遵循周
公遗训、守护成康王道与礼乐制度、修整"六艺"典籍、激扬文字,并提纯
仁义精神、诚挚践履而堪称万世仪表。所以说,孔子是一位博通古今的
大才,他才能多、事迹少、言论博、职分明、断案公、后必荣。他不同于颜
回、子贡、子路三大名徒的地方是有容忍一切的仁爱心、有大智若愚的辩
论词、有平凡人不甘胆怯的勇气;他认为"善"在持盈损益之间的适当把
握,要用无知的愚人之心来保养"聪明睿智",要以孤陋寡闻的封闭心来
吸取"多闻博辩",要以畏手畏脚的谨慎心来表现"武力毅勇",要以勤俭
节约的质朴心来维持"富贵广大",要以谦虚退让的无争心来做到"德施
天下",有此五心即愚人心、封闭心、谨慎心、质朴心、无争心来权度、操
持,便得了老子之道的精髓,展示自身圣智心灵的特长与特色。也就是
说,孔子是这样修炼自己成为圣贤和典范的。

另外,颜回、子路、子夏、冉伯牛四大弟子得到了孔子的通学,是什么
学呢? 是孔子的仁学、圣学和先王的道学,或者说是圣王的仁爱忠恕之
学,因为孔子说过"仁者爱人"及其"吾道一以贯之"且被曾子解为"忠
恕"。不足是颜回死得早,子路死于卫国政变,子夏的眼盲了,冉伯牛的
脾气暴躁,他们都"迫性拂情"即压迫拂逆生命本有性情、不得"和"即不

能和乐完美呈现自己。于是,曾子评价子夏的表现是辗转在富贵安乐与先王正道之间心惊胆战,即使其生命志向并非贪图富贵名位和谋求安逸享乐,但为了仁义约束自己原初的生命本性与正当的生活欲望是作茧自缚。可见,无论是孔子还是其弟子们,其王道与通学在社会塑造、政治引领与文化教育甚至历史传承上具有直接的指导作用与高远的典范意义,但在现实生活、宇宙生命、自然存在与适宜发展中逼迫了质朴性情、抑制了正常欲求,反而不如老庄道家尊重生命本身、爱惜生活资源、逍遥自在表现、融通一切绽放。也就是说,《淮南子》完全是在老庄自然超越的生命道德意旨下品评孔子儒家仁义规范的生活情趣、文化教育与政治建设的。这可从其核心观念"仁义"定位与阐发上获得明证。

三、仁义观念

前面说过"诚达于性命之情"而"仁义固附",是对老庄的自然生命尤其是庄子的性命之情的高度认肯,以此生发道德仁义内涵并完成应有的功能展示。有一点与庄子不同的是,它并非如《齐物论》标榜的儒墨是非各其所当而互相斥责,竟把仁义内涵与路径看作其共生同求的目标与意义而一起批驳,即:"孔、墨之弟子,皆以仁义之术教导于世,然而不免于僻。身犹不能行也,又况所教乎?是何则?其道外也。"(《俶真》)他们都是人的正常生活中的仁义傀儡,是生命大道的外在障碍,这是一种过激过偏的判法而遮蔽了其应有的作用与贡献。当然,如评析孔子及其弟子们一样,有得有失,仁义观念也如此,此在文本里是矛盾纠结的,也是旗帜鲜明的,大体如下:

> 是故以道为竿,以德为纶,礼乐为钩,仁义为饵,投之于江,浮之于海,万物纷纷,孰非其有!
>
> 今夫积惠重厚,累爱袭恩,以声华呕苻妪掩万民百姓,使知之欣欣然,人乐其性者,仁也。举大功,立显名,体君臣,正上下,明亲疏,等贵贱,存危国,继绝世,决挐治烦,兴毁宗,立无后者,义也。(《俶真》)

是故仁义礼乐者,可以救败,而非通治之至也。夫仁者所以救争也,义者所以救失也,礼者所以救淫也,乐者所以救忧也。神明定于天下而心反其初,心反其初而民性善,民性善而天地阴阳从而包之,则财足而人赡矣,贪鄙忿争不得生焉。由此观之,则仁义不用矣。(《本经》)

制君臣之义,父子之亲,夫妇之辨,长幼之序,朋友之际,此之谓五。乃裂地而州之,分职而治之,筑城而居之,割宅而异之,分财而衣食之,立大学而教诲之,夙兴夜寐而劳力之。此治之纲纪也。

故仁义者,治之本也。今不知事修其本,而务治其末,是释其根而灌其枝也。且法之生也,以辅仁义,今重法而弃义,是贵其冠履而忘其头足也。故仁义者,为厚基者也,不益其厚而张其广者毁,不广其基而增其高者覆。赵政不增其德而累其高,故灭;智伯不行仁义而务广地,故亡其国。(《泰族》)

它对"道""德""仁义""礼乐"与"万物"的关系论证,用了一个十分形象却又特别生活化的生命隐喻,即道是钓鱼竿、德是钓鱼线、礼乐是钓鱼钩、仁义是钓鱼饵、宽广无边的江海是钓鱼场所、宇宙万物是鱼,人的这般钓鱼工具制作与捕捞对象作为的结果是所得非所有、所有非所钓、所钓非所生,其实是生活欲望的铺设与引导,非生命存在的要求与目标,可惜人在社会生活中执迷于文化规范,遗忘了生命自然。因而,这种打着道德旗号的"仁""义""礼""乐",更多是人文诉求而非自然要求,即仁是"救争"(群体纷争)而以恩惠的慈爱之名来安抚百姓、知足眼前生活成就并安乐现实生命表征,义是"救失"(个体缺失)而以功名利禄、等级安排、关系网络、祖宗事业、子孙希望等来振作孤寡、冲出危难、传承善意、体会使命,礼是"救淫"(过当言行)而以损益后的周礼来范导人的视听言动,乐是"救忧"(忧心忡忡)而以"生死有命、富贵在天"的乐天心态与"六艺"的文化表演来开解。仁义礼乐确实能够救治个体生命与社会生活的欲求弊病,保持一种有爱、有义、有利、有节、有用、有心、有知、有善的文化状态,但还不是真正融通一切生命事物的道德至治,不能使宇宙生命的"神明"(自由光照或自然本能)安定在天下人心中,让人拥有一颗原初的真心而成为真人并有真知,以其真知明察民众的善性与善行,由此获得天地阴阳的辅助与成全,如果这样会使生活财富自能满足、人的生命澹泊宁静、不再有"贪鄙忿争"即贪婪、小气、愤恨、争夺了,那么,就不需要"仁义"的刻意引导与作为了。现实社会的人们显然不能这样,而且已习惯了仁义礼乐的生活,怎能不戕害自然生命的本性、压制其本能和修饰其样貌并改造其内涵呢? 正是在这种自我迫害中获得自我肯定与信仰,相信仁义礼乐能救争、救失、救淫、救忧、救自己和社会、救祖宗和子孙、救万物和宇宙,这是人类生活狂妄至极的自信,需要宇宙生命自然警醒! 这依然是在老庄道家宇宙论的视野、自然论的机体与生命哲学的标尺中,审查孔子儒家的人生论缺失、政治论弊端与文化哲学局限,试图以前者统系后者来推引生命作为与生活前景。

一旦回到现实的人生、政治与文化层面,又不得不将仁义的救世、治世、经世、用世和传世的法宝拿出来。所以,《淮南子》公开承认"仁义"是"治之本"、五伦即君臣父子夫妇长幼朋友是"治之纲纪"。并且,划分具体区域、职责、城池、家园、财物、学校、人力等来履行其蓝图规划、功能设计、原则制定、程序运作、教材编排、成员管制等;就此,有"州"即行政单位的成立,有"职"即行政事务的对治,有"城"即政治中心的修筑,有"宅"即生活家园的差异,有"财"即生活财物的满足,有"学"即文化思想的教导,有"力"即身体力行的劳作。因此,不能动摇这种人生根基与政治根本,也不能抛弃这种社会纲纪与文化教育,否则,我们今天便不知修治何种事务是好,反而舍本逐末去繁茂枝叶以庇护花果却毁掉根系。这是极其危险的做法,已有前车之鉴如赵政即秦始皇与智伯不用仁义之德、行,却贪求王国强大、领土宽广,结果身死国灭。这也是"重法"不能"弃义"而必须以"仁义"为辅、以道德为主,这暗示当以老庄道家为本主、孔子儒家为辅主、商韩法家为末用的政治思想布局。但就这些段落单独看,老庄的道德主旨并不直接显明,似乎把孔子儒家的仁义与五伦抬得很高而作为根本和纲纪,实际上结合它的"钓鱼"说法与"性情"解释,放在不同的认识领域与价值诉求中,它们是有主次本末的。

总的看,在人生、政治与学术、文化的群体合作共建美好社会事业中,儒家思想是相当重要和基础的,它是有效衔接老庄道家思想源泉的合适管线与直接启引辅助法家理论建设的核心原则。虽然儒家文献与观念存在某种局限与弊端,但也有其独特表达与价值,值得修正与发扬;只要把握得当、引领得力,就会取得如意的生命成效、满足实际的生活需求。

第六章　诸子分派观念的演进与司马迁的哲学思想

从先秦至两汉,诸子"分派"观念的演进经历了一个长期的过程。西汉司马谈的《论六家要旨》对先秦以来的诸子学作了一种宏观上的把握,首次在学派的意义上将诸子学说划分为六家。班固《艺文志》的"九流十家"说则进一步丰富了诸子学的内容。诸子"分派"的观念不仅具有学术史的意义,而且总是与"思想"高度关联在一起,不同的分派观念体现出不同的学术立场和思想追求。西汉司马迁的《史记》不仅是一部史学巨著,也体现出鲜明的思想倾向,构成汉代哲学史的一个重要组成部分。

第一节　先秦至汉初的诸子分派观念

一、《孟子》《韩非子》《荀子》《庄子》中指称诸子学派的概念

"诸子"一词源于西汉刘向、刘歆父子《七略》中的《诸子略》。诸子分派的观念实际上起源较早。战国时期的文献中,已经出现了一些用以指称学派名称的概念,如《孟子》《荀子》中的"儒者""辩者""墨者",《韩非子》《荀子》《庄子》中的"儒墨",《韩非子》中的"轻物重生之士"等。这些称呼已带有明显的学派标识的性质。孟子概括当时有影响的学说时指

出:"天下之言,不归杨,则归墨。"①这里的"杨""墨"就是用以区别"儒者"学说的思想团体。孟子还以孔子学说的光大者自任,强调"能言距杨墨者,圣人之徒也"②。这里的"圣人之徒"也是儒者进行自我认同的带有学派性质的用语。

此外,先秦文献中还出现了"家""百家"的说法。《庄子·则阳》:"季真之'莫为',接子之'或使',二家之议,孰正于其情? 孰偏于其理?"《韩非子·定法》:"问者曰:'申不害、公孙鞅,此二家之言孰急于国?'"这里"二家"的"家"是指持有某种学说之人,一人即可称为一家。至于"百家"的说法则更为多见:

> 其数散于天下而设于中国者,百家之学时或称而道之。③
> 百家之说不及后王,则不听也。④
> 今诸侯异政,百家异说,则必或是或非,或治或乱。⑤
> 复慎、墨、季、惠,百家之说诚不详。⑥

与上述"二家"的"家"一样,这里的"百家"的"家"也是指持某一特定学说者。"百家"是对战国时代存在的诸种思想学说的一种统称。这种意义上的"百家"与后来司马谈的"六家"、班固的"九流十家"那种严格意义上的学派划分还是有明显区别的。

二、先秦至汉初诸子的学派评判观念

《韩非子》《荀子》《庄子》《尸子》《吕氏春秋》《淮南子》对诸子的评判是后来对诸子进行分派的滥觞。

《韩非子·显学》主要针对当时的儒墨两家学说作了梳理、总结和评判。《显学》的学派评判观念主要表现在以下几个方面:

---

① ②《孟子·滕文公下》,朱熹:《四书章句集注》,第88页,济南:齐鲁书社,1992。
③《庄子·天下》,陈鼓应:《庄子今注今译》(下),第855页,北京,中华书局,1983。
④《荀子·儒效》,王先谦:《荀子集解》(上),第174页,北京,中华书局,2013。
⑤《荀子·解蔽》,王先谦:《荀子集解》(下),第456页。
⑥ 同上书,第544页。

首先,《显学》对儒墨两家的源流作了说明:

> 世之显学,儒、墨也。儒之所至,孔丘也。墨之所至,墨翟也。
> 自孔子之死也,有子张之儒,有子思之儒,有颜氏之儒,有孟氏之儒,
> 有漆雕氏之儒,有仲良氏之儒,有孙氏之儒,有乐正氏之儒。自墨子
> 之死也,有相里氏之墨,有相夫氏之墨,有邓陵氏之墨。故孔、墨之
> 后,儒分为八,墨离为三,取舍相反不同,而皆自谓真孔、墨,孔、墨不
> 可复生,将谁使定后世之学乎? 孔子、墨子俱道尧、舜,而取舍不同,
> 皆自谓真尧、舜;尧舜不复生,将谁使定儒、墨之诚乎?①

《韩非子》称儒墨为"世之显学",将儒墨的代表人物分别归于孔子和
墨子,指出孔子之后"儒分为八",墨子之后"墨离为三",说明了儒墨学说
在孔墨之后的衍变情况。《显学》还强调这些儒墨后学的特点是"取舍相
反不同,而皆自谓真孔、墨",指出了儒墨后学同源而异说的思想特点。
可以说,《显学》首次对战国时期儒墨学派的源流进行了梳理和总结。

其次,《显学》还结合儒墨学说的特点对其进行了抨击。

《显学》认为,从葬制上看,墨者提倡薄葬可谓"俭",儒者主张厚葬可
谓"孝"。统治者既取墨者之"俭"而"礼之",又取儒者之"孝"而"礼之",
这种"兼礼之"的态度造成了"孝戾侈俭俱在儒、墨"的混乱局面。同样,
也出现了人主对儒者雕漆开之"廉"和墨者宋荣子之"宽""兼而礼之"的
情形。从思想特点上看,对于雕漆开之"廉"和宋荣子之"宽"而言,又可
以分别用"恕"和"暴"来批评对方的学说。韩非认为这些儒墨学说都是
一些"杂反之辞",他强调"杂反之学不两立而治",人主若"兼听杂学缪行
同异之辞",就会导致社会动乱。可见,韩非是立足于确立统一的法度思
想以维护人主统治的角度来抨击儒墨学说的。他抨击儒墨是为了标榜
自己的学说,所谓"明吾法度""必吾赏罚",强调人主应"不道仁义"而当
"务法"。当然,在抨击儒墨学说的同时,《显学》也指出了这两个学派的

---

① 《韩非子·显学》,王先慎:《韩非子集解》,第 456—457 页,北京,中华书局,1998。

一些鲜明特点。

再次，《显学》还提及了儒墨之外的其他一些学派，如杨朱学派："今有人于此，义不入危城，不处军旅，不以天下大利易其胫一毛，世主必从而礼之，贵其智而高其行，以为轻物重生之士也。"韩非认为如果人主礼遇那些"轻物重生之士"，就难以寻求到为其拼死效命的人。显然，站在维护人主统治的立场，《显学》对以"轻物重生"为特点的杨朱学派亦持否定态度。

《荀子》对诸子思想也多有评判。《荀子》的学派评判观念主要表现在《天论》《解蔽》和《非十二子》中。

《天论》认为慎子、老子、墨子、宋子的学说各得一偏，所谓"慎子有见于后，无见于先；老子有见于诎，无见于信；墨子有见于齐，无见于畸；宋子有见于少，无见于多"[①]。《天论》进而指出了这种一偏之学所导致的后果："有后而无先，则群众无门；有诎而无信，则贵贱不分；有齐而无畸，则政令不施；有少而无多，则群众不化。"[②]《解蔽》指出了墨子、宋钘、慎到、申不害、惠施、庄子六人学说的片面性："墨子蔽于用而不知文，宋子蔽于欲而不知得，慎子蔽于法而不知贤，申子蔽于势而不知知，惠子蔽于辞而不知实，庄子蔽于天而不知人。"[③]《解蔽》认为以上六子的学说"皆道之一隅"，持这些学说的人是"曲知之人"。《天论》和《解蔽》对各家学派的思想并非一概全盘否定，而是强调其"蔽于一曲""暗于大理"的特点，其对各家学说的评判，主要是立足于其学说对社会产生的作用而言的。

《非十二子》则以两人为一组，对十二个人的学说进行了批判，即它嚣、魏牟；陈仲、史鰌；墨翟、宋钘；慎到、田骈；惠施、邓析；子思、孟轲。

《非十二子》对前十子学说的批判，以社会治理的需要为出发点。这十子的学说有一个共同的特点，那就是"持之有故，其言之成理，足以欺惑愚众"。在荀子看来，这十子的学说对他所推崇的"隆礼重法"的"一天

---

① 《荀子·天论》，王先谦：《荀子集解》（下），第 377 页。
② 同上书，第 377—378 页。
③ 同上书，第 463—464 页。

下"的社会治理目标构成损害,荀子正是在这种意义上对上述十人的学说进行批判的。荀子对子思、孟轲的批判则从儒学内部着眼,认为其学说歪曲了仲尼、子弓之义。在荀子看来,这十二子的学说皆是"使天下混然不知是非治乱之所存者",构成"天下之害","仁人"的任务就是要"法仲尼子弓之义,以务息十二子之说"。

就对儒者的批判而言,除子思、孟轲外,《非十二子》还批评了子张氏之儒、子夏氏之儒和子游氏之儒,称其为"贱儒"。《非十二子》指出子张氏之儒"弟陀其冠,神襌其辞,禹行而舜趋",子夏氏之儒"正其衣冠,齐其颜色,嗛然而终日不言",子游氏之儒"偷儒惮事,无廉耻而耆饮食,必曰君子固不用力"。荀子对子张氏之儒、子夏氏之儒、子游氏之儒的批评,是要确立起儒者"佚而不惰,劳而不僈,宗原应变,曲得其宜"的君子风貌。荀子对子张氏、子夏氏、子游氏这三派儒者的描述和批评,有助于我们了解先秦孔门儒者的分化情形及其不同特点。

《庄子·天下》是一篇重要的学术评论文章。《天下》篇的学术评判观念主要表现在两个方面,一是从总体上对先秦学术的来源和分殊作了说明,二是对几个重要代表人物的学说作了评述。

关于先秦学术的来源,《天下》认为先秦学术来源于"古之所谓道术"。这种"古之所谓道术"的特质又被《天下》称为"一"或"内圣外王之道"。《天下》对这种"内圣外王之道"极为推崇,在《天下》的作者看来,这种"内圣外王之道"可谓"配神明,醇天地,育万物,和天下,泽及百姓,明于本数,系于末度,六通四辟,小大精粗,其运无乎不在"。

《天下》还认为"古之道术"亦散殊和体现于"百家之学"中。其中,《天下》特别提到了五个学派,这五个学派分别是墨翟、禽滑厘(还包括相里勤弟子及南方墨者);宋钘、尹文;彭蒙、田骈、慎到;关尹、老聃;庄周。在《天下》看来,这五种学说的特点亦是其学说的长处所在,它们皆是"古之道术有在于是者"。

对于前三个学派,《天下》在肯定其学说合理性的同时,也指出了其学说之失。如对于墨翟、禽滑厘一派,《天下》认为墨子学说"不与先王同,毁古之礼乐",强调"墨翟、禽滑厘之意则是,其行则非也",批评他们的学说"为之大过,已之大循",即应做的事情做得太过分了,应当制止的事情又节制得太过分了,认为这种学说是"乱之上也,治之下也"。对宋钘、尹文一派,认为"其为人太多,其自为甚少"。对彭蒙、田骈、慎到一派,指出"其所谓道非道,而所言之韪不免于非"。对于关尹、老聃的学说,《天下》站在道家学术立场上对之给予了很高的评价,称老聃为"古之博大真人"。对于庄周之学,《天下》认为庄周"独与天地精神往来而不敖倪于万物,不谴是非,以与世俗处","上与造物者游,而下与外死生无终始者为友"。《天下》对于庄周的学说同样给予了极高的评价。

此外,《天下》还提到了惠施为代表的名辩学派(还包括桓团、公孙龙)。《天下》对惠施学派整体上持批评和否定态度,认为惠施的学说"其道舛驳,其言也不中",指出惠施那种"逐万物而不反"的名辩活动如同"穷响以声""形与影竞走"一样可笑,强调桓团、公孙龙等辩者们的学说"饰人之心,易人之意,能胜人之口,不能服人之心"。《天下》对惠施学派的态度与《齐物论》中对名家的批评是一致的。

《天下》对学派的评判观念客观上揭示了战国时期学术发展由一统到分殊的所谓"百家往而不反"的过程。《天下》的作者着眼于整全之"道"的立场,认为"古之道术"分殊的后果是"天下多得一察焉以自好",由此而造就了众多"不能相通"的"一曲之士"。针对这种"不见天地之纯""道术将为天下裂"的学术分散局面,《天下》的作者强烈呼吁"内圣外王之道"的复归,这正是《天下》对各种学派进行评判的目的所在。

今本《尸子·广泽》[1]也提到了先秦六人的学说,并将其学说的特点概括为:

> 墨子贵兼,孔子贵公,皇子贵衷,田子贵均,列子贵虚,料子贵别

---

[1]《史记·孟子荀卿列传》:"楚有尸子"。《汉书·艺文志》:"《尸子》,二十篇,名佼,鲁人,秦相商君师之。"以下所引《尸子》据清汪继培辑佚本,见黄曙辉点校《尸子》,上海,华东师范大学出版社,2009。

围。其学之相非也,数世矣而已,皆弇于私也。①

文中提到了墨子、孔子、皇子、田子、列子、料子六人的学说,分别用一字来概括这六人学说的特点。《尸子》列举这六人学说特点的目的在于强调"名"和"实"的一致,强调以"实"统"名"的重要性,所谓"若使兼、公、虚、均、衷、平易、别囿一实也,则无相非也"②。《尸子》实际上是在名实一统的视角下强调上述六人学说具有某种一致性。与《庄子·天下》描述的那种"道术将为天下裂"的学术分散情形不同,《尸子》更加强调各家学说的"合"。

《吕氏春秋·审分览·不二》中关于诸子思想特点的概括与《尸子》有相似之处:

> 听群众人议以治国,国危无日矣。何以知其然也?老耽贵柔,孔子贵仁,墨翟贵廉,关尹贵清,子列子贵虚,陈骈贵齐,阳生贵己,孙膑贵势,王廖贵先,儿良贵后。此十人者,皆天下之豪士也。有金鼓所以一耳。必同法令所以一心也。智者不得巧,愚者不得拙,所以一众也。勇者不得先,惧者不得后,所以一力也。故一则治,异则乱;一则安,异则危。夫能齐万不同,愚智工拙皆尽力竭能,如出乎一穴者,其唯圣人矣乎!③

《吕氏春秋》提到了十个人的学说,与《尸子》相类,《吕氏春秋》也有明确追求思想齐一的倾向。其列举十种观点不同的学说,正是出于"一则治,异则乱;一则安,异则危"的思想一统的需要,以此来强调"齐万不同"的重要,《吕氏春秋》对诸子学说的评判带有鲜明的大一统的政治目的。

此外,汉初的《淮南子·要略》对先秦的太公兵谋、儒者之学、墨者之

---

①② 黄曙辉点校:《尸子》,第 28 页。
③《吕氏春秋·审分览·不二》,参看许维遹《吕氏春秋集释》,第 467—468 页,北京,中华书局,2009。

学、管晏学说、纵横修短之学、刑名之学和商鞅之学也作了评论。[1]

《要略》首先就这些学派产生的客观情势和时代背景作了说明。《要略》认为"太公之谋"产生于"为天下去残除贼而成王道"的社会政治需要；以孔子为代表的儒者之学出于股肱王室、移风易俗的需要；墨子之学是因革"孔子之术""背周道而行夏政"的需要；管子之学是"存亡继绝，崇天子之位，广文、武之业"的需要；晏子之学是谏导王者为政的产物；刑名之学是为解决礼法上面临的"新故相反，前后相缪，百官背乱"的局面而产生的；商鞅之学是适应秦孝公吞并诸侯的政治方略而产生的。《要略》对上述学派产生背景的说明，在很大程度上凸显了这些学派思想的时代性。

《要略》在阐述上述学派产生的客观情势和时代背景的同时，对上述学派的创始者和学派的思想特质也多有说明。如指出孔子为儒者之学的创始者，并以"修成康之道，述周公之训""修其篇籍"为特点，明确指明了孔子学说和周公思想的关系；对于墨子学派，《要略》指出墨子曾师承于儒门而行夏禹之政，对儒墨之间的渊源关系首次作了说明，还指出墨子学说以"节财""薄葬""闲服"为特点；对于刑名之学和法家之学，《要略》也明确指出了其分别为申不害和商鞅所创。

综观《要略》对上述学派的评论，其更强调这些学派皆是因应不同情势和时代背景的产物。《要略》这样做的目的，是为了标榜刘安及其门客所撰《淮南子》一书在社会治理的参考价值上的全面性、权威性。用刘安自己的话说就是，"若刘氏之书，观天地之象，通古今之事，权事而立制，度形而施宜，原道之心，合三王之风，以储与扈冶。玄眇之中，精摇靡览，弃其畛挈，斟其淑静，以统天下，理万物，应变化，通殊类，非循一迹之路，守一隅之指，拘系牵连之物，而不与世推移也。故置之寻常而不塞，布之天下而不窕"[2]。

从以上诸子"分派"观念的演进来看，在"分派"方式上主要是以人物

---

① 《淮南子·要略》，参看何宁《淮南子集释》（下），第1457—1462页。
② 同上书，第1462—1463页。

为线索来进行的。在人物的思想归属上，不同著作也存在差异，如《庄子·天下》中宋钘和尹文列为一组，有别于墨子，荀子的《非十二子》中则将宋钘和墨子列为一类。造成这种差异的原因，很大程度上是由于持论者的立论需求和着眼点的不同造成的。同时，"分派"观念的演进也透露出学术发展由"分"到"合"的一种趋势。尽管先秦至汉初已有较为丰富的诸子分派观念，但并没有出现严格的学派意义上的"家"的概念，这为司马谈和班固进一步整理、归类和评价先秦诸子的学说奠定了基础。

第二节　司马谈《论六家要旨》与班固《汉志》九流十家之说

一、司马谈《论六家要旨》的诸子学思想

司马谈（？—前110），汉左冯翊夏阳（今陕西韩城）人，司马迁之父，曾任太史令之职。据《史记·太史公自序》记载，司马谈"学天官于唐都，受易于杨何，习道论于黄子"，"掌天官"，"仕于建元元封之间"（前140—前110）。司马谈的诸子学思想集中体现在《史记》中的《论六家要旨》中①。

在《论六家要旨》中，司马谈从宏观上对先秦以来的诸子学说作了分类和评述，改变了先秦至汉初主要从人物出发对诸子学进行分类的方法，在学派划分上首次提出了"六家"的概念，即阴阳家、儒家、墨家、法家、名家、道德（道家），这些学派名称为后世所沿用。从司马谈所说的六家学派的内容来看，先秦已有与之相对应的人物或著作，但以学派意义上的"家"来称之，却自司马谈始。"六家"概念的提出，具有重要的学术史意义。

司马谈对六家要旨的阐述，是围绕六家学说的治世功用来进行的。他引用《易传》之语，认为六家学说在治世功用上可谓"天下一致而百虑，同归而殊涂"，他强调各家学说的目标都是"务为治"，只不过其用以治世的路径有所不同，这在于人们是否对此有所省察罢了。司马谈从治世的功用上来阐述诸子学，这种审视诸子学的视角和《淮南子·要略》对诸子

①《史记·太史公自序》，《史记》第10册，第3288—3293页，北京，中华书局，1982。

学产生背景的说明有某种相似之处。这应是汉初思想界总结秦亡教训、寻求合理的社会治理学说的一种延续和反映。

对于阴阳、儒、墨、法、名五家，司马谈一一指出了其学说的优点和不足，作出了一分为二的评价。司马谈认为阴阳家"大祥而众忌讳，使人拘而多所畏"，即太过详细而忌讳众多，使人拘泥于其中而多所畏惧，但也肯定了其作为"天道之大经"所具有的"序四时之大顺"的功用，并将其列于首位。司马谈将探究天道的阴阳家列为六家之首，一方面源于他对司马氏家族"世典周史"的家族背景的推崇，另一方面也体现出司马谈在叙述六家要旨时由天道而人道的逻辑线索。对于儒家，司马谈认为其具有"博而寡要，劳而少功"的缺点，强调"其事难尽从"，但也称道其"序君臣父子之礼，列夫妇长幼之别"的合理性，认为这一点可以说是"虽百家弗能易"。对于墨家，司马谈肯定了其"强本节用"学说的价值，认为这一点"虽百家弗能废"，但也认为墨家"俭而难遵"，"其事不可徧循"。对于法家，司马谈认为其"严而少恩"的特点会导致"亲亲尊尊之恩绝"，但也认为其在"正君臣上下之分"的意义上可谓"虽百家弗能改"。对于名家，司马谈认为其学说之长在于"正名实"，即正定名实关系使名实相符，这样可以使人"控名责实"即因名而循实，但也认为其"苛察缴绕"即对"名"的考察过于苛细繁琐，从而陷入"专决于名而失人情"的境地，即片面依靠"名"来裁决事情而与人的实际生活情形相疏离。司马谈对以上诸家的评价没有像《荀子·非十二子》和《韩非子·显学》那样对各家学说持全盘否定的态度，这表达了司马谈对诸子思想兼取并蓄的倾向。

与对阴阳、儒、墨、名、法的态度不同，司马谈对"道家"则持完全肯定的态度。司马谈所说的"道家"或"道德"家是指战国以来形成的黄老道家。司马谈对黄老道家的偏爱应与他"习道论于黄子"的黄老学思想背景有关。司马谈认为，在具体运用中，由于黄老道家吸收了多家学派的长处，能"因阴阳之大顺，采儒墨之善，撮名法之要"，故可"与时迁移，应物变化，立俗施事，无所不宜"；又因"道家无为，又曰无不为"，"以虚无为本，以因循为用"，故能在效果上"指约而易操，事少而功多"。这样就与

"主劳而臣逸"的儒家治术形成了鲜明的对比。在论述了道家学说的特点后,司马谈还紧接其后就形神关系作出了说明。认为"神者生之本也,形者生之具也",即"神"是个体生命存在的根本,"形"是个体生命存在的凭借和资具,反对大用其"神"和大耗其"形"的行为,强调个体生命应抓住"神"这个"生之本",先正定其"神",并保持形神的相合,也只有如此,对君王而言才可以为治于天下。司马谈在表达其形神观的同时,也透露出了由身而国、身国同治的理念。司马谈的这种思想承接《管子》"身者,治之本也"①的思想而来,带有明显的黄老学思想特征。

尽管司马谈在《论六家要旨》中表现出明显的黄老学倾向,但从《太史公自序》中我们也可以看出他的思想还具有一定程度的儒学特征。如司马谈曾引用《孝经》中关于"孝"的说法来激励司马迁修史:"余死,汝必为太史;为太史,无忘吾所欲论著矣。且夫孝始于事亲,中于事君,终于立身。扬名于后世,以显父母,此孝之大者。"②司马谈还激励司马迁以孔子作《春秋》为典范来完成不朽的史著:"幽厉之后,王道缺,礼乐衰,孔子修旧起废,论《诗》《书》,作《春秋》,则学者至今则之。自获麟以来四百有余岁,而诸侯相兼,史记放绝。今汉兴,海内一统,明主贤君忠臣死义之士,余为太史而弗论载,废天下之史文,余甚惧焉,汝其念哉!"③不仅如此,司马谈还把承继六经学说蕴含的王道理想的希望寄托于司马迁的史著:"'自周公卒五百岁而有孔子。孔子卒后至于今五百岁,有能绍明世,正《易传》,继《春秋》,本《诗》《书》《礼》《乐》之际?'意在斯乎!"④司马迁所记载的上述言论不仅透露出了出身于史官世家的司马谈对于史官精神的高度自觉,也反映出司马谈思想带有的儒学色彩。

《论六家要旨》对先秦以来诸子学的把握,不同于先秦那种主要以人物为评述对象的做法,而是抓住这些学派的核心概念对其加以区分,并就这些学派的长短作了精要的说明,这种对诸子学的划分方法在宏观性

---

① 《管子·权修》,参看姜涛《管子新注》,第 18 页,济南,齐鲁书社,2009。
②③ 《史记·太史公自序》,《史记》第 10 册,第 3295 页。
④ 同上书,第 3296 页。

和综合性上更进了一步。司马谈的思想带有明显的黄老学倾向，同时又表现出一定的儒学色彩，这应是司马谈时代官方的社会治理思想由崇尚黄老学逐渐向独尊儒学转变的一种反映。司马迁将其父《论六家要旨》录入《史记》，说明司马迁对诸子学的态度更多地承袭了其父司马谈的观点，同时也表达了他对武帝"罢黜百家、独尊儒术"的文化政策的一种委婉批评。

二、班固《汉志》的"九流十家"之说

西汉成帝时，在全国范围内进行了一次大规模的图书搜集和整理活动。成帝诏令光禄大夫刘向负责校理经传、诸子、诗赋。刘向死后，哀帝命刘向之子侍中奉车都尉刘歆"卒父业"。刘歆"于是总群书而奏其《七略》"，即《辑略》《六艺略》《诸子略》《诗赋略》《兵书略》《术数略》《方技略》。东汉史学家班固据刘歆《七略》加以损益，"增删其要"，撰《艺文志》。班固取刘歆之说，将诸子学说划分为九流十家。这十家分别是儒家、道家、阴阳家、法家、名家、墨家、纵横家、杂家、农家、小说家。《艺文志》认为小说家乃"街谈巷语，道听涂说者之所造也"，因而"诸子十家，其可观者九家而已"，去除小说家，实有九家。从"九流十家"这种说法的产生来看，刘歆的"九流十家"实际上是一个图书分类的目录，是出于图书分类的需要。相较司马谈的六家，"十家"的说法多了纵横、杂、农、小说四家。

《艺文志》的《诸子略》共录有一百八十九家，四千三百二十四篇（有些家数和篇目数与实际著录情况不符），约占全志的三分之一。《诸子略》先收录每一家的著作种类数和篇数，然后对每一家学说集中进行评述。《艺文志》对十家的评述如下。①

在诸子学的来源上，《艺文志》提出了诸子之学出于王官的观点。《艺文志》将各家学说的思想源头归于古代的王官之学，即儒家出于司徒之官，道家出于史官，法家出于理官，名家出于礼官，墨家出于"清庙之守"即管理社庙事务和祭祀的官守，纵横家出于执掌朝聘宾客和使命往

①以上各段，参看《汉书·艺文志》，《汉书》第6册，第1728—1746页，北京，中华书局，1962。

来的"行人之官",杂家出于"议官",农家出于农稷之官,小说家出于征集街谈巷议、民间细碎之言的"稗官"。《艺文志》之前,在诸子学说的来源上,《庄子·天下》认为各家学说源于"古之道术",《淮南子·要略》认为诸子学说皆应一时之需而产生。《艺文志》认为诸子学说源出于王官,并非仅仅给出了结论,而是结合王官的职守特点进行推理论证得出的,应当说,《艺文志》的"诸子出于王官说"在一定程度上看到了诸子思想和王官之学的关系,有其合理性,但这种把各家学说的起源和王官职位一一对应的做法则显得过于牵强。

在对待各家的态度上,《艺文志》肯定了各家学说的长处,也指出了其中的九家学说可能带来的弊端。对于儒家,《艺文志》认为其"游文于六经之中,留意于仁义之际",认为其"于道为最高",指出儒家学说经过"唐虞之隆""殷周之盛"已得见其明效。但《艺文志》认为儒家学说也会由于儒者中的"惑者""辟者"对儒学的错误理解而出现"《五经》乖析,儒学寖衰"的情形,《艺文志》称此为"辟儒之患"。对于道家,《艺文志》肯定了其"秉要执本,清虚以自守,卑弱以自持"的学说特点,并将其视为"君人南面之术",强调其与"尧之克攘,易之嗛嗛"的观念相合,但也指出道家中的放诞之人会"独任清虚以为治",走向否定礼学和仁义的极端。对于阴阳家,《艺文志》肯定了其"敬授民时"的功能,同时也指出其中的"拘者"牵系、拘泥于各种禁忌和小术,舍弃人事力作而专敬鬼神的缺点。对于法家,《艺文志》肯定了其"信赏必罚,以辅礼制"的治世之长,也指出了其中的刻薄寡恩之人"专任刑法而欲以致治至"的不良后果。对于名家,《艺文志》肯定了其序正人伦名位的优点,也指出了其中的"警者"即善于攻评他人者过于毁破、歪曲和离析常理正言,会引起人们认识上的混乱。对于墨家,《艺文志》肯定了其学说中"贵俭""兼爱""上(尚)贤""右鬼""上(尚)同"思想的合理性,但也认为墨家中的曲蔽之人会有"不知别亲疏"的"非礼"之害。对于纵横家,《艺文志》肯定了其因事行权制宜,"受命而不受辞"的特点,认为若其中的奸邪之人行此学说,则会导致崇尚奸诈而弃绝诚信的结果。对于杂家,《艺文志》指出了其兼取儒墨、统合名法的思想特点，认为其学说知治国之大体，贯综了百家的王治之学，同时也指出若"荡者"行此学说，则会造成漫衍杂乱而失去中心目标。对于农家，《艺文志》肯定了其对于"劝耕桑""足衣食"的意义，同时也指出若鄙陋者行此学说，则会带来"欲使君臣并耕，悖上下之序"的不良后果。至于小说家，《艺文志》强调其不可完全废绝，"如或一言可采"，亦应不论言者之贵贱而加以采纳。《艺文志》对各家学说既肯定其优点，又指出其可能的弊端，这种综论各家长短的做法应是承《论六家要旨》而来。

需要指出的是，从《艺文志》对诸家学说之不足的说明来看，《艺文志》并不认为九家学说的不足是由其学说本身的原因造成的，而是认为这种不足是持此学说的人所带来的。文中的"辟儒""放者""拘者""刻者""訾者""蔽者""邪人""荡者"，都是对相应的各家学说缺乏正确理解的人。因而从整体上看，《艺文志》对九家学说实际上是持一种肯定的态度。

《艺文志》对诸子学的评价带有明显的尊儒倾向和儒学色彩。这主要表现在以下几个方面：

首先，从《艺文志》的编纂上看，《艺文志》将《六艺略》居首，《诸子略》中又以儒家为首，其对六经和儒家的尊崇可见一斑。

其次，从对九家学说的评价上看，《艺文志》不仅认为儒家"于道最为高"，在综论各家长短时也带有鲜明的尊儒倾向。如评价道家之长时认为其"合于尧之克攘，易之嗛嗛"，论及道家之短时认为其"绝去礼学，兼弃仁义"。这种对儒家心目中的圣王尧和作为六经之一的《易》的推崇，以及对礼学仁义的维护，表明了《艺文志》对道家学说的评价是以儒学为参照进行的。评价阴阳家之短时以"舍人事而任鬼神"论之，这与《论语》中孔子"未能事人，焉能事鬼"的思想相合。论及法家之弊时认为其可能会导致"无教化，去仁爱"的情形，并引《易》言之。评价法家时认为其正名位的作用和孔子正名思想具有一致性。论墨家学说时，将其"上（尚）同"思想归于"以孝视天下"的结果，批评了墨家中的"蔽者"破坏儒家礼制"而不知别亲疏"的情形。论纵横家时,引用孔子言论说明其存在的合理性,其所肯定的纵横家"当权事制宜"的特点与儒家的权变思想相通,在批评纵横家中的"邪人"时也是就其绝弃诚信而言的。论农家之短时指出其"无所事圣王,欲使君臣并耕,悖上下之序",这也是从维护儒家的纲常名分出发的。至于不可观的小说家,《艺文志》也引孔子的话来说明其不无可取之处。不难发现,《艺文志》论各家长短时很大程度上是以儒学为尺度进行的,并多引《易》和孔子的言论加以说明。而且,其对儒家中的"辟儒"、道家中的"放者"、阴阳家中的"拘者"、法家中的"刻者"的说明,也透露出对儒家"中和"思想和"中庸"观念的推崇。

再次,《艺文志》主张以六经之学统摄诸子学说。《艺文志》认为诸子学说"合其要归,亦六经之支与流裔",这实际上是将作为诸子源流的王官之学等同于六经之学,这与其强调九家之说"各引一端,崇其所善"的观点是一致的。正是由于九家学说于六经之学"各引一端",故而"其言虽殊,辟犹水火,相灭亦相生也",它们之间是"相反而皆相成"的关系。基于这种学术史立场,《艺文志》最后强调应当以六经之学来统摄诸子学说,所谓"若能修《六艺》之术,而观此九家之言,舍短取长,则可以通万方之略矣"。

班固的《艺文志》在诸子学分类上的特色,不仅在于它收录了各家经籍目录,附以著者和卷数并作出简注,而且还对诸家的源流和思想特色作出了评价,这就使得诸子学在内涵和形式上比以往更加丰富。从《庄子·天下》"道术将为天下裂"的感叹,到司马谈各家"务为治"的诸子学视角,再到《艺文志》"舍短取长""通万方之略"的诸子学追求,透露出战国至两汉由学术争鸣而到学术融合的学术思想发展的大势。

第三节　司马迁"究天人之际,通古今之变"的观念

司马迁,字子长,司马谈之子,生卒年约在汉景帝中元五年(前145)

至昭帝之初(前86左右)①,西汉江左冯翔夏阳(今陕西韩城)人,西汉著名的史学家、文学家、思想家。据《史记·太史公自序》记载,司马迁"年十岁则诵古文。二十而南游江、淮,上会稽,探禹穴,窥九疑,浮于沅、湘;北涉汶、泗,讲业齐、鲁之都,观孔子之遗风,乡射邹、峄;厄困鄱、薛、彭城,过梁、楚以归"②。早年的好学和壮年的出游经历为其日后著作《史记》奠定了基础。司马迁曾入仕为郎中,并奉汉武帝之命西征巴蜀以南地区。天汉三年(前98),司马迁因受李陵案的牵连而受腐刑,其时《史记》仍"草创未就",这更加激励了他发愤修史的愿望。经过艰苦卓绝的努力,司马迁终于实现其父遗愿,完成了被称为"史家之绝唱,无韵之离骚"③的《史记》。《史记》原名《太史公书》,据班固《司马迁传》记载:"迁既死后,其书稍出。宣帝时,迁外孙平通侯杨恽祖述其书,遂宣布焉。"《史记》共一百三十篇,包括《本纪》十二篇,《表》十篇,《书》八篇,《世家》三十篇,《列传》七十篇,共五十二万余字,是我国第一部纪传体通史。

在《报任安书》中,司马迁对自己著作《史记》的方法和目的作了如下概括,"网罗天下放失旧闻,考之行事,稽其成败兴坏之理","亦欲以究天人之际,通古今之变,成一家之言"④。"究天人之际,通古今之变,成一家之言",是司马迁《史记》宗旨的鲜明写照。《史记》正是在"究天人之际"的宏阔视野下,以原始察终的历史意识,通达于以天道层面的天文星象之变、历史层面的王朝更迭、制度层面的礼乐损益等为主要内容的"古今之变",晓示出其中的盛衰兴亡之理,成就起极具史学价值和思想价值的"一家之言"。

一、司马迁的史学观

第一,在史著体例上司马迁综合采用了五体叙事结构。《史记》的著

---

① 关于司马迁的生卒年,此处据王国维《太史公行年考》,见《观堂集林》(二),第482—504页,北京,中华书局,1959。
②《史记·太史公自序》,《史记》第10册,第3293页。
③ 见鲁迅《汉文学史纲要》,第53页,上海,上海古籍出版社,2005。
④《汉书·司马迁传》,《汉书》第9册,第2735页,北京,中华书局,1962。

作体例由纪、表、书、家、列传五体构成。《本纪》用以记载国君之言、王迹之事,《表》用以表明历史发展的线索和阶段性,《书》用以记录国家大体和朝章国典,《世家》记载诸侯列国史和传代家世,《列传》记录功臣贤人之言行。《史记》的这种五体结构作为一个有机整体,涵盖了政治、经济、文化、民族、天文、地理等多方面的历史素材,在时间上记载了从黄帝到汉武帝近三千年的历史,在空间上涉及了今天我国版图之外的西亚和越南。《史记》的这种著作体例使其所记录的内容广博,远远超过了之前已有的《尚书》《春秋》《左传》《国语》《战国策》《楚汉春秋》等史书。《史记》采用的五体叙事结构开创了史书纪传体的先河,对此,宋人郑樵给予了很高的评价:"本纪纪年,世家传代,表以正历,书以类事,传以著人。使百代以下,史官不能易其法,学者不能舍其书。"①

　　第二,在史料简择和整理上《史记》广采众说,做到了"网罗天下放失旧闻","厥协《六经》异传,整齐百家杂语"②。秦火使先秦文化典籍受到了严重破坏,这一情形在汉代得到了纠正,"汉兴,改秦之败,大收典籍,广开献书之路"③。汉惠帝四年已废除挟书律,司马迁时,"天下遗文古事靡不毕集太史公",他已经能够"䌷史记石室金匮之书"④。据统计,《史记》中载有司马迁所见之书有一百零六种。⑤ 这些都为《史记》的写作提供了条件。司马迁所称"《六经》异传"的范围较广,如在《史记·十二诸侯年表》中,司马迁就将《虞氏春秋》《铎氏微》《吕氏春秋》,乃至孟子、荀子、韩非子、张苍、董仲舒等人著作中的一些思想视为《春秋》的传。在《史记》中,司马迁采用的"《六经》异传"主要有《诗经》《尚书》《春秋》《左传》《国语》《大戴礼记》《论语》《战国策》等。司马迁所说的"百家杂语"主要是指以诸子为内容的先秦各种典籍和思想学说。就史料的处理而言,

① 郑樵:《通志总叙》,《通志二十略》(上),第 1 页,北京,中华书局,1995。
② 《史记·太史公自序》,《史记》第 10 册,第 3319—3320 页。
③ 《汉书·艺文志》,《汉书》第 6 册,第 1701 页。
④ 《史记·太史公自序》,《史记》第 10 册,第 3296 页。
⑤ 见张大可《史记研究》,第 241 页,北京,商务印书馆,2011。

"厥协《六经》异传,整齐百家杂语",就是要对各种不同说法作考辨、订正、选择和综合,最后形成一个齐一的史料线索。通过"网罗天下放失旧闻","绸史记石室金匮之书","厥协《六经》异传,整齐百家杂语",《史记》真正做到了"贯穿经传,驰骋古今,上下数千载间"[1],保证了其作为史书的严肃性,体现出了很高的学术价值。这在汉初文化复兴的历史潮流中具有深远的思想文化意义。

第三,《史记》还创立了史论的形式。《史记》的史论以"太史公曰"的形式出现。《史记》中的"太史公曰"置于篇前、篇后和行文之中,约有三万余言。从内容上看,"太史公曰"的内容既有评论褒贬,又有补充和考证,还有直抒胸臆和讲叙游历,其评论部分往往有画龙点睛之效。这种史论形式使得《史记》一书不仅仅实录史实,而且还透露出作者鲜明的思想倾向和卓越的史识。《史记》的这种史论形式在中国史学思想的发展中具有重要意义,为后来的史学家班固、陈寿、范晔等人所继承。

第四,《史记》还以《春秋》为作史之典范。从《太史公自序》中可以看到,司马谈就曾以孔子作《春秋》来激励司马迁修史以填补《春秋》之后四百余年的史著空缺,要司马迁以孔子著《春秋》的历史使命自任,以《春秋》为作史的典范。先秦时期的孟子曾认为孔子通过作《春秋》而寓王道理想于其中:"世衰道微,邪说暴行有作,臣弑其君者有之,子弑其父者有之。孔子惧,作《春秋》。《春秋》,天子之事也。"[2]又说:"孔子成《春秋》而乱臣贼子惧。"[3]这实际上肯定了《春秋》具有的"微言大义"。司马迁在与上大夫壶遂的对话中,曾高度评价《春秋》具有的明达王道的作用:

> 上大夫壶遂曰:"昔孔子何为而作《春秋》哉?"太史公曰:"余闻董生曰:'周道衰废,孔子为鲁司寇,诸侯害之,大夫壅之。孔子知言

---

[1]《汉书·司马迁传》,《汉书》第9册,第2737页。
[2]《孟子·滕文公下》,朱熹:《四书章句集注》,第87页。
[3]同上书,第88页。

之不用,道之不行也,是非二百四十二年之中,以为天下仪表,贬天子,退诸侯,讨大夫,以达王事而已矣。'子曰:'我欲载之空言,不如见之于行事之深切著明也。'夫《春秋》,上明三王之道,下辨人事之纪,别嫌疑,明是非,定犹豫,善善恶恶,贤贤贱不肖,存亡国,继绝世,补敝起废,王道之大者也。"[1]

司马迁强调《春秋》有明辨三王之道和纲纪人事之功,其对于是非善恶持有鲜明的态度,正所谓"春秋辩是非","春秋以道义",《春秋》实为"王道之大者"。事实上司马迁也正是以"继《春秋》"作为修史的原则。

司马迁"继《春秋》"的修史原则主要体现在以下两个方面。

首先,在写作手法上,《史记》往往寓论断于叙事之中,这与"春秋笔法"相合。《史记》的这种写作手法,一个显著的例子是《刘敬叔孙通传》中对叔孙通的描写。在《刘敬叔孙通传》中,秦二世诏问关于陈涉义军的对策,有三十多人建议"发兵击之",秦二世因之恼怒,叔孙通不顾事实,以诡言取悦二世,获得赏赐并被拜为博士。在后来的叙述中,司马迁借助于"诸生""鲁生"之口以及叔孙通频繁择主而事的经历,将一个毫无是非原则、阿谀势利的小人刻画得淋漓尽致。在叔孙通助刘邦制定朝仪礼节受宠的过程中,司马迁通过事件前后叔孙通及其弟子言论的对比,给予一群唯利是图的小人以辛辣的讽刺。这种寓论断于叙事的写作手法在《史记》中还有很多,对此,顾炎武评价说:"古人作史,有不带论断而于叙事之中即见其指者,惟太史公能之。"[2]司马迁寓论断于叙事的写作手法与所谓"春秋笔法"是一致的。司马迁在《匈奴列传》中认为"孔氏著《春秋》,隐桓之间则章,至定哀之际则微"。这种对《春秋》写作风格的理解也影响到了司马迁,如在《汲郑列传》中他对武帝的委婉批评就与其所理解的《春秋》所具有的"微"的写作风格相符合。

其次,司马迁还视"《春秋》之义"为"通古今之变中"的治世之大本。

---

① 《史记·太史公自序》,《史记》第 10 册,第 3297 页。
② 黄汝成:《日知录集释》(下),第 1429 页,上海,上海古籍出版社,2006。

司马迁认为造成春秋之乱的根本原因在于"失其本",他将这个"本"归于具有"拨乱世反之正"的《春秋》之义。司马迁强调"有国者""为人臣者""为人君父者"皆不能不知《春秋》,因为在司马迁看来《春秋》乃"礼义之大宗",守《春秋》之"大义"方能避免"君不君""臣不臣""父不父""子不子"四种"天下之大过"。这实际上是高度肯定了《春秋》所彰明的礼义思想对于社会治理的重要性,将其看作历史兴亡盛衰中的不易之理。

第五,《史记》还体现了大一统的史学观念。汉代的一统结束了秦末以来的长期战乱局面,在这个封建中央集权得以确立并日益巩固的时代,汉初的思想界在对秦亡的反思过程中对大一统给予了高度肯定和颂扬。同样,大一统的观念在《史记》中也得到了鲜明的体现。首先,《史记》的著作体例体现了大一统观念。据《太史公自序》中司马迁对《史记》体例的解释,《史记》将记录"王迹所兴"的十二本纪列于首位,之后是作为帝王治下的具体社会结构之展现的八书,三十世家作为"辅拂股肱之臣",如同"二十八宿环北辰"和"三十辐共一毂"那样,拱卫作为核心的以述录帝王事迹为内容的本纪,七十列传记录"扶义俶傥""立功名于天下"的优秀人物,继于三十世家之下。《史记》的这种体例形成了一种以本纪为中心,统摄世家和列传的等级结构。这种等级结构不过是以帝王为中心的社会政治格局在史著中的浓缩和体现,是大一统观念在史学领域的反映。其次,从《史记》的起始时间来看,也隐约透露出大一统的观念。《史记》记载的历史"上起黄帝","至太初而迄",从黄帝统一各氏族部落到武帝的一统,这种叙事上的时间安排实际隐含着作者的一种价值判断,即大一统是历史发展所昭示出的趋势和归宿。再次,从《史记》的叙述来看,包括五帝三王在内的中华子孙皆以黄帝为始祖,这种"天下一家"的观念实际上从氏族和种姓的角度论证了大一统的必然性和合理性。

第六,在历史观上,《史记》对历史人物和历史事件的评价体现出道德尺度和历史尺度的统一。道德尺度就是在评价历史人物和历史事件时立足于德性视角对其"是否应该"作出评判,历史尺度则立足于历史人物和历史事件在社会发展中的作用对之加以审视。事实上，早在《论语》中，孔子对管仲的评价就坚持了历史尺度和道德尺度的统一。

一方面，孔子认为管仲僭越礼制而"不知礼"，这是从德性尺度对管仲行为的批评。另一方面，当子贡认为管仲并非"仁者"时，孔子又高度肯定了管仲的事功，这是从历史尺度对管仲推动社会发展的作用的肯定。这说明孔子在评价历史人物时已经做到了道德尺度和历史尺度的统一。与孔子评价管仲时运用的两种尺度相同，司马迁在《史记》中评价历史人物和历史事件时也坚持了这两种尺度的统一。对于秦的一统，司马迁评价道："秦取天下多暴，然世异变，成功大。"①"取天下多暴"是从道德尺度对秦发动劫掠战争的否定，"世异变，成功大"，则是从历史尺度对秦结束战乱完成统一的历史进步作用的肯定。对于项羽的评价，司马迁既肯定了其在"秦失其政"的历史背景下"将五诸侯灭秦"所起到的历史作用，同时又批评他"放逐义帝而自立""欲以力征经营天下"的行为，认为"子羽多暴"，前者是历史尺度，后者是道德尺度，在对项羽的评价上，司马迁仍然坚持了历史和道德两个尺度的统一。司马迁在审视和评价历史人物时能够坚持历史尺度和道德尺度的统一，体现了其作为史学家的卓越史识。

第七，司马迁还肯定了人的欲望的合理性。首先，司马迁立足于史籍记载来说明和肯定人天生就有追逐欲望的本性：

太史公曰：夫神农以前，吾不知已。至若诗书所述虞夏以来，耳目欲极声色之好，口欲穷刍豢之味，身安逸乐，而心诱矜势能之荣。使俗之渐民久矣，虽户说以眇论，终不能化。故善者因之，其次利道之，其次教诲之，其次整齐之，最下者与之争。②

司马迁指出有史闻以来，人的耳、目、口、身、心总是不可避免地会去追逐感性生存欲望，基于人的此种本性，最高明的王者是因顺之而加以治理，

①《史记·六国年表》，《史记》第 2 册，第 686 页。
②《史记·货殖列传》，《史记》第 10 册，第 3253 页。

渐次而下者是分别通过引导、节制、齐整人的欲望来进行治理,最次者是与民争利。司马迁在论证人的求欲本性的时候不是"载之空言",而是从史籍所载这一具有说服力的角度出发的。这种对人的求欲本性的肯定,无论在结论还是在论证方式上,都与董仲舒"正其谊不谋其利,明其道不计其功"的观点形成了鲜明对比,体现着司马迁求真务实的历史观念和思想解放的锋芒。其次,司马迁还从现实中人们的不同行业和分工出发,论证了人的求利本性。司马迁认为,不同行业的人的活动有一个共同的目的指向,即皆为求得财用和富贵的满足,由此而得出了逐富是人之"不学而俱欲"的本性的结论。再次,司马迁强调在社会生产中应当充分因顺人之求欲逐富的本性。司马迁主张"人各任其能,竭其力,以得所欲",认为在社会财富生产的各个环节上,如果能"各劝其业,乐其事",则会收到"若水之趋下,日夜无休时,不召而自来,不求而民出之"的效果。对此,司马迁感叹道:"岂非道之所符,自然之验邪?"在这里,道家"道"和"自然"的概念通过人的求利逐富的活动得到了新的解释。最后,司马迁认为基于人的生存欲望的逐富行为构成礼义得以确立的重要前提。

> 故曰:"仓廪实而知礼节,衣食足而知荣辱。"礼生于有而废于无。故君子富,好行其德;小人富,以适其力。渊深而鱼生之,山深而兽往之,人富而仁义附焉。[1]

司马迁引述了管仲之语,肯定并继承了他的观点,强调"礼生于有而废于无"。这里的"有"是指礼得以产生的物质条件,这个物质条件正是通过人之逐富的行为才得以具备的。战国时期的荀子曾就"礼"和"欲"的关系作出说明,认为礼义出于"养人之欲"即合理调节人的欲望的需要。如果说荀子看到了礼义产生的必要性,那么司马迁则更加强调建立在人的逐富欲望基础上的物质条件对于礼义的确立所具有的前提作用。"礼生于有而废于无","人富而仁义附焉",是司马迁从古今之变的社会发展大

---

[1]《史记·货殖列传》,《史记》第10册,第3255页。

势出发得出的具有史家远见的结论,其意义在于将儒学独尊之后形成的汉代主流价值观奠基于社会发展的物质层面之上,这无疑具有重要的历史进步意义。

二、司马迁的天人观

司马迁所著《史记》的重要宗旨是"究天人之际"。"究天人之际",就是要探究天道和人事之间的际会之处,属于天人关系的范围。司马迁"究天人之际"的实质,是将人事的兴亡盛衰置于宏大而深微的天道之下予以观照。在我国古代,源出于巫的史官有观象以明天道的职责①,《史记》"究天人之际"的宗旨实际上是司马氏"世典周史"的史官职守的一种反映。

司马迁的《史记》并非在一种意义上使用"天"的概念。《天官书》中的"天运""天变""天数",《太史公自序》中以"春生夏长""秋收冬藏"为内容的"天道",皆是天象或天文历法意义上的"天"。此外,《史记》中还有带有神秘意志和主宰意味的"天命""天统""天授"等。因而对司马迁的天人观应当具体分析。

在天人观上,司马迁认为"天变"即天文星象的异变与社会领域中"政事"的变化存在着对应关系:

> 秦始皇之时,十五年彗星四见,久者八十日,长或竟天。其后秦遂以兵灭六王,并中国,外攘四夷,死人如乱麻,因以张楚并起,三十年之间兵相骈藉,不可胜数。自蚩尤以来,未尝若斯也。

> 项羽救巨鹿,枉矢西流,山东遂合从诸侯,西坑秦人,诛屠咸阳。

> 汉之兴,五星聚于东井。平城之围,月晕参、毕七重。诸吕作乱,日蚀,昼晦。吴楚七国叛逆,彗星数丈,天狗过梁野;及兵起,遂伏尸流血其下。元光、元狩,蚩尤之旗再见,长则半天。其后京师师

---

① 源于巫的史官经过不断分化,在春秋时期已有专门负责明天道的史官,这一点在《国语》《左传》《周礼》等书中皆可看到。

四出,诛夷狄者数十年,而伐胡尤甚。越之亡,荧惑守斗;朝鲜之拔,星茀于河戍;兵征大宛,星茀招摇:此其荦荦大者。若至委曲小变,不可胜道。由是观之,未有不先形见而应随之者也。①

司马迁以秦朝至汉代的天象异变为例,将天象异变与秦汉间的重大历史事件对应起来,以此来说明"天变"与国事之间的感应关系,认为"未有不先形见而应随之者也",这体现出古代星占学的痕迹。

在具体察究天象和政事的这种对应关系时,司马迁强调要把握"三五"之"天数"和"三五"之"天运"。关于"三五"之"天数",司马迁说:

夫常星之变希见,而三光之占亟用。日月晕适,云风,此天之客气,其发见亦有大运。然其与政事俯仰,最近(天)人之符。此五者,天之感动。为天数者,必通三五。终始古今,深观时变,察其精粗,则天官备矣。②

司马迁认为"常星"即经星的变异情形很少碰到,通过日月星"三光"来占察时变则是经常的情形。这里的"三光"就是指"三五"之"天数"的"三"而言。日月晕之灾变和"云风"作为"天"的"客气",与政事之间密切相关,最能表现天人之间的符应。"三光"加上"日月晕适"和"云风"这五者皆是上天应感而动的表现,深究"天数"的人要精通包括"三光"在内的上述五者,方能"深观时变,察其精粗"。这是说的"三五"之"天数"。关于天象运转所具有的"三五"之"天运",司马迁说:

夫天运,三十岁一小变,百年中变,五百载大变;三大变一纪,三纪而大备:此其大数也。为国者必贵三五。上下各千岁,然后天人之际续备。③

在司马迁看来,"天运"的基本周期是"三十岁一小变","五百载大变",

---

① 《史记·天官书》,《史记》第 4 册,第 1348—1349 页。
② 同上书,第 1351 页。
③ 同上书,第 1344 页。

"三大变一纪，三纪而大备"。对于"为国者"而言，重要的是要把握好三十年的"小变"和五百年的"大变"，及时应天变而奉天承运。这是讲的天象变化具有的"三五"之运。

尽管司马迁承认"天变"可以引起政事的变化，但他并不主张人在"天变"面前无能无力，而是认为人可以适切地对"天变"加以回应。就具体的天象变化而言，司马迁强调应做到"日变修德，月变省刑，星变结和"，这多少带有一点灾异谴告说的意味。从整体上看，人主对于"天变"的正确态度是"太上修德，其次修政，其次修救，其次修禳"。由此可见，即使面对"天变"，司马迁仍然强调人主的德行、德政在政治活动中的优先地位。

在天人关系上，司马迁还认为对于社会领域中的一些人和事而言，存在着带有神秘意味的"天命"和"天授"，如司马迁认为刘姓汉家从诸吕手中夺回宗庙社稷，是"天命"所归，"天授"使然。这当中当然透露着他对刘姓汉王室合法性的一种肯定，但这种意义上的"天"显然是带有强烈的神秘主宰意味在内的。

司马迁有时还对天道和人事之间的神秘感通关系表现出困惑，如一方面司马迁认为黄帝的子孙皆立为天子是"天之报有德也"。这种意义上的"天"有赏善罚恶的意味。另一方面，司马迁又通过伯夷、叔齐"积仁洁行"而饿死，颜回早夭，盗跖作恶而寿终，以及近世作恶多端之人和慎言行而发愤之人的不同结果的对比，表达了其对"天道"意旨的捉摸不定的不解。这固然折射着司马迁对自己遭遇的一种感慨，也是其在"究天人之际"的过程中对天人之间复杂感通关系的一种思考。关于个人品行和其所逢遭遇之间的关系，汉末《太平经》的"承负"说进一步对之作了回答。

在天人关系上，司马迁还辨识并肯定了在社会活动中，人为之力对于一些人事活动的结果起到的决定性作用。对于项羽之死，司马迁历数其过，认为项羽失败的原因在其自身，强调项羽死前将其失败归于"天"的做法是荒谬的。在晁错削藩问题上，司马迁批评他不用渐法而操之过急，从而得出了安危之机在于人谋的结论。司马迁认识到，造成项羽和晁错之败的原因不是"天"而是人，这不仅是对"天人之际"中"天"和人在具体人事活动中不同作用的一种区分，也体现了一个史学家应有的理性精神。

第七章　西汉周易哲学与谶纬思潮

易学是汉代哲学的重要组成部分。随着经学运动的持续开展,《周易》在《五经》中的地位大幅提升,大约在西汉成帝时期,它已居于《五经》之首,《汉书·艺文志》即有明证。宣成时期,阴阳灾异说兴起,刘向继之以五行灾异说;而易学亦在此期发生巨变,孟京的卦气说和阴阳灾异说等随之流行开来。在西汉晚期,谶纬思潮流行;《易纬》继孟京易学而来,反映了西汉末期的易学思想。

第一节　西汉易学的传承与《周易》经学地位的变迁

一、西汉易学的传承与传习者

1. 西汉易学的传承脉络

秦始皇三十四年(前213),始皇下令焚书、禁书,《易》独为卜筮之书而传者不绝。《汉书·儒林传》曰:"及秦禁学,《易》为筮卜之书,独不禁,故传受者不绝也。"在此,需要区别卜筮《易》和经学《易》,后者是否在禁止之列,亦需再加研究。

自孔子迄于汉初,传《易》者连绵不绝,这在《史记·仲尼弟子列传》《史记·儒林列传》和《汉书·儒林传》中有明文记载。据《史记·儒林传》，鲁人商瞿受《易》于孔子，"六世至齐人田何""而汉兴"。何传于王子仲同，同传于菑川杨何，杨何为武帝时《易经》博士。田何为汉代传《易》的祖师，在高帝时；杨何为西汉首位《易经》博士，在武帝时。二人不容混淆。

据《汉书·儒林传》，西汉易学的传承脉络很清晰。田何有弟子王同子仲、周王孙、丁宽和齐服生，王同有弟子杨何，丁宽有弟子田王孙。建元五年（前136），武帝立《五经》博士，杨何为《易经》博士，后田王孙立为博士。田王孙有弟子施雠、孟喜和梁丘贺，宣帝时三家先后立为博士，"由是《易》有施、孟、梁丘之学"①。施家有张（禹）、彭（宣）之学，孟喜有翟（牧）、孟、白（光）之学，梁丘有士孙（张）、邓（彭祖）、衡（咸）之学。② 京房受《易》于梁人焦延寿，延寿自云尝从孟喜问《易》；"会喜死，房以为延寿《易》即孟氏学，翟牧、白生不肯，皆曰非也"③。元帝时，京房立为博士，授殷嘉、姚平和乘弘，"由是《易》有京氏之学"④。西汉末，又有费（直）氏《易》和高（相）氏《易》，高氏"自言出于丁将军"，"高、费皆未尝立于学官"⑤。费氏《易》为古文经，郑玄注本和王弼注本即据费氏经。

总之，西汉易学的传承正如《汉书·艺文志》所云："汉兴，田何传之。讫于宣、元，有施、孟、梁丘、京氏列于学官，而民间有费、高二家之说，刘向以中《古文易经》校施、孟、梁丘经，或脱去'无咎''悔亡'，唯费氏经与古文同。"

据《汉书·儒林传》，西汉易学的传承线索大致如下：

---

① 《汉书·儒林传》。
② 施雠有弟子张禹、鲁伯，前者授《易》彭宣、戴崇（子平），后者授毛莫如（少路）、邴丹（曼容）。孟喜有弟子白光（少子）、翟牧（子兄）及蜀人赵宾，赵宾"云受孟喜，喜为名之"。梁丘贺有弟子梁丘临及五鹿充宗（君孟），琅邪王吉好梁丘《易》，使子骏从梁丘临受《易》，充宗授士孙张（仲方）、邓彭祖（子夏）、衡咸（长宾）。
③④⑤ 《汉书·儒林传》。

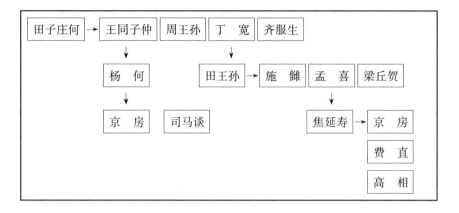

据《汉书·儒林传》,丁宽先于杜陵从田何受《易》,后东归,至雒阳又从周王孙受古义。景帝时,丁宽为梁孝王将军,故号曰丁将军。

施雠先后两次从田王孙受《易》,后一次在田王孙为博士时,且与孟喜、梁丘贺为同学。孟喜的父亲号曰孟卿,善为《礼》《春秋》,是后苍、疏广的老师。田王孙死,博士职位出现空缺,施雠、梁丘贺与孟喜三人展开争夺。在梁丘贺的撺掇和推荐下,施雠最先拜为博士。甘露年间,施雠参加了石渠阁会议。

梁丘贺先从太中大夫京房(为淄川杨何弟子)、后从田王孙受《易》。宣帝时,"贺以筮有应,由是近幸"①。梁丘贺为少府,命令儿子梁丘临及门人张禹等人从施雠问《易》。甘露年间,梁丘临"奉使问诸儒于石渠"②。

元帝时立为博士的另一位京房为焦延寿的弟子,初以明灾异得幸,后"为石显所谮诛"③。

费氏有弟子王璜平中,高相有弟子高康和毌将永。高康为王莽所杀。

2.《史》《汉》所载其他传习者

据《史记》《汉书·儒林传》,西汉习《易》、传《易》的著名人物还有即

①②③《汉书·儒林传》。

墨成、孟但、周霸、莒衡胡、主父偃，"皆以《易》至大官"①。他们很可能都是田何的再传弟子。《汉书·儒林传》说韩婴有韩氏《易》，宣帝时其后裔涿郡韩生传之，"以《易》征"；盖宽饶本为孟喜弟子，"见涿韩生说《易》而好之"，于是改从韩生受《易》。

《史记·司马相如列传》记司马相如在《子虚赋》中说他自己"述《易》道"，《日者列传》云司马季主"通《易经》"，《太史公自序》云司马谈"受《易》于杨何"。

《汉书·楚元王传》云刘向长子刘伋"以《易》教授"，"歆及向始皆治《易》"。《景十三王传》云广川王刘去"年十四五，事师受《易》"。《东方朔传》云"（朔自赞曰）臣尝受《易》，请射之"。《杨胡朱梅云传》云朱云年四十，"乃变节从博士白子友受《易》"；元帝时，他与五鹿充宗论难，"连拄五鹿君"，"由是为博士"。《魏相丙吉传》云魏相"少学《易》"，又云"相明《易经》，有师法"。《冯奉世传》云冯逡"通《易》"。《谷永杜邺传》云谷永"于经书，泛为疏达"，又云"其于天官、《京氏易》最密，故善言灾异"。《何武王嘉师丹传》云何武"诣博士受业，治《易》"。《扬雄传下》云扬雄仿《易》而"作《太玄》"。《王莽传中》云王莽置《六经》祭酒各一人，"长安国由为讲《易》"；又云"讲《易》祭酒戴参为宁始将军"。

其他，像司马迁、董仲舒、褚大、萧望之、夏侯始昌、龚舍等人通《五经》，对于《周易》自然很熟悉，皆有所受。

二、《周易》经学地位的变迁与"《易》为之原"的提出

汉初，在《易》卜之外，作为学问对象的《周易》还只是在少数学者（包括他们的弟子）之间流传和研习。田子庄何及其弟子王同子仲、周王孙、丁宽和齐服生等为汉初易学大师，属于所谓祖师易阶段。② 武帝时期，儒学大兴。《汉书·儒林传》曰："及窦太后崩，武安君田蚡为丞相，黜黄老、

———————————

① 《史记·平津侯主父列传》云主父偃"晚乃学《易》《春秋》、百家言"。
② 参看《史记·儒林列传》《汉书·儒林传》。

刑名百家之言,延文学、儒者以百数。"建元五年(前136),杨何立为《易经》博士。① 杨何与继立为博士的田王孙二人确立了西汉易学的师法。其后,田王孙一系壮大,宣帝时其门下三大弟子施、孟、梁丘先后立为博士;元帝又增立《京氏易》。施、孟、梁丘三家开启了西汉易学传承的家法时代。元成时期,《周易》在《五经》中的地位得到了显著提高;刘向编纂《别录》,刘歆编纂《七略》,即置《周易》于《五经》之首。据班固自述,《汉书·艺文志》即由刘歆的《七略》删述而来,其大体未变。《艺文志》曰:"今删其要,以备篇籍。"而刘歆的《七略》即源于刘向《别录》。据《汉书·艺文志》,刘向于成帝时奉召校书,具体负责"校经传诸子诗赋";哀帝时,父死子继,刘歆奉召"卒其父业","歆于是总群书而奏其《七略》"。这就是《七略》的来源。

关于《易经》地位的抬升,《汉书》大致涉及三个方面。其一,无论是在《儒林传》还是在《艺文志》中,班固均将《易》置于《五经》之首。其二,《艺文志》提出了《乐》《诗》《礼》《书》和《春秋》五者"相须而备,而《易》为之原"的观点。《艺文志》曰:"《六艺》之文:《乐》以和神,仁之表也;《诗》以正言,义之用也;《礼》以明体,明者著见,故无训也;《书》以广听,知(智)之术也;《春秋》以断事,信之符也。五者,盖五常之道,相须而备,而《易》为之原。故曰'《易》不可见,则乾坤或几乎息矣',言与天地为终始也。至于五学,世有变改,犹五行之更用事焉。"其他五艺各表"道"之一端,而唯有《周易》总为"道原"。其三,在叙说经籍时,班氏《艺文志》常称引《周易》为据。如叙说《书》类经籍时,即称引《系辞上》"河出《图》,雒出《书》,圣人则之"为据;叙说《礼》类经籍时,即称引《序卦》"有夫妇父子君臣上下,礼义有所错"为据;叙说《乐》类经籍时,即称引《豫卦·象传》"先王作乐崇德,殷荐之上帝,以享祖考"为据;叙说《小学》类经籍时,即称引《系辞》"上古结绳以治,后世圣人易之以书契,百官以治,万民以察,盖取诸《夬》"和《夬》卦辞"夬,扬于王庭"为据。

---

① 《汉书·百官公卿表》曰:"武帝建元五年初置《五经》博士,宣帝黄龙元年稍增员十二人。"

如果承认《汉书·艺文志》是由刘歆的《七略》"删要"而来,那么我们可以得出"《易》为之原"的观念早在西汉元成之世就已经提出的结论。在西汉后期,《周易》已居于《五经》之首。而班固在《汉书·扬雄传赞》中说扬雄"以为经莫大于《易》,故作《太玄》",可见《易》居于《五经》之首在扬雄之前已成为共识。

第二节　西汉易学的主要问题及其在思想解释上的转变

一、西汉易学的主要问题

西汉易学主要涉及三个问题,一个是在与刑名黄老之学相争斗的汉初儒学运动中《周易》"立经"的问题,再一个是《周易》的传承从"师法"到"家法"的转变问题,最后一个是《周易》文本性质的变化及其经学思想的演变问题。

1.《周易》的"立经"

第一个问题,即《周易》的"立经",与儒学在汉初的命运密切相关。据《汉书·儒林传》,高祖时,儒学局限于鲁地,且主要表现在日常礼仪的讲习方面。虽然叔孙通"作汉礼仪",但是由于"公卿皆武力功臣"[1],因此儒学受到朝廷重视的程度仍然十分有限。这种情况一直延续到孝惠、吕后时期,基本上都是如此。文帝本好刑名之言,景帝及窦太后喜好黄老之学,虽然儒士的地位在文景时期有所改变,但仍未受到重视。《汉书·儒林传》即曰:"孝文时颇登用,然孝文本好刑名之言。及至孝景,不任儒,窦太后又好黄、老术,故诸博士具官待问,未有进者。"

不过,随着汉帝国实力的不断增强,至武帝时期,强调中央集权、君臣名分及君道有为的儒家思想必然会上升到国家意识形态建设的层面。其中,当然掺杂了儒士为了儒学在新王朝中的地位而奋力抗争的问题。武帝适应了这一历史形势的要求,采取了一系列措施,他一方

---

[1]《汉书·儒林传》。

面立《五经》博士，另一方面重用儒士，例如公孙弘即以治《春秋》为丞相和封侯，杨何、即墨成、孟但、周霸、衡胡和主父偃"皆以《易》至大官"①。据《汉书·儒林传》，武昭时期，杨何、田王孙相继立为《易》博士；宣帝又立施雠、孟喜和梁丘贺三家。施、孟、梁丘三人均为田王孙的高弟。元帝再立京氏《易》。总之，《周易》在汉代重新立为官学，这是其成为所谓"经学"的十分重要的标志。从此，《周易》经学在汉代日益发展和壮大，乃至最终在元成之世居于《五经》之首而成为"大道之原"，其意义非同一般。

2.《周易》经学从"师法"到"家法"的转变

第二个问题，即《周易》经学从"师法"到"家法"的转变，这是西汉易学发展的一个重要阶段。立《周易》博士，这是"师法"得以形成的前提。武宣之间，《周易》经学非常重视"师法"传统。《汉书·儒林传》曰："（宣帝时）博士缺，众人荐喜。上闻喜改师法，遂不用喜。"足见在当时"师法"具有很高的权威性。当然，从一个方面来看，重视"师法"具有保守倾向，但是从另一个方面来看，它是完全必要的：不仅对于《易经》在当时地位的巩固具有重要意义，而且对于《易十翼》的经学化很可能起到了非常重要的作用。从"师法"到"家法"的转变，这是经师们个性化地解释同一经典的开始，而在朝廷的层面则是通过一经立有多位博士，而每一博士又附带若干弟子来实行的。这里，既有《周易》经学自身发展的内在需要，也有"劝以官禄"及"盖禄利之路"使然的原因②。"家法"的形成，实际上与施、孟、梁丘三家立为博士同时展开。皮锡瑞曾指出："师法、家法所以分者：如《易》有施、孟、梁丘之学，是师法；施家有张、彭之学，孟有翟、孟、白之学，梁丘有士孙、邓、衡之学，是家法。"③从杨何、田王孙到施、孟、梁丘三家，这是易学的师法阶段，但是后三者，即施、孟、梁丘三家同时是易

---

① 《汉书·儒林传》。
② 《汉书·儒林传赞》。
③ 皮锡瑞：《经学历史》，周予同注释，第 136 页，北京，中华书局，2008。

学家法的开启者。甘露年间(前53—前50),宣帝"诏诸儒讲《五经》同异"①,"《五经》诸儒杂论同异于石渠阁"②,这是一次杂论诸经师法之异同的会议,《周易》一经亦不例外。其目的,不过是为了供"上亲称制临决焉"③,当时还没有强行要求经文及经义的高度统一。《汉书·艺文志》记有"《五经杂议》十八篇",即是这次皇帝亲临称制的儒林大会的文件集结。

总之,西汉易学以立为博士的施、孟、梁丘和京氏确立了四大"师法"。而"师法"的开展不但为其内部的彼此创说提供了"自我突破"的良好条件,而且为民间易学流派的开展创造了必要的生存空间。与此同时,"家法"的流衍还为西汉易学的解释观念及思想主题的演变在学术和政治上提供了必要的前提。

3. 《周易》从"筮书"到"经书"形态的大转变

第三个问题,与第一、二个问题关联密切。自周初以来,《周易》即大抵为官学;不过,至于西汉,它经历了从"筮书"到"经书"形态的大转变。这个大转变可以分为两个阶段。

第一个阶段是从孔子、商瞿到汉初田何,易学经过长期的筮占实践不仅积累了大量的案例,而且在解占的过程中形成了它的解释系统:从战国早期到晚期,今本《易传》的大部分篇籍得以撰作出来。而从《易传》来看,六十四卦文本在实质的意义上已经被当作"经"来看待了。

第二个阶段发生在汉初时期(高帝至景帝),它为武帝将《易》立于学官、成为国家层面的真正"经学"打下了坚实的基础。《尚书·洪范》第七畴曰"稽疑"(《易》以"卜筮"为基本功能),可知在相当漫长的一段时间里《易》(包括《周易》)完全属于"筮书"性质。此后,对于官方而言,这种性

---

① 《汉书·宣帝纪》。
② 《汉书·韦贤传》。
③ 《汉书·宣帝纪》。

质长期没有多少改变。《周礼》云太卜"掌三《易》之法"①，又云"筮人掌三《易》"②。秦始皇下令焚书、禁书，而《周易》不禁不燔，乃因为它被看作"卜筮"之书的缘故。《史记·秦始皇本纪》曰："所不去者，医药卜筮种树之书。"《汉书·艺文志》曰："及秦燔书，而《易》为筮卜之事，传者不绝。"至于汉初，情况犹且如此。《汉书·楚元王传》曰："时独有一叔孙通略定礼仪，天下唯有《易》卜，未有它书。"可见《周易》为筮书，这仍然是汉初的普遍观点。最近几十年出土的天星观楚简、包山楚简和新蔡楚简包含了若干易卦材料，它们都属于实占性质。清华简《筮法》是阐述《易》筮的一般性理论著作，而阜阳汉简《周易》在每一卦辞、爻辞之后再连抄以"卜曰"起头的卜辞，这个本子在使用者手里当然属于筮书性质。

《周易》演变为"经书"，非一朝一夕之故。早在春秋后期，贵族们在将三《易》或《周易》作为筮书使用时即将"德义"作为解占的一个指导思想。孔子晚年研习《周易》，继承了这一解释方向。在马王堆帛书《要》篇中，孔子曰："《易》，我后其祝卜矣！我观其德义耳也。"所谓"德义"，"德"即德行，"义"即"仁义"，是一种伦理原则。这就将《周易》的解占活动，从单纯依赖于祝卜的神灵性预言，转向了对问占者之道德主体性的关切。孔子开启的这一方向，被他自己及其后学贯彻到《易十翼》之中。而《易十翼》在爻位理论、乾坤论和阴阳论上又作出了巨大贡献，成为此后义理解释或所谓哲学解释的基础。

不过，从先秦至汉初的传承情况来看，《周易》一经在学者群体和国家意识形态中的地位比较尴尬。先秦重要诸子典籍引《易》很少，在儒门内部，《孟子》未曾引《易》，《荀子》引《易》亦仅四次。在传承过程中，荀子学派对于《周易》的态度是这样的："善为《易》者不占。"③这一方面说明荀子学派对于《周易》的解释态度与帛书《要》篇所述孔子态度一致，并反映出"经书《易》"欲与"占筮《易》"相分离的紧张感，另一方面也表明"占筮

①《周礼·春官·太卜》。
②《周礼·春官·筮人》。
③《荀子·大略》。

《易》"在当时还是占据了主导地位。《史》《汉》所述商瞿至田何的传承线索，一般说来，属于所谓"经书《易》"的传统。正是这些早期易学大师艰苦卓绝的开创性解释和不懈的知识传承，为"《周易》经学"在西汉的崛起与兴盛创造了必要的前提。最终，武帝在建元五年（前 136）立田何的再传弟子杨何为职掌《周易》的博士，高度肯定和大力褒扬此一经学传承系统，从此《周易》正式从"筮书"转变和上升为"经书"。《汉书·艺文志》将"经书《易》"与"筮书《易》"分列在《六艺略·易类》和《数术略·蓍龟类》两类中，而不相杂厕，这是一个很有力的证明。

二、西汉易学在思想解释上的转变

卜筮之外，《周易》的说解在西汉宣元时期发生了一次重大的思想改变。这是西汉易学的主要问题之一。自战国中期以来，《周易》在解释上一方面受到阴阳观念的深刻影响，这在《易十翼》（特别是《系辞》）和汲冢竹书《易》中都明显地表现出来了①，另一方面它的可解释性也受到人们的高度关注。关于前者，《系辞上》曰，"一阴一阳之谓道"。《说卦》曰："立天之道曰阴与阳。"《庄子·天下》曰："《易》以道阴阳。"《礼记·祭义》曰："昔者，圣人建阴阳天地之情，立以为《易》。"帛书《衷》曰："《易》之义萃（萃）阴与阳。"《史记·太史公自序》曰："《易》著天地阴阳四时五行，故长于变。"又曰："《易》以道化。"《史记·滑稽列传》曰："（孔子曰）《易》以神化。""化"即"变化"义，"神"即《系辞》所谓"阴阳不测之谓神"，"神化"即是说阴阳不测之变化。根据这些文献，完全可以断定，从战国中晚期至汉武帝时期，人们形成了以阴阳化的天道观来阐释《周易》的主导意识。在此主导意识下，西汉初期的易学又具有注重人事及义理的特点。关于后者，首先，它来源于占筮的稽疑本性，而稽疑需要解占，解占需要

---

① 《晋书·束皙传》曰："《易繇阴阳卦》二篇，与《周易》略同，繇辞则异。"杜预《春秋经传集解后序》："《周易》上下篇与今正同，别有《阴阳说》而无《彖》《象》《文言》《系辞》。"参看阮元校刻《十三经注疏》（清嘉庆刊本）第四册，第 4751 页，北京，中华书局，2009。

作多元的折衷。其次，它来源于《周易》文本自身极其幽隐、简约，因而需要大加解释的特性。《礼记·经解》曰："絜（洁）静精微，《易》教也。"司马迁曰："《易》本隐之以显。"①《汉书·艺文志》曰："《易》道深矣。"皆可见此意。而《周易》在文本上的可解释性，即为阴阳之道的介入提供了必要的前提。

汉初祖师几乎各作《易传》。《汉书·儒林传》曰："汉兴，田何以齐田徙杜陵，号杜田生，授东武王同子中、雒阳周王孙、丁宽、齐服生，皆著《易传》数篇。"这在同书《艺文志》中即有明确的证明："《易传·周氏》二篇。（字王孙也。）《服氏》二篇。《杨氏》二篇。（名何，字叔元，菑川人。）《蔡公》二篇。（卫人，事周王孙。）《韩氏》二篇。（名婴。）《王氏》二篇。（名同。）《丁氏》八篇。（名宽，字子襄，梁人也。）"这些所谓《易传》，依笔者陋见，很可能都是《易十翼》的仿习之作。据此可知，汉初易学其实是以阴阳等观念为基础而构建起来的所谓义理之学。《汉书·儒林传》曰："（丁宽）作《易说》三万言，训故举大谊（义）而已，今《小章句》是也。"颜师古《注》曰："故，谓经之旨趣也。"②这是一个很有力的旁证。丁宽《易说》，即《艺文志》所谓《丁氏易传》，它十分简要，不过训释经文旨趣、举明大义而已，与阴阳灾异之说无关。丁氏《易说》又谓之《小章句》，估计是汉《易》章句之学的起源。《艺文志·六艺略·易类》曰："《章句》，施、孟、梁丘氏各二篇。"此三家《章句》皆本于田王孙，它们虽然略有差异，但是都属于"训故举大谊"之作。

灾异之说起源甚早，至春秋时已遍及诸侯列国。汉世阴阳灾异之说以《春秋》学为本，董仲舒在景帝、武帝时期即借助于《公羊春秋》以大力宣扬此说。至元成时期，阴阳灾异之说泛滥于《五经》。阴阳灾异说被正式纳入《周易》经学的时间相对较晚，《京氏易》立于学官，即为《易》阴阳灾异说得到官方正式肯定的标志。不过，在宣帝时或稍前，《易》阴阳灾

---

① 《史记·司马相如列传》。
② 《汉书》卷八八，第 3598 页。

异说已有所萌芽或发展。据《艺文志·六艺略》所列"易类"目次,"《古五子》十八篇"大概成书于武帝时期。班固自注曰:"自甲子至壬子,说《易》阴阳。"《初学记·文部》引刘向《别录》曰:"《古五子》书,除复重,定著十八篇,分六十四卦,著之日辰,自甲子至于壬子,凡五子,故号曰《五子》。"①可知《古五子》正为《易》家候阴阳之书。《汉书·儒林传》曰:"喜好自称誉,得《易》家候阴阳灾变书,诈言师田生且死时枕喜膝,独传喜,诸儒以此耀之。同门梁丘贺疏通证明之,曰:'田生绝于施雠手中,时喜归东海,安得此事?'"孟喜所得《易》家候阴阳灾变书,当是民间好《易》者为之,与《古五子》同类。又,同传云:"蜀人赵宾好小数书,后为《易》,饰《易》文,以为'箕子明夷,阴阳气亡箕子。箕子者,万物方荄兹也。'"赵宾说《易》,亦具备阴阳灾异说的特征。但是,在当时的历史条件下,《易》阴阳灾异说很难立即得到朝廷的承认和人君的肯定。不过,自元帝立京氏《易》于学官,以《易》说阴阳灾异即成为当时潮流。《汉书·儒林传》说京房以"明灾异得幸",同书卷七十五《京房传》亦有相同记载。《艺文志·六艺略》"易类"列有《孟氏京房》《灾异孟氏京房》《京氏殷嘉》三书,即反映了京氏易学在元成时期的盛况。《儒林传》还记载了高相《易》"专说阴阳灾异",并"自言出于丁将军"。其实,京、高二家之外,当时言《易》阴阳灾异者还有不少人。《艺文志·六艺略》"易类"还列有阴阳灾异说的著作二部,即《杂灾异》三十五篇和《神输》五篇。其中《杂灾异》既然谓之"杂",则非一家之书可知也。

值得注意的是,西汉后期《易》家候阴阳灾异说,与西汉初期的《易》阴阳天道观和人事说,它们据以解释的哲学观念的本体("阴阳")都是一致的,京房即"以明《易》阴阳得幸于上"②,只不过二者的解释旨趣大相径庭而已。阴阳灾异说借助于神意化的天道观来阐明灾异的政治含意,以期达到谴告人君的目的;而汉初的《易》阴阳说则属于自然哲学,乃客观

① 徐坚等:《初学记》(第二版),第499页,北京,中华书局,2004。
②《汉书·宣元六王传》。

地理解万物的生成及其统一性的问题,同时让人掌握其在伦理世界中所赖以存在的诸般道理。这里,存在神性之天道与自然性之天道的根本对立,而后者的思想成果当然是可以被前者所吸收和利用的。

第三节　马王堆帛书《易传》的哲学思想

帛书《易传》六篇,1973 年 12 月出土于长沙马王堆三号汉墓。这六篇帛书分别为《二三子问》《系辞》《衷》《要》《缪和》和《昭力》①,其中《二三子问》与帛书《六十四卦》经文同幅,后五篇帛书同幅。这批帛书大约抄写于高祖之后至文帝前元十二年之间(前 194—前 168),当然部分篇目的撰作年代可能早至战国晚期,而帛书《系辞》乃战国中期的著作,因此本章不作论述。帛书《易传》引起了学者们的极大兴趣,给学界带来了观念上的巨大变化,其中孔子与《周易》的关系及孔子生前是否作《易传》这两个问题广受关注。这六篇帛书或为释经体,或为问答体,或为此二体之混合,它们大体上以孔子为老师,为论述的中心。帛书《易传》的哲学主要体现在三个方面,即解《易》原则、阴阳哲学和乾坤说三个方面。此外,帛书《易传》的政治思想也是值得关注的。

一、从帛书《易传》看孔子解《易》的原则

众所周知,今本《系辞》和《说卦》前三章被帛书《易传》所抄录。而为了更明晰地梳理战国末季至汉初易学思想的发展,笔者在下文将尽力征引那些不见于今本《易传》的篇章。

先看帛书《易传》的解释观念。帛书《易传》的解释观念主要体现在《要》篇中,而《要》篇的解释观念也即是孔子的解释观念。无疑,在这六篇帛书中,《要》篇是最为引人关注的篇目之一,其原因在于它解决或矫

---

① 帛书《易传》释文,参看丁四新《楚竹书与汉帛书〈周易〉校注》,第 505—542 页,上海,上海古籍出版社,2011。本书征引帛书《易传》释文一般从宽式,并综合了多位学者的成果。

正了自欧阳修以来的一大问题,即它证实了《史记》"孔子晚而喜《易》"的说法。在笔者看来,《要》篇的重要性更在于显示了孔子在《周易》解释学上的重大贡献。① 在《要》篇中,孔子提出了"以德知《易》"或"以德占《易》"的解释观念。"以德知《易》"的说法,是孔子总结春秋后期以德解占的思想倾向的结果。重视德行在解占过程中的作用,这可以参看《左传·襄公九年》"穆姜薨于东宫"、《昭公十二年》"南蒯枚筮之"等筮例。此前,《周易》的主要用途是为了"稽疑"(即帮助君王作出决断),是君王在作出决断之前需要谋问和商议的五大因素之一,并且在解占的过程中需要遵守"三人占,则从二人之言"(《尚书·洪范》)的规则。

孔子提出的"无德,则不能知《易》"(《要》第 8 行)的解释原则在《要》篇中包含三个要点。《要》篇第 12—18 行曰:

> 夫子老而好《易》,居则在席,行则在橐。子贡曰:"夫子它日教此弟子曰:'德行亡者,神灵之趋;知谋远者,卜筮之繁。'赐以此为然矣。以此言取之,赐敏行之为也。夫子何以老而好之乎?"夫子曰:"君子言以矩方也。前祥而至者,弗祥而巧也。察其要者,不诡其福。《尚书》多阅(阙)矣,《周易》未失也,且有古之遗言焉。予非安其用也,〔而乐其辞也〕□□尤于此乎?"
>
> 〔子贡曰〕:"如是,则君子已重过矣。赐闻诸夫子曰:'循正而行义,则人不惑矣。'夫子今不安其用而乐其辞,则是用倚于人也,而可乎?"子曰:"狡哉,赐! 吾告汝,《易》之道□□□□□□□□□此百姓之道□□易也。夫《易》,刚者使知惧,柔者使知图;愚人为而不妄,谗人为而去诈;文王仁,不得其志,以成其虑。纣乃无道,文王作,讳而避咎,然后《易》始兴也。予乐其知之□□□之自□□予何□□三事纣乎?"
>
> 子贡曰:"夫子亦信其筮乎?"子曰:"吾百占而七十当。虽周梁

---

① 这一点,林忠军等学者已经注意到了。参看林忠军《从帛书〈易传〉看孔子易学解释及其转向》,《北京大学学报(哲学社会科学版)》第 44 卷第 3 期,第 86—90 页。

山之占也,亦必从其多者而已矣。"子曰:"《易》,我后其祝卜矣,我观其德义耳也。幽赞而达乎数,明数而达乎德,有仁〔守〕者而义行之耳。赞而不达于数,则其为之巫;数而不达于德,则其为之史。史巫之筮,向之而未也,好之而非也。后世之士疑丘者,或以《易》乎?吾求其德而已,吾与史巫同途而殊归者也。君子德行焉求福,故祭祀而寡也;仁义焉求吉,故卜筮而希也。祝巫、卜筮其后乎!"①

　　孔子玩《易》、解《易》的特点,在这三段对话中充分表现出来了。从第一段对话来看,孔子晚年对于《周易》在态度上有一次重大的转变:从前,因其为卜筮之书而鄙弃之,至晚年却"好《易》",乃至于"居则在席,行则在橐",所以子贡才有"夫子何以老而好之乎"的疑问。由此,在孔子与子贡之间展开了一场对话。孔子晚年重视经典研读和教育。对于《周易》,他的第一个观点是"予非安其用也,而乐其辞也"②。所谓"用",指卜筮之用;所谓"辞",指卦爻辞。孔子晚年好《易》的重点,在于玩味和推阐卦爻辞所包涵的道理,以及吉凶与占者之主体性(主体性的构成以道德性为主)的关系。所谓"夫《易》,刚者使知惧,柔者使知图;愚人为而不妄,谗人为而去诈;文王仁,不得其志,以成其虑",即是孔子非常重视《周易》对于主体德行修养作用的表现。需要指出,所谓"不安其用",并不是说舍弃《易》的占筮功能而不用,而是要在占筮之用的基础上将其提升到"德义"的层次。在解释路径上,孔子是通过"乐其辞"来进入的。在这一点上,孔子似乎与宋儒程伊川有相通之处。伊川在《易传序》中说:"予所传者辞也。"不过,程颐解《易》几乎不言占——这后来招致了朱熹的反复批评③,而孔子则为《周易》建立了"占/巫—数/史—德/君子"三个解释层次和系统,与程子舍占而传辞的做法迥然不同。

---

① 所引《要》篇文本,多处采用了李学勤的释读。参看李学勤《周易溯源》,第 373—375 页,成都,巴蜀书社,2006。

② 程颐:《伊川易传序》,载《伊川易传》,《四库全书》文渊阁本第 9 册,第 157 页,台北:台湾商务印书馆,1986。

③ 参看黎靖德编《朱子语类》卷六七,第 1649—1654 页,北京,中华书局,1994。

孔子看待《周易》的第二个观点是"我后其祝卜矣,我观其德义耳也"。在春秋后期,卜筮文化十分浓厚和流行,在当时的历史条件下,孔子是不可能直接否定占筮的功能的。他说"吾百占而七十当",这是肯定了占筮具有前知吉凶的作用。不过,孔子并不迷信,而是更加重视对吉凶之占象的主观性解释,正如《要》篇所说"亦必从其多者而已矣",将卦爻象之吉凶的判断放在多重解占主体的解释中来做综合处理和裁断,这与《尚书·洪范》所云"三人占,则从二人之言"一致。毫无疑问,孔子虽然没有舍弃祝卜的具体方法,但是更为重视对于《周易》"德义"的领会。他将时人对于《周易》的运用分为三个高低的层次,即"巫—史—君子"或者说"占—数—德"的层次,将目标指向对《周易》作"德义"的阅读,并进而培养君子的人格。

巫能幽赞神明而断之以吉凶,史能通达兴衰之道("数"者,术也,道也),而君子则"观其德义""达乎德"和"求其德",追求的是道德人格的完成。所谓"德义",即帛书《衷》篇所谓"赞以德而占以义",也即"德行""仁义"之省语。所谓"求其德义",即探求《周易》所包含的德行和仁义内涵。在《要》篇中,孔子将传统的吉凶判断之术(筮占)转变为同时与个人的道德修养密切相关的方法。俱是趋吉避凶,然而孔子与史、巫使用《周易》的目的不同,"吾与史巫同途而殊归"。这即是说,孔子主张吉福源于个人的德行或道德性的修养,所谓"君子德行焉求福……仁义焉求吉"。这样一来,主体的德行或道德性也就成为理解《周易》的基础;反之,《周易》文本不但应当从德行或道德性的角度来做解释,而且玩研《周易》也有助于个人的道德性反省和德行的修养。总之,孔子晚年虽然在一定程度上回归和肯定了《周易》的卜筮之用,但是无疑他是以"德义"为先,以"祝卜"为后的。"我观其德义耳",这个观点是孔子对《周易》解释学作出的重大贡献。

最后,孔子主张以德占《易》。帛书《衷》篇也有相近的说法,一曰"无德而占,则《易》亦不当"(第42行),这与《要》篇"无德,则不能知《易》",及孔子在《论语·子路》中所说"不占而已矣",而将"恒德"看作占筮的基础,是完全一致的;二曰"拟德占之,则《易》可用矣"(第 44 行)。"拟",准拟。后者主要是从考虑占者德行的角度而言的,正如《左传·襄公九年》所载,虽然史官为筮,得《随》卦,并说只要随从而出,可应"无咎"的断占之辞,然而在穆姜(鲁宣公夫人)看来,元、亨、利、贞四德乃是随而"无咎"的前提:有此四德,则随而无咎;无此四德,则虽随而无益(《左传·襄公九年》)。孔子及其后学不因人而废言,将穆姜的精彩解说编入了《乾·文言传》中。但是我们也应当注意到,孔子提出拟德而占、以德解占、以德知《易》和"求其德义"的一系列观点,乃是在思想上的总结和提高,十分鲜明地突出了占问者和解占者的主体性(在孔子当时以"德行"为重)与断占、解占之间的密切关系。应当说,孔子所提出的这一主体性原则对于易学的发展来说是至关重要的,从此《易十翼》及其他易说才可以接连不断地产生出来。

二、《易》之义萃阴与阳

1.“《易》之义萃阴与阳”

阴阳观念起源很早。据《国语·周语上》"虢文公论阴阳分布"一段文本,大概在周宣王(前 827—前 782)时已经产生了"阳气"的概念,它作为谷物所以生长的力量而得到肯定。在《国语·周语上》"伯阳父论地震"(前 780)一段文本中,阴阳之气被说成为"天地之气",从而成为天地间的两种基本力量,并且二气具有确定的运动规则:阳气自下而向上运动,阴气自上而向下运动。在《国语·周语下》"伶州鸠谏铸大钟"(前 522)一段文本中,上述各个要点得到了进一步的反映。今本《老子》第四十二章曰,"万物负阴而抱阳,冲气以为和",十分正式地将阴阳二气看作寓于万物中的普遍性存在,并且以二气的和谐、平衡状态作为万物存在的基础,这种阴阳观念显然超越了伯阳父和伶州鸠之说。由此可以断定,具有广泛的宇宙生成论意义的阴阳概念应当在春秋末期已经产生出来了。但是由于楚简本并无《老子》此章,因此它是在何时写作出来的,也就存在一定的疑问。不管怎样,至迟在战国中期,具有宇宙生化论意义的阴阳概念得到了广泛应用,《庄子》《管子》、今本《易传》和出土楚竹书等即有许多相关言论。

帛书《易传》六篇亦不例外,它们受到阴阳观念的严重影响,这是毫无疑问的。帛书《衷》篇第1—2行即曰:

> 子曰:"《易》之义萃阴与阳,六画而成章。曲句焉柔,正直焉刚。"六刚无柔,是谓大阳,此天〔之义也〕。□□□□□见台而□□□方。六柔无刚,〔是谓大阴,〕此地之义也。天地相率,气味相取,阴阳流形,刚柔成〔体〕,万物莫不欲长生而恶死。会三者而始作《易》,和之至也。

萃者,聚也。"《易》之义萃阴与阳",在《衷》篇的作者看来,《周易》的大义集中在阴阳观念上面。据此,可以说阴阳观念正是理解《周易》文本的基本原理。这一命题的重要性,首先体现在对《周易》卦爻画的理解上。众所周知,卦爻画在《周易》文本中是最为突出和十分关键的构成部件,每一卦均由六画构成。帛书《衷》篇曰:"曲句焉柔,正直焉刚。"所谓"曲句""正直",正是就爻形来说的,爻画之状曲句即为柔爻,正直即为刚爻。"六刚无柔",这是《乾》卦之象,《衷》篇并曰"是谓大阳";"六柔无刚",这是《坤》卦之象,《衷》篇并曰"是谓大阴"。这说明《衷》篇作者将《乾》《坤》二卦看作纯阳极阳、纯阴极阴之卦,由此可以推知,所谓刚柔二爻也可以称名为阳爻和阴爻。《衷》篇下文又曰:"观变于阴阳而立卦也,发挥于〔刚〕柔而〔生爻也〕。"再曰:"是故立天之道曰阴与阳,立地之道曰柔与刚,立人之道曰仁与义。兼三才【而】两之,六画而成卦。分阴分阳,〔迭用柔刚,故〕《易》六画而为章也。"这两段文字又见于今本《说卦》。它们十分清楚地阐明了易卦六画具有宇宙论的来源,而这种宇宙论的来源又表现为天、地、人三才的结构。简言之,在《衷》篇(乃至帛书《易传》六篇)的作者看来,《周易》六十四卦的两种基本爻画既来源于刚柔、阴阳观念,也是对这两种观念的直接表达。毫无疑问,易卦的刚柔化和阴阳化极大地深化了《周易》文本的哲学内涵,实现了文本性质的根本转化,为此后学者们对《周易》文本作哲学的阐释提供了基本前提。由此也可知，帛本六十四卦的意涵已经完全超越了所谓数字卦的概念。

其次，"《易》之义萃阴与阳"这一命题的深刻内涵，还表现在天地生化之道上。所谓天地生化之道，是以易卦所含具的刚柔和阴阳原理为基础的。《衷》篇云："天地相率，气味相取，阴阳流形，刚柔成〔体〕，万物莫不欲长生而恶死。""率"，循也。万物的生成及其存在，无非是天地率循、阴阳流形和刚柔成体的结果，属于典型的宇宙生化论，与楚简《凡物流形》"流形成体"的观念相贯通。① 反过来看，《乾》"六刚无柔"之"太阳"和《坤》"六柔无刚"之"太阴"，即分别体现了"天之义"和"地之义"。这两个方面均为《易》之义萃阴与阳"的内涵。

最后，"《易》之义萃阴与阳"这一命题的涵义还表现在一卦之中，而一卦所含之阴阳和刚柔的多少则是有差别的。《乾》《坤》二卦的爻画纯一无杂，故《衷》篇只说"得之阳也""得之阴也"（第 3 行）。至于《衷》篇云"《泰》者，上下交矣""《否》者，阴阳奸矣，下多阴而否闭也""《大壮》以卑阴也"等（第 4—9 行），则直接反映了易卦在阴阳分量上的差别。而《衷》篇云《乾》"亢龙"等五爻辞为"刚之失"及《坤》"牝马"等五爻辞为"柔之失"（第 16—17 行），体现了易爻在刚柔力量上的差失。

2. 刚柔、动静、文武之义

"《易》之义萃阴与阳"这一命题，又包含了刚柔和文武相配、相救之义。这一点有些学者已经注意到了②，但论述还不够深入。帛书《衷》篇第 16—19 行云：

> 子曰："万物之义，不刚则不能动，不动则无功，恒动而弗终则〔亡，此刚〕之失也。不柔则不静，不静则不安，久静不动则沈，此柔之失也。是故《乾》之'亢龙'，《壮》之'触藩'，《姤》之'离角'，《鼎》之

① 参看曹锦炎《〈凡物流形〉释文注释》，马承源主编：《上海博物馆藏战国楚竹书（七）》，第 223、226、228 页。

② 参看王莹《帛书〈易之义〉键川、阴阳、刚柔、文武思想合论》，《周易研究》2007 年第 3 期，第 17—21 页。

'折足'，《丰》之'虚盈'，五爻者，刚之失也，动而不能静者也。《坤》之'牝马'，《小畜》之'密云'，《姤》之'〔蹢〕躅'，《渐》之'孕妇'，《屯》之'泣血'，五爻者，阴之失也，静而不能动者也。是故天之义，刚健动发而不息，其吉保功也；无柔救之，不死必亡。动阳者亡，故火不吉也。地之义，柔弱、沈静、不动，其吉〔保安也；无〕刚文之，则穷贱遗亡。重阴者沈，故水不吉也。故武之义，保功而恒死；文之义，保安而恒穷。是故柔而不夬，然后文而能胜也；刚而不折，然后武而能安也。《易》曰：'直方大，不〔习，吉〕。'□□□□□于文武也。"

"刚柔"既是万事万物的两种对立的质性，也是存在于事物之中的两种宇宙力量。阴阳就生化流形而言，刚柔就已生成之事物的质性而言。《周易》的爻画被称为刚爻和柔爻，这是与处于动静、变化之中的事物相应的，而刚柔、动静则呈现为体用关系。从宇宙论来看，《衷》篇认为它们来源于天地。通过天地之象，它们都可以包含在乾坤的内涵之中。就其本然来看，刚柔在事物中是自然地和谐的；但是在人化的世界中，则存在刚失和柔失的两种情况。《衷》篇云："万物之义，不刚则不能动，不动则无功，恒动而弗终则〔亡，此刚〕之失也。不柔则不静，不静则不安，久静不动则沈，此柔之失也。"这即是说，事物只有保持刚柔和动静的相对平衡，才能够起到相应的功效和维护自身的存在，所谓"不动则无功""不静则不安"是也；但是恒动、恒静就会导致自我的沉沦和灭亡。正因为如此，所以刚柔必须互助互救。《衷》篇云："是故天之义，刚健动发而不息，其吉保功也；无柔救之，不死必亡。动阳者亡，故火不吉也。地之义，柔弱、沈静、不动，其吉〔保安也；无〕刚文之，则穷贱遗亡。重阴者沈，故水不吉也。"天地、刚柔各有其功，但是它们必须互相配合和救助，才能保持双方的相对平衡和共存。这种刚柔相救之义，符合《系辞》"一阴一阳之谓道"的原理，而孤阴、孤阳，或极阴、极阳，则违反了此一原理。

在刚柔相救之义的基础上，《衷》篇还论述了人道的文武之义。"文""武"是为政和任事的两种品质，与刚柔分别对应。文者性柔，法地之义；

武者性刚,法天之义。文能保安,而武能保功,但是它们都有偏失。只有刚柔相救,"柔而不宎(软),然后文而能胜也;刚而不折,然后武而能安也"。需要注意,这种文武之义,与帛书《经法·君正》等篇所说的文武之义不同。

此外,在帛书《衷》《昭力》二篇中还可见一些有关文武之义的文本。如《衷》篇曰"武夫昌虑,文人缘序"(第31行)"〔武夫〕有拂,文人有辅"(第32行),《昭力》篇曰"文人为令,武夫用图"(第6行)。所谓"文人"和"武夫",分别指在政治活动中其气性程度不同(即柔刚程度不同)的两种人。

3. 卦气说与《损》《益》之道

卦气说是西汉易学阴阳说的重要内容之一。所谓卦气说,即以易卦来表示一年四时阴阳消息(具体表现为节气)的变化。成熟形态的卦气说即将二十四节气纳入其中:一方面它特别注重天道在时空中的运行,阐明四时、八节、十二月、二十四气或七十二候在一年的递变循环;另一方面它在结构上变得非常复杂,即将卦爻与律吕、干支、四时十二月二十四气七十二候三百六十五日、四象二十八宿等有组织地搭配起来,形成一个多层而开放的系统。在笔者看来,今本《说卦传》"帝出乎震"章即包含着八卦卦气说,属于卦气说的早期形态。清华楚简《筮法》释文公布后,人们发现其中的《卦位图》所载八卦方位及其与时节的搭配,正与《说卦传》"帝出乎震"章大体一致。① 因此将八卦卦气说溯源至战国中期,便毫无疑义了。

帛书《衷》《二三子问》《要》三篇的卦气说亦属于早期形态,而包含了两种形式。先看《衷》《二三子问》两篇的卦气说。《衷》篇第31—32行曰:

> 《易》曰:"履霜,坚冰至。"子曰:"逊从之谓也。岁之义,始于东北,成于西南。君子见始弗逆,顺而保谷。"

---

① 参看李学勤《〈筮法〉释文注释》,载《清华大学藏战国竹简(肆)》,第111—113页,上海,中西书局,2013。

针对《坤》六二爻，帛书《二三子问》第 18 行亦曰：

> 孔子曰："此言天时渐，戒保常也。岁〔始于东北，成于〕西南；温始〔于东北〕，寒始于〔西南〕。"

"逊"者，顺也。从《坤》六二"履霜，坚冰至"，《衷》篇阐释出"逊从"而《二三子问》篇拈出"渐"之义。所谓"逊从"或"渐"，即指从"履霜"到"坚冰至"的时节顺序及寒凉程度而言。而此一顺序所显示的"岁之义"，被《衷》《二三子问》二篇说为"始于东北，成于西南"，并且《二三子问》篇进一步指明了一年之寒温在空间方位上的变迁。在此，虽然这一解释是针对《坤》六二爻来说的，但是从上述引文来看，二篇帛书的作者似乎熟知一岁之寒温变化与八时、八方相搭配的理论。廖名春认为这是以八卦的卦气说来解释《坤》六二爻辞[1]，这个看法是值得肯定的。帛书《要》篇说"有四时之变焉，不可以万物尽称也，故为之以八卦"，这也证明了帛书很可能具备了八卦卦气说的思想。而梁韦弦不同意廖说，并作了批评。[2]不过在笔者看来，梁氏的批评未必正确。

再看帛书《要》篇的卦气说。该篇的卦气说以《损》《益》二卦为说。《要》篇第 19—24 行曰：

> 孔子籀《易》，至于《损》《益》二卦，未尝不废书而叹，戒门弟子曰："二三子！夫《损》《益》之道，不可不审察也，吉凶之〔门〕也。《益》之为卦也，春以授夏之时也，万物之所出也，长日之所至也，产之室也，故曰《益》。《损》者，秋以授冬之时也，万物之所老衰也，长〔夕〕之所至也。故曰产道穷焉，而产道〔产〕焉。《益》之始也吉，其终也凶。《损》之始〔也〕凶，其终也吉。《损》《益》之道，足以观天地之变，而君者之事已。是以察于《损》《益》之变者，不可动以忧喜。故明君不时不宿，不日不月，不卜不筮，而知吉与凶，顺于天地之心，

---

① 参看廖名春《周易经传与易学史新论》，第 12—42 页，济南，齐鲁书社，2001。
② 梁韦弦：《关于帛书〈易之义〉解说坤卦卦爻辞之文义的辨析》，《周易研究》2005 年第 3 期，第 40—43 页。

此谓《易》道。故《易》有天道焉,而不可以日、月、星、辰尽称也,故为之以阴阳;有地道焉,不可以水、火、金、土、木尽称也,故律之以柔刚;有人道焉,不可以父子、君臣、夫妇、先后尽称也,故要之以上下;有四时之变焉,不可以万物尽称也,故为之以八卦。故《易》之为书也,一类不足以极之,变以备其情者也,故谓之《易》。有君道焉,五官六府不足尽称之,五政之事不足以产之,而《诗》《书》《礼》《乐》不〔读〕百篇,难以致之。不问于古法,不可顺以辞令,不可求以志善。能者由一求之,所谓得一而君毕者,此之谓也。《损》《益》之道,足以观得失矣。"

这段引文中的卦气说包括两种形式,其一为八卦的卦气说,其二为《损》《益》二卦的卦气说。《要》篇曰:"有四时之变焉,不可以万物尽称也,故为之以八卦。"其中,八卦与四时(春夏秋冬)八节的搭配,很可能采用了《说卦传》"帝出乎震"章的方式。由此可知帛书《要》篇也包含了八卦的卦气说。

关于《损》《益》二卦的卦气说,帛书《要》篇借助孔子之口而认为《损》《益》二卦之道乃"吉凶之门"。而所谓"吉凶之门",帛书是从"观天地之变"和"观得失"两个角度来说的,前者即明确地展现为卦气说的内容。在《要》篇中,《益》卦代表从春到夏的一节,《损》卦代表从秋到冬的一节,这两卦可以表示一年之天时和物象的变化。毫无疑问,这即是汉人通常所指的卦气说,只不过它将一岁分为二节四时而已。进一步,作者认为"《损》《益》之道,足以观天地之变",这就将《损》《益》二卦放在宇宙论下来作解释了,而所谓吉凶即就阴阳消息而言。既然如此,那么祭祀和卜筮就都可以不用,所谓"故明君不时不宿,不日不月,不卜不筮,而知吉与凶,顺于天地之心,此谓《易》道"是也。顺便指出,《淮南子·人间》和《说苑·敬慎》都有关于孔子读《易》,至于《损》《益》二卦喟然而叹的记载,但是义理各不相同。

总之,帛书《易传》的卦气说包括八卦的卦气说和《损》《益》二卦的卦气说,这两种卦气说均是其阴阳说的组成部分。需要指出,对于帛书《易传》的卦气说,我们需要以发展的观念来看待。与西汉中后期成熟的卦气说相较,它们尚处于初步阶段。

三、乾坤说与龙德说

1.《乾》《坤》"三说"与"详说"

在今本《周易》系统中,《乾》为纯阳纯刚、《坤》为纯阴纯柔之卦,其象分别为天地,其德为健顺,因此它们在易学上的重要性是不言而喻的,即使在六十四卦系统中也占据着十分重要的地位。在帛书《易传》中亦复如是,《二三子问》《系辞》《衷》三篇都有一些关于此二卦的重要论述,特别是后二篇提出了一些重要的命题。今且不论帛书《系辞》,单就《衷》篇来说,其一,曰:"《乾》者,得〔之阳也;《坤》者〕,得之阴也。"其二,曰:"(子曰)《易》之要,可得而知矣。《乾》《坤》也者,《易》之门户也。《乾》,阳物也;《坤》,阴物也。阴阳合德而刚柔有体,以体天地之化。"(亦见今本《系辞》)其三,《乾》《坤》在《衷》篇既有所谓"三说",亦有所谓"详说"。前两点说明了《乾》《坤》二卦因其为纯阳和纯阴之卦,所以可以作为把握《周易》的关键和门户,它们是理解万事万物生化及其存在的根本原则。

所谓"三说",见于《衷》篇第19—23行:

> (子曰)《乾》六刚能方,汤武之德也。"潜龙勿用"者,匿也。"见龙在田"也者,德也。"君子终日乾乾",用也。"夕惕若,厉,无咎",息也。"或跃在渊",隐〔而〕能静也。"飞龙〔在天〕",□而上也。"亢龙有悔",高而争也。"群龙无首",文而圣也。《坤》六柔相从顺,文之至也。"君子先迷,后得主",学人之谓也。"东北丧朋,西南得朋",求贤也。"履霜,坚冰至",豫□□也。"直方大,〔不习〕",□□□□〔也〕。"含章可贞",言美情也。"括囊,无咎",语无声也。"黄常,元吉",有而弗发也。"龙战于野",文而能达也。"或从王事,无成有终",学而能发也。《易》曰"何校",刚而折也。"鸣谦"也者,

柔而□〔也。《遯》之〕"黄牛",文而知胜矣。《涣》之象辞,武而知安矣。《坤》之至德,柔而反于方。《乾》之至德,刚而能让。此《乾》《坤》之三说也。

所谓"《乾》《坤》之三说",从"《乾》六刚能方"至"'群龙无首',文而圣也",为第一说;从"《坤》六柔相从顺"至"'或从王事,无成有终',学而能发也",为第二说;从"《易》曰'何校'"至"《乾》之至德,刚而能让",为第三说。第一说先总说《乾》卦之义,然后再分说卦辞及六爻、用爻之义。第二说亦先总说《坤》卦之义,然后再分说卦辞和六爻之义。第三说在前二说的基础上又作了合说,指明《坤》之至德"柔而反于方",《乾》之至德"刚而能让"。这即是说,《乾》《坤》之至德不仅具有刚柔对待的特性,即所谓"六刚能方"和"六柔相从顺",而且也是在其相互转化中获得规定的。此外,这段文本还指出《乾》刚为武,《坤》柔为文,而所谓"文而知胜""武而知安"即是说在文柔中已包含了一定程度的武刚力量,在武刚中又包含了一定程度的文柔力量。这既是在讲文柔与武刚具有互摄的关系,也是在辩证地思考相关问题。

所谓"详说",在《衷》篇第 23—34 行,帛书分别就《乾》《坤》的卦爻辞作了非常深入和细致的解说,特别是作了道德性的解说。这是值得注意的。

2. 龙德说

帛书《易传》的乾坤说还包括一个重要的内容,这就是龙德说。所谓"龙德",指龙本身在华夏文化中的特点及其寓意。《二三子问》第 1—4 行曰:

> 二三子问曰:"《易》屡称于龙,龙之德何如?"孔子曰:"龙大矣!龙形迁遐,宾于帝,见神圣之德也。高上,齐乎星辰日月而不眺,能阳也;下沦,穷深渊之渊而不昧,能阴也。上则风雨奉之,下沦则有天□□□。穷乎深渊,则鱼蛟先后之,水流之物莫不随从;陵处,则雷神养之,风雨避向,鸟兽弗干。"曰:"龙大矣!龙既能云变,又能蛇

变,又能鱼变。飞鸟征虫①,唯所欲化,而不失本形,神能之至也。唯
□□□□□□□□□□□□□焉,又弗能察也。智者不能察其变,辩者不
能察其美,至巧不能象其文,明目弗能察视也。□□焉,化蚑蛲,神
贵之容也,天下之贵物也。"曰:"龙大矣!〔龙〕之驯(顺)德也曰利见
〔大人〕□易□□□,爵之曰君子。戒事敬命,精白柔和而不讳贤,爵
之曰夫(天)子。或大或小,其方一也,至周□也,而名之曰君子。
谦,'黄常'近之矣。尊威、精白、坚强,行之不可桡也,'不习'近
之矣。'"

"龙"是中华文化的图腾或象征符号,在古人的想象中,龙既十分神
奇而又非常神圣,其文化内涵非常丰富,影响深远。《周易》六十四卦的
"龙"字,仅出现在《乾》《坤》二卦中,前者五次,后者一次。仅就这二卦来
说,"龙"字的出现频率当然很高,而因此乾坤说就天然地包含了龙德说。
《二三子问》非常推崇"龙德",连用三个"龙大矣"来表示感叹!在第一个
"龙大矣"的感叹中,龙象展现出"神圣之德",这包括"龙形迁遟,宾于
帝"、能阴能阳及具有较大的主宰性三个方面。在第二个"龙大矣"的感
叹中,龙象展现出能变化的特性,包括"飞鸟征虫,唯所欲化,而不失本
形"的"神能之至"及其超越于智、辩、巧、视之外的"神贵之容"两个方面。
在第三个"龙大矣"的感叹中,龙象展现出谦顺与尊威相统一的特性。前
者为君子人格,而后者为天子人格的内涵。

除此通说之外,帛书《二三子问》和《衷》二篇还就《乾》《坤》二卦的具
体爻辞来阐明所谓龙德。而此所谓龙德,一般从人道而言。《二三子问》
第4—7行对《乾》卦初九、上九和《坤》卦上六三爻,第15—18行对九二、
九三、九五、用九四爻作了解释。例如,对《坤》上六爻辞,《二三子问》云:
"(孔子曰)此言大人之广德而施教于民也。夫文之理,采物毕存者,其唯
龙乎! 德义广大,瀍(法)物备具者,〔其唯〕圣人乎!'龙战于野'者,言大

---

① "征虫"及下文"蚑蛲"的释读,参看丁四新《周易溯源与早期易学考论》,第172—181页,北
京,中国人民大学出版社,2017。

人之广德而下接民也。'其血玄黄'者,见文也。圣人出瀺(法)教以导民,亦犹龙之文也,可谓'玄黄'矣,故曰'龙'。见龙而称莫大焉。"在《坤》上六爻中,龙具有文象、文德,《二三子问》篇由此阐发出"此言大人广德而施教于民"的大义。《衷》篇第 19—20 行和第 24—29 行对《乾》卦七爻作了解释,第 36—37 行对《坤》卦上六爻作了解释。例如,对《乾》卦用九"见群龙无首"的爻辞,《衷》篇阐发出"让善"之德,云:"(子曰)让善之谓也。君子群居,莫敢首,善而治,何疾其和也? 龙不待光而动,无阶而登,〔圣〕人与龙相似,何〔不〕吉之有?"又如,对《坤》上六爻辞"龙战于野,其血玄黄",《衷》篇阐释出"文信"之德,云:"(子曰)圣人信哉! 隐文且静,必见之谓也。龙七十变而不能去其文,则文其信欤!"相对于《二三子问》而言,《衷》篇对本爻的阐释强调了"文之信"的一面。总之,帛书《二三子问》和《衷》对于《乾》《坤》二卦含"龙"各爻的解释属于分别为说,与《二三子问》首章(第 1—4 行)之作通说,差别较大。

在今本《乾·文言》中,"龙德"的提法出现了两次,即首章对初九、九二爻的解释。连同对九三至上九爻的解释,《文言传》都是从德位相兼的角度来阐释的,具有浓厚的道德主义色彩,与《二三子问》首章所阐释的"龙德"概念差别较大。《二三子问》的"龙德"概念非常强调神能的一面,以此作为圣人是否能够莅政的主体性依据。

四、帛书《二三子问》等篇的政治哲学

帛书《易传》的政治思想比较丰富,而特别表现在如何立政的问题上。从政治人格而言,帛书《易传》提到了君子、大人和圣人等概念。其中,"君子"一词在《易经》中已出现多次,大抵从位而言;在《易传》中,它从单纯的封建统治者(如"国君")转变为兼德位而言的术语,带有明显的儒家性格特征。

如何立政,这涉及君主(或为人上者)的个人德行,以及如何处理君民、上下关系等问题。首先,帛书《二三子问》提出了"精白敬官"之说,这是一种重要的德行修养方法,同时是立政的主体性基础。是篇帛书第

32—34 行曰：

> 〔《卦》曰：〕"艮其背，不获其身；行其庭，不见其人，无咎。"孔子〕
> 曰："'艮其背'者，言〔任〕事也。'不获其身'者，精白〔敬官〕也。敬
> 官任事，身〔不〕□者，鲜矣！其占曰：能精能白，必为上客。能白能
> 精，必为古世。以精白长众者，难得也。故曰：'〔行〕其庭，不见
> 其人。'"

所谓"敬官任事"，"敬官"是"任事"的前提。"敬"的观念源自上古，
随后为儒家所继承。但是，在如何"敬官"的问题上，帛书《二三子问》主
张以"精白"之术。"精白"已在帛书第 4 行出现，它本属于道家的修心工
夫，但被这篇帛书所吸收。"精"即精纯，"白"即洁白，二字取譬不同。
"精"字强调纯粹不杂，"白"字强调净洁无垢，当然二者为一体之两面的
关系。如果为人上者能以"精白"之术来修心，那么他就能够明照万物，
而不被各种私欲、智巧所惑乱和干扰。从作用来看，"精白敬官"的修养
功夫可以成就贤人、圣人和明君三种人格，即所谓"能精能白，必为上客"
"能白能精，必为古世"和"以精白长众者，难得也"。需要指出，帛书《衷》
篇曰："大人之义不实于心，则不见于德；不宣于口，则不泽于面。"这种
"实心""宣口"的具体修养，显然以"诚之"为根本原则，而与《二三子问》
"精白敬官"的说法不同。

在德行修养上，《二三子问》还强调了"内美"的重要性和优先性（见
第 36 行），本篇及帛书《缪和》对谦德作了强调（见《二三子问》第 25—26
行、《缪和》第 33—41 行）。除此之外，《二三子问》还提出了"慎言"说，也
属于德行修养的内容，比较特殊。就《艮》六五爻辞，《二三子问》第 34—
35 行说：

> 《卦》曰："艮其辅，言有序。"孔子曰："慎言也。吉凶之至也，必
> 阶于言语。释善〔而言恶〕，释利而言害，塞人之美，扬人之过，可谓
> 无德，其凶亦宜矣。君子虑之内，发之口，言〔恶〕不言，不〔言利〕，不
> 言害，塞人之恶，扬〔人之〕美，可谓'有序'矣。"

为何要"慎言"？帛书云："吉凶之至也，必阶于言语。"而言语之发，往往关涉美恶和利害，由此导致吉凶的后果。关于言语之序（评说他人的道理），《二三子问》认为君子应当"虑之内"，然后"发之口"，要做到不轻言利害，要"塞人之恶，扬人之美"；相反，"释善而言恶，释利而言害，塞人之美，扬人之过"，帛书谓之为"无德"。虽然《二三子问》告诫人们要"慎言"，但是这并非叫人完全闭口不言。

除上述"慎言"说之外，帛书《二三子问》还对"言"与"德"的关系作了更为深入的阐释。就《坤》六四爻辞，第 13—15 行曰：

> 《易》曰："括囊，无咎无誉。"孔子曰："此言缄小人之口也。小人多言，多过；多事，多患。□□可以衍矣，而不可以言。缄之，其犹括囊也，莫出莫入，故曰：'无咎无誉。'"二三子问曰："独无缄于圣〔人之口乎？"孔子曰："圣人之言也，德之首也。圣人之有口也，犹地之有川谷也，财用所由出也；犹山林陵泽也，衣食庶物〔所〕由生也。圣人壹言，万世用之。唯恐其不言也，又何缄焉？"

从"括囊"一语，《二三子问》阐发出"此言缄小人之口"及"独无缄于圣人之口"之义。而为何要"缄小人之口"，而"独无缄于圣人之口"？这关涉到言说的权力与德行的关系。圣人之德至为纯善，且"圣人之言也，德之首也"，因此在作者看来，他具备最大的教化权威和权力。言由口生，圣人之口所包含的生机力量及其言辞所具备的济世作用，帛书作了十分生动形象的譬说："圣人之有口也，犹地之有川谷也，财用所由出也；犹山林陵泽也，衣食庶物所由生也。"帛书甚至说"圣人壹言，万世用之"。唯其因为如此，所以"独无缄于圣〔人〕之口"。

其次，《二三子问》认为大人（或圣人）立政，应当"广德而施教于民"。其一曰"此言大人之广德而施教于民也"，再曰"德义广大，法物备具者，〔其唯〕圣人乎"，三曰"圣人出法教以道民，亦犹龙之文也"。所谓"广德"，谓广播德行、仁义于下；所谓"施教"，谓实施文教于民。所谓"文"，具体指"法物"而言，而"法物"即指各种常设的礼法制度。作为人君，从

"大人"或"圣人"的理想人格而言,不仅应当修身自检,广施仁义,而且应当以各种具体的礼仪、法度来教导下民。

再其次,《二三子问》认为,圣人之立政以"安世"为目的。《二三子问》曰:

> 《易》曰:"康侯用锡马蕃庶,昼日三接。"孔子曰:"此言圣王之安世者也。圣人之【立】政,牛参(骖)弗服,马恒(极)弗驾,不忧乘,牝马□□□□□□□□〔禾〕粟时至,刍稿不重,故曰'锡马'。圣人之立政也,必尊天而敬众,理顺五行,天地无灾,民〔人〕不伤,甘露时雨骤降,飘风苦雨不至,民聪相锡(觞)以寿,故曰'番庶'。圣王各有三公、三卿,'昼日三〔接',言圣王之安世〕者也。"

这段话从结果上阐述了所谓圣人安世立政的内容。圣王安世,应当以确立或建立理想的政治社会(立政)为目标,不但要做到"尊天而敬众,理顺五行,天地无灾,民人不伤",而且应当做到使牛马得到安宁、休息,饲料能获得及时补充和更新。这是一个天地、君民和物我因"圣王"的政治作用而达到极其和谐状态的理想世界。

又再其次,《二三子问》认为,圣王立政应当注意纳贤和重贤,对自己的统治心态保持高度的惕惧。圣人立政,之所以要充分重贤纳能,乃因为贤者的辅弼作用是人君实现其统治的必要保证。根据《鼎》上九爻辞,《二三子问》发挥出"贤以举忌(己)""明君立政,贤辅弼之,将何为而不利"的思想;否则,《二三子问》据《鼎》九四爻辞认为"下不胜任",或者"下不用",就会导致"折足"的后果;进一步,人君会受到"刑渥"的惩罚。同篇第32行说,人君应当"高志求贤,贤者在上,则因尊用之"。对于《丰》卦辞,《二三子问》解释道:"(孔子曰)〔此言盛〕也,勿忧,用贤弗害也。日中而盛,用贤弗害,其亨亦宜矣。黄帝四辅,尧立三卿,帝王者之处盛也,故曰'宜日中'。"(第35—36行)所谓"宜日中",即指帝王能处于用贤的盛大状态,如"黄帝四辅,尧立三卿"。关于统治者的心态和姿态,《二三子问》认为,为上者的地位愈高,则其对于臣下愈应保持高度惕惧,而不能以上骄下。据《乾》上九爻辞"亢龙有悔",《二三子问》就说:"圣人之立政也,若循木,愈高愈畏下。"

最后,圣人立政,还要注重趋务时机("务时")。只有应时而动,才能取得良好的政治效果。《二三子问》的"务时"观点,其一曰"君子务时,时至而动"及"君子之务时,犹驰驱也"(第7—8行);其二曰"见机而务之,〔则〕有功矣"及"务机者成,存其人,不言吉凶焉"(第15—16行)。这些观点,深刻地认识到了"时机"对于个人命运及事业成功的重要性。因此一旦洞察到时机的来临,君子就应当主动作出反应。由于成功取决于个人努力及当时而动的选择,因此君子要充分发挥其主观能动性,而不应轻言吉凶,以此自我设限,束缚了自己。帛书《缪和》同样重视"时机",曰:"古之君子,时福至则进取,时亡则以让。"(第2行)又曰:"能奔其时,悔之亡也。"(第4行)祸福的来临,均有时机。当时而进取,则得福;坐失时机,则福不可得而求。正因为如此,君子应当奔时求福。另外,若"时尽""时亡",那么《二三子问》《缪和》认为应当持"置身而静"和"以让"的态度;否则,不当时而动,就很容易招致凶险和祸乱。

此外,关于统治方法和手段,帛书《衷》篇有所谓文武之道,而《缪和》篇有所谓赏罚二柄之说。后者似乎受到了形名法术之学的严重影响。

第四节　孟喜、京房的周易哲学

孟喜、京房是西汉易学史上的重要人物,他们的易学思想在西汉易学史上具有代表性。人们习惯于将孟、京连称,如说"孟京之学"。其实,二人并无师承关系,易学差别很大,《汉书·艺文志》即明确作了辨别。当然,这并不是说他们二人在易学上完全没有相同或相近之处。

一、孟喜、京房其人及其著作

1. 孟喜、京房其人与所谓"孟京易学"
孟喜,字长卿,东海兰陵人,为博士田王孙三大弟子之一,主要生活在昭宣时期。其父号孟卿，善治《礼》《春秋》，与弟子后苍、疏广合撰《后氏礼》和《疏氏春秋》。《汉书·儒林传》曰：

> 孟卿以《礼经》多、《春秋》烦杂，乃使喜从田王孙受《易》。喜好自称誉，得《易》家候阴阳灾变书，诈言师田生且死时枕喜膝，独传喜，诸儒以此耀之。同门梁丘贺疏通证明之，曰："田生绝于施雠手中，时喜归东海，安得此事？"又蜀人赵宾好小数书，后为《易》，饰《易》文，以为"箕子明夷，阴阳气亡箕子。箕子者，万物方荄兹也。"宾持论巧慧，《易》家不能难，皆曰"非古法也"。云受孟喜，喜为名之。后宾死，莫能持其说。喜因不肯仞，以此不见信。喜举孝廉为郎，曲台署长，病免，为丞相掾。博士缺，众人荐喜。上闻喜改师法，遂不用喜。

关于孟喜受《易》和为《易》，这段话提供了几点信息：(1)孟喜之所以受《易》于田王孙，乃从其父之命。(2)孟喜"好自称誉"，曾一度改易师法，"得《易》家候阴阳灾变书"，并"诈言师田生且死时枕喜膝，独传喜"。又，蜀人赵宾好小数，巧饰《易》文，"云受孟喜"，而"喜为名之"。(3)孟喜与梁丘贺、施雠展开了师传正统及博士官的争夺。孟喜有所谓田生"独传喜"的说法，同门梁丘贺立即"疏通证明之"，联合施雠等人予以揭露。田王孙死后，博士官空缺，众人于是推荐孟喜继任；但是皇帝听说他擅自改易师法，"遂不用喜"。所谓"上闻喜改师法"，这话估计出自梁丘贺的奏疏。《汉书·儒林传》说施雠为人"谦让，常称学废，不教授"，而梁丘贺长于算计，派儿子梁丘临及门人张禹等从其问学，"雠自匿不肯见，贺固请，不得已乃授临等。于是贺荐雠：'结发事师数十年，贺不能及。'诏拜雠为博士。"在梁丘贺的策划和推荐下，施雠被拜为博士。对于孟喜来说，这次师门内斗的教训可谓十分惨痛。孟喜后来被宣帝拜为博士，应当是在他改变"好自称誉"的个性及重新谨遵师法之后。据《汉儒·儒林传》，孟喜有弟子白光少子、翟牧子兄，"皆为博士"，"由是有翟、孟、白之学"。

西汉有两位京房,皆明《易》。其一为杨何弟子、梁丘贺的老师,其二为焦延寿的弟子,此京房自谓"尝从孟喜问《易》"①。本节所论即指后一位京房。京房(前77—前37),字君明,东郡顿丘(今河南清丰西南)人,本姓李,"推律自定为京氏"②。京氏"以明灾异得幸",元帝时立为博士,后"为石显所谮诛"③。据《汉书·京房传》,京房受《易》于梁人焦延寿。延寿字赣,"赣贫贱,以好学得幸梁王",做过郡史、县令一类官职。正因为焦氏出身贫贱,官阶不高,故京房后来亟需将延寿《易》与孟氏学扯上关系。《汉书·儒林传》曰:"会喜死,房以为延寿《易》即孟氏学。"说的正是此事。但是孟喜的弟子翟牧和白生都不愿肯认此事,"皆曰非也"。这有力地说明了焦京易学,其实与孟氏学没有师承关系,在思想内容上也不是很相近的。《汉书·儒林传》又曰:"至成帝时,刘向校书,考《易》说,以为诸《易》家说皆祖田何、杨叔元、丁将军,大谊略同,唯京氏为异,党(傥)焦延寿独得隐士之说,托之孟氏,不相与同。"刘向说"唯京氏为异",并说"党焦延寿独得隐士之说,托之孟氏",完全说明了孟氏易学与焦京易学是两回事,历史上并不存在一以贯之的所谓"孟京之学"。又据《儒林传》,京房授《易》于东海殷嘉、河东姚平和河南乘弘,三人"皆为郎、博士",由是《易》有京氏之学。

2. 孟喜、京房的易学著作

关于孟氏、京氏易学著作,《汉书·艺文志》曰:"《易经》十二篇,施、孟、梁丘三家。……《孟氏京房》十一篇,《灾异孟氏京房》六十六篇……《京氏段(殷)嘉》十二篇。《章句》施、孟、梁丘氏各二篇。"其中《孟氏京房》十一篇、《灾异孟氏京氏》六十六篇,它们都应当是依托孟氏而实为京氏及其后学的著作。又,《汉书·五行志》大量引用京房《易传》《易占》二书,现存《京氏易传》三卷与《汉书》所引颇不相同。

《隋书·经籍志》载孟氏《周易》八卷,并注曰:"汉曲台长孟喜章句,

残缺。梁十卷。"关于京氏《易》,《隋书·经籍志》载录很多,但大抵为后世衍托。《隋志》载"《周易》十卷"(注曰:"汉魏郡太守京房章句。"),新旧《唐书·艺文志》同。唐陆德明《经典释文·序录》曰:"《京房章句》十二卷。"清人马国翰《玉函山房辑佚书》辑录有《周易孟氏章句》二卷、《周易京氏章句》一卷,清人黄奭《汉学堂丛书》和清人孙堂《汉魏二十一家易注》也都有辑录。

二、孟喜的卦气说

孟喜易学的贡献,就现有文献来看主要体现在卦气说上。所谓卦气说,即将《周易》卦爻与节候关联、搭配起来,以表现天道阴阳在时空中的消息和循环。它属于宇宙论化的易学哲学。对于孟氏卦气说,惠栋《易汉学》卷一、卷二有详细的疏解。孟喜卦气说,见于唐僧一行《卦议》,曰:

> 夫阳精道消,静而无迹,不过极其正数,至七而通矣。七者,阳之正也,安在益其小余,令七日而后雷动地中乎? 当据孟氏,自冬至初,中孚用事,一月之策,九六、七八是为三十。而卦以地六,候以天五,五六相乘,消息一变,十有二变而岁复初。坎、震、离、兑,二十四气,次主一爻,其初则二至、二分也。坎以阴包阳,故自北正,微阳动于下,升而未达,极于二月,凝涸之气消,坎运终焉。春分出于震,始据万物之元,为主于内,则群阴化而从之,极于南正,而丰大之变穷焉,震功究焉。离以阳包阴,故自南正,微阴生于地下,积而未章,至于八月,文明之质衰,离运终焉。仲秋阴形于兑,始循万物之末,为主于内,群阳降而承之,极于北正,而天泽之施穷,兑功究焉。故阳七之静始于坎,阳九之动始于震,阴八之静始于离,阴六之动始于兑。故四象之变,皆兼六爻,而中、节之应备矣。《易》爻当日,十有二中,直(值)全卦之初;十有二节,直(值)全卦之中。齐历又以节在贞,气在悔,非是。[1]

---

[1]《新唐书·历志》三上。

　　根据上引一行《卦议》的论述,孟喜卦气说包括四正卦说、卦主六日七分说和十二消息卦说等内容。这些内容实际上是汉易卦气说的基本结构。

　　1. 四正卦说

　　四正卦为坎、震、离、兑,出自《说卦传》"帝出乎震"一章。现在依据清华简《筮法·至》一节,"四正卦"的概念在战国中期已经出现。[①] 此四卦依次主冬、春、夏、秋四时,汉人用以表现阴阳二气在一年四时二十四节气的消息运动。僧一行《卦议》曰:"坎、震、离、兑,二十四气,次主一爻,其初则二至、二分也。"四正卦每卦六爻,共二十四爻;每一爻主一气,二十四爻主二十四气;而四正卦的初爻分别主冬至、春分、夏至和秋分。(1)《卦议》曰:"坎以阴包阳,故自北正,微阳动于下,升而未达,极于二月,凝涸之气消,坎运终焉。"这是讲坎卦六爻的主气问题。在此,为何坎卦"自北正"? 因为"坎以阴包阳",其卦象合于冬至之气,"微阳动于下,升而未达"。具体说来,坎初六主冬至,九二主小寒,六三主大寒,六四主立春,九五主雨水,上六主惊蛰。(2)《卦议》曰:"春分出于震,始据万物之元,为主于内,则群阴化而从之,极于南正,而丰大之变穷,震功究焉。"这是讲震卦六爻的主气问题。震卦居东,"始据万物之元,为主于内,则群阴化而从之",其卦象合于春分之气。具体说来,震初九主春分,六二主清明,六三主谷雨,九四主立夏,六五主小满,上六主芒种。(3)《卦议》曰:"离以阳包阴,故自南正,微阴生于地下,积而未章,至于八月,文明之质衰,离运终焉。"这是讲离卦六爻的主气问题。在此,为何离卦"自南正"? 因为"离以阳包阴",其卦象合于夏至之气,"微阴生于地下,积而未章"。具体说来,离初九主夏至,离六二主小暑,离九三主大暑,离九四主立秋,离六五主处暑,离上九主白露。(4)《卦议》曰:"仲秋阴形于兑,始循万物之末,为主于内,群阳降而承之,极于北正,而天泽之施穷,兑功究

---

① 竹简《筮法·节》曰:"四正之卦见,乃至。"在《筮法·卦位图》中,震坎兑离四卦居于四正之位,艮巽坤乾居于四隅。参看李学勤主编《清华大学藏战国竹简(肆)》,第87、113页。

焉。"这是讲兑卦六爻的主气问题。兑卦居西,"始循万物之末,为主于内,群阳降而承之",其卦象合于秋分之气。具体说来,兑初九主秋分,九二主寒露,六三主霜降,九四主立冬,九五主小雪,上六主大雪。总之,坎、震、离、兑四卦二十四爻,代表阴阳二气在一年冬春夏秋四时二十四气的消息和循环。

2. 卦主六日七分说

唐僧一行《卦议》本是为了阐明"七日来复"的问题。"七日来复",从汉至宋是易学界长期争论的一个较为重要的问题。所谓"七日来复",涉及如何确定一卦在一年三百六十五又四分之一($365\frac{1}{4}$)日中所代表的时间长度。正是在这一问题下,孟喜有所谓卦主六日七分之说。《卦议》曰:"当据孟氏,自冬至初,中孚用事,一月之策,九六、七八是为三十。而卦以地六,候以天五,五六相乘,消息一变,十有二变而岁复初。"《卦议》上文还说京房改造了孟喜的卦气说,云"余皆六日七分"($6\frac{7}{80}$),这是孟喜卦气说包含着卦主六日七分说的直接证据。据《史记·历书》,武帝元封七年(前104)"十一月甲子朔旦冬至已詹",改历为太初元年,定一月为二十九又八十一分之四十三($29\frac{43}{81}$)日,一岁为三百六十五又一千五百三十九分之三百八十五($365\frac{385}{1539}$,约等于三百六十五又四分之一日)日。而如何得出一卦主六日七分呢?《复》卦辞曰:"七日来复。"郑康成《注》曰:"建戌之月,以阳气既尽;建亥之月,纯阴用事;至建子之月,阳气始生。隔此纯阴一卦,卦主六日七分,举其成数言之,而云'七日来复'。"(《正义序》云郑引《易纬》说)[1]孔颖达《正义》曰:"案,《易纬·稽览图》云:'卦气起《中孚》',故离、坎、震、兑各主其一方;其余六十卦,卦有六爻,爻别主一

---

[1] 王应麟辑,丁杰后定,张惠言订正:《周易郑注》卷三,《续修四库全书》第1册"经部易类",第86页,上海,上海古籍出版社,1995;阮元校刻:《十三经注疏(清嘉庆刊本)·周易注疏》(清嘉庆刊本),第14页。

日,凡主三百六十日;余有五日四分日之一者,每日分为八十分,五日分为四百分,四分日之一又分为二十分,是四百二十分,六十卦分之,六七四十二,卦别各得七分,是每卦六日七分也。"①按,一日八十分,乃取其约数,实际上《太初历》规定一日八十一分。除《稽览图》外,《易纬·是类谋》亦曰:"冬至日在坎,春分日在震,夏至日在离,秋分日在兑,四正之卦,卦有六爻,爻主一气,余六十卦,卦主六日七分,八十分日之七。岁有十二月,三百六十五日四分日之一,六十而一周。"综合这些资料,可以推知孟喜所谓卦主六日七分是如何计算出来的。六十卦在一岁的排列规律为:(1) 卦起中孚,一岁由中孚起算,对应冬至。(2) 六十卦配三百六十五日又四分之一,每一卦值六日七分。(3) 每五卦一组,依公、辟、侯、大夫、卿为序,共十二组。例如,第一组为中孚(公)、复(辟)、屯(侯)、谦(大夫)、睽(卿)五卦。《魏书·律历志三上》载《正光历·推四正卦术》曰:

(1)十一月,未济、蹇、颐、中孚、复;十二月,屯、谦、睽、升、临;正月,小过、蒙、益、渐、泰;二月,需、随、晋、解、大壮;三月,讼、豫、蛊、革、夬;四月,旅、师、比、小畜、乾;五月,大有、家人、井、咸、姤;八月,鼎、丰、涣、履、遁;七月,恒、节、同人、损、否;八月,巽、萃、大畜、贲、观;九月,归妹、无妄、明夷、困、剥;十月,艮、既济、噬嗑、大过、坤。

(2)四正为方伯,中孚为三公,复为天子,屯为诸侯,谦为大夫,睽为九卿,升还从三公,周而复始。

以上就是六十卦、卦主六日七分的卦气说及其具体搭配。此外,在孟喜卦气说中,六十卦亦与七十二候相配。② 惠栋在《易汉学》卷一画有《六日七分图》和《卦气七十二候图》两图③,可以参看。

---

① 王弼注,孔颖达疏:《周易正义》卷三,阮元校刻:《十三经注疏·周易注疏》(清嘉庆刊本),第78 页。
② 具体情况,参看僧一行《开元大衍历经》。惠栋在《易汉学》卷二《孟长卿易下》抄录了此文。
③ 参看影印文渊阁《四库全书》第 52 册,第 304—306 页,台北,台湾商务印书馆,1986。

3. 十二消息卦说

十二辟卦，又称十二消息卦，就是六十卦分为公、辟、侯、大夫、卿五类中的辟卦。所谓"消息"，指阴阳消息。"消"，衰也，退也；"息"，生也，长也。唐僧一行《卦议》曰："十二月卦出于《孟氏章句》，其说《易》本于气，而后以人事明之。"又曰："而卦以地六，候以天五，五六相乘，消息一变，十有二变而岁复初。"一卦约值六日，六者地数，故曰"卦以地六"；一候为五日，五者天数，故曰"候以天五"。"五六相乘"，天地相交；"消息一变"，三十日为一月；"十有二变而岁复初"。这些是孟喜十二消息卦的大致情况。卦、月及阴阳消息之间的关系，可以参看惠栋《易汉学》卷一"十二消息"一节。今列表示意如下：

䷗ 复	十一月	子
䷒ 临	十二月	丑
䷊ 泰	正 月	寅
䷡ 大壮	二 月	卯
䷪ 夬	三 月	辰
䷀ 乾	四 月	巳
䷫ 姤	五 月	午
䷠ 遯	六 月	未
䷋ 否	七 月	申
䷓ 观	八 月	酉
䷖ 剥	九 月	戌
䷁ 坤	十 月	亥

从复至乾，为阳息阴消；从姤至坤，为阴息阳消。十二消息卦的排列顺序，非常符合一岁阴阳消息的情况。汉代十二消息卦所配月令物候等内容，来自于《吕氏春秋·十二纪》《礼记·月令》《大戴礼记·夏小正》等书。十二消息卦图，参看朱震《汉上易传·卦图》卷下《〈复〉"七日来复"图》。①

---

① 参看影印文渊阁《四库全书》第 52 册，第 350 页。

三、京房的易学思想

京房是西汉象数易学的集大成者。京房的易学思想非常丰富,包括卦气说、八宫卦说、纳甲说与纳支说、五行说和六亲说等内容。

1. 卦气说

京房易学直接来自其师焦延寿。《汉书·京房传》曰:"赣常曰:'得我道以亡身者,必京生也。'其说长于灾变,分六十四卦,更直(值)日用事,以风雨寒温为候,各有占验。房用之尤精。好钟律,知音声。"焦赣易学"长于灾变",改变了彼时《周易》经学的风气。这是其易学与孟喜易学不同的地方。孟氏卦气说将天象天道摄入易学,目的在于解经,与焦京不同。焦京易学乃为了"占验"。当然,从"分六十四卦,更直(值)日用事,以风雨寒温为候"来看,焦京易学也包含卦气说;从时间先后来看,焦京易学应当受到了孟喜卦气说的影响。因为,一者,《汉书·儒林传》曰"延寿云尝从孟喜问《易》";二者,唐僧一行《卦议》表明了孟京卦气说具有一定的联系。当然,从目的来看,一行重在论述孟喜与京房卦气说的差别。《卦议》曰:

> 十二月卦出于《孟氏章句》,其说《易》本于气,而后以人事明之。京氏又以卦爻配期之日,坎、离、震、兑,其用事自分、至之首,皆得八十分日之七十三。颐、晋、井、大畜,皆五日十四分,余皆六日七分,止于占灾眚与吉凶善败之事。至于观阴阳之变,则错乱而不明。自《乾象历》以降,皆因京氏。惟《天保历》依《易通统轨图》。自八十有二节、五卦、初爻,相次用事,及上爻而与中气偕终,非京氏本旨及《七略》所传。按郎𫖮所传,卦皆六日七分,不以初爻相次用事,齐历谬矣。又京氏减七十三分,为四正之候,其说不经,欲附会《纬》文"七日来复"而已。[①]

京氏与孟氏卦气说的巨大差别,突出地表现在对六十四卦"以卦爻

配期之日"的不同上,他以坎、离、震、兑四正卦"皆得八十分日之七十三"

($\frac{73}{80}$),颐、晋、井、大畜四卦"皆五日十四分"($5\frac{14}{80}$),余五十六卦"皆六日

七分"($6\frac{7}{80}$)。① 其目的在于"占灾眚与吉凶善败之事"。一行不同意京氏的做法,批评他的卦气说不合天道,云:"至于观阴阳之变,则错乱而不明。"又批评京氏"减七十三分,为四正之候"之说"不经",不过是为了附会《纬书》"七日来复"的解释而已。

从传本《京氏易传》来看,京房卦气说与孟喜卦气说的差别也很大。《京氏易传》卷下曰:

> 立春正月节在寅,坎卦初六,立秋同用。雨水正月中在丑,巽卦初六,处暑同用。惊蛰二月节在子,震卦初九,白露同用。春分二月中在亥,兑卦九四,秋分同用。清明三月节在戌,艮卦六四,寒露同用。谷雨三月中在酉,离卦九四,霜降同用。立夏四月节在申,坎卦六四,立冬同用。小满四月中在未,巽卦六四,小雪同用。芒种五月节在午,震宫九四,大雪同用。夏至五月中在巳,兑宫初九,冬至同用。小暑六月节在辰,艮宫初六,小寒同用。大暑六月中在卯,离宫初九,大寒同用。

现将其中的卦气说列表如下:

立春	正月节	寅	坎卦初六	立秋同用
雨水	正月中	丑	巽卦初六	处暑同用
惊蛰	二月节	子	震卦初九	白露同用
春分	二月中	亥	兑卦九四	秋分同用
清明	三月节	戌	艮卦六四	寒露同用
谷雨	三月中	酉	离卦九四	霜降同用

---

① 王充《论衡·寒温》曰:"《易》京氏布六十四卦于一岁中,六日七分,一卦用事。卦有阴阳,气有升降。阳升则温,阴升则寒。由此言之,寒温随卦而至。"王充的说法比较浑沌,未及细辨。

立夏	四月节	申	坎卦六四	立冬同用
小满	四月中	未	巽卦六四	小雪同用
芒种	五月节	午	震宫九四	大雪同用
夏至	五月中	巳	兑宫初九	冬至同用
小暑	六月节	辰	艮宫初六	小寒同用
大暑	六月中	卯	离宫初九	大寒同用

京房以坎、巽、震、兑、艮、离六子卦之初、四两爻共十二爻作为基础,将十二支、十二月和二十四气纳入其中,建构了表现天象和天道的基本数理体系。这与孟喜卦气说差别显著。不过,上引《京氏易传》的卦气说与僧一行在《卦议》中的论述差别巨大,它是否为京房本人所说,尚存疑问。

2. 八宫卦说

京氏的八宫卦说,涉及六十四卦的排列次序问题,陆德明《经典释文·周易音义》似乎是这么认为的。今本《周易》上经以《乾》《坤》居首,以《习坎》《离》结尾;下经以《咸》《恒》居首,以《既济》《未济》结尾,具体卦次则见《序卦传》。其组织原则,孔颖达概括为"二二相耦,非覆即变"(《周易·序卦正义》),这一组织原则直接体现在《杂卦传》中。马王堆帛本《周易》六十四卦次序与今本迥异,首《乾》而终《益》,它们以每八个别卦为一组,共计八组。每一组的上卦分别为乾、艮、坎、震、坤、兑、离、巽,依此每组卦可以称名为乾宫卦、艮宫卦、坎宫卦、震宫卦、坤宫卦、兑宫卦、离宫卦和巽宫卦;其下卦,则依乾、坤、艮、兑、坎、离、震、巽的次序相重,且凡遇本宫卦则是卦必定移居宫首自重。从上卦看,八经卦呈现出父母卦帅六子卦的关系;从下卦看,乾坤、艮兑、坎离和震巽两两为一组,呈现出相对关系,且六子卦与上卦次序相同,均按从少到长来排列。学者通常认为,帛本六十四卦的组织原理是按照《衷》篇的一段文字来排列的。[①] 现

---

① 帛书《衷》第15—16行曰:"天地定位,〔山泽通气,〕火水(水火)相射,雷风相薄,八卦相错。数往者顺,知来者逆,故《易》达数也。"其中"火水",当为"水火"。此段文字,亦见于《说卦》"天地定位"章。

在,我们知道,此卦序及组织原理已见于清华简《别卦》篇(战国中期偏后的竹书)。①

京房八宫卦说,与帛本六十四卦的八宫次序不同。据惠栋《易汉学·京君明易上》②,京氏八宫卦次可以列表如下:

本宫	䷀乾	䷲震	䷜坎	䷳艮	䷁坤	䷸巽	䷝离	䷹兑
一世	䷫姤	䷏豫	䷻节	䷕贲	䷗复	䷈小畜	䷠旅	䷮困
二世	䷠遁	䷧解	䷂屯	䷙大畜	䷒临	䷤家人	䷱鼎	䷬萃
三世	䷋否	䷟恒	䷾既济	䷨损	䷊泰	䷩益	䷿未济	䷞咸
四世	䷓观	䷭升	䷰革	䷥睽	䷡大壮	䷘无妄	䷃蒙	䷦蹇
五世	䷖剥	䷯井	䷶丰	䷆履	䷪夬	䷔噬嗑	䷺涣	䷝谦
游魂	䷢晋	䷛大过	䷣明夷	䷚中孚	䷄需	䷚颐	䷼讼	䷽小过
归魂	䷍大有	䷐随	䷆师	䷴渐	䷇比	䷑蛊	䷌同人	䷵归妹

从图表来看,每一纵列八个卦合为一组,一共八组。它们分别从乾、震、坎、艮、坤、巽、离、兑八个别卦变来,故谓之八宫。从横列八个本宫卦来看,它们均由其经卦自重而来,而这八个经卦的四阳卦和四阴卦又各自其依尊卑次序分列,其次序依据,见于《说卦传》"乾,天也,故称乎父"一章。③从纵列来看,例如,乾宫一世一变而为姤卦,二世二变而为遁卦,三世三变而为否卦,四世四变而为观卦,五世五变而为剥卦,然后在剥卦的基础上而为游魂卦——晋卦,再为归魂卦——大有卦。可以看出,乾宫从一世卦到五世卦呈现出阳消阴长之象,从游魂卦到归魂卦呈现出阳气的回归,而与本宫(乾卦)相呼应。与乾宫相对,坤宫从一世卦到五世卦呈现出阴消阳息之象,从游魂卦到鬼魂卦

---

① 参看李学勤主编《清华大学藏战国竹简(肆)》,第130页。

② 参看惠栋《易汉学》卷四,载郑万耕点校《周易述》,第580—581页,北京,中华书局,2007。另参看林忠军《象数易学发展史》第1卷,第78页,济南,齐鲁书社,1994。

③《说卦传》曰:"乾,天也,故称乎父。坤,地也,故称乎母。震一索而得男,故谓之长男。巽一索而得女,故谓之长女。坎再索而得男,故谓之中男。离再索而得女,故谓之中女。艮三索而得男,故谓之少男。兑三索而得女,故谓之少女。"

呈现出阴气的回归,而与本宫(坤卦)相呼应。其他六宫诸卦可以依此
类推。

总之,京氏八宫卦说体现了宇宙间阴阳消息之理:或相率相生,或
相互推移,或循环呼应。若阴阳无对待、消息之理,则天地万物无生化
流行之运。《丰·彖传》曰:"天地盈虚,与时消息。"《系辞传》曰:"刚柔
相摩,八卦相荡。"又曰:"刚柔相推而生变化。"又曰:"精气为物,游魂
为变。"这些说法,都是京房创立八宫卦说的理论依据。《京氏易传》卷
下曰:"积算随卦起宫,乾、坤、震、巽、坎、离、艮、兑,八卦相荡,二气阳
入阴,阴入阳,二气交互不停,故曰生生之谓易。天地之内,无不通
也。"又曰:"孔子云《易》有四易:一世二世为地易,三世四世为人易,五
世六世为天易,游魂归魂为鬼易。"可证京房建立八宫卦说确实吸收了
《易十翼》的有关说法。

3. 五行说

在西汉早中期,五行说已被纳入阴阳灾异说。人们将五行与天干、
地支搭配起来,并在四时、五位的时空结构上形成了动态循环的生克休
王的理论系统。这些知识,可以参看董仲舒《春秋繁露》的"五行"诸篇和
《淮南子·天文》《淮南子·地形》两篇等。京氏易学的五行说,显然将这
些知识都吸纳进来了。

其一,在五行生克说的基础上,京氏易学吸纳了五行休王理论。五
行休王理论是对五行生克说的综合与提高,在实践上进一步加强了五行
在四时中的整体性关联。《淮南子·地形》曰:"木壮,水老火生金囚土
死;火壮,木老土生水囚金死;土壮,火老金生木囚水死;金壮,土老水生
火囚木死。"这即是说,当令者王,令生者相,生令者休,克令者囚,令克者
死。京房则以王、相(生)、休、破、废来表示这五种态势。例如《京氏易
传》卷中释《益》即曰:"阴阳二木合金土配象,四时运转,六位交分,休废
旺生,吉凶见乎动爻。"卷中释《困》又曰:"五行配六位,生悔吝,四时休
王,金木交争,万物之情,在乎几微。"

其二,京房还将五行在一年十二月十二支中的动态关系纳入易说

中。京房《易积算法》曰：

> 寅中有生火，亥中有生木，巳中有生金，申中有生水，丑中有死金，戌中有死火，未中有死木，辰中有死水，土兼于中。[①]

上引京房《易积算法》一段文字中的五行知识，与《淮南子·天文》相符。《淮南子·天文》篇曰：

> （1）甲乙寅卯，木也；丙丁巳午，火也；戊己四季，土也；庚辛申酉，金也；壬癸亥子，水也。水生木，木生火，火生土，土生金，金生水。

> （2）凡日，甲刚乙柔，丙刚丁柔，以至于癸。木生于亥，壮于卯，死于未，三辰皆木也。火生于寅，壮于午，死于戌，三辰皆火也。土生于午，壮于戌，死于寅，三辰皆土也。金生于巳，壮于酉，死于丑，三辰皆金也。水生于申，壮于子，死于辰，三辰皆水也。

五行的时空结构图式，在先秦已大体发明出来。经过战国末至汉初的发展，人们对于五行思维的认识有所提高和深化，由天干地支与五行在时空结构中的静态配属系统（见上述第一条引文），而发展为"木生于亥，壮于卯，死于未""火生于寅，壮于午，死于戌""土生于午，壮于戌，死于寅""金生于巳，壮于酉，死于丑"及"水生于申，壮于子，死于辰"的生、壮、死的过程说（见上述第二条引文），应当说，这是理论上的一大进步。上引京房《易积算法》一段文字即运用了此一理论。京房所谓"寅中有生火，亥中有生木，巳中有生金，申中有生水"与"丑中有死金，戌中有死火，未中有死木，辰中有死水"，均与《淮南子·天文》所说相应。

其三，京房又将五行纳入《周易》卦爻系统，这是比较特殊的。在京氏《易》中，五行与八卦的搭配关系为：乾、兑为金，坤、艮为土，坎为水，离

---

① 《京氏易传》卷下，《易汉学·京君明易下》。

为火,震、巽为木。这种搭配,很可能与《说卦传》有关。① 现在知道,五行与八卦的搭配在战国中期已存在了,具体可参看清华简《筮法》篇。② 这说明京房解经,敢于突破藩篱,从数术《易》中大胆汲取营养。京房解经,运用八卦五行说的例子较多,例如,《京氏易传》卷上释《乾》曰:"(乾)属金。"乾卦乾上乾下。释《姤》曰:"金木互体。"姤卦乾上巽下。释《遯》曰:"金土见象。"遯卦乾上艮下。释《震》曰:"(震)属于木德。"震卦震上震下。释《豫》曰:"卦配火水木。"豫卦震上坤下,三至五爻互体为坎。释《节》曰:"金上见水。"节卦坎上兑下。释《革》曰:"上金下火。"革卦兑上离下。推而广之,六十四卦三百八十四爻都可以与五行相配。

《京氏易传》卷下曰:"八卦分阴阳、六位五行,光明四通,交易立节。"又曰:"吉凶之义,始于五行,终于八卦。"京氏所谓八卦六位,即卦爻与干支、五行的搭配,具体情况见下:③

　　　　乾(属金)初九,甲子水;九二,甲寅木;九三,甲辰土;九四,壬午火;九五,壬申金;上九,壬戌土。

　　　　坤(属土)初六,乙未土;六二,乙巳火;六三,乙卯木;六四,癸丑土;六五,癸亥水;上六,癸酉金。

　　　　震(属木)初九,庚子水;六二,庚寅木;六三,庚辰土;九四,庚午火;六五,庚申金;上六,庚戌土。

　　　　巽(属木)初六,辛丑土;九二,辛亥水;九三,辛酉金;六四,辛未土;九五,辛巳火;上九,辛卯木。

　　　　坎(属水)初六,戊寅木;九二,戊辰土;六三,戊午火;六四,戊申金;九五,戊戌土;上六,戊子水。

---

① 《说卦传》云"乾为金""坤为地""巽为木""坎为水""离为火"。又,《说卦传》云"艮为山",谚语曰"积土为山",则知艮当属土行;"兑为毁折,为附决;其于地也,为刚卤",有金刚之象,故兑为金行;"震为苍筤竹,为萑苇,其于稼也为反生",这也许是震属木行的原因。于八卦五行方位,坎在北方为水,震在东方为木,离在南方为火,兑在西方为金。

② 李学勤释文注释:《筮法》,《清华大学藏战国竹简(肆)》。

③ 参看《易汉学·京君明易上》。惠栋引自《火珠林》。

离(属火)初九,己卯木;六二,己丑土;九三,己亥水;九四,己酉金;六五,己未土;上九,己巳火。

艮(属土)初六,丙辰土;六二,丙午火;九三,丙申金;六四,丙戌土;六五,丙子水;上九,丙寅木。

兑(属金)初九,丁巳火;九二,丁卯木;六三,丁丑土;九四,丁亥水;九五,丁酉金;上六,丁未土。

在卦爻与干支、五行相配的基础上,京氏《易》又纳入了"冲""合"概念。《京氏易传》卷下曰:"建子阳生,建午阴生,二气相冲,吉凶明矣。"相对谓之"冲"。《淮南子·天文》:"岁星之所居,五谷丰昌;其对为冲,岁乃有殃。"《史记·天官书》:"故八风各以其冲对,课多者为胜。"在五行上,"冲"为相克关系。例如《京氏易传》卷中释《无妄》曰:"上金下木,二象相冲。"所谓金克木也。"合"与"冲"相反,在五行思维中,相同、相生或相比等均为"合"。例如《京氏易传》卷中释《咸》曰:"土上见金,母子气合,阴阳相应。"咸卦兑上艮下,兑金而艮土,土生金,故此上下卦呈现出相合关系。

总之,京氏易学中的五行说,是对西汉中期以前有关学说的一次大汇集和大应用。不过,京房与其师焦赣将阴阳五行如此深入、系统地纳入《周易》的解释中,其目的就是为了所谓"占验"和预测所谓"灾变"。《京氏易传》卷下曰:"于六十四卦遇王则吉,废则凶,冲则破,刑则败,死则危,生则荣。"这正是京氏易学以占验为目的的明证。

除上面提到的纳甲、纳支说外,京氏易学还包括世应说、飞伏说、蒙气说和六亲说等内容,这里不再一一叙述。需要指出,京氏众多的解《易》方法未必尽为他本人所创,有许多方法可能来自民间文化或者数术文化。

第五节　谶纬思潮与《易纬》的哲学思想

随着儒家经学及宗教、方术思想在西汉的演变和发展,与政治紧密相关的谶语在社会上不断得到传播,广泛地影响着整个社会的意识倾向和思维方式。与此同时，经书愈说愈烦；在天人感应神学和图谶思潮的影响下，西汉末期产生了以"七纬"为核心的儒家纬学。从哲学来看，在七纬中，《易纬》最重要。

一、谶纬思潮的兴起与流行

1. 谶纬的产生、流行及其区别

"谶"，即谶语、谶书。《说文·言部》曰："谶，验也。有征验之书，《河》《雒》所出书曰谶。""谶"，指预言人事吉凶、兴亡而有征验的秘语。它是从古老的符应说中分化出来的，与流传既久的河图、洛书说有一定的关系。同时，谶语的造作和流行，与燕齐方士有关。

先看图谶的产生与流行。"河图"，最早见于《尚书·顾命》《论语·子罕》二篇。《墨子·非攻下》曰："河出绿图。"《周易·系辞上》曰："河出图，雒出书，圣人则之。"《管子·小匡》曰："河出图，雒出书。"《礼记·礼运》曰："河出马图。"这五条先秦文献均认为"河图""雒书"为受命之符，属于瑞应之物。《淮南子·俶真》曰："洛出丹书，河出绿图，故许由、方回、善卷、披衣得达其道。"《淮南子》此文从《墨子》改造而来，在一定程度上仍保留了河图、雒书作为"符瑞"的特征，不过在彼为"受命"之物，在此为"得道"的象征。此后，"河图""雒书"被图书化，《春秋纬·命历序》曰："《河图》，帝王之阶，图载江河山川州界之分野。"《河图·挺佐辅》曰："（黄帝问于天老）天老曰：河出龙图，雒出龟书，纪帝录，列圣人所纪姓号。"在此，已将《河图》《雒书》看作两种图书，虽然它们与帝王受命仍有一定的联系，但是与先秦将其作为"符瑞"之物具有重大不同。实际上，在西汉末期，《河图》《雒书》即被当时谶纬化的经学家直接作为图书来看待，在文本上作了大肆扩充，乃至各家持说有所不同。郑玄注《易》，云《河图》九篇、《雒书》六篇，足见与先秦所谓"河图""雒书"大异。① 从另外

---

① 关于"河图""雒书"的起源和流传过程，参看萧汉明《关于河图洛书问题》，载萧汉明《易苑漫步》，第 82—84 页，上海，上海古籍出版社，2010。

一个角度来看，河图、雒书既是谶语、谶书的导源，其自身也经历了谶书化的过程。而"图""谶"二者常常结合在起，故称"图谶"。"图谶"连言，最早见于《汉书·王莽传上》。

谶语的造作和流行，已见于《史记·秦始皇本纪》。《秦始皇本纪》曰："燕人卢生使入海还，以鬼神事，因奏录图书，曰：'亡秦者胡也。'始皇乃使将军蒙恬发兵三十万人北击胡，略取河南地。"又曰："秋，使者从关东夜过华阴平舒道，有人持璧遮使者曰：'为吾遗滈池君。'因言曰：'今年祖龙死。'使者问其故，因忽不见，置其璧去。使者奉璧具以闻。始皇默然良久，曰：'山鬼固不过知一岁事也。'退言曰：'祖龙者，人之先也。'使御府视璧，乃二十八年行渡江所沈璧也。于是始皇卜之，卦得游徙吉。""亡秦者胡也"和"今年祖龙死"二句，都是典型的谶语。而从秦始皇深信谶语及其以"谶语"思维判断吉凶来看，说明谶语在当时已成为一种广泛的社会意识。其后，陈胜、吴广揭竿而起，也利用了谶语。《史记·陈涉世家》曰："乃丹书帛曰'陈胜王'，置人所罾鱼腹中。卒买鱼烹食，得鱼腹中书，固已怪之矣。"在这里，"陈胜王"三字即为谶语。汉武帝好方术，进一步提供了图谶滋生的基础。哀平之际，图谶进入宫廷决策和判断吉凶的层面，皇帝和王莽等大臣好信图谶，以图谶决事，在意识形态上将图谶与经书齐观。当然在这一时期里，谶书也会杂糅一些经书的内容，以增强其权威性。

再看纬书的产生及其特点。"纬"与"经"相对，纬书是在汉代天人感应思潮的背景下产生的。纬书假借"孔子"的名义，以神学的方式来解释儒家经典。纬书最早出现在成帝时期，在总体上晚于谶语、谶书的造作，因此它们很自然地大量吸收了谶语、谶书或图谶的内容。纬书借助图谶，强化了自身的神秘和神异特征，适应了当时社会意识形态发展的需要。其中，那些对于圣人和圣迹的神异化，对于政权来源及其存在之合理性、合法性的论证，以及那些对于人君实施谴告的所谓灾异之说，仍然是纬书最重要的内容。而人们编造或利用纬书的目的，即主要在于此。

（1）纬书对于圣人形貌及其神异性来源描述众多，下面罗列数条以见之：

尧眉八彩,是谓通明。①

尧,火精,故庆都感赤龙而生。②

舜目四童,谓之重明。③

禹,白帝精,以星感修纪,山行见流星,意感栗然,生姒戎文禹。④

禹身长九尺,有只虎鼻河目,骈齿鸟喙,耳三漏,戴成钤,裹玉斗,玉骭履已。⑤

黑帝子汤,长八尺一寸,或曰七尺,连珠庭,臂二肘。⑥

苍帝姬昌,日角鸟鼻,身长八尺二寸,圣智慈理也。⑦

文王四乳……武王望羊。⑧

孔子母徵在,梦感黑帝而生,故曰玄圣。⑨

孔子长十尺,大九围,坐如蹲龙,立如牵牛,就之如昴,望之如斗。⑩

纬书之所以反复描绘圣人的神异性,是因为汉人普遍相信,神异的圣人上可以显扬天心,下可以为世立法和创制。《春秋演孔图》即曰:"圣人不空生,必有所制,以显天心。丘为木铎,制天下法。"

(2) 纬书对于圣人、圣事之瑞应的描述也很多,下面罗列数条以见之:

舜之将兴,黄云生于堂。⑪

夏民不康,天果命汤。白虎戏朝,白云入房。⑫

周文王为西伯,季秋之月甲子,赤雀衔丹书入丰鄗,止于昌户。乃拜稽首受,取曰:姬昌苍帝子,亡殷者纣也。⑬

太子发以殷存三仁附,即位不称王,渡于孟津中流,受文命,待

①②《春秋·元命苞》。
③《春秋·演孔图》。
④⑤《尚书·帝命验》。
⑥⑦《洛书·灵准听》。
⑧⑨⑩⑪⑫《春秋·演孔图》。
⑬《尚书·中候》。

天谋。白鱼跃入王舟，王俯取，鱼长三尺，赤文有字，题目下名授右。有火自天出于王屋，流为赤鸟，五至以谷俱来。①

孔子论经，有乌化为书。孔子奉以告天，赤爵集书上，化为玉，刻曰：孔提命，作应法，为赤制。②

(3) 纬书叙说灾异对于政治的影响也很多，下面转引《后汉书·志十五·五行三》刘昭《注》所引数条纬文以见之：

《春秋·考异邮》曰："阴气之专精凝合生雹。雹之为言合也。以妾为妻，大尊重，九女之妃阙而不御，坐不离前，无由相去之心，同舆参驷，房祏之内，欢欣之乐，专政夫人，施而不博，阴精凝而见成。"

《易谶》曰："凡雹者，过由人君恶闻其过，抑贤不扬，内与邪人通，取财利，蔽贤，施之，并当雨不雨，故反雹下也。"

《易纬》曰："夏雹者，治道烦苛，繇役急促，教令数变，无有常法。不救为兵，强臣逆谋，蝗虫伤谷。救之，举贤良，爵有功，务宽大，无诛罚，则灾除。"③

据《后汉书·孝明帝纪》记载，永平八年(65)冬十月壬寅日发生了日食。日食过后，明帝下罪己诏曰："朕以无德，奉承大业，而下贻人怨，上动三光。日食之变，其灾尤大，《春秋》图谶所为至谴。永思厥咎，在予一人。群司勉修职事，极言无讳。"④永兴二年(154)二月癸卯日，"京师地震"，桓帝诏公、卿、校尉举贤良方正、能直言极谏者各一人，又诏曰："比者星辰谬越，坤灵震动，灾异之降，必不空发。救己修政，庶望有补。其舆服制度有逾侈长饰者，皆宜损省。郡县务存俭约，申明旧令，如永平故事。"⑤在《后汉书》中类似例子很多，足见灾异对于汉代政治产生了巨大

---

① 《尚书·中候》。
② 《春秋·演孔图》。
③ 《后汉书·志十五》，第3313—3314 页。
④ 《后汉书·明帝纪》，第111 页。
⑤ 《后汉书·桓帝纪》，第299 页。

影响。

总之,瑞应说和灾异说是纬书的两大政治哲学范畴,它们都是天意象征化的表达。瑞应从正的方面说,成为圣人兴作,乃至受命的象征符号;灾异则从负的方面说,成为谴告和惩戒人君的象征符号。瑞应说和灾异说都起源于先秦,但是直到西汉中期,才进入当时政治思想和意识形态的核心;西汉后期,它们开始大肆泛滥于经学及王朝政治的解释活动之中。而纬书集其大成,以更加宗教化、神异化的方式将瑞应说和灾异说推向了高峰。

最后看"谶"和"纬"的区别。《四库全书提要·经部·易类六》编后案语曰:

> 案儒者多称谶纬,其实谶自谶,纬自纬,非一类也。谶者,诡为隐语,预决吉凶。《史记·秦本纪》称卢生奏图录书之语,是其始也。纬者,经之支流,衍及旁义。《史记·自序》引《易》"失之毫厘,差以千里",《汉书·盖宽饶传》引《易》"五帝官天下,三王家天下",注者均以为《易纬》之文是也。盖秦汉以来,去圣日远,儒者推阐论说,各自成书,与经原不相比附,如伏生《尚书大传》、董仲舒《春秋阴阳》,核其文体,即是纬书,特以显有主名,故不能托诸孔子。其他私相撰述,渐杂以术数之言,既不知作者为谁,因附会以神其说。迫弥传弥失,又益以妖妄之词,遂与谶合而为一。然班固称圣人作经,贤者纬之;杨侃称纬书之类谓之秘经,图谶之类谓之内学,河洛之书谓之灵篇;胡应麟亦谓谶纬二书,虽相表里,而实不同。则纬与谶别,前人固已分析之;后人连类而讥,非其实也。

《四库提要》的作者对"谶""纬"作了清晰的界定和区别。谶自谶,纬自纬。谶者,"诡为隐语,预决吉凶";纬者,经之支流,去经既远,衍为旁义,如大衍神异、圣事和灾异之说者即多为纬书。纬与经对,《六艺》经籍乃按文责义,恪守师法、家法之作。不过,正如《四库全书总目》作者所说,大概在西汉末季纬书"渐杂以术数之言""又益以妖妄之词",这样纬与谶就合而为一了。

"谶纬"连言,始见于《后汉书》。"图谶""谶记""经谶""纬书""图纬"和"谶纬"在《后汉书》中均屡见。其中"图谶"出现的次数最多,而"谶纬"仅出现了四次。东汉子书尚未见"谶纬"连言之例。这些情况说明《四库提要》的作者分别"谶""纬"是必要的。而"谶纬"连言,并将其作为一个整体概念来看待,则确系后人所为。不过,从实质的意义来说,谶纬合流在西汉晚期已经开始,纬书在形成过程中大量吸收了谶语,并运用其思维方式。可以说,解释的谶化,正是纬书区别于《六艺》经传的根本所在。

2. 谶纬思潮的高峰:从王莽居摄到东汉章帝时期

王莽摄政至东汉章帝统治时期,是谶纬思潮流行的高峰阶段,其中又以光武帝时期为最。王莽篡汉及光武称帝,都直接利用了谶纬思潮。王莽摄政,即利用图谶为自己造势,他说:"《河图》《洛书》远自昆仑,出于重壄。古谶著言,肆今享实。此乃皇天上帝所以安我帝室,俾我成就洪烈也。"[1]平帝四年(4),王莽将"图谶"列入官学。与此同时,对王莽心怀不满的大臣也利用谶书反抗其统治。据《汉书·王莽传下》,卜者王况为大臣李焉作谶书,言"荆楚当兴,李氏为辅"。道士西门君慧为将军王涉作谶,也说:"星孛扫宫室,刘氏当复兴,国师公姓名(刘歆)是也。"而光武帝刘秀之所以敢于起兵,反抗王莽,亦得缘于谶言。李通即先以图谶"刘氏复起,李氏为辅",后以谶记"刘秀发兵捕不道,卯金修德为天子"劝说刘秀起兵。[2] 刘秀在夺取天下后更加重视图谶,建武中元元年(56)"宣布图谶于天下"[3],正式建立了以谶纬学为核心的新国家意识形态。

东汉前三位皇帝(光武帝、明帝和章帝)高度重视谶纬学,史书多有

---

[1]《汉书·翟方进传》。

[2]《后汉书·光武帝纪》。刘秀之所以敢于称帝,还利用了《河图赤伏符》等谶书。《后汉书·光武帝纪》曰:"行至鄗,光武先在长安时同舍生强华自关中奉《赤伏符》,曰'刘秀发兵捕不道,四夷云集龙斗野,四七之际火为主'。"光武帝夺取天下后,又利用谶纬神化其夺取天下的天命根源,参看《后汉书·志第七·祭祀上》。

[3]《后汉书·光武帝纪》。

记载。这主要体现在三个方面：（1）以图谶"决定嫌疑"①，裁决政事；（2）以谶记"正《五经》异说"②；（3）以是否善言图谶为进用官员的一个重要标准。③ 如此一来，谶纬或图谶的气氛弥漫于整个东汉官场。由此，汉代经学发生了重大变异。大经师贾逵好尚《左氏春秋》，为了得到皇帝的肯定，他即以合于图谶者说之。《后汉书·郑范陈贾张列传》曰："臣（贾逵）以永平中上言左氏与图谶合者，先帝不遗刍荛，省纳臣言，写其传诂，藏之秘书。"又说："《五经》家皆无以证图谶明刘氏为尧后者，而《左氏》独有明文。"建初四年（79），汉章帝主持白虎观会议，召集儒林，"讲议《五经》同异"，而章帝"亲称制临决"（《后汉书·章帝纪》）。这次会议使得谶纬在官方的最高级会议上开始影响正统经学的解释。总体说来，在东汉时期，经学多杂以图谶，而纬书被当作解经的可靠依据，得到了学者的广泛征引。

3. 东汉学者对谶纬的批判

桓谭、尹敏、王充、张衡和荀悦是东汉时期批判谶纬思潮最突出的五位学者。刘勰在《文心雕龙·正纬》中说："是以桓谭疾其虚伪，尹敏戏其深瑕，张衡发其僻缪，荀悦明其诡诞。四贤博练，论之精矣。"其实，王充也应居其列。

光武帝一俟登上大位，即命薛汉、尹敏等人"校定图谶"，但是尹敏本人对于这一做法是颇有异议的。《后汉书·儒林列传》曰："帝以敏博通经记，令校图谶，使蠲去崔发所为王莽著录次比。敏对曰：'谶书非圣人所作，其中多近鄙别字，颇类世俗之辞，恐疑误后生。'"图谶文献曾在王莽居摄时期做了第一次官方著录，本次光武帝要求尹敏等人删去王莽等人造作的内容，并重新著录。尹敏本人虽然博通《五经》、谶记，但是他很清楚，"谶书非圣人所作，其中多近鄙别字，颇类世俗之辞"，不宜官修钦定、藏之兰台。

---

① 《后汉书·桓谭冯衍列传》。
② 《后汉书·樊宏阴识列传》。
③ 参见《后汉书·方术列传》。

与尹敏同时,桓谭(约前 40—约 32)对光武帝迷信和推崇图谶的行为作了更为激烈的批评。《后汉书·桓谭冯衍列传》曰:

(1) 是时帝方信谶,多以决定嫌疑。……谭复上疏曰:"臣前献瞽言,未蒙诏报,不胜愤懑,冒死复陈。愚夫策谋,有益于政道者,以合人心而得事理也。凡人情忽于见事而贵于异闻,观先王之所记述,咸以仁义正道为本,非有奇怪虚诞之事。盖天道性命,圣人所难言也。自子贡以下,不得而闻,况后世浅儒,能通之乎!今诸巧慧小才伎数之人,增益图书,矫称谶记,以欺惑贪邪,诖误人主,焉可不抑远之哉!臣谭伏闻陛下穷折方士黄白之术,甚为明矣;而乃欲听纳谶记,又何误也!其事虽有时合,譬犹卜数只偶之类。陛下宜垂明听,发圣意,屏群小之曲说,述《五经》之正义,略雷同之俗语,详通人之雅谋。"

(2) 其后有诏会议灵台所处,帝谓谭曰:"吾欲以谶决之,何如?"谭默然良久,曰:"臣不读谶。"帝问其故,谭复极言谶之非经。帝大怒曰:"桓谭非圣无法,将下斩之。"谭叩头流血,良久乃得解。出为六安郡丞;意忽忽不乐,道病卒,时年七十余。

桓谭批评的重点,在于"极言谶之非经",而希望人主"屏群小之曲说,述《五经》之正义",以"仁义正道为本"。这一批评带着教训的口吻,显然激怒了光武帝,因此桓谭的下场可想而知。

桓谭之后,王充(27—约 97)在《论衡·实知篇》中批评了谶记的虚妄。孔子将死,遗谶书,一曰:"不知何一男子,自谓秦始皇,上我之堂,踞我之床,颠倒我衣裳,至沙丘而亡。"二曰:"董仲舒乱我书。"三曰:"亡秦者,胡也。"王充即严肃批驳了这三条谶记,认为"此皆虚也"。另外,王充所谓"案神怪之言,皆在谶记,所表皆效《图》《书》"[1]的看法,比较恰当地概括了谶记的特征。

---

[1]《论衡·实知篇》。

谶记或托之于孔子，而纬书则皆由汉儒依托孔子名义而作。汉末荀悦(148—209)即对此作了批驳。《申鉴·俗嫌》曰：

> 世称纬书，仲尼之作也。臣悦叔父、故司空爽辨之，盖发其伪也。有起于中兴之前，终张之徒之作乎？或曰："杂。"曰："以己杂仲尼乎，以仲尼杂己乎？若彼者，以仲尼杂己而已。然则可谓八十一首非仲尼之作矣。"或曰："燔诸？"曰："仲尼之作则否，有取焉则可，曷其燔？在上者不受虚言，不听浮术，不采华名，不兴伪事，言必有用，术必有典，名必有实，事必有功。"

荀悦继承荀爽的见解，认为八十一篇纬书"非仲尼之作"，不同意世人将纬书看作"仲尼之作"的观点。他认为，纬书不过是"以仲尼杂己而已"，这即是说，纬书的编造者不过借用了孔子的某些言论，其大体内容及主旨皆属于编造者自己。既然八十一篇非孔子之作，那么是否应当将它们燔烧掉呢？在此，荀悦的态度变得比较冷静，他认为，纬书虽非孔子所作，但是毕竟"有取焉"，有一定的文献价值，而不必燔烧之。防止纬书发生不良作用的关键，在于为上者是否能够做到不受、不听、不采和不兴；"言必有用，术必有典，明必有实，事必有功"，自然就可以防止它们产生不良影响。与荀悦的意愿相左，汉代以后，纬书一再受到当朝统治者的燔烧和禁绝，完整流传到今天的相关文献已经很少了。

与桓谭、王充和荀悦等相较，张衡(78—139)对于图纬的批评和论述最为深入。《后汉书·张衡列传》曰：

> 初，光武善谶，及显宗、肃宗因祖述焉。自中兴之后，儒者争学图纬，兼复附以訞(妖)言。衡以图纬虚妄，非圣人之法，乃上疏曰："臣闻圣人明审律历以定吉凶，重之以卜筮，杂之以九宫，经天验道，本尽于此。或观星辰逆顺，寒燠所由，或察龟策之占，巫觋之言，其所因者，非一术也。立言于前，有征于后，故智者贵焉，谓之谶书。谶书始出，盖知之者寡。自汉取秦，用兵力战，功成业遂，可谓大事，当此之时，莫或称谶。若夏侯胜、眭孟之徒，以道术立名，其所述著，

无谶一言。刘向父子领校秘书，阅定九流，亦无谶录。成、哀之后，乃始闻之。《尚书》尧使鲧理洪水，九载绩用不成，鲧则殛死，禹乃嗣兴。而《春秋谶》云'共工理水'。凡谶皆云黄帝伐蚩尤，而《诗谶》独以为'蚩尤败，然后尧受命'。《春秋元命包》中有公输班与墨翟，事见战国，非春秋时也。又言'别有益州'。益州之置，在于汉世。其名三辅诸陵，世数可知。至于图中讫于成帝。一卷之书，互异数事，圣人之言，势无若是，殆必虚伪之徒，以要世取资。往者侍中贾逵摘谶互异三十余事，诸言谶者皆不能说。至于王莽篡位，汉世大祸，八十【一】篇何为不戒？则知图谶成于哀平之际也。且《河》《洛》《六艺》，篇录已定，后人皮傅，无所容篡。永元中，清河宋景遂以历纪推言水灾，而伪称洞视玉版。或者至于弃家业，入山林。后皆无效，而复采前世成事，以为证验。至于永建复统，则不能知。此皆欺世罔俗，以昧势位，情伪较然，莫之纠禁。且律历、卦候、九宫、风角，数有征效，世莫肯学，而竞称不占之书。譬犹画工，恶图犬马而好作鬼魅，诚以实事难形，而虚伪不穷也。宜收藏图谶，一禁绝之，则朱紫无所眩，典籍无瑕玷矣。"

针对东汉以来最高统治者对图谶或图纬的不断提倡，而"儒者争学图纬，兼复附以訞(妖)言"的现象，张衡作出了非常深刻的批判。首先，张衡认为"图纬虚妄，非圣人之法"。其次，张衡对于"谶书"作了较好的定义，曰："立言于前，有征于后，故智者贵焉，谓之谶书。"这是他的一大贡献。再其次，张衡以历史主义的视角考察了图谶或图纬现象，并提出了"图谶成于哀平之际"的观点。这一观点得到了大多数学者的认可。复次，张衡指出古人以律历、卜筮断吉凶，与时人"竞称不占之书"(即图谶之书)不同，其原因在于前者为实事而后者流于虚伪，"譬犹画工，恶图犬马而好作鬼魅"，从而将真正的圣道与当时俗学分别开来。最后，基于以上论述，张衡认为"宜收藏图谶，一禁绝之"。这一主张的影响巨大，后世时有禁绝图谶的举措，都可以在张衡这里找到思想根源。

当初,光武帝"宣布图谶于天下",这既有提高图谶地位的目的,也有垄断图谶、从而防止民间或个人秘造、增改的意图。造作图谶在东汉属于重罪。据《后汉书·光武十王传》,楚王英和阜陵质王延均因谋反而被治罪或贬爵,其中的一个根据就是他们私自"造作图谶"。鉴于图谶十分容易被阴谋家(犯上作乱者)利用,成为改朝换代的工具,魏晋以后,历朝统治者在夺取政权之后随即严禁之。开皇十三年(593),隋文帝下令"私家不得隐藏纬候图谶"①,隋炀帝即位伊始,"乃发使四出,搜天下书籍与谶纬相涉者,皆焚之,为吏所纠者至死。自是无复其学,秘府之内亦多散亡"②。从此,图谶从皇朝意识形态的宝座上跌落了下来。

4. 纬书的流传、篇目与《易纬》的版本来源

西汉成帝时期,李寻曾有"《五经》《六纬》,尊术显士"③的说法。所谓《六纬》,颜师古《注》说为"《五经纬》和《乐纬》"。④ 光武帝建武初,薛汉、尹敏所校定谶纬,别为八十一篇。⑤ 建武中元元年(56),光武帝"宣布图谶于天下"⑥。司马彪《续汉书·祭祀志》载建武三十二年(56)封泰山刻石文,即载有说明《河图》《洛书》《孝经纬》等的情况。张衡上书顺帝,所说八十一篇指"《河》《雒》《六艺》"。《后汉书·张衡列传》李贤《注》曰:"《衡集·上事》云:'《河》《洛》五九,《六艺》四九,谓八十一篇也。'"⑦《隋书·经籍志》曰:

> 说者又云,孔子既叙《六经》,以明天人之道,知后世不能稽同其意,故别立纬及谶,以遗来世。其书出于前汉,有《河图》九篇,《洛书》六篇,云自黄帝至周文王所受本文。又别有三十篇,云自初起至于孔子,九圣之所增演,以广其意。又有《七经纬》三十六篇,并云孔

---

①《隋书·高祖纪上》。

②《隋书·经籍志》。历代禁毁图谶或谶纬的情况,参看钟肇鹏《谶纬论略》,第30—33页,沈阳,辽宁教育出版社,1991。

③《汉书·李寻传》。

④《汉书》卷七五,第3179页。按,颜师古赞成三国孟康说。

⑤《后汉书·儒林列传》。

⑥《后汉书·光武帝纪》。

⑦《后汉书》卷五九,第1913页。

子所作,并前合为八十一篇。而又有《尚书中候》《洛罪级》《五行传》《诗推度灾》《泛历枢》《含神务》《孝经勾命诀》《援神契》《杂谶》等书。汉代有郗氏、袁氏说。汉末,郎中郗萌集图纬谶杂占为五十篇,谓之《春秋灾异》。宋均、郑玄并为谶律之注。然其文辞浅俗,颠倒舛谬,不类圣人之旨。相传疑世人造为之后,或者又加点窜,非其实录。起王莽好符命,光武以图谶兴,遂盛行于世。

《隋志》的说法更为细致,《河图》本九篇,《洛书》本六篇,至于孔子、九圣又增演三十篇,源流共计四十五篇;《七经纬》(张衡所谓"六艺"即指六纬,并包《孝经纬》而言,与《隋志》同)三十六篇,皆托之孔子所作,与荀悦的说法一致。《河》《洛》及《七经纬》共计八十一篇,此八十一篇即光武帝所宣布于天下者。校定之外,《隋志》又列《尚书中候》《洛罪级》《五行传》《诗推度灾》《泛历枢》《含神务》《孝经勾命诀》《援神契》《杂谶》等书,别于八十一篇之外。

《后汉书·方术列传》说樊英"善风角、星算、《河》《洛》《七纬》,推步灾异"。"七纬"即《七经纬》,李贤《注》曰:"《七纬》者,《易纬·稽览图》《乾凿度》《坤灵图》《通卦验》《是类谋》《辨终备》也,《书纬·琁机钤》《考灵耀》《刑德放》《帝命验》《运期授》也,《诗纬·推度灾》《记历枢》《含神务》也,《礼纬·含文嘉》《稽命征》《斗威仪》也,《乐纬·动声仪》《稽耀嘉》《汁图征》也,《孝经纬·援神契》《钩命决》也,《春秋纬·演孔图》《元命包》《文耀钩》《运斗枢》《感精符》《合诚图》《考异邮》《保乾图》《汉含孳》《佑助期》《握诚图》《潜潭巴》《说题辞》也。"[1]李《注》"七纬"共三十五篇,较《隋志》所说三十六篇少一篇。而李《注》所列《孝经纬·援神契》《钩命决》,《隋志》未入《七经纬》三十六篇中,可知李《注》未必尽得其实。

---

① 参看《后汉书》卷八二,第2721—2722页。《后汉书·张曹郑列传》有"七经谶"的说法,李贤《注》曰:"《七经》谓《诗》《书》《礼》《乐》《易》《春秋》及《论语》也。"参看《后汉书》卷三五,第1196页。按,此谓《论语》,与《方术列传》注说为《孝经》不同。

明清两代盛行辑佚，纬书有十余家。现在，通行的纬书本有《黄氏逸书考》(1934年朱长圻据黄氏辑《汉学堂丛书》本补刊)和安居香山、中村璋八纂集的《重修纬书集成》①，后者是目前最完备的版本。

据《后汉书·方术列传》李贤《注》，汉代《易纬》有《稽览图》《乾凿度》《坤灵图》《通卦验》《是类谋》《辨终备》六篇。《隋书·经籍志》曰："《易纬》八卷，郑玄注。"新旧《唐书志》并录《易纬》九卷，云宋均注。宋以后，又出现《乾坤凿度》和《乾元序制记》二种。《易纬》八种，有明修《永乐大典》本、清修《四库全书》本和武英殿聚珍本。其中，四库本采用大典本，聚珍本以四库本为基础，经与钱叔宝藏本和范钦本校勘而成。以后各本，即沿袭武英殿聚珍本。汉传《易纬》六种，以《稽览图》《乾凿度》和《通卦验》三种的思想性最高，含量丰富，值得梳理一二。

二、《易纬》的哲学："易一名而含三义"与"有形生于无形"的宇宙本体论

《易纬》认为整个世界、整个宇宙，不论自然界还是人类社会，都以天人感应的方式关联在一起。其中，《乾凿度》《稽览图》《通卦验》三篇的哲学论述比较深入，这主要体现在对易本体和宇宙本体，及乾坤说、卦气说和爻辰说的论述上。

1. "易一名而含三义"与《易》一元以为元纪"

孔颖达在《周易正义·论易之三名》一文中提出了"《易》一名而含三义"的著名命题，但其实它出自《易纬·乾凿度》。《乾凿度》卷上曰："(孔子曰)《易》者，易也，变易也，不易也。管三成为道德苞籥。""苞"通"包"，包裹也；"籥"，通"钥"，关钥、要钥也。《易》"一名而包含了"易""变易""不义"三义。易道统此三义、三事，故能包裹道德，成为其关钥。"道""德"，乃汉人通用的两个哲学术语。

关于"《易》一名而含三义"的"易"一义，《乾凿度》卷上曰：②

---

① 安居香山、中村璋八纂集：《纬书集成》，石家庄，河北人民出版社，1994。
② 本书凡引《易纬》文，参看武英殿聚珍本，且诸条引文采用张惠言《易纬略义》等著作校正过。

易者，以言其德也，通情（精）无门，藏神无内也。光明四通，俲易立节，天地烂明，日月星辰布设，八卦错序，律历调列，五纬顺轨，四时和粟孳结。四渎通情，优游信洁，根著浮流，气更相实。虚无感动，清净照哲，移物致耀，至诚专密，不烦不挠，淡泊不失，此其易也。

引文中的"易"字，与上文所说"变易""不易"均不同义。《广雅·释言》："易，与、如也。"王念孙《广雅疏证》曰："宋定之云，《系辞传》：'易者，象也。象也者，像也。'像即如似之之意。引之云，《论语》'贤贤易色'，易者，如也，犹言好德如好色也。二说并通。"《玉篇·日部》亦曰："易，象也。"《乾凿度》下文云"俲易"，"俲"即"效"字。一本或作"佼"，读作"效"。《说文·攴部》曰："效，象也。"段玉裁《注》曰："象，当作像。《人部》曰：'像，似也。'"[1]《玉篇·人部》："效，学效也。"即效法之义。简言之，"效易"，谓效法、如似而已。《周易·系辞传》曰"乾以易知""易简而天下之理得矣"，二"易"字训同此。验之郑《注》"俲易无为，故天下之性莫不自得也""俲易者，寂然无为之谓也"，正用"效法""如似"的训解。

"易者，以言其德也"，这即是说，效易无为乃易道本体的特性，内包精微、神妙的作用，故万物之性皆自得也。从生化的角度来看，"效易立节"存在于万物的生成之中，宇宙万物，例如天地、日月星辰、四时、八卦和根著浮流之物，都是"气更相实"的结果。郑玄《注》曰："此皆言易道无为，故天地万物各得以自通也。"正是《乾凿度》所谓万物自然生成之意。从"气更相实"来看，万物的生成又呈现出从无到有、从虚到实的气化过程。下文"虚无感动，清净照哲，移物致耀，至诚专密，不烦不扰，淡泊不失，此其易也"的论述更为深入，它追问了何以能感动生化的原因，认为易道本体（亦即宇宙本体）具有"虚无""清净""至诚"的特性，故能感应天下之动，而物得以自动自专。以上即是《易》者，易也"之"效易"义。

---

[1] 段玉裁：《说文解字注》三篇下，第 123 页，上海，上海古籍出版社，1988。

关于"《易》一名而含三义"的"变易"义，《乾凿度》卷上曰：

> 变易也者，其气也。天地不变，不能通气。五行迭终，四时更
> 废。君臣取象，变节相和，能消者息，必专者败。君臣不变，不能成
> 朝。纣行酷虐，天地反；文王下吕，九尾见。夫妇不变，不能成家。
> 妲己擅宠，殷以之破；大任顺季，享国七百。此其变易也。

"变易也者，其气也"，"变易"首先是一个自然生化的原理，天地万物
的生成必然包含此一原理。阴阳二气相交通，正是天地变易的结果。
"五行迭终，四时更废"，天道如此，而况于人乎？变易既是一个自然法
则，又是一个应然法则。《乾凿度》说，君臣、夫妇都应当效法天道，"变节
相和"，"成朝"和"成家"。"文王下吕""大人顺季"，此变节相和之例，故
成朝成家；"纣行酷虐""妲己擅宠"，此不能变节之例，故亡国破家。

关于"《易》一名而含三义"的"不易"义，《乾凿度》卷上曰：

> 不易也者，其位也。天在上，地在下，君南面，臣北面，父坐子
> 伏，此其不易也。

"效易"以言本体，"变易"以言气化，"不易"以言人物在天地和人间
中的位置。"不易也者，其位也"，此"位"具有"自然即应然"的特性，故谓
之"不易"也。"不易"与"变易"相对，但二义并不矛盾。天上地下，这是
自然、本然的不易之位；父坐子伏，这是自然、本然且应然的不易之位，人
间的应然法则以宇宙秩序为终极依据，故谓之天伦。

总之，"效易""变易""不易"三义构成了一个连续而整体的世界观系
统，而既然《易》"一名包含此三义，那么就《易经》，《乾凿度》说："故《易》
者，天地之道也，乾坤之德，万物之宝。至哉《易》！一元以为元纪。""天
地"就宇宙之全体言，"万物"就人物之个体言。"《易》"既然被看作天地
之道、乾坤之德和万物之宝，那么在作者的思想世界中它就是宇宙的本
体！且此本体，在《乾凿度》看来，是一、不是二，它统摄天地、乾坤和杂多
的万物，所以说"至哉《易》！一元以为元纪"。

当然，我们应当注意到，作为名号被定义的"易"字与《易》书之间的

关系。《乾凿度》之所以提出类似于"《易》一名而含三义"的命题,并作出了较为充分的阐释,乃是为了阐明《易》之名义及其所包含的义理。反之,这也即是说,《周易》这部大书包含了"《易》一名而含三义"所涉宇宙、人生和社会的基本道理。《乾凿度》下文即曰:"(伏羲)始作八卦,以通神明之德,以类万物之情,故《易》者所以经天地,理人伦而明王道。"

2."乾坤安从生"与《乾凿度》对浑天说理论的构造

除"(《易》)一元以为元纪"的本体论外,《乾凿度》还提出了许多重要问题和观点,值得重视。

第一,通过"有形生于无形,乾坤安从生"的追问,《乾凿度》展开了对太易、太初、太始、太素、浑沦的论述,深化了对世界本原的理解。《乾凿度》卷上曰:

> 昔者圣人因阴阳定消息,立乾坤以统天地也。夫有形生于无形,乾坤安从生?故曰:有太易,有太初,有太始,有太素也。太易者,未见气也。太初者,气之始也。太始者,形之始也。太素者,质之始也。炁、形、质具而未离,故曰浑沦。浑沦者,言万物相浑成而未相离,视之不见,听之不闻,循(揗)之不得,故曰易也。易无形畔。易变而为一,一变而为七,七变而为九;九者,气变之究也。乃复变而为一(二);一(二)者,形变之始。清轻者上为天,浊重者下为地。物有始、有壮、有究,故三画而成乾。乾坤相并俱生,物有阴阳,因而重之,故六画而成卦。

这段文字,亦见于《乾凿度》卷下,仅有个别文字不同。刘仲达《鸿书》引《钩命决》曰:"天地未分之前,有太易,有太初,有太始,有太素,有太极,是为五运。形象未分,谓之太易。元气始萌,谓之太初。气形之端,谓之太始。形变有质,谓之太素。质形已具,谓之太极。"[①]在思想上亦与《乾凿度》相同,只不过"浑沦"一词改为"太极"。疑《钩命决》晚于

[①]《白虎通·天地》陈立《疏证》引,参看班固撰、陈立疏证:《白虎通》卷九,第 421 页,北京,中华书局,1994。

《乾凿度》成书。《乾凿度》这段文字以浑天说为宇宙论背景,太初、太始、太素正是浑天说的宇宙生成论的基本要素。① 站在浑天说的基础上,纬书作者进一步提出了太易、太初、太始、太素和浑沦五个演变阶段的设想,以此来回答所谓"乾坤(天地)安从生"的问题。从"太易"到"浑沦"之"易"有一个过程,而"浑沦"之"易",即《易》一名而含三义的第一义。太易为终极本体,所谓"未见气也";太初、太始、太素分别为气、形、质之始;气、形、质具备而未相离析,即为"浑沦"。所谓"浑沦","言万物相浑成而未相离",为易本体的存在状态。"太易"为纯无,自"太易"至"浑沦"为易本体界;"易无形畔",故亦为无,它超越于视、听、搢的感官认识。自"浑沦"以下,落入有形界。

　　"易变而为一"以下,《乾凿度》上下卷郑《注》不一,今据己意取舍之。下文以数论太易、太初、太始、太素之变,所论仍然在无形界之内。数一、七、九,表示气变由始、壮至究,由太初、太始至太素的过程,"九者,气变之究";阳极而阴,由奇而偶,易乃复变而为二,"二者,形变之始",依次变为六、八,它们表示形变由始、壮至究,由人初、人始至人素的过程。"有形生于无形",气、形一旦生成,即生天生地,"清轻者上为天,浊重者下为地"。由天地,易道进一步生化出万物,而万物均有始、壮、究三个发展阶段。乾坤安从生?乾坤之三画即象物变之始、壮、究;"物有阴阳",故"六画而成卦"。

　　《乾凿度》对于无形界五个阶段说的构想,可能受到了《淮南子·天文》篇首段文本的影响。在汉章帝时期,这一宇宙论的构想正式被官方和学者所采纳、吸收。《白虎通·天地》篇曰:"始起,先有太初,然后有太始,形兆既成,名曰太素。混沌相连,视之不见,听之不闻,然后判清浊;既分,精曜出布,庶物施生……故《乾凿度》云:'太初者,气之始也。太始者,形之始也。太素者,质之始也。阳唱阴和,男行女随也。'"这是直接

---

① 参看丁四新《浑天说的宇宙生成论与结构论溯源——兼论楚竹书〈太一生水〉〈恒先〉与浑天说之理论起源》,《人文杂志》2017 年第 10 期。

以《乾凿度》为根据来构筑王朝的经学宇宙论。此后,张衡的《灵宪》(见《后汉书·天文志上》刘昭《注》引)《列子·天瑞》《广雅·释天》都直接采纳了这一宇宙论构想,来谈论所谓天道。与《乾凿度》不同的是,它们沿袭《钩命决》的说法,均将太初至浑沦阶段统称为"元气"。元气宇宙论的观念,从西汉到东汉在不断强化,在思想系统中的地位在不断提升。反过来看,以太初、太始、太素、浑沦来理解"元气",这既深化了对此一概念的理解,也深化了对事物生成之本源结构(气、形、质)的理解。

第二,《乾凿度》提出了"《易》始于太极"的命题,以宇宙论的开展作为《易》成书的根据。《乾凿度》卷上曰:

> 孔子曰:《易》始于太极,太极分而为二,故生天地。天地有春、秋、冬、夏之节,故生四时。四时各有阴阳、刚柔之分,故生八卦。八卦成列,天地之道立,雷风水火山泽之象定矣。

"太极",郑玄《注》曰:"气象未分之时,天地之所始也。"正是所谓"浑沦"或"元气"的概念,特因其为万物化生之端,故称之为"太极"。"二",郑《注》云:"七九、八六。"七、九、六、八,上与太始、太素相应,而下为四象之数,故郑《注》云云。"故生天地",郑《注》云:"轻清者上为天,重浊者下为地。"可知,此段文本对于《系辞》"太极生两仪,两仪生四象"的诠释,完全是接着太易、太初、太始、太素、浑沦的元气宇宙论(浑天说生成论)套路来讲的。由天地而四时,由四时而生八卦,"八卦成列,天地之道立,雷风水火山泽之象定矣"。

第三,《乾凿度》"《易》一阴一阳合而为十五之谓道"及"太一取其数以行九宫"的论述,将《周易》原理与彼时神意化的天道观结合起来,从而回答了五音、六律、七宿的来源问题。《乾凿度》卷上曰:

> 《易》一阴一阳合而为十五之谓道。阳变七之九,阴变八之六,亦合于十五,则象变之数若之一也。五音、六律、七变由此作焉。

卷下亦曰:

　　　　阳动而进,阴动而退,故阳以七,阴以八为象,《易》一阴一阳合
　　　　而为十五,之谓道。阳变七之九,阴变八之六,亦合于十五。则象变
　　　　之数若一阳动而进,变七之九象其气之息也。阴动而退,变八之六
　　　　象其气之消也。故太一取其数以行九宫,四正四维,皆合于十五。
　　　　五音、六律、七宿,由此作焉。

　　"合而为十五",包含了《周易》的天道观奥秘之一。阳变七之九,阴
变八之六,均合而为十五。在此,"合而为十五"的算法本身即体现了"一
阴一阳之谓道"的原理。所谓"五音、六律、七变(宿),由此作焉",这即是
说,上至天文、下至地理均从此天道原理生现,从此阴阳二气流布而出。
与《乾凿度》卷上略有不同的是,卷下又增添了"太一取其数以行九宫"之
说。九宫数说与《说卦传》八卦方位结构的起源本不相同,《大戴礼记·
明堂》篇始将"二九四七五三六一八"九数,以纵横三数之和为十五的方
式附于明堂九宫制度下。与《大戴礼记》编撰同时,魏相"数表采《易阴
阳》及《明堂》《月令》奏之"①,直接综合了这三种传统,而将九宫、八卦、四
时月令和五方神配合起来,但仍未见其将九数明确纳入此一系统中。不
过,既然魏相表采《明堂》,此《明堂》即见于《大戴礼记》,则九数可纳入八
卦九宫系统,这本在学理之中。阜阳双古堆汉墓出土了太乙九宫式盘,
其式法即为了展现神性的天道在八方和中央的流行。至西汉末年,八卦
与九宫数相配,及"太一取其数以行九宫"被推展出来,这是很自然的事
情。而这一点正是《易纬·乾凿度》的贡献。据郑玄《注》,太乙下行九宫
的次序正按照从一至九的数序进行。

　　八卦九宫数对于宋代易学的影响非常深远②,宋儒十分重视《洛书》
四十五数(刘牧称为《河图》)图象,即源于此。

---

①《汉书·魏相传》。
②《云笈七签·太上老君开天经》将八卦九宫数简明地总结为"戴九履一,左三右七,二四为肩,
　六八为足,中有五龟,体成八卦",由此"戴九履一"的说法在宋代传播开来。参看张君房编
　《云笈七签》卷二,第29页,李永晟点校,北京,中华书局,2003。

三、《易纬》的哲学:乾坤说、八卦说、爻辰说和卦气说

乾坤说、八卦说、爻辰说和卦气说,也是《易纬》的重要哲学思想。相对于西汉中后期易学和汉末易学,《易纬》具有承上启下的作用。

1. 乾坤说

在《周易》中,《乾》《坤》二卦为纯阳、纯阴卦,且居于六十四卦之最前两卦。在《说卦传》中,乾坤两卦在八卦系统中的重要性是毫无疑问的,乾健坤顺,乾为天为父,坤为地为母,且震、巽、坎、离、艮、兑六子卦由乾坤两父母卦三索而来。在《系辞传》中,乾坤二卦法象天地,"天地"的自然、人文含意被赋予这两卦,并与阴阳、健顺、动静、翕辟、尊卑等观念配合起来,由此《系辞传》提出了《乾》《坤》为"《易》之蕴"和"《易》之门"的观点。《彖传》和《象传》在解释乾坤两卦时也以"天地"为基础,而《文言传》则对这两卦作了特别的引申解释。

对于《易传》的乾坤说,除了继承,《乾凿度》同时作了某些发展。这主要体现在四个方面:其一,《乾凿度》更突出了乾坤二卦对于易道的特别性和重要性。在论述"《易》一名而含三义"部分,《乾凿度》卷上最后总结道:"故《易》者,天地之道也,乾坤之德,万物之宝。"《乾》《坤》二卦作为《周易》六十四卦的代表,足见它们对于"《易》"的重要性了。其二,《乾凿度》对于乾坤与天地、阴阳的关系有更为深入的论述。除了乾象天象阳、坤象地象阴之外,《乾凿度》又说"乾坤,阴阳之主也""立乾坤以统天地也"和"乾坤者,阴阳之根本,万物之祖宗也"等,不但强化了乾坤二卦在宇宙论中的建构作用,而且将其本体化。在一定意义上说,可以将乾坤两卦看作宇宙生成的本根。在人伦世界,《乾凿度》卷上曰:"法《乾》《坤》、顺阴阳,以正君臣、父子、夫妇之义",则更应当如此。其三,《乾凿度》深入地追问和回答了"乾坤安从生"的问题,将元气宇宙论与《周易》哲学深入地结合起来,从而让乾坤二卦在诠释中获得了新的生展空间。最后,乾坤二卦在《乾凿度》的八卦说、爻辰说和卦气说中都起着重要作用。

2. 八卦说

对于《周易》八卦,《乾凿度》等从三个方面作了深入论述。其一,在继承《系辞》伏羲作八卦和太极生八卦之说的基础上,《乾凿度》从宇宙生成论的角度论述了八卦的来源,其具体过程是这样的:易本体→太极→两仪(天地)→四象(四时)→八卦。其二,《乾凿度》将八卦与九宫搭配起来,产生了所谓"太一下行八卦九宫"之说。在宋代,八卦九宫数被称为《洛书》,影响非常深远。其三,《乾凿度》建立了八卦与五行、五常、八方、十二月之间的联系,将八卦对于世界的建构能力提升到一个新的高度。《乾凿度》卷上曰:

(1) 八卦成列,天地之道立,雷风水火山泽之象定矣。其布散用事也,震生物于东方,位在二月;巽散之于东南,位在四月;离长之于南方,位在五月;坤养之于西南方,位在六月;兑收之于西方,位在八月;乾制之于西北方,位在十月;坎藏之于北方,位在十一月;艮终始之于东北方,位在十二月。八卦之气终,则四正、四维之分明。生、长、收、藏之道备,阴阳之体定,神明之德通,而万物各以其类成矣。

(2) 孔子曰:岁三百六十日而天气周。八卦用事各四十五日,方备岁焉。故艮渐正月,巽渐三月,坤渐七月,乾渐九月,而各以卦之所言为月也。乾者,天也。终而为万物始,北方万物所始也,故乾位在于十月。艮者,止物者也。故在四时之终,位在十二月。巽者,阴始顺阳者也。阳始壮于东南方,故位在四月。坤者,地之道也,形正六月。四维正纪,经纬仲序度毕矣。

(3) 是故八卦以建五气,以立五常,以之行象。

(4) 孔子曰:八卦之序成立则五气变形,故人生而应八卦之体,得五气以为五常,仁、义、礼、智、信是也。夫万物始出于震,震,东方之卦也。阳气始生受形之道也,故东方为仁。成于离,离,南方之卦也。阳得正于上,阴得正于下,尊卑之象定,礼之序也,故南方为礼。入于兑,兑,西方之卦也。阴用事而万物得其宜,义之理也,故西方为义。渐于坎,坎,北方之卦也。阴气形盛,阳气含闭,信之类也,故北方为信。夫四方之义皆统于中央,故乾、坤、艮、巽位在四维,中央所以绳四方行也,智之决也,故中央为智。故道兴于仁,立于礼,理于义,定于信,成于智。五者道德之分,天人之际也,圣人所以通天意、理人伦而明至道也。

八卦成列,与八方四时的搭配,出自《说卦传》"帝出乎震"章。《乾凿度》以此为基础,建构出一个更为开放、复杂的宇宙论系统。

上引第一、二条材料为一类,主要讲八卦气在一岁十二月的布散用事。坎离震兑四正卦与乾坤艮巽四维卦,将世界分为八方,一岁分为八节。八卦用事,起于震而终于艮,且一卦与一节对应,每卦三气、值四十五日,二十四气共值三百六十。而《乾凿度》将三月、七月、九月和正月四个月收摄于四维卦,实现了八卦与十二月的对应。需要指出,八卦气的布散用事也属于卦气说的内容。另外,八卦与地支的搭配亦见于《乾凿度》卷上:"(孔子曰)乾坤,阴阳之主也。阳始于亥,形于丑。乾位在西北,阳祖微据始也。阴始于巳,形于未,据正立位,故坤位在西南,阴之正也。君道倡始,臣道终正,是以乾位在亥,坤位在未,所以明阴阳之职,定君臣之位也。"当然,这段话仅叙述了部分八卦与地支的搭配关系。

上引第三、四条材料又为一类,其基本思想为:"八卦以建五气,以立五常,以之行象。"现将其具体内容,连同与十二月的搭配关系列表如下:

震	东方	木气	仁	二月	
巽	东南			四月	渐三月
离	南方	火气	礼	五月	
坤	西南			六月	渐七月
兑	西方	金气	义	八月	
乾	西北			十月	渐九月
坎	北方	水气	信	十一月	

艮　东北　　　　　　　十二月　渐正月
/　中央　土气　智　/

中国人很早就建立了四正四维的观念。四正卦居于四方,巽坤乾艮居于四维。而四维卦在《乾凿度》看来起着"绳约"的作用,中央土行即以之维系和裁决其他四行。同时与仁、礼、义、信相较,《乾凿度》最为重视"智"的作用,"智"居于中央位置。在当时,五常与五行的搭配有两种模式,一种以"信"居中央,在汉代典籍中常见,另外一种则以"智"居中央,在典籍中比较少见。而为何《乾凿度》在五常中最重视"智"呢? 这可能与纬书重视宇宙论,汉人普遍重视生存智慧,即重视预知吉凶祸福的思维倾向有关。进一步,《乾凿度》为何要以八卦建五气、立五常,而行之于人事呢? 这是由"兴于仁,立于礼,理于义,定于信,成于智"之"道",即由八卦五行的时空秩序来决定的。

3. 爻辰说

卦与节气相配,即为卦气说。地支与爻相配,即为爻辰说。爻辰说起源于京房的爻纳支说。它的诞生,将汉人的天道观、宇宙观从卦伸展到爻中;反过来看,爻辰说进一步强化了《周易》对于宇宙、人生的解释能力。据《史记·律书》《历书》《汉书·律历志》和郑玄、贾公彦《周礼注疏》,十二辰即由十二星次确立,而十二律则起自十二辰。[①]《乾凿度》在一段论述《周易》卦爻与大衍筮法、历日关系的文字中将六十四卦分为三十二组,每两卦一组,其法以卦当岁、爻当月、析当日。《乾凿度》卷下曰:

天道左旋,地道右迁。二卦十二爻而期一岁,【三十二而大周。】

---

① 《周礼·春官·大师》郑玄《注》曰:"黄钟,子之气也,十一月建焉,而辰在星纪。大吕,丑之气也,十二月建焉,而辰在玄枵。大簇,寅之气也,正月建焉,而辰在娵訾。应钟,亥之气也,十月建焉,而辰在析木。姑洗,辰之气也,三月建焉,而辰在大梁。南吕,酉之气也,八月建焉,而辰在寿星。蕤宾,午之气也,五月建焉,而辰在鹑首。林钟,未之气也,六月建焉,而辰在鹑火。夷则,申之气也,七月建焉,而辰在鹑尾。中吕,巳之气也,四月建焉,而辰在实沈。无射,戌之气也,九月建焉,而辰在大火。夹钟,卯之气也,二月建焉,而辰在降娄。辰与建交错贸处,如表里然,是其合也。"参看阮元校刻:《十三经注疏·周礼注疏》(清嘉庆刊本)卷二三,第1717页。

《乾》阳也,《坤》阴也,并治而交错行。《乾》贞于十一月子,左行,阳时六。《坤》贞于六月未,右行,阴时六,以奉顺成其岁。岁终,次从于《屯》《蒙》。《屯》《蒙》主岁,《屯》为阳,贞于十二月丑,其爻左行,以间时而治六辰。《蒙》为阴,贞于正月寅,其爻右行,亦间时而治六辰。岁终则从其次卦。阳卦以其辰为贞,丑与(其爻)左行,间辰而治六辰。阴卦与阳卦同位者,退一辰以为贞,其爻右行,间辰而治六辰。《泰》《否》之卦独各贞其辰,共北(比)辰左行相随也。《中孚》为阳,贞于十一月子;《小过》为阴,贞于六月未,法于《乾》《坤》。三十二岁期而周六十四卦、三百八十四爻、万一千五百二十析,复从于贞。

将六十四卦分为三十二组,每两卦一组,前一卦为阳,后一卦为阴,即《乾》卦为阳、《坤》卦为阴,《屯》卦为阳、《蒙》卦为阴,《需》卦为阳、《讼》卦为阴,乃至《既济》卦为阳、《未济》卦为阴。阳卦法天道,阴卦法地道,且"并治而交错行"。根据"天道左旋,地道右迁"及"间辰而治六辰"的原理,阳卦左行顺取纳辰,阴卦右行逆取纳辰。《乾》《坤》主岁,《乾》贞于十一月子,左行,从初至上六爻依次纳子、寅、辰、午、申、戌;据"阳起于子,阴起于午"的原理,《坤》本当贞于午,但因与《乾》九四纳辰同位,故"退一辰以为贞",即《坤》贞于六月未,从初至上六爻依次纳未、巳、卯、丑、亥、酉。《屯》《蒙》主岁,《屯》贞于十二月丑,从初至上六爻依次纳丑、卯、巳、未、酉、亥;《蒙》贞于正月寅,从初至上六爻依次纳寅、子、戌、申、午、辰。如此类推,唯《泰》《否》二卦独异①,而《中孚》《小过》"法于《乾》《坤》"。

虽然《乾凿度》的爻辰说解决了六十四卦三百八十四爻如何纳辰的问题,并将一岁之月日与大衍筮数结合了起来,但是由于它过于复杂,使用不便,因此这套象数学说难以实际应用到历法制定等具体事务上。据

---

① 《乾凿度》卷下郑玄《注》曰:"泰、否独各贞其辰,言不用卦次。泰卦当贞于戌,否当贞于亥。戌,乾体所在;亥,又坤消息之月。泰、否、乾、坤,体忝与之相乱,故避之。而各贞其辰,谓泰贞于正月,否贞于七月,六爻皆泰得否之乾,否得泰之坤。此辰左行,谓泰从正月至六月皆阳爻,否从七月至十二月皆阴爻,否泰各自相从。"

《汉书·律历志上》，刘歆的《三统历》仅采用了乾坤十二爻辰说，云：十一月，《乾》之初九，黄钟子为天统；六月，《坤》之初六，林钟丑为地统；正月，《乾》之九二，太族寅为人统。后汉郑玄即以刘歆说为基础①，大力推展乾坤十二爻辰说，建构了一个兼摄天象、人事，复杂、多层而开放的宇宙系统。

4. 卦气说

《易纬》的卦气说包括四正卦说、六日七分说、八卦卦气说和十二消息卦说等内容，它们都受到了阴阳家的深刻影响。

先看四正卦卦气说和六日七分说。二说皆源自孟喜。据前人研究，《易纬》继承或保留了孟喜的卦气说。《稽览图》卷上曰：

> 甲子卦气起《中孚》。……六日八十分之七而从，四时卦十一辰余而从。《坎》常以冬至日始效，《复》生坎七日。消息及杂卦传，相去各如《中孚》。太阴用事，如少阳卦之效也。一辰，其阴效也，尽日。太阳用事，而少阴卦之效也，一辰，其阳也，尽日。消息及四时卦，各尽其日。

卷下曰：

> 小过、蒙、益、渐、泰（寅），需、随、晋、解、大壮（卯），豫、讼、蛊、革、夬（辰），旅、师、比、小畜、乾（巳），大有、家人、井、咸、姤（午），鼎、丰、涣、履、遯（未），恒、节、同人、损、否（申），巽、萃、大畜、贲、观（酉），归妹、无妄、明夷、困、剥（戌），艮、既济、噬嗑、大过、坤（亥），未济、蹇、颐、中孚、复（子），屯、谦、睽、升、临（丑）。

> 坎（六）、震（八）、离（七）、兑（九）。

---

① 焦循说："郑康成以爻辰说《易》，本《乾凿度》，而实不同。"又说："郑氏注《乾凿度》自依纬为说，其注《易》不用《乾凿度》为爻辰之序，皆用左旋，既以诸卦之爻统于乾坤。"参看焦循《易图略》卷八《论爻辰》，皇清经解本，杨世文、李勇先、吴雨时编：《易学集成》第3卷，第2967、2969页，成都，四川大学出版社，1998。按，郑玄注《乾凿度》与注《周易》所用爻辰说不同，这是正确的；但说郑氏爻辰说本于《乾凿度》，这是不正确的。其实，郑氏爻辰说本于刘歆。

已上四卦者,四正卦,为四象。每岁十二月,每月五卦,卦六日七分,每期三百六十五日,每四分日之一。

"甲子卦气起《中孚》"中的"卦气",具体指阳气。上引卷上文字比较容易理解,其大意即见于所引卷下文字和郑玄《注》中。

关于四正卦,《通卦验》卷下在"冬至,广漠风至"至"未当至而至,人手心主脉盛,多病痈疽肿痛,应在芒种"一段文字中说:"坎、震、离、兑为之,每卦六爻,既通于四时、二十四炁;人之四支、二十四脉亦存于期。"既然四正卦二十四爻,与四时二十四气、人体之四肢二十四脉存在通应关系,那么卦气的来至,即存在一个是否当时,和对于人体、气候的影响问题。

再看八卦卦气说。对于八卦卦气说,上文已有论述,《通卦验》卷下也有论述,较为重要,现引述如下:

> 凡《易》八卦之气,验应各如其法度,则阴阳和,六律调,风雨时,五谷成熟,人民取昌,此圣帝明王所以致太平法。故设卦观象,以知有亡。夫八卦缪乱,则纲纪坏败,日月星辰失其行,阴阳不和,四时易政。八卦气不效,则灾异炁臻,八卦气应失常。夫八卦气验,常在不亡。以今入月八日不尽八日,侯诸卦炁,各以用事,时气著明而见。冬至四十五日,以次周天三百六十五日,复当卦之炁,进则先时,退则后时,皆八卦之效也。夫卦之效也,皆指时卦,当应他卦气,及至其灾,各以其冲应之,此天所以示告于人者也。

> 乾,西北也,主立冬,人定,白炁出,直乾,此正气也。气出右,万物半死;气出左,万物伤。乾气不至,则立夏有寒,伤禾稼,万物多死,人民疾疫,应在其冲。乾炁见于冬至之分,则阳炁火盛,当藏不藏,蛰虫冬行。乾为君父,为寒,为冰,为金,为玉。于是岁,则立夏蚕蛰,夏至寒,乾得坎之寒,则当夏雨雪水冰。乾炁退,伤万物。

> 坎,北方也,主冬至,夜半黑炁出,直坎,此正炁也。气出右,天下旱;气出左,涌水出。坎炁不至,则夏至大寒雨雪,涌泉出,岁多大

水,应在其冲。坎炁见立春之分,则水炁乘出,坎为沟渎,于是岁多水灾,江河决,山水涌出。坎炁退,则天下旱。

艮,东北也,主立春,鸡鸣,黄炁出,直艮,此正炁也。炁出右,万物霜;炁出左,山崩,涌水出。艮炁不至,则立秋山陵多崩,万物华实不成,五谷不入。应在其冲。艮炁见于春分之分,则万物不成。艮为山,为止;不止,则炁过山崩。艮炁退,则数有云雾霜。

震,东方也,主春分,日出,青炁出,直震,此正炁也。炁出右,万物半死;炁出左,蛟龙出。震炁不至,则岁中少雷,万物不实,人民疾热,应在其冲。震炁见立夏之分,雷炁盛,万物蒙而死不实,龙蛇数见,不云而雷,冬至乃止。震炁退,岁中少雷,万物不茂。

巽,东南也,主立夏,食时,青炁出,直巽,此正炁也。炁出右,风概木;炁出左,万物伤,人民疾湿。巽炁不至,则岁中多大风,发屋扬砂,禾稼尽卧,应在其冲。巽炁见夏至之分,则风,炁过折木。巽炁退,则盲风至,万物不成,湿伤人民。

离,南方也,主夏至,日中,赤炁出,直离,此正炁也。炁出右,万物半死;炁出左,赤地千里。离炁不至,则无日光,五谷不荣,人民病目痛,冬无冰,应在其冲。离炁见于立秋之分,兵起。离炁退,则其岁日无光,阴必害之。

坤,西南也,主立秋,晡时,黄炁出,直坤,此正炁也。炁出右,万物半死;炁出左,地动。坤炁不至,则万物不茂,地数震,牛羊多死,应在其冲。坤炁见于秋分之分,则其岁地动摇,江河水乍存乍亡。坤炁退,则地分裂,水泉不泯。

兑,西方也,主秋分日,白炁出,直兑,此正炁也。炁出右,万物不生;炁出左,则虎害人。兑炁不至,则岁中多霜,草木枯落,人民疥瘤,应在其冲。兑炁见于立冬之分,则万物不成,虎狼为灾,在泽中。兑炁退,则泽枯,万物不成。

最后看十二消息卦说。十二消息卦说,亦由孟喜发明,《易纬》作了继承，同时有所发展，综合了新内容。《乾凿度》卷下将十二消息卦应用于"录图受命"之说，形成了一种历史哲学和所谓体表之说，而这两点是孟喜卦气说所无的。《乾凿度》卷下以 31920 岁为一个时间单位，其间"录图受命，易姓四十二纪"。所谓"四十二纪"，乃消息卦三复之为三十六，与六子之和。《乾凿度》卷下曰："消息卦纯者为帝，不纯者为王，六子上不及帝，下有过王。"由此，"异姓四十二纪"可分为圣、庸、君子、小人之世。继之，《乾凿度》卷下对于十二消息卦所值的圣王之世还作了具体划分，云：《乾》三十二世消，《坤》三十六世消，《复》十八世消，《临》十二世消，《泰》三十世消，《大壮》二十四世消，《夬》三十二世消，《姤》一世消，《遁》一世消，《否》十世消，《观》二十世消，《剥》十二世消。此十二卦共值二百二十八世，俱为圣王之世，其中《乾》《坤》所值六十八世为"至德之世"。《乾凿度》对于宋儒邵雍的历史哲学产生了重要影响。

关于体表说（即十二消息卦为人体某部位的表征），《乾凿度》卷下有"《复》，表日角""《临》，表龙颜"等文句，可以参看。

在《通卦验》卷下"春三月，候卦气"至"下阳应上阴，九其阳，六其阴"一段文字中，作者又论述了"消息之候"的问题。郑玄《注》曰："上既著八卦气之得失，此又重以消息之候，所以详易道天气。"其实，郑《注》也只是通言诸种卦气说。《通卦验》一书就是为了推明四正卦说、八卦气、十二消息卦气、六十卦气说的得失，进而阐明易道之天气问题。难能可贵的是，《通卦验》充分吸收了当时的天文学成果，而明确指出，一岁之四时、八节、十二度、二十四节气划分的终极根据在于"日"的南北移动。《通卦验》卷下曰："故日者，众阳之精也，天所以照四方，因以立定二十四炁，始于冬至，终于大雪，周天三百六十五日。"节气来源于寒热，寒热来源于阴阳消息，阴阳消息来源于发光发热的"日"。正是"日"从夏至到冬至的南北移动，造成了所谓四时、八节、十二度和二十四节的划分。

另外，在《稽览图》卷上，作者又提出了卦气寒温灾异之说，这是比较特别的。《稽览图》云六十四卦气（其中有消息卦与杂卦之分，且消息卦为主，杂卦为辅）有寒温清浊之分，"诸卦气，温寒清浊，各如其所"，否则就会出现各种灾异、怪乱的现象；人之形体当与之相应，"凡形体不相应，皆有其事而不成也；其在位者，有德而不行也"。

总之，卦气说乃《易纬》哲学的重要内容，它是汉代天人感应之学和当时天道观的重要组成部分，富有浓厚的时代特色和带有鲜明的农业文明印记。另外，汉代是二十四气说逐渐产生影响并深入人心，从而直接影响人的生活世界的时代。在这种情况下，经师们积极建构和完善卦气说，这是完全可以理解的。

第八章　刘向、刘歆的哲学思想

第一节　刘向、刘歆简介

　　刘向、刘歆父子是西汉历史上的著名经学家、文献学家和文学家。刘向(前79—前8),字子政,原名更生,汉高祖少弟楚元王刘交四世孙。父名刘德,"修黄、老术,有智略"①,宣帝地节年间封为阳城侯。刘向十二岁即出仕;在宣帝五凤、甘露年间,"会初立《穀梁春秋》,征更生受《穀梁》,讲论《五经》于石渠"②。元帝时期,刘向参与了激烈的宫廷斗争。成帝建始元年(前32),刘向更名向,字子政,迁为光禄大夫。成帝河平三年(前26),征召校书,《汉书·成帝纪》曰:"光禄大夫刘向校中秘书。"《汉书·楚元王传》曰:"诏向领校中《五经》秘书。"《汉书·艺文志》曰:"至成帝时,以书颇散亡,使谒者陈农求遗书于天下。诏光禄大夫刘向校经传诸子诗赋,步兵校尉任宏校兵书,太史令尹咸校数术,侍医李柱国校方技。每一书已,向辄条其篇目,撮其指意,录而奏之。会向卒,哀帝复使向子侍中奉车都尉歆卒父业。"校书是一件大事,对于先秦至西汉典籍的整理和保存起到了巨大作用。据《汉书·艺文志》,

---

①②《汉书·楚元王传》。

刘向撰有《五行传记》《新序》《说苑》等书,《五行传记》又名《洪范五行传论》。《汉书·五行志》大量引用了刘向的《洪范五行传论》,此书清人有辑佚。

刘歆(前50—23),字子骏;建平元年(前6)改名秀,字颖叔,刘向少子。据《汉书·楚元王传》,刘歆"少以通《诗》《书》能属文召见成帝……为黄门郎";成帝河平年间,"受诏与父向领校秘书";哀帝初年,为侍中奉车都尉等职,"复领《五经》,卒父前业","歆乃集《六艺》群书,种别为《七略》";王莽篡位后,刘歆为国师。刘歆的学术贡献,主要表现在三个方面:(1)在刘向《别录》的基础上,刘歆修订完成了《七略》一书。《七略》即《辑略》《六艺略》《诸子略》《诗赋略》《兵数略》《术数略》和《方技略》。《汉书·艺文志》即据《七略》删裁而成,班固曰"今删其要,以备篇籍"①是也。(2)刘向习《穀梁春秋》,刘歆则喜好《左氏春秋》等古文经。《楚元王传》曰:"及歆亲近,欲建立《左氏春秋》及《毛诗》《逸礼》《古文尚书》皆列于学官。"刘歆作《移让太常博士书》,开启了经今古文学之争,影响深远。(3)在王莽摄政时期,刘歆以刘向《五纪论》为基础,进一步"考定律历,著《三统历谱》"②。《三统历谱》大概是世界上最早的天文年历雏形。

刘向、刘歆父子的学术贡献,《汉书·楚元王传》作了很好的概括,曰:"刘氏《洪范论》发明《大传》,著天人之应;《七略》剖判艺文,总百家之绪;《三统历谱》考步日月五星之度,有意其推本之也。"从哲学的角度看,刘向、刘歆的五行灾异说、德运观、与制定《三统历》相关的天道观和别诸子为九流等思想颇为重要。③ 此外,刘向的性情说和政治思想也值得注意。

---

① 《汉书·艺文志》。
② 《汉书·楚元王传》。
③ 诸子分为九流之说,出自刘向,而非班固新说。班固在《汉书·叙传》中说:"刘向司籍,九流以别。"

第二节 刘向、刘歆的五行灾异说和新德运观

《洪范》是一篇非常重要的文献，乃《尚书》在汉代最盛行的篇目。而《洪范五行传》既依之衍生，又与之相互助长，影响深远。刘向、刘歆父子都撰有《洪范五行传论》，是对《洪范五行传》更进一步的解释，后来它们都构成了班固《汉书·五行志》的重要内容。

一、《洪范五行传论》与《汉书·五行志》

刘向、刘歆的灾异说，以《尚书·洪范》的五行论为基础。汉代中期，灾异说经历了从阴阳灾异说转向五行灾异说的变化。《汉书·楚元王传》曰："向见《尚书·洪范》箕子为武王陈五行阴阳休咎之应，向乃集合上古以来历春秋六国至秦汉符瑞灾异之记，推迹行事，连传祸福，著其占验，比类相从，各有条目，凡十一篇，号曰《洪范五行传论》，奏之。"刘向编撰的《洪范五行传论》是以《洪范五行传》为前提的，参看《汉书·眭两夏侯京翼李传》《五行志中之上》。《洪范五行传》，旧说以为伏生所作，不过有学者认为出自夏侯始昌之手。① 夏侯始昌，鲁人，武帝时期经学家。《汉书·五行志中之上》曰："孝武时，夏侯始昌通《五经》，善推《五行传》，以传族子夏侯胜，下及许商，皆以教所贤弟子。其传与刘向同，唯刘歆传独异。"这说明刘向所传与夏侯胜、许商相同，其《洪范五行传论》均出自夏侯始昌一系。刘歆亦有《洪范五行传论》，不过其所传者"独异"②，在解说上作了较大的改变。

---

① 旧说一般认为《洪范五行传》出自伏生的手笔，但今天，有多位学者认为它是由夏侯始昌撰作的。参看缪凤林《洪范五行传出伏生辨》，转见蒋善国：《尚书综述》，第113—114页，上海，上海古籍出版社，1998；徐复观：《徐复观论经学史二种》，第96—99页，上海，上海书店，2002；徐兴无：《刘向评传》，第288—290页，南京，南京大学出版社，2005。《洪范五行传》是否原为夏侯始昌本人所作，在笔者看来，尚值得讨论。《汉书·五行志》云夏侯始昌"善推《五行传》"，据此，《五行传》应当作于此前。不管怎样，夏侯始昌很可能对西汉中后期诸家所传《五行传》定本的形成起了重要作用。

② 《汉书·五行志中之上》。

《汉书·艺文志》载"刘向《五行传记》十一卷","许商《五行传记》一篇"。《艺文志》所载刘向《五行传记》,即《楚元王传》所谓《洪范五行传论》十一篇。刘向等人的《五行传论》,早已散佚不存,所幸班固在《汉书·五行志》中做了大量引用。《汉书·五行志上》曰:

> 汉兴,承秦灭学之后,景武之世,董仲舒治《公羊春秋》,始推阴阳,为儒者宗。宣元之后,刘向治《穀梁春秋》,数其祸福,传(傅,附也)以《洪范》,与仲舒错。至向子歆治《左氏传》,其《春秋》意亦已乖矣,言《五行传》又颇不同。是以揽(擥,引取之也)仲舒,别向、歆,传(傅)载眭孟、夏侯胜、京房、谷永、李寻之徒,所陈行事,讫于王莽,举十二世,以傅《春秋》,著于篇。

《五行志》的相关引用,显然以董仲舒、刘向和刘歆三家为主:董仲舒"始推阴阳",以《公羊春秋》为主要经典;刘向继之,以《穀梁春秋》为主要经典,并以《尚书·洪范》附之,着重阐扬天人感应的五行灾异说;刘歆以《左氏传》为主要经典,不过在班固看来,其所说《春秋》意"亦已乖",言《五行传》"又颇不同"。《宋书·五行志》曰:"刘向广演《洪范》,休咎之文益备。"《隋书·经籍志》曰:"济南伏生之《传》,唯刘向父子所著《五行传》是其本法。"除"揽(擥)仲舒,别向、歆"外,班固又附载眭孟、夏侯胜、京房、谷永、李寻等大师之说,并采摘下讫王莽之行事以附著于《春秋》,如此构筑了《五行志》文本的基本框架。

所谓《洪范五行传》,其实就是对《尚书·洪范》数段经文的阴阳灾异化的解释。《汉书·五行志》大体上由《经》《传》《说》和《行事》四个部分构成。《经》即《洪范》两段文本,《传》即夏侯始昌所传之《洪范五行传》,《说》以综述董仲舒以下西汉京师们的正统通说为主,《行事》则以《春秋经》为纲,并附著下讫王莽的诸灾异事件,同时抄录西汉京师们的不同解说。从《五行志》来看,《经》的部分,刘向、歆父子二人所传所录者基本上是相同的,而在《传》的部分,刘歆作了一定程度的改作;在《说》的部分,二人"颇不同";在《行事》的部分,二人相差就更大了。

二、《汉书·五行志》所录《洪范·五行》经传及其问题

《汉书·五行志》所录《洪范·五行》经传，其文本及其次序如下：

（1）经曰："初一曰五行。五行：一曰水，二曰火，三曰木，四曰金，五曰土。水曰润下，火曰炎上，木曰曲直，金曰从革，土爰稼穑。"

传曰："田猎不宿，饮食不享，出入不节，夺民农时，及有奸谋，则木不曲直。"

传曰："弃法律，逐功臣，杀太子，以妾为妻，则火不炎上。"

传曰："治宫室，饰台榭，内淫乱，犯亲戚，侮父兄，则稼穑不成。"

传曰："好战攻，轻百姓，饰城郭，侵边境，则金不从革。"

传曰："简宗庙，不祷祠，废祭祀，逆天时，则水不润下。"

（2）经曰："羞用五事。五事：一曰貌，二曰言，三曰视，四曰听，五曰思。貌曰恭，言曰从，视曰明，听曰聪，思曰睿。恭作肃，从作乂，明作悊，聪作谋，睿作圣。休征：曰肃，时雨若；乂，时旸若；悊，时奥若；谋，时寒若；圣，时风若。咎征：曰狂，恒雨若；僭，恒旸若；舒，恒奥若；急，恒寒若；霿，恒风若。"

传曰："貌之不恭，是谓不肃，厥咎狂，厥罚恒雨，厥极（殛）恶。时则有服妖，时则有龟孽，时则有鸡祸，时则有下体生上之痾，时则有青眚青祥。唯金沴木。"

传曰："言之不从，是谓不乂，厥咎僭，厥罚恒旸，厥极（殛）忧。时则有诗妖，时则有介虫之孽，时则有犬祸。时则有口舌之痾，时则有白眚白祥。惟木沴金。"

传曰："视之不明，是谓不悊，厥咎舒，厥罚恒奥，厥极（殛）疾。时则有草妖，时则有嬴虫之孽，时则有羊祸，时则有目痾，时则有赤眚赤祥。惟水沴火。"

传曰："听之不聪，是谓不谋，厥咎急，厥罚恒寒，厥极（殛）贫。时则有鼓妖，时则有鱼孽，时则有豕祸，时则有耳痾，时则有黑眚黑

祥。惟火沴水。"

传曰："思心之不睿,是谓不圣,厥咎霿,厥罚恒风,厥极(殛)凶短折。时则有脂夜之妖,时则有华孽,时则有牛祸,时则有心腹之痌,时则有黄眚黄祥,时则有金木水火沴土。"

(3)〔经曰："皇极,皇建其有极。"〕①

传曰："皇之不极,是谓不建,厥咎眊,厥罚恒阴,厥极(殛)弱。时则有射妖,时则有龙蛇之孽,时则有马祸,时则有下人伐上之痌,时则有日月乱行,星辰逆行。"

上述第二段引文中的经文,乃《洪范》篇"五事""五征"两处文本的抄录。除此之外,《传》文还暗中采用了《经》的另一段文字:"六极(殛):一曰凶短折,二曰疾,三曰忧,四曰贫,五曰恶,六曰弱。"这里,还需要指出,既然《洪范五行传》以"五行"为称,则其所据经文当然是那些能与"五行"相匹配的文本,而不必是对整个《洪范》文本的解释。②

《经》所谓"五行"乃天道之本,而《传》则以人事灾异附之,五行与五事之间有相配关系,盖天道为本,人事为用也。《洪范》"五行"水、火、木、金、土五者,在春秋后期与五方、四时相配,并依经文的本来顺序而自然地配上一、二、三、四、五之数,后人更谓之为生数,即"水,北、冬、一""火,南、夏、二""木,东、春、三""金,西、秋、四""土,中、五"是也。而在解释的时候,从所引《五行志》文本来看,《传》采用了木、火、土、金、水五行相生的顺序,这与《经》文原本的次序不合。依常理来看,《传》既然是用来解《经》的,那么它应当遵循经文原有的次序。今《五行志》所载《传》文的次序不同于《经》文,表明这有可能是由刘向更改所致的,而未必始自伏生或夏侯始昌。而刘向、刘歆父子以五行相生为基础建构的新德运说,即可为其证。

《五行志》所录《经》《传》,由"五行"而"五事",由"五事"而"皇极"。"五行""五事"在《传》文中依相生顺序而排列,然而问题在于《五行传》为

---

① 《汉书·五行志》原无此"经曰"句,今据《汉书·谷永杜邺传》补。
② 《洪范五行传》文字,参看清人陈寿祺辑《尚书大传·洪范五行传》,四部丛刊本。

何要将"皇极"一段经文抄出,加以解释,看作一个必要的组成部分? 这是因为"五行""五事"与"五官"相配,代表五时之运,而"皇极"则与皇帝、王道相配。《汉书·律历志上》曰:"其于人,皇极统三德五事。"《汉书·匡张孔马传》曰:"《书》曰'羞用五事''建用皇极'。如貌、言、视、听、思失,大中之道不立,则咎征荐臻,六极屡降。皇之不极,是为大中不立,其《传》曰'时则有日月乱行',谓朓、侧匿,甚则薄蚀是也。"《汉书·外戚传下》曰:"皇极者,王气之极也。"皆可为证。"皇极"训为"大中",大中之道即为王道。显然,"皇极"的原则超越于"五行""五事"之上,而成为它们的根据。因此,《五行传》必将《洪范》"皇极"一段文字抄录出来以作为解说的依据。

三、刘向、刘歆的新德运观及二人在《五行传论》上的差别

1. 刘向、刘歆的新德运观

班固《汉书·郊祀志赞》曰:

> 汉兴之初,庶事草创,唯一叔孙生略定朝廷之仪。若乃正朔、服色、郊望之事,数世犹未章焉。至于孝文,始以夏郊,而张仓据水德,公孙臣、贾谊更以为土德,卒不能明。孝武之世,文章为盛,太初改制,而兒宽、司马迁等犹从臣、谊之言,服色数度,遂顺黄德。彼以五德之传从所不胜,秦在水德,故谓汉据土而克之。刘向父子以为帝出于《震》,故包羲氏始受木德,其后以母传子,终而复始,自神农、黄帝下历唐虞三代而汉得火焉。故高祖始起,神母夜号,著赤帝之符,旗章遂赤,自得天统矣。昔共工氏以水德间于木火,与秦同运,非其次序,故皆不永。由是言之,祖宗之制盖有自然之应,顺时宜矣。究观方士祠官之变,谷永之言,不亦正乎! 不亦正乎!

据《郊祀志赞》,汉代的德运说在士大夫阶层发生了多次更变。在文帝时期,张仓以为汉得水德,贾谊、公孙臣则欲更之以土德,然而直到武帝太初元年(前104),西汉才真正实行土德说,兒宽、司马迁等都赞成汉得土德说。公孙臣、贾谊认为汉代得土德,承认了秦朝政权在王朝更迭历史上

的合法性和正统性。秦始皇根据邹衍从所不胜的五德终始说,认为秦得水德;而汉人如果承认秦朝在历史上的合法性,那么根据从所不胜的法则,汉应该得土德。自从武帝确认汉为土德之后,土德说一直实行到西汉终结。在成帝时期,刘向提出了新的德运观,刘歆作了继承,具体参看《汉书·律历志》。刘向、刘歆的新德运观乃根据五行相生原理,认为五德之运的顺序为木德→火德→土德→金德→水德→木德,而王朝受命的历史即依此次序循环。根据《汉书·律历志》,刘向、刘歆父子的新德运观具体是这样的:根据《易传·说卦传》"帝出乎《震》",刘向认为帝太昊伏羲氏始受木德(《震》居东方为春木),炎帝神农氏受火德,黄帝轩辕氏受土德,少昊帝金天氏受金德,颛顼帝高阳氏受水德,帝喾高辛氏受木德,帝尧陶唐氏受火德,帝舜有虞氏受土德,伯禹夏后氏受金德,殷受水德,周受木德。

刘向、刘向德运观的新内容主要体现在两个方面,一个是德运次序原理以"相生"取代"从所不胜",即所谓"以母传子",这符合儒家的生生观念,让历史哲学带上了价值色彩。另一个是将三皇五帝三王纳入新德运观中,以儒家正统化的帝王观念来否定秦始皇的历史价值,否定其合法性,排斥其正统性。秦朝是否真正受命,是否居于历史的正统位置?刘向曰:"昔共工氏以水德间于木、火,与秦同运,非其次序,故皆不永。"[1]认为秦朝"非其次",故仅给予秦朝一个非常尴尬的位置。

根据新德运观,刘向、刘歆认为汉为火德。《汉书·高帝纪赞》曰:"刘向云战国时刘氏自秦获于魏。秦灭魏,迁大梁,都于丰,故周市说雍齿曰:'丰,故梁徙也。'是以颂高祖云:'汉帝本系,出自唐帝。降及于周,在秦作刘。涉魏而东,遂为丰公。'丰公,盖太上皇父。其迁日浅,坟墓在丰鲜焉。及高祖即位,置祠祀官,则有秦、晋、梁、荆之巫,世祠天地,缀之以祀,岂不信哉!由是推之,汉承尧运,德祚已盛,断蛇著符,旗帜上赤,协于火德,自然之应,得天统矣。"刘向考"汉帝本系,出自陶唐",由此推出"汉承尧运"。除了帝系的血缘关联外,刘向将"断蛇著符,旗帜上赤"

---

[1]《汉书·郊祀志赞》。

作为"协于火德"的符瑞来论证汉朝受命的历史合法性问题。综合考虑，刘向、刘歆的新德运观更符合汉人的经学观、历史观及其相应的意识形态；而且，经过刘向之手，在考据上也似乎显得更客观、有效，从而汉得火德在知识论上也充满了优越性。

总之，张苍所谓汉得水德之说无法区别秦汉两朝，不能满足新王朝（汉）应得"新命"的传统观念。而汉初士大夫在反思秦亡的过程中一直力图区别秦汉两朝，在否定暴秦的同时希望汉朝能够达到"永命"的目的。这两重原因决定了张苍的水德说最终会被汉人抛弃。公孙弘、贾谊认为汉得土德，这不仅肯定了汉朝受命的合法性，而且也肯定了秦朝的历史合法性。这一观念虽然得到了武帝的包容和肯定，但是终究因其与汉代否定秦朝之历史正统的观念相违，特别是与经学家的正统观念相抵牾，因此遭到了刘向等人的直接怀疑。刘向父子提出的新德运观，包含了多方面的考虑，符合汉人的历史观及对历史的理解[①]，故在汉代后期成为共识，乃至最终被王莽和光武帝相继采用。据《郊祀志》颜师古《注》引邓展曰："向父子虽有此议，时不施行。"汉家真正实行火德，乃是在光武建武二年(26)，《后汉书·光武帝纪》曰："（二年春）壬子，起高庙，建社稷于洛阳，立郊兆于城南，始正火德，色尚赤。"

2. 刘向、刘歆《五行传论》及其所据《传》之差别

回头再看刘向、刘歆父子所据《五行传》之不同及二人说解"颇不同"的情况。《汉书·五行志》曰：

（1）庶征之恒雨，刘歆以为《春秋》大雨也，刘向以为大水。

[①] 具体说来，刘向的新德运观涉及如下因素：(1) 自司马迁之后，统一的中华古史传说观已经形成，且据刘向的考证，"汉帝本系，出自陶唐"；(2) 阴阳灾异说日渐兴隆并弥漫于宫廷和私家生活之中，高祖始起，"著赤帝之符"，这在德运观中需要得到照应；(3) 经学日益发达并形成相互关联的整体，刘向所谓伏羲氏受木德，即取自《说卦传》"帝出于《震》"；(4) 历法的日益完善并面临统一的任务，这表现在三统说上面。这些因素，在当时，作为刘向提出新德运观的前提条件而存在着。(5) 此外，刘向父子均是经学大师，儒家经学及文化的阐扬者，而整个西汉朝廷又以孝文化著称，于是面对子克母的旧五行德运观，他们实有作根本性改变的必要，由"子克母"转变为"母传子"，即由"相胜"转变为以"相生"为原理的德运观。

（2）庶征之恒阳，刘向以为《春秋》大旱也。其夏旱雩祀，谓之大雩。不伤二谷，谓之不雨。

（3）庶征之恒奥，刘向以为《春秋》亡冰也。小奥不书，无冰然后书，举其大者也。

（4）刘歆《听传》曰"有介虫孽也"，庶征之恒寒。刘向以为《春秋》无其应，周之末世舒缓微弱，政在臣下，奥暖而已，故籍秦以为验。

（5）刘歆《思心传》曰"时则有蠃虫之孽"，谓螟螣之属也。庶征之常风，刘向以为《春秋》无其应。

（6）刘歆《皇极传》曰"有下体生上之痾"，说以为下人伐上，天诛已成，不得复为痾云。皇极之常阴，刘向以为《春秋》亡其应；一曰，久阴不雨是也；刘歆以为自属常阴。

从上引六条解说可以看出，刘向、刘歆父子言灾异确实"颇不同"。不仅如此，而且在《行事》部分，刘向歆父子的解释差异就更多和更大了。除此之外，《行事》部分还采录了当时众多经学家的解释，其异同在此得到了具体展现。值得注意的是，刘向的解释更为靠近董仲舒，而刘歆的解释则与众人多异。具体情况，参看《汉书·五行志》，今不赘述。

从上引《五行志》原文来看，班固之所以说刘歆所传《五行传》"独异"，是因为一者，他对传统的《五行传》重新作了结构性的划分，并分别命名为所谓《貌传》《言传》《视传》《听传》《思心传》和《皇极传》。刘歆"《听传》""《思心传》"和"《皇极传》"的名称，已见上引文。"《貌传》"和"《言传》"则见于《汉书·五行志中之上》，"《视传》"见于同书《五行志中之下》。二者，刘歆所传之《传》文，确实多有不同于乃父（刘向所传《五行传》文字同于夏侯胜、许商等经师）之处。例如《五行传》本曰"时则有龟孽，时则有鸡祸，时则有下体生上之痾"，刘歆《貌传》则改作"有鳞虫之孽，羊祸，鼻痾"，并申述其改作的理由曰："说以为于天文东方辰为龙星，故为鳞虫；于《易》，《兑》为羊，木为金所病，故致羊祸，与常雨同应。"又如

《五行传》本曰"时则有介虫之孽",刘歆《言传》则改作"时有毛虫之孽",并申述其改作的理由曰:"说以为于天文西方参为虎星,故为毛虫。"再如《五行传》本曰"时则有嬴虫之孽,时则有羊祸",刘歆《视传》则改作"有羽虫之孽,鸡祸",并申述其改作的理由曰:"说以为于天文南方喙为鸟星,故为羽虫;祸亦从羽,故为鸡;鸡于《易》自在《巽》。"例四,《五行传》本曰"时则有下人伐上之痾",刘歆《皇极传》改作"有下体生上之痾",并申述其改作的理由曰:"说以为下人伐上,天诛已成,不得复为痾云。"不过,对于这些改作及其申述的理由,班固多以"此说非是""说非是"予以呵斥或否定。

进一步,从班固《五行志》来看,刘歆《洪范五行传论》前当有一个类似《序》的导言,用以说明《洪范》"九畴"及《五行传》所由作的理论因缘,对传统的《河图》《雒书》提出了具体的解释。而这一点,在刘向的《五行传论》中当是没有的。《汉书·五行志》开篇即曰:

> 《易》曰:"天垂象,见吉凶,圣人象之;河出图,雒出书,圣人则之。"刘歆以为虑羲氏继天而王,受《河图》,则而画之,八卦是也;禹治洪水,赐《雒书》,法而陈之,《洪范》是也。……圣人行其道而宝其真。降及于殷,箕子在父师位而典之。周既克殷,以箕子归,武王亲虚己而问焉。故经曰:"惟十有三祀,王访于箕子,王乃言曰:'乌呼,箕子!惟天阴骘下民,相协厥居,我不知其彝伦迪叙。'箕子乃言曰:'我闻在昔,鲧陻洪水,汨陈其五行,帝乃震怒,弗畀《洪范》九畴,彝伦迪斁。鲧则殛死,禹乃嗣兴,天乃锡禹《洪范》九畴,彝伦迪叙。'"此武王问《雒书》于箕子,箕子对禹得《雒书》之意也。"初一曰五行;次二曰羞用五事;次三曰农用八政;次四曰叶用五纪;次五曰建用皇极;次六曰艾用三德;次七曰明用稽疑;次八曰念用庶征;次九曰向用五福,畏用六极。"凡此六十五字,皆《雒书》本文,所谓天乃锡禹大法九章,常事所次者也。以为《河图》《洛书》相为经纬,八卦、九章相为表里。昔殷道弛,文王演《周易》;周道敝,孔子述《春秋》。则《乾》

《坤》之阴阳，效《洪范》之咎征，天人之道粲然著矣。

这段话，乃班固概括刘歆《五行传论》的相关文字而来。其中，《易》曰"天垂象"一段数句，出自《周易·系辞上》。《河图》《雒书》本系古人悬案，但也是自上古以来圣圣相传的两种瑞应符箓，孔子即曾曰"凤鸟不至，河不出图，吾已矣乎！"汉人对于《河图》《雒书》到底为何物，在当时的文化氛围中，乃是一个必须严加追究的问题。刘歆予以指实，根据《易传》和《尚书》，他认为八卦是伏羲受《河图》则而画之的结果，《洪范》则是禹受赐《雒书》法而陈之的结果。也可以反过来说，他认为《河图》即是指八卦，《雒书》即是指《尚书·洪范》。进一步，刘歆根据《洪范》开篇一段文字，指明"禹得《雒书》之意"，即通过受赐洪范九畴来使天下实现从"彝伦逌斁"到"彝伦逌叙"的理想状态。刘歆还说，《洪范》"初一曰五行"以下六十五字，"皆《雒书》本文"。刘歆之所以作如此论说，无非是为了在与当时流行的谶纬思潮相应和的同时强化《洪范五行传》的神圣性。而刘歆本人（及前人）之所以要作《洪范五行传论》，在他看来，乃是为了"则《乾》《坤》之阴阳，效《洪范》之咎征，天人之道粲然著矣"。

最后，需要指出，无论是刘向还是刘歆，其《洪范五行传论》虽然以《洪范五行传》为纲，以《春秋》所列及下至王莽时期诸行事为纬，但是在具体的解释过程中，二人运用了丰富的易学知识，易学在其中具有方法论的意义。《汉书·楚元王传》即曰"歆及向始皆治《易》"，易学对于刘向、刘歆父子确实产生了深远且重大的影响。[①] 而在《洪范》经的原理性作用下，以《易》解释《春秋》经文及其灾异现象，这是刘向、刘歆父子《洪范五行传论》的一个重要解释特征。

总之，《汉书·五行志》所录《五行传》文本按照木、火、土、金、水的相生次序排列，与刘向的新德运观一致，这应当出自刘向的调整。而刘歆对于《洪范五行传》文本作了多方面的改变，这体现了他在经学和灾异说

[①] 刘向、刘歆父子的易学思想，可参看郑万耕《刘向、刘歆父子的易说》(《周易研究》2004 年第 2 期，第 3—12 页)等文。

上的新看法。他与其父刘向在相关论证中都非常重视《周易》的原理
作用。

第三节　从《汉书·律历志》论刘歆的天道观

律历,是汉人天道观的重要组成部分。汉人论律历,始于张苍,中经
司马迁、刘向等人的推衍,至刘歆总其大成。《史记》分《律书》和《历书》
为二,《汉书》合二为一,名为《律历志》。《汉书·律历志》继承了《史记·
律书》《史记·历书》的许多内容,但是从形成过程来看,班固基本上是通
过抄录刘歆的著作来完成的,所谓"删其伪辞,取正义著于篇"及"(刘歆)
作《三统历》及《谱》以说《春秋》,推法密要,故述焉"[①]是也。因此《汉书·
律历志》大体上可以直接看作研究刘歆思想的材料。需要指出,《三统
历》及《谱》的制定不过是"向子歆究其微眇"的结果。据《汉书·律历志
上》,刘向在成帝时期"总《六历》,列是非,作《五纪论》",很可能《五纪论》
奠定了《三统历》的理论基础。从这一点看,《汉书·律历志》所说刘歆的
天道观,很可能也是刘向的天道观。

司马迁在《律书》开篇说:"王者制事立法,物度轨则,壹禀于六律,六
律为万事根本焉。"在《历书》中,他说:"王者易姓受命,必慎始初,改正
朔,易服色,推本天元,顺承厥意。"这些看法都是汉人的通识,刘歆无疑
作了继承。不过,与司马迁相较,刘歆更为重视"数"的观念,将其提升到
哲学高度上。不仅如此,刘歆的律历论在解释上具有综合的特征,以
《易》《春秋》《尚书》等作为根本经典依据,以及将太极元气、阴阳五行观
念作为基本解释理论。概括来说,《汉书·律历志》所反映的刘歆哲学思
想可以概括为如下。

一、数者,所以算数事物,顺性命之理也

在《律历志》中,刘歆提出了"数者,所以算数事物,顺性命之理也"的

---

① 《汉书·律历志上》。

看法,深化了人们对于"数"的存在本性的认识,意识到"数"是人用来规范宇宙万物(包括人)的一种普遍存在。不过,也可以说,客观事物因其本有"数"在,而人乃得以"数"数之。《汉书·律历志上》曰:

> 数者,一、十、百、千、万也,所以算数事物,顺性命之理也。《书》曰:"先其算命。"本起于黄钟之数,始于一而三之,三三积之,历十二辰之数,十有七万七千一百四十七,而五数备矣。其算法用竹,径一分,长六寸,二百七十一枚而成六觚,为一握。径象《乾》律黄钟之一,而长象《坤》吕林钟之长。其数以《易》大衍之数五十,其用四十九,成阳六爻,得周流六虚之象也。夫推历生律制器,规圜矩方,权重衡平,准绳嘉量,探赜索隐,钩深至远,莫不用焉。度长短者不失毫氂,量多少者不失圭撮,权轻重者不失黍絫。纪于一,协于十,长于百,大于千,衍于万,其法在算术。宣于天下,小学是则。职在太史,羲和掌之。

"数"是一种普遍性的规范,一、十、百、千、万乃数量单位,但是这不是说"数"完全是一种人为的、主观的产物,刘歆认为它也是"顺性命之理"的结果。"理",条理、准则。事物不同,其性命之理不同;即使是同一事物,在生死成毁或不同的存在状态中,其数也是不同或变化着的。作为《五经》之首的《周易》,刘歆也着重从"数"的关联及《易》生于数的观念反复作了论说。刘歆的这一认识,显然超越了《史记·律书》"六律为万事根本"的说法。由此而下,刘歆说"(数)本起于黄钟之数"云云——这才是对司马迁说法的继承。而"本起于黄钟之数"同"六律为万事根本"一样,都指明了人类发明和使用"数"的宇宙论根源。具体说来,在汉人的思想世界中,万数都应当返回到具有强烈的宇宙生成论背景的律吕之数上来加以理解和把握。以"数"为基础,刘歆将五声、度量衡、三统三正,乃至历数都关联起来了。

二、天地之数、中数、九六之数与三统说

刘歆的三统说在内容上比较复杂和庞大。毫无疑问,他高度重视

"数"的观念。总的看来,其论述"数"的起源及其推演过程具有浓厚的经典论证色彩,将《周易》等经典(《五经》)看作最为重要、最为可靠的理论依据。一方面,三统说来源于"数"的推演,这其中包括三律数、历数、五位相合数、中数、大衍之数和天地之数等;另一方面,在理论上它又包括五声、十二律吕、阴阳五行和太极元气等内容。

首先,刘歆认为包括律历数在内的万数,皆本源于天地之数或大衍之数。"天地之数"的说法本于《周易·系辞上》,即所谓天一地二,天三地四,天五地六,天七地八,天九地十。天地之数各有五个,各自相加,"天数二十有五","地数三十",《系辞上》并说:"凡天地之数五十有五,此所以成变化而行鬼神也。"刘歆对这段话深信不疑,将其看作五声六律和历数之本数,他认为"天地之数"已包含了黄钟、林钟之数,而人"继天顺地,序气成物""终天地之功",由之可得太族之数。在天地之数中,刘歆又最重"中数"。所谓中数,指天数"五"和地数"六"。《汉书·律历志上》曰:

(1) 天之中数五,五为声,声上宫,五声莫大焉。地之中数六,六为律,律有形有色,色上黄,五色莫盛焉。

(2) 天之中数五,地之中数六,而二者为合。六为虚,五为声,周流于六虚。虚者,爻律夫阴阳,登降运行,列为十二,而律吕和矣。太极元气,函三为一。极,中也。元,始也。行于十二辰,始动于子。参之于丑,得三。又参之于寅,得九。……又参之于亥,得十七万七千一百四十七。此阴阳合德,气钟于子,化生万物者也。故孳萌于子,纽牙于丑,引达于寅,冒茆于卯,振美于辰,已盛于巳,咢布于午,昧薆于未,申坚于申,留孰于酉,毕入于戌,该阂于亥。出甲于甲,奋轧于乙,明炳于丙,大盛于丁,丰楙于戊,理纪于己,敛更于庚,悉新于辛,怀任于壬,陈揆于癸。故阴阳之施化,万物之终始,既类旅于律吕,又经历于日辰,而变化之情可见矣。

(3)《传》曰"天六地五",数之常也。天有六气,降生五味。夫五

> 六者,天地之中合,而民所受以生也。故日有六甲,辰有五子,十一
> 而天地之道毕,言终而复始。

在第一条引文中,刘歆以中数"五""六"作为论说和推演五声六律的根据。所谓五声,宫商角徵羽是也,而以宫声为上。由五声而有八音。六律为阳,包含六吕,合为十二律吕。在五声、六律中,律吕更为根本,"五声为本,生于黄钟之律"。

在第二条引文中,刘歆论述了太极元气是如何化生万物的,其中"函三为一"及"阴阳合德,气钟于子,化生万物者也"是两个重要法则,但是也可以看出中数"五""六"在此具有基础性的作用,因为它们即表示了阴阳之别。天五、地六相合即包涵了阴阳合德之义,"周流于六虚"而"列为十二"律吕矣。"函三",太极本函之也,"三"为生化的倍数法则,"为一"乃极中元始之端;"极"者,中也。太极元气"行于十二辰,始动于子",依叁法(三之也),经过丑寅而至于戌亥,从三、九而至于五万九千四十九、十七万七千一百四十七。同时,气化万物,并依子丑至戌亥之序完成了从生到阂的循环。刘歆又将万物的循环与十干联系起来,所以说:"阴阳之施化,万物之终始,既类旅于律吕,又经历于日辰,而变化之情可见矣。"

在第三条引文中,《传》指《左传》,《左传·昭公元年》曰:"天有六气,降生五味,发为五色,征为五声,淫生六疾。"所谓"五""六"为"数之常",即其为天地之中数。作为中数,它们具有象征天地的作用,"天地之中合,而民所受以生也"。

"大衍之数"亦见于今本《周易·系辞》(帛书《系辞》无)。《汉书·律历志上》曰:"是故元始有象一也,春秋二也,三统三也,四时四也,合而为十,成五体。以五乘十,大衍之数也,而道据其一,其余四十九,所当用也,故著以为数。"对于"大衍之数"的来源和形成,刘歆作了具体阐述。其中"元始有象",其数"一",这是汉人以特有方式对宇宙本体的表达,浑天说已肯定此一命题,而"三统三也"则大体上是由刘向、刘歆提出来的。

总之,以大衍之数来展示元气在宇宙万物中的生成和开展,这是其所以称为"大衍之数"的根本原因。大衍之数五十,对于"舍一不用"的问题,刘歆以"道据其一",其余四十九"所当其用"为说。而所谓"道",指"一阴一阳之谓道"。

其次,刘歆认为三统本自三律,而三律之数与三极之道相合。《汉书・律历志上》曰:

> 三统者,天施,地化,人事之纪也。十一月,《乾》之初九,阳气伏于地下,始著为一,万物萌动,钟于太阴,故黄钟为天统,律长九寸。九者,所以究极中和,为万物元也。《易》曰:"立天之道曰阴与阳。"六月,《坤》之初六,阴气受任于太阳,继养化柔,万物生长,楙之于未,令种刚强大,故林钟为地统,律长六寸。六者,所以含阳之施,楙之于六合之内,令刚柔有体也。"立地之道曰柔与刚。""乾知太始,坤作成物。"正月,《乾》之九三(二),万物棘通,族出于寅,人奉而成之,仁以养之,义以行之,令事物各得其理。寅,木也,为仁;其声,商也,为义。故太族为人统,律长八寸,象八卦,宓戏氏之所以顺天地,通神明,类万物之情也。"立人之道曰仁与义。""在天成象,在地成形。""后以裁成天地之道,辅相天地之宜,以左右民。"此三律之谓矣,是为三统。

律吕相生及与十二辰的相配关系,起源很早,《吕氏春秋・十二纪》和《淮南子・时则》《史记・律书》的记载都很成熟。爻辰说源自京房,不过,刘歆的特别之处在于单独以乾坤十二爻与十二辰律相配,形成了所谓乾坤十二爻辰说,并以之建构十二律吕的生成关系和解释三统的来源。在上述引文中,刘歆仅论及天统、地统、人统三统之律,今联系相关文献,将这一图式的基本架构列表如下:

十一月　《乾》初九　子　黄钟　长九寸　天统

十二月　《坤》六四　丑　大吕

正　月　《乾》九二　寅　太族　长八寸　人统

二　月　《坤》六五　卯　夹钟

三　月　《乾》九三　辰　姑洗

四　月　《坤》上六　巳　仲吕

五　月　《乾》九四　午　蕤宾

六　月　《坤》初六　未　林钟　　长六寸　　地统

七　月　《乾》九五　申　夷则

八　月　《坤》六二　酉　南吕

九　月　《乾》上九　戌　亡射

十　月　《坤》六三　亥　应钟

刘歆的乾坤十二爻辰说,后来被东汉大儒郑玄所继承和发扬光大,在易学史上产生了较大影响。①

"三统",本《春秋》家旧说,董仲舒说为黑统、白统和赤统②;刘歆则以天统、地统、人统为"三统",与董子不同。《汉书·律历志》曰:"三统者,天施,地化,人事之纪也。""统"者,绪也。刘歆的三统说出自其父刘向,而此种三统说最终源自《易十翼》"三才"或"三极"的观念。《史记·律书》曰:"吹律听声,推孟春以至于季冬。"又曰:"律历,天所以通五行八正之气。"刘歆的三统说正是继承史家的天道观而来,根据阴阳二气在四时的消息运动来制定律历。将《易传》的三才说应用于律历说,即为刘向、刘歆的三统说。

最后,刘歆的三统说也非常重视"九""六"二数。从上面的引文来看,刘歆以九、六、八这三个数字论说了三统说。《汉书·律历志上》曰"黄钟为天统,律长九寸","林钟为地统,律长六寸","太族为人统,律长八寸"。刘歆之所以认为黄钟为天统,林钟为地统,太族为人统,与其对

---

① 郑玄的坤卦六爻的纳辰来自刘歆,而不是来自《易纬·乾凿度》。《乾凿度》的爻辰说体系不同。刘向、郑玄仅使用乾坤十二爻辰说。而即使就坤卦来说,《乾凿度》坤六爻的纳辰不同,它们是这样的:六月,初六,未;四月,六二,巳;二月,六三,卯;十二月,六四,丑;十月,六五,亥;八月,上六,酉。
② 《春秋繁露·三代改制质文》。

于律数"九""六""八"的易学化(或哲学化)的认识相关。传统易学以九、六、七、八为四象数,但刘歆的根据不同:他认为"九""六"二数分别为阳阴、刚柔的数码指示符号,故下文曰"九六,阴阳、夫妇、子母之道也";而对于律数"八"则曰"象八卦"。从哲理上来看,"九者,所以究极中和,为万物元也",与"六者,所以含阳之施,楘之于六合之内,令刚柔有体也"相配,体现了《易》"一阴一阳之谓道"的原理。分而论之,在刘歆看来,黄钟为天统,合于《说卦》"立天之道曰阴与阳"的说法;林钟为地统,合于《说卦》"立地之道曰刚与柔"。不过,对于人统,刘歆的解释与对天统、地统的解释又不同:"寅,木也,为仁","其声,商也,为义",这是在五行、五声、五常的图式系统中来作解释的;"人奉而成之,仁以养之,义以行之,令事物各得其理",这是从所以参赞化育的角度来显示人之所以为人的高贵品质的。如此,便可与《说卦传》"立人之道曰仁与义"的说法相合。

"三正",也是一个传统术语,刘歆在观念上作了推展。《汉书·律历志上》曰:"黄钟子为天正,林钟未之冲丑为地正,太族寅为人正。""三正"即天正、地正、人正,与天统、地统、人统的三统说相应。《律历志》曰"三统正始",这即是说"三正"由"三统"而定。刘歆的三正说,显然较之此前《春秋》学家的寅为夏正、丑为殷正、子为周正的旧三正说在哲学认识上有了大幅提高。由三统、三正,进而衍生出历数,这是刘歆的思路。但不论是三律还是三统、三正,它们都是在以天、地、人为基本构架的宇宙论上来展开的。很显然,从宇宙学说来看,刘向、刘歆在浑天说的基础上兼容了盖天说。盖天说是天、地、人三才说,进而是刘氏所谓三统说、三正说的宇宙论基础。

三、以太极元气为本体,以阴阳五行为生化法则

在刘歆的三统说中,太极元气为万物生成、变化的本原,而阴阳五行在宇宙生化的过程中起着重要作用。因此,三统历数即是天道在时间上的具体展现,或者说,天道乃三统历数的生变根据。《律历志上》曰:

　　《传》曰"天有三辰,地有五行",然则三统五星可知也。《易》曰:"参五以变,错综其数。通其变,遂成天下之文;极其数,遂定天下之象。"太极运三辰五星于上,而元气转三统五行于下。其于人,皇极统三德五事。故三辰之合于三统也,日合于天统,月合于地统,斗合于人统。五星之合于五行,水合于辰星,火合于荧惑,金合于太白,木合于岁星,土合于填星。三辰五星而相经纬也。天以一生水,地以二生火,天以三生木,地以四生金,天以五生土。五胜相乘,以生小周;以乘《乾》《坤》之策,而成大周。阴阳比类,交错相成,故九六之变登降于六体。……三统二千三百六十三万九千四十,而复于太极上元。九章岁而六之为法,太极上元为实,实如法得一,阴阳各万一千五百二十,当万物气体之数,天下之能事毕矣。

　　所谓"太极中央元气"[①],"太极"在天之中央,"极"者"中"也。古人认为宇宙生化从"天极",即从"太极"开始。阴阳二气在太极阶段,混而未分,即谓之"元气"。为了说明三统历数及万数的来源,刘歆以《左传·昭公三十二年》"天有三辰,地有五行"为经典根据,并以太极元气为演化的本原。"太极运三辰五星于上,而元气转三统五行于下",而人则以"皇极统三德五事"以顺应之。"三辰",即日、月、斗;"五星",即晨星、荧惑、太白、岁星和填星。三辰合于三统,五星合于五行;三辰五星交错运行于上,而三统五行运转于下。五行生于天地,其具体生成之法,刘歆综合了《易传·系辞》天地之数及《洪范》五行之序,云:天以一生水,地以二生火,天以三生木,地以四生金,天以五生土。这即是说,五行是由天地之数生成的。

　　在历数的具体演算上,刘歆继承和发展了《太初历》的成果。据《汉书·律历志》,他以一月为 $29\frac{43}{81}$ 日;一年为 $12\frac{7}{19}$ 月,$365\frac{385}{1539}$ 日;一章为十九年,二百三十五月;一统为八十一章,一千五百三十九年,一万九千

---

① 《汉书·律历志上》。

三十五月，五十六万二千一百二十日；一元为三统，四千六百十七年；五千一百二十元，二千三百六十三万九千四十年为一大周期。所谓"一元为三统"，以甲子日起元，"天以甲子，地以甲辰，人以甲申"，三统后乃复为甲子日，故刘歆以此名其历曰《三统历》。

刘歆的律历说广泛地运用了阴阳、五行观念。例如，对于五声，刘歆以宫为纲，以商角徵羽为纪，并将它们与五常、五事等相配。这是应用了五行思维方式的结果。《汉书·律历志上》曰：

> 宫，中也，居中央，畅四方，唱始施生，为四声纲也。徵，祉也，物盛大而繇祉也。羽，宇也，物聚臧宇覆之也。夫声者，中于宫，触于角，祉于徵，章于商，宇于羽，故四声为宫纪也。协之五行，则角为木，五常为仁，五事为貌。商为金为义为言，徵为火为礼为视，羽为水为智为听，宫为土为信为思。以君臣民事物言之，则宫为君，商为臣，角为民，徵为事，羽为物。唱和有象，故言君臣位事之体也。

而在论说权与规、矩、准、绳的关联时，刘歆兼用阴阳五行两种观念。《汉书·律历志上》曰：

> 权与物钧而生衡，衡运生规，规圆生矩，矩方生绳，绳直生准，准正则平衡而钧权矣。是为五则。……以阴阳言之，大阴者，北方。北，伏也，阳气伏于下，于时为冬。冬，终也，物终臧，乃可称。水润下。知者谋，谋者重，故为权也。大阳者，南方。南，任也，阳气任养物，于时为夏。夏，假也，物假大，乃宣平。火炎上。礼者齐，齐者平，故为衡也。少阴者，西方。西，迁也，阴气迁落物，于时为秋。秋，䫏也，物䫏敛，乃成孰。金从革，改更也。义者成，成者方，故为矩也。少阳者，东方。东，动也，阳气动物，于时为春。春，蠢也，物蠢生，乃动运。木曲直。仁者生，生者圜，故为规也。中央者，阴阳之内，四方之中，经纬通达，乃能端直，于时为四季。土稼啬蕃息。信者诚，诚者直，故为绳也。五则揆物，有轻重圜方平直阴阳之义，四方四时之体，五常五行之象。厥法有品，各顺其方而应其行。职

在大行,鸿胪掌之。

权、衡、规、矩、绳"五则",以"权"为根本:权生衡,衡生规,规生矩,矩生绳,矩生准,"准正则平衡而钧权矣"。"五则"相生的顺序,按照《洪范》五行数排列:权,水,一也;衡,火,二也;规,木,三也;矩,金,四也;绳,土,五也。这是从本源的角度来说明"五则"的先后关系。

"五则"通天地、人伦,具有律身和治世的功用。以"阴阳言之",五则与四方、四时、五常、五行的搭配关系可以表示如下:

阴阳	四方	四时	五行	五常	五则
太阴	北	冬藏	水	智重	权
太阳	南	夏假	火	礼平	衡
少阴	西	秋戮	金	义方	矩
少阳	东	春蠢	木	仁圆	规
阴阳之内	中央	四季	土	信直	绳

上表,从阴阳入手,中经四方、四时、五行、五常,最后指向五则,构成了一个相互关联的整体图式。从阴阳来看,五则是按照相对原则来排列的;从五行来看,五则是按照相胜原则来排列的,说明五则在实际运用中应当遵循"相对"和"克制"的原则。

四、以儒经为依据,对三统说作了经典论证

刘歆对其三统律历说所作的论证,非常重视《周易》《春秋》和《尚书》等经的作用,其中引用《周易》最为广泛。现仅举二例以见之:(1)《汉书·律历志上》征引"予欲闻六律、五声、八音、七始咏①,以出内五言,女听",即出自《书·皋陶谟》篇,刘歆作了细致的解释,曰:"予者,帝舜也。

---

① "七始咏",今文《尚书》作"在治忽"。"在",金文、古文写作"才","才""七"形近。"咏"从永声,"忽"从勿声,"永""勿"古文形近。"始""治"均从台声。作"在治忽"或"七始咏",乃今古文学派经文之不同,其是非,涉及古文字的识别及如何释读。

言以律吕和五声,施之八音,合之成乐。七者,天地四时人之始也。顺以歌咏五常之言,听之则顺乎天地,序乎四时,应人伦,本阴阳,原情性,风之以德,感之以乐,莫不同乎一。唯圣人为能同天下之意,故帝舜欲闻之也。"(2) 在一段以时间为主线并略加诠释的文字中,刘歆会通《春秋》《周易》二经,作为论证根据,并提出了"《易》与《春秋》,天人之道也"的观点。《汉书·律历志上》曰:

> 《经》元一以统始,《易》太极之首也。春秋二以目岁,《易》两仪之中也。于春每月书王,《易》三极之统也。于四时虽亡事必书时月,《易》四象之节也。时月以建分、至、启、闭之分,《易》八卦之位也。象事成败,《易》吉凶之效也。朝聘会盟,《易》大业之本也。故《易》与《春秋》,天人之道也。《传》曰:"龟,象也。筮,数也。物生而后有象,象而后有滋,滋而后有数。"

"元一""春秋二""王三""四时""八节",对于古人而言都是非常重要的时间概念和节点,且通常是构成其宇宙论的必要部分。刘歆亦不例外,他的三统说需要阐释这些时间概念的意义和价值。不过,他的方式,是以《春秋》为主导,而以《易》来阐释它们的。这些概念或有本体的意义,所谓"《经》元一以统始,《易》太极之首也"是也;或有宇宙生化论的意义,由元一而春秋二、四时、八节,依此与太极、两仪、四象、八卦对应;或有价值论上的意义,"于春每月书王,《易》三极之统也"。对于"王"字,刘歆在此显然采用了汉人所谓"一贯三"的通说;"三"者,天、地、人,故刘歆说"《易》三极之统也"。通过这样的阐释,刘歆突显了"王"在时间中的存在价值。不但如此,而且在刘歆看来,宇宙中的万物和所有人事都是在时间的生成中存在和展现的,而在时间的生成中即寄寓着价值世界,所谓"象事成败,《易》吉凶之效也。朝聘会盟,《易》大业之本也"。这也是为何他要说"《易》与《春秋》,天人之道也"的深沉原因。

第四节　刘向的性情说与政治哲学

一、性情说:以先后、未发已发论性情及性情各有善恶

自战国早期以来,人性本体的内涵及其善恶的判断,成为儒学内部辩论的一大问题。进入汉代,不论是在天人感应的宇宙论中还是在元气宇宙论中,阴阳五行成为宇宙生化的两大实体和生化阶段。由此,与阴阳相对应,"情性"成为汉人理解人性的基本结构。

在西汉,陆贾、董仲舒、刘向和扬雄四人均曾论及人性善恶的问题。陆贾的说法,见于王充《论衡·本性篇》。陆子所谓"天地生人也,以礼义之性",据王充的评述①,其意只是认为人应当以礼义为其本性,如此才合乎天地生人之本义。显然,陆贾没有从"本性"上来认识和判断人性善恶的问题。陆贾之后,董仲舒对于人性问题作了更为深入和细致的思考。根据《春秋繁露·深察名号》,董子认为阴阳、贪仁"两有""两在"于人身,因此世间既不存在所谓纯仁无贪,也不存在所谓纯贪无仁的人性。但是,他在《深察名号》篇中认为存在纯善的"圣人之性"和纯恶的"斗筲之性"。这样一来,董子的论述在逻辑上就不能自洽,所以王充批评道:"夫人情性,同生于阴阳……情性生于阴阳,安能纯善? 仲舒之言,未能得实。"西汉末期,扬雄提出了"人性善恶混"②的主张。这一主张乃继承董子而来,仍然立足于阳仁阴贪的观念来论述所谓人性善恶问题;不过,与董子相较,扬雄的说法在逻辑上似乎变得圆满自洽了。同时,我们看到,王充对扬雄也作了批评,他说:"扬雄言人性善恶混者,中人也。"③为什么王充说扬雄的人性论得中人之性? 这是因为王充本人在人性自然的论调上即持三品之论:人生而禀受阴阳情性,其才有渥泊、纯驳和清浊的不

---

① 《论衡·本性篇》。又,本书凡引王充《论衡》,均参看黄晖撰《论衡校释》(北京,中华书局,1990)。引文凡有校改,亦多从此书。
② 《法言·修身篇》。
③ 《论衡·本性篇》。

同，他依此而说其善恶，分为三品。王充在宇宙论上持元气自然论，与西汉诸儒所持天命气化论的观念颇为不同，也因此他的人性三品论不同于董仲舒的三品说，而扬雄的人性善恶混说则可以归入王充所说的中人之性。

1. 从《论衡·本性篇》看刘向的性情说

刘向介于董仲舒与扬雄之间，他的人性说亦见于王充的《论衡·本性篇》和荀悦的《申鉴·杂言》。先看《论衡·本性篇》的相关论述：

> （1）孙卿有（又）反孟子，作《性恶》之篇，以为"人性恶，其善者伪也"。……刘子政非之，曰："如此，则天无气也。阴阳善恶不相当，则人之为善，安从生？"
>
> （2）刘子政曰："性，生而然者也，在于身而不发；情，接于物而然者也，形出于外。形外则谓之阳，不发者则谓之阴。"夫子政之言，谓性在身而不发。情接于物，形出于外，故谓之阳；性不发，不与物接，故谓之阴。夫如子政之言，乃谓情为阳、性为阴也。不据本所生起，苟以形出与不发见定阴阳也。必以形出为阳，性亦与物接，造此必于是，颠沛必于是。恻隐不忍，仁之气也；卑谦辞让，性之发也，有与接会，故恻隐卑谦形出于外。谓性在内，不与物接，恐非其实。不论性之善恶，徒议外内阴阳，理难以知。且从子政之言，以性为阴，情为阳，夫人禀情（性），竟有善恶不（否）也？

在第一条引文中，刘向批评了荀子的"性恶伪善"说。在他看来，如果遵从荀子的主张，就会导致"天无气也"的后果。根据汉人的宇宙生化论，凡气化不离阴阳对待，遵循"一阴一阳之谓道"的原理。而如果认为人性只是恶的，那么这即是认为人性只有阴贪而无阳仁的方面。在汉人的思想中，这显然是难以成立的，因此刘向反诘道："阴阳善恶不相当，则人之为善，安从生？"由此可知，刘向认为，人的为善为恶在阴阳气化中已预先存在其本源。

在第二条引文中，刘向的性情说与时人迥异，突破了汉人所谓阴阳情性同赋同禀的观念。在他看来,所谓"性","生而然者也","在于身而不发";所谓"情","接于物而然者也","形出于外"。在此,刘向将"性""情"看作一对有先后、隐现之别的概念:性是生而如此、禀受在身的未发者,而情是感物而动、形出于外的已发者,且二者具有对应关系。这种性情论,显然受到了《礼记·中庸》和《乐记》的深刻影响。①《中庸》曰:"喜怒哀乐之未发谓之中,发而皆中节谓之和。"《乐记》曰:"人生而静,天之性也;感于物而动,性之欲也。物至知(智)知,然后好恶形焉。"从下文王充的批评来看,刘向所谓"性"的内容具体指恻隐不忍、卑谦辞让的仁礼之性,但又不尽为此义理之性,因为他将"性"定义为"生而然者也",跟孟子之说有所区别;并且,从王充的批评来看,刘向不以此为"情"的内容。由此推测,刘向的性情论大概以《礼记·中庸》和《孟子·公孙丑上》《孟子·告子上》为思想资源,所谓"性",继承了孟、告的说法,兼大体、小体而言之;所谓"情",同于《左传》、大小戴《礼记》的"六情"或"七情"说,即所谓喜、怒、哀、乐、好、恶、惧七者。应当说,刘向的说法是性情论的一次大创造,但是在汉代阴阳气化论的哲学大背景下,刘向的创造却似乎显得不伦不类。他以"形外则谓之阳,不发者则谓之阴",即以未发、已发为标准,而判定性为阴、情为阳,这种观念在较大程度背离或超出了汉人的思想传统,而显得特立独行。汉人以性阳情阴为通说,性情的阴阳划分是通过阴阳气化的对待性开展出来而加以规定的。王充正是抓住了这一点而对刘向的性情说作了根本批评和否定,认为他"不据本所生起,苟以形出与不发见定阴阳也"。王充的批评还包括两个要点:(1)依据刘向的规定,仁气、礼气等具有"有与接会""恻隐卑谦形出于外"的特点,因此在王充看来,刘子政所谓"谓性在内,不与物接"的说法并不符合人性的实际;(2)既然刘向"不论性之善恶"而"徒议外内阴阳",那么这就会令人产生对其所

---

① 刘向在《说苑》中两次引用《中庸》,可证其生前比较重视这一文本。《建本》篇引《中庸》曰:"好问近乎智,力行近乎仁,知耻近乎勇。"《敬慎》篇引《中庸》曰:"莫见乎隐,莫显乎微,故君子能慎其独也。"

禀受的本性是否有善恶的怀疑。不过,需要注意,第二条文献所反映的刘向性情说似乎与第一条不尽一致,因此王充对刘向人性论的叙述是否准确,这还是一个问题。另外,刘向的人性说前后是否存在变化,这也是需要考虑的问题。

2. 从《申鉴·杂言》看刘向的性情说

汉末荀悦在《申鉴·杂言下》中对刘向的性情说作了叙述和评论,他本人是赞成刘向的性情说的。《申鉴·杂言下》曰:[①]

> 或问天命人事,曰:"有三品焉,上下不移,其中则人事存焉尔。命相近也,事相远也,则吉凶殊矣。故曰:'穷理尽性以至于命。'孟子称性善,荀卿称性恶,公孙子曰'性无善恶',【董仲舒曰'性善情恶',】[②]杨雄曰'人之性善恶浑',刘向曰'性情相应,性不独善,情不独恶'。"曰:"问其理。"曰:"性善,则无四凶;性恶,则无三仁;人无善恶,文王之教一也,则无周公管蔡;性善情恶,是桀纣无性而尧舜无情也;性善恶皆浑,是上智怀恶而下愚挟善也。理也未究矣,惟向言为然。"

> 或曰:"仁义,性也;好恶,情也。仁义常善,而好恶或有恶,故有情恶也。"曰:"不然。好恶者,性之取舍也;实见于外,故谓之情尔,必本乎性矣。仁义者,善之诚者也,何嫌其常善?好恶者,善恶未有所分也,何怪其有恶?凡言神者,莫近于气。有气斯有形,有神斯有好恶喜怒之情矣。故神有情,由(犹)气之有形也。气有白黑,神有善恶,形与白黑偕,情与善恶偕,故气黑非形之咎,神恶非情之罪也。"

荀悦不仅赞同传统的三品人性说,而且将三品再分为九品。他历数了此前各种人性、性情善恶说,认为它们均于"理也未究矣",而唯独赞成刘向的说法,云"惟向言为然"。根据荀悦的叙述,刘向认为性情

---

① 所引《申鉴》文,据丛书集成初编本,北京,商务印书馆,1937。
② 本句,笔者据下文"性善情恶,是桀纣无性而尧舜无情也"补。

为相应关系，性、情各有善恶，与董子性善情恶的说法不同。所谓"性"，荀悦在上文云"生之谓性，形神是也"，而仁义固然为性；所谓"情"，即好恶喜怒之类。这些，都与上文所说刘向"性""情"概念是一致的。荀悦说："好恶者，性之取舍也；实见于外，故谓之情尔，必本乎性矣。"在此，情由性生，性情具有先后和隐现的关系，而刘向所说的性情关系也是如此。进一步，荀悦认为"神有善恶"而"情与善恶偕"，这与其所述刘向"性不独善，情不独恶"的说法一致。不过，值得注意的是，荀悦以恶善分别对应阴阳，云："善，阳也；恶，阴也。"[1]这显然是情性各有阴阳的观点。而这种观念，与王充所述刘向以形出为阳、未发为阴的说法相差颇大。

总之，刘向认为性情具有先后和未发已发的相应关系，并认为它们各有善恶。这些看法，得到了荀悦的继承和赞同。不过，刘向以形出之情为阳、以未发之性为阴的特异说法，受到了王充的严厉批评。

二、政治哲学：以仁义为主干的治国之道

刘向的政治学说，主要见于《说苑》一书。今传《说苑》共分二十卷二十篇[2]，这二十篇分别为《君道》《臣术》《建本》《立节》《贵德》《复恩》《政理》《尊贤》《正谏》《敬慎》《善说》《奉使》《权谋》《至公》《指武》《谈丛》《杂言》《辨物》《修文》和《反质》，其中多数篇目两两为一组，在思想上相对或相关，大体上阐述了君主和臣下应当如何治国的问题。

刘向的政治哲学涉及六个方面：（1）君道与臣术；（2）建本和敬慎；（3）贵德、仁政与报恩；（4）人君、人臣之公与"公生明，偏生暗"的正心之术；（5）文质相救与诚一为质说；（6）政有三品与德刑之用。总之，从为政的主体到为政的品第，刘向构造了一套系统的政治哲学理论。这其中

---

① 《申鉴·杂言下》。
② 参看向宗鲁《说苑校证》，北京，中华书局，1987。本书凡引《说苑》文及文字校改，均参看此本。

包括君道无为、臣道有为,如何建立君臣的政治主体,仁政和公义的实践,文质相救循环和诚一为质,以及政有三品等问题。刘向的政治哲学虽然吸纳了一些道、法、阴阳家的思想,但是无疑以孔孟儒学所宣扬的仁义观念为主干,且不论是在政治实践上还是在政治人格的建立上都是如此。

第九章　严遵与扬雄的哲学思想

第一节　严遵其人与《老子指归》

一、严遵其人

严遵(生卒年不详,与刘向同时),字君平,原名庄遵,因避汉明帝讳改姓严。较刘向稍早出生,是扬雄在蜀时的老师。《法言·问明篇》最早提及严遵,扬雄说:"吾珍庄也,居难为也。"是文又说严遵自甘"沈冥","不作苟见,不治苟得,久幽而不改其操"。继《法言》之后,班固在《汉书·王贡两龚鲍传》中对严遵作了比较详细的记载,云:

> 其后谷口有郑子真,蜀有严君平,皆修身自保,非其服弗服,非其食弗食。成帝时,元舅大将军王凤以礼聘子真,子真遂不诎而终。君平卜筮于成都市,以为:"卜筮者贱业,而可以惠众人。有邪恶非正之问,则依蓍龟为言利害。与人子言依于孝,与人弟言依于顺,与人臣言依于忠,各因势导之以善,从吾言者,已过半矣。"裁日阅数人,得百钱足自养,则闭肆下帘而授《老子》。博览亡不通,依老子、严周之指著书十余万言。扬雄少时从游学,以而仕京师显名,数为朝廷在位贤者称君平德。……君平年九十余,遂以其业终,蜀人爱

> 敬，至今称焉。及雄著书言当世士，称此二人。……自园公、绮里季、夏黄公、甪里先生、郑子真、严君平皆未尝仕，然其风声足以激贪厉俗，近古之逸民也。

这段文字说严遵是一位高洁自保的隐士，活了九十多岁。他生前在成都市井以卜筮为生，日赚百钱即下帘教授《老子》，并依老子、庄周之指而"著书十余万言"。又说，扬雄年轻时曾从严遵游学。

在《汉书》之后，晋李轨《法言·渊骞注》、晋陈寿《三国志·秦宓传》、晋皇甫谧《高士传·严遵》、晋常璩《华阳国志·蜀郡士女》对严遵其人其事皆有记载。其中，《华阳国志·蜀郡士女》的记载颇为具体，曰：

> 严平恬泊，皓然沉冥。严遵，字君平，成都人也。雅性澹泊，学业加妙，专精大《易》，耽于《老》《庄》。常卜筮于市，假著龟以教。与人子卜，教以孝；与人弟卜，教以悌；与人臣卜，教以忠。于是风移俗易，上下慈和。日阅得百钱，则闭肆下帘，授《老》《庄》。著《指归》，为道书之宗。扬雄少师之，称其德。

与《汉书》相较，《华阳国志》的记述有所推衍，但其中存在一定疑问：（1）《华阳国志》说严遵"专精大《易》"；严遵通《易》，这是没有疑问的，但据《汉书》来看，他的心思主要在"《易》卜"上。魏晋时期，《周易》为"三玄"之一，《华阳国志》的叙述很可能受到了时代的严重影响。（2）《华阳国志》说严遵不仅以卜筮教人，而且以孝悌忠慈之道教人，这是《汉书》所没有的。（3）《华阳国志》说严遵"授《老》《庄》"，而《汉书》仅曰"授《老子》"。在西汉，《庄子》不是黄老学的经典，并不流行，因此严遵是否以《庄子》教人，还存在疑问。

二、《老子指归》简介

《汉书》虽然言严遵"著书十余万言"，但是没有指明书篇，《三国志》始载明《指归》一书。陈寿《三国志·秦宓传》曰："（李权曰）仲尼、严平，会聚众书，以成《春秋》《指归》之文。"又曰："（古朴曰）严君平见黄老作

《指归》。"《指归》即《老子指归》。李权、古朴二人俱为三国时蜀人。据二氏说，《老子指归》为严遵亲著，此书当在《汉书》所云严遵"著书十余万言"之列。陆德明《经典释文叙录》曰："《老子严遵注》二卷。"并注曰："字君平，蜀郡人，汉征士，又作《老子指归》十四卷。"《老子严遵注》《老子指归》二书，后又载于《隋书·经籍志》。不过，前一书已完全佚失，而《老子指归》今天也佚失了下篇。

　　关于《指归》的真伪，后人曾有怀疑。清全祖望曰："予并疑是书乃赝本，非君平之作也。"（《读道德指归》）清《四库全书总目》引曹学佺《元羽外编序》曰："近刻严君平《道德指归论》，乃吴中所伪作。"并说："犹能文之士所赝托。"民国初年，唐鸿学《指归跋》不同意《四库全书总目》提要的判断，重新肯定"《指归》确为君平所作"，并列三证（载《怡兰堂丛书》）。蒙文通则别出一说，一方面肯定"《指归》实永嘉前书"，另一方面又不同意唐说，云"百川唐氏必论其真为君平之书，殆未必然"，并具体指为晋人郑思远之书（《严君平道德指归论佚文序》）。王利器继承唐说，增益多证（《道藏本道德真经指归提要》）。[①]　今天，根据出土简帛本《老子》，可以肯定《指归》所据《老子》本（学界通称严遵本或严本）为传自西汉的本子。帛本《老子》有一些文句仅见于严遵本，这说明了严遵本近于汉初古本。又，汉简本《老子》有二处文本的分章与通行本（河上公本、王弼本）不同，却与严遵本完全相同。[②]　这再次非常有力地证明了严遵本确为西汉古本的意见。在此基础上，进一步推断严遵《老子指归》为西汉旧本，这是很可信的。这样，《老子指归》即可以作为我们阐明严遵思想的比较可靠的材料依据。

　　《老子指归》，自三国、西晋以来代有著录。今存《指归》有两个版本，一个是六卷本，题名《道德指归论》；一个是七卷本，题名《道德真经指

[①] 以上引文，俱见王德有点校：《老子指归》附录三《序跋提要》，第158—167页，北京，中华书局，1994。

[②] 参看丁四新《从出土简帛本看早期〈老子〉篇章的演变及其成型与定型》，《中州学刊》2014年第10期，第112页。

归》，收入《道藏》和《怡兰堂丛书》中。不论是题为《道德指归论》还是题为《道德真经指归》，皆非严书本名；本名当作《老子指归》或《指归》，因为汉代《老子》无以"道德"或"德道"为书名者。亦不当称"经"，书题中的"经"字乃后人添加。自武帝元光元年（前134）"罢黜百家，表章《六经》"之后，《老子》重新由经书转变为子书。《指归》共计十三卷，《道藏》本仅列"卷七至十三"，对应《德》篇。前六卷，对应《道》篇，已经佚失（时间大概在北宋到南宋之际）。此篇第乃后人所改，原篇第当为《德》上《道》下，即前六卷的内容当在下篇，后七卷的内容当在上篇。而七卷本每篇正文前所抄《老子》章段，即属于今人所谓严遵本。

本书叙述严遵的哲学思想，以王德有点校《老子指归》（中华书局1994年版）为资料基础。[①]《指归》一书，依严遵本《老子》分章而裁划成篇。现在，我们知道，《老子》严遵本的分章是建立在北京大学藏汉简本分章的基础上的：其上篇章数"四十"，即由汉简本上经四十四章合并数章而来；下篇章数"三十二"，即由汉简本下经三十三章合并二章而来。至于《老子》严遵本的组织原理和数理法则，《君平说二经（篇）目》已阐述清楚，今不再赘述。依严遵本的分章，《老子指归》一书依次分为七十二篇，其中卷一至七对应于《老子・德篇》，共分为四十篇。

第二节　严遵《老子指归》的哲学思想

梳理和研究严遵的哲学思想，现只能以《老子指归》一书为资料基础。根据《指归》，严遵的哲学思想主要包括宇宙论（以宇宙生成论为主导，而包含了本体论的内容）、修身论和政治哲学。他的哲学以《老子》为基础，而以浑天说为宇宙论背景（同时包含了盖天说），并在继承《庄子》《淮南子》相关论述的基础上糅合出了一套新的宇宙论思想。具体说来，

---

① 王德有点校本以明《正统道藏》本为底本，以《怡兰堂丛书》本、《津逮秘书》本、《学津讨源》本为校勘本。王德有还原了《指归》的篇序，将《道藏》本卷七至十三列为前七卷，即卷一至七，并据《指归》六卷本（《津逮秘书》本、《学津讨源》本）加了篇题。

这个新的思想以形上、形下的划分为基本的宇宙结构,形上界包括道德、神明、太和,形下界包括天地、阴阳、人物诸要素。从形上界到形下界,乃是一个逐步气化的过程,并且都遵从"有生于无,实生于虚"的生成论原理。在严遵的思想系统中,形上界的"道德""神明"和"太和"也是形下界的现实存在依据和价值来源。在此基础上,严遵阐述了其以治身为目的的性命论哲学,和以"自然""无为"为宗旨的政治哲学。

一、宇宙论哲学

1. 形上界和形下界的构造

严遵《道德指归》的宇宙论包括形上界和形下界两个大的部分。形上、形下,是根据宇宙生成的过程来划定的。"形而上者"与"形而下者"的概念见于《周易·系辞传》。在道家哲学中,"道""物"二元,相对相关,"道"属于形而上者(形生之前),"物"属于形而下者(形生之后)。《指归·上德不德篇》在开篇一段即对所谓形上界和形下界作了系统的陈述和划分,是篇曰:

> 天地所由,物类所以,道为之元,德为之始,神明为宗,太和为祖。道有深微,德有厚薄,神有清浊,和有高下。清者为天,浊者为地,阳者为男,阴者为女。人物禀假,受有多少,性有精粗,命有长短,情有美恶,意有大小。或为小人,或为君子,变化分离,剖判为数等。故有道人,有德人,有仁人,有义人,有礼人。

"天地"为实有万物的总根,亦为形下万物的总体。这段话追问了"天地所由,物类所以",即追问了实然世界和具体万物的形上来源问题。在此,依照传统的观念,严遵将整个宇宙分成了两大部分,即形下界和形上界。这段文字的特别之处在于将形上界的结构复杂化,他以"道""德""神明""太和"为形下界的"元始、宗祖"(即来源),并将它们综合起来,而这种综合是颇为独特的。虽然严遵不否认形下世界生成的总根源在于"道",但是他从中看到了形下界生成原因的复杂性。他改造了《老子》

"道生一，一生二，二生三"之说，而将注意点放在形上论上，对"德""神明"和"太和"三个概念作了根本改造，将它们作为形上界的结构来看待。而在此之前，这三个概念通常被看作是形而下的存在。需要追问的是，为什么严遵要将这三个概念加入到形上界以作为形下界的生成根源呢？这是因为"道"的流行生化，只有借助于"德"才能"德者，得也"，从而成就具体事物："德"就是这种先天的设定因素。凡现实的生命皆有生死，而生死的根源在于"神明"。"神明"与"形体"相对，严遵将"神明"看作独立的精神性实体，认为它是先于有形生命的存在，是此有形生命（即生死）的根源。进一步，既然具体事物的生成以"道德""神明"为根源，同时是"气化"的结果，那么其成因无疑是颇为复杂的。"太和"即极至的和谐，它是宇宙生成的必要条件。在"太和"之境中，"道德""神明"很自然地合成和生化天地万物。

从"神有清浊"来看，严遵综合了浑天说"清气生天，浊气生地"的说法和《系辞传》的"神化"观念。由此，他论述了形下世界的生成。《上德不德篇》曰："清者为天，浊者为地，阳者为男，阴者为女。"严遵"清者为天，浊者为地"的说法，应当受到了浑天说理论的严重影响。不过，《指归》认为清浊之气来源于"神明"，而"神明"为宇宙生化的动力。"和"指和气，后于清浊。"清浊"就"气化"而言。《指归》的"太和"概念可以称为"太和神气"①，这一概念虽然与"浑沦"（或"浑沦之气"）概念近似②，但其实不同。自"太和神气"以上为形上界，自"清者为天，浊者为地"以下为形下界。

"清者为天，浊者为地"，这是讲天地的生成。"阳者为男，阴者为女"，这是讲阴阳何以能生成，而万物的生成是建立在阴阳对待的基础上

---

① 唐强思齐《道德真经玄德纂疏》引《谷神不死篇》曰："太和妙气，妙物若神，空虚为家，寂泊为常，出入无窍，往来无间，动无不遂，静无不成，化化而不化，生生而不生也。"此中即有"太和妙气"或"太和神气"的说法。

② 《指归·出生入死篇》曰："道德，神明，清浊，太和，浑同沦而为体，万物以形。""同"字，当为衍文。"浑沦"，乃就"道德""神明""清浊""太和"四者浑包一体、未有分别而言，与"太和"不同。

的。"阴阳对待"是形下界("天地"是形下界的宇宙维度)的生成法则。《指归》的形下界属于天圆地方的世界,即盖天说的世界(参看《不出户篇》)。由此推知,阴阳对待也是主宰盖天说之宇宙观的基本原理。当然,在整体上,《指归》以浑天说为宗主。浑天说是当时流行的新宇宙论,它对于西汉中后期的思想、文化和制度产生了重大影响,《太初历》的制定即以浑天说为宇宙论依据。

进一步,既然阴阳二气归根结底是由"神生清浊"衍生出来的,那么此阴阳二气的流行本身就不是纯粹物质性的,而将"神明"因素涵摄于其中。不过,从禀受来看,人物之性未必俱含"神明"。人和物是如何禀受阴阳二气而成其自身的? 在严遵看来,从外在方面来说在于"男女(构精)",从内在根据来说在于"性命"。严遵十分重视性命和形神概念,并在此二概念的基础上,通过《上德不德篇》粗略地阐述了自己的修身哲学和政治哲学。

《指归》有关形上界、形下界的论述资料非常丰富,现摘引两段以见之:

(1)我性之所禀而为我者,道德也;其所假而生者,神明也,其所因而成者,太和也;其所托而形者,天地也。凡此数者,然我而我不能然也。故法象莫崇乎道德,稽式莫高乎神明,表仪莫广乎太和,著明莫大乎天地。道德神明,常生不死;清浊太和,变化无穷。天地之道,存而难亡;阴阳之事,动而难终。由此观之,祸极于死,福极于生。……夫何故哉? 道德之化,天地之数,一阴一阳,分为四时,离为五行,纶为罗网,设为无间,万物之性,各有分度,不得相干。①

(2)道德变化,陶冶元首,禀授性命乎太虚之域、玄冥之中,而万物混沌始焉。神明文(交),清浊分,太和行乎荡荡之野、纤妙之中,而万物生焉。天圆地方,人纵兽横,草木种根,鱼沉鸟翔,物以族别,类以群分,尊卑定矣,而吉凶生焉。由此观之,天地人物,皆同元始,共一宗祖。六合之内,宇宙之表,连属一体。气化分离,纵横上下,

①《指归·名身孰亲篇》。

剖而为二,判而为五。或为白黑,或为水火,或为酸醎,或为微羽,人物同类,或为牝牡。凡此数者,亲为兄弟,殊形别乡,利害相背,万物不同,不可胜道。合于喜怒,反于死生,情性同生,心意同理。①

《指归》的形上界和形下界二者具有前后、连续和因果的生成关系。形上界包括道德、神明、清浊、太和四者,形下界包括天地、阴阳、四时、五行、性命、形神和人物。在形下界中,天地万物皆有存亡,而人和其他生命物均有生死。人是最高级、最复杂的生物,不但有性命、形神、五官心君、情意志欲、言语动作,而且还有认知、道德、审美以及建功立业的活动等。总之,形上界由道德、神明、太和三者构成,而形下界由天地和人物构成。

今天看来,《指归》对形上界和形下界的构造是继承前人思想并加以综合的结果,综合性是其显著特征。从形上界来看,严遵将道德、神明(清浊)和太和这三个概念综合起来作为形下界的生成根源和依据,并贯通于形神论、价值论和政治哲学之中,这是比较特殊的。从形下界来看,《指归》将性命论和形神论综合在一起,在一定程度上深化了当时的生命哲学和政治哲学。当然,严遵在对某些重要概念的阐释上富有一定的深度,这是值得我们注意的。

2. 形上概念:道、德、神明、太和

"道""德""神明""太和"这四个概念,在《指归》中贯通于形上、形下二界。它们自身既有一个逐步生展的过程,同时又贯通于形下事物之中。当然,它们之所以能够寓含于(存在于)万物之中,或者万物之所以能够禀受它们,乃是通过阴阳五行的气化作用而被赋予的。将"道德""神明""太和"作为一个连贯的形上整体并以之为形下事物之超越而内在的根源,这是严遵的创造。

先看"道德"。"道""德"或"道德"虽然是道家哲学的旧概念,但是严遵将"德"提升到形上层面,这是比较特殊的。在《指归》中,"道"的含义

———————
① 《指归·不出户篇》。

比较复杂,但从生成论来看,它是生成天地万物的总原理和总根据。而"德"首先是一种能够得道、含道和保道的形上客观实在;通过"德",本体之"道"得以禀含在流形成体的形下事物中。形上之德不但是形下之德(寓于万物之中的)的来源和根据,而且是修养意义上的"含德"依据。相对于得道的多少而言,这两种"德"均有厚薄的问题。在形下之德中,"德"的厚薄又可分为两种形态,一种是在气化分离中的自然分德,一种是在身心活动中德的损益。

再看"神明"。"神明"或称"神",当其寓于形下界(特别是在人物中)时它常常与"精"连言。"精神"连言,在今存本《指归》中一共出现了 16 次。"神明"在《指归》中是一个非常重要的概念,它贯通于形上、形下二界,是灵性、神性的客观实体;它寓于人物之中,不但是生命体之所以存在的依据和来源,而且也是人的圣知之源,它与智欲、情意和感官的作用不同。在形上阶段,"神有清浊"①,"神明交而清浊分"②,"清浊"乃形而上者,而一旦进入气化阶段,它就直接生化出"天地",所谓"清者为天,浊者为地"是也。而在形下阶段,"神明"或"精神"随着气化而寓于万物之中,由此居于形神论(包括养生论)的核心。

又看"太和"。"太和"在《指归》中或称"和",它有三重含意。一重,"和"("太和")是宇宙生成的本原。《道生一篇》曰:"气因于和,和因于神明。"又曰:"一清一浊,与和俱行。""和"即"太和"。《得一篇》曰:"天地生于太和,太和生于虚冥。"此"和"为形而上者。《道生一篇》曰:"阴阳始别,和气流行。"《得一篇》曰:"和气隔塞,三光消灭。"此"和气"连言,是形而下者。"和"("太和")与"和气"在《指归》中有分别,前者指自然流行于宇宙之中的、作为本原的和气,后者则指弥漫于天地和人物之内、之间的和气。"太和"为本(形而上者),"和气"为用(形而下者)。二重,除了是宇宙生成的本原外,《指归》还认为"太和"具有"广大""荡荡""纤妙""滑

---

① 《指归·上德不德篇》。
② 《指归·不出户篇》。

淖"的特征①，甚至还具有一定的"范围"。《圣人无常心篇》曰："天地为炉，太和为橐，神明为风。""橐"是有范围、有边界的，当然它在原文中是一个比喻词。《上德不德篇》曰："和有高下。""高下"就其上下深度而言，亦有边界义。不过，所谓"范围""高下"，是不是说"和"（"太和"）真有所谓边界呢？当然不是。唐强思齐《道德真经玄德纂疏》引《谷神不死篇》曰："太和妙气，妙物若神，空虚为家，寂泊为常，出入无窍，往来无间，动无不遂，静无不成，化化而不化，生生而不生也。"既然"出入无窍，往来无间"，那么太和妙气（或太和神气）就不是有边际的存在。它至广至大，浩渺无极，弥漫于形上界的虚无之中。三重，处于气化分离中的"和"虽然根源于形上的"太和"，但是它毕竟属于形而下者。此"和"又可以分为两种：（1）一为阴阳二气对待流行与生化的本然和气，及由此局限在个体之中的自然和气。《上德不德篇》曰："天下味味喝喝，皆蒙其化而被其和。"《老子》曰："万物负阴而抱阳，冲气以为和。"二文中的"和"都属于此种"和"。（2）一为洋溢于天地之间的和气。此种和气，是指由气化分离所导致的万物之间的自然和谐。"人"属于气化分离之一物，人生之后即存在于万物生来即有的本然和谐之中。在古人看来，不和谐是后天产生的，而不是本来即有的；古人常常将不和谐归因于神秘存在（例如灾异和变乱的天象）和世间的恶行恶政（特别是人君），当然后者是主要的，甚至在天人感应的意识中古人认为前者是由后者导致的。"和"同时也是万物相处的基本原理：人与人，人与他物，以及人与自然（the Nature）都应当保持和谐关系，并且人有责任在身心活动中保持"和谐"，在现实世界中维护和谐关系。其四，对于形神论和养生论的"和"原则，《指归》论述颇多。"和"，一指修养原则。《上士闻道篇》曰："抱德含和。"又曰："和为中主。"《善建篇》曰："摄精畜神，体和袭弱。"这些文本中的"和"都是指修

---

①《指归·名身孰亲篇》曰："表仪莫广乎太和，著明莫大乎天地。"《不出户篇》曰："神明交，清浊分，太和行乎荡荡之野，纤妙之中，而万物生焉。"《圣人无常心篇》曰："天地为炉，太和为橐，神明为风，万物为铁，德为大匠，道为工作，天下青青，靡不润泽。"《含德之厚篇》曰："太和滑淖。"

养原则。二指处于身内的"和气"。《上士闻道篇》曰："养神积和,以治其心。"《不出户篇》曰："神平气和,中外相保。"这些文本中的"和"都是指处于身内的"和气"。这种"和气"可以发扬于外,洋溢于天地之间,及和化自然(the Nature)。而这种和化的自然、天地,都属于人君养生、修身的天人效应,由此断定"太平滋生"。《至柔篇》曰："顺神养和,任天事地。"又曰："和气洋溢,太平滋生。"即属于此"和"。总之,《天地之道篇》有一段话说得很好,云:"夫和之于物也,刚而不折,柔而不卷,在天为绳,在地为准,在阳为规,在阴为矩。不行不止,不与不取,物以柔弱,气以坚强,动无不制,静无不与。故和者,道德之用,神明之辅,天地之制,群生所处,万方之要,自然之府,百祥之门,万福之户也。故智者见之谓之智,仁者见之谓之仁,天下以之,日夜不释,莫之能睹。夫何故哉? 以其生物微而成事妙也。""和"之妙用大矣哉! 在一定意义上来说,《指归》的论述乃是对帛书《道原》"和其用也"一句的推衍。

最后看"道德""神明""太和"的综合含义。一个是生成义。在《指归》中,个体事物的生成既包含宇宙生成的一面,也包含从本体到现象的一面,而这两种生成含义并存不悖。从后者来说,天地万物是"道德""神明""太和"的综合本体通过气化分离而展现在现象上。《指归》的本体论是一本而多元的,其中"道"是终极本体。关于本体的多元性,上文已有涉及,这里再列举数条资料以见之:

(1) 道德神明,清浊太和,天地人物,若末若根。数者相随,气化连通,逆顺昌衰,同于吉凶。①

(2) 天地所由,物类所以,道为之元,德为之始,神明为宗,太和为祖。道有深微,德有厚薄,神有清浊,和有高下。②

(3) 天地为炉,太和为橐,神明为风,万物为铁,德为大匠,道为

---

①《指归·善为道者篇》。
②《指归·上德不德篇》。

工作,天下青青,靡不润泽。①

（4）道德至灵而神明宾,神明至无而太和臣。清浊太和,至柔无形,包里天地,含囊阴阳,经纪万物,无不维纲。②

（5）太上之象,莫高乎道德,其次莫大乎神明,其次莫大乎太和,其次莫崇乎天地,其次莫著乎阴阳,其次莫明乎大圣。③

另一个是价值义。《指归》认为"道德""神明""太和"三者又是人事世界的价值米源。《治大国篇》曰:"以道为父,以德为母,神明为师,太和为有。"(《不出户篇》略同)《道可道篇》曰:"遵道德,贵神明,师太和,则天地。"④《上德不德篇》曰:"(上德之君)性命同于自然,情意体于神明,动作伦于太和,取舍合乎天心。"这是说(人君)要师法"道德""神明"和"太和",以它们作为自己养生和为政的原则。而《民不畏威篇》更曰:"道德之旨,神明之务,太和之心,天地之意,祸莫甚乎亡,福莫甚乎存,非独天道,人物亦然。"这似乎将"道德""神明""太和""天地"看作是有意志的存在,在它们的主宰下,宇宙、天地、人物似乎是有目的地生成的。而且,严遵还认为"非独天道,人物亦然","天道"应当成为"人物"生成及人事活动的根本依据和原则。总之,在严遵的思想系统中,形上界即是形下界的主宰和价值根源,"道德、神明、太和"是人君养生为政的应然法则,圣人应当根据"天道"来治理天下,否则将如《道可道篇》所说:"是以知放流,而邪伪作;道德壅蔽,神明隔绝;百残萌生,太和消竭。天下偟偟迷惑,驰骋是非之境,失其自然之节。"⑤

3."一"概念与"道生一"的宇宙生成论

先看《指归》"道生一"的宇宙生成论。《指归》"道生一"的宇宙生成论直接见于《道生一篇》。

①《指归·圣人无常心篇》。
②《指归·至柔篇》。
③《指归·道可道篇》,张君房《云笈七签》卷一引。
④ 陈景元《道德真经藏室纂微篇》引。
⑤ 张君房《云笈七签》卷一引。

首先,《道生一篇》论述了"道"的存在特性。而这包括三点:(1)"道"是终极的"虚无"存在。《道生一篇》曰:"是故无无无始,不可存在;无形无声,不可视听;禀无授有,不可言道。无无无之无,始未(未)始之始,万物所由,性命所以,无有所名者谓之道。"这即是说,"道"不但不是有有有始、有形有声的形下存在,而且也不是禀无授有的存在。从相因生成的形上界结构来看,"道"乃一终极的"虚无"存在,乃"无无无之无","始未始之始",也即"虚之虚者""无之无者"。对于终极本体,严遵有时也称之为"玄"①。"玄"的概念后来被他的学生扬雄发扬光大,成为其哲学的根本概念,可参看《太玄》一书。(2)"道"是形上、形下二界的终极生成因。"有生于无,实生于虚"②,这是一般性的生成法则。《道生一篇》曰:"故虚之虚者生虚者,无之无者生无者;无者生有形者。故诸有形之徒皆属于物类。""有形有名",为形下之物(天地、人物)的根本规定性,而"虚无"为形上存在的根本规定性。由"清""浊""和"三者所构成的浑沦体,乃一"虚无"的存在。由此上溯,严遵认为还存在"虚之虚者""无之无者"的终极生成因,而这个终极的生成因(即终极本根)即是"道"。(3)此外,《指归》高度重视"道"的"一本"性。《万物之奥篇》曰:"道以无有之形、无状之容,开虚无,导神通,天地和,阴阳宁。"这句话直接指明了"道"是形上、形下二界的总根源,"虚无""神明""天地""阴阳"都是从终极本根——"道"衍生出来并获得其规定性的。《得一篇》曰:"一,其名也;德,其号也;无有,其舍也;无为,其事也;无形,其度也;反,其大数也;和,其归也;弱,其用也。"归根结蒂,"一""德""无有""无为""无形""反""和"和"弱"八者,俱是由终极本体"道"派生出来的。顺便指出,所引《得一篇》这段文字与帛书《道原》的关系密切。帛书《道原》曰:"一者,其号也;虚,其舍也;无为,其素也;和,其用也。"很显然,《指归》继承了帛书《道原》的思

---

① 《指归·大成若缺篇》曰:"光景不见,独玄有奇,天地人物,与之俱化。"《善建篇》曰:"空虚寂泊,若亡若存,中外俱默,变化于玄。"《为无为篇》曰:"是以君子,动未始之始,静无无之无,布道施德,变化于玄。"

② 《指归·道生一篇》。

想,并作了一些推衍。

其次,《道生一篇》具体论述了"道生一"的宇宙生成论系统。而这又包括数个层次:(1)论"道生一"。《道生一篇》曰:"道虚之虚,故能生一。""道"为因而"一"为果,"一"为虚而"道"为虚之虚。何谓"一"?《道生一篇》曰:"潢然大同,无终无始,万物之庐,为太初首者,故谓之一。"所谓"潢然大同",虽然与处于虚极的道体有别,但是仍居于太初之首。另外,"一"在《得一篇》还有更为深刻、细致的论述。(2)论"一生二"。《道生一篇》曰:"一以虚,故能生二。""一"能生"二"的原因,仍然在于居上位者比在下位者更为"虚无"。而这里所谓"二",具体指"神明"。"神明"是形上的存在,其体"生息不衰",其用"存物物存,去物物亡"。后者即是说,神明居则人物存,神明去则天地毁。(3)论"二生三"。《道生一篇》曰:"二以无,故能生三。""二"能生"三"的原因,仍然在于居上位者比在下位者更为"虚无"。所谓"三",指"清""浊""和"三者。"清浊"是"神明"的存在状态,"神有清浊"①,而"和"指清浊之和。需要说明的是,"三"在《指归》中不单指"和",而且指"三物俱生"的"三物"。而严遵的这一解释即被河上公《章句》所继承。②"三"或"三物"是"天地所始",是直接的施气授形之因;而随气流行的生命性则是由"神明"直接赋予的。(4)论"三生万物"。《道生一篇》曰:"三以无,故能生万物。""三"亦以"无"而能生"万物"。所谓"万物",《道生一篇》曰:"有形宵可因循者,有声色可见闻者,谓之万物。""物"是以形状、声色来定义的。超越形状、声色而仍为形而下者,在《指归》中包括已分的清浊、已陈的高卑、始别的阴阳和流行的和气等。《指归》有时笼统称"万物"为"天地"。总之,万物皆生于虚无,以虚无为元始(始源)。而作为贤君圣主就应当效法"虚无无形、微寡柔弱"之道。

最后,看《指归·得一篇》的"一"概念及如何"得一"的问题。《得一

---

① 《指归·上德不德篇》。

② 在《老子》第四十二章"二生三"句下,河上公《章句》曰:"阴阳生和、清、浊三气,分为天、地、人也。"不过,河上公《章句》将"二"解释为"阴阳",这与严遵《指归》大异。

篇》是解释《老子》"昔之得一者"一章的。为了解释何以必须"得一"的问题，严遵先深入地阐述了"一"的内涵。《得一篇》曰：

> 一者，道之子，神明之母，太和之宗，天地之祖。于神为无，于道为有，于神为大，于道为小。故其为物也，虚而实，无而有，圆而不规，方而不矩，绳绳忽忽，无端无绪，不浮不沉，不行不止，为于不为，施于不与，合囊变化，负包分理。无无之无，始始之始，无外无内，混混沌沌，芒芒泛泛，可左可右。……陶冶神明，不与之同；造化天地，不与之处。禀而不损，收而不聚，不曲不直，不先不后。……不生也而物自生，不为也而物自成。天地之外，毫厘之内，禀气不同，殊形异类，皆得一之一以生，尽得一之化以成。故一者，万物之所导而变化之至要也，万方之准绳而百变之权量也。一，其名也；德，其号也；无有，其舍也；无为，其事也；无形，其度也；反，其大数也；和，其归也；弱，其用也。故能知一，千变不穷，万输不失。不能知一，时凶时吉，持国者亡，守身者没。

就其在形上界的位置来看，"一"仅次于"道"，在"神明""太和"之上。《得一篇》说它是"道之子，神明之母，太和之宗，天地之祖"。就其有无、大小来看，《得一篇》又说它"于神为无，于道为有，于神为大，于道为小"。正因如此，严遵认为"一"具有"虚而实，无而有"的特性。不过，联系形下之天地、人物来看，"一"毕竟是"无无之无，始始之始"，而非常接近终极本体（"道"）的形上实在。简单说来，"一"属于那种与"道"离而未离、别而未别，而与之高度同一的本根。因此"一"具有至广至大的生成作用。《得一篇》曰："故一者，万物之所导而变化之至要也，万方之准绳而百变之权量也。"严遵并将"一"看作万物生成变化的根源和主宰者（包括主导和裁量两个方面）。而这两点正是人君、圣主之所以需要"得一"的根本原因。

"得一"，当然要求"知一"，"知一"才能"得一"。《得一篇》下文即从天人相关的角度详细地论述了如何"得一"的问题。对于"天得一以清，地得一以宁，神得一以灵，谷得一以盈，侯王得一以为天下正"五者的"得一"，严遵的态度不是完全被动和消极的，而是站在黄老道家的立场上积极而主动地建立新的主体性，尽管这个新的主体性是从负的方面，即从人君世主积极而主动地消解自身的主观性和能动性来建立的。如《得一篇》解释"天得一以清"时说："天之性得一之清，而天之所为非清也。"既然"天之所为非清"，那么如何使"天得一以清"呢？严遵认为在于人君圣人能够参赞天为，安定天体（天体刚建运动不息，覆盖品物；日月星辰为其象，万物发端于天。）而使之回归"清"的本性。其中的关键在于人君圣人的修养。《得一篇》曰："无心无意，无为无事，以顺其性；玄玄默默，无容无式，以保其命。是以阴阳自起，变化自正。故能刚健运动以致其高，清明大通，皓白和正，纯粹真茂，不与物粶。确然大易，乾乾光耀，万物资始，云蒸雨施，品部流形，元首性命，玄玄苍苍，无不尽覆。"这就是人君圣人之所以能够使"天得一以清"的原因。

总之，"凡此五者（指天、地、神、谷、侯王——引者注），得一行之"。在此，"一"既是原则，又是"性命自然，动而由一也"的结果。在《上德不德篇》中，严遵区别了"上德之君"和"下德之君"二者，前者"性受道之纤妙，命得一之精微"，后者"性受道之正气，命得一之下中"。而由此可见上德之君和下德之君在实践"性命自然，动而由一"时有高低之别。另外，在《得一篇》的下文，严遵还谈到，"得一而存，失一而没"是性命赋予和万物变化的"法式"，而这个"法式"推衍开来就是："为寡者众，为贱者贵，为高者卑，为成者败；益之者损，利之者害。"作为贤君圣主，就应当遵从这些法则，"因道而动，循一而行"。

4. 形上界和形下界的生成法则

所谓形上界和形下界，《指归》又称为无有、虚实、虚气二界。这种分法，可能与武帝太初元年（前104）或稍前人们在宇宙观上的突破有关，而这个突破就是当时正式提出了浑天说。浑天说影响到历法的制定，导致太初改历，制定了所谓《太初历》（或称《八十一分律历》）。"无有"是从形名的角度来作界定的，而"虚实"是从有无实在性（不是空无）来界定的，后者比前者更为根本。"实"的本义是实在，不是虚空（空无）。"虚""实"是宇宙实在的隐伏和显现①，而且就《指归》来说，作为终极始源的"道"不是绝对的空无，但从"道"到"太和"，确实变得愈来愈充实。因此"虚实""有无"是两组相对的概念。从大的分界来说，"虚实"与形上界、形下界相对应，而在此意义上的"虚实"概念即与"虚气"同义。不过，严遵认为，"气"只是形而下者，或者说它是形下界的生成根源。在《指归》中，严遵将"清气生天，浊气生地"看作"气"的流行，是形而下者，而"太和"以上则是虚无的存在。

关于形上、形下二界的生成法则，《指归》提出了四条。第一条是"有生于无，实生于虚"，或"无者生有，实者生虚"的法则，也即"无不生无，有不生有，不无不有，乃生无有"②的法则。"有生于无，实生于虚"出自《道生一篇》，云："由此观之，有生于无，实生于虚，亦以明矣。是故无无无始，不可存在，无形无声，不可视听，禀无授有，不可言道，无无无之无，始末（未）始之始，万物所由，性命所以，无有所名者谓之道。""无者生有，实者生虚"出自《道生篇》，云："物类之无者生有，虚者生实，见微知著，观始睹卒。非有巧能，自然之物，圣人因之，与天周密。是故知道以太虚之虚无所不禀，知德以至无之无无所不授。"从这两条引文看，"有生于无，实生于虚"或"无者生有，实者生虚"的命题包含三层含义：（1）从宇宙论的生成关系来说，形下界生于形上界，即万物之"有"始于形上界之"无"。《得一篇》曰"天地生于太和，太和生于虚冥"，《行于大道篇》曰"始始于不始，生生于不生"，即是此意。（2）就道物，即就本体与现象的生成关系来看，这条法则将"道"看作"无"，将"物"看作"有"，它认为现象（"物"）之"有"是由本体（"道"）之"无"生成的。而"虚实"与"有无"的关系是紧密而直接的。《不出户篇》曰："以知实生于虚，有生于无，小无不入，大无不包也。本我之生，在于道德。"《方而不割篇》曰："夫道体虚无而万物有

① 绝对的气本论，如宋儒张载所说，以"气"（质料）的显隐来定义"虚""实"或"有""无"，张载不承认宇宙中存在一个绝对的"无"（一无所有的"空无"），提出了"太虚即气则无无"的命题。
②《指归·为无为篇》。

形，无有状貌而万物方圆，寂然无音而万物有声。由此观之，道不施不与而万物以存，不为不宰而万物以然。然生于不然，存生于不存，则明矣！""道德虚无"和"万物有形"二者即"虚实""有无"相对的双方，"道德"是本体，而有形的"万物"是现象。上引《道生一篇》和《道生篇》二段文字均包含了此意。（3）不论是从有形到无形或从实到虚的宇宙生成论的溯源，还是从现象到本体的回返来看，都存在一个从有到无，从无到无无之无，最后到"无无无之无"，同时从有始到未始之始，从未始之始到"始未始之始"（即纯粹道体自身）的反索过程。《至柔篇》曰："道德至灵而神明宾，神明至无而太和臣。"在太和、神明、道德三者中，后者与前者相比是更为虚无的存在。

第二条是"气化分离"的形下法则。"气化分离"的法则又包括三个子法则：（1）"有物三立"是形下界展开和生成的总根据。《道生一篇》曰："一清一浊，与和俱行，天人所始，未有形朕圻堮，根系于一，受命于神者，谓之三。"《天之道篇》曰："天地未始，阴阳未萌，寒暑未兆，明晦未形，有物三立，一浊一清，清上浊下，和在中央。三者俱起，天地以成，阴阳以交，而万物以生。"而所谓"三立"，指"清""浊""和"三者的并立。这三者的并立，乃是"气化分离"的前提及其根源。（2）"阴阳对待"是万物流行变易的原理。《大成若缺篇》曰："天地之道，一进一退而万物成遂，变化不可闭塞，屈伸不可障蔽。"所谓"一进一退"，就阴阳而言，指阴阳在一年四时的消息。《不出户篇》曰："由此观之，天地人物，皆同元始，共一宗祖。六合之内，宇宙之表，连属一体。气化分离，纵横上下，剖而为二，判而为五。"天地人物的形上生成根源在于"道""德""神""和"，它们是所谓元始、宗祖。形下世界的生成则以"气化分离"为基本法则。所谓"剖而为二"，"二"指阴阳；"判而为五"，"五"指五行。阴阳五行是汉人宇宙论的基本概念，而严遵将其明确地放置在形下界（天地）的范围内。（3）"虚实相归，有无相生"是事物当下依存的对待性法则，且这一法则包含相互依赖、相互彰显及向对立面转化和互生之义。"转化"和"互生"即所谓"复道"或"循环论"。《天下皆知篇》曰："无以有亡，有以无形。难以易显，易以难彰。寸以尺短，尺以寸长。山以谷摧，谷以山倾。"有无、难易、尺寸和山谷四者，是对待性的存在物。这里的"有无"概念，首先应当实际地作理解，即"无"为"有"的缺失。例如"三十辐共一毂"（通行本《老子》第十一章），"毂心"即为"无"。这种"无"的存在依赖于为毂的材料及毂的构造，同时表明它是一种缺失，即实物材料上的缺失。而这种实际材料的缺失正表明"无"自身即属于"毂"这种结构的必要组成部分。正是在这种意义上，《老子》又说"有无相生"（通行本第二章）。严遵继承了《老子》的这种有无说。《信言不美篇》曰："虚实相归，有无相生。寒暑相反，明晦相随。阴消而阳息，阳息而阴消。本盛则末毁，末毁则本衰。天地之道，变化之机也。"这一段论述将"虚实相归，有无相生"作为基本规律放之于天地万物之中：一方面对待的双方皆依其对待性而存在和共存（包括《道生篇》所谓"有无相包，虚实相含"的法则），另一方面凡处于对待关系中的一方均可以向其对立方转化（其中包括对立双方的力量平衡和消长等问题）。而从宇宙生成论及本体与现象的关系来看，这个基本规律的哲学意义更为重大。另外，这个基本规律还包含了"复道"，即所谓循环论（例如生死、四时、晦朔的循环）的法则。

第三条是"相因""因借"法则。此条和下一条法则都是讲生化之道，它们贯通于形上、形下二界。《天下有始篇》曰："其为化也，变于不变，动于不动，反以生复，复以生反，有以生无，无以生有，反复相因。"所谓"相因"，指处于同一对待关系中的双方的相互依赖和共存，它从属于上文所说"有无相生"的法则。另一种是单向的"因借"，《道生一篇》曰："夫天人之生也，形因于气，气因于和，和因于神明，神明因于道德，道德因于自然：万物以存。"此所谓"因"，乃依凭、因借之义，是从下位向上位的单向的因借，最后因借于"自然"。"自然"是"天人之生""万物以存"的根本原则。

第四条法则是"自生自化"，亦即所谓"自然"法则。这一条法则是上一条法则的究竟义，或者说上一条法则归于此条法则，即归于"自然"法则。因此"相因""因借"与"自然"不是相悖关系。《道生一篇》曰："道德因于自然：万物以存。"《大成若缺篇》曰："道德无为而神明[自]然矣，神明无为而太和自起，[太和]无为而万物自理。"不但形上的神明是"自然"（自己如此）的，太和是"自起"的，而且形下的万物也是"自理"的。为什么它们是"自然""自起"和"自理"的呢？其原因即在于处于上位的那一个环节相对于下一环节来说均是"无为"的。所谓"无为"，指非故意、无目的或者没有主宰意志的作为。上无为而下自然，这是一种因果关系，但"自然"未尝不是"无为"的目的因。《江海篇》还说："道德不生万物，而万物自生焉；天地不含群类，而群类自托焉；自然之物不求为王，而物自王焉。"所谓"自生""自托"和"自王"，都展现了"自然"的丰富含义。

二、生命哲学：形神论与养生论

1."形""神"概念及二者的关系

在战国中期，生命哲学的基本结构已经完成了从人鬼（魂魄）到形神的大转变。在战国晚期，人们对形神问题的讨论已很普遍。形神，属于形下哲学问题。与"形神"相关的概念还有"形生""精神"和"性命"等。

先看"形"概念。"形"是一个形声字，从彡从井。《说文·彡部》曰："形，象形也。"又曰："彡，毛、饰画文也。"古人以毛文或饰画文来表示"形"字之意，说明"形"不同于未形之前的虚无、素朴状态。因此"形"字天生带有生成论的意味，尽管在大多数时候它是就具体事物的生成而言的。在《指归》中，"形"有作动词和名词两种用法。作动词用，"形"即显形、形成之义。《名与身孰亲篇》曰"其所托而形者，天地也"，《上德不德篇》曰"美德未形"，二"形"字皆为此义。作名词用，其含义又有多种。《得一篇》曰"殊形异类""品物流形"，《大成若缺篇》曰"育群形"，二"形"字即形体、形式之义。此义之"形"，与西方哲学家柏拉图的"形式"（Form）概念有一致之处。《上德不德篇》曰"遗形藏志"，《大成若缺篇》曰"动体劳形"，二"形"字具体指人的形体、肉体。《得一篇》曰"无有形兆"，《上士闻道篇》曰"无有形象""变于无形"，三"形"字乃形迹、形兆、形象之义。至于《大国篇》"势尊形宠""形大势丰"的"形"字，与"势"近义。前三义相近，彼此贯通，都是严遵形神论中"形"概念所应当具备之义。后一义则相隔很远，不在《指归》的形神论之列，故下文不再作论述。

在古典哲学中，"形"是区分"形而上"和"形而下"的基本概念，严遵的《老子指归》亦不例外。不仅如此，《指归》还以"形"来区别"有无""虚实"的概念，而所谓"有生于无""实出于虚"都是从这一概念来讲的，它们即有形出于无形、形而下者出于形而上者之意。据《指归》，"气化分离"和"气化流行"是产生"形"的两条具体原则和机制。而所谓"气化"，包括两个阶段，一者"三物"（清、浊、和三气）分离，生天生地；二者阴阳流行，产生万物。而在气化分离、产生万物的过程中，如何使物类区别开来呢？《指归》同样使用了"形"的概念。从生成论的角度来看，这个概念必须包括"形式""形迹"和"形体"三义。其中"形式"（Form）是对某类具体事物的本质规定，"形迹"（或"形兆""形象"）是具体事物在现象意义上的生现，而"形体"则是其生成的结果及其"形式"的现象化的完成。

在气化分离、流形成体的过程中，生命现象的出现是非常重要的。在流形成体的过程中，"性命"概念很重要，属于内化而内在的一环。自战国中期以来，对于人物来说，外在的超越性通过"性命"概念转化为内在的超越性。"性命"是一个包容了禀授者（"道德""神明""太和"）之超越性和气化之物质性在人物之体内并以为根据的综合实在。《道生篇》曰："（道）运行并施，无所爱好，禀授性命，无所不为。"《不出户篇》曰："道德变化，陶冶元首，禀授性命乎太虚之域、玄冥之中，而万物混沌始焉。""性命"虽然属于形而下者，但是来源于形上界。这即是说，通过"性命"一环，"道德""神明"和"太和"的形上者禀授于人物之中，从而成为人物当下而内在的本根。同时，需要说明的是，性命的禀授虽然来自于形上者并居于具体人物之中，但它们是通过气化分离的方式自然地流行并包含于人物之中的。《天之道篇》曰"（在天地之道的流行中）各正性命，物自然矣"，即是此意。与"各正性命"相关的是，严遵提出了"性分"或"性命之分"的概念。《人之饥篇》曰："道德之生人也，有分；天地之足人也，有分……万物之守身也，有分。禀受（授）性命，陶冶群形，此古人之所以弃损形骸。"《名身孰亲篇》曰："万物之性各有分度,不得相干。""分",即指"性分",或"性命之分"。人属于物类之一种,人有人的"性命之分"。关于"性命"的一般内容,《道生篇》曰:

> 何谓性、命、情、意、志、欲？所禀于道,而成形体,万芳殊类,人物男女,圣智勇怯,小大修短,仁廉贪酷,强弱轻重,声色状貌,精粗高下,谓之性。所授于德,富贵贫贱,夭寿苦乐,有宜不宜,谓之天命。遭遇君父,天地之动,逆顺昌衰,存亡及我,谓之遭命。万物陈列,吾将有事,举错废置,取舍去就,吉凶来,祸福至,谓之随命。因性而动,接物感寤,爱恶好憎,惊恐喜怒,悲乐忧恚,进退取与,谓之情。因命而动,生思虑,定计谋,决安危,通万事,明是非,别同异,谓之意。因于情意,动而之外,与物相连,常有所悦,招麾福祸,功名所遂,谓之志。顺性命,适情意,牵于殊类,系于万事,结而难解,谓之欲。

性、命、情、意、志、欲六者,严遵在上述引文中作了仔细区别。这六者,总括之,可称为"性命"。

在《指归》中,"形体"与"形骸"是两个有差别的概念。"形体"是指物类(物种)气化的本质形式(是具体、现成的,而不是抽象、潜在的),在逻辑上它与"性命"为体用、本末的关系;而"形骸"则是在"形体"的基础上再排除其生命性,单纯指身躯、骨骸的部分。可知"生命体"的"生命性"即居于"形体"之中,而根源于"性命";而"形骸"则不论其"生命性",甚至排除了"生命性"。进一步,"生命性"从终极根源来说虽然可以归结于"道"或"道德",但是古人(特别是道家学者)很早即已将其归结于"神"或"神明"的实在,严遵的《指归》亦不例外。这样,对于道家而言,"生命"或"生命体"的问题也就是形神问题。形神论,是严遵哲学的重要内容。

"生"("生命")来自何处,且如何是"生"？严遵在《出生入死篇》中作了很好的论述,曰:

> 道德,神明,清浊,太和,浑沦而为体,万物以形。形之所托,英

英英荣荣,不睹其字,号之曰生。生之为物,不阴不阳,不可揆度,不可测量。深微不足以为称,玄妙不足以为名。光耀恍惚,无有形声。无状无象,动静无方。游于虚寂之野,处于无有之乡。得之者存,失之者亡。

这段话指明了"形"来源于形上的浑沦之体,而"生"亦随"形"禀授并寄寓于"形"之中。"生"既非阴阳,亦非形名之物,它给"形"(有生命的形体一类)提供"英英荣荣"的生机,是其存在的根源,所谓"得之者存,失之者亡"是也。对于"生",《出生入死篇》继续说:

夫生之于形也,神为之蒂,精为之根,营爽为宫室,九窍为户门,聪明为侯使,情意为乘舆,魂魄为左右,血气为卒徒。进与道推移,退与德卷舒;翱翔柔弱,栖息虚无;屈伸俯仰,与时和俱。

"蒂",果蒂。"生"为果,则"神"为蒂。在形体中,"神"为"生"之"蒂","精"为"生"之"根"。有"根",可生本末,但是未必能结果;有"蒂"才是结果的直接原因。"气"有精粗,精气能生神和养神,粗气能成形和成物。简单说来,"精"是"神""生"的共同原因,不过"神"跟"生"的因果关系更为直接。正因为如此,战国后期以来的生命哲学可以直接简化为形神论,即以"神"来讨论"形"的生命性,这对于道家来说,尤其如此。上引《出生入死篇》这段话还以"人君"起譬,论明"生之于形"的当下存在:居内,"心"("营爽"即"心")为宫室,"九窍"为户门;出外,"聪明"为侯使,"情意"为乘舆,"魂魄"为左右,"血气"为卒徒。反过来看,"生"的现实性存在,即包含上述一系列构成因素。进一步,《出生入死篇》认为,"生"的现实性存在必须以"道德""柔弱"和"和"为原则;否则,"形"之于"生"就会产生障蔽、阻塞和窒息作用。由此,严遵提出了养生或养神的原则和方法问题。

"神",又称"神明"。何谓"神明"?《指归》的相关论述颇为深入。居于形体之中的"神"或"神明",本源于形上界的"神明"。从本体来说,此神明是无形迹、无声响的存在,"妙妙纤微,生生存存","生息不衰,光耀玄冥"①。从作用来说,"存物物存,去物物亡",超越于世间的智、力、威、德(施惠)而不被其所驱使②。严遵在《生也柔弱篇》中对"神明"作了同样的描述,曰:"有物俱生,无有形声,既无色味,又不臭香。出入无户,往来无门,上无所蒂,下无所根。清静不改,以存其常,和淖纤微,变化无方。与物糅和,而生乎三,为天地始,阴阳祖宗。在物物存,去物物亡,无以名之,号曰神明。""神明"之所以重要,正在于"在物物存,去物物亡"的特性。不仅如此,《指归》还就人的存亡论及"神明"的重要性。实际上,解决人的生命性的根源,乃是道家生命哲学的核心问题之一。《名身孰亲篇》曰:"我性之所禀而为我者,道德也;其所假而生者,神明也。"《天下有道篇》曰:"夫道德神明,陶冶变化,已得为人,保合精神,而有大形。"《圣人无常心》曰:"而我之所以为我者,以有神也。神之所以留我者,道使然也。"从"我"(生命个体)而言,生命的当下存在虽然不难脱离形体,但是"生"(生命性)在本质上来源于"神",并且确定"我之所以为我者":这个"我",不仅具有普遍意义上的"人"的形式,而且具有使我区别于彼的个体性和自主性。

总之,按照严遵的构造,"神明"在气化流行的层面寄寓于"精气"(精爽之气)之中,并随之入于人体,形成心、九窍、魂魄、血气等物(当然存在程度上的差别)。相对而言,"粗气"(粗恶之气)就构成了人的形骸部分。不过,更合乎道家古典哲学构想的是,精粗二气在形体内部呈现出彼此交通和相互消长、进退的关系,进而影响到处于形下状态下神明的清浊程度。不论居于形上还是处于形下状态,"神明"均有所谓清浊。《道生一篇》曰:"神明生息,形容自正","神明溃浊,众事并兴"。由"神明溃浊"来看,"神明生息"的"神明"乃居于清明状态。精气清明,粗气溃浊,如果粗气侵入精气,那么就会使神明处于昏蔽甚至退缩的状态。根据《管子》和《庄子》的有关篇目,在一般情况下,"心"是精气的聚集地。如果精气聚集于心,那么神明就相随而居处之;如果心中精气荡然无存,那么神明

---

① ②《指归·道生一篇》。

亦随之而亡。这些说法也是严遵的观点。此外,《指归》还进一步批判了智欲("智巧诈伪")的危害。智欲是形器之心和感官的本能,只有在神明的主宰下才能发挥良好的作用,否则会危及个体生命的安全。归纳起来,个体生命大抵由神形两个部分组成,"形"确定了物类(比如"人")的一般形式和质体,而"神"乃个体存亡(生命性)及其自我确定的根本。就人来说,"心"是精气聚集最多的器官,在诸器官中最为上等。"心"聚集清明、冲和之气,则"神明"居处于其中。由此推论,治心无疑是养生和治身的关键。

2. 养生、治身的目的、原则和方法

形神论,是黄老道家的重要论域。这一论域从"君人南面之术"出发,进而对君主的身心健康和安危表达了高度的关切,因为人君的寿命长短和身心健康,关系到国家的治理和社稷的安危。当然,黄老道家的形神论也具有普遍意义,即任何世人都存在着身心的健康和安危问题。

从目的来看,严遵的形神论在于"存身保身",而"存身保身"又以"长生久视"为最高目标(《指归》一书没有成仙的思想)。"存身",见于《民不畏威篇》和《勇敢篇》;"保身",见于《言甚易知篇》《知不知篇》和《信言不美篇》;"长生"或"长生久视",见于《上德不德篇》《至柔篇》和《为无为篇》等。而要达到"存身保身",甚至"长生久视"的目的,其关键在于养生实践。由此,形神论的重点必然落实在养生论上。

严遵《指归》的养生论思想包括"治身""治心"和"养神"三个方面。这三方面显然是紧密地关联在一起的,但是无疑以"养神为要"。《民不畏威篇》曰:"故存身之道,莫急乎养神;养神之要,莫甚乎素然。""治身"之所以必要,乃在于"身"代表着粗恶之气,代表言行、官窍及其欲望。广义的"身"概念包括"心"在内,就身心相对来说,则"心为身主"①。而"治心"之所以必要,乃在于此"心"为形器之心,代表世俗的智巧及其追求("志")。《指归》论"身""心",一般从负面和从智欲的作用来说,而以名

---

① 《指归·上士闻道篇》。

利为总的追求。"养神"是从正面说，而"治身"和"治心"均以"养神"为归宿点。这非常符合黄老道家的通识——"神存则身存"的原理的。《民不畏威篇》所云"存身之道，莫急乎养神"，正即此意。

何谓治身，而为何要治身？对于这两个问题，《出生入死篇》和《万物之奥篇》二篇均有说。前一篇曰："夫立则遗其身，坐则忘其心。澹如赤子，泊如无形。不视不听，不为不言，变化消息，动静无常。与道俯仰，与德浮沉，与神合体，与和屈伸。不贱为物，不贵为人，与王侯异利，与万性殊患。死生为一，故不别存亡。此治身之无为也。"又曰："贪生利寿，唯恐不得。强藏心意，闭塞耳目。导引翔步，动摇百节。吐故纳新，吹煦呼吸。被服五星，饮食日月。形神并作，未尝休息。此治身之有为也。"所谓"身"，从动静、言行、视听和心理活动而言。所谓"治身之无为"，即以无为的原则治身，此乃以"遗忘、澹泊、不为"为原则来消解自我，从而"与道俯仰，与德浮沉，与神合体，与和屈伸"，其目的在于让形神得到休息。所谓"治身之有为"，即以有为的原则治身——强行采取闭藏心意、耳目和导引、吐纳等方法来治理身体。后一种方法，在严遵看来，不但不能使人身心安顿下来，反而会导致"形神并作，未尝休息"的恶果。不仅如此，《出生入死篇》还对"致生之无为"和"致死之有为"各十三种因素作了详细的罗列，曰：

> 是故虚、无、清、静、微、寡、柔、弱、卑、损、时、和、啬，凡此十三，生之徒；实、有、浊、扰、显、众、刚、强、高、满、过、泰、费，此十三者，死之徒也。夫何故哉？圣人之道，动有所因，静有所应。四支九窍，凡此十三，死生之外具也；虚实之事，刚柔之变，死生之内数也，故以十三言诸。

关于治身，《万物之奥篇》还说："故言行者，治身之狱也；时和先后，大命之所属也。是以君子之立身也，如暗如聋，若朴若质。藏言于心，常处玄默。当言深思，发声若哭。和顺时适，成人之福。应对辞让，直而不饰。"从言行上来"治身"，是这段话的大意。其中的关键在于"言行者，治身之狱也"一句,这即是说,人们对待"言行"应当如对待狱事一样保持敬慎和警醒的态度。

何谓治心,而为何要治心? 这两个问题,涉及"心"的性质及其与"养神"的关系。在很大程度上,"治心"和"养神"是一个问题的两个方面。《上士闻道篇》曰"养神积和,以治其心",这是从正面讲,以"养神积和"来治心。不过,严遵大多从负的方面来讲治心的问题。在他看来,居于体内的"心"是自然之心和形器之心。从所有与"心"相关的《指归》文本来看,本心虽然包含了能思、能知的能动性,但是其本然状态是纯白、素朴的;而且,纯白、素朴之心正是精气和神明聚集的地方。现实之心与本然之心不同,它是有欲望、有情感、有知识、有记忆、有志向,然而常常杂乱的混合主体。在严遵看来,现实之心为一杂乱的主体,这正是导致神明不能安处甚至丧灭的原因。而欲使神明降临而安居于心中,则在于心本身回到纯白、素朴的状态,在修养上就是采取减损、澄汰、虚无、静止的方法。《上德不德篇》曰"损心弃意",《得一篇》曰"无心无意,无为无事""去心去志,无为无事""损心挫志,务设民下",《上士闻道篇》曰"塞民心意,使得安宁",《道生一篇》曰"去心释意,务于无名,无知无识,归于玄冥",《圣人无常心篇》曰"去心则危者复宁,用心则安者将亡",均有此意。虽然《指归》主张"损心""去心"和"无心",但并非真的要让人变成土块一样。一方面,自然之心本有,受命于天;另一方面,"损心""去心"和"无心"的目的,还是为了建立"无心之心"。《圣人无常心篇》曰:"道德无形而王万天者,无心之心存也;天地无为而万物顺之者,无虑之虑运也。由此观之,无心之心,心之主也;不用之用,用之母也。""无心之心",也叫作"天心"[1],或"神明之心"[2]。所谓"无心之心",就是在"损心""去心"和"无心"的基础上回归其本然的自然之心,是合乎"道德""神明"和"太和"三原则的虚静之心。

---

[1] "天心"一词,在《指归》中有多种涵义,一般同于"自然之心"。不过,与后者不同,"天心"有好恶,代表了严遵哲学的价值取向。

[2] 《指归·圣人无常心篇》。

　　为何要"养神"和"存神"呢？上文已作论述，这里再作说明。因为在人的现实存在中，一者，主体性的确立是建立在"神"的概念上的。《圣人无常心篇》曰："身之所以为身者，以我存也。而我之所以为我者，以有神也。"就将这一点说得很清楚。二者，"神"是人的现实生命的本根本源。《人之生也柔弱篇》曰："故神明所居，危者可安，死者可活也；神明所去，宁者可危，而壮者可煞（杀）也。"神明居我身则我身存，去我身则我身危。当然，生命力的来源还有另外一个因素，《人之生也柔弱篇》认为它是"阳气"。①

　　进一步，如何"养神"？这又可分为三点。其一，以"道德""虚无""清静"为养神的基本原则。《上士闻道篇》曰："静为虚户，虚为道门，泊为神本，寂为和根，啬为气容，微为事功。居无之后，在有之前，弃捐天下，先有其身，养神积和，以治其心。"《圣人无常心篇》曰："神之所以留我者，道使然也。托道之术，留神之方，清静为本，虚无为常，非心意之所能致，非思虑之所能然也。"《天下有始篇》曰："我道相入，沦而为一。守静至虚，我为道室。"其中，"清静"之"清"是从清浊而言，而"静"是从无为、有为来说的。"无为"在《指归》中也是一个很重要的养生论原则。

　　其二，从结构来说，《指归》养神论的要点为"虚心以静气，专精以积神"②，不过可分为"神—气"和"精—神"两路，它们之间是有区别的。《至柔篇》曰："是以圣人虚心以原道德，静气以存神明，损聪以听无音，弃明以视无形。"《大成若缺篇》曰："及至解心释意，托神清静，形捐四海之外，游志无有之内，心平气和，凉有余矣。"从这两则引文来看，"气"就是所谓的心气和体气。这种气，其实就是所谓智欲之气。严遵认为，在未修养之前，这种气既是混浊、散乱的，也是负面的。针对此气，严遵主张以"静

---

① 《指归·人之生也柔弱篇》曰："故神明所居，危者可安，死者可活也；神明所去，宁者可危，而壮者可煞也。阳气之所居，木可卷而草可结也；阳气之所去，气可凝而冰可折也。故神明、阳气，生物之根也；而柔弱，物之药也。柔弱和顺，长生之具，而神明、阳气之所托也。万物随阳以和弱也，故坚强实满，死之形象也；柔弱滑润，生之区宅也。凡人之性，憎西邻之父者，以其强大也；爱东邻之儿者，以其小弱也；燔烧枯槁者，以其刚强也；簪珥荣华者，以其和淖也。"
② 强思齐《道德真经玄德纂疏》引《指归·不尚贤篇》。

气"和"专气"的方法克服之。《言甚易知篇》曰:"是以圣人言不言之言,为不为之为;言以绝言,为以止为。绝言之道,去心与意;止为之术,去人与智。为愚为悫,无知无欲。无欲则静,静则虚,虚则实,实则神。"这是使用所谓静止的方法去克服智欲对于"言""为"的扰乱。这种方法就是绝去智欲,"去心与意","去人与智",从而回归其本真的"言""为"。《大成若缺篇》曰:"是以圣人,去知去虑,虚心专气,清静因应,则天之心,顺地之意。"所谓"虚心",就是"去知去虑"。所谓"专气",就是专一心气,使之从散乱的状态聚集起来。所谓"清静因应",合内外而言,以使之清明、使之静止的方法去澄汰和消解内在智欲和外在言为的扰乱。进一步,无论是"静气"还是"专气",在目的上都是为了保持"神明"的清明和宁静。①

从"精—神"出发,严遵另辟一条思路,阐明了培养"精神"的重要性。"精"即静气,在养生论中具有正面价值,与"神"具有一致性。《为学日益篇》说要"保我精神"。相应地,为何"精神"不保? 对于这一问题,《为学日益篇》认为这是由于人皆有有名有利有己的私心所导致的。这样,保养精神,与绝去智欲是一致的。绝去智欲是具体的虚静方法,其目的乃在于"神休精息""优游精神"。② 不过,负方法给正方法("培养")的内在实行提供了前提。《名身孰亲篇》曰:"是以精深而不拔,神固而不脱,魁如天地,照如日月。既精且神,以保其身。"在养生的过程中,"精""神"的培养是颇有必要的,最终目的是为了达到"精深""神固"的地步。

其三,关于如何养生和治身,《指归》还有"守和""抱和""积和""养和""体和"和"啬"("重神爱气")的方法。"和"是一个很重要的养生论原

① 《指归·上德不德篇》曰:"比夫万物之托君也,犹神明之居身而井水之在庭也:水不可以有为清也,神不可以思虑宁也。"此种比譬,源于《老子》第十五章:"孰能浊以静之徐清? 孰能安以久动之徐生?"此后,《庄子·天道篇》曰:"圣人之静也,非曰静也善,故静也;万物无足以铙心者,故静也。水静则明烛须眉,平中准,大匠取法焉。水静犹明,而况精神! 圣人之心静乎!天地之鉴也,万物之镜也。"亦以"水"取譬。
② 《指归·为学日益篇》曰:"遺名亡身,保我精神……神休精息,性命自全,万物相袭,与道德邻。"又曰:"优游精神,不外心志。意中空虚,如木之浮,如壤之休,不识仁义,不达礼仪。心不知欲,志不知为。"

则,这在《上士闻道篇》"和为中主,分理自明"、《宠辱若惊篇》"和为中主,澹若不生"(唐强思齐《道德真经玄德纂疏》引)、《天下有始篇》"浮德载和,无所不克"中足以见之。"和"原则的气化,即为"柔弱和顺"①。"柔弱和顺"乃就心气、体气而言。在此基础上,《指归》提出了一套修养观念,《上德不德篇》《得一篇》提出了"守和"的观念,②《道生一篇》提出了"抱和",《得一篇》提出了"履和",《上士闻道篇》提出了"含和""积和",《至柔篇》提出了"养和",《用兵篇》提出了"体和"的观念。③

"啬",作为一种方法,主要从"爱气"而言。在《出生入死篇》中,严遵构筑了一个以"虚、无、清、静、微、寡、柔、弱、卑、损、时、和、啬"十三者组成的所谓"生之徒"(与"死之徒"相对)的养生方法论系统,而"啬"居于其一。"啬"的意思是节省、爱惜。"啬道",在养生论中一般是就"精神"来说的。《善建篇》曰:"摄精畜神,体和袭弱……重神爱气,轻物细名,思虑不惑,血气和平。"《上士闻道篇》曰:"啬为气容。"严遵认为,如果人能够爱惜和节省精神和和弱之气,那么他就能够达到"长生久视"的养生目的。

三、"无为""自然"概念与政治哲学

"道德""神明""太和"是严遵宇宙论哲学的总原则,贯穿于形上、形下两界;当然,它们也贯穿于严氏的政治思想中。严遵的《指归》无疑属于黄老道家著作。一般,黄老道家政治哲学着眼于君对臣和君对民的有效统治,它以"自然""无为"为基本原则。这即是说,黄老道家以"无为"规范君主统治,而以"自然"作为其政治效果。黄老的这种"君无为而民

---

① 《指归·人之生也柔弱篇》曰:"柔弱和顺……本和弱,主慈爱。"《上德不德篇》曰:"心意虚静,神气和顺,管领天地,无不包裹。"
② 《指归·上德不德篇》曰:"谦退辞让,敬以守和,谓之礼人。"《得一篇》曰:"是以圣人,为之以反,守之以和,与时俯仰,因物变化。"
③ 《指归·道生一篇》曰:"不视不听,抱和以静。神明生息,形容自正。"《得一篇》曰:"抱神履和,包裹万物,声飞化物,盈溢六合。"《上士闻道篇》曰:"抱德含和。……养神积和,以治其心。"《至柔篇》曰:"是故绝圣弃智,除仁去义。发道之心,扬德之意。顺神养和,任天事地。"《用兵篇》曰:"道无不有,有无不为,体和服弱,括囊大威。"

自然"主张,即班固所谓"君人南面之术"①。

1.《指归》政治哲学的基本原则:无为与自然

《指归》的政治哲学,大致说来可以分为三个方面。先看第一个方面,"无为""自然"是《指归》政治哲学的两个基本原则。

何谓"无为"?"无为"与"有为"相对。《指归》对"无为"概念的论述较多,大约包括四点:其一,严遵认为"无为"不仅是形上、形下二界的生成法则,天地万物的生成之根,而且是本体之"道"的重要属性。《天下有始篇》曰:"夫道之为物,无形无状,无心无意,不忘不念,无知无识,无首无向,无为无事,虚无澹泊,恍惚清静。其为化也,变于不变,动于不动,反以生复,复以生反,有以生无,无以生有,反复相因,自然是守。无为为之,万物兴矣;无事事之,万物遂矣。是故无为者,道之身体而天地之始也。"这段话从体用两个方面作了论述,其中"是故无为者,道之身体而天地之始也"一句最为重要,直接将"无为"看作"道"的根本特性。其二,"无为"在涵义上固然具有减少(君主之)言命和行为的一面(《得一篇》《道生一篇》曰"无为无事"是也),但是对于严遵而言,它更主要地是作为规范"为"的原理而得到肯定的。《至柔篇》曰:"无为之为,遂成无穷,天地是造,人物是兴。"《大成若缺篇》曰:"是无为者,有为之君而成功之主也,政教之元而变化之母也。"《为学日益篇》曰:"无为之为,万物之根。由此观之,不知之知,知之祖也;不教之教,教之宗也,无为之为,为之始也;无事之事,事之元也。"这三段话都深刻地指明了"无为"是主宰"有为"的原理,而强调了"无为之为"的概念。其三,严遵从正负两个方面规定了"无为"概念的内涵,正的方面为"虚无""清静""恬淡"②"柔弱"③,负的方面为"损心弃意"④和"去知去虑"⑤。从修养上来看,这两个方面都

---

① 《汉书·艺文志》。
② 分别见《指归·上德不德篇》《指归·至柔篇》。
③ 《指归·言甚易知篇》。
④ 《指归·上德不德篇》。或《指归·得一篇》曰:"无心无意。"
⑤ 《指归·大成若缺篇》。或《指归·得一篇》曰:"不思不虑。"

是针对"知故"①或"智欲"而言的。不仅如此,《指归》还以"顺性"的概念解释了所谓"无为"(参看《得一篇》)。其四,从功用来看,《指归》不仅认为"无为"乃"治之元也"②,"成功之主也,政教之元"③,"无为之为,万物之根"④,而且认为它也是治身、治家和治天下的根本原则⑤。

何谓"自然"?"自然"乃自己如此之义,在《指归》中有"自为""自得""自化""自生"等涵义。从使用来看,这一概念包括多重涵义。其一,从本然世界的生化流行来看,"自然"是天地万物的内在本性。《至柔篇》曰:"览天地之变动,观万物之自然。"《柔弱于水篇》曰:"道德所包,天地所载,阴阳所化,日月所照,物类并兴,纷缪杂乱,盛衰存亡,与时变化,积坚者败,体柔者胜,万物之理,自然之称也。"这两段文本的"自然"皆用此义。其二,"自然"不是一个实体性概念,而是规范形上、形下世界的根本原理。《道生一篇》曰:"夫天人之生也,形因于气,气因于和,和因于神明,神明因于道德,道德因于自然:万物以存。"万物存在的依据为"自然"。其三,"自然"与"无为"概念互为两端,从政治或行政管理的角度来看,二者具有因果关系,或者说"无为"即"自然"。《不出户篇》曰:"故圣人之为君也,犹心之于我,我之于身也。不知以因道,不欲以应天,无为以道世,无事以养民。玄玄默默,使化自得,上与神明同意,下与万物同心。动与之反,静与之存,空虚寂泊,使物自然。"《其安易持篇》曰:"不思不虑,若无所识,使物自然,令事自事。"这是从主体对客体作用的角度来论述"无为"与"自然"关系的:人君无为则"使物自然"。《言甚易知篇》曰:"夫无形无声而使物自然者,道与神也;有形有声而使物自然者,地与天也。"此所谓"使物自然",是从客体内部来说的。前一种因果关系,从君主消解自身的主体性而言,其"使"乃不使之使:在此,君主的"无为"不

①《指归·大成若缺篇》。
②《指归·至柔篇》。
③《指归·大成若缺篇》。
④《指归·为学日益篇》。
⑤《指归·出生入死篇》。

是一种外在的强加,而是事物如此展现的主观前提。后一种因果关系,从揭示本体的特性而言,其"使"乃虚设之义:道与神,地与天,均非事物的主宰。另外,《其安易持篇》曰:"故圣人无为为之以生万物,无执执之以制所欲,犹工匠之造高台,而天地之生巨木,自然而已。"这是所谓"无为"即"自然"的思想。其四,"自然"乃性命之理。这一重涵义又包括两点,一者,在万物生成、禀受性命的过程中,"自然"为其固然之理。《天地之道篇》曰:"是以天地之道,不利不害,无为是守,大通和正,顺物深厚,不虚一物,不主一所,各正性命,物自然矣。"二者,在客观事物的自身运动及政治实践关联着的主客双方,"自然"均为应然之理。《江海篇》曰:"百川非闻海之美、被其德化归慕之也,又非拘禁束教、有界道、画东西而趋之也,然而水之所以贯金触石、钻崖溃山、驰骋丘阜以赴随江海无有还者,形偶性合,事物自然也。"万物合乎其形性,即为自然。《其安易持篇》曰:"教以无教,导以无名,知以无知,状以无形;治不得起,乱不得生,天下无为,性命自然。"此即所谓上无为而下自然。《上德不德篇》曰:"(上德之君)性命同于自然……(下德之君)性命比于自然。"这是以"性命同于自然"的命题要求君主修身,反对扭曲人的性命之情。其五,《指归》多次谈及"自然之验",即自然的效验问题。①

此外,"分"(去声)在《指归》中是一个颇为重要的概念。"分"字既可以作动词使用,也可以作名词使用,且二者是有关联的。作名词用,读去

---

① 《指归·至柔篇》曰:"夫道以无有之有,通无间,游无理,光耀有为之室,澄清无为之府,出入无外而无圻,经历珠玉而无朕。何以效其然也?夫有形镰利不入无理,神明在身,出无间,入无孔,俯仰之顷经千里。由此言之,有为之为,有废无功;无为之为,遂成无穷,天地是造,人物是兴。有声之声,闻于百里;无声之声,动于天外,震于四海。言之所言,异类不通;不言之言,阴阳化,天地感。且道德无为而天地成,天地不言而四时行。凡此两者,神民之符,自然之验也。"《行于大道篇》曰:"何以明之?庄子曰:道之所生,天之所兴。始始于不始,生生于不生。存存于不存,亡亡于不亡。凡此数者,自然之验、变化之常也。"《知不知篇》曰:"道德之教,自然是也。自然之验,影响是也。凡事有形声,取舍有影响,非独万物而已也。夫形动不生形而生影,声动不生声而生响,无不生无而生有,覆不生覆而生反。故道者以无为为治,而知者以多事为扰,婴儿以不知益,高年以多事损。由此观之,愚为智巧之形也,智巧为愚之影也。无为,逐(遂)事之声也;遂事,无为之响也。智巧,扰乱之罗也;有为,败事之网也。"

声,有"性分""职分"和"分度"义,其中后一义为总义。①《人之饥篇》论"分"的文字甚多,曰:"道德之生人也,有分;天地之足人也,有分;侯王之守国也,有分;臣下之奉职也,有分;万物之守身也,有分。……失道之分,性不可然;失天之分,家不可安;失主之分,国不可存;失臣之分,命不可全;失民之分,身不可生。"这段话其实就是讲万物之性各有分度,而不可失却之。严遵主张"守分如常";失分与过分,都是他所批判的。从一定意义上来看,"守分"也就是"无为"和"自然"。

2. 治国之道:阴阳德刑理论与啬道

再看《指归》政治哲学的第二个方面,即所谓统治术(具体统治方法)。刑德理论是《指归》统治术的一个重点。

刑德理论属于阴阳家学说,即阴阳家将君主对臣民的赏罚挂搭在阳生阴杀之下,以作为所谓天道的根据。对于这套理论,黄老帛书的论述已很成熟。刑德理论可以分为三个层次,一个是君对民,再一个是君对臣,第三个是天子对诸侯或某国对他国,根据与时节相应的原理而实施德惠或刑杀的政治行动。《指归》所说阴阳刑德理论的基本原理如下:

> 道德之情,正信为常。变化动静,一有一亡。覆载天地,经纬阴阳。纪纲日月,育养群生,逆之者死,顺之者昌。故天地之道,一阴一阳。阳气主德,阴气主刑,刑德相反,和在中央。春生夏长,秋收冬藏,终而复始,废而又兴。阳终反阴,阴终反阳,阴阳相反,以至无穷。②

> 夫天地之道,一阴一阳,分为四时,离为五行,流为万物,精为三光。阳气主德,阴气主刑,覆载群类,含吐异方。③

---

① 《指归·民不畏死篇》曰:"故人君有分,群臣有职,审分明职,不可相代。""分"即"职分"义。《名身孰亲篇》曰:"万物之性,各有分度,不得相干。"此"分度"就"万物之性"而言,其中的"分"为性分义。《天之道篇》上文既曰"各正性命,物自然矣",下文曰"各受一分,不得兼有",那么此"分"也当为"性分"义。
② 《指归·以正治国篇》。
③ 《指归·勇敢篇》。

上面两段话，特别是第一段话已将阴阳刑德理论的基本内容揭示出来了。德惠和刑杀的根据在于天道。天道一阴一阳，刑德随之，"阳气主德，阴气主刑"，表现在节令上就是"春生夏长，秋收冬藏"。而且，随着阴阳在一岁中还返无穷的运动，刑德亦与之返还无穷。

依据天道层面的阴阳刑德原理，《指归》从人君为治的角度阐明了刑德理论的内涵。严遵认为，人君在为政和统治的过程中需要将刚柔、文武、威德（兵德）的两种手段结合起来，而以"中正为经"。《以正治国篇》曰："故王道人事，一柔一刚，一文一武，中正为经。刚柔相反，兵与德连；兵终反德，德终反兵，兵德相保，法在中央。"《用兵篇》曰："庄子曰：夫阴而不阳，万物不生；阳而不阴，万物不成。由此观之，有威无德，民不可治；有德无为（威），宗庙必倾；无德无威，谓之引殃，遭运时变，身死国亡。故人主者，国之腹心也；兵者，国之威神也。"是篇又曰："夫德之与兵，若天之与地，阴之与阳，威德文武，表里相当。"人道（王道）效法天道，或者说以天道是人道的依据，这是通行于中国古典哲学的思维方式，不过阴阳家阐明阴阳原理的目的乃在于为君主实行刑德、恩威并用的统治手段服务。

进一步，如何实施刑德、恩威？在《以正治国篇》中，严遵说应当根据"正名以覆实，审实以督名"来施行赏罚[1]，在《用兵篇》中说要以"名实为纪，赏罚为纲"。如果"名实失当"，那么"赏罚妄举"[2]；如果"名实有孚"，那么"赏罚得中"[3]。进一步，需要对君臣"审分明职"，《民不畏死篇》曰："故人君有分，群臣有职，审分明职，不可相代。"以上是形名学的思想，韩非子和黄老学者都充分吸纳了这一学说的思想。而《指归》的特别之处在于将形名学和阴阳刑德理论结合了起来，将赏罚并用看作阴阳刑德理论在现实层面更进一步的伸展。

---

[1]《指归·以正治国篇》曰："正名以覆实，审实以督名。一名一实，平和周密，方圆曲直，不得相失。赏罚施行，不赢不缩，名之与实，若月若日。"

[2]《指归·民不畏死篇》。

[3]《指归·柔弱于水篇》。

此外，在《指归》中，啬道也值得一谈。"啬"与"费"相对，即俭啬、爱啬之义。在《指归》中，"啬"作为方法包含两个层面的含义，即作为养气、养生和人君治国的方法，当然这二者之间是有关联的。《上士闻道篇》曰"啬为气容"，《出生入死篇》以"啬"为"生之徒"十三法之一，这是从养气和养生上来说的。至于作为人君治国的啬道，则见于《方而不割篇》。是篇曰：

> 故治国之道，生民之本，啬为祖宗。是故明王圣主，损形容，卑宫室，绝五味，灭声色，智以居愚，明以语默，建无状之容，立无象之式，恐彼知我，藏于不测。……故万物玄同，天下和洽，浮沉轧轹，与道相得。……自修有余，故能有国；治人理物，子孙不绝。夫何故哉？以其啬也。为啬之道，不施不予，俭爱微妙，盈若无有，诚通其意，可以长久。形小神大，至于万倍，一以载万，故能轻举。一以物然，与天同道，根深蒂固，与神明处。真人所体，圣人所保也。

这段文字提出了"治国之道，生民之本，啬为祖宗"的说法，足见"啬道"之重要。何谓啬道？《方而不割篇》的论述很细致，大意为"不施不予，俭爱微妙，盈若无有"。从内在的精神来说，"啬"就是节省、爱惜之。从人君对臣民的统治来说，"啬"就是"不施不予"，和"损形容，卑宫室，绝五味，灭声色，智以居愚，明以语默……藏于不测"之术。从修养的递进层次来说，"啬"的终极目的是达到"玄默""玄同"的境界。总之，无论在养生论上还是在政治论上，"啬"都是一种负的方法，保守的方法。

3. 理想的政治人格与功业层次：圣人与皇帝王霸

在《指归》中，严遵设立了一系列的理想政治人格，从臣下来看，包括贤人和君子，从人主（人君、君主）来看，包括圣人、明王、圣主、贤君，及皇帝王伯（霸）和上德之君、下德之君等差别。

先看"君子"与"圣人"等人格概念。在《指归》中，"贤人"一共出现了2次，均指富有才干的臣子；"君子"（已道家化）一共出现了10多次，与"小人"相对。一般说来，在《指归》中，"君子"的人格高于"贤人"。据《上德不德篇》，严遵在小人、君子划分的基础上进一步将君子"剖判为数等"，即将"君子"划分为道人、德人、仁人、义人和礼人五等。这五种人，严遵认为，"皆乐长生，尊厚德，贵高名。"又据《万物之奥篇》，"君子"人格在"圣人"之下。是篇曰："圣人之下，朝多君子。"在《指归》中，"圣人"约出现了 70 次；此外"明王圣主"出现了 10 次，"贤君圣主"出现了 2 次。毫无疑问，"圣人"人格在《指归》的思想系统中居于十分重要的位置。从来源说，"圣人"人格不但是继承《老子》，而且是继承黄老的结果。而这一人格形态无疑是从应然的立场上提出来的，对于《指归》政治哲学系统的完成具有重要意义。

再看《上德不德篇》对皇帝王霸及上德之君、下德之君等的相关论述。根据"德有优劣，世有盛衰，风离俗异，民命不同"，严遵对世间的君主作了皇、帝、王、伯（霸）的划分。《上德不德篇》曰："故或有溟涬玄寥而无名，或蒙顷芒芒而称皇，或汪然潒泛而称帝，或廓然昭昭而称王，或远通参差而称伯。"乃至皇非皇，帝非帝，王非王，霸非霸，"千变万化，不可为计，重累亿万，不可为名"。皇、帝、王、霸的名号，寄托着中国古人对于人君建功立业的理想和要求，但实际上，世间绝大部分君主是难以担当这四个尊号的，严遵对此也有清醒的认识。此外，在《指归》中，皇、帝、王、霸或省称为"帝王"。关于"帝王"的内涵，《上德不德篇》《善为道者篇》和《民不畏死篇》均有专门的论述。

在上德、下德、上仁、上义和上礼五个层次划分的基础上，严遵在《上德不德篇》中又对上德之君、下德之君、上仁之君、上义之君、上礼之君分别作了详细的论述和规定。他们之间的差别，简而言之，正如《上德不德篇》所说："是故帝王根本，道为元始。道失而德次之，德失而仁次之，仁失而义次之，义失而礼次之，礼失而乱次之。凡此五者，道之以一体而世主之所长短也。"而这种等第的划分，显然以《老子》第三十八章为依据。

第三节　扬雄的生平与著作

一、生平与著作简介

扬雄(一作杨雄),字子云,汉代杰出的文学家、思想家和语言学家;出生于汉宣帝甘露元年(前53),卒于王莽天凤五年(18),《汉书》卷八十七有传。《扬雄传》系班固移录扬雄《自序》而成。扬雄的一生可以分为两大阶段,第一个阶段为居蜀时期,第二个阶段为居京时期,其中居京期又可细分为三个小阶段:(1)成帝元延元年(前12),扬雄自蜀来京。在来京的最初两三年,成帝"召雄待诏"①,扬雄即写有《甘泉》《河东》《羽猎》和《长杨》等赋。(2)自成帝元延四年(前9)至王莽称帝(8),扬雄为黄门郎,性好读书。(3)自王莽初始元年(8)至扬雄卒,扬雄为太中大夫,校书天禄阁。② 扬雄晚年孤凄、贫困,有弟子侯芭传其学。

关于扬雄的出身,《汉书·扬雄传》说他为"蜀郡成都人也",其先出于晋扬侯,后多次辗转迁移,最后定居于蜀郡郫县(现为成都市郫都区)。先祖扬季曾官至庐江太守,自扬季至扬雄五世皆单传,别无亲戚,故《扬雄传》曰:"雄亡(无)它扬于蜀。"《扬雄传》还说扬家"有田一廛,有宅一区",在汉代属于所谓中民阶级。在扬雄少时,家道已衰落,《扬雄传》说:"家产不过十金,乏无儋石之储。"

关于其性格和爱好,《汉书·扬雄传》曰:"雄少而好学,不为章句,训诂通而已,博览无所不见。为人简易佚荡,口吃不能剧谈,默而好深湛之思,清静亡(无)为,少耆(嗜)欲,不汲汲于富贵,不戚戚于贫贱,不修廉隅以徼名当世。家产不过十金,乏无儋石之储,晏如也。自有大度:非圣哲之书不好也;非其意,虽富贵不事也。顾尝好辞赋。"好学深思、淡泊名利、希慕圣学,这三点正是扬雄后来能够写作《太玄》《法言》的主观原因。

---

① 《汉书·扬雄传下》。
② 参看扬雄《扬雄集校注》,《前言》第1—6页,张震泽校注,上海,上海古籍出版社,1993。

关于其学问来源，《汉书·王贡两龚鲍传》说扬雄少时曾从严遵游学。严遵对于扬雄的影响表现在两个方面，一个是人格，一个是学问。关于前者，《王贡两龚鲍传》曰："以(已)而仕京师显名，数为朝廷在位贤者称君平德。"《法言·问明篇》亦曰："蜀庄沈冥。蜀庄之才之珍也，不作苟见，不治苟得，久幽而不改其操，虽随、和，何以加诸？举兹以旃，不亦珍乎！吾珍庄也，居难为也。"足见扬雄自始至终都非常仰慕和推崇严遵，推崇其沉冥淡泊、独立自处的人格。关于后者，扬雄《太玄》的核心概念"玄"即出自严遵，而他推崇《周易》，及《太玄》沾染上一定的道家色彩，都应当受到了严遵之学的影响。《汉书·王贡两龚鲍传》曰："(严遵)博览亡不通，依老子、严周之指著书十余万言。"当然，无可否认，扬雄之所以愿意和能够写作《太玄》和《法言》这两部书籍，与他来京为黄门郎、大量阅读皇家书籍及受当世诸儒特别是刘向父子的影响颇有关系。扬雄《太玄》所具的天文历法思想，与刘歆的《三统历》高度一致，而他们二人的相关思想都应当源自刘向的《五纪论》。

扬雄晚年撰有《元后诔》和《剧秦美新》二文，深受后儒诟病；不过情有可原，二文乃出于扬雄畏惧王莽而刻意逢迎的结果，无大损于其人格。班固《汉书·扬雄传赞》曰：

> 当成、哀、平间，莽、贤皆为三公，权倾人主，所荐莫不拔擢，而雄三世不徙官。及莽篡位，谈说之士用符命称功德获封爵者甚众，雄复不侯，以耆老久次转为大夫，恬于势利乃如是。实好古而乐道，其意欲求文章，成名于后世。以为经莫大于《易》，故作《太玄》；传莫大于《论语》，作《法言》；史篇莫善于《仓颉》，作《训纂》；箴莫善于《虞箴》，作《州箴》；赋莫深于《离骚》，反而广之；辞莫丽于相如，作四赋；皆斟酌其本，相与放依而驰骋云。用心于内，不求于外，时人皆曶之，唯刘歆及范逡敬焉，而桓谭以为绝伦。

班固在此认为扬雄"恬于势利""好古而乐道""用心于内，不求于外"，"其意欲求文章成名于后世"，从人格和志向两个方面赞扬了扬雄。

不仅如此，与扬雄同时代的刘歆、范逡和桓谭等人也是非常敬重扬雄的，桓谭甚至认为扬雄当时无双，古今绝伦（"以为绝伦"）。在《汉书·叙传》中，班固对扬雄的一生作了高度总结和概括，云："渊哉若人！实好斯文。初拟相如，献赋黄门；辍而覃思，草《法》篡《玄》，斟酌《六经》，放《易》象《论》，潜于篇籍，以章厥身。"总之，扬雄在当时以渊博、善思著称于世，前半生的贡献主要集中在文学上，他为汉赋四大家之一；后半生的贡献集中在思想上，《太玄》《法言》是仿照《周易》《论语》撰写出来的两部杰出著作。

扬雄的主要著作有《太玄》《法言》和《方言》等。《太玄》，又称《玄》，他的弟子侯芭尊称为《太玄经》。他的著作，《汉书·艺文志》和《扬雄传》都有载录。单就《艺文志》来看，《六艺略·小学》曰："《训纂》一篇。（扬雄作。）"又曰："扬雄《苍颉训纂》一篇。"不过，此二书早已亡佚。同卷《诸子略·儒家》曰："扬雄所序三十八篇。"班氏自注："《太玄》十九，《法言》十三，《乐》四，《箴》二。"其中《太玄》《法言》二书都保留至今。"《乐》四"，篇目不详，现已亡佚。"《箴》二"，大概指《十二州箴》《百官箴》二种，今存。同卷《诗赋略》曰："扬雄赋十二篇。"除《甘泉》等四篇大赋之外，今尚存《蜀都赋》《核灵赋》《太玄赋》《逐贫赋》《酒赋》《反离骚》六篇。《隋书·经籍志》又录扬雄《方言》十三卷，属小学，入《经部》；《蜀王本记》一卷，入史部；《汉太中大夫扬雄集》五卷，入集部。《隋书》所录《扬雄集》，至宋朝已散佚。宋人谭愈又取《汉书》和《古文苑》复编成《扬子云集》五卷[①]。明朝万历年间，遂州邓朴又编成《扬子云集》六卷，邓编《扬子云集》即《四库全书》所载本[②]。

扬雄的著作，现在可以参看《太玄集注》，司马光集注，中华书局 1998 年版；《法言义疏》，汪荣宝撰，中华书局 1987 年版；《方言校笺》，周祖谟校笺，中华书局 2004 年版；《扬雄集校注》，张震泽校注，上海古籍出版社

---

① 陈振孙《直斋书录解题》卷一六。
② 《四库全书总目》卷一四八集部别集类一。

1993 年版。后一书收录了除《太玄》《法言》《方言》三书之外目前可见的扬雄所有著作。

二、《太玄》《法言》的基本结构和内容

扬雄的《太玄》《法言》两书，集中地体现了其哲学思想。扬雄为何要写作这两种著作？《汉书·扬雄传下》曰："实好古而乐道，其意欲求文章成名于后世，以为经莫大于《易》，故作《太玄》；传莫大于《论语》，作《法言》。"原因是扬雄"好古乐道""欲求文章成名于后世"。在当时，《周易》居于《五经》之首，而《论语》在诸传记中最为贵重，于是扬雄就模仿《周易》作《太玄》，模仿《论语》作《法言》了。

1.《太玄》的基本结构和内容

先看《太玄》的写作过程。《汉书·扬雄传》曰："哀帝时，丁、傅、董贤用事，诸附离之者或起家至二千石。时，雄方草《太玄》，有以自守，泊如也。或嘲雄以玄尚白，而雄解之，号曰《解嘲》。"据此，《太玄》草创于哀帝（前 6—前 1 在位）末期，并在那时流传开来。《解嘲》曰："（客曰）顾而作《太玄》五千文，支（枝）叶扶疏，独说十余万言。"[1]《扬雄传下》又曰："《玄》文多，故不著。观之者难知，学之者难成。"这是扬雄《自序》之言，与前引《解嘲》文相印证。这两条文献说明了《太玄》初稿的文字繁多，它由"五千文"的经文和"十余万言"的说文两个部分组成。其实《太玄》文近六千，疑扬雄后来又有补文。[2]《太玄》十一篇说文，后来经过扬雄的大量删改，保留了约一万四千九百字。

再看扬雄写作《太玄》的原因。《太玄》成书后，扬雄经历了两次辩难[3]，

---

[1]《汉书·扬雄传下》。

[2]《太玄》经文，原不包括《玄首》和《玄测》。不计《玄首》《玄测》二篇及"初一""次二"至"上九"等序数，并不计首画（首画非字）和首名，《太玄》共 6078 字；如果再扣除 108 个重文，及 39 例"君子""小人"的可能合文，那么《太玄》共计 5931 字（《太玄》原简可能还存在一些其他的合文）。问永宁对《太玄》字数有讨论，与笔者意见相合，不过，他由此认为"《太玄》可能有两个本子"。参见问永宁《太玄与易学史存稿》，第 159—160 页，北京，商务印书馆，2017。

[3]《汉书·扬雄传下》。

第一次辩难涉及他写作《太玄》的原因。① 《太玄》成书后,有人嘲讽他写作《太玄》的目的不过是为了发泄自己"为官落拓"(扬雄长期担任黄门侍郎,地位不高)的不满,而"以玄尚白",自标清高罢了。随后,扬雄写作《解嘲》,为自己辩解。据此文,扬雄写作《太玄》的目的,是为了深化自己对宇宙、人生的理解。② 他并且表示,要"默然独守吾《太玄》",不会因为时人的嘲讽而轻易放弃它。另外,据《扬雄传》所说,扬雄之所以写作《太玄》,乃因为他终于认识到"赋"的局限——"非法度所存,贤人君子诗赋之正",于是他转而研究天人之道,写作经传体的书籍。《太玄》和《法言》两书就是在这种思想反省的背景下写作出来的。

又看《太玄》的基本结构和基本内容。《汉书·扬雄传下》曰:

> (雄)于是辍不复为,而大潭思浑天,参摹而四分之,极于八十一。旁则三摹九据,极之七百二十九赞,亦自然之道也。故观《易》者,见其卦而名之;观《玄》者,数其画而定之。《玄》首四重者,非卦也,数也。其用自天元推一昼一夜阴阳数度律历之纪,九九大运,与天终始。故《玄》三方、九州、二十七部、八十一家、二百四十三表、七百二十九赞,分为三卷,曰一二三,与《泰初历》相应,亦有颛顼之历焉。揉之以三策,关之以休咎,絣之以象类,播之以人事,文之以五行,拟之以道德仁义礼知。无主无名,要合《五经》,苟非其事,文不虚生。

关于《太玄》的基本结构和基本内容,扬雄本人在《太玄》一书中也多

---

① 第二次,由于有人责难《太玄》"大(太)深""众人之不好也",扬雄又写作《解难》一文为自己辩解。今天看来,《太玄》确实"抗辞幽说",行文艰涩,颇难推求其"闳意眇指"。刘歆在当时即指出:"(刘歆)谓雄曰:'空自苦! 今学者有禄利,然向不能明《易》,又如《玄》何? 吾恐后人用覆酱瓿也。'雄笑而不应。"(《汉书·扬雄传下》)事实上,历史印证了刘歆的判断。至班固作《扬雄传》之时(距扬雄殁后四十余年),"《玄》终不显"。今天,能够读懂《太玄》的人很少,足证刘歆所说不虚。

② 《解嘲》曰:"是故知玄知默,守道之极;爰清爰静,游神之廷;惟寂惟莫,守德之宅。世异事变,人道不殊,彼我易时,未知何如。今子乃以鸱枭而笑凤皇,执蝘蜓而嘲龟龙,不亦病乎! 子徒笑我玄之尚白,吾亦笑子之病甚!"(《汉书·扬雄传下》)。

次作了阐明,他说:

> 驯乎玄,浑行无穷正象天。阴阳妣参,以一阳乘一统,万物资形。方州部家,三位疏成。曰陈其九九,以为数生。赞上群纲,乃综乎名。八十一首,岁事咸贞。[①]

> 玄象浑天,一阴一阳相妣而参三之也。玄有三统,而中以一阳乘一统,生万物焉。而方州部家皆有一有二有三,是谓"三位疏成"。"曰陈其九九,以数生"者,九营周流,有虚设辞,以数生生而无已也。"赞上群纲",首辞也。"乃综乎名",系玄姓也。[②]

> 一玄都覆三方,方同九州,枝载庶部,分正群家,事事其中。……玄有二道,一以三起,一以三生。以三起者,方州部家也。以三生者,参分阳气以为三重,极为九营,是为同本离末,天地之经也。旁通上下,万物并也。九营周流,始终贞也。始于十一月,终于十月。[③]

> 玄生神象二,神象二生规,规生三摹,三摹生九据。玄一摹而得乎天,故谓之九天,再摹而得乎地,故谓之九地,三摹而得乎人,故谓之九人。天三据而乃成,故谓之始中终。地三据而乃形,故谓之下中上。人三据而乃著,故谓之思福祸,下欲上欲出入九虚。小索大索,周行九度。[④]

以上引文包含着《玄经》的衍生逻辑(原理)及其基本结构。从结构来看,《太玄》的文本分为两大部分,第一部分为经(《玄经》),第二部分为传(《玄传》)。上引《扬雄传》这段话即讲明了《玄经》的结构及其由来。天文观测的提高、历法的改善及宇宙学说的改变,这是扬雄为何要撰作《太玄》的重要原因。实际上,《太玄》在很大程度上反映了浑天说的数理和宇宙论思想。《扬雄传》一曰"(扬雄)大潭思浑天",二曰"与《泰初历》

---

① 《太玄·玄首序》。
② 《太玄·玄首都序》。
③ 《太玄·玄图》。
④ 《太玄·玄告》。

相应",就直接说明了这一点。从书册编制来看,《太玄》一书分为三卷,也与《太初历》相应。而《太初历》的八十一分历律数即建立在以"三"为基本单位的基础上。

就经来看,《太玄》有首有赞,"首""赞"分别与《周易》的"卦""爻"概念对应。首和赞如何画定?扬雄以"数"为依据。第一步,根据老子"道生一,一生二,三生万物"的说法,扬雄分别以━、╍、╍╍代表数字一、二、三,并以此三数之画来构造首画。第二步,通过"三摹四分"得出八十一首,而通过"三摹九据"得出七百二十九赞。八十一首采用三进位制,依照从一到八十一的数序排列。每一首有首名,有其中心思想。一首凡四重又九赞,在九赞中第二、五、八为中位,《太玄》跟《周易》一样都重视中位。"中"是古人普遍推崇的观念,扬雄亦不例外。《玄》首四重,从上到下依次为方、州、部、家,共有三方(方伯)、九州(州牧)、二十七部(国)、八十一家。

《太玄》的制作与天道、人道都相应。"其用自天元推一昼一夜阴阳数度律历之纪,九九大运,与天终始"[1],"天元"跟"玄"对应,"阴阳"跟"首"对应,"昼夜"跟"赞"对应。奇数首为阳,偶数首为阴。阳首的"一、三、五、七、九"五赞表示昼,"二、四、六、八"四赞表示夜;阴首反之,"一、三、五、七、九"五赞表示夜,"二、四、六、八"四赞表示昼。昼赞之辞皆吉,夜赞之辞皆凶。《太玄》七百九十二赞,其中一半表示昼,另一半表示夜。每首九赞,又分为始中终、下中上和思福祸等类别。初一、次四、次七,为始为下;次二、次五、次八,为中、中;次三、次六、上九,为终、终。始、中、终表示事物发展的过程,下、中、上表示事物所处位置的高低。

就传来看,《玄传》是对《易传》的模仿,是对《玄经》的解说,一共包括《首》《冲》《错》《测》《摛》《莹》《数》《文》《掜》《图》《告》十一篇。晋代范望在作《太玄解赞》时将《玄首》正文分散在八十一首之首,《玄测》正文分散在七百二十九赞之下,将《玄首都序》《玄测都序》正文置于八十一首之

---

[1]《汉书·扬雄传下》。

前,后人多因循之。

最后看《太玄》与《周易》的关系。《太玄》准《易》而作①,对此,司马光在《说玄》一文中作了具体阐明。《说玄》曰:

> 《易》与《太玄》大抵道同而法异,《易》画有二,曰阳曰阴;《玄》画有三,曰一曰二曰三。《易》有六位,《玄》有四重。《易》以八卦相重为六十四卦,《玄》以一二三错于方、州、部、家为八十一首。《易》每卦六爻,合为三百八十四爻,《玄》每首九赞,合为七百二十九赞。皆当期之日。
>
> 《易》有元、亨、利、贞,《玄》有罔、直、蒙、酋、冥。
>
> 《易》大衍之数五十,其用四十有九,《玄》天地之策各十有八,合为三十六策,地则虚三,用三十三策。《易》揲之以四,《玄》揲之以三。《易》有七八九六,谓之四象,《玄》有一二三,谓之三摹。
>
> 《易》有《彖》,《玄》有《首》。《易》有爻,《玄》有赞。《易》有《象》,《玄》有《测》。《易》有《文言》,《玄》有《文》。《易》有《文言》,《玄》有《文》。《易》有《系辞》,《玄》有《摛》《莹》《掜》《图》《告》。《易》有《说卦》,《玄》有《数》。《易》有《序卦》,《玄》有《冲》。《易》有《杂卦》,《玄》有《错》。殊涂(途)而同归,百虑而一致,皆本于太极两仪三才四时五行,而归于道德仁义礼也。②

扬雄《太玄》的基本结构乃仿《易》而来。此外,它还受到了《老子》、汉代宇宙论和儒家思想的影响。正如司马光所说,其旨要落脚于儒家,即《说玄》所谓“皆本于太极两仪三才四时五行,而归于道德仁义礼也”。

2.《法言》的撰作和基本结构

据《汉书·扬雄传下》,扬雄之所以撰写《法言》,是因为激于诸子“诋

---

① 参看朱震《汉上易传·卦图》,影印文渊阁《四库全书》第11册,第325页,台北,台湾商务印书馆,1986。
② 司马光:《太玄集注》,刘韶军点校,北京,中华书局,1998。

訾圣人""破大道而惑众""不与圣人同,是非颇谬于经"。或者说,写作《法言》的目的是为了推崇圣人(孔子)和儒家经学,批评诸子的言论害道。

《法言》的结构简单。全书一共十三卷,十三篇,每卷一篇。它是扬雄模仿《论语》写作出来的。《汉书·扬雄传赞》曰,"传莫大于《论语》,作《法言》"。《法言》的命名,应当出自《论语·子罕篇》。《子罕》曰:"法语之言,能无从乎?"此"法",与"法式"之"法"同义。"法言",谓平正之言、标准之言和可效法之言。《孝经·卿大夫》:"非先王之法言不敢道,非先王之德行不敢行。""法言"即此意。

《法言》十三篇,依次为《学行》《吾子》《修身》《问道》《问神》《问明》《寡见》《五百》《先知》《重黎》《渊骞》《君子》和《孝至》。大抵说来,每篇各有其主题,扬雄在《法言序》中作了集中的解题和归纳,可以参看。

第四节　扬雄的玄哲学、宇宙论与人性论

一、《太玄》以"玄"为中心的哲学系统

"玄"("太玄"),是《太玄》的最高概念。何谓"玄"? 作为一个特定名词,"玄"最先出自《老子》;作为一个特定概念,它直接源于严遵的《老子指归》一书。严遵在《老子指归》中大量使用了"玄"字,其中个别"玄"字明确指称老子的"道"。① 在严遵的基础上,扬雄将"玄"彻底本根化,作为自己思想的最高概念。"玄"又称为"太玄","太玄"概念的提出,同时受到了"太一""太极"等概念("至一"观念)的深刻影响。"玄"("太玄"),即老子的"道",即宇宙的本根,即世界的总原理。

对于"玄"的内涵,扬雄从多个方面作了阐明。第一,扬雄认为,"玄"

---

① 《老子指归·大成若缺篇》曰:"光景不见,独玄有奇,天地人物,与之俱化,乘空载虚,与道徘徊。"同书《善建篇》曰:"空虚寂泊,若亡若存,中外俱默,变化于玄。"同书《为无为篇》曰:"是以君子动未始之始,静无无之无,布道施德,变化于玄。"

是宇宙生化的本根。《玄摛》曰："玄者,幽摛万类而不见形者也。资陶虚无而生乎规,㩉神明而定摹,通同古今以开类,摛措阴阳而发气。一判一合,天地备矣。天日回行,刚柔接矣。还复其所,始终定矣。一生一死,性命莹矣。"这一段话集中地阐明了扬雄对于"玄"如何张摛,即整个世界如何生成的总体构想。按照这段文字,"玄"生成世界的次序是这样的:玄→虚无、神明、古今、阴阳→气→天地→刚柔、终始→生死、性命→万物万事。由此来看,扬雄将整个世界的生成划分为三个或四个层次:第一层为"玄",这是生成世界的终极始源;第二层为"虚无""神明""古今"和"阴阳",它们构成了气有世界的生成原理;第三层为气化流行的世界,且这一层又包括生成天地和万物的两个层次。概括起来说,"玄"有两点特性:第一点,它是能生的终极本根;第二点,它的本体特性是"无"。而所谓"无",是无形迹、无畛位、无边际、无古今之义。《玄摛》曰:"夫玄晦其位而冥其畛,深其卓而眇其根,攘其功而幽其所以然也。故玄卓然示人远矣,旷然廓人大矣,渊然引人深矣,渺然绝人眇矣。"这是扬雄对于本体的描述。

第二,扬雄认为,"玄"是世间万事万物,特别是人事世界的总根据。"玄"即是天道本体。扬雄认为,一年日南至、日北至的往返,万物在一年四季的盈虚,乃至一昼夜的变化都以"玄"为终极依据。《玄摛》即曰:"冬至及夜半以后者,近玄之象也。进而未极,往而未至,虚而未满,故谓之近玄。夏至及日中以后者,远玄之象也。进极而退,往穷而还,已满而损,故谓之远玄。日一南而万物死,日一北而万物生。斗一北而万物虚,斗一南而万物盈。日之南也,右行而左还。斗之南也,左行而右还。或左或右,或死或生。神灵合谋,天地乃并,天神而地灵。"正因为"玄"是世间万事万物存在的根本依据,所以人应当效法它,以其为中心而片刻不离。在此基础上,扬雄认为,"人"距离"玄"的远近是由人自身决定的。《玄摛》曰:"近玄者玄亦近之,远玄者玄亦远之。譬若天,苍苍然在于东面南面西面北面,仰而无不在焉,及其俯则不见也。天岂去人哉?人自去也!"即是此意。

第三，扬雄认为，"玄"是德行、人道的来源和展开。《玄摘》曰："故玄者用之至也。见而知之者，智也。视而爱之者，仁也。断而决之者，勇也。兼制而博用者，公也。能以偶物者，通也。无所系辖者，圣也。时与不时者，命也。虚无形，万物所道之谓道也，因循无革，天下之理得之谓德也，理生昆群兼爱之谓仁也，列敌度宜之谓义也，秉道德仁义而施之之谓业也。"扬雄是写赋的高手，这段话模仿和扩展了《系辞传》"仁者见之谓之仁，知者见之谓之知"二句。在他看来，"智""仁""勇""公""通""圣""命"和"道""德""仁""义"等均来源于"玄"，是"玄"在人生、人道上的具体展开。

第四，扬雄认为，"玄"是人认识世界、把握世界和修身的总原理。《玄摘》曰："莹天功、明万物之谓阳也，幽无形、深不测之谓阴也。阳知阳而不知阴，阴知阴而不知阳，知阴知阳、知止知行、知晦知明者，其唯玄乎！"在此，扬雄将阴阳作德行看，认为它们是参赞天地之化育、成就圣人功业的两种德行。但阳德、阴德各有其局限，最高的德行即把握"玄"。把握了"玄"，就能够知阴知阳、知止知行和知晦知明。《玄摘》又曰："人之所好而不足者，善也；人之所丑而有余者，恶也。君子日强其不足，而拂其所有余，则玄之道几矣。仰而视之在乎上，俯而窥之在乎下，企而望之在乎前，弃而忘之在乎后，欲违则不能，默而得其所者，玄也。""玄"是人修身和行动的准则，君子应当"日强其不足，而拂其所有余"。

第五，扬雄认为，"玄"是推演和写作《太玄》一书的总根据。这一点，扬雄在《玄首序》《玄首都序》《玄图》和《玄告》等篇中反复致意，多次作了说明。鉴于上文已作叙述，笔者在此就不再赘言了。

总之，在扬雄看来，"玄"是生成整个世界的起点和终极根源，它贯穿于天道、地道、人道之中。《玄图》曰："夫玄也者，天道也，地道也，人道也，兼三道而天名之，君臣父子夫妇之道。"《玄告》曰："玄者，神之魁也。天以不见为玄，地以不形为玄，人以心腹为玄。"同时，"玄"（"太玄"）概念的提出及其思想体系的推演，是扬雄综合汉人思想，特别是浑天说和严遵思想的结果。而《太玄》一书，则是扬雄以《周易》为主要参考和模仿对象,并将自己的思想纳入其中,而写作出来的。

二、以浑天说为主导同时兼容盖天说的宇宙论

1. 改宗浑天说与《难盖天八事》

《太玄》和《法言》这两本书无疑是在浑天说的理论背景下写作出来的,不过扬雄并非从一开始即相信浑天说。扬雄初信盖天说,后来改宗浑天说,时间大概在汉成帝元延四年(前9)为黄门郎之后。据《御览》二引桓谭《新论》所云,扬雄改宗浑天说,一者受到了桓谭的批评,二者受到了黄门老工的影响。[①]

扬雄改宗浑天说,以《难盖天八事》为标志。所谓"难盖天八事",即对盖天说作了八点驳难,载于《隋书·天文志》。《隋志》曰:

> 汉末,扬子云难盖天八事,以通浑天。
>
> 其一云:日之东行,循黄道。昼夜中规,牵牛距北极南百一十度,东井距北极南七十度,并百八十度。周三径一,二十八宿周天当五百四十度,今三百六十度,何也?
>
> 其二曰:春秋分之日正出在卯,入在酉,而昼漏五十刻。即天盖转,夜当倍昼。今夜亦五十刻,何也?
>
> 其三曰:日入而星见,日出而不见,即斗下见日六月,不见日六月。北斗亦当见六月,不见六月。今夜常见,何也?
>
> 其四曰:以盖图视天河,起斗而东入狼弧间,曲如轮。今视天河直如绳,何也?
>
> 其五曰:周天二十八宿,以盖图视天,星见者当少,不见者当多。今见与不见等,何出入无冬夏,而两宿十四星当见,不以日长短故见有多少,何也?
>
> 其六曰:天至高也,地至卑也。日托天而旋,可谓至高矣。纵人

---

① 参看汪荣宝《法言义疏》卷一三,第324页,北京,中华书局,1987。

目可夺,水与影不可夺也。今从高山上,以水望日,日出水下,影上行,何也?

其七曰:视物,近则大,远则小。今日与北斗,近我而小,远我而大,何也?

其八曰:视盖橑与车辐间,近杠毂即密,益远益疏。今北极为天杠毂,二十八宿为天橑辐。以星度度天,南方次地星间当数倍。今交密,何也?

《难盖天八事》既是扬雄驳难盖天说之作,也是他"以通浑天"之作,从根本上改变了他的宇宙论。在"通浑天"之后,扬雄才有《太玄》之作。

2. 扬雄的宇宙观以浑天说为宗,同时吸纳了盖天说的部分思想

从《太玄》《法言》来看,扬雄的宇宙论实际上以浑天说为宗,但同时吸纳了盖天说的部分思想。

先看《太玄》对浑天说的吸收和反映。在宇宙生成论上,浑天说主张元气化生说,扬雄是承认这一点的;只不过在《太玄》中,扬雄继承严遵的思想,以"玄"为宇宙的端始,"唫函启化,罔衮于玄"①。而为何扬雄要以"玄"为宇宙的起点呢?因为"玄象浑天象"②,《玄首序》亦曰:"驯乎玄,浑行无穷正象天。"其实在文本结构上,《太玄》直接模拟了浑天说的数理,而与《太初历》的重要数字相应。《太玄》的结构为方、州、部、家四重,以"三"为数理推演的倍数单位,设置了3方、9州、27部、81家(首)、243表和729赞,这即与《太初历》的数字、数理相应。一赞当半日,两赞当一日。而为了对应《太初历》一年的日长,《太玄》更设置了所谓"踦赞"和"嬴赞"。此即《扬雄传下》所谓:"而大潭思浑天,参摹而四分之,极于八十一。旁则三摹九据,极之七百二十九赞,亦自然之道也。故观《易》者,见其卦而名之;观《玄》者,数其画而定之。《玄》首四重者,非卦也,数也。其用自天元推一昼一夜阴阳数度律历之纪,九九大运,与天终始。故

---

① 《太玄·玄莹》。
② 《太玄·玄首都序》。

《玄》三方、九州、二十七部、八十一家、二百四十三表、七百二十九赞，分为三卷，曰一二三，与《泰初历》相应，亦有颛顼之历焉。"

再看《法言》对于浑天说的吸收和反映。《法言·重黎篇》曰："或问'浑天'。曰：'落下闳营之，鲜于妄人度之，耿中丞象之。几乎，几乎！莫之能违也。''请问盖〔天〕？'曰：'盖哉，盖哉！应难未几也。'"由"莫之能违"可知，扬雄完全赞成浑天说。而由"应难未几"可知，扬雄认为盖天说经不住他的驳难。其中的"难"，即指扬雄的《难盖天八事》。另外，"浑"或"浑浑"，在《法言》中出现多次，无一例外地均为褒义词，这是扬雄赞成浑天说的一个证据。

最后看《太玄》《法言》，尤其是前一书对于盖天说（或《颛顼历》）的采纳。班固在本传中说《太玄》"与《泰初历》相应，亦有颛顼之历焉"，这说明扬雄在宇宙观上同时吸纳了盖天说的一些思想。《玄摛》《玄莹》《玄文》《玄掜》和《玄文》在许多地方即采用了盖天说的天圆地方、天上地下和天动地静的说法。从一个方面来看，这可能是扬雄将盖天说看作浑天说的一种相对宇宙观，而予以保留和兼容；而从另一个方面来看，即使扬雄完全赞成浑天说，但出于为传统价值观念着想，他不得不在浑天说中容纳部分盖天说的内容和观念。实际上，这两个方面是协同在一起的。在传的部分，扬雄屡次将天地看作价值之源，而这正是以盖天说为天道观之基础的反映。如说：

圜则杌棿，方则啬吝。①

夫天宙然示人神矣，夫地他然示人明矣。天他（地）奠位，神明通气。②

夫天地设，故贵贱序。四时行，故父子继。律历陈，故君臣理。常变错，故百事析。③

---

①②《太玄·玄摛》。
③《太玄·玄摛》。

　　天圜地方，极殖中央，动以历静，时乘十二，以建七政，玄术莹之。①

　　天地之所贵曰生，物之所尊曰人，人之大伦曰治，治之所因曰辟。崇天普地，分群偶物，使不失其统者，莫若乎辟。夫天辟乎上，地辟乎下，君辟乎中。②

　　可久者，天地之道也。是以昔者群圣人之作事也，上拟诸天，下拟诸地，中拟诸人。③

　　夫玄也者，天道也，地道也，人道也，兼三道而天名之，君臣父子夫妇之道。④

将"天地"看作价值之源，这同样是《法言》的重要观念，且同样以盖天说为其天道观的基础。如说：

　　或曰："君子自守，奚其交？"曰："天地交，万物生；人道交，功勋成。奚其守？"⑤

　　观乎贤人，则见众人；观乎圣人，则见贤人；观乎天地，则见圣人。⑥

　　天地之为万物郭，《五经》之为众说郭。⑦

　　圣人有以拟天地而参诸身乎！⑧

　　或问："天地简易，而圣人法之，何《五经》之支离？"曰："支离，盖其所以为简易也。已简已易，焉支焉离？"⑨

　　父母，子之天地与！无天，何生？无地，何形？⑩

　　上引《法言》的这些论述，都是在盖天说的"天地"观念中来展开其论

---

① 《太玄·玄莹》。
② 《太玄·玄文》。
③ 《太玄·玄掜》。
④ 《太玄·玄图》。
⑤⑥ 《法言·修身篇》。
⑦ 《法言·问神篇》。
⑧⑨ 《法言·五百篇》。
⑩ 《法言·孝至篇》。

述的。对于扬雄来说,天地是生成之源,天地是价值之源,天地是法象之源,"天地"是至极的原理本身。

3. 五畴九类的思维方式——关联天地万物的原理

在宇宙、天地、万物之间既有纵的关联,即宇宙生成论的关联,也有横的关联,即现成事物之间的关联。除了"三"(以"三"作为构造八十一首的倍数单位)以外,在《太玄》中,扬雄非常重视"五""九"二数,以它们作为倍数单位建立了所谓五畴九类的思维方式,将天地万物关联起来。而为何扬雄在《太玄·玄图》《玄数》《玄掜》中如此重视"五""九"二数呢?这当然首先与汉代流行"数"的哲学观念有关,其次,"五"与汉代流行的五行思维方式有关,而"九"为阳数之极,与《太初历》的数字有关。"五""九"都以"数"的方式显示出扬雄所欣赏的哲学观念。

五畴的思维方式,其实即五行的思维方式。关于五畴的思维方式及其关联原理,《玄图》作了概括说明。《玄图》曰:

> 一与六共宗,二与七共朋,三与八成友,四与九同道,五与五相守。玄有一规一矩,一绳一准,以纵横天地之道,驯阴阳之数。

"玄"是终极始源,是最高原理。而"玄有一规一矩,一绳一准",说明"玄"是五畴九类之思维方式的大本大原,或者说五畴九类的思维方式乃是"玄"的推演。其实,一六、二七、三八、四九、五五的组合和分布,来源于《尚书·洪范》所说的五行次序和《国语·郑语》所说史伯论"和实生物"一段文字。《洪范》曰:"五行:一曰水,二曰火,三曰木,四曰金,五曰土。"这种"一曰""二曰""三曰""四曰""五曰"的言说次序在汉代即成为五行之"生数"。又据《国语·郑语》"先王以土与金、木、水、火杂,以成百物"的法则,即以五为中心,再加某个生数的方式,推演出五行之"成数",即六、七、八、九、十这五个数字。汉人提出生成数的概念,乃是以数的哲学来理解天地万物的生成。

进一步,《玄数》(拟《说卦》而作)详细地叙述了五畴所关联的具体事物。《玄数》曰:

三八为木，为东方，为春，日甲乙，辰寅卯，声角，色青，味酸，臭膻，形诎信，生火，胜土，时生，藏脾，侪志，性仁，情喜，事貌，用恭，扮肃，征旱，帝太昊，神勾芒，星从其位，类为鳞，为雷，为鼓，为恢声，为新，为躁，为户，为牖，为嗣，为承，为叶，为绪，为赦，为解，为多子，为出，为予，为竹，为草，为果，为实，为鱼，为疏器，为田，为规，为木工，为矛，为青怪，为鼽，为狂。

四九为金，为西方，为秋，日庚辛，辰申酉，声商，色白，味辛，臭腥，形革，生水，胜木，时杀，藏肝，侪魄，性谊，情怒，事言，用从，扮乂，征雨，帝少昊，神蓐收，星从其位，类为毛，为医，为巫祝，为猛，为旧，为鸣，为门，为山，为限，为边，为城，为骨，为石，为环佩，为首饰，为重宝，为大哆，为扣器，为舂，为椎，为县，为燧，为兵，为械，为齿，为角，为螯，为毒，为狗，为入，为取，为罩，为寇，为贼，为理，为矩，为金工，为钺，为白怪，为瘖，为僭。

二七为火，为南方，为夏，日丙丁，辰巳午，声征，色赤，味苦，臭焦，形上，生土，胜金，时养，藏肺，侪魂，性礼，情乐，事视，用明，扮哲，征热，帝炎帝，神祝融，星从其位，类为羽，为灶，为丝，为网，为索，为珠，为文，为驳，为印，为绶，为书，为轻，为高，为台，为酒，为吐，为射，为戈，为甲，为丛，为司马，为礼，为绳，为火工，为刀，为赤怪，为盲，为舒。

一六为水，为北方，为冬，日壬癸，辰子亥，声羽，色黑，味咸，臭朽，形下，生木，胜火，时藏，藏肾，侪精，性智，情悲，事听，用聪，扮谋，征寒，帝颛顼，神玄冥，星从其位，类为介，为鬼，为祠，为庙，为井，为穴，为窦，为镜，为玉，为履，为远行，为劳，为血，为膏，为贪，为含，为蛰，为火猎，为闭，为盗，为司空，为法，为准，为水工，为盾，为黑怪，为聋，为急。

五五为土，为中央，为四维，日戊己，辰辰未戌丑，声宫，色黄，味甘，臭芳，形殖，生金，胜水，时该，藏心，侪神，性信，情恐惧，事思，用睿，扮圣，征风，帝黄帝，神后土，星从其位，类为裸，为封，为缾，为宫,为宅,为中溜,为内事,为织,为衣,为袤,为茧,为絮,为床,为荐,为驯,为怀,为腹器,为脂,为漆,为胶,为囊,为包,为舆,为穀,为稼,为啬,为食,为宗,为棺,为椟,为衢,为会,为都,为度,为量,为木工,为弓矢,为黄怪,为愚,为牟。

扬雄还以五畴的思维方式特别构造了人在生活世界中的关联。《玄掜》曰:

> 维天肇降生民,使其貌勤、口言、目视、耳听、心思有法则成,无法则不成。诚有不诚,掜拟之经。垂裪为衣,襞幅为裳,衣裳之制,以示天下,掜拟之三八。比札为甲,冠矜为戟,被甲何戟,以威不恪,掜拟之四九。尊尊为君,卑卑为臣,君臣之制,上下以际,掜拟之二七。鬼神耗荒,想之无方,无冬无夏,祭之无度,故圣人著之以祀典,掜拟之一六。时天时,力地力,维酒维食,爰作稼穑,掜拟之五五。

对于五畴,扬雄其实是以五行的思维方式来作处理的。《玄数》曰:"五行用事者王,王所生相,故王废,胜王囚,王所胜死。"这是西汉的五行通说,扬雄照搬进来了。

除了展示五畴之间的关联及其推演外,扬雄还作了九类的推演。《玄数》曰:

> 九天:一为中天,二为羡天,三为从天,四为更天,五为睟天,六为廓天,七为减天,八为沈天,九为成天。
>
> 九地:一为沙泥,二为泽地,三为沚厓,四为下田,五为中田,六为上田,七为下山,八为中山,九为上山。
>
> 九人:一为下人,二为平人,三为进人,四为下禄,五为中禄,六为上禄,七为失志,八为疾痃(痃疾),九为极。
>
> 九体:一为手足,二为臂胫,三为股肱,四为要,五为腹,六为肩,七为啱啡,八为面,九为颡。
>
> 九属:一为玄孙,二为曾孙,三为仍孙,四为子,五为身,六为父,七为祖父,八为曾祖,九为高祖父。

　　九窍：一六为前、为耳，二七为目，三八为鼻，四九为口，五五
为后。

　　九序：一为孟孟，二为孟仲，三为孟季，四为仲孟，五为仲仲，六
为仲季，七为季孟，八为季仲，九为季季。

　　九事：一为规模，二为方沮，三为自如，四为外宅，五为中和，六
为盛多，七为消，八为耗，九为尽弊。

　　九年：一为一十，二为二十，三为三十，四为四十，五为五十，六
为六十，七为七十，八为八十，九为九十。

　　在《太初历》和浑天说的宇宙论中，"九"是一个重要数字。在扬雄
的太玄哲学中，"九"是从"玄"推演出来的一个重要数字。《太玄·玄
告》曰："玄生神象二，神象二生规，规生三摹，三摹生九据。玄一摹而
得乎天，故谓之九天，再摹而得乎地，故谓之九地，三摹而得乎人，故谓
之九人。天三据而乃成，故谓之始中终。地三据而乃形，故谓之下中
上。人三据而乃著，故谓之思福祸，下欲上欲出入九虚。小索大索，周
行九度。"进一步，扬雄在《太玄·玄数》中对九类作了大肆的敷陈。

三、"善恶混"的人性论与"君为臣纲"的伦理学说

1. 人性论："人之性也善恶混"

　　扬雄的人性论，以"天"为终极根源。天为性命之源，这本是古人的
常识，扬雄亦不例外。从《法言》来看，"天"的含义颇为复杂，有主宰义，
有命赋义，有生成义，有无为义，有神性义，有价值根源义。其中，作为生
成始源及作为价值的总根源两义最为重要。①

---

① 《法言·吾子篇》曰："或曰：'人各是其所是，而非其所非，将谁使正之？'曰：'万物纷错则悬诸
天，众言淆乱则折诸圣。'"《修身篇》曰："或曰：'君子自守，奚其交？'曰：'天地交，万物生；人
道交，功勋成。奚其守？'"《问道篇》曰："道、德、仁、义、礼，譬诸身乎？ 夫道以导之，德以得
之，仁以人之，义以宜之，礼以体之，天也。合则浑，离则散，一人而兼统四体者，其身全乎！"
《问道篇》曰："或问'天'。曰：'吾于天与？ 见无为之为矣。'"《问神篇》曰："天神天明，照知四
方。天精天粹，万物作类。"《问明篇》曰："敢问'大聪明？'曰：'眩（炫）眩（炫）乎！ 惟天为聪，
惟天为明。夫能高其目而下其耳者，匪天也夫！'"

扬雄的人性论包含数个要点。其一，扬雄认为，道德性是人区别于动物的本性，动物则以"形性"（自然形质）为本性。正是在此基础上，人才需要作自我修养，以成就圣人、君子的人格，延长自身的寿命。《法言·问明篇》曰："或问：'鸟有凤，兽有麟，鸟兽皆可凤、麟乎？'曰：'群鸟之于凤也，群兽之于麟也，形性。岂群人之于圣乎？'"鸟兽各自以"形性"相区别，正因为如此，所以群鸟无得为凤凰，群兽无得为麒麟。而人与鸟兽不同，人性非"形性"之性，在道德本性的基础上，众人通过自己的修养最终可以达到圣人的层次。《君子篇》曰："或问：'龙、龟、鸿鹄，不亦寿乎？'曰：'寿。'曰：'人可寿乎？'曰：'物以其性，人以其仁。'"这是以寿命为话头，谈论人与动物的区别。龙、龟、鸿鹄之所以长寿，在于"物以其性"，不假修为。而人与之不同，扬雄继承孔子"仁者寿"①的说法，认为人长寿的基础在于"人以其仁"，这是进一步肯定了道德本性对于人的生命的重要性。

其二，在人性论上，扬雄提出了"人之性也善恶混"的著名观点。《法言·修身篇》曰："人之性也善恶混。修其善则为善人，修其恶则为恶人。气也者，所以适善恶之马也与？"扬雄认为，人性本具善恶，且善恶二端是交错、混杂在一起的。而性为何本具善恶二端？而"气"为何是"所以适善恶之马"呢？这两个问题需要联系《太玄》来作回答。在《法言》中，"气"仅出现一次，没有出现"阴"字，而"阳"字均作地名、人名用。《太玄·中》次二曰："神战于玄，其阵阴阳。"《测》曰："神战于玄，善恶并也。"这里谈到玄神、阴阳与善恶的关系问题。《玄告》曰："玄生神象二。"又曰："玄者，神之魁也。"据此可知，"玄"是终极本源，而"神"是从"玄"派生出来的。根据《法言·问神篇》的说法，"神"即"心神"。《玄摛》曰："故玄者用之至也。见而知之者，智也。视而爱之者，仁也。断而决之者，勇也。兼制而博用者，公也。能以偶物者，通也。无所系辐者，圣也。"可知，"玄"是纯善无恶之大本，具体的善恶则产生于"神战于玄"，并通过阴阳之气呈现出来。《玄文》曰："'神战于玄'，何为也？"曰："小人之心杂，将形乎外，陈阴阳以战其

---

①《论语·雍也》。

吉凶者也。阳以战乎吉,阴以战乎凶,风而识虎,云而知龙,贤人作而万类同。"同篇又曰:"神战于玄,相攻也。……神战于玄,邪正两行。"所谓"神战于玄",与《修身篇》所谓"人之性也善恶混"相应。通过阴阳表现善恶、吉凶,此则与《修身篇》所谓"气也者,所以适善恶之马也与"相应。由于"玄"哲学的特殊性,扬雄在人性论的构造及其善恶之源的思考上与汉代大多数学者颇不相同。其中有些路数和内容,应当从乃师严遵的传统来理解。

2. 人性修养论:操存心神与强学力行

在逻辑上,修养论属于扬雄人性论的内容之一。在此,扬雄提出了强学力行和"学者,所以修性也"①的观点。既然"人之性也善恶混,气也者适善恶之马",且"神战于玄,其阵阴阳""神战于玄,善恶并也",那么人之为善为恶、适善适恶,既关乎从外的修身活动,又关乎从内的自修自养问题。概括说来,扬雄的人性修养论包括两点。

其一,扬雄提出了操存心神与修身即修性的思想。《法言·问神篇》曰:

> 或问"神"。曰:"心。""请问之(心)?"曰:"潜天而天,潜地而地。天地,神明而不测者也。心之潜也,犹将测之,况于人乎? 况于事伦乎?""敢问潜心于圣。"曰:"昔乎,仲尼潜心于文王矣,达之。颜渊亦潜心于仲尼矣,未达一间耳。神在所潜而已矣。"

> 人心其神矣乎! 操则存,舍则亡。能常操而存者,其惟圣人乎!

> 圣人存神索至,成天下之大顺,致天下之大利,和同天人之际,使之无间也。

《法言·修身篇》曰:

> 有意哉! 孟子曰:"夫有意而不至者有矣,未有无意而至者也。"

在扬雄看来,"意"是人自身生命活动、道德活动的终极主宰,类似于今人的"意志"(Will)概念。《法言·序》曰:"事有本真,陈施于意,动不克

---

① 《法言·修身篇》。

咸,本诸身,撰《修身》。"足见在道德活动中,扬雄非常重视"意"这一概念。在"意"的基础上,扬雄进一步提出了"操存心神"的观点。

在扬雄的人性论中,"气"是适善恶之马,就人来说,指向"形体",而这个"形体"着重是从自然生命力(血气之类)来说的。"心神"即是乘此马而适善恶或为善为恶者。"神"虽然要借助气马而适善恶,但毕竟是其自身之适善恶或为善为恶,因此"神"才是为善为恶的真正主体。在《太玄》的思想体系中,"玄"相当于"绝对真理"或最高判准,而"神战于玄",正则为善为吉,邪则为恶为凶。这种思想,应当是吸取了黄老或严遵的形神观念的结果。在扬雄看来,"修善""修恶"的问题归根结蒂落实在"心神"上:心神潜于善则为善,心神潜于恶则为恶。人要为善,成为君子、大人,乃至圣人,就应当潜心修善。由此,扬雄提出了两个互为补充的主张,一个是"操存心神"和"存神索至",另外一个是"强学力行"。"操存心神"和"存神索至"是从内说,而且是针对潜于善之心神活动来说的。"强学力行"是从外说,对于扬雄来说,身体正是"性"的外现。《法言·学行篇》曰:"学者,所以修性也。视、听、言、貌、思,性所有也。学则正,否则邪。"视、听、言、貌、思均为"性所有",是"性"的发见,"修身"在很大程度上也即是所谓"修性"。这种思想,我们在楚简《性自命出》和《荀子》中看到过。扬雄跟荀子一样,特别强调修学和强学力行,"学"与"恣乎情性"相对①,认为"学"是使人向善和为善的根本方法。另外,扬雄强调"学",其实也是为了反对谶纬神化圣贤的做法和观点。

其二,扬雄非常重视"学",对此他作了大量的阐述。在古典语境中,"学"是一个修身实践的哲学概念,古人所谓"学""习",与今人单纯的书本学习相差巨大。在继承孔子为学之说的基础上,扬雄大力提倡"好学""强学"的精神。《法言·学行篇》曰:"学以治之,思以精之,朋友以磨之,名誉以崇之,不倦以终之,可谓好学也已矣。"《太玄·玄摛》:"人之所好

---

①《法言·序》。

而不足者,善也;人之所丑而有余者,恶也。君子日强其不足,而拂其所有余,则玄之道几矣。"《法言·学行篇》曰:"学:行之,上也;言之,次也;教人,又其次也;咸无焉,为众人。""行""言""教"等都属于所谓"学";其中,扬雄最重视"力行","力行"即"好学""强学"。从目的来看,"学"是为了"修身""修性"。《法言·学行篇》曰:"学者,所以修性也。视、听、言、貌、思,性所有也。学则正,否则邪。"据此,"修身"即"修性","修性"即在人的视、听、言、貌、思上为学。"学则正,否则邪",这是认为"学"是为善去恶的手段。除了强调"好学"之外,扬雄进一步谈到了如何学的问题。在如何学的问题上,扬雄重视"求师",因为"师者,人之模范也"[1],例如"孔子习周公""颜渊习孔子"[2]。从教授的一端看,师可"铸人",例如"孔子铸颜渊"[3]。在"修学"的过程中,学者还要立下希贤希圣的志向。[4]"学"的目的是:一是正而吉、修身为善,二是成为君子、大人,成为王者,成为圣人。《学行篇》曰:"鸟兽触其情者也,众人则异乎!贤人则异众人矣,圣人则异贤人矣!礼义之作,有以矣夫!人而不学,虽无忧,如禽何!"又曰:"学者,所以求为君子也。求而不得者有矣夫,未有不求而得之者也。"又曰:"学之为王者事,其已久矣。尧、舜、禹、汤、文、武汲汲,仲尼皇(惶)皇(惶),其已久矣。"

3. "三纲得于中极"与对"君为臣纲"的强调

扬雄生活在西汉晚期,他的伦理学说从总体上看置身于他的"太玄"哲学和人性论之下。当然,作为一个颇具名气的思想家,他的伦理学说亦有特别之处。

首先,扬雄将"玄"或"天"作为其伦理学说的本源,以"天地""阴阳"

---

[1] 《法言·学行篇》曰:"师哉,师哉!桐(僮)子之命也。务学不如务求师。师者,人之模范也。模不模,范不范,为不少矣。"同篇又曰:"一哄之市,不胜异意焉;一卷之书,不胜异说焉。一哄之市,必立之平;一卷之书,必立之师。"

[2][3] 《法言·学行篇》。

[4] 《法言·学行篇》曰:"睎骥之马,亦骥之乘也。睎颜之人,亦颜之徒也。或曰:'颜徒易乎?'曰:'睎之则是。'曰:'昔颜尝睎夫子矣,正考甫尝睎尹吉甫矣,公子奚斯尝睎正考甫矣。不欲睎,则已矣;如欲睎,孰御焉?'"

作为基本原理。如《玄摛》篇说智、仁、勇诸德是"玄之用"①，即认为"玄"是体，而德行是用。《法言·问明篇》说："敢问'大聪明?'曰:'眩(炫)眩(炫)乎! 惟天为聪，惟天为明。夫能高其目而下其耳者，匪天也夫!'"扬雄将"天"看作最高的神明，自然它是人类生活的最高主宰，我们应当完全听从它的指导。而"天地"作为规范价值世界的基本原则在《太玄》和《法言》二书中一再出现。例如，《太玄·玄告》曰："故善言天地者以人事，善言人事者以天地。"《玄掜》曰："是以昔者群圣人之作事也，上拟诸天，下拟诸地，中拟诸人。……天违地违人违，而天下之大事悖矣。"《法言·五百篇》曰："圣人有以拟天地而参诸身乎!"这都不仅仅将"天地"看作一种客观、外在的环境，而且当作一种规范"人事"的价值原则来看待。"天地"作为规范"人事"的价值原理，主要来自盖天说所说的"天道"，例如天地定位、天尊地卑和阳主阴从等一系列观念。

其次，对于"三纲"，扬雄直接作了肯定，而且他最为重视"君臣"一纲。《太玄·永》次五曰："三纲得于中极，天永厥福。"《测》曰："三纲之永，其道长也。"这是肯定"三纲"得自于天道，得自于终极始源。《太玄》极其重视"中"的观念，第一首即为《中》。"中极"即中宫天极，是宇宙生成的起点和万象旋转的中心。"三纲"一语最先出自董子②，《礼纬·含文嘉》作了阐发，即："君为臣纲，父为子纲，夫为妻纲。"《白虎通·纲纪篇》曰："三纲者何? 谓君臣、父子、夫妇也。"《太玄·玄摛》《法言·五百篇》对三纲都有直接的肯定。③ 不过比较起来，扬雄最重"君臣"一纲，次重

①《太玄·玄摛》曰:"故玄者用之至也。见而知之者，智也。视而爱之者，仁也。断而决之者，勇也。兼制而博用者，公也。能以偶物者，通也。无所系轶者，圣也。"

② 参看《春秋繁露·深察名号》《春秋繁露·基义》。

③《太玄·玄摛》曰:"日月往来，一寒一暑。律则成物，历则编时。律历交道，圣人以谋。昼以好之，夜以丑之。一昼一夜，阴阳分索。夜道极阴，昼道极阳。牝牡群贞，以摛吉凶。而君臣父子夫妇之道辨矣。"《玄图》曰:"夫玄也者，天道也，地道也，人道也，兼三道而天名之，君臣父子夫妇之道。"又曰:"昼夜相丞，夫妇系也。始终相生，父子继也。日月合离，君臣义也。孟季有序，长幼际也。两两相阖，朋友会也。"《法言·五百篇》曰:"或问:'五百岁而圣人出，有诸?'曰:'尧、舜、禹，君臣也而并;文、武、周公，父子也而处;汤、孔子，数百岁而生。因往以推来，虽千一不可知也。'"

"父子"一纲。如何重视"君臣"一纲？《太玄》即专有一首论之。《常》首曰：

> ䷜常。阴以知臣，阳以知辟，君臣之道，万世不易。

> 初一，戴神墨，履灵式，以一耦万，终不稷。《测》曰：戴神墨，体一形也。

> 次二，内常微女，贞厉。《测》曰：内常微女，不正也。

> 次三，日常其德，三岁不食。《测》曰：日常其德，君道也。

> 次四，月不常，或失之行。《测》曰：月不常，臣失行也。

> 次五，其从其横，天地之常。《测》曰：其从其横，君臣常也。

> 次六，得七而九，懦挠其刚，不克其常。《测》曰：得七而九，弃盛乘衰也。

> 次七，滔滔往来，有常衰如，克承贞。《测》曰：滔滔往来，以正承非也。

> 次八，常疾不疾，咎成不诘。《测》曰：常疾不疾，不能自治也。

> 上九，疾其疾，巫医不失。《测》曰：疾其疾，能自医也。

"常"即"恒"，汉人避"恒"字讳。所谓"常"，主要以天地、阴阳、日月为天道原理，从而谈论君臣之常道，由此可见"君为臣纲"之意。而扬雄最重"君臣"一纲，这是毫无疑问的。此外，在《法言》中，"君臣""父子"连言各凡三见，而"夫妻""男女"连言则一次都没有出现过。在《太玄》中，"君臣"连言九见，"父子"连言六见，而"夫妻"连言只有三见。由此也可见扬雄对于"三纲"的态度有轻重之不同。

最后，扬雄虽然没有使用"五常"概念，但是他很重视伦理道德的建设，而在修养论上他又非常重视德行一科。《法言·修身篇》曰："或曰'仁、义、礼、智、信之用'。曰：'仁，宅也；义，路也；礼，服也。智，烛也。信，符也。处宅，由路，正服，明烛，执符，君子不动，动斯得矣。'"仁、义、礼、智、信五者即所谓"五常"。"五常"又谓之"五性"，以其为人伦之常则故谓之"五常"，以其内在于人性故谓之"五性"。相关论述，可参看《白虎通·情性》《五经》等篇。需要指出,扬雄毕竟没有使用"五常"的概念,"五常"在汉代儒学和经学中成为一种正式的术语应当是在后来固定下来的。但是毫无疑问,扬雄重视儒家的伦理道德。《法言·问道篇》曰:"道、德、仁、义、礼,譬诸身乎? 夫道以导之,德以得之,仁以人之,义以宜之,礼以体之,天也。合则浑,离则散,一人而兼统四体者,其身全乎!"这是重视道、德、仁、义、礼诸德行,认为都应当具之于己身。《法言·问神篇》曰:"或曰:'《玄》何为?'曰:'为仁义。'"这是重视"仁义"二德,认为《太玄》一书就是为了阐明"仁义"观念而写的。

总之,在西汉哲学中,扬雄的思想颇富特色。他建立以"玄"为最高概念的哲学体系,及由此主张"人之性也善恶混"的观念,都是颇为引人注目的。扬雄以"玄"重构世界的本体和宇宙本根,这是突破以"天"为最高存在或以"元气"为终极本根之流行观念的哲学尝试,同时也是为了与浑天说的宇宙论相协调而作出的一次思想努力。当然,我们看到,他的宇宙观还包含了盖天说的一些因素,盖天说的天道观(天地、阴阳)成为其价值观的根源。而他的伦理学说以善恶混的人性说为基础,不过其重心在于人性的修养,在于修身实践和所谓为学,而其目的在于成就君子、圣贤的理想人格。同时,我们看到,他的伦理学说存在着浓厚的政治色彩,而在"三纲"说中,扬雄又特别强调和论证了"君臣"一纲。

第十章　桓谭与张衡的哲学思想

第一节　桓谭的形神论思想

一、桓谭的生平与著作

桓谭,生卒年有争议。孙少华认为桓谭生年可推至汉元帝建昭三年(前36),本书从孙氏。约卒于光武建武十年(34),字君山,沛国相(今安徽省宿县西北)人,两汉之际著名思想家。

据《后汉书·桓谭传》记载:"桓谭……父成帝时为太乐令,谭以父任为郎,因好音律,善鼓琴。博学多通,遍习《五经》,皆诂训大义,不为章句。能文章,尤好古学,数从刘歆、扬雄辩析疑异。性嗜倡乐,简易不修威仪,而喜非毁俗儒,由是多见排抵。"所谓"喜非毁俗儒",在他不苟从俗儒迎合世俗猎奇的心理。桓谭十七岁时为奉车郎中,卫殿中小苑西门,尝随成帝出祠甘泉河东。又于《新论》自谓:"昔余在孝成帝时为乐府令,凡所典领倡优伎乐,盖有千人之多也。"①

桓谭少年强学,《新论》自称"少时好《离骚》,博观他书,辄欲反学"。

---

① 《新论》,第 70 页。

又以扬雄"为绝伦"①,因"扬子云工于赋,王君大习兵器",桓谭曾"欲从二子学"。②甚至出现这种情况:"少时见扬子云之丽文高论,不自量年少新进,而猥欲逮及。尝激一事,而作小赋。用精思太剧,而立感动发病,弥日瘳。"③

在哀帝时,桓谭仍"位不过郎"。他与傅皇后父亲孔乡侯傅晏相善。其时董昭仪受宠,其兄董贤亦因而逞威弄权,傅皇后日益被疏远,傅晏因失势而闷闷不乐。桓谭情知此势对傅晏父女不利,乃进言告诫他要善处人生危局:"刑罚不能加无罪,邪枉不能胜正人。夫士以才智要君,女以媚道求主。皇后年少,希更艰难,或驱使医巫,外求方技,此不可不备。又君侯以后父尊重而多通宾客,必借以重执,贻致讥议,不如谢遣门徒,务执谦悫,此修己正家避祸之道也。"④傅晏接受了桓谭的意见,才免遭董贤之害,"故傅氏终全于哀帝之时"。不久,董贤就任大司马,情知桓谭才学,欲与结交。然桓谭先发制人,先修书告之以辅国保身术,亮明自己的意趣,令其无所适从,从此不相往来。王莽掌握大权时,一时文士大多数对王莽吹牛拍马,阿谀奉承,即使刘歆、扬雄也未能免俗。桓谭则"独自守,默然无言"⑤。王莽篡汉时,桓谭仅为掌乐大夫。农民大起义时,桓谭参与了活动,被更始政权一度召任为太中大夫。

光武即位,征桓谭待诏,"上书言事失旨,不用",次年,光武帝问大司空宋弘"通博之士",弘以"桓谭才学洽闻,几能及杨雄、刘向父子"为由荐桓谭,始"拜议郎、给事中"⑥。曾上疏《陈时政所宜》,提出君臣"共定国是",书奏,不省。光武帝迷信图谶,多以决嫌疑,桓谭因上书无果,"不胜愤懑",又曰:"凡人情忽于见事而贵于异闻,观先王之所记述,咸以仁义正道为本,非有奇怪虚诞之事。盖天道性命,圣人所难言也。自子贡以

---

① 《汉书·扬雄传》。
② 《新论》,第52页。
③ 同上书,第61页。
④⑤ 《后汉书·桓谭传》。
⑥ 《后汉书·宋弘传》。

下，不得而闻，况后世浅儒，能通之乎！今诸巧慧小才伎数之人，增益图书，矫称谶记，以欺惑贪邪，诖误人主，焉可不抑远之哉！"书奏，帝不悦。朝廷每次举行宴会，桓谭常奉命弹琴佐乐，但不是奏朝廷惯常演奏的雅乐，而是"颇离雅操而更为新弄""悦郑声"，光武亦"好其繁声"。有一次宋弘听到后却很不高兴，其"悔于荐举，伺谭内出，正朝服坐府上，遣吏召之。谭至，不与席而让之曰：'吾所以荐子者，欲令辅国家以道德也，而今数进郑声以乱雅颂，非忠正者也。能自改邪？将令相举以法乎？'谭顿首辞谢，良久乃遣之。后大会群臣，帝使谭鼓琴，谭见弘，失其常度，帝怪而问之，弘乃离席免冠谢曰：'臣所以荐桓谭者，望能以忠正导主，而令朝廷耽悦郑声，臣之罪也。'帝改容谢，使反服，其后遂不复令谭给事中。"[1]显然，桓谭并非因光武帝不纳其言而故意弄郑声，而只是奏自己所好而已。建武中元元年（56），"有诏会议灵台所处，帝谓谭曰：'吾欲〔以〕谶决之，何如？'谭默然良久，曰：'臣不读谶。'帝问其故，谭复极言谶之非经。帝大怒曰：'桓谭非圣无法，将下斩之。'谭叩头流血，良久乃得解。"[2]桓谭以行屡不合旨，又极力反对当时盛行的谶纬之学，触怒光武帝，被贬削为六安郡丞。在由洛阳去六安时，"意忽忽不乐，道病卒，时年七十余。"

桓谭学术上推尊扬雄、刘歆，谓刘子政、子骏、子骏兄弟子伯玉"俱是通人"[3]，又说："（扬雄）才智开通，能入圣道，卓绝于众，汉兴以来，未有此也。"[4]建武初年，桓谭和陈元、杜林、郑兴、卫宏等人都好古学，"俱为学者所宗"[5]。后世，人们更对桓谭其人给予很高评价。王充认为，当时学术"以君山为甲"。王充还说："世间为文者众矣，是非不分，然否不定，桓君山论之，可谓得实矣。论文以察实，则君山汉之贤人也。陈平未仕，割肉闾里，分均若一，能为丞相之验也。夫割肉与割文，同一实也。如君山得执汉平，

---

① 《后汉书·宋弘传》。
② 《后汉书·桓谭传》。
③ 《新论》，第38页。
④ 同上书，第41页。
⑤ 《后汉书·陈元传》。

用心与为论不殊指矣。孔子不王,素王之业在于《春秋》。然则桓君山〔不相〕,素丞相之迹,存于《新论》者也。"①所谓"素丞相",指桓谭虽未做过丞相,但表现出了可以做丞相的素质,其证据就是《新论》中所表现出来的特征。在王充看来,"割肉"和"割文"的道理是相通的。陈平当初"割肉"公平,证明他有做丞相的潜质,后来果然做了汉丞相。桓谭虽未有机会做丞相,但是他"割文"即做文章能做到持论公允,也有做丞相的潜质。宋周紫芝则称赞桓谭的人格:"观谭展转于新室纷更之余,终不肯一言以取媚于时。及中兴之后,谶说益盛,而犯颜力诤,以辨其非,则其人自视岂随其波而汩其泥者哉?故曰士有特立独行,不移于举世之所好,而自信其道者,然后可以谓之大豪杰也。"②桓谭之所以可称为"大豪杰",在于其学其人的统一。一个人的学问所达之境为私,然天道为公,私与公统一,需要勇力。桓谭博学多才,不仅精研经学,擅长文章,而且熟谙音律和天文。

桓谭著作,据《后汉书·桓谭传》载,有"言当世行事二十九篇,号曰《新论》……所著赋、诔、书、奏,凡二十六篇",其中哲学方面的主要著作即《新论》。《新论》中《本造》述其造作动机时曰:"余为《新论》,术辨古今,亦欲兴治也,何异《春秋》褒贬邪!今有疑者,所谓蚌异蛤、二五为非十也。谭见刘向《新序》、陆贾《新语》,乃为《新论》。庄周寓言,乃云'尧问孔子';《淮南子》云'共工争帝,地维绝',亦皆为妄作。故世人多云短书不可用。然论天间,莫明于圣人,庄周等虽虚诞,故当采其善,何云尽弃邪!"由此可见,《新论》虽"术辨古今",而其宗旨在"欲兴治也";该书采取《春秋》笔法,褒贬中存有微言大义;体裁上借鉴刘向《新序》、陆贾《新语》;所述事件如庄子寓言,不可当作史实来用;然而不能因著作篇幅不大而忽略其意义。大抵,王充谓桓谭为"素丞相",依据的就是《新论》,说明该书有其"新"意。钱钟书说:"通观《新论》,桓氏识超行辈者有二:一、不信谶纬,二、不信神仙。"又说:"窃意《新论》苟全,当与《论衡》伯仲。"③

---

① 黄晖:《论衡校释》(四),第 1122 页。
②《太仓稊米集》卷四五。
③ 钱钟书:《管锥篇》(第二版)第 3 册,第 976 页,北京,中华书局,1986。

桓谭与王充皆属于汉代"异端"思想家,相同点在求实。王充在《论衡》中对桓谭给予高度的评价,直接论及桓谭的地方多达13处,王充对桓谭其人和其处境充满同情,对《新论》一书的批判立场和求实精神则有所继承和发扬。桓谭、王充二人的思想旨趣与为人性格有直接的渊源关系。

《新论》原书为29篇,现辑本共16篇,其篇名为《本造》《王霸》《求辅》《言体》《见微》《谴非》《启寤》《祛蔽》《正经》《识通》《离事》《道赋》《辨惑》《述策》《闵友》《琴道》,严可均谓:"疑复有录一卷,故十七卷。"①16篇中,《本造》《闵友》《琴道》各为一篇,其余13篇因"光武读之,敕言卷大",故各分上下,为26篇,总数与《后汉书》所记29篇数相符。

关于《新论·形神》作者,因明吴康虞本《弘明集》卷五在本篇下题"晋桓谭",有人认为乃晋华谭之误。钟肇鹏《新论形神的作者应断归桓谭》一文详细论证了《弘明集》中《新论·形神》的作者是汉代桓谭②,为学术界所公认。本书采用的是由朱谦之校辑的《新辑本桓谭新论》,按此书原属于《新论·形神》的部分皆辑于《祛蔽》篇。

二、形神理论与对天鬼信仰的批判

就人的精神而言,其与形体的关系甚为复杂。桓谭曰:"精神居形体,犹火之然烛矣。如善扶持,随火而侧之,可无灭而竟烛。烛无火,亦不能独行于虚空,又不能后然其地。地,犹人之耆老,齿堕发白,肌肉枯腊,而精神弗为之能润泽,内外周遍,则气索而死,如火烛之俱尽矣。"③地,灯烛的余烬。在这里,他把烛干比作人的形体,把烛火比作人的精神,提出"以烛火喻形神"的有名论点,断言精神不能离开人的形体而独立存在,正如烛光之不能脱离烛体而存在一样。桓谭不仅认为精神依赖于形体,而且认为形体在一定程度上也不能没有精神的支持。"烛无火,亦不能独行于虚空,又不

---

① 《桓子新论序》。
② 钟肇鹏:《求是斋丛稿》,第749—755页,成都,巴蜀书社,2001。
③ 《新论》,第32页。

能后然其炷。"如果精神把持得好，"可毋灭而竟烛"。显然，他举烛火为例比喻精神和形体的关系有一定局限：形体对精神的依赖是不可与烛对火的依赖完全一样的，因精神对形体有认识和控制的作用，但火对烛却没有。桓谭自己也意识到这个问题："以烛火喻形神，恐似而非焉。今人之肌肤，时剥伤而自愈者，血气通行也。彼蒸烛缺伤，虽有火居之，不能复全，是以神气而生长，如火烛不能自补完，盖其所以为异也，而何欲同之？"人的机体受伤能自我修复，因血气流通之故，但蜡烛受伤自己不能修复，人的机体和蜡烛二者是不同的。对此，桓谭回应曰："火则从一端起，而人神气则于体，当从内稍出合于外，若由外腠达于内，固未必由端往也。譬犹炭火之难赤，如水过渡之，亦小灭然复生焉。此与人血气生长肌肉等，顾其终极，或为灰，或为地耳，曷为不可以喻哉？"也就是说，火燃烛是从上端开始的，人的精神则是从内向外、又由外向内表现的，二者不相同，但若从炭经火燃红后，用一滴水浇其上，必导致炭火着水的那点熄灭，而后又才复燃，就和人的血气可以生长肌肉一样，所不同的只是炭火最后化为灰烬而人体腐烂而已。他认为，如果人们能够"专一内视，精不外鉴，恒逸乐"，则可以"益性命"并长寿。即使人的身体受到疾痛的伤害，通过调养可以延长寿命，就如蜡烛虽不能自我调换，但只要能搜刮点旁边的油脂或将灯烛倾斜一下，转动一下，也能延长燃烧时间。

质疑者的意思是认为精神可再生肉体，强调精神对形体的决定作用，而桓谭则突出精神对形体依赖性的一面。这个观点虽并非无懈可击，但在古人迷信精神神秘作用的时代，强调其对于形体的依赖性，也具有一定进步意义。桓谭以烛火喻形神，其思想对于批判当时流行的鬼神思想有积极的价值。周乾溁认为："桓谭的思想，在某些方面具有一定的进步性"，认为这种"形神论思想，大大超越前人，是哲学上的一个大的成就，他的思想，对后世的影响也很大"。这里所谓对后世的影响，当是指对王充的直接影响，以及对范缜的影响。① 桓谭认为"人既禀形体而

---

① 周乾溁：《桓谭简论》，《秦汉史论丛》第 1 辑，西安，陕西人民出版社，1981。

立……其肌骨血气充强,则形神枝而久生,恶则绝伤,犹火之随脂烛多少长短为迟速矣"。

桓谭说:"草木五谷,以阴阳气生于土,及其长大成实,实复入土,而后能生,犹人之与禽兽昆虫,皆以雌雄交接相生。生之有长,长之有老,老之有死,若四时之代谢矣。而欲变易其性,求为异道,惑之不解者也。"在桓谭看来,人的生命从形体层面和草木五谷一样服从生老死亡的自然法则,人之生长老死就如"四时之代谢"那样自然必然,有些方士不遵循这一法则而欲求长生不死乃徒然之举。人死亡之后,与土木是一样的。

东汉社会,儒术最盛,其实也是谶纬灾异思想十分流行的时代。不仅学术上的话语离不开谶纬灾异,而且政治活动也常常需要它们。灾异在西汉宣帝时就已经频现,到王莽、刘秀曾经利用符信和图谶来达到自己的政治目的。王莽谋篡,征图谶于朝廷,班符命于天下,上有所好,下必有甚。一时响应者云起,祥瑞不绝如缕。图谶符信,均成窃国之具。及光武时,即有宛人李通以图谶说其起兵。又有强华以伏符说光武即位,事皆顺应。问题是,光武因此对图谶十分信赖,甚至以此行政任官。对于灾异祥瑞,也很真诚地相信。遇有日食,光武帝下诏自责:"吾德薄不明,寇贼为害,强弱相陵,元元失所。《诗》云:'日月告凶,不用其行'。永念厥咎,内疚于心。"[1]在这样的氛围之中,出现自然灾害都不是什么坏事,而是上天的谴告,"是上天对君主的爱护和关注,只有不可救药,罪大恶极,天也就不加警告,不说他的过错"[2]。

在这种时代背景中,桓谭却仍十分清醒。首先,桓谭批判谶纬。他说:"谶出河图、洛书,但有兆朕而不可知,后人妄复加增依托,称是孔丘,误之甚也。"正是因为规劝光武帝不要迷信谶纬,桓谭最终招来贬谪流放的恶果。

其次,他对所谓灾异说也持批评态度。他说:"夫(灾)异变怪者,天下

① 《后汉书·光武帝纪下》。
② 钟肇鹏:《谶纬论略》,第153页,沈阳,辽宁教育出版社,1990。

所常有,无世而不然。"①灾异并不与政治有必然联系。"逢明主贤臣,智士仁人,则修德善政,省职慎行以应之,故咎殃消亡,而祸转为福焉。"这样的例子是很多的。如大戊遭桑穀生朝之怪,获中宗之号;武丁有雊雉升鼎之异,却有身享百年之寿;周成王遇雷风折木之变,而获反风岁熟之报;宋景公有荧惑守心之忧,星为徙三舍。因此,面对灾异,"莫善于以德义精诚报塞之矣"。正如《周书》所记载的:"天子见怪则修德,诸侯见怪则修政,大夫见怪则修职,士庶见怪则修身。神不能伤道,妖亦不能害德。"只有遇到衰世薄俗,灾异现象出现,君臣多淫骄失政,士庶多邪心恶行,又不能内自审视,惧怕天威,反外考谤议,于是祸患得就,成违天逆道之事。

刘歆的兄子伯玉曾经说:"天生杀人药,必有生人药也。"但是,桓谭却认为,人天有别,天并不是因人的需要而产生某些对人有用的东西。"钩(或作昫)吻(或作藤)不与人相宜,故食则死,非为杀人生也。"这就好比巴豆毒鱼,桂害獭,杏核杀狗,粉鳅畏椒,蜈蚣畏油一样,"天非故为作也"②。自然之天并没有自己的目的。

但桓谭并不否认现实中的巧合。《新论》记载了几件事情:"余前为典乐大夫,有鸟鸣于庭树上,而府中门下皆为忧惧。后余与典乐谢侯争斗,俱坐免去。"③《辨惑篇》还记载:三辅之地有一种风俗,不敢捉杀鹳(一作鹤)鸟,怕遭到雷电霹雳。桓谭则认为天下之鹳鸟,郡国皆食之,不是什么神鸟。"原夫天不独左彼而右此,杀鸟适与雷遇耳"④等等,桓谭在向光武帝进言时曰:"谶记……其事虽有时合,譬犹卜数只偶之类。"谶书应验,纯属偶合。

桓谭因不承认天有主观的目的,以蜡烛与火的关系来论说形与神的关系,一度被人们普遍认为是"唯物主义者"。

对于世俗所谓天鬼神道的信仰一类,桓谭持平实的态度予以批评。他说:"无仙道好奇者为之。"桓谭对那种以极端方式修道的做法表示怀疑,他曾经和郎冷喜外出,见一老人粪上拾食,头面垢丑,惨不忍睹。冷

①②③④《新论》。

喜曰:"安知此非神仙?"桓谭则云:"道必形体如此,无以道焉。""哀帝时有老人范兰,言年三百岁。初与人相见,则喜而相应和,再三则骂而逐人。"先以欺骗方式自称三百岁,最后再三被质疑或盘问,就恼羞成怒了。在桓谭看来,"天下神人五:一曰神仙,二曰隐沦,三曰使鬼物,四曰先知,五曰铸凝"。朱谦之说:"以上五者,皆《新论》之所谓惑也。隐沦即隐形,铸凝谓黄白术也。"和刘歆对待神仙的态度迥然不同,桓谭曰:"刘子骏信方士虚言,谓神仙可学。尝问言:'人诚能抑嗜欲,阖耳目,可不衰竭乎?'余见其庭下有大榆树,久老剥折,指谓曰:'彼树无情欲可忍,无耳目可阖,然犹枯槁朽蠹,人虽欲爱养,何能使之不衰?'"虽然人非草木,但即使能做到如草木一样无嗜欲,仍不能违抗生命盛衰的自然规律。他不相信有什么超验的奇迹,是彻底人文主义的思想立场。因桓谭这种理性的立场,王充称道他的著作是"讼世间事,辨昭然否,虚妄之言,伪饰之辞,莫不证定"[1],可谓得实之论。

对于桓谭批判谶纬灾异和鬼神信仰,后世的评价存在一定分歧。侯外庐从今古文之间的分歧认识这个问题,他说:"桓谭反对图谶,只是依据着《五经》'以仁义正道为本'的儒家思想来摒弃'奇怪虚诞之事',而并没有坚定的无神论世界观;本质上与孔子'不语怪力乱神'及'未能事人焉能事鬼'的态度,同样显示着常识的健康理性的看法。"[2]这种看法得到普遍认同。但是,钟肇鹏则认为:"桓谭反对谶纬灾异的思想,还是基于他天道自然的唯物主义观点。"因而,侯氏的观点"是颇可商榷的"[3]。

造成这种认识差异的原因固然基于对桓谭思想属性的认识,其中也有《新论》一书佚失,只能凭片语只言来认识有关。可以说,钟肇鹏更多的是根据王充的元气自然思想及其对桓谭的推崇来做出上述论断的。

通观《新论》并不完整的内容,可以从看到的个别文字推测其余的思想逻辑,钟肇鹏的观点也并非随意。桓谭思想继承传统儒家"人为天地

---

[1] 黄晖:《论衡校释》(二),第 609 页。
[2] 侯外庐:《中国思想通史》第 2 卷,第 269 页,北京,人民出版社,1962。
[3] 钟肇鹏、周桂钿:《桓谭王充评传》,第 69 页,南京,南京大学出版社,1993。

之心""五行之秀气"的思想,并接受了秦汉以来流行的"五行"学说。他认为"人抱天地之体,怀纯粹之精,有生之最灵者也"①。人之貌言视听思"五事"与天地之金木水火土"五行"及雨旸燠寒风"五气"是相对应的。他说:"是以貌动于木,言信于金,视明于火,听聪于水,思睿于土。"又说:"貌恭则肃,肃时雨若;言从则乂,乂时旸若;视明则哲,哲时燠若;听聪则谋,谋时寒若;心严则圣,圣时风若。"②而"五行""五气""五事"又都归属于"土""风"和"心":"金木水火皆载于土,雨旸燠寒皆发于风,貌言视听皆生于心。"这些思想并不能简单归结为"'以仁义正道为本'的儒家思想来摒弃'奇怪虚诞之事'",联系其在认识论(详后)上的"实核""言是"等思想来看,它们正是对王充"疾虚妄"的实证哲学影响最大的方面。其实,在整个社会被谶纬、灾异思想和鬼神迷信所包围的氛围中,能够坚持清醒的理性态度,不仅是一种思想方法,也是一种人生态度。

然而,必须指出,桓谭批评谶纬鬼神信仰,坚持儒家的人文主义立场和理性态度,在学术上虽然有进步意义,但是,他还没有完全跳出传统儒家的道德主义立场,没有看到作为平民的刘秀,要获得政权,单靠传统儒家所谓"格致诚正修齐治平"仍然是不够的。换言之,无论光武还是王莽,谶纬神学都是他们凝结人心获得政权所需要的重要武器。

第二节 桓谭的经验认识论与政治哲学

认识论上,桓谭是一位经验论者,他提出了基于经验认识"习"之上的"先见豫图"的认识论观点,并强调所谓的"验"与"效"作为检验的标准。

一、"习学"与"效验"的经验认识论

1. "习"与"先见豫图"

"习",是桓谭强调的一个认识论概念,它包括通过阅读、观察等的学

---

①②《新论》。

习和练习。桓谭说:"扬子云工于赋,王君大习兵器,余欲从二子学。子云曰:'能读千赋,则善赋。'君大曰:'能观千剑,则晓剑。'谚云:'伏习象神,巧者不过习者之门。'"①"读"与"观"均为"习"。反复诵读和观察练习,才能熟能生巧,此谓"巧者不过习者之门"。这是认为,只有在熟悉了解某事物的基础上才能提升对该事物的认识和技巧。在此基础上,才可以根据事物自身的规律性而"举一反三"。显然,这是认识上的经验论立场。他说:"谚曰:'侏儒见一节,而长短可知。'孔子言:'举一隅足以三隅反。'"②反复练习才可能达到对事物的熟悉和了解。"成少伯工吹竽,见安昌侯张子夏鼓琴(一作瑟),谓曰:'音不通千曲以上,不足以为知音。'"③就"习"而言,"写"比"读"的效果好十倍:"高君孟颇知律令,尝自伏写书,著作郎署哀其老,欲代之,不肯,云:'我躬自写,乃当十遍读。'"④对于音乐艺术的感受,可使人达到如痴如醉不能自拔的程度。"余兄弟好音,尝至洛,听音终日而心足。由是察之,夫深其旨则欲罢不能,不入其意故过已。"⑤而最能激发人之智慧和才能者,当是现实的人生境遇。他说:"贾谊不左迁失志,则文采不发。淮南不贵盛富饶,则不能广聘俊士,使著文作书。太史公不典掌书记,则不能条悉古今。扬雄不贫,则不能作《玄》《言》。"⑥显然,桓谭此说乃袭司马迁的思路而成。

通过"习"所得为"知"。桓谭认为,知与不知的差别很大。他以为"多得善物,不如少得能知物"⑦。因而,得良马十匹,不如得一伯乐,得利剑十把,不如得一欧冶。在桓谭那里,知可以是对物之知,对人性之知,此外还有所谓的"先见豫图"。对物之知高于对物的占有,而对人之知更高于对物之知。认识人得先认识人性,而人性之知就更难得了。"凡人性,难极也,难知也,故其绝异者,常为世俗所遗失焉。"⑧历史证明,无论是深藏不露的人性,还是各类才德之士,往往都湮没于世俗社会之中。现实中既有如伊尹、吕望这样熬到老年时才有机会显示才智的人物,更有错误地认识局势而遭遇不幸的关龙逢、比干、伍子胥、晁错诸人,

---

①②③④⑤⑥⑦⑧《新论》。

然也确实存在着"其智足以饰非夺是,辩能穷诘说士,威则震惧群下",而能左右一时时局的人物,比如王莽一类。张良、陈平这样的良臣,何世没有?"但人君不知,群臣弗用也。"这里,桓谭触及孔子所谓知人之"知"的内容,并进一步分析了知人难的理由。

桓谭提出对人才的认识必然面临"大难三""止善二"两大命题。针对所谓"大难三",他说:"为世之事,中庸多,大材少,少不胜众。一口不能与一国讼,持孤特之论,干雷同之计,以疏贱之处,逆贵近之心,则万不合,此一难也。"①在桓谭看来,有真知灼见、远见卓识者是少数,但在生活实际中,这些有远见卓识的少数人并不能违逆大众之心而独自行事。这样,他们往往会因所处的疏贱地位而与贵近之人的意见相左,地位与见识都不能相合,这是一难。又说:"夫建踔殊,为非常,乃世俗所不能见也;又使明智图事,而与众平之,亦必不足,此二难也。"有远见韬略的人即使为一些不寻常之事,也一定不为世俗之人所看得到;大家都不得不遵循事物普通原则,就显示不出与众不同之处。此为二难。"既听纳,有所施行,而事未及成,谗人随而恶之,即中道狐疑,或使言者还受其尤,此三难也。"纳谏之后也许行动上有所采用,事未成却易中途遭到谗人的中伤,行动上便犹豫不决,结果进忠言者反而会遭来祸害。此为三难。所谓"二止善",是指"一不当合,遂被潜想(旧校云:想恐愬),虽有十善,隔以一恶去,此一止善也。"虽有聪明睿智并尽心竭言为国谋事,却可能因为犯众怒而遭人离间被怀疑,哪怕可以做很多好事,但只要有一件事未做好,就前功尽弃。还有,"既幸得之,又复随众,弗与知者,虽有若仲尼,犹且出走,此二止善也。"有才能之士,往往为世俗之人所嫉妒,遇到明君,机会来之不易,想干一番事业,又担心失去众人的跟从。难以做到十全十美,就不能得到恒久的信任,这就是所谓"二止善"。无论"三难"还是"二止善",都是传统政治格局中贤臣才士难以逃避的处境。没有客观的标准对这些人进行评价,也没有客观的位置可以保障他们的前程乃至

---

① 《新论》。

生命,自然就既要看君主的脸色,又要顾及众人的喜怒。成败得失往往就在方寸之机。桓谭的理想是"君臣致密坚固,割心相信,动无间疑",就若伊尹、吕望之被商汤、武王重用,管仲、鲍叔牙之得到齐桓公的信任一样。非如此,则"难以遂功竟意矣"①。桓谭认为,才能贤德之士,需要依靠明君才能够发挥其作用。他说:"材能德行,国之针药也,其得立功效,乃在君辅。"

当然,最重要的知还不是关于物体或某些人物之知,而是反映事物之间关系的事物发展大趋势和可能走向对人们的影响之知。他将人们为实现目的而对可能出现的"患害奇邪"所做的"设防量备"称为"先见豫图";在强调人们在对可能出现的危机有"先见豫图"的同时,还不能刚愎自用,"辄欲自信任",而是"与诸明习通共"②,即与众多贤明者讨论而达成共识,并最终在实践中去验证。

既然"知"包括甚至最重要的就是"先见豫图",它是必然要求和事物发展的实际趋势相符合的。

桓谭认为,"先见豫图"包含在"知大体"中。"大体者,皆是当之事也"。所谓"大体",就是"是"和"当"之事。"是",并非直接指认识与对象的符合,而是"言是",即言说正确;所谓"当",则是"计当",即行动计策或计划恰当、适当。他说:"夫言是而计当,遭变而用权,常守正,见事不惑,内有度量,不可倾移而诳以谲异,为知大体矣。"当然,事有大小,情有常变,有帝王之大体者,也有不同人等的具体事务之大体,情势各不相同,则所谓"知大体"的内容就不同。"是"与"当"是适应任何情况之变化而仍能"常守正,见事不惑"的,它不是抽象的教条,而直接与临事决策的行为相关。更深层次上看,所谓"是",即包括"与诸明习者通共"。他批评王莽说:"王翁始秉国政,自以通明贤圣,而谓群下才智莫能出其上。是故举措兴事,辄欲自信任,不肯与诸明习者通共,苟直意而发,得之而用,是以稀获其功效焉。"人不能刚愎自用、自以为是,而应有自我怀疑虚心请教高明的

①②《新论》。

心胸,才能"言是"。桓谭对"言是"的重要性的认识是有社会背景的。

因此,若言不是、计不当,虽有威权如王莽,察慧如公孙龙,敏睿如东方朔,谈论灾异如京君明,乃至博识多闻,书至万篇,为儒教授数百千人,亦都仍是不知大体之辈。"非有大材深智,则不能见其大体。""知大体"者必言语的当可行。他说:"是故言之当必可行也,罪之当必可刑也,如何苟欲阿指乎?""夫言语之时,过差失误,乃不足被以刑诛,及诋欺事,可无于不至罪。"①

桓谭对于人们偏向信赖听闻而不相信所见事实的情况提出异议。他说:"世咸尊古卑今,贵所闻,贱所见。见扬子云禄位容貌不能动人,故轻易之。"②导致这种认识上的误区,显然是因人们一方面猎奇的心理,同时听闻可以附加许多的想象;另一方面,眼见的事实却不仅妨碍人们的想象力的自由发挥,甚至可能成为人们认识真相的障碍。

桓谭这种要求思想信念与事实相符合的精神,对后世王充等人的影响很大。王先谦云:"桓谭才智开通,切于时务,一约生于公元前二二年之人,已先于王充、张衡具启蒙学者之学之识。"③

2."验"与"效"

认识论上,桓谭注重"验"与"效"。事情都通过功效得以验证。所谓"验",即要求思想言论应有效验、可以验证,能收到实效。他认为,思想言论能有效验,首先是要能使其"实核"或"见事",其次要讲求实际的功效。所谓"实核",即思想信念应经得住经验的验证,而不是来自书本更非道听途说,文章不能空洞、浮华。他说:"予见新进丽文,美而无采;及见刘扬言辞,常辄有得。文家各有所慕,或好浮华而不知实核,或美众多而不见要约。"④所谓"见事",即思想感情应能落到事理正道之上。他说:"凡人情而忽于见事,而贵于异闻。观先王之所记述,咸以仁义正道为

---

① ②《新论》。
③《新论朱序》。
④《新论·补遗》。

本，非有奇怪虚诞之事。"①"是故言之当必可行也，罪之当必可刑也，如何苟欲阿指乎？""苟欲阿指"显然就不能指实论事。那种跟随别人指挥棒转的人能有什么学术的真诚呢？桓谭这种求实的精神与当时社会崇尚浮华的现实不相合拍。西门惠君曰："龟称三千岁，鹤言千岁，一人之材，何乃不及虫鸟耶？"桓谭则云："谁当久于龟鹤同居，而知其年岁耳？"②因而，"实核"就是要考察言论是否符合日常生活经验和客观事实。王充称其"讼世间事，辨昭然否，虚妄之言，伪饰之辞，莫不证定"，其实就是因桓谭主张"实核"。因之，王充又说："世间为文者众矣，是非不分，然否不定。桓君山论之，可谓得实矣。论文以察实，则君山汉之贤人也。"

"效"，亦谓"功"或"功效"，即知识应付诸实践并有客观效应。"殷之三仁皆暗于前而章于后，何益于事？何补于君？"③桓谭还说："世间高士材能绝异者，其行亲任亦明矣，不主乃意疑之也，如不能听纳，施行其策，虽广知得，亦终无益也。""行"即可以施行。"言之当必可行也"，即言论的当可实行而取得功效。此外，他还提出所谓"遂功竟意""得立功效"及"图世建功"等等，表明桓谭入世干政的儒家立场中对知识和言行效应的强调。"验"必有效，"效"得于"验"。

针对东方朔"短辞薄语，以为信验"，人都以为其有大智慧，后世贤者不可企及，桓谭则讥讽曰："鄙人有以狐为狸，以瑟为箜篌，此非徒不知狐与瑟，又不知狸与箜篌"，意味着人们不仅不能认识东方朔，也不了解后世贤者。

桓谭认为，社会政治要获得"遂功竟意"的效果，不能没有君臣之间良好的配合。"维针艾方药者，已病之具也，非良医不能以愈人；材能德行者，治国之器也，非明君不能以立功。"④认识人才并非是一般人就有的能力。面对上述所谓"三难""二止善"所反映的人性之复杂与政治情势的特殊性，若无深刻洞见，历史悲剧难免重演。不过，桓谭还是充满信

①《后汉书·桓谭传》。
②③④《新论》。

心："察前世已然之效，可以观览，亦可以为戒。"①桓谭承认，普通人具有差不多相同的认识能力。他说："凡人耳目所闻见，心意所知识，性情所好恶，利害所去就，亦皆同务焉。"这里，他排除了认识乃至好恶中的个性色彩。那么，人们认识中的差异何在呢？桓谭认为，在于由才能、智略、听明、质行方面的程度或水准不同所致。

当然，因认识往往是对人情事理乃至人之才德的认识，甚至是对人心的认识，由于人的限制性，仅仅局限于就事论事可能不一定什么皆能验证或获得功效。

桓谭比较赞赏的是"材智通达"②的"通人"。"通人"是不会局限于普通人的格局的。比如，像扬雄、刘向、刘歆、刘伯玉"俱是通人"。不过，桓谭也意识到，即使所谓"通人"，也皆有其所"蔽"。比如，虽有功德如汉高祖、仁智通明如汉文帝者，亦有"得良医弗用，专委妇人"或"溺于俗议，斥逐材臣"诸"蔽"。乃若显为世宗之"卓尔绝世之主"的汉武帝，亦有"贪利"与"争物"之"蔽"，最终遂致"内竭府库，外罢天下"。再如扬雄，虽"达圣道，明于死生"，不输季札，却不能"以义割恩"而有"轻财"之"蔽"。

此外，桓谭还提出一个道德认识上的重要观点，他认为："惟人心之所独晓，父不能以禅子，兄不能以教弟也。"③虽然他是在谈及音乐的创造时说这番话的，但应该理解他的"春秋笔法"。

二、"举本抑末""王霸二盛"的政治哲学

作为儒者，桓谭继承但并不拘泥于传统儒家的道德学说，而能同时根据现实观察提出切合实际的政治观点。即他一面关注道德价值，另一面却又注意到事实的层面，基于此，他提出"举本抑末""王霸二盛"的观点。

桓谭上疏光武帝曰："夫理国之道，举本业而抑末利，是以先帝禁人

---

①②③《新论》。

二业,锢商贾不得宦为吏,此所以抑并兼、长廉耻也。"(《后汉书·桓谭传》)所谓"举本抑末","举本"一方面在举仁义之道为国家政治的根本,另一方面则是求"有益于政道"并"以合人心而得事理"者。"合人心"是合乎人们内心的意愿,"得事理"即与事物发展的规律相符合。显然,桓谭认识到一切人事活动的根本就是在人的需要和事理(即事物的客观规律)之间求得合理交汇之点,而非单纯某个方面。"抑末利"则在限制经济上的兼并以及对政治根本的消极影响。这种思想显然是传统儒家思想。商贾不得为官吏是基于对商业思维和道德人格之间存在着一定的分裂的认识。

他认为:"凡人情忽于见事,而贵于异闻。"这种不明事理而谋异闻以求心理满足的倾向容易使人不去面对事实,而追求虚无怪诞之事。这是本末倒置。据此,他说:"观先王之所记述,咸以仁义正道为本,非有奇怪虚诞之事。盖天道性命,圣人所难言也。自子贡以下不得而闻,况后世浅儒能通之乎?"(《后汉书·桓谭传》)不讲实际的事理,不看人们的内心,而只求圣人都难说清楚的事,必然陷入迷信。因之,政治应建立在儒家的仁政德治基础上,而少寄望于卜筮、祭祀等宗教活动。"圣王治国,崇礼让,显仁义,以尊贤爱民为务,是为卜筮维寡,祭祀用稀。"他认为,"恩义""仁心""德惠"才是政治的根本。

就具体治术而言,亦应抓住根本、国之基础和人心。他认为,王者初兴,"皆先建根本,广立藩屏,以自树党而强固国基焉"①。强秦败亡,治术上说就是因过分强调集权,"而独自恃任一身"。王莽之败在失百姓之心,"行甚类暴秦,故亦十五岁而亡"。他们共同的特征就是在取得天下之后不愿与众人"共食"即分享天下。

桓谭认为:"凡人耳目所闻见,心意所知识,性情所好恶,利害所去就,亦皆同务焉。若材能有大小,智略有深浅,听明有暗照,质行有薄厚,亦则异度焉。"②一般人蔽于耳目见闻或利害好恶,不能认识社会政治之

---

①②《新论》。

本质,没有意识到人心之可畏,故不能分清事物之轻重小大。比如,人们往往会感激那些参与救火的人,却并不感激事先给予火灾警示的人。"先见豫图"就如良医所医之"未发",明君所绝在其"未萌"。此"先见豫图"其实就是"见微之类",类似《中庸》所谓"前知",目的在于"杜塞未萌"。他认为,只有对事物有了"先见豫图",才可能"遏将救之耳"。若无视其"未萌"的状态,一经坐大就难收拾。当然,世俗之人受限制于"难三"和"二止善",不可能有先见之明。只有所谓贤智大材,识得大体,才有"先见豫图"。"后世多损于杜塞未萌,而勤于攻击已成,谋臣稀赏,而斗士常荣,犹彼人殆,失事之重轻。"这就是人们易犯之"伤其贱本而贵末"的毛病。

类似思想在《言体篇》中也得到阐发。他说:"夫言行在于美善,不在于众多。出一美言善行,而天下从之,或见一恶意丑事,而万民违。"

桓谭承认道德对于敦风化俗的作用。他认为,贤人之言,有益于德化。因而,君子掩恶扬善,鸟兽尚与之讳,何况于人呢?"举网以纲,千目皆张;振裘持领,万毛自整。治大国者,亦当如此。"

政治思想上,桓谭另一主张是提出"王霸二盛之美"的观点。首先,桓谭认同老子的历史退化观。桓谭谓:"夫上古称三皇、五帝,而次有三王、五霸,此皆天下君之冠首也。故言三皇以道治,而五帝用德化;三王由仁义,五霸用权智。其说之曰:无制令刑罚,谓之皇;有制令而无刑罚,谓之帝;赏善诛恶,诸侯朝事,谓之王;兴兵众,约盟誓,以信义矫世,谓之霸。王者,往也,言其惠泽优游,天下归往也。"①他认为五帝以上的事,皆为传说,不是信史,只有王霸二者所依据的政治原则才是古今之理的决定因素。

有些儒者提出:"图王不成,其弊亦可以霸"。但桓谭认为未必。他说:"传曰:'孔氏门人,五尺童子,不言五霸事者,恶其违仁义而尚权诈

---

① 《新论》。

也。'"针对这一思想,钟肇鹏认为桓谭坚持的是一种"崇王贱霸"之说,[1]但萧公权认为,以儒家标准衡量桓谭乃"杂霸",[2]贺凌虚则认为,桓谭是从"福国利民的成效而言""王霸二盛之美"的,[3]因此,对霸道并没有贬抑的意思。

我们认为,从桓谭务实的性格来看,他虽向往王道,却又不能不面对现实,对霸道并未取否定的立场。如其曰:"诸儒睹《春秋》之文,录政治之得失,以为圣人复起,当复做《春秋》也。自通士若太史公,亦以为然。余谓之否。何则?前圣后圣,未必相袭也。"[4]又曰:"善政者视俗而施教,察失而立防。威德更兴,文武迭用。"(《后汉书·桓谭传》)在经历先秦时代特别是孟、荀二人的王霸之辩后,桓谭有这种看法不是不可理解的。更重要的是,从秦汉以来的社会政治现实来看,并无真正的王道政治,唱高调不是他的性格。因此,桓谭提出"五帝以上久远,经传无事,唯王霸二盛之美,以定古今之理焉"。再者,桓谭此说在理论上也有根据,《中庸》有所谓"或安而行之,或利而行之,或勉而行之,及其成功一也"之论。此外,法家还有"仁者能仁于人,而不能使人仁;义者能爱于人,而不能使人爱。是以知仁义之不足以治天下也"(《商君书·画策》)。桓谭所谓"惟人心之所独晓,父不能以禅子,兄不能以教弟也",就是这一思想的曲折反映。它表明儒家王道政治虽纯粹但只是理想,而驳杂的霸道却很实用。因其驳杂,故从辅佐的角度说:"王道易辅,霸道难佐。"

桓谭认识到理想的德化政治并非在任何情况下都能充分实现,也不能指望君主都德才兼备,不过明君可依靠有才德之士实现政治上良好的统治。"维针艾方药者,已病之具也,非良医不能以愈人。材能德行者,治国之器也,非明君不能以立功。医无针药,可作为求买,以行术伎,不

① 钟肇鹏、周桂钿:《桓谭王充评传》,第 47 页。
② 萧公权:《中国政治思想史》上,第 331 页,台北:联经事业出版公司,1982。
③ 贺凌虚:《东汉政治思想论集》,第 31 页,台北:五南图书出版公司,2002。
④ 《新论》。

须必自有也。君无材德，可选任明辅，不待必躬能也。"他认为"王者易辅，霸者难佐""非明君不能以立功"。这种明君贤相的论调对于传统士大夫而言是无法超越的。

于此，桓谭在反思王莽失败的教训中提出他的"知大体"的思想。他认为，"知大体"首先应避免一意孤行，自以为是。"夫帝王之大体者，则高帝是矣。高帝曰：'张良、萧何、韩信，此三子者，皆人杰也。吾能用之，故得天下。'此其知大体之效也。"从功效上说，"知大体"就是善用不同才能的人中豪杰。相反，王莽把持国政，"自以通明贤圣，而谓群下才智莫能出其上。是故举措兴事，辄欲自信任，不肯与诸明习者通共，苟直意而发，得之而用，是以稀获其功效焉。故卒遇破亡。此不知大体者也"。王莽不能善用有才能的人，发挥其重要作用，而是"辄欲自信任，不肯与诸明习者通共"，即为不知大体，失败就是难免的。其次，在具有宏大战略眼光的前提下，要能做综合性的独立思考。他说："高帝怀大智略，能自揆度，群臣制事定法，常谓曰：'庳而勿高也，度吾所能行为之。'宪度内疏，政合于时，故民臣乐悦，为世所思，此知大体者也。""王翁嘉慕前圣之治，而简薄汉家法令，故多所变更，欲事事效古。美先圣制度，而不知己之不能行其事。释近趋远，所尚非务，故以高义，退致废乱，此不知大体者也。"王翁即王莽。如果不立足于现实和独立思考，过分相信不切实际的制度的作用，即使其"所从事的是一个惊天动地的全面社会改革"①，自然还是不知大体。其三，应知敌我双方力量对比并能权衡将帅之用。第四，能否得到众人的拥护。他将王莽和古代圣贤做了比较："成汤不省纳，无补于士民，士民向之者，嘉其有德惠也……文王葬枯骨，无益于众庶，众庶悦之者，其恩义动人也。王翁之残死人，观人五藏，无损于生人。生人恶之者，以残酷示之也。维此四事，忽微而显著，纤细而犹大，故二圣以兴，一君用称，王翁以亡。知大体与不知者远矣。"

最后，如胸无韬略，一味模仿古制，不切实际，仍然不知大体。当然，

---

① 柏杨：《中国人史纲》（上），第 241 页，北京，人民文学出版社，2011。

王莽这种"蹈空为政的理想化倾向并非仅由一己之个性而是西汉中期以来儒生风气使然"①。

在分析王霸政治的差异时,桓谭又说"夫王道之治,先除人害,而足其衣食,然后教以礼仪,而威以刑诛,使知好恶去就,是故大化四凑,天下安乐,此王者之术。霸功之大者,尊君卑臣,权统由一,政不二门,赏罚必信,法令著明,百官修理,威令必行,此霸者之术。王道纯粹,其德如彼;霸道驳杂,其功如此;俱有天下,而君万民,垂统子孙,其实一也。"王道政治,在先除祸患,丰衣足食,然后才有礼仪教化,最后才是刑诛。这种看法与孔子的主张是一致的。王霸各自的目标并不一致,但统理天下,位传子孙则是相同的。

此外,桓谭认为,儒家道德理性也有限制。即使道德高尚的圣人要成就一番功业,也需要一定客观条件。他说:"龙无尺木无以升天,圣人无尺土无以王天下,朝九州岛之俊。"

虽然,桓谭的政治思想并无多少新意,但其所谓"王霸二盛"的思想折射出其深刻的人性洞见,体现了他对儒家德治思想之理论与现实背景中存在的某些不协调之处的认识。德治既然不能不和宗法伦理达成妥协,就必然面对他曾经提出的道德认识上的一个困境:"惟人心之所独晓,父不能以禅子,兄不能以教弟也。"道德是后天习得的,并非如血缘关系自然遗传,那么二者的不对称或缝隙就为德治理想埋下了危机。纵然可以承认血缘关系存在着有利道德成长的条件,但是,道德讲应然,而事实讲实然,二者永远存在着不同的指向。正是在这种背景中,桓谭对世人"贱本而贵末"的行事倾向做了批评。他认为,人们应见微察于未萌,知道事之轻重得失。桓谭作为一个儒者,却并不赞成"亲亲"的伦理原则在政治上的扩大。

简言之,桓谭哲学中最著名的是关于形神关系的思想。他以烛火喻

---

① 曲利丽:《"知大体"——论桓谭对王莽新政的反思》,《励耘学刊》总第 13 辑,北京,学苑出版社,2011。

形神，其思想对于批判当时流行的鬼神思想有积极的价值。

第三节　张衡的宇宙论思想

一、生平与著作

张衡(78—139)，字平子，南阳西鄂人，东汉中期著名思想家，他通《五经》，贯《六艺》，才高于世。张衡为人谦逊，无骄尚之情，从容恬静，不与俗人交接。张衡志不在公府高堂，而"善机巧，尤致思于天文、阴阳、历算"(《后汉书·张衡列传》)。他发明了"浑天仪""地动仪""候风仪"，在我国乃至世界科学史上都拥有崇高的地位。张衡的哲学主张与他的天文、历法思想密切相关。更确切地说，他是在对天文、历法的实测基础上阐发他的宇宙论并延及他的人生观等其他哲学主张。

张衡的著述涉及范围颇广，明人张溥经辑有《张河间集》二卷，清人严可均《全上古三代秦汉三国六朝文》亦辑有《张衡文》四卷，《续修四库全书》(集部)辑有《张河间集》六卷，今人张震泽著有《张衡诗文集校注》，这些基本构成研究张衡思想的第一手文献。

二、浑天说思想及其贡献

1. 浑天说的结构论

张衡的天文思想是以自先秦以来的"浑""盖"之争为背景展开的。《续汉书·天文志》引蔡邕表《志》曰："言天体者有三家：一曰周髀，二曰宣夜，三曰浑天。宣夜之学绝，无师法。周髀术数具存，考验天状，多所违失，故史官不用。唯浑天者，近得其情，今史官所用候台铜仪，则其法也。"浑天说之所以被后世广泛袭用，当然是因为其经长期"考验"，"近得其情"的结果。在浑天说的验证史上，张衡继落下闳之后进一步将浑天理论精密化。宋人王应麟云："自舜以玑衡齐七政，汉落下闳始复创制，迄于隋唐，代有制作。其最精密者，张衡之《灵宪》，淳风之黄道，令瓒之木游,一行之铜浑。"(《玉海·浑天总论》)所谓"落下闳始复创制",就事情而言,指落下闳于汉武帝太初元年(前104)的时候应诏议造汉历,《晋书·天文志》载虞喜云:"落下闳为武帝于地中转浑天,定时节,作《太初历》,或其所制也。"就"始复创制"的内容而言,当是浑天说的物理模型。扬雄《法言·重黎》载:"或问:浑天。曰:落下闳营之,鲜于妄人度之,耿中丞象之,几乎!几乎!莫之能违也。"鲜于妄人,昭帝朝人;耿中丞,宣帝朝人。尽管落下闳的浑天仪在西汉中后期经反复论证而"莫之能违",但仍然不能得到普遍的认同。

如果说落下闳第一个创制浑天说,那么张衡则将浑天说进一步形象化、仪象化。关于浑天说,张衡《浑天仪》论道:

> 浑天如鸡子……地如鸡中黄,孤居于(天)内,天大而地小。天表里有水,天之包地,犹壳之裹黄。天地各乘气而立,载水而浮。周天三百六十五度四分度之一。又中分之,则一百八十二度八分之五覆地上,一百八十二度八分之五绕地下。故二十八宿半见半隐。其两端谓之南北极。北极乃天之中也,在正北,出地上三十六度。然则北极上规经七十二度,常见不隐。南极天之中也,在正南,入地三十六度。南极下规七十二度,常伏不见。两极相去一百八十二度半强。天转如车毂之运也。周旋无端,其形浑浑,故曰浑天也。①

通过《浑天仪》,张衡将物理意义上的天地关系清晰地揭示出来:第一,天大地小,地在天中,气与水是天地赖以存在的物质凭借。第二,所谓天在地中,一方面是指天穹包裹着大地,另一方面是指大地由内部将天分为对等的两半,一半在地上,一半在地下,北极与南极分别是地上之天与地下之天的中心,一显一隐。第三,张衡认为天体的运动如同车毂的动作一样,即周端围绕轴心作往而复始的运动,浑然天成。根据当下的天文知识反观张衡的《浑天仪》,其中存在不少争议、甚至错误的地方,

---

① 严可均:《全后汉文》卷五五录张衡《浑天仪》。

如对张衡是持"地平"观还是"地圆"观的争议在一段时间内就一直存在着。而张衡对天地乘气而立、载水而浮的认识与当下天地引力的知识更是毫不相干。但这并不能掩盖《浑天仪》的历史价值。张衡《浑天仪》的贡献至少包括三个方面：第一，打破了"盖天说"天地各中高外下的直观认识，而认为天大地小，天包于地，改变了北极之下为地之中的看法。第二，张衡指出了天体运动的轨迹，那就是日与五星行黄道，月行白道（即九道）而转至地下，形成了日月轮转、昼夜交替的科学论断。第三，张衡以赤道为坐标系改变了"盖天说"以地平为坐标系的实测基础。总的来说，张衡基于测量、实证肯定"浑天说"正确性的同时也给"盖天说"以有力的重创。张衡之后，他的天体理论受到蔡邕、郑玄、陆绩等一大批学者的支持，"浑天说"也因其有比较完备的天体运动图式的支撑而得到普遍的承认。

"浑天说"受到广泛的接受，其更深层次的影响是人们基于此天地知识而形成的思维方式、哲学认识。如扬雄在谭思浑天的基础上完成了广大悉备的《太玄经》。张衡也一样，一方面他出于个人兴趣与太史令的工作任务使浑天理论得到进一步的确证，另一方面在对"浑天说"的论证与服膺过程中，形成了他独特的宇宙论及人生观。

2. 寻绪本元的宇宙生成论

张衡在发展与完善浑天说的基础上展开了他的宇宙论思想。他在《灵宪序》中说道：

> 昔在先王，将步天路，用定灵轨。寻绪本元，先准之于浑体，是为正仪立度，而皇极有逌建也，枢运有逌稽也，乃建乃稽，斯经天常。圣人无心，因兹以生心，故灵宪作兴。

在张衡看来，实存世界千头万绪，究其根本在于"元"。"元"是张衡创建浑仪的本体依据。所谓的"皇极"与"枢运"并非圣人挖空心思、苦思冥想得出的，而是圣人摒除心思，体悟天常，即圣心与"元"合一的结果。由此可见，在张衡的哲学中，宇宙本体是实存世界的根本依据，但是作为宇宙本体的“元”不是不可把握的超然实存，相反，圣人通过“无心”的工夫体察“天常”，建立“圣心”。此处“无心”的工夫已不仅仅是庄子所云的“堕肢体，黜聪明”“无听之以耳，而听之以心”“无听之以心，而听之以气”的“坐忘”“心斋”的境界论，而是集实测、度量与“心斋”为一体的既有经验论证又有境界体验的哲学认知。张衡这种突破直观认识而将科学实证与境界体验相结合的方法论在中国哲学的发展历程中尤为可贵。

作为宇宙本体的“元”之所以能够被圣心把握，是因为本体之“元”不仅生成了此世界，而且寓于此世界之中，“元”出万物，万物有“元”。张衡佚文《玄图》同类推阐：“玄者，无形之类，自然之根。作于太始，莫之与先；包含道德，构掩乾坤；橐籥元气，禀受无原。”“玄”即“元”，《玄图》同样肯定宇宙生成的“元”本体。

在提出元本体的基础上，张衡对宇宙本体不断向实存世界的落实过程描述如下：

> 太素之前，幽清玄静，寂漠冥默，不可物象，厥中惟虚，厥外惟无。如是者又永久焉，斯谓溟涬，盖乃道之根也。道根既建，自无生有。太素始萌，萌而未兆，并气同色，混沌不分。故道志之言云：“有物浑成，先天地生。”其气体故未可得而形，其迟速固未可得而纪也。如是者又永久焉，斯为庞鸿，盖乃道之干也。道干既育，有物成体。于是元气剖判，刚柔始分，清浊异位。天成于外，地定于内。天体于阳，故圆以动；地体于阴，故平以静。动以行施，静以合化，堙郁构精，时育庶类，斯谓太元，盖乃道之实也。

宇宙本体向现实世界的嬗递，就时间而言，以“太素”为原点，分为太素之前、太素始萌两个阶段；就逻辑而言，分别经过了道之根、道之干、道之实的历程。太素之前与太素始萌在状态上的区别在于，前者无声无息、无色无象，是不能够凭借感官去把握的“虚”“无”，但是中虚外无，有空间方位上的内外之别。后者虽然没有宇宙生发的任何征兆，但是已经出现了万物生成的物质实体——气,且已经具备"色"相,是并气同色的"混沌"。因此,在太素始萌之后,"气"作为天地万物赖以存在、流转的介质、"色"作为区别天地万物的表征开始显露出来。关于宇宙在天地未分之前的时间历程,在汉代有几种不同的说法,如《易纬·乾凿度》云:"昔者圣人因阴阳,定消息,立乾坤,以统天地也。夫有形生于无形,乾坤安从生? 故曰:有太易,有太初,有太始,有太素也。太易者,未见气也;太初者,气之始也;太始者,行之始也;太素者,质之始也。"又如《孝经纬·钩命决》云:"天地未分之前,有太易,有太初,有太始,有太素,有太极,是为五运。形象未分,谓之太易。元气始萌,谓之太初。气形之端,谓之太始。形变有质,谓之太素。质形已具,谓之太极。《白虎通》:"始起先有太初,然后有太始,形兆既成,名曰太素。"尽管上述三者对天地未分之前的状态有不同的划分,但是纬书系统对"太素"的描述基本一致,即"太素"是"质之始""形兆既成"这样一种状态。然而在张衡的宇宙论中,"太素"呈现出"萌而未兆""未可得而形""未可得而纪"的状态。这与纬书系统对"太素"的规定有明显的差异。张衡对"太素""萌而未兆"的规定得到了王符的响应,这很可能是东汉中后期的思想界在天地生成论上对纬书系统的一种反叛。

张衡宇宙论的特殊之处不仅在于他将纬书系统的宇宙生成论简化为"太素之前""太素始萌"两个阶段,而且还在于他进一步用"道之根""道之干""道之实"来说明这两个状态。在张衡看来,宇宙的演化过程就是"道"的生长过程。"道之根""道之干""道之实"更加形象地说明了这一过程。"道根"是就"太素之前"而言,"道根"既是"虚"也是"无",但并非空无一物的绝对虚无,这种虚无不能被感官所把握,是一种实有的虚无。这种实有的虚无是道生发万物的根本。所谓"道之干",是指宇宙在"太素始萌"阶段出现混沌之气后,又经历了"永久"之时的酝酿,形成的"庞鸿"状态。"庞鸿",即"庞颒"义,张衡《思玄赋》有"逾庞颒于宕冥兮,贯倒景而高厉"。李贤《注》引《孝经援神契》曰:"天度蒙澒。"宋均《注》云:"蒙澒,未分之象也。"《文选》刘良注:"蒙鸿,元气也。"所谓"道之干"是为了说明元气未分、天地未判之前的一种状态。"道干"即"元气"。"道根"是难以把握之"虚","道干"是能够捕捉之"实"。"道干"之"庞鸿"与"太素始萌"之"混沌"的区别在于"混沌"是"萌而未兆""未可得形",而在经历了"永久"之后,"庞鸿"是"有物成体"。由"未兆"到"成体",虽然仍是一气,但已经显示生化的端倪,预示着天地将判,万物将生。所谓"道之实"则是"元气"生发万物的结果。此时元气剖判分为阴阳,随之天地奠位,动静施化,庶类繁生。张衡指出"道之实"就是"太元"。需要说明的是,一方面,"太元"作为最大之"元"是"元气"分化的结果,其与"元气"已有分别,"元气"是"道之干"的范畴,"太元"是"道之实"的范畴。另一方面,"太元"既非天,也非地,而是指天地之动静功能的结合,即"太元"不是一种静态的生成物,而是一种动态的生成过程。

综上我们可以看出张衡宇宙生成论的特点:

首先,如果以树为喻的话,那么掩埋在地下的"根"是看不见、摸不着的,但切实地存在着,即看似虚无,实者存有,且发挥着大用。而"干"则有体有形,连接"根"与"实",是宇宙生成的关键枢纽。"实"既有"根""干"结出果实之义,天地即是这种果实,又有创生之实的意思。所谓创生之实是指阳动、阴静的施化状态,是宇宙生化万物的实质之用。

其次,张衡无论是关于"太素之前""太素始萌"的区分,还是关于"道之根""道之干""道之实"的描述,都是为了显明道的生化功能。"根"强调"虚无"的本体地位,凸显根本作用,"干"强调"元气"连接虚实、沟通有无的枢纽作用,"实"凸显道与"元气"的生化实质,即阴阳相用、动静相须的功用。如果我们从功能着眼的话,就不仅能够更加明确本体的内涵,而且可以涤清因本体之名目的繁多而附带的庞杂幻想,从而显示本体与大用之间的关联。

最后,张衡的宇宙本体论与他的天文学知识是一贯的。如他关于"天成于外,地定于内"的论说与《浑天仪》"天表里有水,天之包地,犹壳之裹黄"的描述一致。需要说明的是,通观《灵宪》与《浑天仪》,张衡关于宇宙本体的哲学论述与他关于天体运作的天文学表述不乏抵牾之处,这在学界也引起了广泛的讨论与争议。但是,如果我们跳出争议之外的话,就不难发现,一方面,张衡关于宇宙本体的论述是他"玄虑昭晰"的结果,而张衡关于天体运作的天文学表述则是"推算抽滞"的结果。[1] 前者是一种哲学的精神,后者是一种科学的精神,张衡的宇宙结构论就是这两种精神交相辉映的结果。

3."八极之维"的宇宙结构

在结合"浑天"思想与"玄""道"之论的基础上,张衡展开对宇宙结构的论述。《灵宪》曰:

> 八极之维,径二亿三万二千三百里,南北则短减千里,东西则广增千里。自地至天,半于八极,则地之深亦如之。通而度之,则是浑已。将覆其数,用重钩股,悬天之景,薄地之义,皆移千里而差一寸得之。过此而往者,未之或知也。未之或知者,宇宙之谓也。宇之表无极,宙之端无穷。

由此可以看出,张衡虽然好"玄"、推崇"玄"观,但是他并非只作无端的冥想,而是将"玄"之精思同科学的实测与推算紧密地结合起来。张衡基于勾股和悬天之影的科学方法,把认识客体限定在八极之维,过此八极,存而不论,谓之"宇宙"。因此,张衡所谓之"宇宙"是天地之外的方位,而此处所谓"宇宙结构论"实指天地的分属及其运作规律。

在此基础上,张衡指出天、地、人三才的位份:

> 在天成象,在地成形。天有九位,地有九域;天有三辰,地有三形。有象可效,有形可度。情性万殊,旁通感薄,自然相生,莫之能纪。于是人之精者作圣,实始纪纲而经纬之。

---

[1] 范晔《后汉书·张衡列传》"赞曰"云:"三才理通,人灵多蔽。近推形算,远抽深滞。不有玄虑,孰能昭。"

张衡在描述"玄""道"的生化功能时并没有说明"道"如何派生万物的问题。而他在这里明确指出万物"自然相生"的特质,万物虽然"情性万殊",各有不同,但是彼此之间能够"旁通感薄",这不仅肯定了同类相感的原理,而且进一步说明异类之间也有感动的可能。在张衡看来,天成象、地成形,万物自然相生,这一切现象都是自在的,只有圣人才具备经纬天地、纪纲伦常的自觉意识。圣人之所以能够贯通天、地、人三才,是因为圣人是人之精者,日、月、星都是气之精者,圣人能够感通天道。

在确定天、地、人三才的位份后,张衡进一步阐明天、地、人各自的运作规律。首先,张衡论天、地的运作规律时指出:

> 天以阳回,地以阴淳,是故天致其动,察气舒光,地致其静,承施侯明;天以顺动,不失其中,则四序顺至,寒暑不减,致生有节,故品物用生。地以灵静,作合承天,清化致养,四时而后育,故品物用成。

天地的运作律则也就是道的运作律则,天致其动以施气,地致其静以化养,天地造化之功因此而显现。天之动,一方面是作往复的运动以确保阳气的舒张,另一方是作有秩序的运动以确保四时之序,寒暑之变。天之动有万物之生。地以灵静承天之动,淳化万物,因而有万物之成。

其次,张衡论日月星辰的运作规则时说道:

> 凡文耀丽乎天,其动者七,日月五星是也。周旋右回,天道者贵顺也。近天则迟,远天则速。行则屈,屈则留回,留回则逆,逆则迟,迫于天也。
>
> 行迟者觐于东,觐于东者属阳;行速者觐于西,觐于西者属阴。日与月共配合也。

日月五星围绕天道右旋,周而复始。七者运行速度的快慢因各自距离天的远近而定,远者快,近者慢。慢者常驻东方,属阳,速者居于西方,属阴。元气分判有天阳地阴,而天阳之中又有阴阳。正因为有日月五星的阴阳配合，才有天之"文耀"，也因此有可以效法的"天象"。

最后，张衡指出了人在天地结构中的运作规则。他通过对列星位次的梳理而说明官序人伦都应该与此星空的法则相应。《灵宪》云：

> 凡至大莫如天，至厚莫若地。（地）至质者曰地而已。至多莫若水，水精为汉，汉用于天而无列焉，思次质也。地有山狱，以宣其气，精种为星。星也者，体生于地，精成于天，列居错跱，各有逌属。紫宫为皇极之居，太微为五帝之廷。明堂之房，大角有席，天市有坐。苍龙连蜷于左，白虎猛据于右，朱雀奋翼于前，灵龟圈首于后，黄神轩辕于中。六扰既畜，而狼蚖鱼鳖囷有不具。在野象物，在朝象官，在人象事，于是备矣。

张衡认为星是水、气之精者，星生于地，而成于天，最能体现天地之精神。星罗棋布，有确立的方位和秩序。野有物，朝有官，人有事，与天有星形成了对应关系。有此四者，宇宙的结构功能方显完备。在此由星、物、官、事构成的功能系统之中，人事的运作应当依"天心"而行。张衡说道：

> 一居中央，谓之北斗。动变定占，实司王命。四布于方各七，为二十八宿。日月运行，历示吉凶；五纬经次，用告祸福，则天心于是见矣。中外之官，常明者百有二十四，可名者三百二十，为星二千五百，而海人之占未存焉。微星之数，盖万一千五百二十。庶物蠢蠢，咸得系命。

"北斗"是"道""玄"的实体化，对应着人间帝王的吉凶祸福。二十八星宿分布于天庭四方，亦对应于人间的方位与人事。品物流形，都与天象相关。人道不外于天道，人之行，天有应。"天心"告福，人道正行；"天心"告灾，人道失行。根据张衡的统计，大概有一万一千五百二十个星座，这与现代的天文学知识基本吻合。这些星座可谓之天"官"，它们观照着人事的发展与变迁。

天上之"官"系于北斗，正如地上之官系于君王。所谓"天心"，也就是君心,亦是道心,最终是民心。这种逻辑在汉代的语境中不难理解,如荀悦《潜夫论·忠贵》云:"上不顺天心,下不得民意",《后汉书·卓鲁魏刘列传》云:"上观天心,下察民志,足以知事之得失"等都将"天心"与"民意"对等。而张衡这种人事的运作以天象为准则的思想更是有汉一代天人感应论的一个缩影。《汉书·天文志》云:

> 凡天文在图籍昭昭可知者,经星常宿中外官凡一十八名,积数七百八十三星,皆有州国官宫物类之象。其伏见早晚,邪正存亡,虚实阔狭,及五星所行,合散犯守,陵历斗食,彗孛飞流,日月薄食,晕适背穴,抱珥虹蜺,迅雷风祅,怪云变气,此皆阴阳之精,其本在地,而上发于天者也。政失于此,则变见于彼,犹景之象形,响之应声。是以明君睹之而寤,饬身正事,思其就谢,则惑除而福至。

人道即天道,人间的事变都有天象显示。政之得,见于天;政之失,亦见于天。天象与政事的这种对应关系,既是为政者自省自查的依据,又是万民对为政者实施监督的依据。在这种对应关系之中,天成了君民共同期待的对象。只是在这种期待中,天是君敬畏的对象,是民信仰的对象。这种思想在张衡的政治哲学中亦有体现。

第四节　张衡的政治哲学与人生哲学

一、政治哲学:事依礼制与驳谶返经

1. 事依礼制

张衡一生长期担任朝廷史官,并超迁至侍中,成为皇帝的左右顾问。这种经历既成就了他的哲学思想与科学修养,又形成了他独特的政治主张。在张衡所处的时代,东汉王朝内忧外患。内忧体现在外戚宦官专权,朝廷官府奢靡成风,以及灾荒连连;外患则主要指异族寇边。而在所有的忧患之中,人祸是造成这种内外交困局面的根源,即外戚宦官专权与朝廷官员的奢靡之风使天灾与边境问题显得更加严重。张衡的政见

亦由此而发。他在《陈事疏》中说道：

> 愿陛下思惟所以稽古率旧，勿令刑德八柄不由天子。若恩从上下，事依礼制，礼制休则奢僭息，事令宜则无凶咎。

在张衡看来，当时的政弊有两端，一是"奢"，一是"僭"。二者互为因果，彼此助长。奢僭之风的持续泛滥最终会导致毁灭性的后果，这是因为：

首先，这种"奢僭"之风有违天道，致使阴阳失和，灾异频现。张衡在《陈事疏》中利用太史令"考变攘灾，思任防救"的机会劝诫顺帝"亲履艰难者知下情，备经险易者达物伪"，意指顺帝的废立皆因宦官与外戚之臣而发，之所以如此，正是因为皇帝大权旁落、威德扫地所致。如若顺帝不及时纠正这种"奢僭"之风，那么就会随时面临再度颠覆的危险。况且，延光四年(125)十月京师发生大疫之灾、郡国发生地震的现象，预示着朝野上下的"奢僭"之风已经到了天怒人怨的程度。"因德降休，乘失致咎，天道虽远，吉凶可见"，张衡假灾异说意图规劝顺帝救治弊政。

其次，这种"奢僭"之风毁堕人之性情，不利于教化之功。张衡指出："夫情胜其性，流遁忘返，岂唯不肖，中才皆然。"如果任凭人的情感欲望无度的宣发，那么就必然导致人变成欲望的奴隶，那些宵小之辈，阿谀之徒当然只知有情，不知有性，更不知复归性之本然。更为严重的是，那些暂时尚未有"奢僭"之实的"中才"长期熏染于奢靡僭越之风，也将陷入不肖之列。因此，张衡说："苟非大贤，不能见得思义，故积恶成衅，罪不可解也。"对于"中才"与"不肖"之人而言，奢侈与僭逆只会助长他们的贪鄙之心，这种欲壑难填的心理只会需求更多的奢侈与更加无礼的僭越，最终吞噬皇帝权威。

最后，张衡指出，人臣分有君王的威德，不符合礼政的要求，势必要害家害国。他借用《尚书·洪范》语曰："原有作威作福玉食，害于而家，凶于而国"(《后汉书·张衡列传》)，反复申明僭越是危亡之兆。

张衡在历数"奢僭"之祸的基础上向顺帝提出"事依礼制"的政治主

张,具体而言,就是"勿令刑德八柄不由天子"。所谓"八柄",指爵、禄、予、置、生、夺、废、诛八种关于刑德的权力。张衡希望天子通过掌握刑德八柄而重建权威,并进一步把一切失范、失序的政制都纳入到礼制的轨道上来。

2. 驳谶返经

如果天子意欲让现行政治走向礼制的常态,就必须有所本据,那就是要把儒家经典奉为圭臬。而在当时的情形中,谶纬已经盛行百年有余,泥沙俱下,良莠难辨。更有甚者,黄钟毁弃,瓦釜雷鸣,不少人对经典置若罔闻,而专事图谶,乐此不疲。有鉴于此,张衡高扬他实证的理性大旗,讥刺图谶的虚妄不经,这集中体现在他写给顺帝的《请禁绝图谶疏》中。

首先,张衡在《疏》中区分了阴阳历数与图谶的区别,他说:

> 臣闻圣人明审律历,以定吉凶,重之以卜筮,杂之以九宫,经天验道,本尽于此。或观星辰逆顺,寒燠所由,或察龟策之占,巫觋之言,其所因者,非一术也。立言于前,有征于后,故智者贵焉,谓之谶书。

张衡并不反对律历、卜筮、九宫,相反,他认为这些是能够体现天道的圣人之法。而他所批驳的谶书并非出于圣人之法,而是经由各种方术取得,其法驳杂,甚至荒诞不经。由此可见,在区分圣人之法与图谶的意义上,张衡认为谶书:一方面因为其不具备科学方法而是伪书,另一方面因其乖离常道有违圣训而为邪说。

其次,张衡指出图谶的出现有其历史因素,他说:

> 自汉取秦,用兵力战,功成业遂,可谓大事,当此之时,莫或称谶。若夏侯胜、眭孟之徒,以道术立名,其所述著,无谶一言。刘向父子领校秘书,阅定九流,亦无谶录。成哀之后,乃始闻之。

> 至于王莽篡位,汉世大祸,八十篇何为不戒?则知图谶成于哀平之际。

在张衡看来,一方面,如大汉之代秦,是有德以武力讨伐无道,上应天道,下合民心,成就盛德大业。当此名正言顺之际,无需图谶。而如王莽篡汉,则是私欲膨胀,别有用心,即使汉逢衰世,亦无禅代之义。作为外戚的王莽实属篡逆,因此他需要大量的图谶为其鼓噪声势。另一方面,虽然夏侯胜、眭孟等人的学说言及灾异,旁通历数,但是这些都属于"道"的范畴,因此他们的著作中,没有一句谶言。刘向、刘歆父子校定九流,梳理百家,亦无谶录。成哀之前,图谶虽然存在,但被以"道术立名"者所摒弃。而成哀之后,图谶才开始大行其道,甚至流行于主流思潮之中。因此,张衡认为,当君上崇德尚义时,谶书不能够大行其道,在盛世太平之际,谶书也不会大行其道,而只有在背德离道之时、世道衰落之际,图谶才能够泛滥蔓延,甚嚣尘上。

再次,张衡通过考辨图谶之谬以说明好谶者趋名逐利的谄媚心态。

《尚书》:尧使鲧理洪水,九载绩用不成,鲧则殛死,禹乃嗣兴。而《春秋谶》云:"共工理水"。凡谶皆云黄帝伐蚩尤,而《诗谶》独以为"蚩尤败而后尧受命"。《春秋元命苞》中有公输班与墨翟,并当子思时,出仲尼后,事见战国,非春秋时也。又言"别有益州"。益州之置,在于汉世。其名三辅诸陵,世数可知。至于《图》中讫于成帝。一卷之书,互异数事,圣人之言,势无若是,殆必虚伪之徒,以要世取资。王者,侍中贾逵摘谶互异三十余事,诸言谶者皆不能说。

永元中,清河宋景遂以历纪推言水灾,而伪称洞视玉版。或者至于弃家业,入山林。后皆无效,而复采前世成事以为证验。至于永建复统,则不能知。此皆欺世罔俗,以昧势位,情伪较然,莫之纠禁。

他一方面通过考证史料,指出图谶所载混淆史实,张冠李戴,另一方面通过考量现实,说明图谶关于当下的预言皆无证验,实属子虚乌有。基于此两个方面,张衡认为图谶之言虽藉圣人之口,但绝非圣人之言,而是虚妄之徒、无学之辈欺世罔俗的伪辞。

最后,张衡提议顺帝鼓励圣学,禁绝虚伪。他说:

> 且律历、卦候、九宫、风角，数有征效，世莫肯学，而竞称不占之书。譬犹画工，恶图犬马而好作鬼魅，诚以实事难形，而虚伪不穷也。宜收藏图谶，一禁绝之，则朱紫无所眩，典籍无瑕玷矣。

张衡之所以认为律历、卜筮、九宫等与圣人之道不相违逆，不仅是因为他精思天文、阴阳、历算的学术性格，而且还因为这些道术经常能够得到验证。而世人之所以竞称那些没有征效的图谶，则是因为学习圣人之法，不仅需要极深研几的探赜能力与态度，而且需要持之以恒的人格修养，这是"难形"之"实事"，因此，那些好逸恶劳、急功近利之徒就选择临虚务伪的不占之学。不占之学因其易学近利而大行其道，势必恶朱夺紫，玷污经典。张衡深忧经典被束之高阁，弃之不用，而旁门左道盛行于朝野，故其疾呼禁绝谶纬，用正经治理天下，激励士人。

二、"与仁义乎逍遥"的人生哲学

尽管张衡的种种政见皆是针对时弊而发，但是他恰逢东汉由盛至衰的下转时期，又兼外戚宦官擅权，忠言善谋难以伸张。当是时，不乏有识之士陷于权力斗争的漩涡而难以自拔，身败名裂；亦不乏抗言直行之君子触怒天威而殒身毁命；也不乏怀瑾握瑜之人因志之不申而终老户牖。而张衡则有"道德漫流，文章云浮，数术穷天地，制作侔造化"之名，这固然与他"天资睿哲"的禀赋有关，而更得益于他"训俭""昭仁""克己""常足"之儒道兼用的人生修养。因此，他的生命实践中既体现通经致用、谨修仁义的儒者品格，又显现出静思玄远、逍遥六合的老庄之风。

张衡天资聪颖，自幼涵泳儒家经典，"通《五经》、贯《六艺》"，及其年长，儒家经世济用、强调个人对社会责任与义务的思想无疑成了他为人处世的指导思想。纵观张衡的一生，通经致用的入世情怀始终体现在他的生命实践中。从他任南阳主簿到入朝廷为郎官，至迁为太史令、公车司马令、侍中的人生历程中，无不贯彻着践行仁义、务德尚化的儒家大义。这一方面表现在他对别人的评价中，如他夸赞鲍德"导以仁惠，教以义方"(《大司农鲍德诔》),而在《南阳文学儒林书赞》中云:"南阳太守,上党鲍君,愍文学之弛废怀儒林之陵迟,乃命匠修而新之,崇肃肃之仪,扬济济之化",鲍德以仁爱、惠民、公平、正直之心教导百姓,且修文学、崇礼仪的做法正是儒者仁义之行,张衡盛赞鲍德,亦是对儒家之道的推扬。另一方面表现在他的诗赋中,在人生的早期,面对"天下承平,自王侯以下,莫不逾侈"的奢靡现象,他刻意效仿班固《两都赋》而作《二京赋》,精思傅会,十年乃成,此作就是为了讽谏顺帝依据礼经施行礼政以匡弊救颓。这既是他作为人臣尽职尽责的体现,也是他关注时政、关心民瘼的政治意识的体现。在他人生的中后期,面对当时难以逆挽的衰退洪流,他仍然恪尽职守,表现出忠君爱民的品格,如他在《应间》中回应"间者"责其"去史官五载而复返"非"进取之势"、亦非"佐国理民"之举时说:

> 君子不患位之不尊,而患德之不崇;不耻禄之不夥,而耻智之不博。是故艺可学而行可力也。天爵高悬,得之在命,或不速而自怀,或羡旃而不臻,求之无益,故智者偭而不思。阽身以徼幸,固贪夫之所为,未得而豫丧也。枉尺直寻,议者讥之。盈欲亏志,孰云飞羞!于心有猜,则簋飧馈脯犹不屑餐,旌瞀以之。意之无疑,则兼金盈百而不嫌辞,孟轲以之。士或解裋褐而袭黼黻,或委百筑而据文轩者,度德拜爵,量绩受禄也。输力致庸,受必有阶。

可以看出,首先,张衡认为位尊与德崇并非对等的关系,德位相当只能出现在理想的太平盛世,而在现实的政治生活中,尤其在张衡所处的时代,有位无德或有德无位乃司空见惯之事。因此,不能因为爵位的高低来衡量德性的修养。其次,张衡认为艺可学、行可力,而爵位不可求。才智可以通过不断的学习得到扩充,而德性可以通过力行不息而得到培养。而爵位的获得与保持则有很多不确定的因素,甚至需要舍弃德性的修养。身处污浊之世,与其戕德以求爵,毋宁舍爵以全德。最后,张衡主张见得思义,义然后取。如果合乎道义的话,即使是"兼金盈百",那么也受之无愧。张衡主张"度德拜爵,量绩受禄",他之所以选择"遁隐史职",正是他度德义取的结果。当一己之力难以挽救行将倾颓的东汉政权时,不如退居史职,潜心学问。他说:

> 公旦道行,故制典礼,以尹天下,惧教诲之不从,有人之不理。仲尼不遇,故论六经,以俟来辟,耻一物之不知,有事之无范,所丁不齐,如何可一?

当道之将行之时,周公制礼作典,垂范天下;而当道之不行之时,孔子删定六经,述而不作,以俟来者。周公之世与孔子之时,不仅时间不同,而且情势迥异,因此有周公道遇与孔子道不遇的区别。先圣后圣,遇与不遇,都是道在不同时会的不同表现,而并非道本身出了问题。张衡适逢道之不遇之时,效仿孔子修身著述,以俟来者。他说:

> 故樊哙披帷,入见高祖,高祖踞洗,以对郦生。当此之会,乃鼋鸣而鳖应也。故能同心戮力,勤恤人隐,奄受区夏,遂定帝位,皆谋臣之由也。故一介之策,各有攸建,子长谍之,烂然有第。夫女魃北而应龙翔,洪鼎声而军容息;溽暑至而鹑火栖,寒冰沍而鼋鼍蛰。今也皇泽宣洽,海外混同,万方亿丑,并质共剂,若修成之不暇,尚何功之可立! 立事有三,言为下列。下列且不可庶矣,奚冀其二哉?

一方面,遇与不遇不仅有"时"的因素,而且有人的因素。君臣共志,勠力同心是遇,反之则为不遇。张衡不愿与时局同流合污,在一定程度上,是君臣志向不同的结果。另一方面,事有巨细,功有大小,因此司马迁在写功臣传时,粲然各有第序。因此,张衡自愿在立德、立功、立言三者中选择立言。

在道之不行之时,张衡选择著书立说以自修其身。然而,他毕竟还居于朝堂之上,面对黑暗现实的重压,难免有意难平的时候,当此之际,张衡自身好玄覃思的学术性格又指引他归向老庄的逍遥之乡。《文选·思玄赋》李善注云:"顺、和二帝之时,国政稍微,专恣内竖,平子欲言政事,又为阉竖所谗蔽,意不得志。欲游六合之外,势既不能,义又不可,但思其玄远之道而赋之,以申其志耳。"道家之逍遥,一则在于摆脱名缰利锁对自由生命与本真之性情的束缚,一则在于超脱生死,豁然物外,通达人生化境。这两者在张衡身上都有体现。

张衡认为如果因为名利或官爵而降身辱节的话,那么毋宁无所系累而逍遥。他在《思玄赋》中说道,"不抑操而苟容兮,譬临河而无航。欲巧笑以干媚兮,非余心之所尝",若想不降低操守就能够容身于当时的官场,就如同想过河而没有舟楫一样。只有同流合污,降志没节,才能获得世俗的功名。张衡对那种奴颜婢膝以获得名利的谄媚行径嗤之以鼻。面对当时宦官谗毁的困境,他不是想着如何投机取巧地逢迎,而是"愿得远渡以自娱,上下无常穷六区",他试图在天地六合之境自由地遨游从而实现精神的解脱。但是在《思玄赋》中,张衡并没有为他的心灵找到安顿之所,他嗟叹"悲离居之劳心兮,情悄悄而思归"。

在《骷髅赋》中,张衡进一步指出以荣位为表征的名利对生命本身的危害,并且在对生死的思量中获得了精神的大自在。他说:

> 死为休息,生为役劳。冬水之凝,何如春冰之消! 荣位在身,不
> 亦轻于尘毛,飞锋翟景,秉尺持刀,巢许所耻,伯成所逃。况我已化,
> 与道逍遥……以造化为父母,以天地为床褥。以雷电为鼓扇,以日
> 月为灯烛……合体自然,无情无欲,澄之不清,浑之不浊。不行而
> 至,不疾而速。

在张衡看来,死亡恰是生命在休息,而为"生"而生则是生命在劳役,是生命的消耗。荣位等功名利禄与生命的逍遥相比,不足为道。死亡对于生命而言是与道逍遥,与造化为伍,死后既无"间者"之问,亦无"应者"之答,完全与自然合体,才是一种真正的逍遥。

张衡一生都在践行着儒道双修的精神品格,即"与仁义乎消摇"的理念是他人生哲学的全部旨趣。张衡道:

> 收畴昔之逸豫兮,卷淫放之遐心。修初服之娑娑兮,长余佩之
> 参参。文章焕以粲烂兮,美纷纭以从风。御《六艺》之珍驾兮,游道

德之平林。结典籍而为罟兮,驱儒墨而为禽。玩阴阳之变化兮,咏《雅》《颂》之徽音。嘉曾氏之《归耕》兮,慕历陵之钦釜。共夙昔而不贰兮,固终始之所服也。夕惕若厉以省愆兮,惧余身之未勅也。苟中情之端直兮,莫吾知而不恧。默无为以凝志兮,与仁义乎消摇。不出户而知天下兮,何必历远以劬劳。(《思玄赋》)

感老氏之遗戒,将回驾乎蓬庐。弹五玄之妙指,咏周孔之图书。挥翰墨以奋藻,陈三皇子轨模。苟纵心于物外,安知荣辱之所如?(《归田赋》)

以仁义为伴,与道德为伍,以阴阳为化,在张衡的生命实践与精神世界中,始终贯穿着立足现实而应化自然的与"仁义"共"消摇"的人生理念。这是一种既不同于汉儒注经解文,恪守师法家法传统的僵化思想,也不同于此后玄学清谈、毁坏礼法的致用精神,这是一种敦本厚俗而又不失个性的生命实践,也是"道"的一种,张衡称之为"朝隐",即隐于朝堂之上。

第十一章 《白虎通德论》的儒学理论系统与思想贡献

第一节 《白虎通德论》的产生背景

两汉之际,王莽"改革",儒学内部出现了今、古文之争。因各自尊奉的儒家经典不同,文字书写方式不同,对经典的解释出现分歧。儒学理论系统本身的多义性,及作为官方学说条件下的兴趣与重心的转移,使儒学"博而寡要"的理论系统和应政治实践需要而出现的谶纬现象,对于制度化儒学过程中出现的学术与政治的诸多复杂矛盾,均须作出理论上的重新解释和说明。由此,章帝建初四年(79)冬,召开了白虎观会议,"帝亲称制临决",主题是"讲议《五经》同异"。这是一次经学史上集学术与政治为一体的重要会议。这次会议的主要成果,即是《白虎通德论》。

《白虎通德论》产生在"备制"即制度化儒学逐步固定的过程中,这是政治与伦理实践而非专门理论探讨的重要时期。相对于先秦及前汉儒学而言,其突出现实性、制度化和宗教性特征是十分明显的。

一、《白虎通德论》的产生背景

《白虎通德论》,亦称《白虎通义》,简称《白虎通》,东汉班固据白虎观儒家经学会议议奏编撰而成。会议有两个成果:一是《白虎议奏》(即会议原始记录,已遗);二即《白虎通德论》。

西汉末年,王莽以符命篡汉,天下散乱,礼乐分崩,典文残落。光武以谶纬而遂帝位,是为东汉。其时,先秦学说几已失传。然光武爱好经术,访儒雅,求阙文,补缀漏逸。于是四方学士莫不抱负坟策,云会京师。正是在这种背景下,范升、陈元、郑兴、杜林、卫宏、刘昆、桓荣之徒,继踵而集。于是立《五经》博士,各以家法教授。两汉之际,政权之争中掺杂着愈演愈烈的儒学内部的今、古文之争。因经学的思想逻辑和现实政治需要未必协同一致地演绎,出现了与方术相结合也颇遭人诟病的谶纬政治。几种因素交织一起,使东汉政权面临思想淆乱、莫衷一是的局面。

学术方面,儒术形式上虽仍居于"独尊"地位,但在方法上却发生了变化。西汉自宣帝以来兴起的章句之学是今文经学解经学著作的一种形式,随后逐步兴盛。经学兴盛当与政治上对儒学的推动有关。"宰相须用读书人,由汉武开其端,元、成及光武、明、章继其轨。"①经学确到了极盛时代。学术在受到政治诱导的同时,也受到官禄的引诱。"自武帝立《五经》博士,开弟子员,设科射策,劝以官禄,迄于元始,百有余年,传业者浸盛,支叶蕃滋,一经说至百余万言,大师众至千余人,盖禄利之路然也。观此,可知当时上以官禄而劝经,下为禄利而习经。故经之官学,遂为梯荣致显之捷径。"②显然,在经学时代,利益分配往往也要以学术话语的方式来表达。既然宗法关系或"泛宗法"关系是人难逃的罗网,则利益、学术、政治和社会关系的彼此交织使本来就有势力的宗族组织更加稳固。然而,章句经学并不能解决现实问题特别是政治问题。当谶纬日益频繁地成为政治的组成部分,特别是光武也利用其夺取天下后,它就对学术的方式和方法产生影响了。史载王莽新朝和光武、明、章、和等朝,均出现了"省《五经》章句""改定章句"的举动。政治上举孝廉制度的主体地位虽未改变,但因社会关系对于政治的渗透,功利的追求,使种种

---

① 皮锡瑞:《经学历史》,周予同注释,第101页。
② 马宗霍:《中国经学史》,第51页,上海,上海书店出版社,1984。

孝和忠的惊世的表演，乃至经学中的家法与经义的解释背后，难免都深藏着权谋策术一类"机心"。

章帝"好儒术"且"雅好文章"。章帝自谓"以眇身，托于王侯之上，统理万机，惧失厥中，兢兢业业，未知所济"①。又诏曰："盖君人者，视民如父母，有憯怛之忧，有忠和之教，匍匐之救。"君臣在治理国家的认识上逐步达成"宽"的原则。所谓"宽"，不仅是在政策法令、经济领域，而且特别考虑到君臣之间乃至言论上稍有宽松气氛。

这种在治术上重归儒术的发展趋势十分明显。

在这种条件下，杨终上书提出"宣帝博征群儒，论定《五经》于石渠阁。方今天下少事，学者得成其业，而章句之徒，破坏大体，宜如石渠故事，永为后世则"②的建议，章帝接受，下诏说：

> 盖三代导人，教学为本。汉承暴秦，褒显儒术，建立《五经》，为置博士。其后学者精进，虽曰承师，亦别名家。孝宣皇帝以为去圣久远，学不厌博，故遂立大、小夏侯《尚书》，后又立京氏《易》。至建武中，复置颜氏、严氏《春秋》，大、小戴《礼》博士。此皆所以扶进微学，尊广道艺也。中元元年诏书，《五经》章句烦多，议欲减省。至永平元年，长水校尉(樊)儵奏言：先帝大业，当以时施行。欲使诸儒共正经义，颇令学者得以自助。③

白虎观会议的参加者，可考的有：魏应、淳于恭、鲁恭、贾逵、丁鸿、桓郁、成封、楼望、杨终、李育、刘羡、班固、章帝刘炟等。会议大致开了一两个月。因《白虎议奏》已佚，无从知道其体裁，但据其模仿石渠会议，从中可推出是"先由问难者奏请提出问题，然后与会者提出自己的看法加以回答。这就是大家的议论，所以称为'议奏'。最后由皇帝权衡众说，做最后的判断，所谓

---

① 《后汉书·肃宗孝章帝纪》。
② 《后汉书·杨终列传》。
③ 《后汉书·肃宗孝章帝纪》。

'称制临决'。从《石渠议奏》可以推断《白虎议奏》也是同样的体裁。"①

二、《白虎通德论》与谶纬的关系

《白虎通德论》与谶纬之学是什么关系？

白虎观会议的根本目的是要承三代之"教学为本"，和西汉之"扶进微学，尊广道艺"的传统，要讲求学问，具体解决"《五经》章句烦多"与"共正经义"的问题。所谓"《五经》章句烦多"，指经学陷入繁琐的章句释义，需要删削简省；而"共正经义"，则是不同门派对经的解释、所奉经典内容不同，需要统一思想方法。二者虽有一定区别，但也有联系。如果说章句繁多主要是经学政治化和进一步世俗化的必然现象，那么，经义解释上的分歧原因则要多得多。如师法、家法、文字差异乃至解释原则和方法等问题。其中，还穿插着复杂的谶纬问题。

一般以为"谶"为图谶，以诡谲的隐语预决吉凶；"纬"，指解释或说明"经"的书籍。清阮元说："谶者，纬之流弊。"②《四库提要·易纬后叙》说："案儒者多称谶纬，其实纬自纬，谶自谶。非一类也。"谓二者有区别。赵在翰亦云："纬自纬，谶自谶。"徐养原《纬候不起于哀平辨》则推测："窃意纬书当起于西京之季，而图谶则自古有之。"③黄复山说："郑玄之前绝无'纬书'传世，亦无'配经'之书命名曰'纬'者。"④但是，也有论者认为二者本为一回事。⑤ 如果我们考虑桓谭、尹敏、张衡诸人皆未论及纬书，则纬出汉末可以肯定。以此，"共正经义"其实即是在经学前提下的正本清源，统一思想，以便于思想可以指导社会政治实践。

图谶的政治功能在为光武打天下方面立下了功劳，而它另一方面的作用却少为人所注意，那就是使深奥的儒学义理世俗化。因为，"国君除

---

① 钟肇鹏：《求是斋丛稿》（下），第728页。
②《四库提要·七纬叙》。
③ 姜忠奎：《纬史论微》，第17页，上海，上海书店出版社，2005。
④ 黄复山：《东汉谶纬学新探》，第7页，台北，学生书局，2000。
⑤ 郭伟川：《儒家礼治与中国学术》，第157页，北京，北京图书馆出版社，2002。

规范天命预兆知谶言外,又可将常人难理解之经义,偷天换日假借'谶'为包装,使全国学子皆得受习,或如今日习见之古文白话注解,现代新诠;是以当时颇为求速成之学子接受"①。在世俗化气息浓厚的氛围中,儒家经义的普及,有时也需要采取为大众所能接受的方式。

《白虎通德论》并未像近人认为的那样绝大多数内容都出于谶纬,但也不意味着它与谶纬、儒学经义之间不存在着共性。其实,谶纬乃至符图等仍是汉代儒家天人关系理论向现实的一种延伸,它是天人感应思想的实证化,也是伦理哲学的实证化。许多人(包括侯外庐《中国思想通史》)夸大《白虎通》受谶纬影响的深刻原因在于直觉到这一点。然而,哲学,特别是和政治存在密切关系的伦理哲学,不言而喻是一种价值观。"所谓价值,就是在人的实践⋯⋯认识活动中建立起来的,以主体尺度为尺度的一种客观的主客关系,是客体的存在、性质及运动是否与主体本性、目的和需要等相一致、相适合、相接近的关系。"②价值观最抽象也是最高级的形式应是形而上学的。可是,当一种"以主体尺度为尺度"即按人的需要而建立起来的关系可以达到一种社会的乃至政治的效应的时候,为了使人们相信其效用,其哲学形上性质必有弱化趋势,转而寻求宇宙论、宗教信仰乃至经验实证就不可避免。比较而言,谶纬更符合政治的需求。

第二节 《白虎通德论》所构造的儒学理论系统

一、以宇宙论为基础的伦理思想、政治思想和宗教观

《白虎通德论》糅合西汉以来流行的五行思想,建立了以"天地""阴阳""五行"学说为中心的宇宙观以及"三纲六纪"的伦理观。

《白虎通德论》不仅以道德和自然现象相比附,认为道德的根源在于

---

① 黄复山:《东汉谶纬学新探》,第 17 页。
② 孙伟平:《事实与价值》,第 99 页,北京,中国社会科学出版社,2000。

自然,而且将道德上的拟人化推广到极端,认为人事总是与自然现象相互联动。这一思想显然来自董仲舒的天人感应论。

在《白虎通德论》看来,举凡天地日月、四时五行等自然过程和元素,乃至社会一切名物制度,宇宙间的一切事物都并非是随意产生之物,而具有其在宇宙中的位置并有其功能。它的宇宙观最核心的概念是天地和阴阳。天能"居高理下",地则"养万物怀任",阴阳相互对待,关系则是"阳唱阴和",从而形成宇宙的结构和秩序。日月之所以昼夜悬于天穹,乃在"助天行化,照明下地"。春夏秋冬各不相同,"春秋物变盛,冬夏气变盛"。此乃春生,冬终而已。"五行"是"为天行气","五行"之相生相害的原理和人伦社会相互影响的原理相通。它还吸收了《尚书》《月令》以"五行"配比"五声""五味""五藏(脏)"及四方和中央,提出天有"五行六合",人有"五藏六府"以及"情性生于阴阳"的思想。据此,《白虎通德论》提出了"五行更王"和"六情扶成五性"的学说。最后,又将"五行"联通四时,归入阴阳。因此,宇宙间事物都有自身的运行法则并都有其存在的意义。

《白虎通德论》以问答方式对包括"天子"在内的共四十三条名物(名号和器物、制度)概念等进行释义,以阐明它认可的宇宙、伦理秩序。如它以释义方法对职官、爵位的名号的涵义进行解释:"天子者,爵称也。爵所以称天子何?王者父天母地,为天之子也。故《援神契》曰:'天覆地载,谓之天子,上法斗极。'……《尚书》曰:'天子作民父母,以为天下王。'"[1]其中,有"君权天授"和天子要效法天地之德的要求。"帝王者何?号也。号者,功之表也,所以表功明德,号令臣下者也。德合天地者称帝,仁义合者称王,别优劣也……帝者天号,王者五行之称也。皇者,何谓也?亦号也。皇,君也,美也,大也。天人之总,美大之称也,时质,故总称之也。"[2]显然,"德合天地者称帝,仁义合者称王",和孟子所谓"贼仁者谓之贼,贼义者谓之残。残贼之人,谓之一夫"的思想一脉相承,而又

---

[1] 陈立:《白虎通疏证》上,第 2 页,北京,中华书局,1994。
[2] 同上书,第 43—44 页。

有所丰富。透过天子、帝王、皇、君等爵号字面的意思，可以看到儒家以
"美""大"号君王的深层意义。它还说：

> 《王制》曰："王者之制爵禄，凡五等，谓公、侯、伯、子、男也，此据
> 周制也。"《春秋传》曰："天子三公称公，王者之后称公，其余大国称
> 侯，小者称伯子男也。"①

又曰：

> 爵者，尽也，各量其职，尽其才也。公之为言公正无私也；卿之
> 为言章，善明理也；大夫之为言大，扶进人者也。故《传》云"进贤达
> 能，谓之大夫也"，士者事也，任事之称也。故《传》曰："古今辩然否，
> 谓之士。"《礼》曰："四十强而士。"不言"爵为士"。②

"爵者，尽也，各量其职尽其才也。"作为周制的公、侯、伯、子、男，还
是作为内爵称的公、卿、大夫，是因其象征着伦理政治意义。"或称君子
者何？道德之称也。君之为言群也；子者，丈夫之同称也。故《孝经》曰：
'君子之教以孝也，所以敬天下之为人父者也。'"③之所以有大小国、乃至
公侯伯子男的等级区分，是为引导向上的力量："犹有尊卑，亦以劝人
也。"④即使帝王驾崩，也有谥号，可见，儒生们在当时政治许可的范围内
试图以伦理道德化解可能的政治危机，付出了很大努力。对于社会活动
与制度如祭祀、嫁娶、封公侯、三军、诛伐、谏诤、封禅、巡守、考黜、圣人、
礼乐、社稷、灾变、辟雍、衣服、崩薨等都做了社会意义的解释。

其次，《白虎通德论》贯彻在其释义方法和庞杂思想内容背后的根本
精神，是儒家伦理的政治化、实践化，具体实践的原则就是三纲六纪。它
对思想概念和名物（名号和器物）制度的释义和对诸子思想的吸收，都是
站在儒家道德主义立场完成的，并将儒家传统的道德发挥到无所不在的

---

① 陈立：《白虎通疏证》上，第6—10页。
② 同上书，第17—18页。
③ 同上书，第48页。
④ 同上书，第11页。

程度,使之贯彻到伦理生活之中,成为根本原则。

《白虎通德论》内容上最突出的是将儒家的伦理道德贯彻到以"三纲六纪"为核心的伦常之中,从而强化并在政治上肯定了笼罩中国传统社会的关系网络。与先秦孔、孟儒学重在将宗法观念理性化,上升为道德观念和道德规范不同,汉代儒学,特别是作为官方正统学说的儒学重在将比较抽象的道德观念细则化、具体化,使之能裁断生活中的纷争,更加符合现实需要。同时,在"一以贯之"思想的影响下,《白虎通德论》将道德观念贯彻到一切社会制度、名物概念、风俗习惯中去,通过政治的强大作用力,从而无限扩大了道德的功能作用。其结果也使社会现实披上了一层厚厚的道德面纱,以致使人有了如何认识社会真相的困惑。

《白虎通德论》集中体现了东汉时期儒家政治哲学。白虎观会议是具有政治性的学术会议。无论是儒学经世的需要,还是政治的完成,都促使学术与政治的相互渗透。儒家政治哲学因道德化要求,使政治具有维护、引导和实现道德的作用,成为制度化的儒学。

儒家政治哲学,是道德政治化和政治道德化的双向过程,其间,既是道德通过政治实现其观念,也是政治接受道德制约的德化过程。因为,道德乃人际规范,从己和从人的角度是有区别的。限制权力成为道德的首要要求。《白虎通德论》认为,天子并不因其号令天下就可肆意妄为。"爵人于朝者,示不私人以官,与众共之义也。封诸侯于庙者,示不自专也。明法度皆祖之制也,举事必告焉。"①天子不能任人以私。授人以爵位和官职,必有法度可寻,"与众共之义也"。所谓"自"当指皇帝个人,"不自专"指皇帝个人不能据一己之见专断独断。

同样,天子应有自谦的美德。"'或称一人。王者自谓一人者,谦也。欲言己材能当一人耳。故《论语》曰:'百姓有过,在予一人。'臣下谓之一人何?亦所以尊王者也。以天下之大、四海之内,所共尊者一人耳。"②

---

① 陈立:《白虎通疏证》上,第23页。
② 同上书,第47—48页。

可见，天子、皇帝、君之身份与意义，和天子、皇帝、君之自视有别。在百姓眼中，天子是上天之子，但就本人论，仍不忘自己仅是一人，知"己材能当一人耳"。并不因政治上代天行法，就自视为天。

《白虎通德论》将道德和政治融合，并非是以道德取代政治的独立性，而是给政治以方向和伦理的规范。其作为传统社会自身独立发展的政治哲学思想不能一味抹杀。当然，其中也存在着政治道德化或道德政治化难免的弊端。其流弊就是行为空间的选择上对于掌权者有利，故不仅权力总是突破底线，有所谓"法之不行，自上犯之"之说，而百姓却被迫驱于脱离事实的道德之途。

概言之，《白虎通德论》认为，天地是道德的起源，而天地始于混沌未分之气。天地有其道德目的，人类道德应效法天地变化生物的性质，认为社会人事总是与自然现象相互感应，人事应顺应这种关系的变化。其云："天所以有灾变何？所以谴告人君，觉悟其行，欲令悔过修德，深思虑也。"①天子应根据各种灾变深刻反思行为中的过失。这是设立灵台和明堂的目的。"天子所以有灵台者何？所以考天人之心，察阴阳之会，揆星辰之证验，为万物获福无方之元。"所谓"学"，本质上就是去认识和自觉天人之间的变化关系。

最后，《白虎通德论》在制度化儒学的道路上也表达了它的宗教神学观。

《白虎通德论》的思想系统没有彻底摆脱宗教神学。它通过讲解经义，将经学与谶纬神学结合成为国家的统治意识形态。其中，"拟人化的'天'是《白虎通》崇信的至上神，系具意志性和权威性的'上帝'，天鉴视且谴告惩戒时君"②。"天所以有灾变何？所以谴告人君，觉悟其行，欲令悔过修德，深思虑也。"③同时，《白虎通德论》也继承了《尚书·稽疑》中的思想，并将其作为君主不可自专的思想依据，从而使传统的宗教遗存成

---

① 陈立：《白虎通疏证》上，第267页。
② 曾春海：《两汉魏晋哲学史》(第三版)，第94页，台北，五南图书出版公司，2008。
③ 陈立：《白虎通疏证》上，第267页。

为政治考虑的因素之一。其云："天子下至士，皆有著龟者，重事决疑，亦不自专。《尚书》曰：'汝则有大疑，谋及卿士，谋及庶人，谋及卜筮。定天下之吉凶，成天下之亹亹者，莫善乎著龟。'"①《白虎通德论》虽高扬作为至上神的天，却仍未陷入迷信的泥潭，而以人事作为基础。而强调"不自专"的原因，则是源于对人事限制的自觉。

二、《白虎通德论》的特点及评价

《白虎通德论》作为政治与学术相结合的会议议奏之整理稿，内容上有自身特点。

《白虎通德论》不拘泥于学术思想派别的某些差异与分歧，似也未拘泥于当时分歧还很大的所谓今文、古文不同的家法，这在当时是很难得的。就参会者的身份而论，丁鸿、桓郁治欧阳《尚书》，楼望治严氏《春秋》，属于今文经学；而班固、贾逵是当时古文经学大家。梁启超说："两汉工作，最主要的是解经方法，鲁派即古文家，注重考释，专讲名物训诂，齐派即今文家，颇带哲学气味，讲究阴阳五行。"②按《白虎通德论》所讲许多名物训诂，也充斥着阴阳五行的思想。"学之为言觉也，悟所不知也。"（《辟雍》）以问答形式，兼以文义和义理探讨结合的方式来架构理论，是其一大特色。

庄述祖则在具体内容上指出其复杂的性质。他说：

> 《易》则施、孟、梁丘经，《书》则伏生传及欧阳、夏侯，大指相近，莫辨其为解故，为说义也。经二十九篇外，有"厥兆天子爵"与"五社"之文，在亡逸中。《诗》三家，则鲁故居多，《艺文志》所云"最为近之"者。《韩内传》《毛故训》，亦间入焉。《春秋》则《公羊》而外，间采《穀梁》。《左氏传》与《古文尚书》，当时不立学官，《书》且晚出，虽贾逵等以特明古学议北宫，而《左氏》义不见于《通义》。九族上凑高

---

① 陈立：《白虎通疏证》上，第 327 页。
② 梁启超：《儒家哲学》，第 131—132 页，天津，天津古籍出版社，2004。

祖,下至玄孙,《书》古文义也,在《经》《传》之外备一说,不以为《尚
书》家言。《礼》,《经》则今《礼》十七篇,并及《周官经》;《传》则二戴,
有《谥法》,《三正》,《五帝》,《王度》,《别名》之属,皆《记》之逸篇也。
《乐》则河间之记。《论语》《孝经》《六艺》并录……①

　　《白虎通德论》求在诸学派和不同方法上的"通",显然不能以学者们
求全的心理予以解释,某种意义上也是现实政治的需要。明智的统治者
当不会恣意掩盖乃至曲解现实,而是意图冷静地面对和解释现实。尽管
朝廷碍于今文经章句之繁琐而有祖古文经学之意②,但终不能超出其时
代的限制。

　　《白虎通德论》的另一大特点是注重实践。注重实践就需要面对事
实世界。因关注实践,故《白虎通德论》的哲学思想并不以儒家哲学中的
心性论为重点,而是以宇宙论、社会政治哲学、礼乐教化论等为主要内
容。本来就无一成不变的儒学,作为学术探讨的儒学不可能自然适合任
何社会政治条件,儒学在实践上必然有一个在不同历史时期如何切中事
实即关心其价值追求的普遍必然性问题。基于此,《白虎通德论》作为儒
家登上官方政治舞台的思想系统,自然而然地在维护政治统治的同时,
也将政治作为实现道德的手段。由此,它才得以提供一个既于先秦和西
汉儒学有所继承,又有别于它们的切合现实的伦理政治的理论系统。学
理的探讨、政治的需要,对实践总结与反思等因素结合,构成其哲学思想
的主要面貌。这一点,贯彻在《白虎通德论》的始终。只有了解《白虎通
德论》的上述性质,才能进一步谈其学术价值。

　　对《白虎通德论》的评价涉及政治批判和学术特点的评价问题。我
们认为,仅仅指出《白虎通德论》对政治的支持和粉饰显然不够。它的作
用至少是两面性的,故合理的政治批判至少应看到传统社会和伦理道德
对于政治的依附性质的同时,也应看到政治对伦理道德的正面作用。因

---

① 庄述祖:《白虎通义考》,《白虎通疏证》附录二,第 609 页。
② 钱穆:《两汉经学今古文平议》,第 241 页,北京,商务印书馆,2001。

此，如果反过来，我们也看到，《白虎通德论》毫无疑问继承了儒家民本思想，明确提出"重民""为民"思想。其谓："王者立三公、九卿、二十七大夫，足以教道照知幽隐，必复封诸侯何？重民之至也。……上以尊天子，备蕃辅，下以子养百姓，施行其道，开贤者之路，谦不自专，故列土封贤，因而象之，象贤重民也。"①它认为封诸侯的目的，在于"使治其民""象贤重民"。这一思想实际上隐含着诸侯被封、贤士被任用乃至政府存在的根本理由，皆在"为民"。其真实的背景是，因民和社会存在的需要而设置政府。可见，《白虎通德论》继承了民本思想的遗产。

其"为民""重民"还表现在具体制度上："考礼义，正法度，同律历，叶时月，皆为民也。"②"重民"还需要对官员进行严格的考黜。"诸侯所以考黜何？王者所以勉贤抑恶，重民之至也。""三年有成，故于是赏有功，黜不肖。"③经过考核，三年有功者皆得留用。二次考核无功则削其地。而对于有功德者则进行奖励。可见，《白虎通德论》虽有浓厚的意识形态特征，同时也继承了儒家的民本思想。因此，简单指责《白虎通德论》的政治立场也显得并不公允。

就学术上看，《白虎通德论》在繁杂的思想陈述中的确没有先秦学术那样的精密和精致，但它的创造性和灵气虽没表现在心性理论的架构方面，却表现在了宇宙论哲学方面。在新的时代，儒学不能再像先秦时那样是抽象的理论或空言，而必须贯彻到制度和行为之中。换言之，理论上的思考代之以制度规范和具体的行为，将"赞天地之化育"的理想转换为助天地之化育的制度。梁启超说："汉人发明者少。（他们）一部分的精神，用在整理方面，一部分的精神，用在实行方面，汉代四百年间，其事业大致如此。"④如果考虑到伦理思想的本质在实践，对汉代及《白虎通德论》的评价则又是另外一个调子。《白虎通德论》无疑是从先秦儒学的

---

① 陈立：《白虎通疏证》上，第 133 页。
② 同上书，第 289 页。
③ 同上书，第 310 页。
④ 梁启超：《儒家哲学》，第 130 页，上海，上海人民出版社，2009。

"空言"走向"备制"的不可或缺环节。孙筱认为："'空言'与'备制'是先秦儒学与两汉经学的主要区别。"①无论是将伦理理想实践化，在制度上精确化，还是汉人的元气思想在社会的影响，都不应小觑。因为，思想的逻辑和创造性在实践的时代完全可以通过行为来表现。汉代的清流看起来也是主流的批判者，但其实二者是相辅相成的。

如果不是仅从时代的需要去批判而是从理解的角度来看《白虎通德论》的天人相应的神学理论系统的话，我们认为它并非仅仅是为了将社会生活纳入自然原则之下从而使人屈服于自然，以欺骗人民，而是在力图将道德秩序推广到人类生活的方方面面乃至整个自然界的同时，也对专制皇权形成一种舆论压力。只是，人类生活并非完全拘泥于道德领域，特别是特定历史条件下的道德。天人关系中并非一切自然现象与人类社会生活均有直接的关联。

第三节 天人关系

一、天、地、人

就《白虎通德论》而论，天人关系是其哲学思想的一条主线。儒家关于天的涵义，今人有多种解释，或认为具有自然义和神性义，或认为有最高主宰、大自然和最高原理诸义。② 在《白虎通德论》中，天仍主要是祭祀的对象，当然也是万物之所以产生和一切价值的根源。作为自然的天，它同时有神性，既是最高主宰也是最高原理，因此才可能与人们的社会生活产生实际的关联。

首先，天是宇宙万物得以生成的总根源。

"天者，何也？天之为言镇也。居高理下，为人镇也。地者，元气之

---

① 孙筱：《两汉经学与社会》，第 81 页，北京，中国社会科学出版社，2002。
② 张岱年：《宇宙与人生》，第 76 页，上海，上海文艺出版社，1999。

所生,万物之祖也。地者,易也。言养万物怀任,交易变化也。"①"天"的地位是"居高",功能是"理下"。"镇",陈立说"当或填字之讹。天与镇、颠、神、陈、珍、填皆叠韵为词,填亦或借作镇字"。"天"非指高高在上的苍莽之天,而是支配人事行为的最高原则。在《白虎通德论》的思想语境中,"天"与"元气之所生",而又"养万物怀任,交易变化"之"地"相配合,方形成一般所谓宇宙即一切事物存在的基础和条件。这里,人们对"天""地"与"气"或"元气"彼此间的关系的理解存在一定分歧。有的学者认为《白虎通德论》的哲学体系与谶纬完全一样,"'元气'和'气'都不是第一性的,而是由具有人格神的'天''地'所派生"②。也有论者据"(天)者,元气之所生"而认为,"天地是由元气所生的"③。这种分歧固然反映了《白虎通德论》哲学系统本身的不严密和含混性质,也反映了对"天""地"的人格神性质的认定。但从其主要倾向上看,《白虎通德论》与谶纬明确宣扬"天"为人格神不应直接等同。因为,"天"是人事活动的原则,"地"是万物之祖,但并非天地从无中创生了宇宙万物。"天"与"元气"的先后问题并非是其基本问题,天作为人文道德之基础才是基本问题。

> 始起先有太初,然后有太始,形兆既成,名曰太素。混沌相连,视之不见,听之不闻,然后判清浊,既分,精曜出布,庶物施生,精者为三光,号者为五行。五行生情性,情性生汁中,汁中生神明,神明生道德,道德生文章。故《干凿度》云:太初者,气之始也。太始者,形之始也。太素者,质之始也。阳唱阴和,男行女随也。④

"太初"一语始见于《庄子·天地》:"太初有无,无有无名"。"太初""太始"与"太素"分别指三个不同的演化阶段。《白虎通德论》依据《周易·干凿度》认为,"太初"指气之初始;"太始"指气有形兆之始;"太素"

---

① 陈立:《白虎通疏证》下,第420页。
② 钟肇鹏:《谶纬论略》,第142页。
③ 金春峰:《汉代思想史》(第三版),第421页,北京,中国社会科学出版社,2006。
④ 陈立:《白虎通疏证》下,第421页。

则是指气之形兆已成的"质之始"。三者从时间上看虽均为"始",但内涵上有区别。"太初"强调其混沌无形不可分辨,"太始"突出其形兆始显初露端倪,"太素"则云其本始才朴。"初""始"意近,"素"常见于道家老庄,与孔子文质之"质"义近。《礼记·仲尼燕居》注云:"素,犹质也。"故"素""质"则突出其作为文化基础与本源的一面。

在《白虎通德论》看来,天是贯穿万物的总原则。天之初始乃是"混沌相连,视之不见,听之不闻"的超感官之气,因天之"镇"(即"正")的作用而使浑然一体的气剖判分明。"精者为三光,号者为五行。"因此,天地生物,不是说天地将万物从自己那里分离出来,产生出来,而是使混沌无形的气显现出其宇宙秩序并因而获得其现实性的存在。因此,天地生万物,不是从自身中生产出万物,像基督教中上帝创世一样从虚无中创造一切,而是使混沌无序的气有了秩序。因此,天地生物其实是生成了宇宙特别是人类社会的道德秩序和法则。这里,有两条重要原则可以从中引申出来:第一,天下不能没有"天覆地载"的天子来替天"理下",即管理天下,否则,就没有社会制度和道德法则;第二,天子代天"理下",虽必须变更其文化形式,如改正朔,易服色,殊徽号等,但不能变更文化的根本,这就是所谓"为质故不变,王者有改道之文,无改道之实"。这个不可改的道或文化的根本与可变的一面并非派生与被派生的关系,而是相对主次的关系。如"质家者据天,故法三光;文家者据地,故法五行"①。四时不可改变,而五行、天地万物也像人类社会一样在其原则支配下运转。如果执着于"天"与"气"的先后关系问题为其基本问题,则无法理解《白虎通德论》中常见的概念:"天地之气"——天地也仅是气而已矣。如其说:"社无屋何? 达天地气。故《郊特牲》曰:'天子大社,必受霜露风雨,以达天地之气。'"②乃至精神也是"气":"精神者,何谓也? 精者静也,太阴施化之气也。象水之化,须待任生也。神者恍惚,太阳之气也,出入无间。总云支体万化之本

---

① 陈立:《白虎通疏证》上,第 6 页。
② 陈立:《白虎通疏证》下,第 89 页。

也。"①这是气化思想的泛化。

其次,天的实指虽往往被人们看成是"人们头上所见的星象悬布、日月着明的天空",但其内含则是一切事物得以产生的条件、原则和根据。因为,天既然有神性和自然涵义,还是人们道德行为的根据,那么,天就不能仅仅是高高在上("天道远")的不和人们发生关联的天空,而必定是与人密切相关的、人们生命和生活的根据和条件。关于这一点,详后。

再次,天与地配合,通过四时和五行之气而生化万物。《白虎通德论》论"地":"地者,易也。言养万物怀任,交易变化也。"②又说:"社者,土地之神也。土生万物,天下之所王也。尊重之,故自祭也。"③

在天和地的关系上,《白虎通德论》认为,"天"与"地"虽有区别但又是交织在一起的。一方面,"天圆地方不相类,故无总名也"。"不相类",固然指天之圆与地之方,及"天质"而"地文""天以高为尊,地以厚为德",彼此"异类";但是,另一方面,就"天""地"之运行而生万物的过程而言,则"天地动而不别,行而不离"。天地如同阴阳又如夫妻只有相互配合才能生万物及其秩序。可以说,正因其"不相类",所以如同不娶同姓一样,"异类乃相生",并生成人类。人皆有"天地之气"。然人之男女比附天地是相对的,人为男女之总名,天地却无总名。

具体就天地关系论,《白虎通德论》说:"地之承天,犹妻之事夫,臣之事君也。其位卑,卑者亲视事,故自同于一行,尊于天也。"④还说:"(天地运转)犹君臣阴阳,相对之义也。……阳不动无以行其教,阴不静无以成其化。虽终日乾乾,亦不离其处也。故《易》曰:终日乾乾,反复道也。"⑤天、地之外,《白虎通德论》中也间接地谈到人,其中,需要注意的有:其一,认为所有人都具有共性:无论君子小人,"人无不含天地之气,有五常之性"。这实

① 陈立:《白虎通疏证》下,第 390 页。
② 同上书,第 420 页。
③ 陈立:《白虎通疏证》上,第 91 页。
④ 同上书,第 166 页。
⑤ 陈立:《白虎通疏证》下,第 422—423 页。

际上肯定了人的共性，均既有天地之气，也有仁、义、礼、智、信"五常"之性，这种思想其实是与近代以来人们的理解很不相同的，表明当时的人们并没有将人一概作简单的二元划分。其二，它肯定了先儒"天生百物人为贵"，"人者，其天地之德，阴阳之交，鬼神之会，五行之秀气"的观点，认为人是万物中最尊贵的："天道一时生，一时养。人者，天之贵物也。逾时则内有怨女，外有旷夫。"①"天地之性，人为贵，人皆天所生也，托父母气而生耳。"②其三，人乃不同性别的人之总名。"男女，总名为人。"男女和天地，虽常以阴阳两概念说明彼此之间的关系，但是二者还有不可完全通约的一面。

《白虎通德论》将战国时代以来流行的阴阳五行学说和儒家伦理熔为一炉，以解释宇宙变化和人间秩序。

二、天人关系

汉儒在天人关系上有两大趋势：一是凸显天的地位；二是主张天人感应。就第一点而论，其目的是为了"屈君而伸天"③。皇权无法在人间得到限制，故需借助于超人间力量的限制。第二点则是认为，人间活动及其相互关系，特别是皇权受命，与天的意志之间，是相互关联的。董仲舒是"天人感应"思想的得力倡导者，而"白虎观会议"倡议者杨终作有赞颂汉代嘉瑞的诗篇，另一儒生丁鸿亦曰："人道悖于下，效验见于天，虽有隐谋，神照其情，垂象见戒，以告人君。"④

章帝驾崩后，刚刚即位的和帝，面临朝议北击匈奴事，鲁恭上书说："万民者，天之所生。天爱其所生，犹父母爱其子。一物有不得其所者，则天气为之舛错，况于人乎？故爱人者必有天报。……夫人道义于下，则阴阳和于上。……夫以德胜人者昌，以力胜人者亡。"又说："上观天

---

① 陈立：《白虎通疏证》上，第 209 页。
② 同上书，第 216 页。
③ 苏舆撰、钟哲点校：《春秋繁露义证》，第 32 页。
④《后汉书·丁鸿传》。

心，下察人志，足以知事之得失。"①

在这种氛围中，《白虎通德论》承认"人皆天所生也，托父母气而生耳"，天子受天命，虽各有品德的优劣，但都"俱命于天"②。天子不能一人治理天下，故有臣。它说："天虽至神，必因日月之光；地虽至灵，必有山川之化；圣人虽有万人之德，必须俊贤。三公、九卿、二十七大夫、八十一元士，以顺天成其道。"③大臣之义，即在"尽忠纳诚也"④。君臣地位不等，身份不同；不同身份的人，祭祀对象也就不相同。对于民而言，天子或帝王象征着天命和天意。"《礼记·谥法》曰：'德象天地称帝，仁义所生称王。'"⑤而民不可一日无君。"民臣不可一日无君也"，乃因"民臣之心不可一日无君"。

这里，是否意味着天子和臣民的关系是纯粹单向的呢？天子和臣民的关系就是无条件服从的关系呢？深层而言，这是否意味着，在儒家思想所预设的逻辑中，天人感应"主要围绕着天子一个人来进行，和其他的人关系不大"⑥，抑或"只有周文王、周公等人才能摸到天的心坎"呢？⑦

就《白虎通德论》来看，其实臣民并非简单的绝对服从关系。一方面，重民是一切天子所代表的政府机构得以产生的原因。"王者立三公、九卿、二十七大夫，足以教道照幽隐，必复封诸侯何？重民之至也。善恶比而易知，故择贤而封之，以著其德，极其才。上以尊天子，备蕃辅，下以子养百姓，施行其道，开贤者之路，谦不自专，故列土封贤，因而象之，象贤重民也。"⑧毫无疑问还是延续了前汉儒家的重民思潮。且明确地说："王者即位，先封贤者，忧民之急也。故列土为疆非为诸侯，张官设府非为卿大夫，

---

① 《后汉书·鲁恭传》。
② 陈立：《白虎通疏证》上，第 2 页。
③ 同上书，第 129 页。
④ 同上书，第 226 页。
⑤ 同上书，第 43 页。
⑥ 任继愈：《中国哲学发展史》秦汉卷，第 498 页，北京，人民出版社，1985。
⑦ 刘泽华主编：《中国政治思想史》先秦卷，第 25 页，杭州，浙江人民出版社，1996。
⑧ 陈立：《白虎通疏证》上，第 133 页。

皆为民也。"①官府存在的理由是因重民、爱民,那么,重民、爱民的理由又是什么呢? 这当然就是与儒家伦理的基础——天人关系有关的。

就是从这个角度,天子不能"自专"。"虽天子,必有尊也,言有父也。必有先也,言有兄也。……尊三老,父象也……兄事五更,宠接礼交加,客谦敬顺貌也。"②天子品德不一,也得尊奉圣贤。

我们看到,天子或君是有多重身份的。《白虎通德论》和其他儒家典籍一样,都是强调其作为天子的政治身份和道德功能,却往往对其作为普通人的身份淡而化之。如果说在传统社会可能因特殊社会结构和文化传统而可以对此熟视无睹的话,那么,在时过境迁的近现代社会,人们应当首先注意到这一点。

就现实而言,天人感应强调人事活动必须效法天,认识天的意志。《白虎通德论》说:"天子者,爵称也。爵所以称天子者何? 王者父天母地,为天之子也。"③人道的根据在天道。"于是伏羲仰观象于天,俯察法于地,因夫妇,正五行,始定人道,画八卦以治下,下伏而化之,故谓之伏羲也。"④既然天并非人格神,而天又兼具神性义和自然义,那么认为汉儒对于天的看法具有泛神论色彩,是成立的。

天人感应思想的中心在于:天和人的活动彼此相互影响。这一思想进一步解析,可以分为无论作为神性义还是作为自然义的天及其变化过程,和人事活动是彼此相关的。

《白虎通德论》和传统儒家同样承认人事和自然的相互影响。在它那里,自然作为一个整体,有其神圣性质。重视祭祀表明了这一点。如其引《礼记》说:"天子祭天地……诸侯祭山川……卿、大夫祭五祀。"⑤所谓五祀,指门、户、井、灶、中溜。很明显,五祀具有实用性质。"人之所处

---

① 陈立:《白虎通疏证》上,第 141 页。
② 同上书,第 248—249 页。
③ 同上书,第 1—2 页。
④ 同上书,第 51 页。
⑤ 同上书,第 79 页。

出入，所饮食，故为神而祭之"①。所谓社稷，乃"封土立社，示有土也。稷，五谷之长，故立稷而祭之也。"

这一思想在某种意义上可找到许多理由。一方面，人事活动本身有服从自然进程的一面，比如，农事和四季时令是相关的；或人事活动又可能引起自然的某些变化。这些因素加在一起，使神性的天既可能成为人事活动遵循效法的对象，"天以高为尊，地以厚为德，故增泰山之高以报天，附梁甫之基以报地，明天之命，功成事就，有益于天地"②。也可能导致人对自己未知世界的某些警觉。"学之为言觉也。以悟所不知也。故学以治性，虑以变情。"③

另一方面，天虽有神性并对人事活动具有根源性，却并不能直接向人告知其意，而是以其独特的方式表达对人世的意见。由此，所谓灾异谴告、祥符嘉瑞就是承载着神秘天意的符号。作为具有官方半法典性质的言论集，《白虎通德论》最关心的当然是社会生活中的意外伤害以及导致这些伤害的种种不可控因素。"天所以有灾变何？所以谴告人君，觉悟其行，欲令悔过修德，深思虑也。""灾异者，何谓也？《春秋・潜潭巴》曰：'灾之为言伤也，随事而诛。异之为言怪也，先发感动之也。'……变者，何谓也？变者，非常也。"④然而，对灾异的解读是因人而异的。尧遭洪水，汤遭大旱，显然不是上天的谴告。那么灾变对人的意义不同的原因何在呢？《白虎通德论》说："尧遭洪水，汤遭大旱，命运时然。"⑤所谓"命运时然"，实则乃"各随其行，因其事也"。人的行为才是导致不同事变的根本原因。所谓"考天人之心，察阴阳之会""通神灵，感天地"，无疑正是试图预知未来、减少灾祸的行为。

尽管《白虎通德论》宣扬谶纬迷信的色彩并未有想象的那么浓厚，但

---

① 陈立：《白虎通疏证》上，第 77 页。
② 同上书，第 279 页。
③ 同上书，第 254 页。
④ 同上书，第 268—269 页。
⑤ 同上书，第 270 页。

是,其中的哲理运思大体不脱离天人感应的轨道。不要说作为自然的天的活动,确实与人事活动存在着彼此相关的影响,即使就儒家系统中政治活动的中心人物君或帝王的言行,都可能引起一系列影响社会秩序乃至某些自然变化的情况。这样一来,预知天意,控制包括君主在内的一切人事活动可能导致的不利,是天人感应学说的中心。

第四节 性情说与寿命论

一、六情扶成五性

从天人感应的思维出发,在继承先儒人性学说的同时,《白虎通德论》提出"五常之性"的命题,以及"六情扶成五性"的思想,阐发了其性情说,以"五常之性"作为成德学说的人性论基础。为了进一步说明天命与人事关系上的种种复杂变化,它又提出独特的寿命论。

《白虎通德论》说:"性者,阳之施,情者,阴之化也。人禀阴阳气而生,故内怀五性六情。情者,静也。性者,生也。此人所禀六气以生者也。"①它以阴阳之气解释人的性情,既受到传统儒家影响,如《礼运》谓:"故人者,天地之德,阴阳之交。"又更直接受到纬书影响。

所谓"情者,静也。性者,生也",与《乐记》"人生而静,天之性也,感于物而动,性之欲也"的观点不同。《乐记》所说为天性本静,感于物而动者为欲。《乐记》认为"性"乃人生而具有的自然之性,故欲(情)是这种自然之性的表现;《白虎通德论》所谓"性"则是生于阳而可成人之本性,当然是动的。进一步看,《白虎通德论》之所以会坚持性"生"而情"静"的观点,是它未停留于人性自然的论调上,而认为生理上的反射其实算不上是"动"或"生",只有人格上的超越于生理欲求的"性",才是"动"或"生"。这样,它虽认为"性者,生也",却又同时认为人的本性即是"五常之性",简称五性。"五性

---

① 陈立:《白虎通疏证》上,第381页。

者何谓？仁义礼智信也。"①因而，仁义礼智信虽是人在本体论具备的，却需要"动"或"生"其属于"阳"的性质。这里包含着人事与自然不同的意义。之所以"托父母而生"的"眇身"，能有别于"乐得其欲"而能上升到"乐得其道"②的原因在此。故"《白虎通》以情静性生的意义在于，它把具有外在强制倾向的礼对'欲'的规制，转化成人内在的主动的自理，即人之去恶为善，应该遵循'阳'动'阴'随之理。故它引《钩命决》说，情是由当下的欲望牵念而动的，而性是内在的主导之理，具有'仁'的内涵。其潜台词是，情之动应随性之理，以至于善。在这个意义上，《白虎通》实际上是倾向于'性善'论的。"③

董仲舒视仁义礼智信为五常，即以此为人之行为应遵循的常道。《白虎通德论》则将五常提升为五性，视为人性的内容。道德规范内在地是人的本性，这一思想和孟子相近。既然五常是人的本性，那么，又如何解释人们日常行为并不一定遵循其本性的现象呢？同样是情性，由外而内的刺激是从生理欲望开始的，而由内而外的自觉是从人的道德"觉悟"开始的。《白虎通德论》认为，二者并非非此即彼的关系，而是虽以性为主导，但情也是有助于性的。这正是它认为情性相联，情性生于阴阳的原因。所以它才说："人禀阴阳气而生，故内怀五性六情。"因此，这并不意味着性善情恶，反而包含性须情之辅而成的思想。正如性有五性，而情则有六情，六情者即"喜怒哀乐爱恶谓六情"。进而，《白虎通德论》引《礼运》提出"六情者，所以扶成五性"之说。④ 这一观点不仅肯定了性情并非仅是对抗的，而且承诺"君子"不是自然成就的，而是以礼的规范内化为行为准则而成，是"性"之阳所生且有情之阴所扶而成。这样，情性共同存在于人生的两个方面，性为人的本性，即仁义礼智信五常；情为人的利欲，即喜怒哀乐爱恶六情。情性既彼此有别，又互相联结。性不能离情而孤立存在，它表露在外为情，情

---

① 陈立：《白虎通疏证》上，第 381 页。
② 孙希旦：《礼记集解》下，第 1005 页，北京，中华书局，1989。
③ 许抗生等：《中国儒学史》两汉卷，第 420 页，北京，北京大学出版社，2011。
④ 陈立：《白虎通疏证》上，第 387 页。

反过来也扶成五性。所以,性对情是既依赖又制约的关系。它还说:"人本含六律五行之气而生,故内有五藏六府,此情性之所由出入也。"①仁义礼智信五性和喜怒哀乐爱恶六情出入于人体五藏六府。所谓五藏,即肝、心、肺、肾、脾,六府,即大肠、小肠、胃、膀胱、三焦、胆。五藏六府在人体是一个紧密联系的整体,所以五性六情在人也是一个彼此关联的统一体。性有仁,情有利欲,但不能简单地以性善情恶论性情。"情性生汁中,汁中生神明,神明生道德,道德生文章。"

在肯定性情从不同角度成就道德文章的前提下,《白虎通德论》还从人类学意义上考察。"天地之性人为贵,人皆天所生也,托父母气而生耳。"②人和万物均为天地所生。人是天地之中最尊贵者,天下也没有任何一物可以和人的珍贵相提并论。但天地是一个抽象概念,它并不能直接生人,人是托父母之气而生的。那么,父母之气从何而来?父母之气,便是天地阴阳五行之气。这就是上节"天人关系"所述,人象天,天有阴阳五行之气,人怀五性六情之化。具体地说,气有阴阳之气,情生于阴气,性生于阳气。气又有金木水火土五行之气,由五行之气而生仁义礼智信五常和喜怒哀乐爱恶六情。阴阳五行之气的运行,决定了人生五性六情的善恶变化。"故《钩命诀》曰:情生于阴,欲以时念也。性生于阳,以就理也。阳气者仁,阴气者贪,故情有利欲,性有仁也。"③性据理而情欲利,性有仁义而情有利欲,都体现着阳气仁而阴气贪的性质。《白虎通德论》调和并改造了董仲舒仁贪之气决定贪仁之性的思想和刘向性善情恶的观念,形成了自己的情性论。

按《白虎通德论》,人有五性六情,六情可扶成五性,但是,人又是由阴阳之气构成的,不能自然成就其五性,这样,六情要扶成五性,不能完全听凭自然,而必须依靠圣人的教化。这样,它提出了"圣人象五常之道""以教人成德"的思想。其云:"人情有五性,怀五常不能自成,是以圣人象天五常

---

① 陈立:《白虎通疏证》上,第382页。
② 陈立:《白虎通疏证》下,第216页。
③ 同上书,第381页。

之道而明之,以教人成其德也。"①只有圣人才可能取象天地阴阳五行的道理,制作行为的纲纪法度和礼乐规范来引导人们,使之成就道德。"人皆怀五常之性,有亲爱之心,是以纲纪为化,若罗网之有纪纲而万目张也。"②"乐所以荡涤,反其邪恶也。礼所以防淫佚,节其侈靡也。"③礼乐是体现天地之气运变法则的纲纪,符合人的情性向善的要求,是教人成德、走向正道所必不可少的。

圣人之所以能教化万民的理由是"通"。《白虎通德论》说:"圣人者何?圣者,通也,道也,声也。道无所不通,明无所不照,闻声知情。"④一方面,圣人"闻声知情,与天地合德,日月合明,四时合序,鬼神合吉凶"。圣人是知类通达,能够"作"者。如伏羲作八卦,此后,伏羲、神农、黄帝、尧、舜,"文俱言'作'"。所谓"作",惠栋《古义》谓"作谓著作"。《乐记》云:"作者之谓圣"。但按《中庸》,作乃制作礼乐制度。按此标准,上古帝王,如伏羲、神农、黄帝、尧、舜,以及禹汤、文、武、周公等皆为圣人。

另一方面,圣人虽是人中英杰,却不是神。《白虎通德论》对圣人作了形象处理,甚至可以用数量形容。其述《礼·别名记》说:"五人曰茂。十人曰选。百人曰俊。千人曰英。倍英曰贤。万人曰杰。万杰曰圣。"⑤这样看,圣人仍然"只是人中的佼佼者而已",这和神有本质的不同。

《白虎通德论》的观点显然既承袭了传统,但也力图通过具体历史条件下的某些现象或暗示来影响时人的想象和行为观念。《白虎通德论》正是通过其既具有传统意识又有现实说服力的观点,来解释三纲六纪和人们需要圣人也确实存在圣人这样的观点的。

《白虎通德论》以五常之性规定性范畴的内涵,在以往情性论思想的基础上进一步提出六情以扶五性的思想,并据此确立五常之道以教人成

---

① 陈立:《白虎通疏证》下,第447页。
② 同上书,第374页。
③ 同上书,第94页。
④ 同上书,第334页。
⑤ 同上书,第334—335页。

德的治国之道,这是中国哲学性论的新的理论思维成果。它拓宽了道德认识之路。

二、寿命论

人情虽皆怀有"五性""五常",却不能自成,必依靠圣人的教导才能成其性。那么,构成人生这种限制性的东西是什么呢? 这就是《白虎通德论》的"寿命"论要回答的问题。

孔子认为"知命"是"君子"作为君子的一个必要前提,其云:"不知命,无以为君子也。"①《周易·系辞》谓"穷理尽性以至于命",将"命"看成"穷理""尽性"的极限来看待。"命"作为一个重要概念,有谓"天所命生人者也"(郑玄《中庸注》)或"初所禀得而生者也"②,也可看成是从消极角度来看人的限制性。《白虎通德论》既在作为人生禀受的意义上,又在各种可能的具体限制性上来认识"命"。

> 命者,何谓也? 人之寿也,天命已使生者也。命有三科以记验:有寿命以保度,有遭命以遇暴,有随命以应行。寿命者,上命也,若言文王受命唯中身,享国五十年。随命者,随行为命,若言怠弃三正,天用剿绝其命矣。又欲使民务仁立义,无滔天。滔天则司命举过言,则用以弊之。遭命者,逢世残贼,若上逢乱君,下必灾变,暴至,夭绝人命,沙鹿崩于受邑是也。③

从其谓"寿命者,上命也,若言文王受命唯中身,享国五十年。随命者,随行为命,若言怠弃三正,天用剿绝其命矣",及"遭命者,逢世残贼,若上逢乱君,下必灾变暴至,夭绝人命"可知,其虽以"寿命"论命,但实则不是专谈世俗所谓"寿命",而是论作为哲学概念之"命"的。

寿命,即上命,有谓正命者,并不因操行之善恶而变化,所禀受于天

---

① 《论语·尧曰》。
② 黄晖:《论衡校释》一,第 125 页。
③ 陈立:《白虎通疏证》上,第 391—392 页。

之吉命者;随命乃因行为善恶而有相应的灾福变化;遭命为不论操行皆得灾祸者。显然,作者于此论及人的限制性可能的几种变化。一是天赋的寿命,与个人操行无关;再是有操行的善恶决定的随命;三是与个人操行完全无关的遭命。其中,仅随命是与行为有相关性的。当然,如果三种因素综合在一起,可能会使命显得更为复杂。这说明,作者意识到,人的行为的善恶所导致的反映在具体条件下是复杂的,它并非具有完全的确定性并以形式逻辑可加推论,而不能不依赖社会政治条件和大的社会氛围,并非善恶报应那么简单。

第五节　三统说

一、三统与通三统

《白虎通德论》的三统说继承发挥董仲舒的有关思想,是其历史和政治哲学的重要内容,并为教化思想提供理论基础。三统说在思想理路上隶属于宇宙观。

《白虎通德论》曰:"王者受命必改朔何? 明易姓,示不相袭也。明受之于天,不受之于人,所以变易民心,革其耳目,以助化也。故《(丧服)大传》曰:'王者始起,改正朔,易服色,殊徽号,异器械,别衣服'也。是以舜禹虽继太平,犹宜改以应天。王者改作,乐必得天应而后作何? 重改制也。《春秋瑞应传》曰:'敬受瑞应,而王改正朔,易服色。'《易》曰:'汤武革命,顺乎天而应乎民也。'"①为何正朔恰好只有三种相互区别呢? 它说:"天有三统,谓三微之月也。明王者当奉顺而成之,故受命各统一正也。敬始重本也。朔者,苏也,革也。言万物革更于是,改统焉。"②改正朔目的在于"变易民心,革其耳目,以助化也",受命之君各统一正,旨在"敬始重本"。

---

① 陈立:《白虎通疏证》上,第 360—361 页。
② 同上书,第 362 页。

可见，《白虎通德论》基本继承了董仲舒"三统说"的主要框架，认为夏、商、周三代分属黑统、白统、赤统，在历法上虽均以自然季节为本，但却各以不同月份为一年的开始，如夏以孟春月为正，殷以季冬月为正，周以仲冬月为正。同时，《白虎通德论》亦有以下特点：

第一，认为朝代改统，目的是顺天应人，是出于天意。王者受命而改正朔，是表示自己的政权不是受于人，而是受于天。"王者受命必改朔何？明易姓，示不相袭也。明受之于天，不受之于人。"这是对政权神圣性的说明。同时，改正朔也是适应人事。

第二，突出事物变革之初、始的重要性。之所以要改正朔，乃"敬始重本也"。"朔者，苏也，革也。言万物革更于是，改统焉。"对"始""本"的敬重是汉时人们对事物规律性的自觉。《中庸》谓："诚者，物之终始。"《大学》亦云："物有本末，事有终始。知所先后，则近道矣。"对"本""始"的慎重其事，反映了作者们对人事之间的相关性、规律性有一定的领悟。万事开头难，改正朔也就是求得一个良好的开局。

第三，特别强调"通三统"。"王者所以存二王之后何也？所以尊先王，通天下之三统也。明天下非一家之有，谨敬谦让之至也。故封之百里，使得服其正色，行其礼乐，永事祖先。"①

关于"通三统"的涵义，存在分歧。古代学者因时代局限，主要分歧集中在"存二王之后"与"通三统"之间关系以及"三统"的含义究竟何所指的问题。治《鲁诗》的丞相韦玄成、治《易》的学者施雠引《外传》曰："三王之乐，可得观乎？"清陈立云："知王者所封，三代而已。"然郑玄注《礼记·郊特牲》有"天子存二代之后，犹尊贤也，尊贤不过二代"之说，加以驳斥："所存二王之后者，命使郊天以天子之礼，祭其始祖受命之主，自行其正朔服色，此之谓通夫三统。"②其实，《白虎通德论》原文已经很容易理解："通三统"的真义在于"明天下非一家之有"，故"谨敬谦让之至也"。

---

① 陈立：《白虎通疏证》上，第366页。
② 同上书，第368页。

类似思想还可以在其他篇章中找到。《王者不臣》篇曰："王者所不臣者三，何也？谓二王之后……不臣二王之后者，尊先王，通天下之三统也。"可见，"三统"说不仅强调各统一正，而且还有一个"通"的问题。本来是不同的朝代，如何能"通"？为何需要"通"？这是作者思想的关键。显然，这一历史哲学观是奠定在任何制度体系日久年深，都会有积弊，其"通"恰恰就是要求适时汰出这些积弊。

与"三统"说相关的是"文质"论。文，指文明；质，指质朴。文质这一对概念反映的是人类文明和文化发展的概念。这对概念的积极意义表明文明的发展既是一个趋近于文明的过程，但又毕竟不能没有文明得以发展的基本条件。孔子所谓"文质彬彬，然后君子"就表明了这对概念的关系。

《白虎通德论》也以这对概念来解释历史发展。但是，它却与中国哲学中阴阳、天地的概念相比附，其云："王者必一质一文者何？所以承天地，顺阴阳。阳之道极，则阴道受；阴之道极，则阳道受。明二阴二阳不能相继也。"①从《易·系辞》所谓"一阴一阳之谓道"，可理解"二阴二阳不能相继"的原因。又云："质法天，文法地而已。故天为质，地受而化之，养而成之，故为文。《尚书大传》曰：'王者一质一文，据天地之道。'《礼·三正记》曰：'质法天，文法地'也。帝王始起，先质后文者，顺天下之道，本末之义，先后之序也。事莫不先有质性，乃后有文章也。"②

"三统说"和"文质论"并不是对应的。《礼·三正记》说："正朔三而改，文质再而复。""通三统"重在汰出历史制度的积弊，而文质之论则在解释文明的进化，二者的重心不同，但其内在联系则在文明和文化的进化。文质本身是相对的。《礼记·表记》说："虞夏之质，殷周之文，至矣。虞夏之文不胜其质，殷周之质不胜其文。""文质再而复"一定意义上就反映了"三统"之"通"。

---

① 陈立：《白虎通疏证》上，第368页。
② 同上。

二、三教

政治与教化的关系也是《白虎通德论》关注的问题之一。其中"教"，应指的是"教化"而非"教育"。

关于三代教化，《说苑·修文》和王充《论衡·齐世篇》所述大同小异，仅有文字差异。《白虎通德论》也是这样，它说："夏人之王教以忠，其失野，救野之失莫如敬。殷人之王教以敬，其失鬼，救鬼之失莫如文。周人之王教以文，其失薄，救薄之失莫如忠。继周尚黑，制与夏同。三者如顺连环，周而复始，穷则反本。"①比较而言，《说苑》和《论衡》均谓"小人野""小人鬼""小人薄"，而《白虎通德论》不强调这一点，显然，它更突出三教本身之有失，以及三教"如顺连环，周而复始，穷则反本"的循环。

《白虎通德论》又说："教者，何谓也？ 教者，效也。上为之，下效之。民有质朴，不教而（不）成。故《孝经》曰：'先王见教之可以化民。'《论语》曰：'不教民战，是谓弃之。'《尚书》曰：'以教祗德。'《诗》云：'尔之教矣，欲民斯效。'"②"为"者，行也。按文义，"民有质朴，不教而成"，应为"不教不成"。不教就只有质朴而无文明。所谓"教"，即是身居"上位"者的行为，会引起在下之民的仿效。这显然是说政治权力对于社会教化有难以替代的重要作用。文明虽是依靠教化完成的，但统治者的地位和权力使他们的操行成为人们模仿的对象。这里不仅说明统治者具有教化下民的责任，他们以行为示范，而且也暗示统治者之所以能够统治的根据在他们的德行。

因而，"教"绝非职业教育，而是与政治紧密相关的人格教育，它说："王者设三教者何？ 承衰救弊，欲民反正道也。"③所谓"欲民反正道"即希望下民回归正当或正确的生活轨道，故所谓"教"即是教化。其曰："教

---

① 陈立:《白虎通疏证》上，第 369 页。
② 同上书，第 371 页。
③ 同上书，第 369 页。

者,所以追补败政,靡弊溷浊,谓之治也。舜之承尧无为易也。"①

那么,为何要讲"三教"? 其实,"三教"是与"三正"即"三统"相配合的。"三正之有失,故立三教,以相指受。"三教体现了"三统"之"通"的本意。

"三教"各有不同主旨。夏、商、周三代教化统称"三教",而"三教"的主旨分别是"忠""敬"和"文"。夏之王教在"忠",其民质朴,但其弊在粗野;商之王教在"敬",其弊在于迷信;周之王教在"文",其弊在轻。在作者看来,后世兴起之教化都是对原来的补救,但并非否定原来的教化。

《礼记·表记》记子曰:"夏道尊命,事鬼敬神而远之,近人而忠焉,先禄而后威,先赏而后罚,亲而不尊。……殷人尊神,率民以事神,先鬼而后礼,先罚而后赏,尊而不亲……周人尊礼尚施,事鬼敬神而远之,近人而忠焉,其赏罚用爵列,亲而不尊……"可见,无论《白虎通德论》还是《礼记·表记》,都说明了教化的内容是历史累积性的,不同时代的教化内容虽有其时代特点,但绝不可能是单一的、割断历史的。

"三教"有如下特点:第一,"三教"作为完备的教化系统在于其效法天、地、人。"教所以三何? 法天地人。内忠外敬,文饰之,故三而备也。"②其中,忠效法人,敬效法地,文效法天。"人以忠教,故忠为人教也。地道谦卑,天之所生,地敬养之,以敬为地教也。"③第二,"三教"与"三统"是相配合的,"三者如顺连环,周而复始,穷则反本。"在这里,作者不仅认为教化是历史文化的积累和发展,而且主张政与教的统一。第三,"三教"是一个整体。其云:"三教一体而分,不可单行。"虽然不同朝代所行之教有先后之别,"何以言三教并施,不可单行也? 以忠、敬、文无可去者也。"

从《白虎通德论》反复强调"三正之相承,若顺连环","帝王始起,先质后文者,顺天地之道,本末之义,先后之序也"④,三教"如顺连环,周而复

---

① 陈立:《白虎通疏证》上,第 370 页。
②③ 同上书,第 371 页。
④ 同上书,第 368 页。

始",但终不免"衰""弊"而"穷则反本"来看,作者对传统政治与教化的看法正如生命有机体一样,是一个循环往复的过程,没有永恒不变的机体。

需补充的是,关于三教,《白虎通德论》还认为其内容在"法天地人。内忠,外敬,文饰之,故三而备也。即法天地人各何施? 忠法人,敬法地,文法天。人道主忠,人以至道教人,忠之至也。人以忠教,故忠为人教也。地道谦卑,天之所生,地敬养之,以敬为地教也"。而三教之先"忠",在于其乃"行之本也"。就其关系论,虽有先后,但不可或缺:"三教一体而分,不可单行。"

三、五行更王说

与三统说相关的历史哲学观中还包括"五行更王说"。

《白虎通德论》说:"五行者,何谓也? 谓金、木、水、火、土也。言行者,欲言为天行气之义也。……《尚书》曰:'一曰水,二曰火,三曰木,四曰金,五曰土。'"①它认为五行是与不同方位与属性相对应的。如水位在北方。北方者阴气,在黄泉之下,任养万物。木在东方。东方者,阳气始动,万物始生。火在南方。南方者,阳在上,万物垂枝。金在西方。西方者,阴始起,万物禁止。金之为言禁也。土在中央,中央者,主吐含万物,土之为言吐也。《乐记》曰:"春生夏长,秋收冬藏。"四方与春夏秋冬四时的循环是对称的。

为什么土没有四时之名呢? 地,是土的另一名称,"比于五行最尊,故不自居部职也"②。这和董仲舒"土者,五行之主也;土者,五行最贵者也;五行莫贵于土"(《春秋繁露·五行对》)的思想一脉相承。《白虎通德论》引《元命苞》说:"土无位而道在,故大一不与化,人主不任部职。"不仅四季皆不可以离土,而且"土扶微助衰,历成其道,故五行更王,亦须土

---

① 陈立:《白虎通疏证》上,第166页。
② 同上书,第168页。

也。王四季,居中央,不名时"①。这种对土的独特品格的认识,是独具特色的。因土不居部职,故可与天相配。

相对天之阳而言,地属于阴,处于卑位,所谓"天尊地卑"。但是,相对五行的水、木、火、金而言,土却处于尊位。另一方面,水、木、火、金四者像四方、四时而据天,土则是地。天质地文。在此,天地、四时、五行关系的错综复杂,不可以简单地以线性逻辑分析。五行、阴阳的思想中既有某些牵强附会的地方,也存在着丰富的辩证法思想。

与早期其他五行说不同的是,《白虎通德论》提出了"五行更王"说,大抵以五行生克的理由来解释社会政治的运行规律。

> 五行所以更王何? 以其转相生,故有终始也。木生火,火生土,土生金,金生水,水生木。是以木王,火相,土死,金囚,水休。王所胜者死。(王所生者相)〔胜王者囚〕,故王者休。②

"五行更王",是以五行变化来解释社会政治变化的原因。其关键是认为社会变迁与宇宙构成元素间的生克关系存在着内在的关联。应该说,社会与自然宇宙之间存在着本质差异,二者之间即使存在相关性,也不是这样的简单对应关系。因此,"五行更王"说无疑有牵强之处。唯一可以肯定的是,我们不能因此否认古人试图去认识社会变化规律的尝试,不能否定不同社会形态乃至朝代之间的生克关系。作为以政治行为发生关系的不同朝代以及具有反思和反省特性的人而言,改朝换代和以史为鉴之间是存在着因果关系的。不能因社会与自然之间的差异一概否定它们乃至社会关系中的联系。滤去某些荒谬和附会之处,客观上反映了论者们试图解释政治历史变化的规律性的努力,说明其不满足于仅为统治者的统治合法性作赤裸裸的论证。

《白虎通德论》亦以一种目的论哲学解释五行关系,其实是要为社会伦理寻求理论根据。它说:

---

① 陈立:《白虎通疏证》上,第 190 页。
② 同上书,第 187—190 页。

子不肯禅何法？法四时火不兴土而兴金也。父死子继何法？法木终火王也。兄死弟及何法？夏之承春也。"善善及子孙"何法？春生待夏复长也。"恶恶止其身"何法？法秋煞不待冬。主幼臣摄政何法？法土用事于季、孟之间也。子之复仇何法？法土胜水，水胜火也。子顺父，妻顺夫，臣顺君，何法？法地顺天也。男不离父母何法？法火不离木也。女离父母何法？法水流去金也。娶妻亲迎何法？法日入，阳下阴也。君让臣何法？法月三十日，名其功也。①

像君让臣、臣谏君、子谏父之类，也用五行生克的原理来解释。"父为子隐何法？木之藏火也。子为父隐何法？法水逃金也。""子养父母何法？法夏养长木，此火养母也。""子丧父母何法？法木不见水则憔悴也。""不娶同姓何法？法五行异类乃相生也。"

人间的秩序和规范，都是模仿五行的客观秩序与原则。这就将社会道德规范永恒化。可见，《白虎通德论》是东汉儒家今、古文经学的综合，是汉儒对诸子思想的融合，当然也是经学和谶纬神学合流的产物。不仅普通人之间的谦让美德有其根据，如"善称君，过称己，何法？法阴阳共叙共生，阳名生，阴名煞"，而且社会等级也是天定的秩序，甚至某些特殊的社会政治现象也是先定的。臣谏君不从则去，是"法水润下达于上"也。君子远子近孙，是"法木远火近土"也。亲属臣谏不相去，是"法（水）木枝叶不相离"也。父子相隐，是法"木之藏火"与"水逃金"也。君有众民，是"法天有众星"也。王者赐，先亲近，后疏远，是法"天雨高者先得之"也。长幼之序法四时有孟、仲、季也。朋友法水合流相承也。父母生子养长子，法水生木长大也。子养父母，法夏养长木，此火养母也。乃至于"君一娶九女，何法？法九州，象天之施也。不娶同姓，何法？法五行异类乃相生也"。这种论调的依据在于：任何人类的道德规范与社会法则，虽然都是人类生存发展过程必然产生的，但是，也有其自然的根据。如果以两汉儒者比较重视的荀子的眼光看，人一方面是属于自然界的，

---

① 陈立：《白虎通疏证》上，第194—195页。

当然应服从自然法则,但是,在《白虎通德论》的作者们看来,人却不能如荀子那样强调对于自然(天)的主体性,"制天命而用之",而是效法具有价值和目的的"天"。

在《白虎通德论》的论证方式中,既有根据汉人的日常经验以论说五行关系的一面,也有从社会政治需要而牵强附会地将社会道德规范投射于五行关系上的一面。然而,社会与自然宇宙之间存在着本质差异,二者之间即使存在相关性,也不是这样的简单对应关系。可是,当牵强附会的五行学说和社会政治与道德规范联系起来时,在当时就具有了不同的社会意义,人们便很难深入反思经验的限制性和政治的影响力。

三统说和五行更王说均为《白虎通德论》试图将王朝更迭解释为非人力可为的客观历史过程的努力,它不仅服务于君权神授的统治思想,而且也有力图探寻历史和政治规律性的意味。比较而言,"五行更王说"更是将王朝更迭说成是个客观的历史过程。

第六节 三纲六纪说

一、三纲六纪说

《白虎通德论》中一个影响深远广泛的学说,即是三纲六纪。三纲六纪的具体内容是什么呢?

> 三纲者,何谓也?谓君臣、父子、夫妇也。六纪者,谓诸父、兄弟、族人、诸舅、师长、朋友也。故《含文嘉》曰:"君为臣纲,父为子纲,夫为妻纲。"……何谓纲纪?纲者,张也。纪者,理也。大者为纲,小者为纪。所以张理上下、整齐人道也。①

三纲的具体内容就是"君为臣纲,父为子纲,夫为妻纲";而六纪则是君臣、父子、夫妇之外的其他六类人际关系上的原则:诸父、诸舅、族人、

---

① 陈立:《白虎通疏证》上,第373—374页。

昆弟、师长、朋友等。其中,三纲是核心,六纪受三纲的制约。

需说明的是,三纲先是引用《含文嘉》的文字为证;其次,它受到董仲舒的影响。《春秋繁露·基义》提出:"王道之三纲,可求于天。"董仲舒认为,一切事物的根本原则就是"合"。合必有上下、左右、前后、表里、美恶、顺逆、喜怒、寒暑、昼夜的配合。它们的相互依赖就是"兼"。这些都可用阴阳二者相辅相成的关系来理解。在人伦上阴阳关系的常见表现是君臣、父子和夫妇三类。所谓"纲",即强调在"合"与"兼"的前提下"阴道无所独行。其始也,不得专起;其终也,不得分功"。他的这些思想虽也是对《易经》中阴阳思想的发挥,但明显反映了汉代后宫专权的弊端。

《白虎通德论》说:"君臣、父子、夫妇,六人也。所以称三纲何? 一阴一阳之谓道,阳得阴而成,阴得阳而序,刚柔相配,故六人为三纲。""六人为三纲"即六个不同社会角色因阴阳搭配而构成三纲的基本内容。在作者看来,复杂的社会关系中最基本是家庭关系(父子、夫妇)和政治关系(君臣),其中政治关系是首要的,家庭关系从属于政治关系。这当然反映了儒学"备制"时代和"空言"时代的很大不同。在先秦,典籍中有强调丧服制度中父子关系中心的特点,故有"为父绝君,不为君绝父"之说(《郭店楚简·六德》),以及"资于事父以事君"之说(《孝经》),但亦有"有君丧服于身,不敢私服"之说。[①] 显然,不同时代对忠孝之间存在的冲突解决方法不同。这说明,忠、孝所反映的两种不同关系的内容彼此虽可相互促进,但也是相互区别和制约,有时是冲突的。在强调文化道德意义的重要性时,先秦典籍中不乏选择家庭一伦而让君臣一伦做出让步的记载。如孟子所载"窃负而逃"就是例子。但在汉代,特别在《白虎通德论》中,"备制"的需要而将政治关系植于家庭关系之前,后者从属于前者。

所谓"纲者,张也;纪者,理也。大者为纲,小者为纪,所以张理上下,整齐人道也。人皆怀五常之性,有亲爱之心,是以纲纪为化,若罗网之有

---

① 《礼记·曾子问》。

纪纲而万目张也",是将三纲六纪的伦理原则看成社会化、文化的大纲大法,认为是其他事业的基础。在具体解释三纲时,又说:

> 君臣者,何谓也? 君,群也,群下之所归心也。臣者,缠坚也,厉志自坚固也。《春秋传》曰:"君处此,臣请归"也。父子者,何谓也? 父者,矩也,以法度教子也。子者,孳也,孳孳无已也。故《孝经》曰:"父有争子,则身不陷于不义。"夫妇者,何谓也? 夫者,扶也,以道扶接也。妇者,服也,以礼屈服也。

这里以释义学方式阐明君臣、父子、夫妇之间的义理关系,显然是强调宗法伦理在实践上的落实。它既是突出伦理实践的原则,最切实的问题就是解决人伦中的分歧与冲突。故所谓三纲,原则上是解决君臣、父子、夫妇间矛盾和冲突的基本原则。六纪是三纲在人际关系上的进一步延伸。在作者们看来,三纲是效法天地人三材的,而六纪乃扩大的生存环境中的规范。"三纲法天地人,六纪法六合。君臣法天,取象日月屈信,归功天也。父子法地,取象五行转相生也。夫妇法人,取象人合阴阳,有施化端也。"[1]

君臣关系取法于天人关系,因天授予其各自的合法性。这一思想根源于《礼记·表记》:"唯天子受命于天,士受命于君。"《白虎通德论》则说:"天子者,爵称也。爵所以称天子何? 王者父天母地,为天之子也。"[2]王作为上天之子,受命于天,虽能受命改制,却也应如孝子尊奉天地。这样,君与天的关系仍类比父子。天因其神圣性,使这种关系也获得神圣性质。因此,天、君关系具有很大想象和诠释空间。另一方面,天虽具神圣性,但仍因其不离世俗生活而需通过必要环节落实于人。在儒家的人伦关系中,与之最相近的当然就是父子关系。事实上,"虽天子,必有尊也,言有父也"。从父子推及兄弟"必有先也,言有兄也"。故王者"父事三老,兄事五更"[3]。但这不意味着君臣关系完全可以比拟为父子关系。

---

① 陈立:《白虎通疏证》上,第 375 页。
② 同上书,第 1—2 页。
③ 同上书,第 249 页。

因为,政治关系不能还原为宗法伦理。如"为人臣之礼,不显谏。三谏而不听,则逃之。子之事亲也,三谏而不听,则号泣而随之。君有疾,饮药,臣先尝之。亲有疾,饮药,子先尝之"(《礼记·曲礼下》)。这便是所谓君臣以义和,父子以恩制。"门内之治恩掩义,门外之治义断恩。"《白虎通德论》也不能例外。所有的比附都不是绝对的。如父子、夫妇皆可"一体"言之,而君臣非是。

虽说"君臣法天,父子法地,夫妇法人",而"男女总名为人,天地所以无总名何? 曰:天圆地方,不相类,故无总名也"①。可见,线性思维并不能合理解释三纲彼此之间的关系。伦理政治实践中,君臣、父子不仅有相比附的一面,也存在着一定冲突。一旦作为道德原则的三纲成为实践上依赖习惯和修养决定的自觉意识,则其抽象的意义仍取决于具体人格。这在夫妇一伦中表现尤其充分。由此,可以看到,《白虎通德论》一面说"男女总名为人",另一面则强调"妇人无专制之义,御众之任",就是如此。

至于六纪,则是要么"以其有亲恩连也",要么"以其皆有同志为己助也"。

显然,朋友一伦服从父子、兄弟的家庭伦理。

在人伦关系及道德的底线和理想之间,存在着冲突和可选择的空间。这些冲突和空间在道德上若还是可理解并能得到必要的控制的话,那么,政治和道德彼此之间还能维持平衡的关系,否则,当道德政治化为制度和体制时,不是政治伤害道德,就是道德妨碍政治。然而,三纲六纪则维系着社会所需要的平衡。

二、对三纲思想的评价

应该说,三纲是几个主要的社会角色的行为规范,其所以会如此规定当是由复杂的人类社会生活的方方面面的理由所决定的。而如此规范人们的行为的理由究竟是什么呢? 这当然就需要对不同社会角色的

---

① 陈立:《白虎通疏证》下,第 422 页。

行为进行一定的分析。

法国存在主义者梅洛·庞蒂认为："行为不是一个事物,但它更不是一个观念,它并不是某一纯粹意识的外壳。"[1]在他看来,行为是一种"形式"。"无论是在生产的因果性的粗浅意义上,还是在函数与变量关系的意义上,行为都不是物理世界的一种效应。在行为所处的物理场(各种定向力量的系统)之上,还必须承认一个生理场、一个第二级的'紧张和舒张系统'(它以一种决定性的方式单独规定了实际行为)的原初特征"。此外,行为还有第三个场即"心理场"。它们分别属于物质、生命和精神的不同层次。个体行为往往同时受三个层面"非均衡"的影响。"最后,应该构成一个个体在其中始终都能够获得进一步实现的等级"。依照这个观点看三纲思想,显然在君臣、父子、夫妇关系之间因存在着的物质、生命和心理的差异,落实到宗法社会色彩浓厚的汉代社会,似只有这种规范才能使"个体在其中始终都能够获得进一步实现的等级"。

梅洛·庞蒂从独立个体角度分析行为的生理、生命和精神三个不同层次及其关系,旨在说明任何个体行为都是可以在不同条件下去充分揭示其各种意义的。没有一种行为的意义是固定不变的。当然,另一方面,行为的心理场往往不可对象性观察,此所谓"人藏其心,不可测度也"[2]。进一步说,三纲是特定条件下三对人际关系的行为规范,是将心理层的行为动机"悬置"只论行为的规范的。

当然,从理想看,它要求三者统一。但是,人的三个场的分配并不是恒定的,特别是在精神层面更有偶然性和随机性。在行为动机上有"或安而行之,或利而行之,或勉强而行之"(《中庸》)的分别;从认知上人不免有所不知,总是需要通过"学",方才能"觉悟所不知"等等。相对某一已实现的行为而言,其引起的反应活动不可预测性很大。但是,客观社会需要行为上一定的稳定性,否则,社会的秩序不可预期。正是从这个

---

① 里斯·梅洛·庞蒂:《行为的结构》,杨大春等译,第195页,北京,商务印书馆,2010。
②《礼记·礼运》。

角度,三纲提出了君、父、夫所代表的社会秩序对于其他人行为的根本性和决定性的意义。换言之,在相对的人际关系上行为之间虽都可以有某种因果关系,或彼此互为函数,但是,就系统的整体而言,君、父、夫们并非仅是孤立的个体,而是家庭或国家的象征,所以,他们成为了三纲的主体有当时的充足理由。

《白虎通德论》继承了先儒的思想传统,认为人道的根本在于天道。社会的一切纲纪、制度皆取法于阴阳五行,取法于天地。天地、阴阳必具体落实在人伦关系之中。

《白虎通德论》非常重视"三纲六纪"的规定。它说:"古之时,未有三纲六纪,民人但知其母,不知其父,能履前而不能覆后。卧之詓詓,行之吁吁,饥即求食,饱即弃余,茹毛饮血,而衣皮苇。于是伏羲仰观象于天,俯察法于地,因夫妇,正五行,始定人道。画八卦以治下,下伏而化之,故谓之伏羲也。"①显然,三纲六纪被看成是作为文化象征的礼。礼仪化即文化。

近代以来,因社会生活和家庭生活的巨大变革,为批判专制制度的需要,对作为其文化象征的三纲思想进行了尖锐的批判,专制制度和宗法社会也在这种批判中垮台了。应该说,传统社会中的确给三纲思想提供了实现的条件,并且限制了人们生活的创造性和社会进步,生活条件的改变已经使三纲思想明显不适应新的生活环境。

首先,《白虎通德论》并不否认而是支持臣、子、妇的谏议权。它专门有《谏诤》篇就臣、子、妇的谏诤权利做了说明。其云:"谏者,间也,更也,是非相间,革更其行。"根据智、仁、礼、信、义的不同情况分别可以有讽谏、顺谏、窥谏、指谏、伯谏五种方式。讽谏乃对熟谙之事尚在萌芽中,"未彰而讽告";顺谏为"出词逊顺,不逆君心"之谏;窥谏是视具体情形"以礼进退"之谏;指谏"指质相其事"的直陈,伯谏"为君不避丧身""臣所以有谏君之义何?尽忠纳诚也。……《孝经》曰:'天子有诤臣七人,虽无

---

① 陈立:《白虎通疏证》上,第50页。

道,不失其天下;诸侯有诤臣五人,虽无道,不失其国;大夫有诤臣三人,虽无道,不失其家;士有诤友,则身不离于令名;父有诤子,则身不陷于不义"。所谓天子有诤臣七人,除三公外,还有左辅、右弼、前疑、后承,"四弼兴道,率主行仁"①。谏之事乃郑重的事,必有三谏而后可。"必三谏者何?以为得君臣之义,必待放于郊者,忠厚之至也,冀君觉悟能用之。"意思是,作为诤臣,无论所谏之事用与不用,都需要经历三年的时间,才可以定去留。

不仅天子、诸侯需要有诤臣,夫、父也同样需要有诤妻、诤子。"妻得谏夫者,夫妇一体,荣耻共之。"《诗经》"相鼠有体,人而无礼。人而无礼,胡不遄死",就是妻子谏丈夫的诗。不过,妻子谏而不用,不如臣一样可去而已。同时,子谏父也不可去。"因父子一体而分,无相离之法。"

虽然作者以五行思想比附诤臣、诤妻、诤子和君、夫、父的关系,认为臣谏君乃"法金正木",子谏父"法火以揉木也",有牵强之处,但认为有诤臣诤子的必要性,还是承认人的限制性并加以正视的。

其次,在最复杂的夫妇一伦上,《白虎通德论》主张"阳唱阴和,男行女随"②,持男性中心论。"男女者,何谓也?男者任也,任功业也。女者如也,从如人也。在家从父母,既嫁从夫,夫殁从子也"③。《爵》篇有类似言论:"妇人无爵何?阴卑无外事,是以有'三从'之义:未嫁从父,既嫁从夫,夫死从子。故夫尊于朝,妻荣于室,随夫之行。"④强调夫妻一体、夫贵妻荣这一套。在解释家庭中夫妇分工时又说:"夫妇者何谓也?夫者扶也。……妇者服也,服于家事,事人者也";"妇人无专制之义,御众之任,交接辞让之礼,职在供养馈食之间,其义一也"⑤。在农业社会中男性中心是由其生产和生活方式决定的,今天显然应该加以批判。这些思想,

---

① 陈立:《白虎通疏证》上,第226—227页。
② 陈立:《白虎通疏证》下,第421页。
③ 同上书,第491页。
④ 陈立:《白虎通疏证》上,第21页。
⑤ 同上书,第358—359页。

除了因生理和心理的差异而论男女分工的思想有一定合理性外，总体上是具有浓厚时代特点的落后思想。

当然，君、父、夫虽代表国或家，但同时又是一有限制性的个体，其德行和才能乃至个性深刻地决定了整体的发展可能，同时决定着臣、子、妇的生杀予夺。其间没有严格的制度规定而仅靠不成文的习惯来要求他们自我节制，显然隐藏着巨大危机。家庭因有自然血缘关系为基础的情感或许可能减轻其危险性，但对于国家而言，不能没有风险。陈寅恪说："君为李煜亦期之以刘秀"，一个"期"字表达了古代中国士人对君主的所有思想感情。在《王观堂先生挽词·序》中，他说："吾中国文化之定义，具于《白虎通》三纲六纪之说，其意义为抽象理想最高之境，犹希腊柏拉图所谓 Eidos(Idea)者。若以君臣之纲言之，君为李煜亦期之以刘秀；以朋友之纪言之，友为郦寄亦待之以鲍叔。其所殉之道，与所成之仁，均为抽象理想之通性，而非具体之一人一事。"[1]显然，陈寅恪更侧重从文化道德意义上来理解三纲六纪的思想。可以说，他对于纲纪之说既有感情上的某种依恋，而对其隐含的危机也有清醒认识，甚至对纲纪的废弛难免忧虑。

---

[1] 陈流求、陈美延编：《陈寅恪诗集》，第 12—13 页，北京，清华大学出版社，1993。

第十二章　王充的自然哲学

王充是东汉时个性鲜明的哲学家。他崇尚独立思考,重经验实证和逻辑,以此作为武器对当时流行的"天人感应"、谶纬思想提出了批评,对世俗鬼神观念乃至传统儒家经学提出异议,其著名的《问孔》《刺孟》等著作表现出极大的理论勇气。在哲学思想方面,王充提出元气自然论的思想体系,主张实知和效验,不仅在当时独树一帜,而且对后世气论哲学有重要影响。他是东汉最重要的一个哲学家。

第一节　王充的生平及著作

一、生平

王充(27—约97),字仲任,会稽上虞(今浙江上虞)人。王充原籍魏郡元城(今河北大名县),因祖上有军功,封会稽阳亭,于是全家迁居于此。但仅一年便失去了封地和爵位,从此家道中落,以农桑为生。曾祖王勇"任气",致邻里不和。遇到灾荒之年,又"横道伤杀",结怨于众。赶上兵荒马乱,恐被仇人所逮,于是祖父王泛领带全家打算搬到会稽郡城安家,但中途停留于钱唐县,以经商为业。伯父王蒙、父亲王诵更是继承了王家任气的特点,兄弟二人在钱唐县又"勇势凌人",与土豪丁伯等人结下了怨仇,最后只能迁到虞县居住。

王充少时成孤儿,乡里有孝名。六岁时开始受教育,自谓"恭愿仁顺,礼敬具备,矜庄寂寥,有臣人之志。父未尝笞,母未尝非,闾里未尝让"①。他与同龄孩子喜捉鸟、捕蝉、玩钱、爬树不同,父亲觉得惊奇。八岁进入有一百多孩子的书馆学习,许多孩子常因过失或字写得不好受老师责打,王充则特别优秀,很快学完识字课程。于是他告别老师,转习儒家经典。《自纪》未明确说他在什么地方完成学业,按《汉书》本传,应该是到京师入太学,师事班彪。然而,王充为何不明确说明这一点,抑或他根本就没有到过京师并师事班彪,却是个疑问。据本传,王充家贫无书,常游洛阳书肆,翻阅所卖之书,皆能记忆。他每天能背诵一千多字的《论语》《尚书》,德业有很大升进。《自纪》说,"经明德就,谢师而专门,援笔而众奇"。显然,王充思想虽通众流百家之学,但不守章句,也没有人云亦云,而是有一个阅读量越来越大并独立进行钻研的过程。他虽有辩才但不喜欢与人对谈。无论在言谈,还是写作,乃至操行上都有一个共同点,那就是开始人们觉得很古怪,但最后众人都会认为他的说法和做法有道理。后归乡里教授生徒。

王充后来开始其仕宦生涯,但并不顺利。先在州县任掾功曹、功曹一类低级官吏。自称:"在县位至掾功曹,在都尉府位亦掾功曹,在太守为列掾五官功曹行事,入州为从事。"②《后汉书》谓其:"仕郡为功曹,以数谏诤不合去。"操行上,自谓:"不好徼名于世,不为利害见将。常言人长,希言人短。""能释人之大过,亦悲夫人之细非。好自周,不肯自彰。"勉力修养操行作为做人之本,而羞于以才能沽名钓誉。在乡里,"慕蘧伯玉之节";在朝廷,"贪史子鱼之行"。性格恬淡,为人清节自守,不好苟交。受到污蔑中伤也不愿自我辩解,官位不升迁也不怀恨。在竞争激烈的官场和复杂的人际关系应对方面,王充似并未像他的言谈与文章那样得到众

① 黄晖:《论衡校释》四,第 1188 页。
② 同上书,第 1189 页。

人的认可,但他却将自己关心的重点放在学问上。"处逸乐而欲不放,居贫苦而志不倦。淫读古文,甘闻异言。"王充的为人与学问在近代出现分歧。关于这个问题,可参见徐复观《王充论考》和周桂钿《王充评传》《虚实之辩》等。

二、著作

王充的著述,据《论衡》中对写作目的的介绍,大致可分为四类:首先是讥时讽世,劝善砺节类,如《讥俗》之书。他说:"俗性贪进忽退,收成弃败,充升擢在位之时,众人蚁附,废退穷居,旧故叛去,志俗人之寡恩,故闲居作《讥俗节义》12 篇。"①《讥俗节义》,今不见于《论衡》书中,简称即为《讥俗》。朱谦之以为《讥俗》《节义》分为两书,其中,《言毒》《薄葬》《四讳》《询时》《讥日》《卜筮》《辨祟》《难岁》《诘术》《解除》《祀义》《祭意》等篇本属《论衡》诸篇的内容,统统被当作《讥俗》,另外如《答佞》《程材》《量知》《谢短》《效力》《别通》《超奇》《状留》《定贤》等九篇属于《节义》。但周桂钿认为,《论衡》之讥俗,与《讥俗》的内容是有区别的。他说:"《对作》篇说:'是故《论衡》之造也,起众书并失实,虚妄之言胜真美也。''其本皆起人间有非,故尽思极心,以讥世俗。'又说:'今《论衡》就世俗之书,订其真伪,辩其实虚。'可见,《论衡》也有讥俗内容,因此,这十二篇应是《论衡》的篇目。"而《自纪》中"称《讥俗》一书所讥的是'贪进忽退,收成弃败'的势利观念,讥的是世情炎凉的'寡恩'行为。"②二者所讥的对象是不同的。"上述十二篇全无这方面的内容。可见,他们不是《讥俗》之书的篇目。"《自纪》将《讥俗》与《论衡》相提并论,还在写作风格上作了比较:"充既疾俗情,作《讥俗》之书,欲悟俗人,故形露其指,为分别之文。《论衡》之书,何为复然?岂材有浅极,不能为深覆?何文之察,与彼经艺殊轨辙也?"显然,虽然二书写作对象和目的有所不同,但风格相近。

---

① 黄晖:《论衡校释》四,第 1192 页。
② 钟肇鹏、周桂钿:《桓谭王充评传》,第 137 页。

其次是议论政事类,主要有《政务》。《自纪》说:"充既疾俗情,作《讥俗》之书,又闵人君之政,徒欲治人,不得其宜,不晓其务,愁情苦思,不睹所趋,故作《政务》之书。"①所谓《政务》之书是为人君讲明"所宜""所务""所趋"的治国安邦之策的。具体内容涉及"治民之道"及"为郡国守相,县邑令长,陈通政事所当尚务。欲令全民立化,奉称国恩"②。该书还探讨了地方长官如何治民的问题,内容较为丰富。王充青年时代游学京师,后又常在地方任职,官位虽不高,但博闻奇识,学通古今,所言必有其理,持之有故。他说:"古有命使采诗,欲观风俗,知下情也。……《论衡》《政务》,其犹诗也。冀望见采,而云有过。"这是将《政务》和《论衡》比作可供王者览观各地风俗的《诗经》,希望人们能指出其中的不足。对于一部讲治国安民之道等政务事宜的书,王充如此的自信,可见其花费了作者多少心血。

《论衡》是现在研究王充思想的主要依据,其创始于明帝永平之末,初成于章帝建初时期。虞翻《会稽典录》:"《论衡》造于永平末,定于建初之年。"至晚年穷居乡里,又重加整理。朱谦之《王充著作考》(载《文史》第一辑)认为"《论衡》一书经过三次摆集"。王充于章和二年(88)罢州家居后所定为最终的定本。

对《论衡》的评价反差很大,有谓其为"冠伦大才",亦有云其为"诋毁圣贤",抑或"大抵皆文人辩议之语,并无明确深切之理论或见解"③。《论衡》的宗旨在"疾虚妄""贵是""养实",即考证事实,实事求是。王充说,"《论衡》者,所以铨轻重之言,立真伪之平"④。平,即平实、实诚。又说:"(下)实得,则上教从矣。冀悟迷惑之心,使知虚实之分。实虚之分定,而华伪之文灭;华伪之文灭,则纯诚之化日以孳矣。"只有基于客观事实之上,才能谈得上教化。分辨事实和增饰其上的虚伪各自的地位,才能

---

① 黄晖:《论衡校释》四,第 1194 页。
② 同上书,第 1180 页。
③ 劳思光:《新编中国哲学史》二,第 107 页,桂林,广西师范大学出版社,2005。
④ 黄晖:《论衡校释》四,第 1179 页。

使"纯诚之化"日益滋长。而要考论实事,先要剔除虚妄。王充说:"《论衡》之造也,起众书并失实,虚妄之言胜真美也。故虚妄之语不黜,则华文不见息;华文放流,则实事不见用。故《论衡》者,所以铨轻重之言,立真伪之平,非苟调文饰辞,为奇伟之观也。"具体内容上,《对作篇》说:"《论衡》九虚、三增,所以使俗务实诚也;《论死》《订鬼》,所以使俗薄丧葬也。……《论死》及《死伪》之篇,明(人)死无知,不能为鬼,冀观览者将一晓解约葬,更为节俭。斯盖《论衡》有益之验也。"又说:"且凡造作之过,意其言妄而谤诽也。《论衡》实事疾妄,《齐世》《宣汉》《恢国》《验符》《盛褒》《须颂》之言,无诽谤之辞。造作如此,可以免于罪矣。"

《论衡》的写作和修改历时二十多年。王充亦常以"《论衡》之人"自居,用力之深可见一斑。谢承《后汉书》说他"于宅内门户垆柱,各置笔砚简牍,见事而作,著《论衡》八十五篇"[①]。范晔《后汉书》亦说充"以借儒守文,多失其真。乃闭门潜思,绝庆吊之礼,户牖壁墙各置刀笔,著《论衡》八十五篇"。可见他晚年闭门深思,断绝社交往来,在家里到处都放有笔墨简编,灵感所到,即行著录。通过这样深思熟虑,潜心著述,才写成了《论衡》的最后定本。其思深,其功勤,于此可见。

第二节 自然观:"天"与"气"

一、天

自然观是王充哲学思想的基石,自然观也就是他的天道观。他认为"天道自然",天并无意志。"天道自然"的思想中涵摄对人事及天人关系的深层看法。他解释天道的基本概念则是所谓"气"。

当时的儒者认为"天,气也,故其去人不远。人有是非,阴为德害(暗中做了好事或坏事),天辄知之,又辄应之"。故天是有意志能赏罚的。

---

① 《艺文类聚》卷五八引。

王充则指出，"如实论之，天体，非气也"①。又说，"夫天，体也，与地无异"②，"夫天者，体也，与地同"，"天之与地皆体也"。坚持天是自然界的物质实体。王充强调天是与地相同的"体"而非气，一方面力图将天看作可以和地一样加以把握与理解的，另一方面却突出天（地）对于人的客观性质。"（天地）无体则气也，若云雾耳。"

在《物势篇》中他一开始即指出儒者"天地故生人"的虚妄。他说："夫天地合气，人偶自生也；犹夫妇合气，子则自生也。夫妇合气，非当时欲得生子，情欲动而合，合而生子矣。且夫妇不故生子，以知天地不故生人也。然则人生于天地也，犹鱼之于渊，虮虱之于人也，因气而生，种类相产。"③儒者认为，人乃天地所生，因人有伦理道德，故天地是人伦道德的根源。王充则认为，天地不可能成为道德的根源，因为天地是自己如此的，就如夫妇生孩子，并非意志使然，而是情欲激动的客观产物。虽然，以夫妇之生子比喻天地之生人，未必完全恰当（因今人可"计划生育"），但夫妇生子也有其客观一面。深水并不想养鱼，但鱼恰好生长在深水中；人不希望生虮虱，但虮虱却生于人身上，这是自然的过程。这一思想正是"不以人灭"观念的延伸。

天的运行轨迹即天道，它本质上自然而然，与人事没有必然联系。王充说："天地之性，自然之道也。"④所谓"自然"，在王充这里有两层意思：一是自己如此、自然而然的意思，它相对人事而言是"无为"，如他说："天道自然，非人事也。"⑤又说："夫天道，自然也，无为。"⑥"夫地动，天时，非政所致。"⑦自然无为的含义是什么呢？他说：无为乃"无心于为而

---

① 黄晖：《论衡校释》二，第 482 页。
② 黄晖：《论衡校释》一，第 206 页。
③ 同上书，第 144 页。
④ 黄晖：《论衡校释》二，第 627 页。
⑤ 黄晖：《论衡校释》三，第 696 页。
⑥ 黄晖：《论衡校释》二，第 636 页。
⑦ 黄晖：《论衡校释》三，第 836 页。

物自化,无意于生而物自成。"①这就将"无为"理解为没有主观私意的作为而万物自己变化的过程。"天动不欲以生物,而物自生,此则自然也。施气不欲为物,而物自为,此则无为也。……恬淡无欲,无为无事者也。"②天虽动,气虽施,但都并无主观的意愿去生物或为物,万物自生,这就是无为。所以,自然之道,就不是人所欲所为者。天地并无自己的目的。"物自生而人衣食之,气自变而人畏惧之。"他把这个过程看成是人在母体中不知不觉自然成长的过程。木人、泥人虽成千上万,但不能称为人,原因就在它们的鼻口耳目,并不是如人在娘胎里那样天生自然生成。

为何说天的品格乃自然无为呢?王充说:"以天无口目也。案有为者,口目之类也。口欲食而目欲视,有嗜欲于内,发之于外,口目求之,得以为利,欲之有为。""有欲故动,动则有为。""何以知天无口目也?以地知之。地以土为体,土本无口目。天地,夫妇也,地体无口目,亦知天无口目也。"在他看来,天地相联,天无感觉器官,因地亦无感觉器官。天地没有人那样的感官,没有感官也就没有欲求,没有主观欲望,故自然无为。如果要说人也能做到自然无为,典型的就是上古之圣王。"《易》曰:'黄帝、尧、舜垂衣裳而天下治为也。"有为者须有口目一类感觉器官,发之于外,而天无感觉器官,不能垂衣裳而天下治。"垂衣裳者,垂拱无为也。"③舜、禹承安继治,任贤使能,恭己无为而天下治。

显然,王充关于天的本性乃自然无为的思想,受到老子的影响。他说:"恬淡无欲,无为无事者也,老聃得以寿矣。老聃禀之于天……"还说,"黄、老之操,身中恬淡,其治无为"。

自然的另一含义是指四季和昼夜变化过程,而可作为人事活动前提条件者。他说:"夫一阳一雨,犹一昼一夜也。其遭若尧、汤之水旱,犹一

---

① 黄晖:《论衡校释》三,第 781 页。
② 同上书,第 776 页。
③ 同上书,第 781 页。

冬一夏也。"①自然现象有自身的法则,天气的阴晴犹昼夜的变化,尧时遭水灾,汤时遇大旱,皆非因二圣的德行问题,或政治失败,而是因如冬夏一样的自然现象使然。自然的变化是一客观的过程,人事可能遭逢这个过程的某一时刻,但从天性自然的角度说,就是道。以其谋求政事生活,就不是自然。人们如果想通过祭祀来求雨,就好比是要冬季求为夏天一样荒唐。而讲什么谴告,那就是人为,不是自然。

自然的变化过程,很难确切地认识,从外面看仿佛有所作为,但内在地看它其实就是自己如此的。"人在天地之间,犹虮虱之着人身也。如虮虱欲知人意,鸣人耳傍,人犹不闻。何则? 小大不均,音语不通也。今以微小之人,问巨大天地,安能通其声音? 天地安能知其旨意?"②人既然如同虮虱生于人身一样生长在天地之间,那他也就同渺小的虮虱不可能认识人那样,不能认识天地、和天地音讯相通。

王充的天和自然观念与道家还是有区别的。他批评道家,"道家论自然,不知引物事以验其言行,故自然之说未见信也"。换言之,道家的自然概念没有落实到事物之上,无法验证,因而成为"虚""无"的概念。

然而,王充并不认为儒家经典或圣人所言之天就是指外在的苍苍之天。他说:"及其言天,犹以人心,非谓上天苍苍之体也。"③他反对把大人之德、贤人之言视为外在之天的意志的表现,却认为:圣人的道德,即是天的道德;贤者之言论,即为天的言论。这表明,王充所谓天与儒家的天有一定的分别。"大人刺而贤者谏,是则天谴告也,而反归告于灾异,故疑之也。"圣人的指责,贤者的规劝,在儒家那里就应该是天的谴告。因而,以灾异为谴告就是可疑的了。

不过,正如王充吸收道家自然无为观念一样,他也有条件地肯定了儒家将外在的神圣的天,内化为圣贤之心,并将圣贤之心,还原为百姓之心的倾向。"验古以(知)今,知天以人,'受终于文祖',不言受终于天,尧

---

① 黄晖:《论衡校释》二,第 688 页。
② 黄晖:《论衡校释》三,第 999—1000 页。
③ 黄晖:《论衡校释》二,第 647 页。

之心知天之意也。尧授之，天亦授之，百官臣子皆乡与舜。舜之授禹，禹之传启，皆以人心效天意。"在王充看来，天虽难知，却仍可从人而知天。圣人（如尧）之心可推知天意。因此，尧禅让于舜，也就是天授命于舜，百姓群臣皆拥护他。后世的舜之授禹，禹再传启，都是以人心来说明天意。《诗》之"眷顾"，《洪范》之"震怒"，同样是以人心说明天意。即使周公居摄之时，难道真的有上天的教导吗？同样也是周公推其心而与天意相符合。因此，上天之意，既是圣贤之意，也是百姓之心。

在王充看来，不可理解的天，神话传说中的天，外在的苍苍之天，都是可疑的。他断言："案太史公之言，《山经》《禹纪》，虚妄之言。凡事难知，是非难测。"①

可见，王充所谓天，其本性乃自然无为，有道家思想的成分；但他又有条件地承认儒家天概念的含义，即道德义。论者因以指王充所说的"'天'词义甚为模糊"②，是有道理的。

二、气

王充所谓天，是独立实体，其运行的轨迹和本性却是一切自然事物存在的根据。天落实下来，则是气的动变。因而，气既是他说明天道也是表述事物变化的一个重要概念。

天之本性是自然无为，而各种变化之所以成立，乃因气的动变所为。他说："夫天无为，故不言。灾变时至，气自为之。"③"气变之见，殆自然也。""性自然，气自成……"④气如"云烟"一样，自然形成和变化。"天之动行也，施气也，体动气乃出，物乃生矣。……谓天自然无为者何？气也。"可见，王充强调天与气的区别，认为天是体，和地相同，是为了说明天地是施气的主体。

---

① 黄晖：《论衡校释》二，第 476 页。
② 劳思光：《新编中国哲学史》二，第 113 页。
③ 黄晖：《论衡校释》三，第 785 页。
④ 同上书，第 930 页。

"万民(物)生于天地,犹毫毛生于体也。"①天地和人都是一个整体。"风伯、雨师、雷公,是群神也。风犹人之有吹煦也,雨犹人之有精液也,雷犹人之有腹鸣也","日月犹人之有目,星辰犹人之有发",完全是从人的角度来比附天。但王充的有些说法并不一致。一方面,他认为"天地,含气之自然也"②。"天地合气,万物自生。犹夫妇合气,子自生矣"③。"夫天地气和,即生圣人"④,似乎只有"天地合气","夫妇合气",才能生人和生物,因而,天地、夫妇,应皆含气;另一方面,又认为"凡天地之间,气皆统于天"⑤,"天地,夫妇也,天施气于地以生物。人转相生,精微为圣,皆因父气,不更禀取"⑥。气乃由天所施,"人转相生……皆因父气,不更禀取",显然,两种说法有所不同。

但无论怎样,"气"在王充和在整个汉代人那里一样,都不具有宋代朱熹所说的"生物之具"的质料义。王充认为,在天地之间,气皆统属于天,日月星辰从天向地显示各种形象,天上的气降下来而生成万物。阴阳之气是否和谐或有益,或伤害那些活着的事物。气在天地间就是一个循环。它们本来有各自的星象在天上,如果降下来,就会在地上产生出各种形象。因而,"(万物)俱禀元气,或独为人,或为禽兽"⑦。"人禀元气于天,各受寿夭之命,以立长短之形。"⑧

以此看来,人不过是气的变化。"天禀元气,人受元精,岂为古今者差杀哉!"⑨古往今来,人都是禀受上天之元精而没有什么差别的。"人生于天地之间,其犹冰也。阴阳之气,凝而为人,年终寿尽,死还为气。"⑩人

① 黄晖:《论衡校释》四,第 1049 页。
② 黄晖:《论衡校释》二,第 473 页。
③ 黄晖:《论衡校释》三,第 775 页。
④ 同上书,第 812 页。
⑤ 同上书,第 934 页。
⑥ 黄晖:《论衡校释》一,第 162 页。
⑦ 同上书,第 40 页。
⑧ 同上书,第 59 页。
⑨ 黄晖:《论衡校释》二,第 615 页。
⑩ 黄晖:《论衡校释》三,第 873 页。

的生死,或凝结而有形体,或分散而朽坏,都是气的不同形态的变化。但是,"物随气变,不可谓无"①。即使是通常所谓灵魂,在王充看来也是气,不过是气之精华而已。"夫魂者,精气也,精气之行与云烟等"②。人就是由阴阳之气或骨肉与精神生成的。"夫人所以生者,阴、阳气也。"③作为阴阳二气凝结而成的人,其阴气所主宰的即是实体性的骨肉,阳气所主宰的则是精神。阴阳关系在这里就是骨肉与精神相互依持的关系。没有骨肉,精神无处依附;没有精神,骨肉将很快腐朽。一句话:"人未生,在元气之中;既死,复归元气。元气荒忽,人气在其中。"④甚至人的道德智愚,也有气作为基础。"人之善恶,共一元气;气有多少,故性有贤愚。"⑤这样一来,天性如何,善恶观念,皆不能不取决于气的禀赋。

应该说,王充此说是基于道德的实践而言的,也略及后世天地之性与气质之性的区分。事物都由气的变化而成。"人之受气,有与物同精者,则其物与之交。"⑥正如人饮食与物相交那样。"天地之性,本有此化"。这不是道术之家的论辩能清楚的。

气化过程是自然过程,有需人力辅助者,也有人力无可为者。想要人力改变自然,则如揠苗助长。在说明气化问题时,王充认为无论阴物还是阳虫,"出应其气,气动其类"⑦。天上的星象出现了,地上和它相应的东西也就现身了。阴阳之气到来,同类事物就相应感动,这是天地的本性。"象出而物见,气至而类动,天地之性也。"

于此,王充认识到气变之规律性和复杂性。一方面,他认为"气性随时变化,岂必有常类哉?""种类无常,故曾皙生参,气性不世;颜路出回,古今卓绝。"故世间必有"溪水之鱼,殿基上之草,无类而出……天地未必

---

① 黄晖:《论衡校释》三,第 733 页。
② 同上书,第 918 页。
③ 同上书,第 946 页。
④ 同上书,第 875 页。
⑤ 黄晖:《论衡校释》一,第 81 页。
⑥ 黄晖:《论衡校释》三,第 935 页。
⑦ 同上书,第 708 页。

有种类也"。由此,他将事物的变化说成是"物无种","人无类","灾变无种,瑞应亦无类也",皆"以体变化"而成。故"人有佞猾而聚者,鸟亦有佼黠而从群"。另一方面,他又认为,"气性异殊,不能相感动也"①(虽然此语王充是假借儒者之口而言的)。因"体状似类,实性非也"②。即使外表相似,但本性不同,就不可能有相同作用。如孔子去世,外貌如孔子的有若并无圣人那样的言行。

因而,虽然天人感应这类事情并不真实,但是,同类是相应的。天地间一切事物,都是"含气之自然","从始立以来,年岁甚多,则天地相去,广狭远近,不可复计。儒书之言,殆有所见"③。但是有些著作上说共工氏触不周山而折天柱,系大地的绳子断绝,乃至说女娲炼五石以补苍天,断鳌之足以立四极,这些说法并不真实。物随气变,同气可能相应,但是,却不存在气类变化随人之意的事。

灾变并非是上天的谴告,而是气运变化的结果。"灾变时至,气自为之。夫天地不能为,亦不能知也。腹中有寒,腹中疾痛,人不使也,气自为之。"④人们以为是上天的谴告,其实只是气自身的变化。"天地犹人身,气变犹蜃色,人不能为蜃色,天地安能为气变?然则气变之见,殆自然也。变自见,色自发,占候之家因以言也。"⑤"蜃色",指脸部突然出现的颜色。气变就如人脸上突然出现的颜色,不是随心所欲,而是自然变化的。他称一些不知缘由的灾祸乃为"无妄之气"产生的结果。

三、天人关系

在天人关系问题上,王充首先是从人与物的区别来看。他说:"人,物也,虽贵为王侯,性不异于物也。"⑥又说:"人,物也,万物之中有智慧者

---

① 黄晖:《论衡校释》三,第695页。
② 同上书,第722页。
③ 黄晖:《论衡校释》二,第473页。
④ 黄晖:《论衡校释》三,第785页。
⑤ 同上书,第785页。
⑥ 黄晖:《论衡校释》二,第318页。

也。其受命于天,禀气于元,与物无异。"①从同禀受于气而言,人与物相同;人与物的区别,在人有"智慧"。同时,他也承认儒家的基本观念:人有仁义礼智信五常。"人生禀五常之性,好道乐学,故辨于物。"②如果人无五常之性,则堕落为饭坑、酒囊而成为物了。"今则不然,饱食快饮,虑深求卧,腹为饭坑、肠为酒囊,是则物也。"正是因人有五常之性,使人成为百虫之长,万物之灵。"倮虫三百,人为之长。天地之性,人为贵,贵其识知也。今闭暗脂塞,无所好欲,与三百倮虫何以异,而谓之为长而贵之乎?"若丧失五常之性,失去识知等智慧能力,就失去其作为人的存在。从这个思想看王充是基本认同儒家的。

但是,天道自然无为的思想决定了王充的天人观的主基调。所谓天道自然无为,其实就是强调宇宙的最高原理并非是人事决定的,相反,天道规定了人事。这个说法表面看来和董仲舒"天乃百神之大君"思想若合符节,但其实似是而非。因为,王充强调作为道德仁义之根源的"天道"的本性乃自然无为而非人为,因此,人事和所谓道德仁义也应以此作为最高原则。这样一来,自然无为和道德仁义成为相表里的东西。从这里,既可得出他"对'价值根源问题'(即'好坏'及'善恶'之意义如何出现之问题)全无立场"③的结论,可以说他对世俗所谓道德有一种批判的向度。因为,自然无为因其内容是道德仁义,故它不能归结为自然法则;同时,道德仁义因其实质是自然无为,故它亦是不能裹挟着私欲偏见的。因为,天道并非按人意运行,人事以自然无为为根本,当然也不一定符合每个人的主观意愿。

在王充看来,有些人将天道和人事牵强附会地等同起来,是不对的。

王充认识到,天地变化可影响人和物,但"人不能动地,而亦不能动天"④,因"寒暑有节,不为人改变也"。无论君主的政治如何,都影响不了

---

① 黄晖:《论衡校释》三,第 1011 页。
② 黄晖:《论衡校释》二,第 600 页。
③ 劳思光:《新编中国哲学史》二,第 114 页。
④ 黄晖:《论衡校释》二,第 654 页。

"春生而秋杀"的自然规律；无论人怎样至诚，也不能使夏寒冬热。天地间没有比桀纣更妄行不轨者，没有比幽厉更过分者，但桀纣不早死，幽厉不夭折。他认为传说中的邹衍呼天而降霜，杞梁妻哭夫而崩城等说法均为不可信的"伪书游言"。"日月之行，有常节度。"不因人的需要或偏见发生改变。"天之旸雨，自有时也"，雩雨岂可得雨？水旱，乃天之运气，非政治所致。"夫人不能以行感天，天亦不随行而应人。""夫祸福随盛衰而至，代谢而然。"[1]显然，王充在这里是将天当作客观自然界的规律，思想上接近荀子"天行有常"的观点。

王充认为，天作为人和物存在的条件，能作用于物，即"天能动物"，但不能反过来认为人能动天。因为，"人、物系于天，天为人、物主也"。天下雨，蚂蚁搬家，蚯蚓出现，琴弦松弛，旧病复发，这是物、人受天影响的自然现象。有大量这种"天气动物，物应天气之验"的现象。"夫天无为，故不言。灾变时至，气自为之。夫天地不能为，亦不能知也。"[2]以此而论，"（人）生于天，含天之气，以天为主，犹耳目手足系于心矣。心有所为，耳目视听，手足动作，谓天应人，是谓心为耳目手足使乎"？但人不能改变天地，不能改变春生冬杀的现象。人的喜怒哀乐乃至道德，不能改变天的运行。"夫至诚，犹以心意之好恶也"，怎能改变天象呢？

但这不是说王充完全否认人事的作用，否则，其所谓"人贵于物"的识知或五常之性将无用武之地。他认为人通过修养可以有德，通过学习，可以知道。"儒生所学者，道也。文吏所学者，事也。"[3]儒生务忠良，文吏趋事理。只是，他强调无论才学还是道德，都是应以天道作为根本原则。

从这个思想出发，王充认为，对于人而言，天道有真有伪。他说："天（夫）道有真伪：真者故自有与天相应，伪者人加知巧，亦与真者，无以异

---

① 黄晖：《论衡校释》三，第 989 页。
② 同上书，第 785 页。
③ 黄晖：《论衡校释》二，第 543 页。

也。"①这是说,从客观方面看,虽然天道和人为有区别,但无论从认识还是效果上,一般人们无法区别真实的天道和人的伪巧。从真实的天道而言,天人是有感应的。比如,天然生出的真玉珠宝和道人销铄五石而做成的五色之玉,都是玉珠,即如天性之善和后世修养之善一样无从区别。这就是他所谓的"以伪致真"。

这样,王充天人观呈现出较复杂的情况。一方面,他强调天与天道的根本性,而其本性则是自然无为;另一方面,他又有条件地承认人事的作用和意义,甚至同情儒家思想。概略说来,王充天人观的基本要点是:天本人末;天人同道。

所谓"天本人末",即天与天道对人事具有根源性、支配性。天为本,人是天地自然的产物,应遵循天道自然无为的原则。他说:"天本而人末也,登树怪(摇)其枝,不能动其株。如伐株,万茎枯矣。人事犹树枝,能温犹根株也。生于天,含天之气,以天为主,犹耳目手足系于心矣。心有所为,耳目视听,手足动作。"②天人关系好比树干和树枝、人心和各肢体器官的关系。人事好比树枝,寒温之气好比树根树干。人为天所生,就含有天之气,以天为根本,好比耳目手足受心支配。心里想做什么,耳目就听什么看什么,手足就会随着动作起来。

天本人末思想是天道自然无为的展开。上述所谓"天地合气,人偶自生也;犹夫妇合气,子则自生也"③的观点,充分说明了这一点。对此,徐复观认为,王充在此所说,固然是事实;"但把父母生子完全作一种事实的判断,当然从这里产生不出孝的观念"④。徐氏所云,指出了王充将伦理还原为自然事实从而可能消解伦理以及价值本源。从自然界本身的活动是不能产生伦理的。显然,在这个问题上,王充的确没有充分的自觉,故"对'价值根源问题'可说全无立场"。但同情地看,王充强调天

---

① 黄晖:《论衡校释》一,第75页。
② 黄晖:《论衡校释》二,第654页。
③ 黄晖:《论衡校释》一,第144页。
④ 徐复观:《两汉思想史》第二卷,上海,华东师范大学出版社,2001,第346页。

道自然无为的原因是针对虚伪盛行的社会现实的。在他看来,人虽能"以伪致真",但不是无条件的。他说:"盖非自然之真,方士巧妄之伪,故一见恍忽,消散灭亡。"①

所谓"天人同道",一方面是指天人因气而通。"象出而物见,气至而类动,天地之性也。"另一方面是指人只能以人的方式理解天。王充从"天道自然无为"的观点出发,对"卜者问天,筮者问地"提出批评,指出以为天能回答人提出的疑问纯属谎言。他说:"天与人同道,欲知天,以人事。"②这里显然蕴涵着深层意思。人和人之间相互探问,不亲自面对面相互交流,是不可能知道对方心意的。"欲问天,天高,耳与人相远。如天无耳,非形体也。非形体,则气也,气若云雾,何能告人?"无法交谈,人们当然就很难认识天。结果他们又将龟兆蓍数看成是天地的回答,其实这只是"戏弄天地"。地有形体,与人相同。但它向人提问,不靠近耳朵,人听不见。听不见,口就不会回答人。总起来看,要问天,天只是一种气,不能使龟甲产生兆象;问地,地的耳朵很遥远,听不见人的提问。因而,在王充看来,天地和人的道理相通。

但是,以人的方面理解天,因人有主观意识和私欲,可能形成障碍。所谓自然无为,就是从去碍的意义上讲的。天人也有不相类的一面。"原天心以人意,状天治以人事,人相攻击,气不相兼,兵不相负,不能取胜。"③

毫无疑问,王充对儒家哲学重人伦,有时不免将道德主体性夸大的现象不满。这种夸大的主体性可能以各种形式表现出来。在王充看来,传说中的共工怒触不周之山,使天柱折断,地维绝裂,女娲炼五色石补苍天,断鳌足以立四极,都很难经得住检验。古今天地应是相同的,共工并未使天坠落于地上。女娲也是人,就算她身长,但也无法到达天穹,她借助什么样的梯子上去补天呢? 这是讲不通的。王充认为,这其实是天道与人事不分,人事混淆天道的结果。王充说:"触不周山而使天柱折,是

---

① 黄晖:《论衡校释》三,第 789 页。
② 同上书,第 999 页。
③ 黄晖:《论衡校释》二,第 687 页。

亦复难。信,颛顼与之争,举天下之兵,悉海内之众,不能当也,何不胜之有!"①为何难信天柱折呢? 因个人力量无论如何也不可能导致天柱折断。如果说天是气的话,那它就是云烟一类东西,谈不上折断;如果天是可补的,那它就是玉石一类东西。玉石一类东西很重,怎能做千里那么长的柱子呢? 在撞坏了天柱之后,又怎么可能用易朽坏的鳖的足做擎天的四足呢? 可见,在王充看来,天人有区别,正如荀子说"天人有分"一样。即使是上古的神话传说,在他看来也需要理性的审视。

这样,在天人关系上,王充的观点在中国古代哲学史上独树一帜。他既不赞成天人感应的迷信思想,也不同于荀子的"制天命而用之",而是认为天人不是同类,人事活动并不能取胜于天。

王充的天人观存在着复杂性,有时也有前后不一乃至抵牾之处。据此,或以为王充批判天人感应思想借以为据的乃道家的自然主义,或将其思想归属于"元气自然论"。任继愈说:"元气自然论哲学充分利用当时自然科学成果,根据科学实践,在自然观、认识论、道德观、人性论、形神问题上,对目的论进行了有力的驳斥。唯物主义阵营从陆贾、贾谊开始,经过《淮南》、司马迁、桓谭等,到王充达到了高峰。""王充在中国哲学史上开创了元气自然论的新形态,把元气自然论的原则贯彻到哲学问题的各个领域。它是先秦老子、宋尹、荀子、韩非等哲学路线的直接继承人,并有所发展和提高。"②但考虑到《论衡》非一时完成的作品,其思想前后不尽相同,有发展变化是正常的。③

第三节　人性论

一、人生之三累与三害

在人性论上,王充并未仅从思想资料,而是同时从事实观察和亲身

---

① 黄晖:《论衡校释》二,第470页。
② 任继愈:《中国哲学史》(修订本)第二册,第15页,北京,人民出版社,2003。
③ 李维武:《王充与中国文化》,第8页,贵阳,贵州人民出版社,2000。

实践出发来展开其人性自然和气化的思想的思考,从而提出他的性命观。

由于王充是兼顾事实而非仅从伦理道德角度来考察性命问题的,所以,他的观点与一般儒者不同。他认为,道德修养和人生祸福没有必然联系。他说:"修身正行,不能来福,战栗戒慎,不能避祸。祸福之至,幸不幸也。"①他所谓祸,是"来不由我"的,所谓福,乃"得非己力"者。可见,所谓祸福在他看来都不是由自己的操行决定的。从这一角度出发,它提出了人生的"三累"与"三害"。

何为"三累"与"三害"?他说:"凡人操行,不能慎择友;友同心恩笃,异心疏薄;疏薄怨恨,毁伤其行,一累也。人才高下,不能钧同;同时并进,高者得荣,下者惭恚,毁伤其行,二累也。人之交游,不能常欢,欢则相亲,忿则疏远,疏远怨恨,毁伤其行,三累也。""三累"是在人际交往中因存在个体差异、才能高下乃至亲疏远近所导致的"毁伤其行"的几种情况。"三害"则涉及仕宦竞争。"位少人众,仕者争进;进者争位,见将相毁,增加傅致;将昧不明,然纳其言,一害也。将吏异好,清浊殊操;清吏增郁郁之白,举涓涓之言;浊吏怀恚恨,徐求其过,因纤微之谤,被以罪罚,二害也。将或幸佐吏之身,纳信其言,佐吏非清节;必拨人越次,迕失其意,毁之过度,清之仕,抗行伸志,遂为所憎,毁伤于将,三害也。"无论是仕进竞争的见将相毁与将昧不明、还是清浊过招中因纤微之谤,被以罪罚,抑或是宠信近臣,都不免于受到伤害。在王充看来,"三累"与"三害"是难免的人生遭遇。古往今来,能从这些遭遇中顺利度过,即使是圣贤也未必容易。"夫未进也,身被三累;已用也,身蒙三害;虽孔丘墨翟不能自免;颜回曾参不能全身也。"与孔孟主张"为仁由己,岂由人乎"的道德立场不同,王充是从客观社会和成败得失上来观察人的行为与其后果之间关系的。在他看来,道德评价和事实评价的标准不同。毫无疑问,王充的思想,受到他个人的经历的深刻影响。徐复观说:"切就王充而

① 黄晖:《论衡校释》一,第 10 页。

论,他个人的遭遇,对于他表现在《论衡》中的思想所发生的影响之大,在中国古今思想家中,实少见其比。"[1]

二、人性论

从道德和事实的区别、特别是强调客观效应角度来理解人性,是王充和孟子的根本不同。综合考究先秦诸子以来的人性论,王充比较认同世硕的性有善有恶论。他说"周人世硕以为人性有善有恶,举人之善性,养而致之则善长;性恶,养而致之则恶长"。因此,"(情)性各有阴阳善恶,在所养焉"[2]。密子贱、漆雕开、公孙尼子等人的看法,与世硕相出入,皆认为性有善有恶。

王充认为,孟子以人幼小时"无有不善",以证人性本善,是不完善的。因为,当纣还是孩子时,微子就看出其有不善之性。再说,若孩子天性是善良的,那么,后来的不善又是如何产生的呢? 尧舜时代,贤人辈出,可比屋而封,然尧子丹朱傲和舜子商均虐,"并失帝统",又该如何解释呢? 他认为,孟子以为人性本善,孟子"言情性,未为实也"。

与孟子辩论的告子,认为人性既无所谓善,也无所谓恶。人性如同水性,"决诸东方则东流,决诸西方则西流"。然而人又既可为善,又可为恶。王充认为,告子之论虽指出了不上不下的"中人"之性,合于孔子的"性相近也,习相远也"之论,却没有看到"极善极恶"两极端者,不知孔子"唯上智下愚不移"的真义,所以,告子之言虽有一定道理,但亦与事实不全相符。

荀卿针对孟子的性善论提出性恶论。他认为人性恶,其善者伪也。故人幼小时无善良之人。然而,王充却举出现实中相反的例子。如"稷为儿,以种树为戏,孔子能行,以俎豆为弄"。因此,"石生而坚,兰生而香。(生)禀善气,长大就成,故种树之戏,为唐司马;俎豆之弄,为周圣

---

① 徐复观:《两汉思想史》第二卷,第 344 页。
② 黄晖:《论衡校释》一,第 133 页。

师;兰石之性,故有坚香之验"①。虽然如此,荀子之性恶论也有合理之处。如婴儿"无推让之心:见食,号欲食之;睹好,啼欲玩之。长大之后,禁情割欲,勉励为善矣"。但正如刘子政所指出的那个老问题,既然人性恶,"则人之为善安从生"?

陆贾认为人以礼义为性,在人能察己受命。但是,王充认为,性善者固然不待察而自善,性恶者即使能察,在行为上却"背礼畔义,义挹于善,不能为也"。乃至于"贪者能言廉,乱者能言治"。如盗跖庄跻一类人,"明能察己,口能论贤,性恶不为,何益于善?"

至于董仲舒的人性论,王充认为,他是看到了孟荀二人的人性论各有所长,又皆有所蔽。孟子看到了人性的正面,荀子则看到了人性的背面。董仲舒试图将二者统合起来,以为人之情性有阴阳二面,是有道理的;但是,他却以性善情恶二分来看待人性,却不符合实情。因为"夫人情性,同生于阴阳。其生于阴阳,有渥有泊;玉生于石,有纯有驳。情性于阴阳,安能纯善"?换言之,人是有差别的,性不可能纯善,情也不可能纯恶,怎么能认为人性皆善而人情全恶呢?所以,"仲舒之言,未能得实"。

刘子政的观点更奇特:"性生而然者也,在于身而不发,情接于物而然者也,出形于外。形外则谓之阳,不发者则谓之阴。"对此,王充说:"夫如子政言之,乃谓情为阳,性为阴也。不据本所生起,苟以形出与不发见定阴阳也,必以形出为阳。"王充认为"性在内不与物接"之说"恐非其实"。因为:"性也与物接,造次必于是,颠沛必于是。恻隐不忍;不忍,仁之气也。卑谦辞让,性之发也。有与接会,故恻隐卑谦,形出于外。"

以上,乃王充大体点评了孟子以来的所有人性理论,最为他认可的当是世硕、公孙尼子的观点。他分析评判思想的标准不是抽象的原则,而是他所谓"实"。这个"实"当是他自己观察综合而成的。"实者,人性有善有恶,有人才有高有下也。高不可下,下不可高。谓性无善恶,是谓人才无高下也。"可见,其所为性,非孟子的"心性",而是"性"与"才"合说

---

① 黄晖:《论衡校释》一,第 138 页。

的"才性"。

正是从这种立场,他又说:"亦有三性:有正,有随,有遭。正者,禀五常之性也;随者,随父母之性;遭者,遭得恶物象之故也。"作为人,都禀有五常之性;但又受到父母之性的影响。所谓"遭者,遭逢非常之变,若成汤囚下台,文王厄羑里矣。以圣明之德而有囚厄之变,可谓遭矣。变虽甚大,命善禄盛,变不为害,故称遭逢之祸"①。由此看来,他所谓性,是人所禀的五常之性及其行为中的习性乃至才能等的综合。墨子悲练丝,而扬子哭歧路,说明既没有一定不变永恒的人性,也没有可逆的人性。

从没有不变的人性角度看,王充认为性是有善亦有恶的。"论人之性,定有善有恶。其善者,固自善矣;其恶者,故可教告率勉,使之为善。"②因此,他所谓性与正统儒家的性不是同一个概念。现实中,他比较悲观:"清廉之士,百不能一。居功曹之官,皆有奸心。"③性有善有恶的观点其实是为教化论做基础。为人君父,观察臣子之性,"善则养育劝率,无令近恶;近恶则辅保禁防,令渐于善。善渐于恶,恶化于善,成为性行"。三代之所以直道而行,圣主之民如此,而恶主之民如彼,关键"在化不在性"也。

王充的人性论基本属于汉代居主流地位的性有善有恶论。这种观点不仅使他的人性论以天道和气化论为基础,也为其教化论、政治法制观和社会历史观提供了人性的基础,同时,也为他的时命论作了预设。

第四节　认识论:"实知"与"效验"

一、实知

在认识论上,王充坚持朴素的认识论观点,一方面强调"实知",另一

---

① 黄晖:《论衡校释》一,第 55 页。
② 同上书,第 68 页。
③ 黄晖:《论衡校释》三,第 707 页。

方面又注重实效，认为认识需要在实践中得到检验。他的这种思想对于中国古代哲学而言是十分有特色的。

王充将"识知"看作"人为贵"的基本特征。他说："'天地之性人为贵'，贵其识知也。"①识知和智慧是人所独有的。他甚至说："人无耳目则无所知，故聋盲之人，比于草木。"②此话后半部分当然不对，但其前半句，则肯定了感性认识不仅产生于感官，且为认识的基础。他说："世间安得有无体独知之精？"③但是，重视知识却不意味着他视知识的获得为探囊取物。他对哲学的追求所谓"疾虚妄""讥俗"等思想中隐含的思想内核则是知识获得之难。

王充说："凡事难知，是非难测。"④还说："大（天）道难知。"⑤《纪妖》《订鬼》《讥日》诸篇都有"天道难知"之语。又说："天下事有不可知，犹结有不可解也。"⑥"故夫难知之事，学问所能及也；不可知之事，问之学之，不能晓也。"难知之事毕竟通过学问而可以知，"不学自知，不闻自晓，古今行事，未之有也"。圣人不能先知。但他同时承认有通过学问仍"不能晓"和"不可知之事"。天下事虽有某些原因才产生，但要清楚地认识并不容易。

王充认为，世间或许已有凤凰、麒麟混杂在天鹅、喜鹊、獐、鹿之中，世人无法辨认出来。就如美玉隐于石头中，楚王、令尹不能识别那样，故卞和有抱玉泣血之痛。人的德性也是这样难以认识，"夫圣人难知，知能之美若桓（谭）、杨（雄），尚复不能知，世儒怀庸庸之知，赍无异之议，见圣不能知，可保必也"⑦。子贡事孔子一年，自谓胜过孔子；二年，自谓与孔子同；三年，自知不及孔子。以子贡识孔子，三年而后方定，世儒无子贡

① 黄晖：《论衡校释》二，第 600 页。
② 黄晖：《论衡校释》三，第 871 页。
③ 同上书，第 875 页。
④ 黄晖：《论衡校释》二，第 467 页。
⑤ 同上书，第 689 页。
⑥ 黄晖：《论衡校释》四，第 1084 页。
⑦ 黄晖：《论衡校释》三，第 723 页。

之才,其见圣人,当然不识。

对于不可知之事怎样面对呢?他说:"天意难知,故卜而合兆,兆决心定,乃以从事。"①这不失为是对卜祀活动的一种解释。

当然,王充并未突出事物不可知的一面,不能说他是不可知论者。但他是一个对人类认识持谨慎态度的人,这在中国古代哲学中是不多见的。人们要使自己的行为正确有效,就须了解事物本身的相互关联及其与人事活动联系。王充说:"故夫贤圣之兴文也,起事不空为,因因不妄作。作有益于化,化有补于正,故汉立兰台之官,校审其书,以考其言。董仲舒作道术之书,颇言灾异政治所失,书成文具,表在汉室。"②所谓"起事不空为,因因不妄作。作有益于化,化有补于正",就是认为圣贤教人,在于人事和教化的有效性、正确性。客观的政治情势是抽象思想或重要著述产生的原因。但可惜的是,一般人没有认识到。

相反,世俗之人易被自身官能所限制,更易被日积月累的文化和社会现象所蒙蔽。

在王充看来,如果圣贤能"先知",也并非凭空臆断,而是"据象兆,原物类","原理睹状",然后"任术用数,或善商而巧意",才能"处着方来,有以审之也"。因而,圣贤据此可"见变名物,博学而识之。巧商而善意,广见而多记,由微见较,若揆之今睹千载,所谓智如渊海"。他断定:"圣贤不能性知,须任耳目以定情实。"③还说:"所谓圣者,须学以圣。以圣人学,知其非圣。天地之间,含血之类,无性知者。"④没有生而知之者,圣人须学而后成。既然这样,就必是"任耳目以定情实"。他认为,理性认识需要感性经验做基础。"独思无所据,不睹兆象,不见类验",即使是圣人也不能有知识。但仅靠耳目却又有限制。王充认识到,"夫论不留精澄意,苟以外效立事是非,信闻见于外,不诠订于内,是用耳目论,不以心意

---

① 黄晖:《论衡校释》四,第 1094 页。
② 同上书,第 1178 页。
③ 同上书,第 1084 页。
④ 黄晖:《论衡校释》三,第 962—963 页。

议也。夫以耳目论,则以虚象为言,虚象效,则以实事为非。是故是非者不徒耳目,必开心意"。如果以外在现象来确定是非,相信见闻,不经过内心理性的"诠订",这就是以耳目来判定是非。如果以耳目判定是非,那就是以虚假的现象当作言说和效应的真实,反而以真实的东西为虚假了。所谓"不徒耳目,必开心意",即不能停留于耳目闻见等感性认识上。

怎样才能超越耳目之见而"开心意"呢?王充认为,圣贤可"放象事类以见祸,推原往验以处来事",即可以通过"案兆察迹,推原事类"而有"先知之见方来之事"①,既然耳目可能限制认识,那么就需要超越耳目等感性认识,不受具体历史时代的限制,理性地认识实事。这样,"千岁之前,万世之后,无以异也。追观上古,探察来世,文质之类,水火之辈,贤圣共之。见兆闻象,图画祸福,贤圣共之。见怪名物,无所疑惑,贤圣共之"②。人们若要明晓祸福的变化,谋划未然,并不需什么神怪之知,而可"皆由兆类"推定。具体说来,对可知之事,通过思虑就能晓见;对不可知之事,即使博学审问也未必知。他承认人才有高下,有"知物由学,学之乃知,不问自识"者。但根本上说:"不学自知,不问自晓,古今行事,未之有也。……故智能之士,不学不成,不问不知。"并不存在着所谓"达视洞听之聪明"的"不学自能,无师自达"之人,"如无闻见,则无所状"。在王充看来,人类行为的相关性中,当然有人事活动与心理变化的某些共同的规律性可以遵循,如在春秋之时,诸侯们可"见动作之变,听言谈之诡,善则明吉祥之福,恶则处凶妖之祸"。自然界的鸟兽草木,人事中的好恶,可以今而见古,以此而知来。

人们想要从文化累积和社会积弊所造成的被蒙蔽状态中解放出来,则应有对文化和社会问题的深刻反思。因为,正是由于种种文化负累和对世俗习惯缺少批判的环境中,人们丧失对实事或真实的追求,自觉不自觉地处于被蒙蔽情形中。

---

① 黄晖:《论衡校释》四,第 1075 页。
② 同上书,第 1083 页。

"是故《论衡》之造也，起众书并失实，虚妄之言胜真美也。故虚妄之语不黜，则华文不见息；华文放流，则实事不见用。故《论衡》者，所以铨轻重之言，立真伪之平，非苟调文饰辞，为奇伟之观也。其本皆起人间有非，故尽思极心，以讥世俗。"①在王充眼里，传统儒家经传都存在着"失实"即远离生活事实的问题，结果是"虚妄之言胜真美"，这是他写作《论衡》一书的理由。

虚妄反倒比真实更能显赫于世，实诚反而与虚伪的东西混为一谈，大家都没深刻认识到其中深层的危机。如此，则"是非不定，紫朱杂厕，瓦玉集糅"。甚至，不仅人间有作假的现象，天也有假象："人可以伪恩动，则天亦可巧诈应也。"②这显然是导致"天道难知"的原因之一。王充觉得他不能熟视无睹，而"冀悟迷惑之心，使知虚实之分"。

王充分别虚与实，常指斥"虚文""虚妄""虚说""虚语"等，皆因其虚而不实。本实而斥虚，是王充与道家虚无思想根本的不同，也表现他作为东汉儒者的性格。在认识论上，他认为，"实者，圣贤不能知性，须任耳目以定情实。其任耳目也，可知之事，思之辄决；不可知之事，待问乃解。天下之事，世间之物，可思而（知）愚夫能开精，不可思而知，上圣不能省。孔子曰：'吾尝终日不食，终夜不寝以思，无益，不如学也。'"③"实知"当然始于知实。他说："论贵是而不务华，事尚然而不高合。"④主张"丧黜其伪，而存定其真"。"是""然""真"，其实都是客观存在的事实、实诚，"华""伪""合"都是文化装饰。"实知"即对客观真实之知。王充因之被称为"唯物主义者"。

之所以主张"实知"，是因王充认为，作文论事，要有根据，不可过分夸张。"论事过情，使实不着。"⑤"情指不达，何能使物？"儒者比附圣人，

---

① 黄晖：《论衡校释》四，第1179页。
② 同上书，第1105页。
③ 同上书，第1084页。
④ 同上书，第1197页。
⑤ 黄晖：《论衡校释》三，第743页。

"称凤皇、骐骥,失其实也。""儒者说圣太隆,则论凤骐亦过其实。"纬书将圣人描述为"前知千岁,后知万事,有独见之明,独听之聪,事来则名,不学自知,不问自晓",可"不案图书,不闻人言,吹律精思,自知其世"者,王充则认为"此皆虚也"。"谶书秘文,远见未然,空虚暗昧,豫睹未有,达闻暂见,卓谲怪神,若非庸口所能言。"①

当然,"实知"或"知实",都并非是支离破碎一鳞半爪的知识,或个人独知独见,而是系统性的认识。他说:"夫术数直见一端,不能尽其实。虽审一事,曲辩问之,辄不能尽知。何则? 不目见口问,不能尽知也。"王充认为人只有见多识广才能有真知,只有到大都市方可见到各种异事奇物。"圣人不以独见立法"②,而最奇异的莫过于百家之言。"百家之言,古今行事,其为奇异,非徒都邑大市也。游于都邑者心厌,观于大市者意饱,况游于道艺之际哉?"③人若真要有知识,获得智慧,需要通古博今。知识如同大海,海纳百川,通人纳百家之言。

所谓"通人",乃《效力篇》中提到的"文儒"。他认为要做"通人",必须不拘于掌握一经的浅陋,而需博大的识见和圣人的胸怀。"《五经》皆习,庶几之才也"。因而,"不与贤圣通业,望有高世之名,难哉! 法令之家,不见行事,议罪不可审。章句之生,不览古今,论事不实。"在他看来,经术如日光,人心如内室。"日光照室内,道术明胸中"不见古今之书,安能建美善于圣王之庭乎? 他讽刺那些不习经典不谙世事者,但求闭门静坐者为"闭心塞意,不高瞻览者,死人之徒也哉"!

人在身体方面要与物之气相通,在学问方面也同样如此。"故人之不通览者,薄社之类也。是故气不通者,强壮之人死,荣华之物枯。"不通就是死枯之类了。

《效力篇》的"文儒",《别通篇》的"通人",《超奇篇》的"鸿儒",《状留篇》的"贤儒",均指博学通识、有德行的儒者。王充"通人""文儒"的思想

---

① 黄晖:《论衡校释》四,第 1070 页。
② 同上书,第 1094 页。
③ 黄晖:《论衡校释》二,第 592 页。

其实是讲人之人格、才学不能局限于闭塞、幽暗和散乱,需要知识的深刻性、广博性和系统性。"故夫大人之胸怀非一,才高知大,故其于道术无所不包。学士同门,高业之生,众共宗之。"其"知经指深,晓师言多也。夫古今之事,百家之言,其为深,多也,岂徒师门高业之生哉"? 农夫耕种的水平有高下,儒士也是这样。子贡曰:"不得其门而入,不见宗庙之美,百官之富。"这就是以宗庙、百官比喻孔子之道,其"道达广博者,孔子之徒也"。"夫德不优者,不能怀远,才不大者,不能博见。"

在"天人同道"的思维背景中,王充敏锐意识到以人的方式去认识天可能的限制性。他所谓"疾虚妄""讥俗",原则上是就剔除世俗社会形成的认识上的障碍而言的。以人的方式去认识天,须超越人耳目闻见的限制,以及术数的偏颇和习惯的浅陋。在传统社会没有专业分工之前,以道德理性为入路的儒家学说,落实在特定社会结构中,不免于依赖风俗习惯和随机的情感,其对道德理性的限制是十分明显的。在这种条件下,王充主张"实知"和"知实",突出真实、实诚的根本意义,其实就是强调事实对于价值的前提作用,应该说在中国哲学史上是有独特意义的。

二、效验

王充哲学认识论的另一特点是主"效验"。他认为理论应落实到生活实际中。"论则考之以心,效之以事,浮虚之事,辄立证验。"[1]这是他不仅区别于老子自然哲学,也有别于董仲舒的"正其谊而不谋其利,明其道而不计其功"的地方。他说:"道家论自然,不知引物事以验其言行,故自然之说未见信也。"[2]因此无法落实在日常生活之中而流于空泛。董仲舒则将儒家重道义的原则发挥到超功利的程度。王充则凭其"实知""实诚"的态度来讨论思想理论的根据和检验问题。他说:"事莫明于有效,

---

① 黄晖:《论衡校释》四,第 1183 页。
② 黄晖:《论衡校释》三,第 780 页。

论莫定于有证。空言虚语,虽得道心,人犹不信。"①"凡论事者,违实,不引效验,则虽甘义繁说,众不见信。"②"信"的问题包含两层含义:一是思想理论能否信实、实诚,这是理论是否符合实际的问题。二是理论是否为人们所相信的问题。显然,前者是前提,后者是建立在前者基础之上的。理论是否符合实际的问题,在王充看来,就是一个理论是否有效、有征,是否有效验的问题。理论若有效验,就能被人相信。同时,人们相信一种理论本身,也是某种意义上的效验。

　　王充认为,议论辩说要"实事考验",包括"效""验"两个方面。效,即效应、效果;验即能得到验证、检验。是否有效是检验的重要尺度。违背实事的事情,一般不可能有长期的良好效果,不能得到检验,也就不会为人所信服。他认为没有"效验"的空洞说教只能是"虚"而无"实"的。凡事需要"证验,以效实然"。某种意义上说,《论衡》的宗旨即是"疾虚妄"。

　　从效验的原则出发,王充认为著述必须"得实",要"考实根本",而非"华虚夸诞""道乖相反违其实";同时,应有利于操作以便"富国丰民,强主弱敌",而非追逐析言剖辞,务曲折之言,"无道理之较,无益于治"。没有道理的言说,不能说服人。王充认为,单纯言论本身是不可轻信的,需要"试""考"即实证。无论好事坏事,都不能仅凭听闻来裁决。赏善罚恶之事都要据实来决定。

> 　　夫闻善不辄加赏,虚言未必可信也。若此,闻善与不闻,无以异也。夫闻善不辄赏,则闻恶不辄罚矣。闻善必试之,闻恶必考之,试有功乃加赏,考有验乃加罚。虚闻空见,实试未立,赏罚未加。赏罚未加,善恶未定。未定之事,须术乃立,则欲耳闻之,非也。③

　　善恶之事需要在现实中验证,然后奖善罚恶。若善恶不能确定,就需要求实的方法来探究,而非依靠道听途说。道是贯穿在一切事物中的

---

① 黄晖:《论衡校释》三,第962页。
② 黄晖:《论衡校释》四,第1086页。
③ 黄晖:《论衡校释》二,第444页。

法则或规律,成功者必须以遵道而行为必要条件。在此,王充认为圣人之言和文章的关键都在真实可验。"圣人之言与文相副,言出于口,言立于策,俱发于心,其实一也。"①所以,求学问,即使是贤圣之知,也理应在实际事务中得到验证。

虽然理论、言说都应符合事实,可检验有效应,但就不同的理论和言说而言,其所谓实事则是不相同的。他说:"美善不空,才高知深之验也。《易》曰:'圣人之情见于辞。'文辞美恶,足以观才。"②文章成就是国家和人格成就的表征。他说:"鸿文在国,圣世之验也。"③"(孔子)从知天命至耳顺,学就知明,成圣之验也。"④检验才是否高、知是否深,是否是"圣世",是否"成圣",其效应是不同的。他认为:"唯圣贤之人,以九德检其行,以事效考其言。行不合于九德,言不验于事效,人非贤则佞矣。"⑤王道政治也需事实作为效验。

"故夫王道定事以验,立实以效,效验不彰,实诚不见。"⑥"上书不实核,著书无义指,'万岁'之声、'征拜'之恩,何从发哉?"⑦如果要作文著书,也应言之有物,否则口呼"万岁"、接受"征拜",都无恰当理由。论事不以为支干和五行相生的迷信去推演,而应强调"有事理曲直之效"⑧。比如,武王以甲子日胜,纣却以同日败,"二家俱期,两军相当,旗帜相望,俱用一日,或存或亡",胜败的原因不在日期。

既然凡事都要讲效验,那么,面对东汉符瑞应盛行的状况,王充是何态度呢?应该说,他没完全否认瑞应,甚至在年轻时还有歌功颂德以求仕进的动机,但可能在发现仕途无望之后,就基本坚持他的本来的立场

---

① 黄晖:《论衡校释》二,第406页。
② 黄晖:《论衡校释》三,第863页。
③ 同上书,第868页。
④ 黄晖:《论衡校释》四,第1101页。
⑤ 黄晖:《论衡校释》二,第518页。
⑥ 黄晖:《论衡校释》三,第815页。
⑦ 黄晖:《论衡校释》二,第617页。
⑧ 黄晖:《论衡校释》三,第1030页。

和观点了。不过,他却认为儒者通常言过其实。"夫儒者之言,有溢美过实。瑞应之物,或有或无。夫言凤皇、骐骥之属,大瑞较然,不得增饰,其小瑞征应,恐多非是。"①瑞应可有可无,因而,"圣主治世,期于平安,不须符瑞"②。王充并不否认当世有圣人的可能,只是世儒不知,汉代为太平之世,但世儒厚古薄今,不愿承认。他认为:"实商优劣,周不如汉。""汉有实事,儒者不称;古有虚美,诚心然之。信久远之伪,忽近今之实。"③即使没有瑞应,也有足够证据证明这一点。虽无物瑞,但百姓宁集,风气调和,也是祥瑞。

如果剔除王充在漫长人生岁月中偶有呈歌功颂德之词的动机,总体看他仍是保持"实诚"品格注重效验的学者。这一点和桓谭很相似。在王充看来,像公孙龙、邹衍这样的"大才之人,率多侈纵,无实是之验;华虚夸诞,无审察之实"④。"其文少验,多惊耳之言。"他说:"论说之出,犹弓矢之发也。论之应理,犹矢之中的。夫射以矢中效巧,论以文墨验奇。奇巧俱发于心,其实一也。"⑤无论是古书言论,还是历史传说,王充均主张"验之于物""实核之"。但是,以物来核实检验,需要所说的东西是实际存在的,"殆无其物,何以验之"? 显然,王充的这种思想确有科学实证论的倾向,自然也有其限制性。

不过,王充并未陷入以成败得失作为标准的狭隘功利主义。他说:"夫道无成效于人,成效者须道而成。""故事或无益而益者须之,无效而效者待之。"⑥并不能就事论事地看待有无效益。"时或实然,证验不具,是故王道立事以实,不必具验。"⑦

王充的求实就是求真。这种求真的精神在当时的氛围中实属难得。

---

① 黄晖:《论衡校释》三,第 753—754 页。
② 同上书,第 816 页。
③ 同上书,第 856 页。
④ 黄晖:《论衡校释》四,第 1166 页。
⑤ 黄晖:《论衡校释》三,第 609 页。
⑥ 黄晖:《论衡校释》二,第 434 页。
⑦ 同上书,第 600 页。

如果说他的所谓实知一方面在求知实,那么,另一方面就是识知的效验,即在求找到真问题的同时,真的解决问题。王充在对世风时弊的批判中表现出了他的勇气,求真求实的实证精神则作为其批判现实的锐利武器表现了他的睿智。同时,人文道德也需要考虑事实基础的问题。无视或者脱离这个基础的善与美是难以具有绝对的价值和完全正面的意义的。王充之所以把他的学术探讨看成"疾虚妄",就是因为那种仅讲社会名教层面的善与美,脱离生活实际,都可能离开了生活的真实,形成全民族共同造假的局面。因为,一定意义上,只有实证精神可以"作为真正解决精神与道德大混乱的唯一可行基础"①。

第五节 历史观:德力与时命

一、德与力

王充并非一般儒生,但他对道德还是肯定的。他说:"诸夏之人所以贵于夷狄者,以其通仁义之文,知古今之学也。"又说:"任胸中之知,舞权利之诈,以取富寿之乐,无古今之学,蜘蛛之类也。含血之虫,无饿死之患,皆能以知求索饮食也。"②所谓"古今之学",即包括人和动物之别的仁义道德。一个民族的道德自觉与自识的程度,决定着这个民族发展的高度和深度。

但王充对人的道德评价已较宽容:"且论人之法,取其行则弃其言,取其言则弃其行。今宰予虽无力行,有言语。用言,令行缺,有一概矣。"③又如:

> 子张问:"令尹子文三仕为令尹,无喜色;三已之,无愠色。旧令尹之政,必以告新令尹。何如?"子曰:"忠矣!"曰:"仁矣乎?"曰:"未

---

① 奥古斯特·孔德:《论实证精神》,黄建华译,第40页,南京,译林出版社,2011。
② 黄晖:《论衡校释》二,第601页。
③ 同上书,第407页。

知，焉得仁？"子文曾举楚子玉代己位而伐宋，以百乘败而丧其众，不知如此，安得为仁？问曰：子文举子玉，不知人也。智与仁，不相干也。有不知之性，何防为仁之行？五常之道，仁、义、礼、智、信也。五者各别，不相须而成，故有智人，有仁人者，有礼人，有义人者。人有信者未必智，智者未必仁，仁者未必礼，礼者未必义。

客观地说，五常并非如王充认为的没有联系。而他之所以故意强调五常的区别，在于他不再从理论的完备和理想主义立场来对待儒家伦理，而是从认知及实践的角度来看待道德。

从道德实践即行的角度，王充重视德、力两个方面。他说：

> 治国之首，所养有二：一曰养德，二曰养力。养德者，养名高之人，以示能敬贤；养力者，养气力之士，以明能用兵。此所谓文武张设、德力且足者也。事或可以德怀，或可以力摧。外以德自立，内以力自备；慕德者不战而服，犯德者畏兵而却。①

王充认为应以两手，即德与力，来实现国家治理。特别是实力弱小的国家，更应如此。他说："夫敬贤，弱国之法度，力少之强助也。"强大的秦国想要进攻弱小的魏国，因魏国君敬重贤士段干木而作罢，证明此说不虚。

在德与力之间，王充首先是讲德治。他认为，治理国家和个人修养差不多。修养身心，若恩德少而伤害人的事太多，往往人际交往就会稀疏甚至断绝，最后侮辱之事会找到头上。"推治身以况治国，治国之道，当任德也。"②韩非治理国家专任刑罚，这就好比修养之人，专门伤害其身心一样。韩子并不是不知道德治的好处，却认为世道不好，民心靡薄，故作刑名法术。其实，人世间不能缺少道德，就如年岁不能没有万物生长的春天一样。天不会因年岁不好就不要春天，国家治理也不能不要仁

---

① 黄晖：《论衡校释》二，第438页。
② 同上书，第441页。

德。他总结说:"夫治人不能舍恩,治国不能废德,治物不能去春。"

不过,王充不是泛泛地谈论德治,而是更强调道德如何更具有现实性。在他看来,道德的实现并非是没有条件的。"匮乏无以举礼,羸弱不能奔远,不能任也。是故百金之家,境外无绝交;千乘之国,同盟无废赠,财多故也。使谷食如水火,虽贪吝之人,越境而布施矣。故财少则正礼不能举一,有余则妄施能于千,家贫无斗筲之储者,难责以交施矣。"[①]道德如果涉及他人就不是不讲任何条件的。这一思想显然与孔子"为仁由己"的观点着眼点不同。他无疑倾向于认同管子"仓廪实则知礼节,衣食足则知荣辱"。他说:"实体有不与人同者,则其节行有不与人钧者矣。"显然,王充的道德观更倾向于如何实践。

面对现实,道德落实在人格上,他主张首先应分清是非善恶,鉴别君子和小人。王充以为,君子小人其才相同,基本的生理需求并无区别,区别在于君子能"以礼防情,以义割欲",小人则"纵贪利之欲,逾礼犯义"。"夫贤者,君子也;佞人,小人也。君子与小人本殊操异行,取舍不同。"[②]二者"殊操异行",不仅在于是否能分清是非,而且关键在是否能择善而从。"君子在世,清节自守,不广结从。出入动作,人不附从。豪猾之人,任使用气,往来进退,士众云合。"[③]这里,王充揭露了人性的阴暗面,面和机深的豪猾之人,追随者众多,而清节自守的高节之人,却曲高和寡,门庭冷落。

王充认为,区分善恶,重在观察心之善与不善。他说:

> 观善心也。夫贤者,才能未必高也而心明,智力未必多而举是。何以观心? 必以言。有善心,则有善言。以言而察行,有善言则有善行矣。言行无非,治家亲戚有伦,治国则尊卑有序。无善心者,白黑不分,善恶同伦,政治错乱,法度失平。故心善,无不善也;心不

---

① 黄晖:《论衡校释》四,第 1113 页。
② 黄晖:《论衡校释》二,第 517 页。
③ 黄晖:《论衡校释》三,第 727 页。

善,无能善,心善则能辩然否。然否义定心善之效明,虽贫贱困穷,
功不成而效不立,犹为贤矣。①

他将"善心"看成是价值标准,认为"言行"是观其心之善恶的标的。
心善才能判断是非,才能"举是";相反,心不善则黑白不分,善恶不辨。
心善,即使无功效,仍属贤者。由此说明,王充的效验只是检验认识的标
准,不是判断善恶的标准。他说:"夫功之不可以效贤,犹名之不可
实也。"②

成功与否虽是一个人识见的表征,但是却不能说明一个人贤德,正
如名虽反映实却不是实一样。他对苏秦、张仪一类的纵横之士并不肯
定,而称他们虽"功钧名敌,不异于贤",但只是"处扰攘之世,行揣摩之
术"的"排难之人"而已。人有内外、是非、利益等的分别与纠缠,有人内
心虽非,却可以其才装饰自己,掩饰其非;相反,内心虽是,却可能无以自
表。但王充还是持乐观态度。从主观方面,知人知面难知心,但从客观
方面,人的行为和客观条件是可以考核验证的。"事效可以知情,然而惑
乱不能见者,则明不察之故也,人有不能行,行无不可检;人有不能考,情
无不可知。"③只有不善于考察的,没有不可考察的行为及其条件。

在他看来,操行不好的都是恶人,恶人中犯上作乱的,称为"无道";
恶人中善于伪装的,称为佞人。善人中最好的,是贤人中的圣人;恶人中
极坏的佞人,是恶人中的枭雄。然而,现实中善恶往往交织,并不好分
辨。因为,普通人也有缺点,对于缺点,是可宽宥的。"刑故无小,宥过无
大。"那么,恶和缺点的区别何在呢? 在此王充和董仲舒达成共识:"圣君
原心省意,故诛故赏误。"④即明君考查犯罪动机,严惩故意犯罪,宽赦误
犯过失的人。董氏在法律上提出"原心定罪",王充则从认知角度提出
"原心省意",以分辨故意与过失。分辨不清是故意还是过失,也就分不

---

① 黄晖:《论衡校释》四,第 1119 页。
② 黄晖:《论衡校释》二,第 524 页。
③ 同上书,第 519 页。
④ 同上书,第 520—521 页。

清过与罪，以及孰为君子小人了。

在王充看来，儒者虽道德高尚，但其仕进则多不如其他人。"今贤儒怀古今之学，负荷礼义之重，内累于胸中之知，外劬于礼义之操，不敢妄进苟取，故有稽留之难。"①贤儒迟留，非因不学无能，而恰恰是因"学多、道重为身累也"。

生活在广大而又变化的宇宙中，要应对复杂变化的生活，人们往往会"操行无恒，权时制宜，信者欺人，直者曲挠。权变所设，前后异操；事有所应，左右异语"，面对此种局面，怎么办呢？

王充说："贤者有权，佞者有权。贤者之有权，后有应；佞人之有权，亦反经，后有恶。故贤人之权，为事为国；佞人之权。为身为家。"权为权变。经权的关系很清楚。无论贤佞，虽都有权变，但其动机和目的不同，对国家的意义不同，正邪也就各异。

王充显然没在制度方面寻求问题的根本答案，而是认为，德治的根本应靠儒生。他认为"儒生以节优"，"所学者，道也"，其"志在修德，务在立化"②，非一般文吏所可取代。故"取儒生者，必轨德立化者也"。"夫事可学而知，礼可习而善，忠节公行不可立也。"社会治理的根本在教化而不在事务，这恰恰是儒生所倾心用力之处。他甚至说："苟有忠良之业，疏拙于事，无损于高。"因"儒生之性，非能皆善也，被服圣教，日夜讽咏，得圣人之操矣"。

他指出当时社会以为儒生的才智不及文吏是偏见，而认为他们各有所长。"儒生所学者，道也；文吏所学者，事也。"比较而言，"儒生治本，文吏理末"。国家的根本与政务之细枝末节比较，其"定尊卑之高下，可得程矣"。而儒生之所以被轻视，文吏之所以被推崇，"本由不能之将"。王充指责"阿意苟取容幸"的文吏虽能理事但无节操，从一定层面揭露了当时仕途和官场的腐败。

---

① 黄晖：《论衡校释》二，第 620 页。
② 同上书，第 534 页。

但是，王充的德治观念并不局限于内在的道德修养，同时十分关注外在事实的改变。我们知道，王充关注的重心并不在传统儒家所留心的价值的领域而在事实领域，正如他的视野不限于美善而力图进入到认知领域。当他试图改变的并非仅是道德境界而同时也是客观现实之时，就自然而然地关注到"力"的问题。

"力"是人们运用肢体搬运或移动外在事物的力量。人们只有通过运用肢体力量才能真实地改变外在事物的状态，而不是单凭想象或观念即可改变事物。他说："夫壮士力多者，扛鼎揭旗"[1]；"举重拔坚，壮士之力也"。这是很具体形象的说法。但"力"并不限于体力，它还是甚至更重要的是知识才学。他说："人有知学，则有力矣。"他将传统社会世世代代都十分重视的知识学问，看成是一种可改变外在事物的力量。"文吏以理事为力，而儒生以学问为力。""儒生力多者，博达疏通。故博达疏通，儒生之力也。"在许多人看来，读书人手无缚鸡之力，可在王充看来，他们的知识学问就是一种力量。"夫然则贤者有云雨之知，故其吐文万牒以上，可谓多力矣。"[2]

推而广之，"力"在人事活动中表现广泛。垦草殖谷，农夫之力；勇猛攻战，士卒之力；构架斫削，工匠之力；治书定簿，佐史之力；论道议政，贤儒之力。

论者将王充"人有知学，则有力矣"的思想和培根的"知识就是力量"相提并论，其实，王充的思想还要更加广泛，不限于对象性的科学知识。举重扛鼎、经验知识、文化学习，莫不是"力"。"行有余力，则以学文。贤人亦壮强于礼义，故能开贤，其率化民。化民须礼义，礼义须文章。能学文，有力之验也。"[3]能学习文化知识，修己化民，都是"力"。

王充认识到儒生之力并不能直接引起外在事物的改变，而需借助政治和壮士之力才能有相应效果。他说："故夫文力之人，助有力之将，乃

<hr>

[1] 黄晖：《论衡校释》二，第578页。
[2] 同上书，第582页。
[3] 同上书，第580页。

能以力为功。"当然,现实中须体力才能真的改变事物的状态。他认为文章需要反映真实,就是因它要成为对真实有所触及乃至可能改变的事实。如他说:"论文以察实","用心与为论不殊指"。①

但"力"有高下尊卑之别。"所以为力者,或尊或卑。孔子能举北门之关,不以力自章,知夫筋骨之力,不如仁义之力荣也。"为什么呢?因为,"凡人操行,能修身正节,不能禁人加非于己"②。道德修养是最高级的"力",因它是人们自己对自己的要求,不是外来力量的强制。然而,道德修养本身不能阻止别人对自己的非议。即使圣人也不能自免于厄。

壮士之力和才学之力可相互类比。秦武王跟大力士孟说比举鼎,不能胜任,筋脉崩断而死。才学差的人想要像董仲舒那样抒发自己胸中的才思,一定不会胜任,有血脉枯竭之险。即使颜渊,"已曾驰过孔子于涂矣,劣倦罢极,发白齿落。夫以庶几之材,犹有仆顿之祸,孔子力优,颜渊不任也。"因此,他得出结论说:"才力不相如,则其知思不相及也。""谷子云、唐子高章奏百上,笔有余力,极言不讳,文不折乏,非夫才知之人不能为也。孔子,周世多力之人也,作《春秋》,删《五经》,秘书微文,无所不定。"

王充将人的身体状况和其德行才力对应起来考察,有一定根据,但不是绝对的。因为,影响人之身体力量和才力发挥的因素并不完全一致。在王充看来,真有能力者,并非是能说一经的儒生,也非是能处理公文的文史,而是担当仁德,熟谙先王之道,博览古今,学富五车,下笔万言的文儒。文儒的才力高于儒生,更非文史可比。然而,"儒生博观览,则为文儒。文儒者,力多于儒生……文儒才能千万人矣"。文儒虽有才力,但不放到相应位置,得不到任用,不能得意,就发挥不出应有的能力。究其原因,是没得到有力之将的"推引"。得不到推引,就可能因能力而带来灾祸:"有力无助,以力为祸。"故有因自己的才力学识而招来杀身之祸

---

① 黄晖:《论衡校释》四,第1122页。
② 黄晖:《论衡校释》三,第742页。

者。"文儒之知……文章滂沛,不遭有力之将援引荐举,亦将弃遗于衡门之下。"这一思想是汉代儒生讨论士之"遇"与"不遇"的回应。他提出:"火之光也,不举不明。"正所谓"力重不能自称,须人乃举,而莫之助,抱其盛高之力,窜于闾巷之深,何时得达"?

这是王充对政治集权体制中人们得以发挥自己才干的必要条件的认识。个人的学识、才华,需要得到地方官的肯定和引见,才能在朝廷或官场发挥作用。"力重不能自称,须人乃举",才华盖世,不能自进,是体制决定的。然而,现实中往往"贤臣有劲强之优,愚主有不堪之劣",这却是当时无法根本解决的问题。

王充认识到:人力要改变现实是须有实际的力量的,但力必须用在"相类"的事物上才有效果。"攻社,一人击鼓,无兵革之威,安能救雨?"[1]何况社为土,雨为水,不求水而求土,五行异气,相去远。再如人有病而祷请求福,终不能愈;改变操行,也不能救。只有使医食药,才可得愈。

德与力是相互关联的。道德文化也是"力"。他特别指出文人和文章的力量之所在。"《易》曰:'大人虎变其文炳,君子豹变其文蔚。'又曰:'观乎天文,观乎人文。'此言天人以文为观,大人君子以文为操也。"[2]这就是说,天与人都以文采作外观,大人和君子都以文饰来表现仪表。文章可"发胸中之思,论世俗之事"。然而,可惜的是,很多人的文德之操,治身之行,皆为徇利为私而已。其实,文章有很重要的教化功能。"天(夫)文人文文(章),岂徒调墨弄笔,为美丽之观哉?载人之行,传人之名也。善人愿载,思勉为善;邪人恶载,力自禁裁。然则文人之笔,劝善惩恶也。"[3]道德文章,扬善责恶,对社会或后世有重要作用。古代礼法中的谥法,是通过褒贬人物的方式来彰善著恶的。"文人之笔,独已公矣。贤圣定意于笔,笔集成文,文具情显,后人观之,见以正邪,安宜妄记?足蹈于地,迹有好丑;文集于礼,志有善恶。故夫占迹以睹足,观文以知情。"

---

[1] 黄晖:《论衡校释》二,第687页。
[2] 黄晖:《论衡校释》三,第865页。
[3] 同上书,第868—869页。

总之,王充因意识到价值不能完全取代事实,故不像先儒过分重行为动机,且同时关注效验,这样,王充认识到"力"的重要意义。然而,因为"力"是具体改变事物状态的能力,无论德还是力的发挥,在社会历史中的作用都受到限制。

二、时与命

王充"时命"思想受到班彪影响。班彪云"神器有命,不可以智力求也"(《王命论》)。其主旨乃"穷达有命,吉凶由人"。班氏的目的在于斥责"乱臣贼子",其主题则是"神器之有授",王充发展班氏思想成为人生哲学。

所谓"时",即时代条件。王充说:"物生为瑞,人生为圣,同时俱然,时其长大,相逢遇矣。衰世亦有和气,和气以生圣人……圣王遭见圣物,犹吉命之人逢吉祥之类也,其实相遇,非相为出也。"①"是故气性随时变化,岂必有常类哉?"②又说:"虎所食人,亦命时也。命讫时衰,光气去身,视肉犹尸也,故虎食之。"此乃"天道偶会"。王充认为,"物随气变,不可谓无",但"时"在其中起着重要作用。他在评价祥瑞时说:"种类无常,故曾晳生参,气性不世,颜路出回","瑞应之出,殆无种类。因善而起,和气而生"③。

显然,"时"乃世事变化所处的具体时代特点,往往由许多偶然际遇所致。王充虽凡事讲效验,但也意识到并非事事均能证验,贤德或有力的文儒发挥其才性,是依赖一定条件的。

因时代条件不同构成人生命的限制,就是"命"。如他说:"案人操行,莫能过圣人,圣人不能自免于厄。"④还说:"圣兽不能自免于难,圣人亦不能自免于祸。"之所以不能自免于祸患,是"命穷""时厄"所决定的。

---

① 黄晖:《论衡校释》三,第747页。
② 同上书,第733页。
③ 同上书,第732页。
④ 同上书,第742页。

"夫不能自免于患者,犹不能延命于世也。命穷,贤不能自续;时厄,圣不能自免。"①如文王拘羑里,孔子厄陈、蔡,均非操行不好所致。显然,王充也没跳出传统政治给人们提供的那个生活场景,当然无法揭示其本质。

既然"时命"是落实在具体时代条件下某个人生命上的限制,它与个人的操行无关,那么,它就完全是时代或个人人生上的客观境遇所决定的。"人之于世,祸福有命;人之操行,亦自致之。其安居无为,祸福自至,命也;其作事起功,吉凶至身,人也。""祸福之至,时也;死生之到,命也。人命悬于天,吉凶存于时。命穷操行善,天不能续;命长操行恶,天不能夺。"在他看来,人的福佑非德操所带来的,祸福与善恶无关。"祸福不在善恶,善恶之证不在祸福。"②

在王充看来,从成功与否并不能分辨出贤与不肖。贤人也得依凭"时"与"术"而获得成就。贤人"能因时以立功",但"不能逆时以致安"。"得其术也,不肖无不能;失其数也,贤圣有不治。""道为功本,功为道效,据功谓之贤,是则道人之不肖也。"③那种"义有余,效不足,志巨大而功细小"的事情是常见的,而智者赏之,愚昧者则惩罚之。"必谋功不察志,论阳效不存阴计,是则豫让拔剑斩襄子之衣,不足识也。"可见,他并不赞成只计结果不择手段。

就社会而论也是如此。并非尧、舜贤圣导致太平,桀、纣无道导致乱世,而是他们的命数即"天地历数当然也"④。天灾乃年岁所致,"年岁水旱,五谷不成,非政所致,时数然也"。

王充虽认为人生有命,但又认为事物皆有"随气""随时"之变,并因此使其出现奇怪的变化。第一,"物无种"。种下嘉禾种子,不一定能长出嘉禾。经常见到的粱、粱这类一般谷物,茎穗也有生得很奇异的。"嘉禾、醴泉、甘露,嘉禾生于禾中,与禾中异穗,谓之嘉禾;醴泉、甘露,出而

---

① 黄晖:《论衡校释》四,第 1111 页。
② 黄晖:《论衡校释》三,第 774 页。
③ 黄晖:《论衡校释》四,第 1106 页。
④ 黄晖:《论衡校释》三,第 769 页。

甘美也,皆泉、露生出,非天上有甘露之种,地下有醴泉之类。"①第二,"人无类"。如尧生下丹朱,舜生下商均。商均、丹朱,是尧、舜后代,骨相情性不同罢了。鲧生下禹,瞽瞍生下舜。舜、禹,是鲧、瞽瞍的后代,才智德性大不相同。第三,"体变化"。"人见叔梁纥,不知孔子父也;见伯鱼,不知孔子之子也。张汤之父五尺,汤长八尺,汤孙长六尺。"②这里,与"气性异殊,不能相感动"③的观点有别,他又得出"灾变无种,瑞应亦无类也"的观点。

从事物的变化在时与命而不在技巧,历史的发展在幸偶而不在德操的观点出发,王充认为:"世之治乱,在时不在政;国之安危,在数不在教。贤不贤之君,明不明之政,无能损益。"因而,天时好,"谷足食多",即国泰民安;反之,"谷食乏绝,不能忍饥寒",就会"盗贼从多,兵革并起"。社会的治乱是由于"命期自然",与统治者好坏没有关系。

良医不能治不治之症,贤君不能化当乱之世。圣人孔子,也并非什么事都能做。民之治乱,皆有命限,不可勉强。治国安民和救死扶伤一样,需要策术但也有赖于时命。"故夫治国之人,或得时而功成,或失时而无效。术人能因时以立功,不能逆时以致安。良医能治未当死之人命,如命穷寿尽,方用无验矣。故时当乱也,尧、舜用术不能立功;命当死矣,扁鹊行方不能愈病。"④可见,王充认为,一方面,人的操行是受到限制的,成与败并非仅取决于人事,而同时受制于时事条件;另一方面,他批评了天人感应的思想。"阴阳和,百姓安者,时也。时和,不肖遭其安;不和,虽圣逢其危。"以为天必然按照个人的修为或喜好作出反应,是痴心妄想。

王充认为,人皆有"命"。从王公大人到黎民百姓,从圣贤到愚昧,

---

① 黄晖:《论衡校释》三,第 730—731 页。
② 同上书,第 732 页。
③ 同上书,第 695 页。
④ 黄晖:《论衡校释》四,第 1107 页。

"凡有首目之类,含血之属,莫不有命"①。"天性,犹命也。""禀性受命,同一实也。命有贵贱,性有善恶。"②人因不可逃之命决定了有许多的遭遇和累害,又因其命乃天所禀者,所以,命也是无可奈何、自然无为的。如有才能不能施展,有智慧不能实行,或实行不能成功,"且达者未必知,穷者未必愚。遇者则得,不遇失之"③等。

　　具体说来,命有二品:"一曰所当触值之命,二曰强弱寿夭之命。"④所谓"所当触值"之命,指由外在的原因如兵烧压溺所致之命;"强弱寿夭"之命,为"禀气渥薄"所产生。由于王充不是从个人的行为特别是道德操行角度解释人生遭遇与命运,而力图从客观的外在原因来寻找答案,结果就归结为"气禀"和"遭际"的原因。

　　就气禀而论,"人禀元气于天,各受寿夭之命,以立长短之形"⑤。就遭际而论,则不一而足。人之操行必有贤愚之别、是非之分,但就其所遭遇的祸福、幸与不幸、赏还是罚,则不是彼此对应的,其中存在着偶然性。并不存在着修养好就寿命长,或品行好必富贵的现象。否则,无法解释为何有颜回、冉伯牛这等修行的人会短命,而孔孟圣贤却于生活之时代终究不遇的现象。遇与不遇,不取决于才能和操行,而决定于不受个人控制的时运。"故夫临事知愚,操行清浊,性与才也;仕宦贵贱,治产贫富,命与时也。"对于偶幸之人,王充说:"佞幸之徒,闳、藉、孺之辈;无德薄才,以色称媚,不宜爱而受宠,不当亲而得附,非道理之宜,故太史公为之作传。邪人反道而受恩宠,与此同科,故合其名谓之佞幸。无德受恩,无过受祸,同一实也。"⑥在王充看来,"命则不可勉,时则不可力,知者归之于天"⑦。才高未必位高。"命""时"是人力不能决定的。

　　显然,从传统儒家伦理不能解释"无德受恩,无过受祸"的现实,王充

---

① 黄晖:《论衡校释》一,第20页。
② 同上书,第142页。
③ 黄晖:《论衡校释》四,第1204页。
④⑤ 黄晖:《论衡校释》一,第28页。
⑥ 同上书,第40页。
⑦ 同上书,第20页。

则从其元气自然的人性论角度来加以说明，难免是机械的。佞幸之徒恰恰是专制体制、人性弱点，以及社会发展水平所能给人们提供条件的有限性等多种原因产生的。

从这种自然人性论观点出发，王充对《白虎通德论》为代表的命论作了批判。《白虎通德论》将命一分为三：正命、随命、遭命。按王充的命有二品，由气禀之寿命略相当于正命，所当触值之命为遭命。王充则对所谓"随命"说进行了批判。他说：

> 《传》曰："说命有三：一曰正命，二曰随命，三曰遭命。"谓本禀之自得吉也。性然骨善，故不假操行以求福，而吉自至，故曰正命。随命者，戮力操行而吉福至，纵情施欲而凶祸到，故曰随命。遭命者，行善得恶，非所冀望，逢遭于外，而得凶祸，故曰遭命。凡人受命，在父母施气之时，已得吉凶矣。夫性与命异，或性善而命凶，或性恶而命吉。操行善恶者，性也；祸福吉凶者，命也。或行善而得祸，是性善而命凶；或行恶而得福，是性恶而命吉也。性自有善恶，命自有吉凶。使命吉之人，虽不行善，未必无福；凶命之人，虽勉操行，未必无祸。正命者至百而死。随命者五十而死。遭命者初禀气时遭凶恶也，谓妊娠之时遭得恶也，或遭雷雨之变，长大夭死。此谓三命。①

显然，王充试图针对社会上永远存在的"宜遇其祸"，却"乃以寿终"；"行善于内"，却"遭凶于外"，以及"行善当得随命之福"，但实际却"乃触遭命之祸"的现象提出严肃的质询。传统儒家的道德观不能对此提供一个完满的解释。在王充看来，按《白虎通德论》所论，则"言随命则无遭命，言遭命则无随命"，显然二者不能自洽。所以，他最终得出了"富贵贫贱皆在初禀之时，不在长大之后随操行而至也"的观点。

虽然，根据孟子，"求之有道，得之有命"（《孟子·尽心上》），但现实中，既不免"性善命凶，求之不能得也"，亦不免"无道甚矣，乃以寿终"，因

---

① 黄晖：《论衡校释》一，第49—53页。

而,所谓求善得善、为非得恶的随命在他看来也不能成立。他认为,有随命便无遭命,有遭命,便无随命。他的结论是:"贵贱在命,不在智愚;贫富在禄,不在顽慧。"[1]人身有病,如"命尽期至,医药无效"[2]。

其实,王充没有意识到遭命很大程度上都是依赖外在条件的,随命则是或然的,修养、才能和智慧都只是其必要条件,而非充分条件。他没有意识到在宗法色彩还很浓厚的社会中,血缘、裙带关系乃至性别、年龄这些东西,都被礼的原则所肯定,这些属于人的自然属性的东西并非人努力的结果,但是,却与人事修为一样参与到儒家伦理之中来了,并很可能影响到个人乃至整个社会的未来。王充事事求效验的思想是植根于历史事实判断而非道德价值判断之上的。

王充"贵贱在命,不在智愚;贫富在禄,不在顽慧"的思想,固然是从利害得失和客观历史角度观察事物的认识结果,但也是对当时的社会情况的客观反映。它和《淮南子·齐俗》中所谓"仁鄙在时不在行,利害在命不在智"的思想是相通的,均在突出"时"的重要性,而否认道德修养乃至智慧对于利害和历史进程的决定性意义。于此,王充显然扭曲了孟子"求之有道,得之有命"的本义。

《孟子·尽心上》说:"求则得之,舍则失之,是求有益于得也,求在我者也。求之有道,得之有命,是求无益于得也,求在外者也。"孟子并未张扬"求在外者也",而是肯定"求在我者也"的道德修养。反之,王充完全忽视了人的"长短之形"与贫贱富贵之间的区别,没有看到自然禀赋与人事修为在人生命运中各自不同的作用,结果得出"慎操修行,其何益哉"的结论,就是否认道德主体性的一种命定论了。

命的前定性和时的或然性质,往往使人产生生存上的疑问。王充否定有所谓随命,而认为只有正命和遭命。他由气禀之论进而认为一切皆命中注定。"故命贵从贱地自达,命贱从富位自危。故夫富贵若有神助。

---

[1] 黄晖:《论衡校释》一,第22页。
[2] 黄晖:《论衡校释》二,第688页。

贫贱者若有鬼祸。命贵之人,俱学独达,并仕独迁;命富之人,俱求独得,并为独成。"[1]就如珠玉之在山泽不求富贵于人而其自贵,人也"不须劳精苦形求索"[2]而信命即可富贵。既然人从胚胎形成就一切皆被决定了,那么又主张"以学问为力""须学以圣",意义何在呢?

同样是人,命贵的人,"俱学独达,并仕独迁";命富的人,"俱求独得,并为独成",其中难道真的没有道理可以追问吗?世俗所谓"王侯将相,宁有种乎",就是对这种命定论的抗议。

对于质相同而实异的处境似乎无法解释,王充则以幸、偶等遭遇来解释。"物善恶同,遭为人用,其不幸偶,犹可伤痛,况含精气之徒乎!虞舜圣人也,在世宜蒙全安之福。父顽母嚚,弟象敖狂,无过见憎,不恶而得罪,不幸甚矣。孔子,舜之次也,生无尺土,周流应聘,削迹绝粮。俱以圣才,并不幸偶。舜尚遭尧受禅,孔子已死于阙里。以圣人之才,犹不幸偶,庸人之中,被不幸偶,祸必众多矣。"[3]

汉代特别是东汉,黄色之金、紫灵芝、黄龙等祥瑞屡现,王充认为是"皇瑞比见,其出不空,必有象为,随德是应。"[4]然都不是必然,而是"天道自然,厥应偶合。"[5]幸、偶、遇,都有偶然性的意思。王充一方面认为必然性的命与代表偶然性的时不可分离。他认为:"命非过也""遇与不遇,时也。"[6]但幸偶总是以某种方式表现出来的必然性。他说:"一生之行,一行之操,结发终始,前后无异。一成一败,一进一退,一穷一通,一全一坏,遭遇适然,命时当也。"[7]因而,又没有纯粹的偶然。王充由命定论陷入机械主义和悲观主义的人生哲学。

因而,王充也因个人遭遇而有否认能动性的机械主义之虞。他将事

---

① 黄晖:《论衡校释》一,第20页。
② 同上书,第26页。
③ 同上书,第42—43页。
④ 黄晖:《论衡校释》三,第844页。
⑤ 同上书,第845页。
⑥ 黄晖:《论衡校释》一,第273页。
⑦ 同上书,第281页。

物变化中的幸偶,时、遇等均看成必然性的"命",构成事物变化的决定性因素,同时又认为"天道自然","无为",这样一来,"自然性、必然性、偶然性在王充看来是一个道理:就整个世界来说,天地之施气、人物之出生,都出于'自'或'自然',并非由上天在主宰,也并非出于神的某种目的;就个别的物或人来说,那么,它的生成发展是一开始就已决定了的,这种决定,即是一种自然性的决定,而非由于某种外力所加;这种决定,在人即谓之'命'"①。既然偶然性也罢,必然性也罢,它们都是为人力所不可控制的因素,它们也都成为神秘不可捉摸的力量了。由此,王充的时命论难以和宿命论区别开来。

王充一方面认为"人禀元气于天,各受寿夭之命,以立长短之形",而且"贵贱在命,不在智愚;贫富在禄,不在顽慧"②,似乎血统种类决定一切;另一方面却又看到圣人尧子丹朱、舜子商均不肖,似乎否定了血统论。而且,"遭祸虽属'命',专说修短问题,却以为有'禀性'决定,于是此处'性命'又相混矣"③。这些交代不清楚甚至互相抵触的地方,导致论者以为王充或"未经详细校核所致",或认为"他本人实在无法自解,亦未可知"④。

王充说:"富贵者天命也。命富贵,不为贤;命贫贱,不为不肖。"⑤很显然,他描述的是一个社会事实,现实中居于富贵地位的人之所以富贵,并非一定是因他们的贤德与才能,这在当时是不能以理性来解释的。"命"在这里就是指无法以理性完全说明,因此也不是人为努力就可改变的。

基于"命"在王充思想体系中的重要地位,人们认为它"是王充思想哲学体系的中枢和基本点"⑥。的确,王充的命论涉及人的生活的方面面

---

① 侯外庐:《中国思想通史》第二卷,第275页。
② 黄晖:《论衡校释》一,第59页。
③ 劳思光:《新编中国哲学史》二,第115—116页。
④ 贺凌虚:《东汉政治思想论集》,第71页。
⑤ 黄晖:《论衡校释》四,第1103页。
⑥ 邓红:《王充新八论》,第89页,北京,中国社会科学出版社,2003。

面，诸如自然生命，人生际遇，乃至涉及必然性与偶然性、绝对与相对等重要的哲学问题，值得深入研究。他否认人事修为对于改变"命"的积极意义，而将"命"视为适遇或幸偶，显然是有失当之处的。但客观地看，王充的命论仍然受到传统儒家命观的影响，多少也打上了一些个人体验的烙印。

王充为了撇清政治治乱与自然灾害的直接联系，认为吉凶的事实和道德上的善恶并不一致，并不是否定道德的意义，而是为了解释社会生活的随机性和复杂性。所谓"富饶因命厚""昌衰非德操所为"，"昌衰兴废，皆天时也"①，"达者未必知，穷者未必愚。遇者则得，不遇失之"②等，不仅和《中庸》"大德必得其位，必得其禄"的观点不相合拍，且是"夫命厚禄善，庸人尊显；命薄禄恶，奇俊落魄"③的社会现实的写照。可以说，他的这个思想主观上也许并不全是消解主体性的宿命论，而是对传统社会政治格局的解释，同时也是自我解脱。位高权重还是官卑禄薄，在注重宗法血缘的时代，的确与个人才能和操行没有必然关联。当然，王充这一思想既反映了细门孤族者的不满，也与成王败寇的思想大异其趣。

王充"时命论"相对班彪《王命论》，思想主旨有很大改变。《王命论》的主题是王权受命，其"历古今之得失，验行事之成败，稽帝王之世运，考五者之所谓，取舍不厌斯位，符端不同斯度，而苟昧于权利，越次妄据，外不量力，内不知命，则必丧保家之主，失天气之寿，遇折足之凶，伏铁钺之诛"。重心在论"神器之有授"，不可私觊。告诫英雄"诚知觉寤，畏若祸戒，超然远览，渊然深识"，结论是"穷达有命，吉凶由人"。王充命定论则主要不是探讨王权受命问题，而是考察贫贱富贵与个人操行智慧的关系问题。王充的命论显然更具有普遍性，他关注的中心不在政治而在人生哲学。

王充"时命"思想试图去解决一些深刻的哲学问题，有很大启发性。

---

① 黄晖：《论衡校释》三，第 771 页。
②③ 黄晖：《论衡校释》四，第 1204 页。

首先,他以必然性作为底线论证或然性。时代条件中一些幸偶或偶然的遭遇可能对事物的发展有决定性,却不能突破必然性的范畴。"气变无类",同时良医虽能治病却不能治命。既认为"气性异殊,不能相感动也",又认为"灾变无种,瑞应亦无类",揭示了事物发展中的必然性与偶然性的关系。其次,善恶的道德判断不能取代吉凶的历史判断。孔孟儒家以伦理道德作为一套解释生活事实的系统,到西汉董仲舒进一步以天人感应的系统解释宇宙,存在着一个重大的理论缺陷,那就是遗忘了生活中大量的非道德领域。事实和历史并不完全符合人们的道德价值的判断。王充指出吉凶祸福不是善恶是非,正是基于现实中权力与其他因素可能导致的事实变化与是非善恶并无必然联系。这一思想的重要意义不仅在于回归了生活的本来面目,而且无情地撕去了笼罩在统治者身上的美丽画皮。最后,"命"的思想无疑揭示了人们主体性的范围和界限。主体地看,人们面对生活有很大的选择性,这是人作为智慧生物的地位所决定的;但是,历史地看,人的行为受到时代条件的限制。生活中存在着不为人们完全直接决定的东西。

第六节　对鬼神思想和儒家的批判

一、对鬼神思想的批判

王充是中国古代无神论的代表。其无神论思想继承了桓谭的观点,主要体现在对流行的鬼神思想的批判方面。其中,《论死篇》《伪死篇》的主要内容就是批判传统鬼神思想。

当时流行看法是,人死后成为鬼,还有知觉,并会害人。王充恰好相反,认为人死后无知觉,也不能变成鬼来害人。

首先,王充从人和物的共性来论人死不能为鬼。"人,物也;物,亦物也。物死不为鬼,人死何故独能为鬼?"[1]"死人"应为"人死"。显然,从物

---

[1] 黄晖:《论衡校释》四,第 871 页。

死不能为鬼来说明人死后是否为鬼的说服力不够。基于人和物的差别，他又说：

> 人之所以生者，精气也，死而精气灭。能为精气者，血脉也。人死血脉竭，竭而精气灭，灭而形体朽，朽而成灰土……朽则消亡，荒忽不见，故谓之鬼神。

人死精气灭，血脉竭，因而其形体腐朽，化为灰土。所谓鬼，即归于土之意。从其荒忽无形看不见的角度说，可称为神。他还说："妖气为鬼，鬼象人形，自然之道，非或为之也。"[1]

关于鬼神，当时还有另一看法，认为阴气逆物而归谓之鬼，阳气导物而生谓之神。王充则认为："神者，伸也，申复无已，终而复始。人用神气生，其死复归神气。阴阳称鬼神，人死亦称鬼神。"气之生人，好比"水之为冰也。水凝为冰，气凝为人；冰释为水，人死复神"一样。王充把人之生死看成是一个自然过程，所谓鬼神就是阴阳的两个方面而已。

类似关于鬼神的观点亦见于《韩诗外传》《孔子家语·哀公问政》和《礼记·祭义》。王充所谓"人死精神升天，骸骨归土，故谓之鬼。鬼者，归也；神者，荒忽无形者也"，和《祭义》"众生必死，死必归土，此之谓鬼"，"骨肉毙于下，阴为野土"，"其气发扬于上……此百物之精也，神之着也"[2]的说法大体相同。王充的主要特点是批判当时流行的人死之后还有知觉并能害人的观点。

王充有时又认为人死为鬼之事难认定："实者死人暗昧，与人殊途，其实荒忽，难得深知。有知无知之情不可定，为鬼之实不可是。"[3]圣心贤意，也只能"方比物类"来认识。人看见鬼像活人的形状，仅凭这一点就可认定鬼并非死人的精气变成的。同理，人死精气散亡，"何能复有体，而人得见之乎"？他认为，人死后，其形体朽坏，不可能再变化为活人的

---

① 黄晖：《论衡校释》三，第 779 页。
②《十三经》上，第 541 页，北京，国际文化出版公司，1999。
③ 黄晖：《论衡校释》四，第 962 页。

身体。假如人死还能转化为有形的鬼，那么，自古以来死人何止亿万数！岂不是道路上一步一鬼，到处是鬼？人死像火灭一样，岂能复燃？人们都认为鬼为人死后之精神，为何见到的鬼并非"裸袒之形"？衣服是无精神的。"精神本以血气为主，血气常附形体，形体虽朽，精神尚在，能为鬼可也。今衣服，丝絮布帛也，生时血气不附着，而亦自无血气，败朽遂已，与形体等，安能自若为衣服之形？"①所以，鬼是不可能有活人形体的。最后，人死不能为鬼，因为人未生无所知，其死归无知之本，何能有知乎？

人有知是因有以五藏为基础的形体，形体则须气而成，气须形而知。人死形体朽坏，当然就无知了。

围绕人死是否有知觉的问题，王充还反复进行了分析论证。他认为，人死和昏迷、处于睡梦中是一样的没有知觉。"人梦不能知觉时所作，犹死不能识生时所为矣。"他认为，若死人也有知觉，必怨恨凶杀，那么，破案就没任何困难。人就像火一样，死无知觉，火灭不会复燃。"谓人死有知，是谓火灭复有光也。"如果人死有知觉，那么夫死妻改嫁，妻死夫更娶，以有知验之，定会大忿怒。现在夫妻死者寂寞无声，再嫁娶者平安无祸，这就证明人死而无知。

人死枯骨在野外。野外有时发出哀鸣之声，好像夜间人哭一样，有人认为这是死人发出的声音，其实是错误的。活人能说话叹息，是因气包含在口喉中，动摇舌头，口一张一合，所以能说话。"人死口喉腐败，舌不复动，何能成言？"

从精神依赖形体的观点出发，王充认为表达心意知觉的语言能力，也依赖形体。他说："人之所以能言语者，以有气力也。气力之盛，以能饮食也。饮食损减则气力衰，衰则声音嘶，困不能食，则口不能复言。夫死，困之甚，何能复言？"既然人的形体是基础，在此基础上才有语言，那么，形体死亡毁坏，就不可能再有能力害人。

王充认为，人禀受自然之气，与物有相同的精气，所以能与物相交

---

① 黄晖：《论衡校释》三，第 875 页。

换。等到人生了病,精气衰弱之时,那种物的精气就会来侵犯他了,它就以熟悉或不熟悉的所谓鬼的形象出现了。所谓鬼不过是人思念存想而为的。"凡天地之间有鬼,非人死精神为之也,皆人思念存想之所致也。"①人死与鬼无关,是疾病所致。人不生病则不畏惧,人生病则气倦精尽,"畏惧鬼致"。"病人命当死,死者不离人",即病人命当死的话,还是由人的身体原因而非鬼所决定的。史上关于鬼的各种传说,除个别可存疑外,他通常都用气构成万物的观点加以解释。所谓鬼,不过是世间各式各样的由无知的"阳气"构成的。他说"凡天地之间,气皆纯于天,天文垂象于上,其气降而生物。气和者养生,不和者伤害。本有象于天,则其降下,有形于地矣。故鬼之见也,象气为之也"。

王充还认为人们难解的现象如"妖"也是气。他说:"夫非实则象,象则妖也。妖则所见之物非物也,非物则气也。"其所谓"非物则气"的妖象,与人死为鬼或有不同,但终归都是气。有的妖气模仿人的形状,有的则是人含着妖气表现出一种怪异现象。如果妖气现出人形,人们就以为所见是鬼。如果人含气为妖,就成巫之类了。然而,事情发生时都有一定的征兆,还有一个逐步的过程,不会猝然出现。其间情况复杂,但还是有迹可循。"国将亡,妖见;其亡非妖也。人将死,鬼来,其死非鬼也。"真实情况是:"亡国者,兵也;杀人者,病也。"

王充认为,无论妖还是鬼,都是"太阳之气"。能伤人之气为毒。"天地之气为妖者,太阳之气也。妖与毒同,气中伤人者谓之毒,气变化者谓之妖。""太阳之气",盛而无阴,所以只能为象不能为形。其无骨肉,有精气,故一见恍惚,很快就会消失。"诸鬼神有形体法,能立树与人相见者,皆生于善人,得善人之气,故能似类善人之形,能与善人相害。"这样一来,王充对鬼的看法又不能完全与他所反对的鬼神观完全区别开。"天道难知,鬼神暗昧,故具载列,令世察之也。"②他把人难知的太阳之气看

① 黄晖:《论衡校释》三,第931页。
② 同上书,第936页。

成是实有的。"或谓之鬼,或谓之凶,或谓之魅,或谓之魑,皆生存实有,非虚无象类之也。"①但是,鬼不能有知不能害人这一点,王充是始终坚持的。人们之所以有祭祀活动,不过是"主人自尽恩勤而已,鬼神未必歆享之也"②。至于古人的占卜活动,则是求知的需要。"天意难知,故卜而合兆,兆决心定,乃以从事。"③

在《解除篇》中,对祭祀和解除作了分析。祭祀为了求福,解除则为去凶。然而,王充认为,"祭祀,厚事鬼神之道也,犹无吉福之验",因鬼神无形无知不能害人。鬼神无形体,无口舌,也无喜怒。吉凶祸福终归"在人不在鬼,在德不在祀"④。他说:"论解除,解除无益;论祭祀,祭祀无补;论巫祝,巫祝无力。"在他看来,祭祀不可得福,解除不可去凶。礼义败坏才会导致迷信鬼神,"衰世好信鬼,愚人好求福"。"不修其行而丰其祝,不敬其上而畏其鬼","通人"不会做这种事情。然而,国运有远近,人命有长短,皆有定数。"鬼神之集,为命绝也",驱鬼无补于事,正如"杀虎狼,却盗贼,不能使政得世治"一样。正所谓"夫礼不至则人非之,礼敬尽则人是之"。其"推人事父母之事,故亦有祭天地之祀","推人事鬼神,缘生事死。人有赏功供养之道,故有报恩祀祖之义"。

总体来看,王充批判鬼神思想的主要特点是:第一,他的主要论据是人与物相"通",都是元气的变化。精神依附于元气。若精神有病,可因"知其物然而理之,病则愈矣"。但人死而形体朽坏,精神失去依靠而散亡。"夫人之精神,犹物之精神也。"虽然人贵于物,有精神能够成事,但若崇拜鬼神则就是崇尚物的精神了。只有人活着有形体,才有力量,也才可能害人,人死精神散亡,当然也就不可能害人。只有五行之物可以害人。因此,"使人死,精神为五行之物乎,害人;不为乎,不能害人"。第二,王充以实证科学的立场和逻辑推理的方法分析和认识人们鬼神的观

① 黄晖:《论衡校释》三,第 937 页。
② 黄晖:《论衡校释》四,第 1047 页。
③ 同上书,第 1094 页。
④ 同上书,第 1043 页。

念。他认为"与世俗同知,则死人之实未可定也"①。又认为生死异途,人鬼异类,"鬼神未定"。因此,分析和认识鬼神始终是以人的经验观察和理性思考为结论的根本。人世间所有祭祀,就如人事关系往往都是为了功利目的一样,"皆为思其德,不忘其功也","祀为报功者"。他的所谓鬼神,其实是人的理性可理解的鬼神,而非非理性之鬼神。这是他彻底贯彻中国古代无神论的鲜明体现。他的所有批判都服从这一原则。

王充观点的合理性在于:他从物理和生理的角度,从人和物、生物在不同程度上有相通之处思考。人活着需要和物质世界进行物质和能量的交换,否则,人无法生存。人也因其有身体、有体力才可能害人,人死之后,不可以害人。针对史书所记与世上流传的一些所谓人死后变成鬼、有知、能害人的事例,运用大量生活常理进行类比推论,逐个分析其说的不合理处,加以批驳,指出"世多似是而非,虚伪类真",始终坚持"死人不为鬼,无知,不能害人"的观点。其对鬼神迷信的批判在许多地方是较有说服力的。

二、对儒家的批判

王充对儒家的批判首先是针对当时流行的天人感应思想。儒者认为"思虑深,避害远,中国有道则来,无道则隐"。"称凤皇、骐骥之仁知者,欲以褒圣人也。非圣人之德,不能致凤皇、骐骥。"王充认为,此言妄也。"王者以天下为家。家人将有吉凶之事,而吉凶之兆豫见于人,知者占之,则知吉凶将至,非吉凶之物有知,故为吉凶之人来也。"②他认为,天地之间,常有吉凶,吉凶之物到来,自当与吉凶之人相逢遇。有的人说是天使所为。然而,巨大之天,役使细小之物,言语不通,情指不达,怎能役使呢?"物亦不为天使,其来神怪,若天使之,则谓天使矣。"

《变动篇》综合《寒温篇》《谴告篇》思想,进一步对天人感应思想提出

---

① 黄晖:《论衡校释》三,第891页。
② 同上书,第750页。

批评。"天能遣告人君,则亦能故命圣君,择才若尧、舜,受以王命,委以王事,勿复与知。今则不然,生庸庸之君,失道废德,随遣告之,何天不惮劳也?"[1]只有违背自然,才有所谓遣告。"心险而行诐,则犯约而负教。教约不行,则相遣告。遣告不改,举兵相灭。由此言之,遣告之言,衰乱之语也,而谓之上天为之,斯盖所以疑也。"[2]关于遣告,可以用人间常识来验证。若君可以遣告臣,那么,天就可以遣告君;反过来,臣也可以纳谏于君,君也可以纳谏于天。但是,却看不到效果何在。如果说上天道德完美,人不可以谏,那上天就应保持沉默。王充认为,灾变不过是阴阳之气不和所致,人们"引过自责,恐有罪,畏慎恐惧之意",然而未必实有其事。

> 且瑞物皆起和气而生,生于常类之中,而有诡异之性,则为瑞矣。故夫凤皇之至也,犹赤乌之集也。谓凤皇有种,赤乌复有类乎?嘉禾、醴泉、甘露,嘉禾生于禾中,与禾中异穗,谓之嘉禾;醴泉、甘露,出而甘美也,皆泉、露生出,非天上有甘露之种,地下有醴泉之类,圣治公平,而乃沾下产出也。蓂荚、朱草,亦生在地,集于众草,无常本根,暂时产出,旬月枯折,故谓之瑞。[3]

其实,瑞应就是灾变。瑞以应善,灾以应恶,善恶虽反,其应相同。"灾变无种,瑞应亦无类也。阴阳之气,天地之气也。遭善而为和,遇恶而为变,岂天地为善恶之政,更生和变之气乎?然则瑞应之出,殆无种类,因善而起,气和而生。"[4]

他认为天人并不感应。"衰世亦有和气,和气时生圣人。圣人生于衰世,衰世亦时有凤、骐也。孔子生于周之末世,骐骥见于鲁之西泽。"[5]王充虽也常将天地之体以人体来比附,但他也和桓谭一样反对天人感应

---

① 黄晖:《论衡校释》三,第 777 页。
② 同上书,第 784 页。
③ 同上书,第 730—731 页。
④ 同上书,第 732 页。
⑤ 同上书,第 747 页。

的神学思想。

王充还批判了一些流行的观点，特别是对汉人尊为神的圣人孔子及追随者孟子提出质疑，对传统儒家经籍的记载表示怀疑。

王充认为，圣人不能先知，孔子不是先知。在《知实篇》中，王充举出了十六条理由论证这一思想，最终他提出，圣人并非是有达视远见，洞听潜闻，能与天地谈论，与鬼神言语，知天上地下之事，可谓神而先知，与普通人根本不同的人。他说，"(圣人)今耳目闻见，与人无别；遭事睹物，与人无异，差贤一等尔"①。圣人只是能根据事物的形迹征兆，推原其本源，然后经判断得出结论。

王充还以求实的态度针对儒家典籍中存在的一些疑问提出质询，其中，尤其重要者是针对《论语》《中庸》的思想的怀疑。他说：

> 孔子言"天丧予"者，以颜渊贤也。案贤者在世，未必为辅也。夫贤者未必为辅，犹圣人未必受命也。为帝有不圣，为辅有不贤。何则？禄命、骨法，与才异也。由此言之，颜渊生未必为辅，其死未必有丧，孔子云"天丧予"，何据见哉？……且天不使孔子王者，本意如何？本禀性命之时不使之王邪，将使之王复中悔之也？如本不使之王，颜渊死，何丧？如使之王，复中悔之，此王无骨法，便宜自在天也。且本何善所见而使之王？后何恶所闻中悔不命？天神论议，误不谛也。②

在这里，王充并未提到《中庸》，但所针对的无疑是"大德者必受命"这一思想。而这一思想内部包含着儒家"天生人成"逻辑在道德上的延伸，王充批判依据的乃是自己的命定论。显然，"天生人成"思想虽然有其一定的现实解释力，但也包含着许多复杂而微妙的内含。很明显在注重验证的王充那里，"天生"的性质需要"人成"的事实来显现，其中的逻辑就是成王败寇，难免"受命者必大德"。同时，他指出儒家道德修养也

---

① 黄晖：《论衡校释》四，第 1096 页。
② 黄晖：《论衡校释》二，第 419 页。

并不一定在社会上有客观效应。"凡人操行,能修身正节,不能禁人加非于己。"显然,这是他坚持从历史和事实而非从道德价值立场出发观察事物所必然得出的结论。

《刺孟篇》中,王充抓住孟子理论前后矛盾、言行不统一、转移论题和神秘难解的地方,逐一进行揭露和驳斥。例如针对孟子"五百年必有王者兴","天故(有意)生圣人"的天命论说法,用历史事实证明完全是"浮淫之语"。对于自认为"如欲平治天下,当今之世,舍我而谁"的孟子,则指出他不是什么"贤人",而是"俗儒"。不过,王充也对孟子"人无触值之命","天命于操行也"的合理东西,也进行了错误的责难。

在经学盛行的汉代,读经乃学术以至从政的必要条件。但其后果就可能使学术的创造性降低。王充以为,典籍中所记载的未必实有其事。"夫实有而记事者失之,亦有实无而记事者生之。夫如是,儒书之文,难以实事,案附从以知凤凰,未得实也。"①儒者说《五经》,不一定有事实依据,经学沦为晋身之阶。据此,王充从讲求"效验"的原则出发,批评儒生对经典的态度多失其实。"前儒不见本末,空生虚说。后儒信前师之言,随旧述故,滑习辞语。苟名一师之学,趋为师教授,及时蚤仕,汲汲竞进,不暇留精用心,考实根核。故虚说传而不绝,实事没而不见,《五经》并失其实。"②在他看来,经之传不可从,《五经》皆多失实之说。而"世俗用心不实,省事失情"③,往往流于虚妄。他认为著述须"得实",故应"考实根本"。文章言辞应落实在事实基础之上。

王充认为,世儒学者,好信师崇古,以为贤圣所言皆是,专精讲习,不知问难,这是不对的。其实贤圣下笔造文,即使用意详审,也不一定均曲尽事实,何况还有仓促之言,怎能皆是?"不能皆是,时人不知难;或是,而意沉难见,时人不知问。案贤圣之言,上下多相违;其文,前后多相伐者,世之学者,不能知也。"(《问孔篇》)对这种不求查实盲目信奉的现象,

---

① 黄晖:《论衡校释》三,第 727 页。
② 黄晖:《论衡校释》四,第 1123 页。
③ 同上书,第 1170 页。

王充不能苟同。

王充认为，学生跟随老师学习，不能一味唯师命是从，而应亦"核道实义，证定是非"为本，颇有点"更爱真理"的味道。他说："凡学问之法，不为无才，难于距师，核道实义，证定是非也。问难之道，非必对圣人及生时也。世之解说人者，非必须圣人教告乃敢言也。"①他还认为，"《五经》以道为务，事不如道，道行事立，无道不成。"②但世俗学者，却不肯深入研究经典学问，通晓古今，只想做升官发财的章句之学。

王充对俗儒是古非今的习惯提出批评。《齐世篇》的"齐世"，意思是古今社会齐同。其主旨在于批判汉儒尊古卑今的社会历史观。"圣人之德，前后不殊；则其治世，古今不异。上世之天，下世之天也，天不变易，气不改更。上世之民，下世之民也，俱禀元气。元气纯和，古今不异，则禀以为形体者。"③气如水火。水火之性古今没有差异。一个人十几岁所见之物和他百岁时所见之物也没有差别。"以今之人民，知古之人民也。"④上世之士也即今世之士，"俱含仁义之性，则其遭世，必有奋身之节。"⑤王充认为今世之士"尊古卑今"，"好褒古而毁今"，此为贵远贱近。导致这种看法的原因在世俗之性，"少所见而多所闻"，"贱所见贵所闻也"⑥。在他看来，古代人和今天的人没有什么不同，崇古尚古之风导致人们厚古薄今。

他说："夫古今一也，才有高下，言有是非，不论善恶而徒贵古，是谓古人贤今人也。"⑦"善才有浅深，无有古今；文有伪真，无有故新。"应不为古今变心易意。但王充却犯了以今况古、齐同古今的毛病，关键在于为汉朝说法，所以《齐世篇》的消极因素多于积极因素。

① 黄晖：《论衡校释》二，第 396 页。
② 同上书，第 543 页。
③ 黄晖：《论衡校释》三，第 803 页。
④ 同上书，第 804 页。
⑤ 同上书，第 809 页。
⑥ 同上书，第 812 页。
⑦ 黄晖：《论衡校释》四，第 1173 页。

王充对儒家的批判其实是基于一种普遍性的社会批判。他称社会为俗世或世俗，普通人为俗人、俗夫，流行的文章为俗文，此外，还有俗儒、庸人、俗情、俗性、俗材、俗说、贯俗、俗言、俗耳、品俗等等。虽然我们看不到他的重要文章《讥俗》《节义》的内容，但在《自纪》《对作》《艺增篇》等篇中还是针对"俗"提出了深刻批判。

> 世俗所患，患言事增其实，著文垂辞，辞出溢其真，称美过其善，进恶没其罪。何则？俗人好奇，不奇，言不用也。故誉人不增其美，则闻者不快其意毁人不益其恶，则听者不惬于心。闻一增以为十，见百益以为千，使夫纯仆之事，十剖百判；审然之语，千反万畔。墨子哭于练丝，杨子哭于歧道，盖伤失本，悲离其实也。蜚流之言，百传之语，出小人之口，驰闾巷之间，其犹是也。①

其所谓"俗"，主要是针对言辞"失实""华虚""虚妄"、迷信等不求实际、盲目崇古即不独立思考的流弊而言的。它一方面指人类文化所形成的虚华、虚伪，另一方面也包括耳目自然的限制。

因为"实事不能快意，而华虚惊耳动听也。是故才能之士，好谈论者增益实事，为美盛之语；用笔墨者，造生空文，为虚妄之传"②。在这种虚伪的氛围中生活的时间久了，人们逐渐丧失了觉悟真实的能力。他"讥俗"的目的就在于追求"养实""调行""离俗"，回到真实的生活本身。他说："夫养实者不育华，调行者不饰辞。"③又说："论贵是而不务华，事尚然而不高合。"文章言论就是要分辨是非，"明辨然否"，认识真相，这当然要涤除虚伪，透视假象。要认识事物的真相，是需要对世俗之见有一种怀疑和批判精神的。他说："论说辩然否，安得不谪常心、逆俗耳？"文章和言论，往往要增饰其华，这是审美的需要。但过分的华章则是"饰貌以强类者失形，调辞以务似者失情"。这样，真相往往被遮蔽。如果论说不能

---

① 黄晖：《论衡校释》二，第 381 页。
② 黄晖：《论衡校释》四，第 1179 页。
③ 同上书，第 1199 页。

体现与其所说的"然""实""情"等相符合,那就会真伪不分,虚实不别,乃至是非不分、善恶不辨、礼俗相背,人们便会惶惑、手足无措。

王充批判虚伪流行得到人们的肯定。章太炎说:"华言积而不足以昭事理,故王充始变其术……作《论衡》,趣以正虚妄,审乡背。怀疑之论,分析百端,有所发摘,不避孔氏。汉得一人焉,足以振耻。至于今,未有能逮者。"①梁启超亦说:"(王充)是一个批评哲学家,不用主观的见解,纯采客观的判断……对过去及当时各种学派,下至风俗习惯,无不加以批评。他是儒家,对儒家不好的批评亦很多,虽然所批评的问题或太琐碎,但往往很中肯……在儒家算是一种清凉剂。"他老实不客气地攻击儒家的短处,"可以说是东汉儒家最重要的一个人"②。

王充对儒家的批判也有限制性。他把经验知识和理性知识混为一谈,从而忽视了理性知识的重要性。在《知实篇》中,王充通过许多常识之论证明孔子、舜等圣人并非先知,是有道理的,但因此而否定理性和道德知识却是他的不足。

---

① 《章太炎全集》(三),上海,上海人民出版社,1984年版,第444页。
② 梁启超:《儒家哲学》,第134页。

第十三章　王符、崔寔、仲长统、徐干哲学思想合论

王符、崔寔、仲长统、徐干诸人,或终身不仕,或虽仕而时间并不长,或并无政治上的大建树,但他们共同的特点就是对儒学经世以来出现的诸问题进行深刻的检讨,对现实政治采取批判的立场。他们并不一定都是醇儒,其思想也往往与正统不完全合拍,但作为儒学社会政治实践的自我反思,是不可多得的一份思想遗产。

第一节　汉末的社会、政治批判思潮通说

一、汉末的社会政治背景

王夫之说:"东汉之衰自章帝始,人莫之察也。"①到了和帝时期,虽延续了东汉盛世的惯性,但衰乱征兆日显。至安、顺之时,盛世已然结束,衰乱局面加剧。这是东汉后期主要的社会面貌。

首先是政治生活混乱。基于西汉时代外戚专权特别是王莽篡逆的深刻教训,光武帝、明帝时期,杜绝外戚干政。但章帝时则出现了窦皇后兄弟邀宠专权的情况。和帝即位,刚刚 10 岁,由窦太后临朝,窦氏兄弟

---

① 王夫之:《读通鉴论》卷七,第 166 页,北京,中华书局,2013。

掌控朝廷,权势日重,以至竟敢霸占皇家公主的田园。① 和帝成年后,不得不依靠宦官诛灭窦氏兄弟,却又导致宦官郑众等人恃宠陵贤。宦官不仅能因功封土封侯,还可"超登公卿之位"②,参与朝廷议政。安帝 13 岁即位,邓太后临朝,因而邓骘兄弟"常居禁中",威势日增,外戚再次掌控朝政。安帝后来联合宦官李闰、乳母王圣诛灭邓骘兄弟,李闰封雍乡侯,王圣封为野王君。③ 此外,又令阎皇后兄阎显任禁军首领,由此出现了宦官、外戚共掌朝政的局面。此后的情况更加复杂而凶险。安帝驾崩,宦官孙程等 19 人消灭阎氏势力,拥立年仅 11 岁的顺帝登基,这些拥立有功的宦官均被封侯,史称"十九侯"。④但顺帝立梁贵人为皇后之后,梁氏父子先后就任大将军。尤其是梁冀,其"专擅威柄,凶恣日积,以私憾杀人甚众,威行内外,天子拱手"⑤。他竟然毒死称其为"跋扈将军"的年幼的质帝。史称梁家亲属"前后七封侯,三皇后,六贵人,二大将军,夫人、女食邑称君者七人,尚公主者二人,其余卿、将、尹、校五十七人"⑥。梁氏把持朝政前后二十余年,权势熏天,几难遏制。直到桓帝与五宦官密谋,铲除外戚势力,但权力又回到宦官手里。整个东汉后期,权力几乎就是在外戚、宦官手里接力,酿成政治上的恶性循环。

中国的政治历史很难不受皇权的深刻影响。而皇权无论是强势还是弱势,都可能导致严重的社会政治问题。在皇权强势的情况下,"以皇帝为代表的官僚集团,可以以各种各样的理由剥夺普通公民的财产和自由"⑦。而在皇权弱势的情况下,则往往是外戚、宦官弄权,从而引发政治危机。毫无疑问,东汉中后期政局中,皇权总体上处于绝对的弱势格局中。章帝以后至被董卓所废之帝,时间不过 100 年,经历了前后 9 位皇帝,平均每位在位刚 11 年。其中,即位时年龄最大的是桓帝,15 岁,最小

---

① 《后汉书》,第 236 页。
② 同上书,第 734 页。
③④ 同上书,第 236 页。
⑤⑥ 同上书,第 345 页。
⑦ 孙筱:《两汉经学与社会》,第 57 页。

的是生下刚百余日的殇帝。在位时间最长者,为 12 岁即位的灵帝,最短者是 14 岁即位然在位仅 6 个月即被废的废帝。皇权的弱势必然引起外戚和宦官的专权,戚阉秉政,陷害忠良,党锢之争愈演愈烈。这种历史形成的态势使东汉社会陷于难以自拔的境地。

在选官仕进制度上,东汉沿袭西汉的做法,主要有察举、征辟、赀选、任子、军功等方式。其实质大体由血缘、姻亲、籍贯、师承、朋党等私人关系的远近亲疏决定。

东汉末年,因政治斗争而导致社会上酿成代表士大夫和部分豪族与逸民利益的"清流"与代表部分外戚和宦官利益的"浊流"之间的斗争。"清流"往往希冀正常的政治和社会生活秩序,抵制和批判外戚宦官势力架空和利用君权营私舞弊、贪赃枉法的种种丑恶行径。范晔说:"逮桓灵之间,主荒政缪,国命委于阉寺,士子羞与为伍,故匹夫抗愤,处士横议,遂乃激扬名声,互相题拂,品核公卿,裁量执政,婞直之风,于斯行矣。"[1]然而,"浊流"必扰乱社会政治生活应有的秩序,利用权力打击与他们相对抗的"清流"势力,以维护其对权势的贪欲。灵帝建宁元年(168)九月,中常侍曹节矫诏诛太傅陈蕃、大将军窦武及尚书令尹勋、侍中刘瑜、屯骑校尉冯述,"皆夷其族"。二者的斗争最后酿成党锢之祸。建宁二年十月,中常侍侯览"讽有司奏前司空虞放、太仆杜密、长乐少府李膺"等人,"下狱,死者百余人,妻子徙边,诸附从者锢及五属。制诏州郡大举钩党,于是天下豪杰及儒学行义者,一切结为党人。"[2]汉末险恶的政治情势使士人一再吟诵《诗经·小雅·正月》:"畏天盖高,不敢不跼,畏地盖厚,不敢不蹐",可见当时的悍臣恶竖之猖獗。"上以残暗失君道,下以笃固尽臣节。臣节尽而死之,则为杀身以成仁,去之不为求生以害仁也。"[3]李固、杜乔及后来党锢之祸中的"清流",都是"节尽而死""杀身成仁"之士。

传统的思想和行为方式是道器不离的。在深刻的社会背景、传统体

---

① 《后汉书》,第 638 页。
② 同上书,第 96 页。
③ 同上书,第 610 页。

制和行为方式的交互影响下,任何一个环节出现危机都可能导致整体的危机。体制与观念间的不一致,通过形而上之道与形而下之器"不即不离"的关系,如果在政治昏暗、社会衰乱之相频仍、功利至上的时代,难免酿成普遍的奢靡,造假成为必然。东汉后期的社会正是这样。当时人们普遍舍本逐末、竞相牟利。这种情况早在汉明帝时就已露端倪,如永平十二年(69)五月的诏令中说当时"田荒不耕,游食者众"①。灵帝不仅让宫女们在后宫开商店,自己扮成商人去购买,至舍下酒,一起嬉戏,他甚至还常常感叹桓帝身为帝王竟然不会过日子,竟然设法敛天下之财"聚为私藏",公开"榜卖官爵",按照职务高低和俸禄的多少决定价格。据《山阳公载记》:"时卖官,二千石二千万,四百石四百万,其以德次应选者半之,或三分之一,于西园立库以贮之。"

价值观上贵末贱本、争相逐利的结果就是舆服、丧葬制度形同虚设,奢靡之风盛行。虽然从明帝时就曾明令抑禁奢华,如上引永平十二年(69)五月的诏令中说:"今百姓送终之制,竞为奢靡。""又车服制度,恣极耳目,田荒不耕,游食者众,有司其申明科禁,宜于今者,宜下郡国。"②章帝建初二年(77)三月诏:"今贵戚近亲,奢纵无度,嫁娶送终,尤为僭侈。有司废典,莫肯举察。"③又安帝永初元年(107)秋九月,"庚午,诏三公明申旧令,禁奢侈,无作浮巧之物,殚财厚葬。"④但由于社会积弊兹久,无法挽回。正所谓"上为淫侈如此,而欲使民独不奢侈失农,事之难者也"⑤。因此抑奢之令,虽言之凿凿,听之则藐藐,几无成效。而和、安以后,纲纪颓弛,政衰时乱,朝廷禁令,形同空文。于是奢靡僭越之习,相沿成风。正如崔寔所说:"王政一倾,普天率土莫不奢僭者,非家至人告,乃时势驱之使然。"⑥

---

① ②《后汉书》,第 30 页。
③ 同上书,第 35 页。
④ 同上书,第 57 页。
⑤《汉书》,第 2858 页。
⑥ 孙启治:《政论校注》,第 80 页,北京,中华书局,2012。

政治的腐败和经济的盘剥,使东汉后期社会危机日益加剧。沉重的赋税和连年的水、旱、蝗、疫灾害加速了社会的危机,到处是一片惨象。天灾和人祸本不是一回事,但是,天灾却可能加重原有的人祸。更不幸的是,汉代人天人感应的思想,使人们相信天灾是人祸所导致的。这种观念令混在一起的流民、灾民难以忍受的痛苦无以复加,不断有农民起义发生。开始是几百人、几千人,到最后发展为几万人、几十万人。虽遭到镇压,规模却越来越大,参与的人数愈来愈多。灵帝中平元年(184)二月,终于爆发了以巨鹿人张角为首的黄巾大起义。起义是有准备的。张角自称"黄天",当时,青、徐、幽、冀、荆、扬、兖、豫八州,共三十六方(万)同时行动,起义军所到之处,焚烧官府,捕杀贪官污吏,没收地主财产,接连打了好多胜仗,也得到各地农民武装的响应。但是,最后还是因农民自身的限制,九个月后黄巾军主力失败了。然而,即使如此,也彻底动摇了东汉的统治。从此,腐朽的东汉王朝再也没有中兴的可能了。

总之,作为汉末政治紊乱、纲纪失坠的必然结果,整个社会从上到下呈现出一派浮华奢侈、恣意妄为、人欲横流的喧嚣场景。民风之殇已经说明东汉王朝必然趋向灭亡的大背景。

二、汉末的社会、政治批判思潮通说

东汉末年,政治腐败,一批庶族地主和代表平民利益的官吏,对现实猛烈批判,与古文经学对谶纬之学的批判相互唱和,蔚然而成"清流"。这股"清流"与"天人感应"今文经学的官方意识形态及昏暗、肮脏的政治行为共同形成的"浊流"相抗衡。代表"清流"的一般是士族知识分子、少数大臣或豪族人士,而代表"浊流"的基本上是宦官、外戚一类。于是,被赶出朝廷、成为纯粹学术的古文经学与士族知识分子阶层及太学生集团的"清议"运动相结合,酿成一股强劲的社会批判、怀疑的思潮,其中在学术上的典型代表就有王充、王符、崔寔、仲长统等人。仲长统说:

> 孝桓皇帝起自蠡吾,而登至尊。侯览、张让之等以乱承乱,政令

多门,权利并作,迷荒帝主,浊乱海内。高命士恶其如此,直言正论,与相摩切,被诬见陷。谓之党人。灵皇帝登自解犊,以继孝桓。中常侍曹节、侯览等造为维网,帝终不寤,宠之日隆,唯其所言,无求不得。凡贪淫放纵、僭凌横恣、扰乱内外、螫噬民化,隆自顺、桓之时,盛极孝灵之世,前后五十余年。天下亦何缘得不破坏耶。①

由于政治腐败、儒学的庸俗化,导致社会为某些门阀豪族提供了"太多损害国家和个人的专断或随意行为的空间"②,致使出现严重的社会危机,有责任感的知识分子们从而开始严厉批判政治的腐败。

具体地说,东汉后期知识阶层的社会批判主要表现在政治、经济及社会层面。批判考察的重点是社会风俗和政治,其中,特别是君臣关系、人才选拔、人际关系成为重点。

在政治方面,在传统宗法社会与秦以后形成的君主政体二者长期的彼此适应过程中,一方面,政治主导着社会生活的方方面面;另一方面,以血缘为主轴的人际关系渗透到政治的腹地,左右着政治运行的大方向。门阀世族和游宦结成联盟,破坏了政治上的选拔制度。王符说:"今当涂之人,既不能昭练贤鄙,然又却于贵人之风指,胁以权势之嘱托,请谒阗门,礼贽辐凑;追于目前之急,则且先之。此正士之所独蔽,而群邪之所党进也。"③那些能够得到高位者,往往是凭借"女妹之宠以骄士",全赖"亢龙之势以陵贤",并借此"欲使志义之士匍匐曲躬以事己、毁颜诡媚以求亲,然后乃保持之,则贞士采薇冻馁,伏死岩穴之中而已尔,岂有肯践其阙而交其人者哉?"因此,"举世多朋党而用私,竞背质而趋华。"④这是王符对宗法社会中一般用人原则的批评。他说:"然则所难于非此土之人、非将相之世者,为其无是能而处是位,无是德而居是贵,无以我尚而不秉我势

---

① 孙启治:《昌言校注》,第 341 页,北京,中华书局,2012。
② 鲁惟一:《汉代的信仰、神话和理性》,王浩译,第 161 页,北京,北京大学出版社,2009。
③ 张觉:《潜夫论校注》,第 113 页,长沙,岳麓书社,2008。
④ 同上书,第 176 页。

也。"①甚至出现"官无直吏，位无良臣"的困局。

顺帝、桓帝之际，李固、杜乔也批判时政。顺帝阳嘉二年（133），诏李固策对，李固对不正之风提出尖锐批评。他说："古之进者，有德有命，今之进者，唯才与力。""而今长吏多杀伐致声名者，必加升迁。"他指斥奸佞之人"乘权放恣，侵夺主威，改乱嫡嗣"，外戚权贵则"以爵位尊显，专总权柄，天道恶盈，不知自损，故至颠仆。"②桓帝建和元年（147），太尉杜乔抵制外戚大将军梁冀专权，他说，"大将军梁冀兄弟奸邪倾动天下，皆有正卯之恶，未被两观之诛，而横见式叙，各受封爵，天下惆怅，人神共愤，非所为赏必当功、罚必有罪也"③。

王符指斥腐败的现实说："今世得位之徒，依女妹之宠以骄士，藉亢龙之势以陵贤，而欲使志义之士俛偭曲躬以事己、毁颜谄媚以求亲。"④仲长统批判当时政治是"权移外戚之家，宠被近习之竖，亲其党类，用其私人，内充京师，外布列郡，颠倒贤愚，贸易选举，疲驽守境，贪残牧民，挠扰百姓，恣怒四夷，招致乖叛，乱离斯瘼"⑤。在这样的乱世，"小人宠贵，君子困贱。当君子困贱之时，跼高天，蹐厚地，犹恐有镇压之祸"⑥。

经济方面，土地兼并现象日益严重。王符说："人皆智慧，苦为利昏。行污求荣，戴盆望天。为仁不富，为富不仁。"⑦"世人之论也，靡不贵廉让而贱财利焉；及其行也，多释廉甘利。之于人徒知彼之可以利我也，而不知我之得彼，亦将为利人也。知脂蜡之可明灯也，而不知其甚多则冥之。知利之可娱己也，不知其称而必有也。前人以病，后人以竞，庶民之愚而衰暗之至也。"⑧

① 张觉：《潜夫论校注》，第 46 页。
②《后汉书》，第 603 页。
③ 袁宏：《后汉纪》，《两汉纪》下册，北京，中华书局，2002，第 396 页。
④ 张觉：《潜夫论校注》，第 113 页。
⑤ 孙启治：《昌言校注》，第 308—309 页。
⑥ 同上书，第 265 页。
⑦ 张觉：《潜夫论校注》，第 630 页。
⑧ 同上书，第 26—27 页。

针对田荒不耕、游食者众的情况，王符又说："今民去农桑，赴游业，披采众利，聚之一门，虽于私家有富，然公计愈贫矣。"①在《浮侈》篇中他说："今举世舍农桑，趋商贾，牛马车舆，填塞道路，游手为功，充盈都邑；治本者少，浮食者众。'商邑翼翼，四方是极。'今察洛阳，浮末者什于农夫，虚伪游手者什于浮末。是则一夫耕，百人食之，一妇桑，百人衣之。以一奉百，孰能供之？天下百郡千县，市邑万数，类皆如此，本末何足相供？则民安得不饥寒？饥寒并至，则安能不为非？"②许多农夫不耕织，士人不读书，商贾不正经经商而重包装。许多人游手好闲却希冀多福多寿。当时无论男女老少价值观高度统一，一切都只是为了钱。崔寔也看到当时人们纷纷弃农从商的现实，他认为"农桑勤而利薄，工商逸而入厚。故农夫辍末而雕镂，女工投抒而刺绣，躬耕者少，末作者众"③。

王符在《潜夫论》中批判奢侈浮华之风时说："今京师贵戚，衣服、饮食，车舆、文饰、庐舍，皆过王制，僭上甚矣。从奴仆妾，皆服葛子升越，箭中女布，细致绮縠，冰纨锦绣；犀象珠玉，琥珀瑇瑁，石山隐饰，金银错镂；麖麂履舄，文组彩牒，骄奢僭主，转相夸诧，箕子所唏，今在仆妾。富贵嫁娶，车軿各十，骑奴侍童夹毂并引。富者竞欲相过，贫者耻不逮及。是故一飨之所费，破终身之业。"④崔寔也观察到了这种社会危机，他说当时社会存在三患：一曰：奢僭。时人竞为"僭服""淫器"；"璘玑玩饰匿于怀袖，文绣弊于帷帏"，"王政一倾，普天率土莫不奢僭者"。二曰：弃农经商。因"躬耕者少，末作者众结果弄得仓廪空虚，监狱倒是满了"。或"饥绥流死，上下相匮"。三曰：厚葬。父母送终，尽为"高坟大寝""饷牛作倡"；"轀梓黄肠，多藏宝货"。因厚葬风习蔓延，人人仿效，不惜倾家荡产，结果是"穷厄既迫，起为盗贼"。⑤

---

① 张觉：《潜夫论校注》，第 20 页。
② 同上书，第 143 页。
③ 孙启治：《政论校注》，第 85 页。
④ 张觉：《潜夫论校注》，第 151 页。
⑤ 孙启治：《政论校注》，第 80—85 页。

仲长统在批评社会风气破败和普遍的奢靡时说：

> 汉兴以来，相与同为编户齐民，而以财力相君长者，世无数焉。而清洁之士，徒自苦于茨棘之间，无所益损于风俗也。豪人之室，连栋数百，膏田满野，奴婢千群，徒附万计。船车贾贩，周于四方；废居积贮，满于都城。琦赂宝货，巨室不能容；马牛羊豕，山谷不能受。妖童美妾，填乎绮室；倡讴伎乐，列乎深堂。宾客待见而不敢去，车骑交错而不敢进。三牲之肉，臭而不可食；清醇之酎，败而不可饮。睇盼则人从其目之所视，喜怒则人随其心之所虑。此皆公侯之广乐，君长之厚实也。①

徐干的批判集中在文化方面。他说：

> 仲尼之没，于今数百年矣，其间圣人不作，唐虞之法微，三代之教息，大道陵迟，人伦之中不定。于是惑世盗名之徒，因夫民之离圣教日久也，生邪端，造异术，假先王之遗训以缘饰之，文同而实违，貌合而情远，自谓得圣人之真也。各兼说特论，诬谣一世之人，诱以伪成之名，惧以虚至之，使人憧憧乎得亡，惔惔而不定，丧其故性而不自知其迷也，咸相与祖述其业而宠狎之。斯术之于斯民也，犹内关之疾也，非有痛痒烦苦于身，情志慧然不觉，疾之已深也。然而期日既至，则血气暴竭，故内关之疾，疾之中夭，而扁鹊之所甚恶也，以庐医不能别，而遴之者不能攻也。②

徐干认为，圣人的善恶观念，必然权衡轻重、根据能实行的人多少来确定。但社会上那些追逐名声的人，却使真伪混淆，是非易位，而民众由此决定他们的生活，这是邦家的大灾难。即使杀人也只能害一人，而是非善恶的颠倒会祸害多少人？"然则何取于杀人者以书盗乎？荀卿亦曰：'盗名不如盗货'。乡愿亦无杀人之罪也，而仲尼恶之，何也？以其乱

---

① 孙启治：《昌言校注》，第 265 页。
② 徐干：《中论》，第 26 页，上海，上海古籍出版社，1990。

德也。今伪名者之乱德也,岂徒乡愿之谓乎？万事杂错,变数滋生,乱德之道,固非一端而已。"①所以,虚伪之名,是会伤害人的。人仅知名好的一面,却不知伪善者会导致不善！

在政治腐败、社会风气败坏的情况下,"霸德既衰,狙诈萌起。强者以决胜为雄,弱者以诈劣受屈"②。而社会面貌则是"夫志道者少友,逐俗者多俦。"③"呜呼哀哉！凡今之人,言方行圆,口正心邪,行与言谬,心与口违;论古则知称夷、齐、原、颜,言今则必官爵职位;虚谈则知以德义为贤,贡荐则必阀阅为前。处子虽躬颜、闵之行,性劳谦之质,秉伊、吕之才,怀救民之道,其不见资于斯世也,亦已明矣！"④

崔寔针对传统社会世俗生活的特点所造成之弊端进行揭露。他说:"凡天下所以不治者,常由人主承平日久,俗渐敝而不寤,政寖衰而不改,习乱安危,逸不自睹,或荒耽嗜欲,不恤万机;或耳蔽箴诲,厌伪忽真;或犹豫歧路,莫适所从;或见信之佐,括囊守禄;或疏远之臣,言之贱废。是以王纲纵弛于上,智士郁伊于下。悲夫！"⑤王符说:"以汉之广博,士民之众多,朝廷之清明,上下之修治,而官无直吏,位无良臣。"这样的看法是很悲观的。他认为,社会之所以得不到很好的治理是因"贤难",即贤能之人不能才尽其用。"此非今世之无贤也,乃贤者废锢而不得达于圣主之朝尔。"⑥虽然,王符的政治思想并无多少创见之处,但他对东汉儒学实践所面临的许多具体问题都有深入思考。

范晔以王充、王符、仲长统三人同传,其称赞王充"好论说,始若诡异,终有实理";王符则"指讦时短,讨谪物情,足以观见当时风政";仲长统"性淑傥,敢直言,不矜小节",三者皆指事类情,不作虚妄之语,但范氏仍谓:"数子之言当世失得皆究矣,然多谬通方之训,好申一隅之说。贵清静者,以席上位腐议;束名实者,以柱下为诞辞。或推前王之风,可行于当年;有

---

① 徐干:《中论》,第 28 页。
② 《后汉书·党锢列传》,第 638 页。
③ 张觉:《潜夫论校注》,第 176 页。
④ 同上书,第 413 页。
⑤ 孙启治:《政论校注》,第 29 页。
⑥ 张觉:《潜夫论校注》,第 175 页。

引救敝之规,宜流于长世。稽之笃论,将为敝矣。"①诚然,在儒学成为官方正统意识形态,并通过政治制度复制制度实在的情况下,任何个人都很难超越这个时代,他们往往容易发现的就是当时儒学实践中所表现出来的弊端。同时,他们的治国思想相对传统的儒家德治而言,有一种愈来愈消极乃至悲观的倾向。萧公权说:"汉儒之中如贾谊、董仲舒等皆认天下事大有可为。至桓谭、王符、崔寔、荀悦诸人始渐露悲观之意,不复坚持圣君贤相、归仁化义之崇高理想,而欲以任刑参霸之术为补定治标之方。"②

当然,他们虽因时代出现的种种弊端而反思儒家政治理念,却并未将诸种问题都还原到儒家伦理身上,因而他们也就没有认识到现实中专制政体应该负有什么样的责任。对这一点的明确认识,是由仲长统来实现的。萧氏认为仲长统对传统的批判乃"推究治乱原因,则深中专制政体之病,为前人所未发"。"推其言中之意,殆无异于对专制政体与儒家治术同时作破产之宣告。此诚儒家思想开宗以来空前未有睹之巨变。"

东汉知识分子的社会批判和政治批判的一个题中之意,就是认为政治不仅应该是道德的,而且是应该扶持良善的。这个思路反映在孔子那里就是"政者,正也"。《中庸》亦谓:"人道敏政""人道,政为大。"因为,如果仅仅从功利和效率来看,不仅良善被欺侮成为常事,而且终将导致道德的崩溃。

第二节　王符的"德化"思想和"崇本抑末"的主张

一、生平与著作

王符,字节信,东汉安定郡临泾县(今甘肃镇原县西)人,《后汉书》本传言其生平仅二百余字,述及他自小好学,涉猎诸子百家之学,与汉末学者马融、窦章、张衡、崔瑗等人友善。因出身俗鄙庶孽,无外家之援,本人又生性耿介,无法进入仕途,为乡人所鄙视。政治上无前途,在愤懑中王

---

① 《后汉书》,第490页。
② 萧公权:《中国政治思想史》上,第337页。

符从事学术,隐居著述三十余篇,批判时政,范晔论"其指讦时短,讨谪物情,足以观见当时风政"。

王符的代表作是《潜夫论》。所谓"潜夫",当作者自谓。"潜"者,《周易》乾卦文言云:"'潜'之为言也,隐而未见,行而未成,是以君子弗'用'也。"①可见,"潜"乃"潜龙勿用"之乾,然"夫"非"龙",怎可谓为"潜"? 又如何"潜"呢? 显然,它极有可能是作者戏谑自嘲之词,然而却也反映了在古代选举未严格制度化之前底层读书人的生存处境。王符声称"自托于先圣之经典,结心于夫子之遗训"②。又谓:"中心时有所感,援笔记数文,字以缀愚情,财令不忽忘。"③范晔《后汉书》本传上说从《潜夫论》"足以观见当时风政",认为他和王充、仲长统"言当世失得皆究矣",对当时政治的批评都是很深刻的。《四库全书总目提要》评论说:《潜夫论》"洞悉政体似《昌言》,而明切过之,辨别是非似《论衡》,而醇正过之"④。细读《潜夫论》,确为用心之作,其中,"任何社会问题和时政问题,王符都不是简单地就事论事,而是贯通古今,从理论上认真地分析,从哲学上严肃地思考,并明确地提出自己的见解和主张。所以《潜夫论》的思想,广泛地涉及到许多理论领域"⑤。

王符毕生未仕,又生活在东汉时期相对安定的社会氛围之中,使他的勤奋好学都用在消化吸收前人的思想成果,以解读和批判现实社会的学术工作上。在学术上,他不仅主张将法家的治国之术纳入儒家的思想系统之中,而且在理论思想的根柢上吸收了道家元素,以充实儒家的伦理道德哲学。总之,可以将他的思想概括为"德化"和"崇本抑末"两个重要方面。

二、"德化"思想

"德",是儒家的重要伦理观念。"德者,得也。内得于己,外得于

---

① 高亨:《周易大传今注》,第71页,济南,齐鲁书社,1979。
② 张觉:《潜夫论校注》,第11页。
③ 同上书,第627页。
④《四库全书总目提要》上册,第773页,北京,中华书局,1965。
⑤ 刘文英:《王符评传》,第29页,南京,南京大学出版社,1998。

人"。王符则不是从概念出发而是从修己的实践出发来理解。他说:"德者,所以修己也。"①"化"包括二层意思。一是去掉、消除、消解、改变、淳化的意思,如"化性""化俗";二是生成、产生、变成的意思,如"天地之化育""人化物者也"。"德化"思想因而一方面是要以"德"去"化"解和消除流弊乃至人性的负面,另一方面是以"德"生成和成就美德。王符主张的"德化"或"敦德化"思想是包含着这两个方面的。

王符说:"人君之治,莫大于道,莫盛于德,莫美于教,莫神于化。道者所以持之也,德者所以苞之也,教者所以知之也,化者所以致之也。民有性,有情,有化,有俗。情性者,心也,本也。化俗者,行也,末也。"②"苞"与"包"同义。可见,所谓"德",是具有包容性、涵容性的。道德教化,可淳化人之情性,规范人的行为。他不仅认为人君治理国家,应该尊道德,美教化,认为这是因人的性情之根本所决定的;而且认为"德化"政治只有君主权力才可以实现。就民之本性而言,上智与下愚者都是很少的,多数为"中庸之民"。对于"中民",若蒙善化,则人们大都有士君子之心;若被施恶政,则人们皆难免有怀奸乱之虑。单独看,"德化即是性情人格之完成"③。为此,他提出了"德气"和"正气"的概念。

"气"原本属于物质性的概念,如天、地、山、水、日、月、星辰,都是"气"之"动"与"变";而"德""正"属于伦理修养的范畴。王符提出"德气""正气"的观念,无疑是认为道德精神的修养不仅可以变化人心,影响形体面貌,而且"德"的修养可以感动"气"的变化。这里,显然,他已触及儒家道德实践的重要问题:社会正义的存在需要大环境作支持。他认为,气本身的运动变化,影响是很大的,一切不过是气的变化。一当正气树立,德气流布,万物皆从此而化。"正气所加,非唯于人,百谷草木,禽兽鱼鳖,皆口养其气。声入于耳,以感于心,男女听,以施精神。资和以兆虾(胚也——引者),民之胎,含嘉以成体。及其生也,和以养性,美在其

---

① 张觉:《潜夫论校注》,第 440 页。
② 同上书,第 434 页。
③ 牟宗三:《政道与治道》,第 25 页,桂林,广西师范大学出版社,2006。

中,而畅于四肢(肢也——引者),实于血脉,是以心性志意耳目精欲无不贞廉、絜怀履行者。此五帝三王所以能画法像而民不违,正己德而世自化也。"①"正气"通于人也通于百谷草木,禽兽鱼鳖。这是指人有"正气",天地自然正。正气之声可以感动人心,从还在娘胎之中到日后的生活,皆凭借"和"(和气)而得以养。伦理品德的涵养和身体四肢的发育是一体相关的。这里,含有儒家工夫论的基本原理。在王符看来,只有做到"和德气与未生之前",才能享有"天地交泰,阴阳和平……德气流布而颂声作也。"②"德气""正气"的思想表明,王符并非简单重复先儒的伦理道德思想,而是在前人所未明确彰显之处有独到发挥。

"德化"的实现却不能不依赖政治,"德化"政治的具体表现就是"德政",相反则是"恶政"。"德政"和"恶政",往往导致截然相反的社会格局。不同的政治,造就不同的国民与国家。"夫化变民心也,犹政变民体也……国有伤明之政,则民多病目;有伤聪之政,则民多病耳;有伤贤之政,则贤多横夭。夫形体骨干为坚强也,然犹随政变易,又况乎心气精微不可养哉?"人生寿夭容颜,都与政治密切相关。只要在上的统治者能够实现"德化"之政,就没有冥顽不化的黎民百姓。王符说:"夫化变民心也,犹政变民体也。德政加于民,则多涤畅、姣好、坚强、考寿;恶政加于民,则多罢癃、尪病、夭昏札瘥。"③这里结论明显。国之不治,有子暴父臣弑君的事情发生,都不是一朝一夕演变成的,而是日积月累的"恶政"所导致的。王符不仅认为"德化"是必需的,而且认为政治面貌和治理方法,对于国家社稷乃至人民生命有极其重要的地位。所以,他不是一个就事论事的学者,而是认为手握权力的君主,对于天下负有重要的责任。君主能"仁",则百姓无不仁者。可见,中国古代儒家的所谓人治,并非一般的人治,其实质是精英政治。

王符和大多数儒家一样不仅意识到政治对于社会生活的重要意义,

---

① 张觉:《潜夫论校注》,第 431 页。
② 同上书,第 194 页。
③ 同上书,第 435 页。

而且认识到政治和道德二者必然的互动关系。王符认为,上古时代,以道事君,以仁抚世,润泽草木,兼利外内,"普天率土,莫不被德"①。在后世则不然。后世之臣不知顺天意民心,往往以破敌者为忠,以多杀者为功臣。那些曾经为秦国立下大功的人,如白起、蒙恬,天以之为贼。那些为汉世皇上所宠幸的佞臣,天以之为盗。因为"德不称其任,其祸必酷;能不称其位,其殃必大"。可见,在王符看来,所谓德政其实已经包含着按德与能而授官行政的内容在内。

"德化"的社会意义虽需要通过政治权力才能充分实现,但是,如果君主自己无德,要实现"德政"乃至"德化"就是不可能的。"德化"除了表现为社会化的"德政",也可以表现在个人的内心精神方面。在个人内心生活方面,他认为要做到四个条件才能成为理想的"大男"人格:"世有大男者四,而人莫之能行。一曰恕,二曰平,三曰恭,四曰守。"②所谓恕,是孔子"恕"德的发挥。概言之,"大男"不以自己做不到的事责备人;不以自己能够做到而讥笑做不到的人;待人接物须讲究礼敬与恩爱;己欲立而立人,己欲达而达人;先善人之忧己而忧之,不记恶人之忘我而常念之。所谓"平",是指公平、平正。"内怀鸤鸠之恩,外执砥矢之心;论士必定于志行,毁誉必参于效验。"不人云亦云,善恶无关于富贵贫贱地位高下。所谓"恭",指谦恭。无论内外、贵贱、长少,"其礼先入,其言后出;恩意无不答,礼敬无不报;睹贤不居其上,与人推让;事处其劳,居从其陋,位安其卑,养甘其薄"。所谓"守",即守"心"。"有度之士,情意精专,心思独睹,不驱于险墟之俗,不惑于众多之口;聪明悬绝,秉心塞渊,独立不惧,遁世无闷,心坚金石,志轻四海,故守其心而成其信。""守"之"情意精专,心思独睹","独立不惧,遁世无闷,心坚金石,志轻四海",可以说就是诚一之心,不动之心,是修养所达到的心灵之自觉,不为任何环境而发生改变。

---

① 张觉:《潜夫论校注》,第131页。
② 同上书,第405—406页。

王符直面东汉社会的现实,他发现按照儒家伦理,并非在任何情况下都普遍必然地导致善的后果。之所以贤愚不肖的人品并不一定导致相应的社会地位,是因为人的内心可虚伪做假,"以其心行恶也"①。特别是在利益关系敏感的政治体制中更为明显。"忠臣必待明君,乃能显其节,良吏必得察主,乃能成其功。"②相反,如果不是这样,那么"修善则见妒,行贤则见嫉。"③针对《诗经·小雅·十月之交》所说:"无罪无辜,谗口嚣嚣","彼人之心,于何不臻",王符说:"由此观之,妒媚之攻击,亦诚工矣,贤圣之居世也,亦诚危矣。"④因此,"德不孤,必有邻"是一方面,而在人心不古的时代,则亦会有人性的另一面。

由于时代特点,王符不仅没有简单重复先儒的伦理道德思想,而且对先秦诸子的思想有所吸收。故人称其学的特点是:"其学折中孔子,而复涉猎于申、商、刑名、韩子杂说,未为醇儒。"⑤他的学术思想"是不能简单地用'儒家'二字来概括的"⑥。

比如,体现在国家治理问题上,王符就并未局限于"德治"而同时主张借鉴法制。他说:"夫法令者,君之所以用其国也。君出令而不从,是与无君等。"⑦他认识到,社会之所以有一定秩序而不乱,是因为有官吏,官吏之所以不敢犯奸作科,是因为有法。"法者,君之命也。"⑧还说,"法以君为主,君信法,则法顺行。君欺法,则法委弃"⑨。"国君之所以致治者,公也。公法行,则轨式绝。"⑩因此,官吏和君主政体与法,都是不可没有的。他还主张以选举方法选贤能,而不是任人唯亲;主张考核官吏;对

---

① 张觉:《潜夫论校注》,第 37 页。
② 同上书,第 419 页。
③ 同上书,第 50 页。
④ 同上书,第 61 页。
⑤ 彭铎:《潜夫论笺校正》,第 487 页,北京,中华书局,1985。
⑥ 张觉:《潜夫论校注》前言,第 19 页。
⑦ 同上书,第 269 页。
⑧ 同上书,第 268 页。
⑨ 同上书,第 105 页。
⑩ 同上书,第 116 页。

于人治条件下沽名钓誉的大赦有种种批评,甚至主张不姑息养奸的重刑,等等。这些思想,和韩非子"因任而授官""重法"的思想有相近的地方。

不过,王符主体上仍以儒家为主,法家思想只是其思想的辅翼。所以,如果说他主张法治,也是德化条件下的"法治"。

三、"崇本抑末"

"本""末"在王符这里也是一对重要概念。虽然,王符所谓"本""末",已不是一种狭窄的经济概念,而是含义丰富的哲学概念了,①但是其所指仍没有摆脱具体生动的内容。

归纳起来,王符的"本"有基本、根本、本原、本源、本体、主体等意思。首先,"本"是作为基本、基础的"基"。如云:"(国以民)为本,君以民为基。"②他还说:"国以民为基,贵以贱为本。"③许慎《说文解字》说:"基,墙始也。"引申则有起始、基本、根本等义。贵贱虽为社会中的价值判断,但从事实上,所谓"贵"必须依赖于作为下层民众之"贱"。这个思想可谓是十分独特的。有史以来,哪里有民危而国安的呢? 又哪里会有下贫而上富的呢? 他还说:"国之所以为国者,以有民也。"他奉劝君主要"深惟国基之伤病,远虑祸福之所生"。可见,这里"本"是作为基础性的概念。其次,"本"又是根本。如云:"情性者,心也,本也。"基本和根本当然有区别。基本是强调必要前提的概念,而根本则是突出本源与派生者之间的必然联系。如"本"有时指本源,"天本诸阳,地本诸阴,人本中和。三才异务,相待而成。各循其道,和气乃臻,玑衡乃平"④,"富民"是"德化"政治的基本内容,但是不能说是根本内容。因为,"富"之后还有"教"的问题。价值观才是人的根本。他强调富民,是因"民富乃可教,学正乃得

---

① 张觉:《潜夫论校注》前言,第 18 页。
② 同上书,第 199 页,据汪继培补。
③ 同上书,第 305 页。
④ 张觉:《潜夫论校注》,第 426 页。

义,民贫则背善,学淫则诈伪……故明君之法,务此二者,以为成太平之基,致休征之祥"。所谓"仓廪实则知礼节,衣食足则知荣辱"是一个或然判断。"仓廪实""衣食足"才可能"知礼节"和"知荣辱",但是,并不必然。物质生活条件是人生活的基本条件而非根本的价值。当然,如果从"德化"的立场看,则"富民"就是必要的内容,不是或然的。富裕本身并不必然产生儒家道德,但"德化"政治内在地包涵着富民。再次,"本"还指"德化"或"德治"的主体,如"君以恤民为本"。有时,"本"是哲学上的本原:如"阴阳者,以天为本。天心顺则阴阳和,天心逆则阴阳乖"①。但是,"天以民为心,民安乐则天心顺,民愁苦则天心逆。民以君为统,君政善则民和治,君政恶则民冤乱",由此可推出"君以恤民为本"。此外,"本"是政治事务的根本:"臣以选为本""选以法令为本"。

总体上,他主要是在"本""末"的相互关系中来使用"本"的概念。

"末"的涵义是相对于"本"的。大体分为两种情况:一是从哲学上讲本末关系。如果说"道"为本,则"气"为"末";内在的"持操"为本,则外在的"准仪"为末;"本心"为本,则富贵贫贱为末;天生的性情为本,则化俗的"行"为末等。二是具体的人事之间的关系。如说:富民以农桑为本,以游业为末;百工以致用为本,以巧饰为末;商贾以通货为本,以鬻奇为末;教训者以道义为本,以巧辩为末;辞语者以信顺为本,以诡丽为末;列士者以孝悌为本,以交游为末;孝悌者以致养为本,以华观为末;人臣者,以忠正为本,以媚爱为末等等。可见,"末"概念的涵义是由"本"的复杂性所决定的。"本""末"概念的复杂性又决定了其关系的复杂性。

首先,"本"决定"末","末"是派生的。《德化》云:"民有性,有情,有化,有俗。情性者,心也,本也。化俗者,行也,末也。"民之天生的情性为"本",而"化俗"的文化活动(行)为"末"。就二者关系而言,"末生于本,行起于心"②。"本"产生"末","心"决定"行"。"本""末"关系决定了国家

---

① 张觉:《潜夫论校注》,第105页。
② 同上书,第434页。

政治的方针："是以上君抚世,先其本而后其末,慎(通顺)其心而理其行。心精(通情)苟正,则奸慝无所生,邪意无所载矣。"治理国家,就要"先其本而后其末,慎其心而理其行"。由于王符的"本""末"概念并未止于狭隘的具体内容上,所以,其思想有较强的哲理性。他的"慎其心而理其行"的思想受到《中庸》《大学》"慎独"的思想的影响,更为重要的是,有了朦胧的"心本"思想,认为本心不可失,心乃行的主宰,得出"上圣不务治民事而务治民心"。

其次,在人事关系和政治事务方面,王符主张"抑末而务本",反对本末倒置的"离本而饰末"。治国安民在经济上以"富民"为"本":"凡为治之大体,莫善于抑末而务本,莫不善于离本而饰末。夫为国者以富民为本,以正学为基。"①如治理国家要以富民、正学为要务,而非以口头上的"道德"作为装点"太平"的门面。做到民富才可为教化打下基础,学正才可能维护道义,只有务此二者,方可"以为成太平之基,致休征之祥"②。农桑、百工、商贾三者,各有其本。富民以农桑为本,游业为末;百工以致用为本,巧饰为末;商贾以通货为本,鬻奇为末,"守本离末则民富,离本守末则民贫"。又说:"教训者,以道义为本,以巧辩为末;辞语者,以信顺为本,以诡丽为末;列士者,以孝悌为本,以交友为末;孝悌者,以致养为本,以华观为末;人臣者,以忠正为本,以媚爱为末。"教训、辞语、列士、孝悌、人臣五者,"抑末而务本则仁义兴,离本守末则道德崩。慎本略末犹可也,舍本务末则恶矣"③。

王符主张"抑末而务本""守本离末",是基于当时社会上出现的本末倒置、舍本逐末的弊端而言的。"本"既包括内在的德性,也包含各种人事之根本,"末"是其外在的显现或"设准",二者不可混淆。但是,传统哲学突出综合、一体的思维方式,"道高明而中庸",自有其优长之处,但其流弊不仅模糊"本""末"的界线,甚至出现舍本逐末的现象。综合的总体

---

① 张觉:《潜夫论校注》,第18—19页。
② 同上书,第19页。
③ 同上书,第20页。

思维方式有优越于孤立的分析思维之处,但如失去了主次、本末的界线,就可能失去善恶、是非的判断标准。针对这种情况,王符认为君主应该清醒认识到其中的微妙与利害。他说:"夫本末消息之争,皆在于君,非下民之所能移也。夫民固随君之好,从利以生者也。是故务本则虽虚伪之人皆归本,居末则虽笃敬之人皆就末。"①君主是否务本对社会有导向作用。舍本逐末现象如果从贤者的角度看是应该加以批判的,但是从民众角度看,则是由他们的生活之所迫。因而,"衰暗之世,本末之人,未必贤不肖也,祸福之所势不得无然尔。故明君莅国,必崇本抑末,以遏乱危之萌。此诚治之危渐,不可不察也"②。

王符的思想有哲学上的基础。在宇宙论上,他受到《易传》和道家思想的影响。"上古之世,太素之时,元气窈冥,未有形兆,万精合并,混而为一,莫制莫御。若斯久之,翻然自化,清浊分别,变成阴阳。阴阳有体,实生两仪,天地壹郁,万物化淳,和气生人,以统理之。"③"太素"是阴阳未分,万物尚未成形而浑然一体的状态。通过其自身的变化而阴阳两仪的剖判,从而产生了天地人物。宇宙变化是从混沌到逐步有序的过程,"天地壹郁,万物化淳,和气生人,以统理之",其中有一定之理。

这样,他认为,宇宙万物的形成既有道也有气。他论述道气的关系为:"道者,气之根也。气者,道之使也。必有其根,其气乃生;必有其使,变化乃成。"④他认为道为气的根本,气为道所差使。有根才有生,有使才有诸种变化。"是故道之为物也,至神以妙;其为功也,至强以大。"⑤对于此段,因对汪继培《潜夫论论笺》的移简和改补而认识不同。认同汪氏所移和改动者,倾向于认为王符并不属于"气一元论"者。如张觉认为,"在王符的观念中,'道'和'气'两者实际上是对立的统一体的两个方面,它

---

① ② 张觉:《潜夫论校注》,第 25 页。

③ 同上书,第 425 页。

④ 原文为:"道者之根也,气所变也,神气之所动也。"汪继培《潜夫论论笺》在"道者"二字下加"气"字,在"气所"二字中间移入《德化》篇文字 176 字,今张觉《潜夫论校注》从汪氏,本书从汪。

⑤ 张觉:《潜夫论校注》,第 428 页。

们之间实际上是一种内在法则和物质外壳的对立统一"①。相反,不认同者则认为王符"继承和扬弃了前人的各种思想成果,明确地把'元气'作为宇宙万物的本原,因而提供了两汉最彻底的元气一元论"②。刘文英说:"《四部丛刊》影印的现存最早的《潜夫论》宋写本中,根本没有这样的话。汪继培'以己意改补'不足为据。经他'改补'后的文字,明显地同王符强调的'变异吉凶,何非气然?''气运感动……何物不能?'相抵触。"③

的确,气并非是不重要的。王符说:"天之以动,地之以静,日之以光,月之以明;四时五行,鬼神人民,兆亿丑类,变异吉凶,何非气然?"④但是,这却是从表现上说的。而如果按《潜夫论》宋写本,则所谓"道者之根也,气所变也;神气之所动也"的意思理解起来就比较模糊。显然,道与气虽非一回事,二者却是不可分割的。不过,是否将王符的"道""气"关系用对立统一这个笼统的公式解释就可以曲尽其复杂意蕴,却需要深究。即使可以将二者的关系理解为"对立统一"关系,它们也非同一层次事物对立双方的统一。因为,王符虽认为天地日月万物之分别,乃气使之然,但气之根本却在道。"道"因为不仅"必有其根,其气乃生",而且后文还有"夫欲历三王之绝迹,臻帝皇之极功者,必先原元而本本,兴道而致和,以淳粹之气,生敦庞之民,明德义之表,做信厚之心,然后化可美而功可成也"⑤。很清楚,"必先原元而本本","兴道"然后而"致和",这是将"道"视为本原,或元。至于"道之为物也,至神以妙;其为功也,至强以大",是套用老子"道之为物,惟恍惟惚"之说,"道"具有形上意味是明显的。

据此,可以认为王符所谓"道",至少有三种含义:一是从"未有形兆,万精合并,混而为一,莫制莫御"的"太素","翻然自化"为阴阳两仪和天

---

① 张觉:《潜夫论校注》,前言。
② 刘文英:《王符评传》,第 131 页。
③ 同上书,第 135 页。
④ 张觉:《潜夫论校注》,第 428 页。
⑤ 同上书,第 432 页。

地人物之过程所循之"理";二是作为"气"之根本或本原的形上存在,类似老子的"道";三是属于不同事物的具体的道,如天地之道、人道等等。三种含义的"道"与"气"的关系并不完全一致,结果导致对其道气关系理解上的分歧。可见,将王符看成是气一元论者显然并不准确,说其道气关系就是对立统一的关系失之笼统。道与气虽不可分割但无疑道是支配或决定气的,但若从宇宙演化的角度说,作为"理"之"道"却是"太素"自身演化的原理。如果不细辨其中的差异,就会被表面上的现象所迷惑。

就天地人各自的禀赋不同而言,"天本诸阳,地本诸阴,人本中和。三才异务,相待而成,各循其道,和气乃臻,玑衡乃平"①。由此决定了它们的功能不同。他说:"天道曰施,地道曰化,人道曰为。"因为人乃阴阳之中和,故人之为人乃阴阳之感通。"为者,盖所谓感通阴阳而致珍异也。"这里,虽然王符也附会当时流行的祥瑞符命说,但是,他强调人的行为的意义,并借用《尚书》中的"天工人其代之"来反复强调。

天有其超越性,某种意义上构成人的限制。在性命论上,王符受到《易》和《白虎通》的影响。《易传》"穷理尽性以至于命"将"命"视为"穷理尽性"等人事活动的极限,《白虎通》则提出所谓"三命"的思想。王符在此基础上则进一步讨论行与命的关系。他说:"行有招召,命有遭随。吉凶之期,天难谌斯。圣贤虽察不自专……"②人的行为之间有某种联系,命亦分为遭命和随命,但是,对人而言,"吉凶之期,天难谌斯",人因认识和实践方面的限制,不可能事先准确预测吉凶,圣人虽能明察但也不能专断。他说:"故论士苟定于志行,勿以遭命,则虽有天下不足以为重;无所用,不足以为轻,处隶圉,不足以为耻,抚四海,不足以为荣。况乎其未能相县若此者哉? 故曰:宠位不足以尊我。"③这里,不仅显示王符有不以世俗所谓荣辱为荣辱的独立人格,且有儒者品格。"二命自天降之",但

① 张觉:《潜夫论校注》,第 426 页。
② 同上书,第 323 页。
③ 同上书,第 39 页。

"士，苟定于志行，勿以遭命"。王符认为，遭命、随命虽乃上天所降，但只要有了确定的志行，就不会因遭命而有所改变。

东汉流行一时的性命论探讨人生命运和人事行为间的关系。《白虎通》曾论及"三命"，"命有三科以记验，有寿命以保度，有遭命以遇暴，以随命以应行"①。王充则谓正命、随命、遭命。他说："正命谓本禀之自得吉也，性然骨善，故不假操行以求福而吉自至，故曰正命。随命者，戮力操行而吉福至，纵情施欲而凶祸到，故曰随命。遭命者，行善得恶，非所冀望，逢遭于外，而得凶祸，故曰遭命。"②

显然，王符强调的则是遭命和随命，虽然二者均为天授，但对于人而言却有不确定性质。这其中贯彻了他的"人道曰为"的思想。他说："凡人吉凶，以行为主，以命为决。行者，己之质也；命者，天之制也。在于己者，固可为也；在于天者，不可知也。"③换言之，人生的遭遇祸福虽由人事行为起主观方面的作用，但是，也不能因此完全忽略客观历史方面的影响，不能超越历史和时代。"若有其质而工不材可如何！"人天主客，人们能够决定主观人为的方面，但是，吉凶祸福则不能由人完全决定。即使人们可以从主观需要的角度看待自己的行为及其后果，也很难预测其行为的客观方面的后果。

他说："故凡相者，能期其所极，不能使之必至。十种之地，膏壤虽肥，弗耕不获。千里之马，骨法虽具，弗策不致。夫瓠而弗琢，不成于器；士而弗仕，不成于位。若此者，天地所不能贵贱，鬼神所不能贫富也。"④天地、鬼神并不能决定人的贵贱和贫富，然而，人之贵贱和贫富虽决定于人为，却也有其性命上的根据。其中，人的能动性在于"王废有时，智者见祥，修善迎之；其有忧色，循行改尤。愚者反戾，不自省思，虽休征见相，福转为灾。于戏君子，可不敬哉"？这里，王符看到了人的能动性以

---

① 陈立：《白虎通疏证》上册，第391页。
② 黄晖：《论衡校释》一，第49—50页。
③ 张觉：《潜夫论校注》，第339页。
④ 同上书，第359页。

及限制性。人之行是能动的一面，命却是限制性的一面。人有智慧能够转危为安、化险为夷，但是却并非没有一定的条件限制。人的知识智慧受到命的制约。"王符所以对当时流行的三命说只采纳其遭、随二命而舍弃所谓的'寿命'或'正命'，主要原因是他虽然承认命由天降，吉凶期会，禄位成败，有时并非人的聪明慧智所能左右或预知，但他却不赞成像王充的那种'性成命定……命不可减加'（《论衡》，《无形第七》）之驱趋于绝对的命定论。"①但可能更为重要的是，王符意识到命对于行为活动者的人而言，虽是一种限制性，却在认识和实践上有不确定的性质。导致这种不确定的原因是人事活动中的方方面面。

但是，吉凶祸福与人的道德行为之间还是存在内在的联系。"福从善来，祸由德痈。吉凶之应，与行相须。"②因此，不修其行，福禄不臻。

王符这种重视人为又不否定其限制性的思想也贯穿在其知识论中。他说："虽有至圣，不生而知；虽有至材，不生而能。"③人的才能知识，都是后天学习而成的，自古以来的圣贤，都有向老师学习的经历。同时，他也强调君子能"假"物而"自彰"的能动性。他说："造父疾趋，百步而废，自托乘舆，坐致千里；水师泛轴，解维则溺，自托舟楫，坐济江河。是故君子者，性非绝世，善自托于物也。人之情性，未能相百，而其明智有相万也。此非其真性之材也，必有假以致之也。君子之性，未必尽照，及学也，聪明无蔽，心智无滞，前纪帝王，顾定百世。此则道之明也，而君子能假之以自彰尔。"④"君子能假之以自彰尔"，正所谓人能借助于自己制造的工具而延长其器官，增强人的才能。王符认为"物之有然否也，非以其文也，必以其真也"⑤。即使是在政治上也应求"真贤"，"真贤"才真的知人性并懂得治理之术。"夫治世不得真贤，譬犹治疾不得良医也。"⑥如果自

---

① 贺凌虚：《东汉政治思想论集》，第 162 页。
② 张觉：《潜夫论校注》，第 647 页。
③ 同上书，第 2 页。
④ 同上书，第 13 页。
⑤ 同上书，第 381 页。
⑥ 同上书，第 96 页。

已不认识真贤、真药,就会被人欺诳而反谓"经不信而贤皆无益于救乱"。天地之道,神明之为,人是不能知见的,人可以知道的是学问圣典,心思道术。但是,人们可以借助于圣典这些先圣所制作的经典而知道。"先圣得道之精者,以行其身;欲贤人自勉,以入于道。故圣人之制经以遗后贤也,譬犹巧倕之为规矩准绳以遗后工也。"①显然,他肯定典籍的知识文化意义,是对传统文化之继承性的发挥,而他主张求学假物的根本目的并非单纯的求知,而是增进道德,成就君子人格。

第三节　崔寔的霸政论

崔寔,生年不详,按《后汉书·崔骃传》所附《崔寔传》,于桓帝即位初入朝为官,于灵帝建宁(168—172)中病故。字子真,一名台,字元始。冀州博陵郡安平(今河北安平)人。② 少时沉静,喜好典籍。出身官宦世家,有家学渊源。崔寔六世祖崔朝,西汉昭帝时为御史,五世祖崔舒历任四郡太守,高祖崔篆在新莽时代被迫出任建新大尹,但"称疾不视事,三年不行县"(《后汉书·崔骃传》)。东汉光武帝时闭门著《周易林》64 篇。祖父崔骃少通《诗》《易》《春秋》,为东汉著名学者,为人正直,曾规谏窦宪"擅权骄恣"。父崔瑗锐志好学,能传父业,善文辞,有名于世。曾为汲县令时,"为人开稻田数百顷""百姓歌之"。其临终顾命崔寔说:"夫人禀天地之气以生,及其终也,归精于天,还骨于地,何地不可臧形骸,勿归乡里。其赗赠之物,羊豕之奠,以不得受。"(《后汉书·崔瑗传》)葬父之后,家产耗尽,为生计,"以酤酿贩鬻为业,时人多以(此)讥之",崔寔则不以为意。服丧毕,三公并辟,皆不就。桓帝初,由郡举为郎。其后二十余年间,崔寔先后被拜为议郎,辟大将军梁冀府军司马,入东观参与撰《汉纪》,又出京任五原太守。后复入朝再拜议郎,勘定《五经》。因梁冀被

---

① 张觉:《潜夫论校注》,第 14—15 页。
② 据贺凌虚考证,安平原属涿郡,东汉桓灵之世,改隶博陵郡。博陵郡隶冀州,涿郡属幽州。见《东汉政治思想论集》,第 241 页注 1。

诛，崔寔为其故吏而免官禁锢。延熹四年（161），经司空黄琼推荐，崔寔再出任辽东太守，适值其母病故，请求归葬服丧。三年丧毕，召拜尚书。因世道混乱不堪，遂称疾不办事，数月免归。此后数年，崔寔可能居家度日，直至病故。死后，"家徒四壁立，无以殡敛"，有光禄勋杨赐、太仆袁逢、少府段颎为备棺椁葬具，大鸿胪袁槐为树碑颂德。

崔寔著作与哲学思想有关的是他所撰的议论政治的《政论》一书。按《后汉书 · 崔骃传》附《崔寔传》称其"桓帝初……除为郎。明于政体，吏才有余，论当世便事数十条，名曰《政论》"，又据《政论》文称"自汉兴以来，三百五十余岁矣"①，可知撰写该书时间至少在其从政之初就开始了。从汉高祖元年至质帝本初元年崩，桓帝即位，计凡三百五十二年。桓帝驾崩则在永康元年（167），在位二十年。孙启治说："'自汉兴以来，三百五十余岁矣'，则当桓帝时也。"②又《政论》称"今朝廷以圣哲之资，龙飞天衢"，即指桓帝即位。但据佚文"仆前为五原太守"云云，③可推断大约在任五原太守之后一段时期仍然在续写，也可能该书是崔寔政论文章的裒辑。《隋书 · 经籍志》子部法家类著录《政论》为六卷，《旧唐书 · 经籍志》子部法家类著录则谓五卷，而《新唐书 · 艺文志》子部法家类又著录为六卷，但是，《宋史 · 艺文志》不见著录，其他宋代的类书仅郑樵《通志艺文略》（成书于南宋绍兴年间）著录"崔氏《政论》六卷，汉尚书崔寔撰"。可见，"此书及崔寔其他著作于北宋时即开始散佚，最迟至南宋宁宗之时已全部遗佚"④。今《政论》乃清严可均所辑，载《全后汉文》第四十六卷。

一、霸政论

崔寔的主要著作《政论》往往被著录在子部法家类，但范晔却说"论曰：崔氏世有美才，兼以沉沦典籍，遂为儒家文林"（《后汉书》）。显然，这

---

① 孙启治：《政论校注》，第 38 页。
② 同上书，第 39 页。
③ 同上书，第 182 页。
④ 贺凌虚：《东汉政治思想论集》，第 245 页。

是因为，与传统儒家在政治上一般主张"仁政"或"德政"相比，崔寔的最大不同在于沿着王符吸收法治思想的方向继续向前，而主张"霸政"。在崔寔看来，"德政"与"霸政"各适应不同的时代。

"凡天下所以不治者，常由人主承平日久，俗渐弊而不寤，政寖衰而不改，习乱安危，逸不自睹。或荒耽耆欲，不恤万机；或耳蔽箴诲，厌伪忽真；或犹豫歧路，莫适所从；或见信之佐，括囊守禄；或疏远之臣，言以贱废。是以王纲纵弛于上，智士郁伊于下。悲夫！"①在崔寔看来，政治只要长时间维持相同格局，无论什么制度，即使这些制度原来是有某些针对性并切实解决问题的，但只要"承平日久"，必会产生新的弊端而生混乱。这些可能导致产生新弊端的原因是因人性有"荒耽耆欲，不恤万机"的状况使然，也可能是由认知上的浅陋不信圣贤箴言、既无视文化又不直面事实的自以为是所致，还可能是分不清是非真伪，无所适从，所谓"既不知善之为善，又将不知不善之为不善"②，或听信左右亲信的话，政体上下不通，阻断言路所招致。在这里，崔寔不仅揭示了政治问题的复杂性，而且说明了导致传统政治产生弊端的人性论、认识论乃至政治体制上存在的诸种弊端。

崔寔认识到当时的政制需要变革。他认为，政制本身，主要有两种情况，"受命之君每辄创制，中兴之主亦匡时失"，商汤、周武王、汉高祖为"受命之君"，盘庚、周穆王则谓中兴之主。盘庚迁都，令商朝中兴，周穆王有过失，则命甫侯修正之。此外，还有因上述人性和认知的限制，政治的复杂，"俗人拘文牵古，不达权制，奇玮所闻，简忽所见，策不见珍，计不见信"，结果导致庸主时代"政令垢翫，上下怠懈，风俗凋敝，人庶巧伪，百姓嚣然，咸复思中兴之救矣"③的情况。既然世道承平日久，任何政制都不免于出现衰敝的状况，那么，济时振世的方法，就并非一定是模仿尧舜时代的做法，而是应"补绽决坏，枝柱邪倾，随形裁割，取时君所能行，要措斯世于安宁之域而

---

① 孙启治：《政论校注》，第 29 页。
② 同上书，第 42 页。
③ 同上书，第 38 页。

已"。治术若永远不变,显然就不能"随形裁割",不尊实势,就不能面对真实。

那么,面临政制衰敝的状况,如何变革呢? 他提出了"霸政"的思想。崔寔说:

> 图王不成,弊犹足霸……故宜量力度德,《春秋》之义(此二语袁宏《纪》二十一作"《春秋》之义,量力而举,度德而行")。今既不能纯法八世,故宜参以霸政,则宜重赏深罚以御之,明著法术以检之。自非上德,严以则理,宽之则乱。①

所谓"霸政",首先,是主张在"世有所变"的情况下,针对不同于治世采取不同的治国策略,不必拘泥过去的治国方略。"圣人执权,遭时定制,步骤之差,各有云施,不强人以不能,背所急而慕所闻也。"②这个策略虽能够体现仁爱的实质,但是,却需要采取严格的法令制度来贯彻。他说,不同时代有不同的治国措施。方法上虽有"宽"或"严"的区别,但目的都在"治平"。人的情欲是需要健全的法度来平抑的。"是故先王之御世也,必明法度以闭民欲,崇堤防以御水害。法度替而民散乱,堤防堕而水泛滥。"③凡俗之人不可能认识到关键问题,也不能识别"异量之士",在复杂社会面前一筹莫展。其实,不诚信者往往是从官府开始的。如果因此风俗变坏,世道则每况愈下。"故圣人能与世推移,而俗士苦不知变,以为结绳之约,可复治乱秦之绪;干戚之舞,足以解平城之围。"④因此,没有一成不变永远有效的治国方法。

其次,所谓"霸政",重要内容之一是针对"不轨之民"而用,目的在"破奸宄之胆"⑤,由此他也反对专制社会经常会使用的大赦,认为这不利于社会的治理。崔寔追溯大赦的历史根源时说:"大赦之造,乃圣王受命

---

① 孙启治:《政论校注》,第 57 页。
② 同上书,第 38 页。
③ 同上书,第 78 页。
④ 同上书,第 62 页。
⑤ 同上书,第 57 页。

而兴,讨乱除残,诛其鲸鲵,赦其臣民,渐染化者耳。"①大赦最初之兴,在于圣王受命,讨昏乱,除残暴,惩罚首恶而宽宥臣民,使之感化。在战国时期,情况有所变化。"及战国之时,犯罪者辄亡奔邻国,遂赦之以诱还其逋逃之民"。汉承秦制,将这种制度沿袭下来,在文帝及以后几代本来还有一定作用。但是,最近大赦之举措越来越多,抱侥幸心理而轻易犯罪的人数越来越众,甚至一年之中就发生了四次大赦,如此以往,社会将何以得到治理? 人们"以赦为常俗,初切望之,过期不至,亡命蓄积,群辈屯聚,为朝廷忧"②。这样就不得不赦,然赦又导致大量犯罪,"赦以趣奸,奸以趣赦,转向驱蹴,两不得息,虽日赦之,乱甫繁耳"。

最后,崔寔的"霸政",并非他所谓"暴秦"般的强权政治,而是王道不能实行时代所采取的政治策略。"图王不成,弊犹足霸。"正是退而求其次的意思。梁肉不可以治疾,药石不可以供养,兴平之世与乱世的治理之术不能千篇一律。但是,这并不意味着崔寔的思想性质属于法家。他引汉武帝诏书说:"三代不同法,所由路殊,而建德一也。盖孔子对叶公以来远、哀公以临民、景公以节礼,非其不同,所急异务也。"③又说:"图王不成,弊犹足霸。图霸不成,弊将如何? 故宜量力度德,《春秋》之义。今既不能纯法八世,故宜参以霸政,则宜重赏深罚以御之,明著法术以检之。自非上德,严以则理,宽之则乱。"④他还说:"苟割胫以肥头,不知胫弱亦将颠仆也。"⑤

袁宏针对崔寔的"霸政"论提出批评。他认为:"观崔寔之言,未达王霸之道也。"圣王之道,在德礼之教,"德苟成,故能仪刑家室,化流天下;礼苟顺,故能影响无遗,翼宣风化……及哲王不存礼乐凌迟,风俗自兴,户皆为政,君位犹未固,而况万物乎! 于斯时也,臣子当自尽之日,将守

---

① 孙启治:《政论校注》,第 157 页。
② 同上书,第 159 页。
③ 同上书,第 42 页。
④ 同上书,第 57 页。
⑤ 同上书,第 101 页。

先王之故典,则元首有降替之忧,欲修封域之旧职,则根本无倾拔之虑"①。

其实,崔寔所说的是面对制度积弊太多,难以轻易改变时,他主张"重赏深罚",这和忠臣的职守没有矛盾,只是在社会治理上采取"乱世用重典"的具体办法而已。所以,崔寔说:"且守文之君,继陵迟之绪。譬诸乘弊车矣。当求巧工使辑治之,折则接之,缓则楔之,补琢换易,可复为新,新新不已,用之无穷。"②而王夫之则将崔寔的思想极端化,粱肉不可以治重病,但并非治病吃药石就不需要食粱肉。

再者,在崔寔看来,伦理政治的问题并非仅仅是上下的行政隶属关系问题。在兴平之时,固然是上行下效,一呼百应,可是,一当"王政一倾,普天率土莫不奢僭",人们就不再信任统治者了。如果"礼坏而莫救,法堕而不恒",则岂止是"尊卑无别",产生"网漏吞舟"的现象,③乃至于整个社会"移风于诈,俗易于欺,狱讼繁多,民好残伪"④。所谓造假成风,举世无一真人的情况即可能出现。

针对崔寔的重赏深罚的严刑政论,萧公权说:"崔寔立论'指切时要,言辨而确',且'明于政体,吏才有余',较桓氏(谭)尤近法家。"但他又说:"吾人以按桓灵时之政事,即知此论乃有为而发。虽然,实非根本放弃儒家治术。"⑤萧氏所言得当。

二、人情论与畏民论

崔寔在论述其"霸政论"时也旁及他对人性的认识,而汉代人论人性又往往是通过"情"来显现的,这一点,崔寔也不例外。

崔寔说:"夫人之情,莫不乐富贵荣华,美服丽饰,铿锵眩耀,芬芳嘉

---

① 袁宏:《后汉纪》,《两汉纪》下,第 400 页。
② 孙启治:《政论校注》,第 34 页。
③ 同上书,第 80 页。
④ 同上书,第 101 页。
⑤ 萧公权:《中国政治思想史》上,第 332 页。

味者也。昼则思之,夜则梦焉,唯斯之务,无须臾不存于心,犹急水之归下,川之赴壑。不厚为之制度,则皆侯服王食,僭至尊,逾天制矣。"①可见,他认为所谓"人情"相当于人的欲望。他认为,人心昼夜思慕富贵荣华,就如急流之水往下奔流,河川之奔赴沟壑,是正常现象。但是,人情虽不可免,却需要制度作出规范。这种思想显然是受到荀子性恶思想影响的。

荀子认为"人生而有欲",欲望不可去。人情中包含着求生的本能和基本的物质生活需求。欲望得不到满足,就必然争斗而导致社会秩序的混乱。但荀子认为,"欲虽不可尽,可以近尽也,欲虽不可去,求可节也"②。崔寔基本承认荀子的观点,强调自然欲望的满足是礼仪教化的前提。"人非食不活,衣食足,然后可教以礼义,威以刑罚。苟其不足,慈亲不能畜其子,况君能捡其臣乎!故古记曰:'仓廪实而知礼节,衣食足而知荣辱。'"③但他也提醒重视人对待自己的态度。他认为,"凡人情之所通好,则恕己而足之。因民有乐生之性,故分禄以颐其士,制庐井以养其萌,然后上下交足,厥心乃静"。人们通常都容易原谅自己,因其有乐生的天性。"民有乐生之性""人非食不活",礼义教化是应该建立在基本的物质生活需求的满足基础之上的。如果没有这些条件,不要说其心难静,难谈教化,甚至"慈亲不能畜其子,况君能捡其臣乎"?

基于此,他主张一方面应给予官员必要的生活条件,使他们能够养家畜子。但另一方面亦不能使官员过分纵欲。他说:"圣王知其如此,故重其禄以防其贪欲,使之取足于奉,不与百姓争利,故其为士者习推让之风,耻言十五之计,而拔葵去织之义形矣。故三代之赋也,足以代其耕。"④崔寔批评朝廷的某些举措不切实际,"今朝廷虽屡下恩泽之诏,垂恤民之言,而法度制令,甚失养民之道,劳思而无功,华繁而实寡"。因

---

① 孙启治:《政论校注》,第78页。
② 王先谦:《荀子集解》,诸子集成本,第285页,上海,上海书店出版社,1986。
③ 孙启治:《政论校注》,第141页。
④ 同上书,第148页。

此,必须根据实际情况,"必欲求利民之术,则宜沛然改法,有以安固长吏,原其小罪,阔略微过,取其大较惠下而已"①。那些华而不实的虚言不能照抚百姓的疾苦,只有有利于人们的办法和制度法令,才是安民之策。他盛赞汉初文、景时代的社会风貌:"安官乐职,图累长久,而无苟且之政。吏民供奉亦竭忠尽节,而无一切之计。故能君臣和睦,百姓康乐。苟有康乐之心充于中,则和气应于外,是以灾害不生,祸乱不作。"②

从对人情的这种认识,崔寔提出了应该如何对"民"的微妙而复杂的"畏民论"。一方面,他和王符一样承认"民"乃"国"之根本。他说:"国以民为根,民以谷为命,命尽则根拔,根拔则本颠,此最国家之毒忧,可为热心者也。"③热心,犹言"焦心"。另一方面,他又认为,"民"作为"俗人"和"愚人",乃"瞑瞑无所知"者,需要君主进行"牧养处置"。否则,危及深重。他说:"小人之情,安土重迁,宁就饥馁,无适乐土之虑。故人之为言瞑也,谓瞑瞑无所知,犹群羊聚畜,须主者牧养处置,置之茂草则肥泽繁息,置之硗卤则零丁耗减。"④既然一方面是"国之根",另一面又"瞑瞑无所知",必须人主来"养"或加以处置,则"民""人"的地位就非常独特了。

在此基础上,崔寔提出了敬畏"民"的思想。他说:"夫民,善之则畜,恶之则仇,仇满天下,可不惧哉!是以有国有家者,甚畏其民。既畏其怨,又畏其罚,故养之如伤病,爱之如赤子,兢兢业业,惧以终始,恐失群臣之和,以堕先王之轨也。"⑤因此,这种对"民"的敬畏当然不是把他们当作国家的主人,而是当作社稷的基础的"敬畏"。

得罪"民"是十分危险的,有国有家者"甚畏其民"。既担忧他们会抱怨,又担忧他们的惩罚。这里,"畏其罚"是双关语,一面是畏"民"因无知受到刑罚(这无异于是惩罚"国家"),另一面则暗示社会的暴乱。这都是动摇

---

① 孙启治:《政论校注》,第 132 页。
② 同上书,第 118 页。
③ 同上书,第 85 页。
④ 同上书,第 175 页。
⑤ 同上书,第 131 页。

国家之根本的。他主张对民要"养之如伤病,爱之如赤子",小心翼翼,勤勤恳恳,始终保持戒备谨慎的心态。否则会"失群臣之和""堕先王之轨"。崔寔强调了君主在担负责任的同时,又要"畏民"的论点,较之王符单方面讲"帝王之所以尊敬,天之所甚爱者,民也",可能更有说服力。

崔寔认为,在复杂的社会和政治生活中,一面要针对时政实行"霸政",另一方面又要"甚畏其民",这两方面因素决定了必须实行安民任贤的措施。但是,在他看来,困难的是,政治需要的贤德之才并不为世人所认识。"且世主莫不愿得尼、轲之伦以为辅佐,卒然获之,未必珍也。自非题榜其面曰'鲁孔丘''邹孟轲',殆必不见敬信。何以明其然也?此二者善已存于上矣。当时皆见薄贱而莫能任用,困厄削逐,待放不追,劳辱勤瘁,为竖子所议笑,其故获也。夫淳淑之士,固不曲道以媚时,不诡行以邀名,耻乡原之誉,绝比周之党,必待题其面曰'鲁仲尼''邹孟轲',不可得也。而世主凡君,明不能别异量之士,而适足受谮润之诉。……常患贤佞难别,是非倒纷,始相去如毫厘,而祸福差以千里,故圣君明主其犹慎之。"①精英政治所需之精英如何可能产生和被识别与任用才是问题的关键。

第四节　仲长统的无神论与政治哲学

仲长统(179—220),复姓仲长,名统,字公理,兖州山阳郡高平(今山东省邹县西南)人。东汉末年哲学家、政论家。仲长统从小聪颖好学,博览群书,长于文辞。东汉时期盛行游学,青年时期,仲长统亦和大多数年轻人一样,曾游学于当时的文化重镇青、徐、并、冀诸州之间。因才智超群,和他交游过者无不惊异其识人之才。并州刺史高干是袁绍的外甥,有尊重名士的声誉,意欲招徕各方人才,许多有抱负者都投靠他。仲长统拜见高干,受到盛情款待,问及时事,仲长统向高干直言:"君有雄志而

---

① 孙启治:《政论校注》,第 50 页。

无雄才,好士而不能择人,所以为君深戒也。"①高干一向自以为是,并未采纳仲长统的意见,于是,他离开了高干。不久,高干因并州叛变,终告失败,一时,并州、冀州之士均因此十分惊异于仲长统的先见之明。史载其性情洒脱,敢于直言上谏,不拘小节,默语无常,时人视他为一狂生。每次州郡召唤,均托病不就。平生旨趣在"俯仰二仪,错综人物",并不十分热衷政治。他认为交接帝王权贵者,都想以此立身扬名,但名声不永存,人生也易逝,他的理想在于"弹《南风》之雅操,发清商之妙曲。逍遥一世之上,睥睨天地之间,不受当时之责,永保性命之期。如是则可以陵霄汉、出宇宙之外矣。岂羡夫入帝王之门哉!"②可见其精神意趣确有道家色彩。汉献帝时,尚书令荀彧闻其名,举为尚书郎,之后,曾参与丞相曹操军事,但未得到重用,不久便又回到尚书郎的位置。仲长统的思想和才华集中表现在《昌言》之中。

仲长统的著作,据《后汉书》本传载,有《昌言》,凡三十四篇,十余万言。此外,还有《乐志论》和《咏志诗》二首。《旧唐书》《经籍志》录有《兖州山阳先贤赞一卷》,下注"仲长统撰",《新唐书·艺文志》则称之为《山阳先贤传》,宋以后不见著录,应已亡佚。至于《昌言》一书的成书经过,《后汉书》本传谓其"参丞相曹操军事,每论说古今及时俗行事,恒发愤叹息,因著论名曰《昌言》"。昌,按字面意思,谠也,亦有正当、直接之意。《说文解字》说:昌,美言。故"昌言"乃含有正当和直陈无忌的美言之意。

本书引文依据孙启治《昌言校注》(中华书局 2012 年版)文字为准。

一、无神论思想

由于仲长统生活在汉末社会大动荡的历史时代,经历了风起云涌的黄巾军农民大起义、残酷的党锢之祸以及献帝最终逊位于曹氏这一标志东汉最终覆亡的重大历史事件之后,他对社会特别是传统儒家天命的认

---

① 《后汉书》,第 484 页。
② 孙启治:《昌言校注》,第 401 402 页。

识和东汉其他的思想家有很大的不同。仲长统认为获胜的一方并非取决于神秘的天命，甚至不是道德仁义的观念，而是实力。他说：

> 豪杰之当天命者，未始有天下之分者也。无天下之分，故战争者竞起焉。于斯之时，并伪假天威，矫据方国，拥甲兵与我角才智，程勇力与我竞雌雄，不知去就，疑误天下，盖不可数也。角知者皆穷，角力者皆负，形不堪复仇，势不足复校，乃始羁首系颈，就我之衔绁耳。夫或曾为我之尊长矣，或曾与我为等侪矣，或曾臣虏我矣，或曾执囚我矣。彼之蔚蔚，皆匈詟腹诅，幸我之不成，而以奋其前志，讵肯用此为终死之分邪？[1]

天下本无分，故起争端。正统儒家认为应以礼义来规定不同人的度量分界，从而组成社会秩序井然的和谐社会。但仲长统则以他在乱世的观察认为是豪杰"角知"和"角力"的结果。只是因为他们"角知者皆穷，角力者皆负，形不堪复仇，势不足复校"，方才"羁首系颈，就我之衔绁耳"。这样，社会秩序的终极理由不是命定或所谓时运，也不是人们所标榜的伦理道德原则，而是豪杰彼此之间的"知"与"力"等实力的较量。

但是，伦理观念虽不能最终决定历史，却能以某种方式解释并影响历史，在特殊的政体中使人有一种特殊的感受。"及继体之时，民心定矣。普天之下，赖我而得生育，由我而得富贵，安居乐业，长养子孙，天下晏然，皆归心于我矣。豪杰之心既绝，士民之志已定，贵有常家，尊在一人。当此之时，虽下愚之才居之，犹能使恩同天地，威侔鬼神。"[2]因"豪杰之心既绝，士民之志已定"，使所有的纷争成为徒然；而又因政体的原因，长久的"贵有常家，尊在一人"，无疑滋生新的弊端，就是凡庸之才似乎也能够起到很大作用，甚至于"能使恩同天地，威侔鬼神"。问题还在于，社会一经稳定，秩序一旦形成，又有巨大惯性，其中出现的危机，不容易为普通人所自觉。这时，"暴风疾霆，不足以方其怒；阳春时雨，不足以喻其

---

[1] 孙启治：《昌言校注》，第257页。
[2] 同上书，第259页。

泽,周、孔数千,无所复角其圣;贲、育百万,无所复奋其勇矣"。

从这种思考中,他得出这样的结论:"人事为本,天道为末。不其然与? 故审我已善,而不复恃乎天道,上也;疑我未善,引天道以自济者,其次也;不求诸己,而求诸天者,下愚之主也。"①在他看来,"人事为本,天道为末",即人事是成败的根本,所谓天道是因人事修为上的不同而有差别地与人发生关系,归根结底是由人事决定的。他将人事与天道的关系分为三种情况:一是自我反省达到己善,则不依赖天道;二是怀疑自己仍未善,借天道以助己力;最后是不求诸己,而求诸神秘之天的凡庸愚昧。他认为,作为王者,应争取第一种情况:"诚忠心于自省,专思虑于治道,自省无愆,治道不谬,则彼嘉物之生,休祥之来,是我汲井而水,出爨龟而火燃者耳,何足以为贺者耶? 故欢于报应,喜于珍祥,是劣者之私情,未可谓大上之公德也。"

在仲长统那里,"天道"类同儒家所谓"天命",和"天"的概念有区别。"天"即自然,"天"无意志和目的。"天"的运行有着不以人的意志为转移的客观规律,人们只要顺"天时",如适时播种,辛勤管理,及时收获,就有好收成。收多收少不在于"天命",而是在于充分发挥人的主观能动性。"天为之时,而我不农,谷亦不可得而取之。青春至焉,时雨降焉,始之耕田,终之簠、簋,惰者釜之,勤者钟之。矧夫不为,而尚乎食也哉?"②人只有尊重"天",不失时机地利用客观条件,才能达到自己的目的。又说:"稼穑不修,桑果不茂,畜产不肥,鞭之可也;杝落不完,垣墙不牢,扫除不净,笞之可也。此督课之方也。且天子亲耕,皇后亲蚕,况夫田父而怀窳惰乎。"③各行各业,应各司其职,若不尽责,方可责罚。如果皇帝亲耕,皇后亲蚕,农夫断无有他心而不事耕作者。

由此,仲长统批判了所谓"神的旨意"。他认为创业者夺得天下,建立霸业是由人事所致。同样,王朝由盛而衰,毁业亡国,也是由人事所

---

① 孙启治:《昌言校注》,第 398 页。
② 同上书,第 411 页。
③ 同上书,第 412 页。

为。这就从根本上否定了宗教"天命"决定社会兴衰的说教，从而否定了宗教神学的统治地位。这在两汉历史上，是"破天荒的卓见"。

同时，仲长统通过反思历史而描述了天人关系上的几种可能。"昔高祖诛秦、项，而陟天子之位；光武讨篡臣，而复已亡之汉，皆受命之圣主也。萧、曹、丙、魏、平、勃、霍光之等，夷诸吕，尊大宗，废昌邑而立孝宣，经纬国家，镇安社稷，一代之名臣也。二主数子之所以震威四海，布德生民，建功立业，流名百世者，唯人事之尽耳，无天道之学焉。然则王天下、作大臣者，不待于知天道矣。所贵乎用天之道者，则指星辰以授民事，顺四时而兴功业，其大略也。"①一切均"唯人事之尽耳，无天道之学焉"。如果说还有什么天之道值得人们重视的话，那就是，无论君臣，所贵者都在根据季节时令而颁布政令，根据客观条件来建功立业。这样的话，吉凶由人而不由天。"故知天道而无人略者，是巫医卜祝之伍，下愚不齿之民也。信天道而背人事者，是昏乱迷惑之主，覆国亡家之臣也。"②只有巫医卜祝和愚昧无知的人，才不从人事而寄望于天命。君臣如果信天命而不务人事，必然导致覆国亡家。因而，"丛林之下为仓庾之坻，鱼鳖之堀为耕稼之场者，此君长所用心也。是以太公封而斥卤播嘉谷，郑、白成而关中无饥年。盖食鱼鳖而薮泽之形可见，观草木而肥饶之势可知"③。

仲长统重人事的态度十分鲜明。人们只能在尽人事的前提下致力于身心修养，不幸如有疾病则以汤药去之，有灾祸则反思自己。即使有所谓祷祈之礼、史巫之事，其根本仍在教人尽中正，竭精诚，而非务那些"淫厉乱神之礼""俏张变怪之言"、抑或"丹书厌胜之物"这些可笑的事情上。

他批评时政说：

简郊社，慢祖祢，逆时令，背大顺，而反求福右于不祥之物，取信

---

① 孙启治：《昌言校注》，第388页。
② 同上书，第412页。
③ 同上书，第392—393页。

诚于愚惑之人，不亦误乎？彼图家画舍，转局指天者，不能自使室家滑利，子孙贵富，而望其能致之于我，不亦惑乎？今有严禁于下，而上不去，非教化之法也。诸厌胜之物，非礼之祭，皆所宜急除者也。情无所止，礼为之俭；欲无所齐，法为之防。越礼宜贬，逾法宜刑，先王之所以纪纲人物也。若不制此二者，人情之纵横驰骋，谁能度其所极者哉？表正则影直，范端则器良。行之于上，禁之于下，非元首之教也。君臣士民，并顺私心，又大乱之道也。①

为何历史上有那么多人不知这个道理呢？仲长统认为，这是由于人们习惯并适应于某些事件而熟视无睹。"鲍鱼之肆，不自以气为臭；四夷之人，不自以食为异，生习使然也。居积习之中，见生然之事，孰自知也？斯何异蓼中之虫，而不知蓝之甘乎？"②"至于运徒势去，犹不觉悟者，岂非富贵生不仁，沉溺致愚疾邪？存亡以之迭代，政乱从此周复，天道常然之大数也。"③这也从侧面说明，在仲长统看来，"天"或"天之道"并不容易为凡庸之人所认知。

仲长统虽然并不信天命、鬼神，但也未能彻底摆脱天人感应的神学思想的影响。

二、政治哲学

人生观方面，仲长统受道家影响较多，但就治术而言，却受法家影响大。和崔寔一样，他认为处于乱世，还是要重视法律问题及其对于"理乱"的重要作用。然而，在究竟是用德治还是实行法制的问题上，仲长统基本上还是坚持了儒家"德治为主，刑罚为辅"的"德主刑佐"立场。他说："德教者，人君之常任也，而刑罚为之佐助焉。"④他认为，古代圣帝明王，之所以能亲百姓、训五品、和万邦、藩黎民，在于"实德是为，而非刑之

---

① 孙启治：《昌言校注》，第 353 页。
② 同上书，第 412 页。
③ 同上书，第 261 页。
④ 同上书，第 221 页。

攸致也。"至于革命时机到来,若不征伐用兵,则不能定其业;奸邪抱成团,不采用严刑峻法,则不能破其党。故"时势不同,所用之数亦宜异也"。讲教化须以礼义为宗,行礼义当以典籍为本。常道可行于百世,权宜则用于一时。所以,德教和法制是不可分离的,只不过在不同时期各自的重心有所变化。"故制不足则引之无所至,礼无等则用之不可依,法无常则网罗当道路,教不明则士民无所信。引之无所至则难以致治,用之不可依则无所取正,罗网当道路则不可得而避,士民无所信则其志不知所定,非治理之道也。"① 可见,德治与法制不是对立的,礼法制度不健全,则治国无依据;政策法规没有稳定性,就无法保证不为民设陷阱而妨碍民生;民人若无可信赖的法律法规,则志气不能定,这都不是国家治理之道。可见,这在总的"为君治国之道上,仍属于德治、身教的范畴"②。仲长统认为,聪明才智者,往往可能使奸凶如虎添翼;勇敢力壮,可能是盗贼的爪牙。因此,才能不等于道德。他用秦政反证德治的合理性:"昔秦用商君之法,张弥天之网,然陈涉大呼于沛泽之中,天下回应。人不为用者,怨毒结于天下也。"③

在政体问题上,仲长统说:"易曰:'阳一君二臣,君子之道也;阴二君一臣,小人之道也。'"④ 少数方才能为人上者;多数只能为人下者。如一伍之长,才能管理伍人;一国之君,才能掌管一国;天下之王,才能够王天下。愚昧无知者被有智慧的人所管理,就如枝叶虽多,但依附于树干一样,这是天下恒久的原则。他说:"有天下者,莫不君之以王,而治之以道。道有大中,所以为贵也。又何慕于空言高论、难行之术哉!"⑤

符合仲长统理想政体的君臣关系是怎样的呢?

首先,理想中的君主。他说:"人主临之以至公,行之以至仁,一德于恒

① 孙启治:《昌言校注》,第 321 页。
② 同上书,第 250 页。
③ 同上书,第 421 页。
④ 同上书,第 287 页。
⑤ 同上书,第 362 页。

久,先之用己身;又使通治乱之大体者,总纲纪而为辅佐;知稼穑之艰难者,亲民事而布惠利;政不分于外戚之家,权不入于官竖之门,下无侵民之吏,京师无佞邪之臣,则天神可降,地祇可出。"①君主应以"至公""至仁"之心理政,以德治国,身体力行,体恤下层。应做到"政不分于外戚之家,权不入于宦竖之门,下无侵民之吏,京师无佞邪之臣"。他还说:"我有公心焉,则士民不敢念其私矣;我有平心焉,则士民不敢行其险矣;我有俭心焉,则士民不敢放其奢矣。此躬行之所征者也。"②君主勤政亲民,有公平之心,那么下民就不敢铤而走险。"公心"即无私。他说:"王者官人无私,惟贤是亲,勤恤政事,屡省功臣,赏赐期于功劳,刑罚规乎罪恶,政平民安,各得其所,则天地将自我而正矣,休祥将自应我而集矣,恶物将自舍我而亡矣。"③"政平民安,各得其所",和"人享其宜,物安其所"④是他的政治理想,也是"足以称圣贤之王公、中和人君子"的一个标准。此和《中庸》"万物并育而不相害,道并行而不相悖"是一脉相承的。

仲长统认为,君主犯有不可谏之错者有五个方面:一废后黜正,二不节情欲,三专爱一人,四宠幸佞谄,五骄贵外戚。这五个方面都是非常严重的错误。

然而,"中"不容易做到。在位的人,有生活简朴、事必躬亲的,甚至有妻子不到官舍的,还有还俸禄、辞爵赏的,都可称有清廉的美德,却都不可说为"中"。有好节操之士,有虽腹饥而遇君子与之食而不食的,有妻子挨冻受饿而不纳他人之施舍的,有居住茅舍而不避风雨的,有穷居偏僻处找不到好的住处的,都可叹美他们品行高洁,但亦不可言"中"。世俗社会称道这些人的品行,当然有其理由。古制本来不复发挥作用,但现在的政治不公平、不公正,正直和公正不通行,欺诈虚伪却畅行,于是人们不约而同地认识到节义难以再坚守了,许多人抛弃正直而选择邪

① 孙启治:《昌言校注》,第 321—322 页。
② 同上书,第 327 页。
③ 同上书,第 392—393 页。
④ 同上书,第 370 页。

恶,背离正道而成奸人的跟班,如果有上述之士独能坚守节操,就显得特别可贵了。如果能使国家法度昭明,俸禄与授官皆从古,官服文饰不符合法度,均以典制纠正,货财不符合礼制,则按古制加以更正,那么,一向为人们称道的有清廉美德的人,将凭什么还矫情呢! 一向被人们叹为高洁的,将凭什么砥砺其志呢!"故人主能使违时诡俗之行,无所复剀摩,困苦难为之约,无所复激切,步骤乎平夷之涂,偃息乎大中之居,人享其宜,物安其所,然后足以称贤圣之王公,中和之君子矣。"①

其次,理想中的大臣。仲长统认为仁君应配贤臣。他说:"坐而论道,谓之三公;作而行之,谓士大夫。论道必求高明之士,干事必使良能之人,非独三太三少可与言也。凡在列位者,皆宜及焉。"②他认为,三公应该责权分明,并提出外戚不应该位列三公之位。"夫使为政者不当与之婚姻,婚姻者不当使之为政也。"③否则,少数外戚掌权,定会困顿臣民,举用失贤,百姓不安,争讼不断,这是导致天地多变、人物多妖的重要根源。仲长统还认为,行政有自身的特殊性,做君主的人应与从政者有交流,对其能力水平有深入了解。他说:"故士不与其言,何以知其术之浅深? 不试之事,何以知其能之高下? 与群臣言议者,又非但用观彼之志行,察彼之才能也,乃所以自弘天德,益圣性也。"④公卿列校,侍中尚书,皆九州所推选出来的人才,如果君主不与这些学有所成、术有专攻的人从容议论,不咨询请教、访国家正事、问四海豪英,何以将仁心贯彻于民物,使良策政令广闻于天下呢?

他认为,才士能臣并非那些沽名钓誉、没有士君子之志的人,也不是不食人间烟火的人。"今反谓薄屋者为高,藿食者为清,既失天地之性,又开虚伪之名,使小智居大位,庶绩不咸熙,未必不由此也。得拘洁而失

---

① 孙启治:《昌言校注》,第396页。
② 同上书,第377页。
③ 同上书,第314页。
④ 同上书,第377—378页。

才能,非立功之实也。以廉举而以贪去,非士君子之志也。"①所以,选用人才必取善士。然而善士富者少而贫者多,如果禄不足以供养,又怎能不少营私门呢? 以此而追究其罪,是设机置阱以待天下之君子也。

对于王侯,他说:"王侯者,所与共受气于祖考,干合而支分者也。"如果他们天性纯美,臭味芬香,也就没有什么可议论的。然而,实际上他们都生长于骄逸之处,自恣于色乐之中,不闻典籍之法言,不因师傅之良教,故使其心同于夷狄,其行比于禽兽也。长幼相效,子孙相袭,家以为风,世以为俗,故姓族之门不与王侯婚者,不以其五品不和睦,闺门不洁之风很盛呀! 在仲长通看来,人之所贵于善的原因,在于其有礼义也。之所以贱于恶者,以其有罪过也。可是现实却是"所贵者教民,以所贱者教亲",这不是自相矛盾吗? 他认为"可令王侯子弟,悉入大学,广之以他山,肃之以二物,则腥臊之污可除,而芬芳之风可发矣"②。所谓"肃之以二物",指"夏、楚二物",即木杖与荆条。孔颖达说:"学者不勤其业,师则以夏、楚二物以笞挞之"(《礼记·学记疏》)

他的政治理想是"下土无雍滞之士,国朝无专贵之人"③。如果君主能够做到"公心",大臣们的品格均为"直道正辞,贞亮之节"④。那么,就可以做到"政不分于外戚之家,权不入于宦竖之门,下无侵民之吏,京师无佞邪之臣"⑤。而要做到这一点,"唯不世之主,抱独断绝异之明,有坚刚不移之气,然后可庶几其不陷没流沦耳"⑥。

仲长统还考察了传统政体的历史演变。依《周礼》记载,由冢宰亦即大宰协助天子治理天下。春秋以来,诸侯国但凡治理不错的,都用"一卿为政"的方式管理。战国时期一直沿袭这种政治模式。秦统一天下之后,则设置丞相总理全国政务,并以太尉、御史大夫从旁协助。汉承秦

① 孙启治:《昌言校注》,第 297 页。
② 同上书,第 357 页。
③ 同上书,第 276 页。
④ 同上书,第 420 页。
⑤ 同上书,第 322 页。
⑥ 同上书,第 337 页。

制，从高祖到孝成，因而不改。"汉之隆盛，是惟在焉。"①进而他肯定了这种政体的作用。他说："夫任一人则政专，任数人则相倚。政专则和谐，相倚则违戾。和谐则太平之所兴也，违戾则荒乱之所起也。"②

在他看来，理想的政治态势应该是：在政策法令方面应"诚令方来之作，礼简而易用，仪省而易行，法明而易知，教约而易从。篇章即著，勿复刊剟；仪故即定，勿复变易。"③而在选人用人方面要做到"官人无私""惟贤是亲"的同时，也应注意公卿大夫的"皆级次进"，因为"官之有级，犹阶之有等也。升阶越等，其步也乱。登朝越等级④，败礼伤法。是以古人之初仕也，虽有贤才，皆以级次进焉。贾生有言：治国取人，务在求能。故裁国之无利器，犹镂以铅刀，而望其巧，不亦疏乎？"⑤

仲长统认为，时代不同，政治的原则也就应该不同。大治和大乱的时代不同，治术不可能一成不变。"大治之后，有易乱之民者，安宁无故邪心起也；大乱之后，有易治之势者，创艾祸灾，乐生全也。刑繁而乱益甚者，法难胜避，苟免而无耻也；教兴而罚罕用者，仁义相厉，廉耻成也。任循吏于大乱之会，必有恃仁恩之败；用酷吏于清治之世，必有杀良民之残。此其大数也。"⑥这是以历史发展的辩证法来解释社会的治乱。因此，在"上有篡叛不轨之奸，下有暴乱残贼之害""强者胜弱，智者欺愚"⑦的情况下，即便有亲属之恩，但因客观情况的变化也不能沿袭过去的方法。因社会形势改变，原来完全能够维护正常秩序的规则不复起到它的作用，而需要改革。"时政凋敝，风俗移易，纯朴已去，智慧已来。出于礼制之防，放于嗜欲之域久矣，固不可授之以柄，假之以资者也。是故收其奕世之权，校其从横之势，善者早登，否者早去，故下土无壅滞之士，国朝

① 孙启治：《昌言校注》，第337页。
② 同上书，第308页。
③ 同上书，第321页。
④ 《御览》二〇三此四字为"乱登朝级"。
⑤ 孙启治：《昌言校注》，第413页。
⑥ 同上书，第327页。
⑦ 同上书，第417页。

无专贵之人。此变之善,可遂行者也。"①所谓"奕世之权",即累世继承爵位的特权。在仲长统看来,社会会因人的参与而产生彼此相互关联的现象,统治者治理社会,应该能够认识这些现象之间的联系。仲长统和崔寔一样,都特别强调"时"即时代特点的重要性。所谓"时势不同,所用之数亦宜异也"②。

实行政治改革的主要原则是:"作有利于时,制有便于物者,可为也。事有乖于数,法有甑于时者,可改也。故行于古有其迹,用于今无其功者,不可不变。变而不如前,易有多所败者,亦不可不复也。"③可见,他认为,凡是有利于时代和事物发展的制度,是可以坚持的,相反,不利于事物规律和不合时代的制度都应改革;在古代虽有效而现在无其功的制度应该改,而改变之后效果反不如从前者,就应当坚持。有人认为其所谓"变而不如前,易有多所败者,亦不可不复也",乃复古的主张,因此,这段话也反映了他"半变法半复古的原则"④,实则这是肯定制度文化有继承性的一面。因为,任何制度都是适应当时社会客观需要而产生的,所以对社会历史的影响也就不会昙花一现。

但这仍不能改变社会治乱变化的一般趋势。在仲长统看来,后世的君主大都为庸愚之主,自恃其手中的权势人们不敢违抗,殊不知其自然倾向会导致社会政治秩序的巨大变化。

当政权的神圣性随着庸愚之主的奢靡与腐化而烟消云散之后,就是全社会的众叛亲离,原来的社会秩序所决定的关系现在发生了根本的变化。这样,"昔之为我哺乳之子孙者,今尽是我饮血之寇仇也"⑤。

三、对伦理政治的反思

仲长统在政治思想上的主张虽然基本上倾向于儒家的"德治"或"德

---

① 孙启治:《昌言校注》,第 276 页。
② 同上书,第 321 页。
③ 同上书,第 274 页。
④ 侯外庐:《中国思想通史》第二卷,第 408 页。
⑤ 孙启治:《昌言校注》,第 261 页。

化"政治,但他又不完全是正统的儒家理路。他说:"百家杂碎,请用从火。""从火"即要经过炉火的淬炼。这说明,仲长统对儒家和诸子百家,都采取了一种批评的立场。这一点,尤其体现在对伦理政治的态度上。

传统儒家主张"孝道",且将这一点发展到政治伦理上去,认为"事君如事亲",仲长统肯定了其基本立场,认为"事亲"为常情,为人子理应竭尽其力,为人臣亦是如此。他说:"人之事亲也,不去乎父母之侧,不倦乎劳辱之事。唯父母之所言也,唯父母之所欲也。于其体之不安,则不能寝;于其餐之不饱,则不能食。孜孜为此,以没其身,恶有为此人父母而憎之者也? 人之事君也,言无小大,无所愆也;事无劳逸,无所避也。其见识知也,则不恃恩宠而加敬;其见遗忘也,则不怀怨恨而加勤。安危不二其志,险易不革其心,孜孜为此,以没其身,恶有为此人君长而憎之者也?"①人们还可以事亲、事君的品行与人交往,做到仁爱笃恕,谦逊敬让,忠诚发乎内,信效著乎外,流言无所受,爱憎无所偏,"幽暗则攻己之所短,会同则述人之所长。有负我者,我又加厚焉;有疑我者,我又加信焉。患难必相恤,利必相及。行潜德而不有,立潜功而不名。孜孜为此,以没其身,恶有与此人交而憎之者也?"如此行为固然不会遭致他人的怨愤和不满,但事实上却可能因智力和人性上存在差异,人与人之间总会存在着裂隙。从并不令人满意的事实来观察和推测人心的做法虽流行,却不能不从效果方面来看。

> 故事亲而不为亲所知,是孝未至者也;事君而不为君所知,是忠未至者也;与人交而不为人所知,是信义未至者也。父母怨咎人不以正,已审其不然,可违而不报也;父母欲与人以官位爵禄,而才实不可,可违而不从也;父母欲为奢泰侈靡,以适心快意,可违而不许也;父母不好学问,疾子孙之为之,可违而学也;父母不好善士,恶子孙交之,可违而友也;士友有患故,待己而济,父母不欲其行,可违而往也。故不可违而违,非孝也;可违而不违,亦非孝也;好不违,非孝

---

① 孙启治:《昌言校注》,第383页。

也;好违,亦非孝也。其得义而已也。①

显然,"孝"在他那里并非是是非不分的一味顺从,"孝"是服从于"义"的,在具体的事情上,"违"与"不违"的关键就在"义",即适宜与否。

在仲长统看来,伦理实践并非仅是个人闭门修养,其后果涉及他人和社会生活的方方面面。历史地看,既然社会不免于治乱交替,客观的形势则是:"乱世长而化(治)世短",就不能不针对乱世存在的复杂局面采取相应的策略。乱世则小人贵宠,君子困贱。在是非难分、清浊莫辨的时候,会令"使奸人擅无穷之福利,而善士挂不赦之罪辜"②。

人性在社会表现上也有其两面性。他说:"人之性,有山峙渊停者,患在不通;严刚贬绝者,患在伤士;广大阔荡者,患在无检;和顺恭慎者,患在少断;端悫清洁者,患在拘狭;辩通有辞者,患在多言;安舒沉重者,患在后时;好古守经者,患在不变;勇毅果敢者,患在险害。"③这种对人性复杂可变的认识已不是抽象地讨论善恶问题,而是具体观察人际行为相互作用的结论。

在仲长统看来,人性的复杂可变在政治上的表现尤为突出。如果君主不能诚敬大中,反而信任亲爱者,宠贵隆丰,"使饿狼守庖厨,饥虎牧牢豚",就会导致"熬天下之脂膏,斩生人之骨髓",结果将会是"怨毒无聊,祸乱并起,中国扰攘,四夷侵叛,土崩瓦解,一朝而去"。这时,"昔之为我哺育之子孙者,今尽是我饮血之寇仇也"。从这里,还可以看到崔寔的"畏民"思想对他的影响。

仲长统认为,之所以现实中的君主、大臣乃至宦官都不符合他所提出的要求,除了时代特点之外,还会被所谓的"俗"所包围,因人"情"所惑,不能选择到符合条件的大臣。就"俗"而言,他说:"天下士有三俗:选士而论族姓阀阅,一俗;交游趋富贵之门,二俗;畏服不接于贵尊,三

---

① 孙启治:《昌言校注》,第 386 页。
② 同上书,第 265 页。
③ 同上书,第 426 页。

俗。"①选人才如果局限在有限的圈子内,当然难选出最好的。彼此交游或趋炎附势,或心有障碍不敢接近尊贵者,都是"俗"。三俗当然是由政府相关部门和所谓"士"共同具有的特点。此外,单就当时的"士"而言,也有他们自身难以克服的三种"可贱"现象:"天下之士有三可贱:慕名而不知实,一可贱;不敢正是非于富贵,二可贱;向盛背衰,三可贱。"好名而不求实际,不敢在权贵面前坚持是非对错的标准,或过分势利,在他看来都是自我人格的矮化。此外,学术界还存在着一些不实事求是和偷窃别人成果的现象:"天下学士有三奸焉:实不知,详不言,一也;窃他人之说,以成己说,二也;受无名者,移知者,三也。"②应该说,仲长统这些对时政和当时士人存在的特点的认识还是有道理的。因为学术思想和成果获得不易,而个人都有功利的追求,人们对自己的评价和社会评价总是存在差异,出现这些问题是难免的。但是,仲长统并不认为时代就没有人才,只是人们不一定具有发现人才的眼光。这需要认识风俗形成的背景,"疾其末者刈其本,恶其流者塞其源"③。

就"情"而言,他认为,"喜怒哀乐好恶,谓之六情"④。作为个人,其常情往往是"人爱我,我爱之,人憎我,我憎之",但是,作为君子,是需理性加以节制的。若君主"不节情欲",固然是"不可谏"者,需要所谓"以计御情"之智⑤;相反,不端正好恶之情,则有"以一人之好恶,裁万品之不同"的可能。如果官吏随其好恶而用私,必导致党同伐异,结党营私。他说:"同异生是非,爱憎生朋党,朋党致怨雠。"显然,这里的逻辑在于家与社会国家、情与理之间不可相互还原。

只有做到了"流言无所受,爱憎无所偏",并且"幽暗则攻己之所短,会同则述人之所长"⑥,能够"克己责躬",方可谓能够克服普通人人性的

---

① 孙启治:《昌言校注》,第 423 页。
② 同上书,第 424 页。
③ 详:《意林》原注,与"俜"通,同上书,第 331 页。
④ 孙启治:《昌言校注》,第 416 页。
⑤ 同上书,第 380 页。
⑥ 同上书,第 383 页。

弱点,不为"俗""情"所困而能"唯贤是亲"。如此,才能理顺道德与价值的关系,"所贵者善"而"所贱者恶"。他说:"惟不世之主,抱独断绝异之明,有坚刚不移之气,然后可庶几其不陷没流沦耳。"①对于民众,其措施为"敦教学以移情性,表德行以厉风俗"②。显然,仲长统其实是提出了在当时看来也是非常重要的情与欲的理性化问题,即要有所谓"无私之公心",即使在今天也仍是一重要实践问题。

仲长统也明确表示了他对情感理性化的要求。他说:"同于我者,何必可爱? 异于我者,何必可憎? 智足以立难成之事,能足以图难致之功。附者不党,疏者不遗。"③又说:"知言而不能行,谓之疾。此疾虽有天医,莫能治也。"只有不"以同异为善恶,以喜怒为赏罚",才能使情感理性化。显然,仲长统和王充一样对社会上出现的伦理亲情对政治的负面影响深有感悟。当然,他虽忌"俗",但他并非那种自我标榜的"世外高人"。他说:"清如冰碧,洁如霜露,轻贱世俗,高立独步,此士之次也。"④

总起来看,仲长统的政治哲学是基于对传统政治历史的清醒认识基础上而提出来的。他对传统政治情势的认识比之他的前辈要深刻和切实。萧公权说:仲长统对传统的批判乃"推究治乱原因,则深中专制政体之病,为前人所未发"⑤。"推其言中之意,殆无异于对专制政体与儒家治术同时作破产之宣告。此诚儒家思想开宗以来空前未有睹之巨变。"此言甚是。特别是仲长统直言秦汉以来的政权更迭的历史并非传统所谓的君权神授,而是豪杰依靠军事实力打下来的,继体之君则是依靠血缘继承得来。此外,就是西汉末年的王莽和东汉末的曹丕这种"禅让"了(仲长统称王莽之"禅让"为"乱"⑥)。打下来的江山不是建立在理性基础上的,其治理需要圣君贤相合作的德化政治,特别对君主品质有很高的

① 孙启治:《昌言校注》,第337页。
② 同上书,第288页。
③ 同上书,第424页。
④ 同上书,第418页。
⑤ 萧公权:《中国政治思想史》上,第336页。
⑥ 孙启治:《昌言校注》,第271页。

要求。他虽不能如开国之君那样的"抱独断绝异之明,有坚刚不移之气",但若能做到"诚忠心于自省,专思虑于治道,自省无愆,治道不缪"①,发挥人事的作用,也能够守得天下。然而,仲长统明确指出,继体之君多为平庸之君,实际上在东汉后期还多半是幼主,以后的所谓外戚干政,宦官专权,都是这种政体所导致的后果。至于王莽、曹丕的"禅让"则多被人们诟病为"伪受禅"。② 由此可见,虽然儒家关于政权的转移问题上有禅让和革命说,但是,在仲长统看来仅是一种说法,并不足以解释真实的历史。面对这种局面,他也没有设想出更好的办法来解决,因此,仍然是在君臣关系的专制政体和儒家的德治思想和法家的法治思想中来回打转。大体,仲长统这些思想虽触及传统政治的核心和儒家政治哲学的灵魂,却并不能超越于其外,故后来也受一些儒者诟病。

第五节　徐干的天道观与人才观

徐干(170—217),字伟长,晋州北海郡剧县(今山东寿光县)人,东汉末杰出文学家、思想家。

徐干年少之时,正值灵帝末年,宦官专权,朝政腐败,社会风气崇尚交游。其时"国典隳废,冠族子弟结党权门,交援求名,竞相尚爵号"③。而徐干不仅家风尚清明,其先十世"以清亮臧否为家,世清其美,不陨其德",而且他本人独能恬淡体道,不耽荣禄,清虚自守,惟"以六籍娱心而已"。建安中,曹操平定北方,中国统一有望,徐干终勉强应召为司空军谋祭酒掾,后转五官将文学,前后五六年,最后仍以疾辞归,直至逝世未再接受征召。此后,他"潜身穷巷,颐志保真",虽"并日而食",亦"不以为戚"。④ 建安二十二年(217)春,瘟疫流行,徐干染疾而卒,时年四十八。

---

① 孙启治:《昌言校注》,第398页。
② 牟宗三:《政道与治道》,第15页。
③ 徐干:《中论》原序,第2页。
④ 同上书,第3页。

徐干以"清玄体道"著称,文才则以诗作、辞赋、散文见长,尤其辞赋卓然成家,为当时所推崇。他的诗作,可惜未被辑录成册,故多数散佚。今仅存 10 首(见逯钦立《先秦汉魏晋南北朝诗》上),而以《室思》6 首和《答刘桢》较有特色。在辞赋有《玄猿赋》《漏卮赋》《橘赋》(以上皆佚)、《圆扇赋》等,曾被曹丕评为"虽张(衡)、蔡(邕)不过也"(《典论·论文》);刘勰也曾把他与王粲一起作为魏之"赋首"而加标举(《〈文心雕龙〉·诠赋》)。今存作品不足 10 篇,而且多有残缺。其中《齐都赋》,从残文来看,原先的规模可能相当宏大。

徐干的传世之作,今有散文集《中论》。该书比较全面地反映了他的哲学思想及思想风格。当时的人们评价他写《中论》是"欲损世之有余,益俗之不足","上求圣人之中,下救流俗之昏者"。曹丕亦尝赞此书"成一家之言,辞义典雅,足传于后"(《与吴质书》)(陈寿《三国志·魏书》)。

今存《中论》辑本分上、下两卷,上下各 10 篇,上篇多论述处事原则和品德修养,下卷大部分论述君臣关系和政治思想,总的看,它是一部有关伦理及政治的论文集。其思想倾向,大体上遵奉儒家旨趣,多述先王、孔、孟之言,同时,也受道家、法家的某些影响。《中论》对时弊有所针砭,不过作者持论比较中庸谨慎,一般不指斥时事,所以显得辞旨邈远,较少锋芒。本书写作的中心意旨在述作者济世之心,"见辞人美丽之文,并时而作,曾无阐弘大义,敷散道教,上求圣人之中,下救流俗之昏者,故废诗赋颂铭赞之文,著《中论》之书二十篇"[1]。故与仲长统《昌言》相比,其揭露现实矛盾的深刻性和批判的尖锐性,或有所逊色。《中论》语言平实,论证讲求逻辑、条理贯通,还不失为一部较好的论说文专著。它是"建安七子"中今存唯一的专著。该书版本自明清以来逾二十种,《四部丛刊》有影印明嘉靖乙丑青州刊本,本书引用以上海古籍出版社 1990 年所出的江安傅氏双鉴楼藏明刊本为准。

---

[1] 徐干:《中论》原序,第 3 页。

一、天道观

在天道观方面，东汉以王充"天道自然"的思想占主流。经过王充、仲长统等对人事的强调，天道从形上的地位下滑，逐渐成为人们经验认识的对象。但徐干认为："天道迂阔，暗昧难明。"①显然，在他看来，通常所谓形上的天道是神秘莫测、难以把握的，因而有不确定性。徐干更多的时候是讲大道或道。徐干指出："夫小事者味甘而大道者醇淡，近物者易验而远数者难效，非大明君子则不能兼通者也。"②这是说，人们往往被那些生动具体的事件所迷惑，不能认识仿佛迂阔、暗昧的大道，他们往往"眩于所易，而不能反于所难"。但是，他也并不认为天道完全与人事无关。"故凡道，蹈之既难，错之益不易，是以君子慎诸己，以为往鉴焉。"③这里，他与崔寔、仲长统等人仅重人事的论点有所不同。天道作为自然之道，也就是"天时"。他认为，人应"奉赞天时以经人事"。"故孔子制《春秋》，书人事而因以天时，以明二物相须而成也。"④（所谓"二物"就是指"人事"与"天时"）。凡事都是人事和天时"相须而成"。他也不把人的形体和道义对立起来，认为"夫形体者，人之精魄也；德义令闻者，精魄之荣华也。君子爱其形体，故以成其德义也。夫形体固自朽弊消亡之物"⑤。在徐干的这种复杂的思考中，可以推论出他的重要观点：世间一切事物的变化都既存在着"常道"也有"变数"。所谓"常道"即必然恒常之道，所谓"变数"即因时代不同而可能出现例外。事物的规律就由"常道"和"变数"构成，所以不能因"变数"而否定"常道"的存在和作用，亦不能因为"常道"而否定"变数"的存在和作用。他说："世之治也，行善者获福，为恶者得祸。及其乱也，行善者不获福，为恶者不得祸，变数也。知

---

① 徐干：《中论》原序，第 36 页。
② 同上书，第 37 页。
③ 同上书，第 18 页。
④ 同上书，第 33—34 页。
⑤ 同上书，第 34 页。

者不以变数疑常道,故循福之所自来,防祸之所由至也。遇不遇,非我也,其时也;夫施吉报凶谓之命,施凶报吉谓之幸,守其所志而已矣。"①人的生命之长短与其性格、心理以及修养状态是有关系的,孔子所说的"仁者寿"应是一种"常道",不能因存在着颜渊仁而夭死这一"变数"而否定"常道"之存在。可见,徐干是否"并未否定乱世之中常道不再存在"②,是一个有争议的问题,但他也不认为人们可据此期待变数。或许,这正是他承认世界并不完美的表现。也就是在这个意义上,他认为"知者不以变数疑常道"。

徐干承认天道落实在人事上有"命"的存在,人的遭遇还有个时的问题,这都不是人事可完全决定的。比如,人都有对富贵福禄的追求,但并非人人都能达到目的。"求之有道,得之有命。舜、禹、孔子可谓求之有道矣;舜禹得之,孔子不得之,可谓有命矣。非惟圣人,贤者亦然。稷、契、伯益、伊尹、傅说得之者也,颜渊、闵子骞、冉耕、仲弓不得者也。故良农不患疆场之不修,而患风雨之不节;君子不患道德之不建,而患时世之不遇。"《诗》曰:"驾彼四牡,四牡项领。我瞻四方,蹙蹙靡所骋。""伤道之不遇也。岂一世哉,岂一世哉!"③所谓"命"在此乃人事的限制性,作为限制性,它受命于天,取决于时,这亦就是汉儒热衷讨论的所谓人生"遇"与"不遇"的问题。不同的人所面临的"命"与"时"是不同的,其"遇"也就不同。他还说:"故君子不遇其时,则不如流俗之士声名章彻也,非徒如此,又为流俗之士所制焉。"④即使有德行才干如荀子,生于战国末年需要才士的年代,却因人生际遇而被当时的人认为"迂阔不达时变",故在政治上并无多大建树。

但是,徐干认为,人间的祸福并非有意志的天所施予,而是人类自身行为的结果。比如比干、伍子胥由于重道义而坚持自己的信念,违背了

---

① 徐干:《中论》,第 12 页。
② 贺凌虚:《东汉政治思想论集》,第 407 页。
③ 徐干:《中论》,第 25 页。
④ 同上书,第 41 页。

君王的意旨，苦谏获罪而受戮，这是"已知其必然而乐为焉，天何罪焉"？故《易》虽说，"君子以致命遂志"，但现实中"行善而不获福犹多，为恶而不得祸犹少"。二者比较，岂可舍多而从少呢？他引曾子的话说："人而好善，福虽未至，祸其远矣；人而不好善，祸虽未至，福其远矣。故诗曰：习习谷风，惟山崔巍，何木不死？何草不萎？言盛阳布德之月，草木犹有枯落，而与时谬者，况人事之应报乎！"所以，因有天灾就荒其稼穑的人，不是好农人；以经商有盈亏而弃商者，不是良贾，因行为可能有祸福的不确定而改其善道者，不是良士。"诗云：颙颙昂昂，如珪如璋，令闻令望，恺悌君子，四方为纲，举珪璋以喻其德，贵不变也。"①因此，在乱世为善有变数的情况下仍为善才是有品德之士所当为。

道对人而言虽暗昧难明，但在徐干看来并非是无任何行迹难以把握的虚无。从道之体现于不同物之上来看，有不同的道。不同的道可总称为"群道"。学者不能局限于一道，而是要"总群道"。

道有本末。他说："道有本末，事有轻重，圣人之异乎人者无他焉，盖如此而已矣。"②圣人和凡夫的区别就在于能否把握根本而不碍乎枝叶。"故人君多技艺、好小智，而不通于大道者，适足以距谏者之说而钳忠直之口也，只足以追亡国之迹而背安家之轨也。"就拿辩论来说，道为本，辩论是末。而世俗之所谓好辩者，追求嘴上输赢，是本末倒置。他们往往为了在辩论中取胜，"美其声气，繁其辞令，如激风之至，如暴雨之集，不论是非之性，不识曲直之理，期于不穷，务于必胜"。有些人偶然接触到事物的某个局部或某些方面，就自以为把握了大道，或口善辩而心不中道，不能服人。实际上，木讷而能通达大道的人，虽口服但心不服。真正的辩论"求服人心也，非屈人口也"③。他还说："君子之辩也，欲以明大道之中也，是岂取一坐之胜哉！"④仁义之道才是根本。"问曰：夫人莫不好

① 徐干：《中论》，第12页。
② 同上书，第37页。
③ 同上书，第20页。
④ 同上书，第21页。

生而恶死,好乐而恶忧,然观其举措也,或去生而就死,或去乐而就忧,将好恶与人异乎？曰:非好恶与人异也,乃所以求生与求乐者失其道也,譬如迷者欲南而反北也。今略举一验以言之:昔项羽即败,为汉兵所追,乃谓其余骑曰:'吾起兵至今八年,身经七十余战,所击者服,遂霸天下。今而困于此,此天亡我,非战之罪也。'斯皆存亡所由,欲南反北者也。夫攻战,王者之末事也,非所以取天下也。王者之取天下也,有大本,有仁智之谓也。"①人与人的好恶是差不多的,之所以有人求生求乐,有人就死就忧,那是他们的追求是否合于道的原则所决定的。

在承认"天人相须"的前提下,徐干还和仲长统一样注重人事的重要作用。只不过大禹善治的是水,而君子善导的是人。"导人必因其性,治水必因其势。"②对于"暗昧难明"的道,他提出了"治学"与"虚道"的基本路径以近道。

首先是"治学"。他说:"学也者,所以疏神达思、怡情理性,圣人之上务也。"③人蒙昧无知时,就好比宝物深藏在幽暗的屋子,找不见,一旦白日照耀,则群物都能分辨清楚了。"学者,心之白日也"。古代社会立教官,掌教国子,教以智仁圣义中和六德、孝友睦姻任恤六行、礼乐射御书数六艺,"三教备而人道毕矣"。学是实现人的意愿的重要途径。他说:

> 倦立而思远,不如速行之必至也。矫首而徇飞,不如循雌之必获也;孤居而愿智,不如务学之必达也。故君子心不苟愿,必以求学;身不苟动,必以从师。言不苟出,必以博闻。是以情性合人,而德音相继也。孔子曰:弗学何以行,弗忠何以得。小子勉之,斯可谓师人矣。马虽有逸足,而不闲舆则不为良骏;人虽有美质而不习道则不为君子。故学者求习道也。……子夏曰:日习则学不忘,自勉则身不堕,亟闻天下之大言则志益广。故君子之于学也,其不懈犹

---

① 徐干:《中论》,第 43 页。
② 同上书,第 17 页。
③ 同上书,第 6 页。

上天之动。①

君子应是一个习道者，一位学者。"人虽有美质而不习道则不为君子。故学者求习道也。"并非只有贤者学于圣人，圣人亦相因而学。如孔子学于文武，文武学于成汤，成汤学于夏后，夏后学于尧舜。"故六籍者，群圣相因之书也，其人虽亡其道犹存。"同时，学者不是一朝一夕的事，而是终身的事。学要有志："志者学之师也；才者学之徒也。学者，不患才之不赡而患志之不立。学者所以总群道也。群道统乎已心，群言一乎已口，唯所用之。"②学者的根本在"立志"，而非才智上不足。学习的目标在于"群道统乎已心，群言一乎已口，唯所用之"。此外，他还认为知识的实践"行"重于单纯的思虑或思考："倦立而思远，不如速行之必至也。"可见，在徐干看来，"人道"虽非"天道"，却是需要通过"学"与"习"去掌握的。

其次是"虚道"。所谓"虚道"，即通过"虚"的方法而认识大道。"虚"主要是道家的思想方法和认识方法。老子说："致虚极，守静笃。"（《道德经》第十六章）庄子也说"唯道集虚"，（《庄子·人间世》）又说"虚室生白"。"虚"是一种减和损的认识方法。徐干吸收了道家的思想。他说："人之为德，其犹虚器与！器虚则物注，满则止焉。故君子常虚其心志，恭其容貌，不以逸群之才，加乎众人之上，视彼犹贤，自视犹不足也，故人愿告之而不倦。"③他非议人们的自以为是："人心之于是非也，如口于味也。口者非以己之调膳则独美，而与人调之则不美也。故君子之于道也，在彼犹在己也，苟得其中，则我心悦焉，何择于彼？苟失其中，则我心不悦焉，何取于此？"④道不是个人主观上所感觉到的，它不取决于个人的主观好恶或选择。所以，"君子之于道也，在彼犹在己也"。

如果说"学"是知识的累积过程，那么，"虚"就是心志的客观化过程。知识的累积并非直接通向大道，故老子说"为学日益，为道日损"（《道德

---

① 徐干：《中论》，第 6 页。
② 同上书，第 7 页。
③ 同上书，第 12 页。
④ 同上书，第 21 页。

经》第四十八章）。徐干则站在儒家立场吸收了老子的思想。他认为，君子之务在善道，善无大小，均载于心，然后举而行之。即使才智、口辩、勇决超过常人，也不足为贵。"君子之所贵者，迁善惧其不及，改恶恐其有余。"通常眼能察远而不能见近，心也如此。故"君子诚知心之似目也，是以务鉴于人以观得失"①。可见，和传统儒者一样，徐干所谓"道"，并非仅指客观外在的自然规律，而主要是儒家所谓的"人道"。

对于鬼神，徐干一方面承认其存在，但另一方面又从认知角度表达他的观点。他说："人性之所简也，存乎幽微；人情之所忽也，存乎孤独。夫幽微者，显之原也；孤独者，见之端也。胡可简也，胡可忽也。是故君子敬孤独而慎幽微。虽在隐蔽，鬼神不得见其隙也。"②鬼神似乎无所不在地监视着人们。故君子"敬孤独而慎幽微"。他还说："故易曰：君子以恐惧修省，下愚反此道也，以为己既仁矣智矣神矣明矣，兼此四者，何求乎众人。是以辜罪昭著，腥德发闻，百姓伤心，鬼神怨痛。"③个人的修养无论达到什么程度，都可能存在瑕疵，都不是完美的。

二、人才观

徐干的人才观，主要讨论人才评价标准和如何选拔与使用人才，这是《中论》的重要内容之一。东汉实行名教之治，政治上采用荐举征辟的选士用人制度，以"孝悌""孝廉"作为评价人才和选拔官员的依据，十分注重操行。当时，砥砺名节、崇尚德行，成为一时风俗。这也是儒家伦理成为官方意识形态的必然结果。但其流弊，因权力获得途径中人为的因素，使之走向虚伪乃至腐败。总体看来，在汉魏之际，因社会秩序出现新变化，如仲长统所谓的在"豪杰之当天命"需"角才智，逞勇力"的时代，在人才价值观方面也出现了与传统观念不同的新思想，就是注重才智而不

---

① 徐干：《中论》，第 13 页。
② 同上书，第 8 页。
③ 同上书，第 14 页。

再一味强调德行的人才评价观念。这种思想在《中论》的《治学》《智行》《审大臣》等篇中也有体现。

在徐干看来，人才评价和官员选拔，不能忽视"才"的重要性。

但是，因此认为徐干就是主张"重才轻德"，这是不能说服人的。在个人的敬德修业问题上，徐干却并不轻视德行。

德和艺对于人而言，一个是根干，一个是枝叶，虽彼此不能分割，但主次仍很分明。他认为，德和艺的关系就好比文质的关系。德是德行，是美质，艺是装饰，是表征，只是德的表现。君子以徒有其表、败絮其中为耻辱。他还说，德和艺的关系是内质和外在华饰的关系，道和仁德才是根本，华饰只是"心之使也，仁之声也，义之象也"。各种艺术只是事，而这些艺术所展示的"情实"才是道。

由于社会与人性的错综复杂，如何发现和使用贤臣对于实现其政治理想也是一个重要的问题。首先，贤者是那种有知识智慧之人，并非随时可发现的。其次，应该尊重贤人。第三，鉴别贤者的方法是"以考其德行，察其道艺"①，考核其是否真贤。

徐干才艺兼得的人才思想，批判了汉代门阀世族势力陈腐的人才观和政治上用人标准的单一性，为出身于庶族、平民的士人跃登政治舞台鸣锣开道，具有解放思想的重要作用。他对才智和才智之士之作用的肯定具有振聋发聩的意义，对于日益腐朽的儒学构成了强烈冲击，有利于人们从僵化的儒家经义和教条的束缚中解脱出来，为后来曹操"唯才是举"，选拔"不仁不孝而有治国用兵之术"的用人政策提供了思想、理论方面的先导，在历史的发展中起到一定积极作用。

徐干还就先秦时期诸子百家讨论的一个很重要的问题即名实问题发表了自己的见解。到了汉魏之际，受王充疾虚妄的诘辩之学的影响，社会上兴起了"重证验""重思考"的学术风气，名实理论问题又得到当时思想家的普遍关注，仲长统《昌言》、徐干《中论》以及刘劭《人物志》等均

---

① 徐干:《中论》，第41页。

将此作为一个重要的问题予以讨论。先秦名家对名实关系的辩论,主要停留在一般概念的分疏与论辩的逻辑关系上,并没有与现实社会问题和政治问题联系起来,但汉魏之际的名实理论却是与对汉末社会实际问题的讨论联系在一起的,其所针对的对象是汉代"以名立教"思想统治措施导致的在取士用人方面出现的种种"名不副实"的政治弊端,因而具有明显的意识形态批判的特点。这样,名实关系问题,主要不是一个逻辑理论的问题,而是一个政治、伦理道德范畴的问题。汉魏之际的仲长统、徐干、刘劭等人,对惠施、公孙龙所关注的逻辑问题并无多少兴趣,他们更多地是接受了王充、王符、荀悦等人讲求"验实""征验"的思想传统,从讨论名实问题入手,对汉末因名立教、注重"名检"的政治思想展开尖锐批判。

《中论》中《考伪》《贵验》《谴交》《核辩》都涉及了名实辩言问题。所谓"名"指名称、概念,"实"指事实、实在。徐干在《考伪》篇中指出,社会政治腐败的一个突出问题就是一方面是追求实惠,另一方面则求名之风甚盛、尚名之人相诈的"虚伪浮华"风尚,对于许多人而言,"苟可以收名而不获实则不去也,可以获实而不必收名则不居也"[①]。欺世盗名的现象很普遍,"父盗子名,兄窃弟誉,骨肉相诬,朋友相诈",实际的情况则是"真伪相冒,是非异位"。对于这种崇尚虚名、名实分离的恶风陋习,徐干提出了自己的"实立而名从"的思想。他说:"名者,所以名实也。实立而名从之,非名立而实从之也。故长形立而名之曰长,短形立而名之曰短,非长短之名先立,而长短之形从之也。仲尼之所贵者,名实之名也。贵名乃所以贵实也。夫名之系于实也,犹物之系于时也。物者春也吐华,夏也布叶,秋也凋零,冬也成实,斯无为而自成者也。若强为之则伤其性矣。名亦如之,故伪名者皆欲伤之者也。人徒知名之为善,不知伪善者为不善也,甚惑矣。"[②]在这里,徐干将名实之间的关系,以及伪名废实的

---

① 徐干:《中论》,第 26—27 页。
② 同上书,第 28 页。

危害阐述得非常清楚。他认为概念之名乃反映客观事物的实在之有,故而物先而名后,实立而名从,其位置次序是不容颠倒的。从这一名实观念出发,徐干对当时社会上的种种伪名废实现象提出了尖锐的批判,并认为:"夫名者,使真伪相冒,是非易位,而民有所化,此邦家之灾也。"甚至比杀人的危害还大。杀人只害一人,乡愿并不杀人,而孔子厌恶,其根本原因就在"乡愿""乱德"。"今伪名者之乱德也,岂徒乡愿之谓乎? 万事杂错,变数滋生,乱德之道,固非一端而已。"于是,他强调"考伪",反对"求名";强调"贵实",主张名实相符。由于痛恨虚伪之名,徐干明确地提出了证验的原则:"事莫贵乎有验,言莫弃乎无征。"[1]所谓"无征"之言,即是诡辩浮夸的言说,与实不符、也不可能得到验证之言。当然,是否可以验证的言论关键在于是否可行"久于其道"。"根深而叶茂,行久而名誉远。《易》曰:'恒亨,无咎,利贞',言久于其道也。"[2]当然,名实的关系并非那么简单,通常存在着"名有同而实异者矣,名有异而实同者矣,故君子于是伦也,务于其实,而无讥其名"[3]。所谓"务于其实",就是指"心澄体静,恬然自得,咸相率以正道,相属亦诚愨。"这也就是他所说的"贵实"。"俗士之所谓辩者,非辩也;夫辩者,求服人心也,非屈人口也。故辩之为言别也,谓其善分别事类,而明处之也,非谓言辞切给,而以陵盖人也。"[4]他讲"辩"的作用定位于一种分析工具,其作用是为了"论是非之性","识曲直之理",而不是只顾说得痛快,而不能明白处断,而真正的实,却是可行之言,是诚与道。因此,徐干所谓的道是实、诚,道是名实关系的根本原则。

东汉末年思想家们群体的批判意识反映了儒学实践中所遭遇的一些现实问题,是先秦儒学所始料未及的,有独特的价值。

---

① 徐干:《中论》,第 14 页。
② 同上书,第 15 页。
③ 同上书,第 30 页。
④ 同上书,第 21 页。

第十四章　荀悦的哲学思想

荀悦乃东汉末哲学家，曾生活在献帝身边若干年。他继承传统儒家哲学的基本理路和思维方式，并用以解释现实社会和政治，有些思想很有见地。如他提出"三势"说以解释人事成败的诸种要素，并认为无论人事后来发生什么变化，都在"天"的范围之内；在汉代谶纬盛行之时，他既主张探讨真实，追问真相，但同时又注重道义。对汉代出现的今古文学之异，各家异说之分歧，荀悦不以为然。

第一节　生平及著作

荀悦（148—209），东汉哲学家，字仲豫，出身于颍川颍阴（今河南许昌）的名门望族。祖父荀淑，字季和，相传为荀卿第十一世孙，少有高行，博学而不好章句，虽为俗儒所非，但州里称其"知人"。安帝时，征拜郎中，后任当涂长，应诏举贤良方正，因讥讽贵幸，遭人忌恨，出补朗陵侯相。不久去职，闲居养志。常以家产资助宗族朋友。当世名贤李固、李膺等皆师宗之，《后汉书》有传。荀淑有子八人，时人称"八龙"，荀俭为其长子，荀悦是荀俭的长子。荀悦堂叔父荀昱、荀昙，曾因参与剪除阉党事，昱与李膺俱死，昙则终身监禁。叔父荀爽（128—190），字慈明，十二岁时通《春秋》《论语》，东汉著名经学家。献帝时，任司空，参与王允等谋除董卓事。著有《礼》《易传》《诗传》《尚书正经》《春秋条例》等。从弟荀彧(163—212)，字文若，三国时杰出军事家、政治家，官至汉侍中，守尚书令，谥曰敬侯。汉献帝时，应曹操征召，历任黄门侍郎、秘书监等职。

献帝喜好文学，亦好典籍，因见班固《汉书》文繁难读，乃使荀悦按照《左传》体裁，作《汉纪》三十篇。该书始作于建安二年(197)，完成于建安五年(200)。全书包括西汉十一帝及高后为十二(帝)纪，时间自秦二世胡亥元年(前209)刘邦起兵始，以王莽事败(23)止。其中，大部分篇章之后，都以"荀悦曰"的形式，表达了他个人的思想和观点。《后汉书·荀悦传》称其书"辞约事详，论辩多美"。《汉纪》史论结合，但并不止于就事论事，而多有发挥。其论虽从史学角度看，"价值并不高"[①]，但是，从哲学角度看，其价值则不可否定。荀悦借机在书中表达了他对汉统治者乃至传统社会和政治的批评，其中，也适当阐述了他的哲学思想。几年后，见曹操擅权，献帝仅有虚名，在巨大的社会政治变革即将来临之际，荀悦又作《申鉴》五篇，以曲为臣之志。该书完成于建安十年(205)。

《申鉴》包括《政体》《时事》《俗嫌》《杂言上》及《杂言下》五篇。文中主要是对现实政治的评论，对谶讳符瑞的讥刺，在反思历史和现实的过程中进一步表达其哲学观点。

《后汉书·荀悦传》称荀悦另著《崇德》《正论》及诸论数十篇，多佚。明代辑有《荀侍中集》，收入《汉魏六朝百三家集》中。《申鉴》有明黄省曾所作注，《四库全书总目》称其"引据博洽，多得悦旨"。有四部丛刊影印明文始堂刊本。荀悦于建安十四年(209)卒，时年六十二。

第二节　"性三品"与"情不主恶"说

在性命观上，荀悦融合了自先秦告子、孟子、荀子，到汉人的人性论

---

① 胡宝国：《汉唐间史学的发展》，第111页，北京，商务印书馆，2003。

思想,形成了他的"性三品"及"情不主恶"的学说。

一、"性三品"

"或问性命,曰:'生之谓性也,形、神是也。所以立生、终生者之谓命也,吉凶是也。夫生我之制,性命存焉尔,君子循其性以辅其命。'"①这是说,人生而具有的形与神即是其性,如同身与心;命既是人之生命得以确立的根据,也是天的命令和人生的命运,好比吉凶祸福夭寿之类对人生的影响一样。人生的法则中,包括性与命两个方面,君子善于遵循其天赋的本性,以帮助其成就人生的使命。荀悦的这一思想,显然和孟子的性善论观点有重要区别,而接受了告子以气言性的思想脉络。但是,这不意味着荀悦的人性论可归结为自然人性论,而是在修正了孟子的性善论思想的同时,吸收了告子和荀子乃至董仲舒等人的性命思想。这从他的"性三品"思想可以看出端倪。

> 或问"天命人事"。曰:"有三品焉,上下不移,其中则人事存焉尔。命相近也,事相远也,则吉凶殊也,故曰穷理尽性以至于命。孟子称性善,荀卿称性恶,公孙子曰性无善恶,扬雄曰人之性善恶浑,刘向曰性情相应。性不独善,情不独恶。"曰:问其理。曰:"性善则无四凶;性恶则无三仁人;无善恶,文王之教一也,则无周公管蔡。性善情恶,是桀纣无性,而尧舜无情也。性善恶皆浑,是上智怀惠而下愚挟善也。理也,未究也,惟向言为然。"

"四凶":传为尧舜时代四个恶名昭彰的部族首领。《左传·文公十八年》:"舜臣尧宾于四门流四凶",实指共工、骥兜、三苗与鲧。"三仁",殷纣时的箕子、微子、比干。这段话表明,荀悦并不赞成单纯的性善论和性恶论,抑或性无善恶论、性善情恶论,以及性善恶浑论。因为它们都无法解释现实中总是既有"三仁"这样的善人,也有"四凶"这样的恶人的情

---

① 孙启治:《申鉴注校补》,第195—196页,北京,中华书局,2012。

况,不能说明为何同一个文王所教育的后人中,却会有周公、管、蔡之善恶不同的分别,为什么同样有性情的人,会有尧舜之圣贤和桀纣之不肖的分别。如果相信扬雄的善恶相浑之论的话,那就会出现"上智怀惠而下愚挟善"的荒谬结论。就实际情况而言,荀悦自己倾向于刘向的"性情相应"和"性不独善,情不独恶"论。何为"性情相应"呢?

二、"情不主恶"

> 或曰:"仁义,性也。好恶,情也。仁义常善,而好恶或有恶。故有情恶也。"曰:"不然。好恶者,性之取舍也。实见于外,故谓之情尔,必本乎性矣。仁义者,善之诚者也,何嫌其常善?好恶者,善恶未有所分也,何怪其有恶?凡言神者,莫近于气。有气斯有形,有神斯有好恶喜怒之情矣。故人(黄省曾注:人当作神)有情,由气之有形也。气有白黑,神有善恶,形与白黑偕,情与善恶偕。故气黑非形之咎,情(神)恶非情之罪也。"①

有人问:仁义是人的天性,好恶是人的感情,人性本身是善的,所以,性是善的,而好恶之情可能就有恶,因而,情是恶的。荀悦则认为,仁义当然是善本身的内容,不能嫌弃仁义本身之善。好恶则是一种感情,本身没有善恶价值的分别,怎么能怪其有恶呢? 所谓善恶,是因为附着于气上之神而产生的。神之中有感情,就如气有形象一样。气包含白黑,而神包含善恶。正如气之黑不是由形象所导致的,神之恶也不是由情所产生的。荀悦的这一观点包含几个意思:第一,性与情不是没有关系的,性纯善情可能恶的思想不能解释现实中人性的复杂性,不能说明情恶的根源;第二,性本身无所谓善,情本身无所谓恶;第三,情中之恶源于性,正如形之黑源于气一样。可见,他的这种思想继承了刘向的"性情相应"之说。这一观点不仅和其性三品的思想相呼应,而且避免了性善情恶论

---

① 孙启治:《申鉴校注补》,第 203 页。

可能导致的理论和实践上的困境。

有人认为，人见利而爱，能够以仁义加以节制，是以性限制其情，所以性少欲而情多欲。如果性不能限制其情，则情独自行动，就会导致恶的行为。荀悦不赞成这一观点。他认为，这是由于善恶之多少所造成的，不是性情多少所造成的。好善好恶，就像有的人嗜酒嗜肉，肉胜则食，酒胜则饮，二者相争，胜者得逞，并非情欲饮酒，性欲食肉也。善与恶的关系，又好比利与义的关系，义胜则取义，利胜则取利，二者相争，胜的一方得逞。所以，并不是情欲的一方求利，而性欲的一方求义。义利若可兼得，当然二者兼取。其不可兼得，则只取重要的一方。

荀悦认为性既可能善，也可能恶。就一个人而言，都可能有善的一面，也有恶的一面。善和恶的关系，正如义与利的关系，都是人们的所好，甚至可以"兼得"。这种看法一定意义上破除了将善恶视为水火、冰炭的传统观点。显然，在他看来，人之有善恶是必然的，善恶相争、相持、相胜，乃至相融，都有可能。毫无疑问，荀悦的这种人性观，打破了一般性情善恶的常见之论，可能和《申鉴》一书写作时的具体环境有关。其人性观和他的天人观是一脉相承的。

据此，他论证了其"情不主恶"说。他说："易称乾道变化，各正性命，是言万物各有性也。观其所感，而天地万物之情可见矣。是言情者，应感而动者也，昆虫草木，皆有性焉，不尽善也。天地圣人，皆称情焉，不主恶也。"天地万物，都有性与情，圣贤也不例外。性不尽善，情也不主恶。他还说："爻象以情言亦如之。凡情意心志者，皆性动之别名也。情见乎辞，是称情也；言不尽意，是称意也；中心好之，是称心也；以制其志，是称志也。惟所宜，各称其名而已。情何主恶之有？故曰：必也正名。"①所谓情、意、心、志，都不过是性因物而动的别称。只是当情、意、心、志的实际情况和其言辞名称相符合时才是适宜的，这也就是"必也正名"的意思。这里，哪里有什么情主恶的意思呢？

---

① 孙启治：《申鉴注校补》，第208页。

在荀悦看来,性并非先天圆满的实体,而是和后天教化、实践难以分割的。他说,"性虽善,待教而成;性虽恶,待法而消。唯上智下愚不移。其次,善恶交争,于是教扶其善,法抑其恶"[1]。显然,性之"待教而成"和"待法而消"的人性论,是为其教化论作理论根据的。从现实效果来看,绝大多数人都能够通过法与教而得到教化。具体地说,有一半的人能够接受教育。余下的四分之三畏惧刑罚,不改变其恶之本性的,大体也就九分之一,其中,还有一些多少能有所改变的。因此,法教对于化民的作用,几乎可以说是完备的。如果法教失去其功能,其产生动乱的情况也就可想而知了。

显然,荀悦一方面根据人事的诸多变化,试图来理解现实中人性的复杂性,另一方面又根据现实中教化的需要来推知人性。但是,荀悦并未因为现实中人性的复杂而放弃儒家的基本立场。

具体说来,荀悦的性三品说,针对人性的复杂,儒家文化理想实现的现实困难,进一步指出如果"不抑情绝欲",想要成就一番功业者,是少见的。"或曰:'法教得则治,法教失则乱。若无得无失,纵民之情,则治乱其中乎?'曰:'凡阳性升,阴性降,升难而降易。善,阳也;恶,阴也。故善难而恶易。纵民之情,使自由之,则降于下者多矣。'"[2]在他看来,如果没有法与教,听凭人们的"自由",则为恶的可能性远远大于为善的可能性,此所谓"善难而恶易"。"曰:'中焉在'? 曰:'法教不纯,有得有失,则治乱其中矣。纯德无慝,其上善也;伏而不动,其次也;动而不行,行而不远,远而能复,又其次也;其下者,远而不近也。凡此,皆人性也,制之者则心也,动而抑之,行而止之,与上同性也,行而弗止,远而弗近,与下同终也。"他认为天性纯善,是"上善"。情欲潜伏心中,但不付诸行为,是较次一等的。情欲萌动或不付诸行为,或者付诸行为但不远离道义,或者远离道义而又能够回归,是再次一等的。人性之下等,就是远离道义而

---

[1] 孙启治:《申鉴注校补》,第 210 页。

[2] 同上书,第 211 页。

不再回归的。这实际上是将人性分为四等。但他最后又认为,作为普通人来讲,可以用心来控制自己的情欲,其有所萌动而能抑制,或有所行为而能中止,在现实上是与上等人性相通的;而那种因欲而行动,动而不止,远离道义的,才是下一等的人性。这样,人性似乎又大体分为两类。在这里,荀悦将儒家的所谓"中",理解为"法教不纯,有得有失,则治乱其中矣",可能会导致误解。

总之,荀悦的人性论,反映了汉儒总结儒家人性论的特点。他不像孟子从人与动物的差异上来看人性,也不完全像荀子从人的自然倾向上来看人性,而是从后天的诸种变化的倾向来推测先天的人性。这样一来,他是将人性看成有多种发展趋势的可能性,接近告子"生之谓性"的思想。人性中的这些趋势,最终都需要法与教的作用才能实现。换言之,法与教正是因对人性的某种预设而制定的。显然,荀悦的人性论是为他的教化论思想做理论根据的。

从荀悦的人性论,可以看到,他不仅意识到人性的复杂,对人所面临的现实处境有深刻洞悉,而且对现实中救治人性的必要性有切实认识。他的人性论,上继承孟荀、董子,下影响了韩愈的性三品学说。

第三节 "三势"的天人观

一、三势

天人关系问题,是先秦哲学讨论的重点之一,也是荀悦哲学思想的基础和重点。荀悦的天人观既受到传统儒家思想的影响,又因为其生活的特殊时代而有自己的认识。从一定意义上还有极其精致细腻的地方。

荀悦继承了先儒思想中天人相互关联的思想,但也对天人观上的一些著名观点特别是神学思想提出了批评意见。这是因为,在汉儒将儒家思想推行到实践过程中,出现了新情况,产生了新认识。荀悦的天人观,集中体现在他关于"三势"的学说中。理解"三势"首先要了解"三术"。

荀悦肯定,人事要"达于道",须以"通天人之理,达于变化之数"①为前提。他说:"夫通于天人之理,达于变化之数,故能达于道。故圣人则天,贤者法地,考之天道,参之典经,然后用于正矣。"②所谓"理"与"数",都是事物自身的法则或事物变化所必然遵循的定数。事物变化受多种因素影响,但其中有一定不移的"理"与"数",这是荀悦思考的出发点。

但人们不可能孤立地去思考什么"理"与"数"的问题,而总是在与事物打交道的过程中或在确定的行为准则中去考虑这个问题。荀悦认为,就具体的决策而论,人们通常需要考虑三个方面的因素,即所谓"三术"。这"三术"影响事物的变化的方向和各种可能性。他说:"夫立策决胜之术,其要有三:一曰形,二曰势,三曰情。形者言其大体得失之数也;势者言其临时之宜也,进退之机也。情者言其心志可否之意也。故策同事等而功殊者何? 三术不同也。"③谓"形",指影响得失的大体客观形势;所谓"势",是指可进可退的具体时代特征而言;所谓"术",是就主观心志方面的认同与否。由于这三个方面或"三术"的不同组合上细微的差别,会导致决策措施相同但功效不同,即所谓"策同事等而功殊"。具体来看,事物发展的大体形势与具体时代特征都允许,但若主观心志上没有认同,或没有认识到,就不能成就事业。反之,主观心志上认同或者有了认识,但是客观大趋势和具体时代特征都不允许,也不能获得成功。同样,大趋势允许,主观心志上也有认识,但是具体时机不宜或不成熟,仍然会功败垂成。如果小的机会来了,主观上也能认同,但是,客观大势不允许,虽可能得小利但长远看难说是真正意义上的成功。由此可见,所谓"三术",是人事成败的三个重要条件。

"三势"思想,是荀悦为进一步说明人事成败的复杂情况而提出来的。所谓"三势",又称"性命三势之理"。他说:"夫事物之性,有自然而成者,有待人事而成者,有失人事不成者,有虽加人事终身不可成者。是

---

① 荀悦:《汉纪》,《两汉纪》上册,第 67 页。
② 同上书,第 408 页。
③ 同上书,第 26 页。

谓三势。凡此三势,物无不然,以小知大,近取诸身。"①所谓"三势"是讲事物变化中自身的趋势和人事之间的相互关系的,它指事物因人事变化而可能出现的三种趋势,是天和人的复杂关系。人事中,既有"不思而得,不为而成"②,"生而知之",乃至元气自然者;也有须足够努力才能完成,相反均不能完成的,如"择善而行","思则得之,不思则不得矣";还有虽经人事努力终身都不能成功的,比如"下愚不移"。由此"临时之宜"与"进退之机"就大为不同。任何事物都有这三种趋势,就具体人事而言,把握其中的奥秘虽并非十分容易,却很重要。举例而言,人生疾病,有因免疫力不治而自愈的,有治之而愈而不治则不愈的,还有虽治但终身不可愈的不治之症。教化上有不教而自成的,也有待教而成、不教不成的,还有虽加教化而终身不可成的。事物既然有这些不同的"势",观察成败与否就不能以凝固不变、整齐划一的方式。他说,"善恶之效,事物之类,变化万端,不可齐一"③。"故气类有动而未应,应而未终,终而有变,迟速深浅,变化错于其中矣。是故参差难得而均矣。天地人物之理,莫不同之。"④他认为,对于气类变化的相互感应,不能机械地认识。其中难免有迟速深浅的不同、参差不齐的状况。天人感应不是机械的,有时候是"出于此,应于彼"⑤。云从龙,风从虎,善则祥,否则眚。"政失于此,则变见于彼,由影之象形,响之应声。"⑥

对"三术"和"三势"略加分析,可以看到其中所包含的天人观。如果说"三术"中"形"主要突出天(天时),"三势"中的"自然而成者"和"虽加人事终身不可成者",总体都是强调客观方面的"天"或"命"的地位的话,那么,"三术"中的"情"与"三势"中的"有待人事而成者,有失人事不成者",则重在强调人的重要性。因此,"势"虽为天人关系在具体时空点上

① 荀悦:《汉纪》,《两汉纪》上册,第85页。
② 孙启治:《申鉴注校补》,第36页。
③ 荀悦:《汉纪》,《两汉纪》上册,第85页。
④ 同上书,第86页。
⑤ 孙启治:《申鉴注校补》,第176页。
⑥ 荀悦:《汉纪》,《两汉纪》上册,第85页。

的落实,具有天人彼此交织、交错、互动的特点,然而,天、命或客观方面又都因主观心志即是否自觉意识的原因而作为人事的参数。这说明,天人关系不是机械而是复杂乃至"深不可识"的。人事既然是影响事物变化的重要参数,其变数必然难以把握。

　　需要指出的是,"三势"表面看虽乃"势"的展开,但其实必与"情"即"心志可否之意"分割不开。"势"作为"临时之宜"和"进退之机",必被确定地意识到才可能作为人事而发生作用,否则,与人的主体性无关。作为"心志可否之意"的"情",应包括"心(认知、情感)"与"志(意志)"乃至价值观念相宜与否在内。① 其云:"万物各有性也,观其所感,而天地万物之情可见矣,是言情者,应感而动者也。"②推而广之,"形"也只有当其被认识,才能作为人事活动的参数现实地产生意义。因此,被意识到的"形"与"势"也须通过意识方才对人事有影响,只是其影响会因"情"的深刻复杂程度而有所不同。以此,不仅可认识到荀悦并无机械认同"天人感应"观念,而且为天人相与之际乃至传统儒家伦理提供了新的观察视野。至少从其"自然而成"与"虽加人事终身不可成",及求福不可以禳灾,证明天不一定应人。③ 天不应人,说明人类的活动是有一定界线的,超出这个界线,天人不相通。同时,从客观方面看,天人相与之际有人力须尊重和难改变的一面,从伦理上方引出所谓仁义礼智等规范。

　　荀悦认为,虽然由于人事的参与,不同心志的人可能会导致事物多种不同的变化趋势,他举出有"策同事等而功殊"或"策同事等而功同",抑或"策异事异而功同"等复杂的可能情形,但无论哪种趋势,其实都早已存在于事物的本性中。他说:"性命之本也,犹天回日转,大运推移,虽

---

① 陈启云曰:"所谓'情'指的是人的心思(或内心,'心')和目标(或理想),'志',它们决定了人们作出某种决定的积极或消极的态度(或倾向、希望、'意')。"见《荀悦与中古儒学》,第 283 页,沈阳:辽宁大学出版社,2000。
② 孙启治:《申鉴注校补》,第 33 页。
③ 尽管荀悦也说"心诚则神明应之……志正则天地顺之"(《申鉴·杂言下》),显然是指在一定的人类道德文化活动的范围内,非指任何事情而言。

日遇祸福,亦在其中矣。"①这就是说,无论事情怎样变化无常,出乎人们的预料,但原则上仍是在诸多可能性之中。因此,天人之际的奥妙,并非天规定了人事命运只有一个走向,完全没有人事的空间;但也不是说人事可以超离性命之根本而独断专行。这样一来,所谓天人关系,在荀悦那里就不是简单的"崇天而颂",或者"制天命而用之",而是复杂的关系。人在天(自然)面前既不是无所作为的,但也绝对不是可以为所欲为的。"天时,非人力也。"②但"穷达有命,吉凶由人"③。"大数之极虽不变,然人事之变者亦众矣。"④不能因为大趋势大方向的不能改变,而否认人事参与所可能导致的许多变化。作为王者,"必则天地。天无不覆,地无不载"⑤。君王的工作,就是在法天则地的大原则之下,涵容人事中出现的种种复杂情况。可以说,把握当为而为,非不作为,亦不乱为,是"三势"说的主要目的。

荀悦的这个思想,很好地阐释了儒家的天命观,而与宗教神学的命定论和唯意志主义、主观主义都划清了界限。

荀悦还触及哲学上的偶然性和必然性的问题。必然性是"势",偶然性是"遇"。"势"非人力所及,乃天时或客观必然性。即使是王莽篡政,也是如此。其"得肆其奸慝。而成篡夺之祸","亦有天时,非人力也"⑥。天地虽有常道,但不同时代则刑教不一。"或先教化,或先刑法,所遇然也。拨乱抑强,则先刑法;扶弱绥新,则先教化;安平之世,则刑教并用。大乱无教,大治无刑。乱之无教,势不行也,治之无刑,时不用也。"⑦"势"通过"遇"而实现的趋势叫"数"。"数"在其极端之内曰"命"。"度数"是设立制度法规的根据。他说,"先王制雅颂之声。本之情性,稽之度数,

---

① 荀悦:《汉纪》,《两汉纪》上册,第 86 页。
② 同上书,第 541 页。
③ 同上书,第 544 页。
④ 同上书,第 86 页。
⑤ 同上书,第 356 页。
⑥ 同上书,第 541 页。
⑦ 同上书,第 407—408 页。

制之礼仪。合生气之和,导五常之性";"故闻其音而德和,省其诗而志正,观其数而法立"①。大体上,"遇"在"势"的范围内,人事之成与败及成败的程度或"数",是不会超越"势"的极限的;然而,另一方面,由于人事变化多端,人们不免过分夸大"遇"的一面。其实,"夫上智下愚,虽不移,而教之所以移者多矣"。上智下愚的极端,虽不能改变,而教化能够改变的人在概率上是大多数。教化之道,有教而未行,或虽行而未成,或虽成而有败,究其原因,在于气类有变动而心灵未有响应,或虽有响应而未能有始有终,或虽有始终而又发生复杂变化,其有速度上迟速和程度上深浅的不同。不过,万物性格与变化虽参差难得而均,但万变不离其宗。天地人物变化的道理,都是如此。荀悦认为,"若乃禀自然之数,揆性命之理,稽之经典,校之古今。乘其三势,以通其精;撮其两端,以御其中,参伍以变,错综其纪,则可以仿佛其咎矣。"②

二、天人观

在荀悦看来,天道与人道之间,天、地、人之间,虽然有差别,但是也有相通相同之处。

> 易曰:有天道焉,有地道焉,有人道焉,言其异也;兼三才而两之,言其同也。故天人之道,有同有异。据其所以异而责其所以同,则成矣。守其所以同而求其所以异,则弊矣。③

人们对后一句理解略有差异。④ 赵雅博说:"荀悦的这种说法,站在形上哲学立场,从异求同,也就是说:求对一切物之最后解释,这是哲学

---

① 荀悦:《汉纪》,《两汉纪》上册,第68—69页。
② 同上书,第85页。
③ 同上书,第86页。
④ 陈启云以抽象和具体解释荀悦此处所说的"同""异"关系。见陈启云《中国古代思想文化的历史析论》,第283页,北京,北京大学出版社,2001。又见程宇宏《荀悦治道思想研究》,第101页,广州,中山大学出版社,2005。

思想的成功,如果反其道而行,求其略解,支离破碎,未能有其统,无法归回其同。"①这大体是说,天人之道,有共性也有个性。立足个性求其会通,则是成立的,相反则会产生弊害。其实,这里强调的是:天道与人事,既非完全同一,亦非完全不同。这是由人世间事情的复杂性所决定的,因为人是有主观性的。荀悦看到了天人关系上值得注意的重要问题:"据其所以异而责其所以同,则成矣",即是在认清天道与人事间的差异基础上寻求二者的统一,既承认了天道的超越性,同时,又看到了人事的复杂性和成功要遵循自然法则,则事业成功;"守其所以同而求其所以异,则弊矣",即固守着天道人事的相通性,来强调它们之间的差别,就会抹杀差别导致人事脱离自身法则而生弊害。这说明人们对共性和个性的认识,都是首先从个性而非共性开始的。

既然并不能根据某些个别现象就作出必然肯定的答案,"三术"与"三势"的复杂作用,就导致事实的深玄繁复,难明就理。荀悦承认,"势"与"遇"的变化深奥难明。

他说:"凡三势之数,深不可识。"客观的天道变化与人们主观上的认识,总存在着不一致。这意味着人们用有限的知识去把握无限的并在不断变化的世界所可能面临的困难。不过,作为君子,应尽心竭力,以担当天命。他说:"易曰:穷理尽性,以至于命,其此之谓乎。"②他还说:"圣人以文,其隩也有五,曰玄,曰妙,曰包,曰要,曰文。幽深谓之玄,理微谓之妙,数博谓之包,辞约谓之要,章成谓之文。圣人之文,成此五者。故曰不得已。"③这里,荀悦表达了儒者以有限的确定性的知识去把握玄远的变动的宇宙的情形可能存在的不确定性。他甚至还说"文章应是辞远而已"。荀悦这些思想颇引起后人怀疑。宋代黄震因为《申鉴》与《汉纪》风格不同,谓前者"文气卑弱"而怀疑其为荀悦作品,陈启云则经过考证,认

① 赵雅博:《秦汉思想批判史》下册,第 530 页,台北,文景书局印行,2001。
② 荀悦:《汉纪》,《两汉纪》上册,第 86 页。
③ 孙启治:《申鉴注校补》,第 193 页。

为该书并非伪造,而是荀悦自己的作品。① 我们认同陈氏的观点。其实,客观地看,从《汉纪》的"三势之数,深不可识",到《申鉴》"文章应是辞远而已",应该是相通的。荀悦所处的动荡不安的时代,以及他本人为人处事审慎周密的性格,使他已经深刻认识到天命与人事之间幽深微妙的关系,其中,除了反映他对历史、社会习俗和古典学术的论述,与其思想模式和著作的真实风格之间的矛盾外②,也的确反映了现实本身变化的复杂性。任何现实都不可能走向唯一的未来。

分析起来,荀悦的"三势"说,一方面,直接受到汉儒"三命"说的启发,也是孔子儒家思想的进一步展开,并体现了他本人的特殊视角。《白虎通义·三命》云:"命者何谓也? 人之寿也,天命已使生者也。命有三科以记验:有寿命以保度,有遭命以遇暴,有随命以应行。"荀悦认为:"死生有命,其正理也。不得其死,未可以死而死。幸而免者,可以死而不死。凡此皆性命三势之理。"③在这里,荀悦所强调的不是"寿命""遭命""随命"等"三命"之间的差别,而是突出"遭命""随命"与所谓天道决定的"寿命"之间存在必然联系,它们并不是相互冲突的。按前面的话讲,就是"性命之本也,犹天回日转,大运推移,虽日遇祸福,亦在其中矣"。

另一方面,荀悦的"三势"说,也受到了董仲舒人性之"三品"说的启发。他说:

> 上智下愚不移。至于中人,可上下者也。是以推此以及天道,则亦如之。灾祥之应,无所谬矣。故尧、汤水旱者,天数也;《洪范》咎征,人事也。鲁僖澍雨,乃可救之应也;周宣旱应,难变之势也。颜、冉之凶,性命之本也。今人见有不移者,因曰人事无所能移;见有可移者,因曰无天命;见天人之殊远者,因曰人事不相干;知神气

---

① 陈启云:《儒学与汉代历史文化〈陈启云文集〉二》,第 153 页,桂林,广西师范大学出版社,2007。

② 陈启云:《荀悦与中古儒学》,第 5 页,沈阳,辽宁大学出版社,2000。

③ 荀悦:《汉纪》,《两汉纪》上册,第 85—86 页。

流通者，人共事而同业。此皆守其一端，而不究终始。[1]

但是，并不意味着"三品"即是"三势"。因为，"三品"是人性的上、中、下三个品级，而"三势"不限于人事范围，"尧、汤水旱者，天数也"。在荀悦看来，自然界的灾祸，并非受人事影响，但有可以挽救的灾难，有难以避免的灾难。不过，即使是颜回、冉求的短命，也是根源于"性命之本"，乃至偶然遭遇到的祸福，亦都不能脱离性命之本。据此，他批评了四种错误的观点：第一，看见人事没有能改变自然趋势，就以为人事无法改变；第二，看见人事可以改变某些自然趋势，就以为人事不受"天命"的影响，或说其命不当如此；第三，看见"天道远，人道迩"，就以为天道与人事不相干；第四，以为一切变化不过是"神气"之流通变化，只要做相同的事情，人们都能收到同样的功效。他认为，四者"皆守其一端，而不究终始"。

"三术""三势"和"三品"的思想，既有一定关系，但也存在着重要区别。"三术"是在人事得失成败的意义上，分析什么因素是起决定作用的。自然，客观大趋势是主导的方面，具体时机的把握与主观上的决心居于从属地位。"三势"说是从人事影响事物的发展进程及其影响的大小而言的，主要涉及天道和人事之间几种复杂关系。在荀悦看来，无论人事如何变化，都只能在天道的范围内变化，都是天道的显现。这说明，在他看来，天道的实现是在一个范围内的变化和波动，并非如宗教神学所认为的那样，是恒定不变的宿命。至于"三品"说，则纯粹是继承孔子"上智下愚不移"和董仲舒的思想而来。"三品"说虽对"三势"说有一定启发，但二者突出的重点不同。

荀悦的"三势"说虽是讲事物变化的三种不同趋势的，但是，其中却反映了他在天人关系上的深刻看法。他不一般地迎合汉代占主流地位的天人感应学说，认为天道和人道并非直接同一；但是，又反对人事脱离天道。他说，"圣人之道，必则天地，制之以五行以通其变"，"圣人则天，

---

[1] 荀悦：《汉纪》，《两汉纪》上册，第 86 页。

贤者法地"。① 如果说"三术"说是从事物历史的发展趋势角度来讲诸多因素的变化可能导致的趋势变化的话,那么,"三势"则是从人事对事物进程的干预及影响的角度来谈变化之可能性的。前者是在天人交互作用中纵向地展示其变化趋势,后者则是在天人对峙中横向地表现其相互关系。

第四节　重真实与定道义

一、重真实

荀悦"三势"说注意到天道运行和人事之间的复杂关系。他认为认清天道与人事的"异"与"同"的真相、真实,对得失成败与"应神明正万物,而成王治"是十分重要的。不过,真相的认识总是相对的,也并非一切真实都符合人的需要,所以,他又提出"定道义"的主张。"重真实"与"定道义",是荀悦哲学思想中的另外两个重要方面。

什么是"真实"呢? 所谓"真实",是一切制度和言论等的基础与前提,是一切人事文化活动的根本。荀悦说:"君子所以动天地,应神明,正万物,而成王治者,必本乎真实而已。"②重真实,就是"听其言而责其事。举其名而指其实"③。言论要有与之对应的事物,名称要有相应的事实。相反,"实不应其声者谓之虚,情不覆其貌者谓之伪,毁誉失其真者谓之诬,言事失其类者谓之罔"。没有相应的事实为基础,就是虚伪;不顾真实情况的毁誉和言辞就是诬罔。一个国家,如果虚伪之行存在,诬罔之辞流行,那么,有罪恶者就能侥幸免罪,而无罪过者一定会心生忧惧。因为,社会已失去了它应有的客观标准和尺度,不足以规范和引导社会大众。从以上叙述可看出,荀悦所谓"真实",主要是指言辞所代表的行为,

---

① 荀悦:《汉纪》,《两汉纪》上册,第408页。
② 孙启治:《申鉴注校补》,第15页。
③ 荀悦:《汉纪》,《两汉纪》上册,第159页。

名称所代表的位之间，必须一致。言辞与名位，作为具有社会功能并流通于国家与社会的价值观念，是不能随人们的好恶任意制造和流行的。他主张：

> 夫心与言，言与事，参相应也。好恶、毁誉、赏罚，参相福也。六者有失，则实乱矣。守实者益荣，求己者益达，处幽者益明，然后民知本也。①

内心之意与说出的言辞，说出的言辞与客观的事实，应该是相统一的。君主的喜好与厌恶，毁与誉，赏与罚，应与真实情况相符合。如果这六个方面出现问题，就违背真实原则。尊重真实原则，才有真正的繁荣，正如只有反求诸己的人，才能发现真实的自己，才有宽广的道路，并通达悠远玄奥之处，才能明了事物变化的趋势。

> 故在上者审则仪道以定好恶，善恶要于功罪，毁誉效于准验，听言责事，举名察实，无或诈伪以荡众心。故事无不核，物无不切，善无不显，恶无不彰，俗无奸怪，民无淫风。②

君主应审查核实维系社会秩序的法则道义以规范自己的好恶。善与恶决定于是有功还是有罪，毁与誉取决于客观事实。听到言论，就需要核实与此相关的事实，使用名称要考察与名称相应的实情，不能以虚假欺诈激荡大众心灵。要做到言论与事实无不审核，名称与事物的实情无不相切。君主不应该听那些华而不实的空话，不相信无法验证的浮术，不使用冠冕堂皇而无实际内容的名称，不做弄虚作假的事情。说话一定要有效果，治理国家的方法一定要术出有典，使用名词或名称一定要有事实为根据，做事情一定要考虑对国家治理的效果。因此，"听言责事，举名察实"是一个重要原则。

---

① 孙启治：《申鉴注校补》，第 51 页。
② 同上书，第 16 页。

因为，"事枉而难实者，欺慢必众，奸伪必作，争讼必繁，刑杀必深"[1]。如果治理国家弄虚作假，不顾事实，受欺骗和怠慢的人一定很多，奸诈虚伪的事情一定层出不穷，纷争诉讼一定频繁，要维持社会秩序，就只有依靠严酷的刑杀了。相反，能做到"善恶要于功罪，毁誉效于准验，听言责事，举名察实"。他说："事无不核，物无不切，善无不显，恶无不彰"，则：

> 百姓上下睹利害之存乎己也，故肃恭其心，慎修其行，内不忒惑，外无异望，有罪恶者无微幸，无罪过不忧惧，请谒无所听，财赂无所用，则民志平矣。是谓正俗。[2]

这是要求人人都自觉到"利害之存乎己"的意识。

因此，所谓"重真实"，就是要做到"听言责事，举名察实"，"事无不核，物无不切"。"真实"，既可以说是作为一切文化活动基础和前提的事实，也可以说是非人为活动而作为其基础的"道"。

"重真实"，是传统名实关系问题的进一步展开。但是，当荀悦将"真实"当作一切言论和名称，乃至"动天地应神明正万物，而成王治"的前提和基础，就有了更深刻的涵义。因为，一方面，人事和文化活动中，人既然是参与者，也就往往因为其参与者的自然倾向和个人意图而遮蔽大道，所谓"虚"与"伪"，是文化活动中难免的现象。由于这些现象而可能造成对"真实"的遮蔽。作为统治者，要维护其长治久安的局面，必然要有相应的识别"虚"与"伪"的意识，制定限制它们蔓延扩散的制度与方法。否则，"真实"定会为人所规避，而"虚""伪"则会成为时尚。另一方面，"真实"作为文化活动的前提性存在，不仅是与名相应的"实"，和与言相应的"行"，而且还包括他所谓"天人之道"中的"异"与"同"，否则，无法"据其所以异而责其所以同"，这就使他"重真实"的思想超越了传统的名实之论，而具有了认识论色彩。也就是在这种意义上，他认为要把握真实，需要超越人的主观性，认识到人的限制性。在荀悦看来，虽然人事皆

---

[1] 孙启治：《申鉴注校补》，第 80 页。
[2] 同上书，第 15 页。

赖人的努力,但是,人事并不能决定一切。"苟非其性,修不至也。"①并不存在人事和天道的直接同一。也即是说:价值不能完全不顾事实,建立在虚无缥缈的地基之上。而且,问题的关键在于,荀悦认为,天人之间,"凡三势之数,深不可识"。对于人事而言,只能做到"穷理尽性,以至于命"而已。他使用道家的言说方式说:"无为为之,使自施之;无事事之,使自交之;不肃而治,垂拱揖逊而海内平矣。是谓为政之方也。"②这也就是其所谓圣人"不得已"之谓。

荀悦一方面承认天人关系中因人事介入而复杂乃至"深不可识",另一方面又认识到社会制度文化等应建立在"真实"的基础上,既认识到形上天道的变数,又重人事必须根据客观事实,显然禀承了儒家下学而上达的思维路数。

二、定道义

荀悦并未像道家那样,将"真实"看成"自然",将人事理想看成"无为"。其所谓"无为为之""无事事之",不过突出的是"使自施之""使自交之",只是出于"不得已"而已。他以儒家的眼光看到,现实中的人并非无所作为,也不能不作为。在他看来,关键在于如何作为,行为应遵循什么原则。于是,提出"定道义"的思想。

荀悦认为,"道义"是人的活动应该遵循的原则。何为"道义"? 他说:"夫道之本,仁义而已矣。"又说:"仁义以经其事业,是为道也。"③"道"超越于个人的感情,因此超越了人的限制性。"违上顺道谓之忠臣,违道顺上谓之谀臣。"可见,"道"是分辨忠谀与否的一个客观原则。君主个人的行为不一定符合"道"。与传统儒家"道"的观念相比,荀悦所谓"道"的涵义变具体了。"道"很多时候和表现它的多面特性的词并用,如"道本"

---

① 孙启治:《申鉴注校补》,第 124 页。
② 同上书,第 22 页。
③ 同上书,第 5 页。

"道经""道根""道实"等。虽然,这种情形使道"失去了许多的超越性"①,但从总体上,"道"仍然具有其自古以来的基本特征,那就是社会秩序赖以存在的基础。所谓"义",涵义虽多,但从根本上说是"宜此者也",是人伦中不变的法则。"此"代表"政之大经"的"法"与"教"。"教者,阳之化也;法者,阴之符也。"②"法"指法律,"教"指教化。因而,所谓"义",是"法"与"教"所当然者。"法"与"教"皆为爱民而非为害民而设。设立"法"与"教",其依据是百姓的人情,即生活的真实状况。人们哪怕有一丝一毫之善,也需要得到褒扬和劝勉。有一丝一毫的恶,也不该得到鼓励。这就是"宜"。他认为,"义"作为人伦中不变的法则是没有任何外在原因来规定的。他说:"君子有常交曰'义'也,有常誓曰'信'也。交而后亲,誓而后故,狭矣。"可见,所谓"义",不是私人交往关系决定的,而是"大义"或"大人之志"。他说:"大上不异古今,其次不异海内,同天下之志者,其盛德乎! 大人之志不可见也,浩然而同于道。"③时间上超越古今,空间上超越海内,不取决于私人交往的"大人之志",即是"义"。此"义"即为"道","道""义"合一。认为,君主应唯"义"是从,因"义"而屈伸,因"义"而进退。"先王立政,以制为本。"又曰,"圣王之制,务在纲纪,明其道义而已"④。"古今异制,损益随时,然纪纲大略,其致一也。"⑤可见,其所谓"道义",指社会秩序的存在所需要的伦理原则,所谓纲纪,是不变的社会制度。实际上,任何社会伦理道德和法律制度,都有因时决定的原则,也有相对稳定较为普遍的原则。

如何确定人伦事物之"当然",怎样确定"道义"呢? 为此,荀悦提出了"正制度"和开学术的思路。他说:

> 设必违之教,不量民力之未能,是招民于恶也,故谓之伤化。设

---

① 陈启云:《荀悦与中古儒学》,第 202 页。
② 孙启治:《申鉴注校补》,第 5 页。
③ 同上书,第 213 页。
④ 荀悦:《汉纪》,《两汉纪》上册,第 97 页。
⑤ 同上书,第 115 页。

必犯之法，不度民情之不堪，是陷民于罪也，故谓之害民。①

制度的制定，要因于"民力""民情"，不能陷害百姓。具体而言，"正其制度，善恶要于公罪，而不淫于毁誉。听其言而责其事，举其名而指其实"②。一切以制度为准，而不是以某些人的议论为标。如果没有制度，粉饰细微的变化为奸邪之人打掩护，也能侥幸苟活一世，而那些遵纪守法的人，则免不了挨饿受冻。荀悦并不承认"善有善报，恶有恶报"的说法，会落实在个人身上。所以，分辨是非善恶，必定要依靠制度，不是社会上的毁誉。事实是，有些"毁"是诽谤，有些"誉"是沽名钓誉。他说："其化自上兴，由法度之无限也。故易曰：'君子裁成辅相天地之宜，以左右民。'备物致用，立象成器，以为天下利。立制度之谓也。"③盗跖可盗器物，而不可以盗尺寸。"先王立政。以制为本……故曰：谨权量，审法度，修废官，四方之政行矣。"可见，制度一经形成颁布，对于人们就具有客观准效性。只有制度可以成为是非、善恶、功罪的标准。相反，制度不立，纲纪废弛。人们以毁誉为荣辱，不能鉴别真伪；以爱憎为利害，不论其客观事实；以喜怒为赏罚，不核察人伦物理。这样，舆论可以被操纵，讲话顾及利害得失，选举考虑远近亲疏。善与恶没有客观标准，而看所谓口碑舆论。功与罪不定于事实，而依据被权臣操纵的权力。后果必然是追求正义者不能得其所应得，遵守道德者也不能规避祸害。由此，君子必违礼，小人必犯法。

如何确立制度的基本原则呢？荀悦认为，只有"修六则以立道经"。所谓六则，"一曰中，二曰和，三曰正，四曰公，五曰诚，六曰通"。所谓"中""和""正""公""诚""通"等"六则"，基本上都是儒家伦理的基本原则。由此可见，他以为制定制度的基本原则，就是儒家伦理的原则。在儒家，这些原则并非抽象概念，而是有具体内涵的。荀悦说：

① 孙启治：《申鉴注校补》，第 70 页。
② 荀悦：《汉纪》，《两汉纪》上册，第 158 页。
③ 同上书，第 99 页。

以天道作中,以地道作和,以仁德作正,以事物作公,以身极作诚,以变数作通。《易传》曰:"通其变。"又曰:"变则通。"是谓道实。①

荀悦认为,道义的实质内容,是打通天地人之间的障碍的"通"。

制度以及作为制度基本原则的"六则"非常重要,但它们并不是现成的,而取决于人们对天道和人性的认识。圣贤虽有先见之明,制作有礼义法度,有利后人。但是他们离今天已经很遥远了。就拿汉代以来兴起的经学古今文之争来说,二者就已经存在着很大分歧,可无论古文经学还是今文经学,都自称为真本经。按道理说,古今先师,义理是相通的;但现在却是异家别说不同,而都自谓古今。"圣已逝,无所质昔,先师殁而无闻。先师已丧,义无所闻。"面对这种情况,要明道义,正制度,不得不以学术作为基础。如果没有学术,其实就如秦朝一样,是灭绝道义。"秦之灭学也,书藏于屋壁,义绝于朝野。"②秦朝坚持法家的法治,并非没有制度,但是,没有道义,没有对制度的基本原则的讨论和探讨,哪里有什么合理的制度产生呢? 于此,荀悦主张"尚知""广学"。他说"尚知贵敦,古今之法也。""备博士、广太学,而祀孔子焉,礼也。"③

> 或问曰:"君子曷敦夫学?"曰:"生而知之者寡矣,学而知之者众矣。悠悠之民,泄泄之士,明明之治,汶汶之乱,皆学废、兴之由,敦之不亦宜乎?"

于此,荀悦丰富了古代关于"鉴"的思想(周公有"殷鉴"之说),并提出了著名的"三鉴"之说。

> 君子有三鉴:世、人、镜。鉴前惟训,人惟贤,镜惟明,此君子之三鉴。夏商之衰,不鉴于禹汤也。周秦之弊,不鉴于民下也。侧弁垢颜,不鉴于明镜也,故君子惟鉴之务。若夫侧景之镜亡鉴矣,不鉴

---

① 孙启治:《申鉴注校补》,第 24 页。"易传曰:'通其变',又曰:'变则通'"依黄省曾校补。
② 同上书,第 95 页。
③ 同上书,第 54 页。

于明镜也，故君子惟鉴之务。若夫侧景之镜亡鉴矣，但知镜鉴是为无鉴。[1]

这是说，之所以勉励人做学问，是因为生而知之的人很少，学而知之者众。学问或学术的兴与废，和国家人民的治乱干系重大。普通人都知道照镜子，但只有一鉴，而君子还知道将前人的事迹和贤人的聪明作为自己的镜子。所以，君子有三鉴。夏朝、商朝之衰亡，是不以他们的先人禹汤为鉴。周朝、秦朝之凋敝，是不以人民为鉴。可见，"鉴"是一个朝代是否可以继续享有天命的前提。所谓"鉴"，即是以历史和他人、贤人作为自己的客观参照，以更加理性地完成自我认识。"鉴"的本质就是通过中介而指向自我的认识，是反思。陈启云说："真理本身并没有时间性，但它对人的特殊意义——作为历史教训的意义——需要人们不断重述；'鉴'需要人们不断反思。""鉴"的根本目的即是完成对自己的正确认识，而不是粉饰和遮蔽事实。"鉴"是其"贵真实"思想的必然表现。一个人侧冠垢颜，即使站在明镜跟前，也看不清真相。将真相掩饰或者隐藏起来，等于没有镜子。只知道镜鉴等于无鉴。

以历史为鉴，以贤人为鉴，是君子的特征。荀悦认为君子有此三鉴，故而成为君子。以历史为鉴，以贤人为鉴，必然尊重历史，尊重贤人，尊重学术。应该说，荀悦的三鉴思想不仅总结了自秦亡以来反思历史、特别是贾谊等人总结秦亡教训的思想传统，而且对后世魏征、唐太宗"以人为镜"的思想，有直接的影响。

在强调"君子三鉴"的同时，荀悦批判那种轻视历史文化和理论知识的短视现象。他说："夫潜地窟者而不睹天明。守冬株者而不识夏荣。非通照之术也。"钻入地窟中的人是看不见天明是什么样子的，而固守冬株的人，不会认识夏荣为何物。这都不是"通照之术"，却可能将优秀的文化经验当作芜秽，而将自己的私念私意当作圭臬。但是，这并不意味着一切的知识文化都是优秀的。他批判那种不分好坏都兼收并蓄的所

---

[1] 孙启治：《申鉴注校补》，第 140 页。

谓"博览之家"，"然博览之家，不知其秽，兼而善之是大田之秀，与苗并兴，则良农之所悼也。质朴之士，不择其美，兼而弃之，是昆山之玉，与石俱捐。则下和之所痛也。故孔子曰：'博学于文，约之以礼。亦可以弗畔矣夫。'"[①]

在荀悦看来，"重真实"和"定道义"虽有区别，但二者是统一的。求"真实"，无疑是要分清真伪，保持清醒、客观的头脑，防止因为文化累积而出现人文膨胀，从而遮蔽事实的真实。其中，假定了这个原则：制度和规范是必须建立在事实的真实基础上的。这个事实，就是"民情""民力"等客观情况。要认识客观情况，否则就是凭主观臆断，是陷民、害民。

不过，这个"真实"只是人类生活的前提，不是生活的全部。人类要生活得好，还需要考虑人们自己的需要。人是一种追求满足自身需要的动物。如何在特定"真实"情况下确定社会的价值尺度即"定道义"，则涉及对社会价值的"真实"的认识。这就是一个复杂的社会历史问题、哲学问题。为此，他主张坚持学术讨论，"尚知""广学"，进行自我反思，以前人、他人的文化经验作为借鉴。

因为，并非人们的任何需要都符合社会的正义和道义，都能充分地满足，这是他提出"定道义"思想的初衷。显然，为了使人们的需要都能充分实现，"定道义"主要考虑的是人类整体的文化经验的积极意义，将事实的"真实"上升为文化"真实"和价值"真实"，即在天人关系上"据其所以异而责其所以同"。如所谓"中""和""正""公""诚""通"等"六则"，就是历史文化积淀而来的普遍性原则，是传统形成的共同价值原则。虽然，"重真实"和"定道义"二者的侧重点不免存在着差异，但在人的努力下可以达到统一。"定道义"不同于一般的趋利避害，而是从人们的文化活动中区分"真实"和虚伪的基本原则。在这个意义上，求真实就是定道义；定道义就是求真实。否则，就丧失了真实。荀悦曰："不核其真，以爱憎为利害；不论其实，以喜怒为赏罚；不察其理，上下相冒，万事乖错。是

[①] 荀悦：《汉纪》，《两汉纪》上册，第437—438页。

以言论者计薄厚而吐辞,选举者度亲疏而举笔,善恶谬于众声,功罪乱于王法。"因而,"利不可以义求,害不可以道避也"①。

荀悦既"重真实",又主张"定道义",是有深刻的哲理的。一切文化活动,都必须要以真实的地基为前提,而不能建立在虚而不实的沙滩上,更不能建筑在假的空中楼阁之中。荀悦能够在一个乱世,保持这样的思想意识,是应当充分肯定的。

第五节　社会、政治批判

一、社会批判

作为身处乱世的思想家和哲学家,荀悦精于历史,曾任黄门侍郎、秘书监、侍中等宫中职务的经历,使他对现实政治情态不仅有亲身感受,而且能够有较深入细致的理论分析。《汉纪》和《申鉴》均为鉴于当时的特殊政治形势下为汉献帝所作,但在二书中,荀悦并未仅仅站在维护汉统治者的立场,而是以极为特殊的方式表达了他对现实乃至传统社会和政治的批判。

荀悦认为,社会的推动与发展,不仅需要有独到的见识,而且必须要有较高的德行。因为有独到的见识,才能够抵御人世间的各种压力,因为有较高的德行,才能坚持道义,并与世俗相处融洽。"夫独智不容于世,独行不畜于时"。正是由于二者的关系并不容易处理好,自古以来有见识的人在乱世都有退隐之志。"是以昔人所以自退也。虽退犹不得自免,是以离世深藏,以天之高而不敢举首,以地之厚而不敢投足。《诗》云:'谓天盖高,不敢不局;谓地盖厚,不敢不蹐。哀今之人,胡为虺蜴。'"②人世间如此可怖,而集中天下利益和权力的朝廷则是充满危险的。"本不敢立于人间,况敢立于朝乎! 自守犹不免患,况敢守于时乎!

---

① 荀悦:《汉纪》,《两汉纪》上册,第 158 页。
② 同上书,第 439 页。

无过犹见诬枉,而况敢有罪乎!闭口而获诽谤,况敢直言乎!虽隐身深藏犹不得免,是以宁武子佯愚,接舆为狂,困之至也。人无狂愚之虑者,则不得自安于世。是以屈原怨而自沉,鲍焦愤而矫死,悲自甚也。虽死犹惧形骸之不深,魂神之不远,故徐衍负石入海,申屠狄蹈瓮之河,痛之极也。悲夫!以六合之大,匹夫之微,而一身无所容焉,岂不哀哉!是以古人畏患苟免,以计安身,挠直为曲,斲方为圆,秽素丝之洁,推亮直之心;是以羊舌职受盗于王室,蘧伯玉可卷而怀之,以死易生,以存易亡,难乎哉!"自身都难保全,如何能做时代的保驾者呢?没有过错也可以被人诬陷,何况难免会有过失呢?不讲话也能被诽谤,谁还敢直言呢?所以,即使隐身深藏也不能避免祸患。历史上的宁武子装愚、接舆扮狂,都是穷困之极的表现;屈原怨忿而自沉、鲍焦愤怒而矫死,是悲伤至极的表现;徐衍负石入海,申屠狄蹈瓮沉河,是哀痛至极的表现。朗朗乾坤,世界之大,但在乱世,容不下一个堂堂正正的人!于是,就有古人为求容身之计,而"挠直为曲,斲方为圆,秽素丝之洁,推亮直之心"。这些思想,是对传统专制政治社会中一个特殊形态即所谓"乱世"之中人们的生存危机和精神处境的深层揭露。所谓"天下有道则现,无道则隐"是一种情形,而"无所逃于天地之间"则又是另一种情形。荀悦一生中似乎经历了上述两种情形,所以,他对上述历史人物充满深深的理解和同情。他的这些思想,实际上也并不仅仅是对君主的批评或者不友好[1],而是对传统社会与政治的批评,乃至内里还包含着对传统道德实现方式的深刻疑问。"无过犹见诬枉,而况敢有罪乎!闭口而获诽谤,况敢直言乎!虽隐身深藏犹不得免……"这可以说是对传统道德之艰难处境的深层描述和自我反思,这种批评与反思跨越一时一代,不受儒家视野限制,而是一种政治和道德文化的深层反思。在天与人的关系密切乃至有时模糊的情况下,世道人心纷繁复杂,是非善恶的标准莫衷一是,天下各以自己的是非为是非。在荀悦对社会的批评背后,还包括对传统政治情态的深刻

---

① 陈启云:《荀悦与中古儒学》,第 109 页。

批判。

二、政治批判

传统的政治格局,是君主专制条件下的伦理政治。儒家的伦理道德思想所提供的文化理想对政治有深刻影响。但是,正如君主需要一种能够统一人们思想的理论作为指导一样,儒家的伦理政治也对君主政体有一定的依赖性。荀悦意识到了这一点。

> 或问:"致治之要君乎?"曰:"两立哉。天无独运,君无独理。非天地不生物,非君臣不成治。首之者天地也,统之者君臣也哉。先王之道致训焉,故亡斯须之间而违道矣。昔有上致圣,由教戒,因辅弼,钦顺四邻,故检柙之臣,不虚于侧,礼度之典,不旷于目,先哲之言,不辍于身,非义之道,不宣于心。是邪僻之气,未由入也。"[1]

天道运行,需要人事努力;君主治理国家,需要大臣协助。没有天地作为基础,不会产生万物,没有君臣的统一配合,不构成现实的政治活动。

但是,无论君主还是臣子,由于各种因素的影响,在现存专制体制中都存在着难处。他认为,在专制体制中,臣为"难言之臣",君为"难闻之主"。为什么呢? 作为臣子,担心祸从口出。指出君主的过失或错误,有忤逆之祸患。劝告教诲,则有讥讽之虞。做臣子的,讲得对,则好像强于君主,说得不恰当,则被认为愚陋。"先己而明则恶其夺己之明,后己而明则以为顺从。违下从上则以为谄谀;违上从下则以为雷同,与众共言则以为专美。言而浅露则简而薄之。深妙弘远则不知而非之。特见独知则众以为盖己,虽是而不见称;与众同之则以为附随,虽得之不以为功。据事不尽理则以为专必,谦让不争则以为易。穷言不尽则以为怀隐,尽说竭情则为不知量……或利于上,不利于下;或便于左,不便于右。

---

[1] 孙启治:《申鉴注校补》,第142—143页。

或合于前而忤于后。"①

　　无论是先明白还是后明白，无论是违上从下，还是违下从上，无论是"与众共言"还是"言而浅露"抑或"深妙弘远"乃至"特见独知"，都可能遭到猜忌与非议。《诗经》中早言"白圭之玷，尚可磨也，言语之玷，无可为也"。孔子也说，"仁者其言也讱"。即便不犯过错，也难得到应有评价。同意大家的意见，可以被看成是随声附和。处事适当考虑点人情，则会被认为是意气专断。谦让不争，则会被认为不思进取。说话留有余地，则被认为故意留有一手。不留余地，则被认为自以为是。上下、左右、前后，很难周全。作为臣子，其祸患常在两种罪过之间：在职而不尽忠直之道，是罪过；尽忠直之道，则必然矫上拂下，也是罪过。前者为"有罪之罪"，后者为"无罪之罪"。他说："有罪之罪，谓不尽忠直之道，邪臣由之；无罪之罪，谓尽道而矫上拂下，忠臣置之。"②作邪臣违背天道人伦；做忠臣则上不讨好，下得罪别人。臣子之"难言"，因其口被"钳"，其中，有因为被压制而形成的"有钳之钳"，也有大臣恐惧自己不言的"无钳之钳"。前者犹可解，后者解也难。

　　作为君主，其祸患也在二难之间。身居君位而国家得不到治理，道理上说不过去，故难；治理国家则必须勤劳身体、辛苦思虑、矫正自己的感情，以遵从大道，是很难做到的。前者为"有难之难"，后者为"无难之难"。"有难之难，暗主取之；无难之难，明主居之。"若为昏庸之君，则窃道义以为私用，为明主，则要超越自身的限制。作为君主，很难听到真言，故为"难闻之主"。君主之难闻，是因为臣子的嘴巴被"钳"，君主的耳朵被"塞"。就臣下而言，其嘴有有钳之钳，也有无钳之钳。"有钳之钳，犹可解；无钳之钳，难以哉！"就君主而言既有有人故意堵塞君主言道的"有塞之塞"，还有君主本人不想听逆耳之言的"无塞之塞"。前者尚可除，后者不可救。

---

① 荀悦：《汉纪》，《两汉纪》上册，第 505 页。
② 孙启治：《申鉴注校补》，第 155 页。"谓不尽忠直之道"，"谓尽道而矫上拂下"依黄省曾校补。

荀悦认为,在种种条件限制下,为臣既要有独立见解,又要不危及上下级关系,而能"言立策成,终无咎悔",可说是百里挑一。客观上,人的知识是有限的,"其知之所见,万不及一也"。因而,专制体制下君臣关系永远有打不开的死结。荀悦说:"以难言之臣,干难闻之主,以万不及一之时,求百不一遇之知,此下情所以不得上通。"①不仅君臣,即使百姓之间都是如此。

他将君主分为王主、治主、存主、哀主、危主和亡主六类。相应的也有王臣、良臣、直臣、具臣、嬖臣、佞臣六类大臣。不过,君主和大臣并不是相互对应的。"或有君而无臣,或有臣而无君。"君臣均则国家治理,君臣同恶则国家浑乱,君臣善恶相杂则相互争斗,所以英明的君主慎用大臣。然而,有什么样的君臣就有什么样的事业。"遵亡主之行而求存主之福,行危主之政而求治主之业,蹈哀主之迹而求王主之功,不可得也。"荀悦对君臣类别的划分,基本上都是按照儒家的价值标准认定的。他认为,毫无疑问,君主居于国家治乱兴衰的主导地位,其福利隆盛的同时,承担的责任也重大,"夫为善之至易,莫易于人主;立业之至难,莫难于人主;至福之所隆,莫大于人主;至祸之所加,莫深于人主"②。荀悦对专制格局下君主和大臣处境的认识,对君主和大臣的从政心理分析和透视,透露出他的儒家政治理想的局限性,以及对专制政体的某些怀疑和失望。

萨孟武评论荀悦的政治思想是"倾向于悲观论"的。③ 导致君主和大臣之间如此现状,君主专制、一人独裁的政体是根本原因。在君主个人操持着生杀大权的体制中,君臣之间不易沟通,彼此难以取得对方信任。其次,伦理政治条件下政治评价标准的道德化、主观化乃至随意性,使大臣很难做到不按君主脸色去行事。孔子儒家所批判的"乡愿",实不可以避免。第三,除了利益上的冲突之外,还有专制统治和儒学之间的矛盾。徐复观先生在评价专制君主和儒家知识分子的关系时尖锐地说,"在专

---

① 荀悦:《汉纪》,《两汉纪》上册,第505—506页。
② 同上书,第288页。
③ 萨孟武:《中国政治思想史》,第221页,北京,东方出版社,2008。

制政治之下,不可能允许知识分子有独立人格,不可能允许知识分子有自由的学术活动,不可能让学术作自由的发展"①。利益的冲突则不仅导致君主和普通大臣间的冲突,甚至于导致君主和有血缘关系的诸侯王都发生冲突。"专制皇帝,只允许有腐败堕落的诸侯王,而决不允许有奋发向上的诸侯王。附丽在专制皇帝的周围,以反映专制皇帝神圣身份的诸侯王,只准其坏,不准其好;禽兽行为的罪恶,绝对轻于能束身自好而被人所称道的罪恶,这是专制政体中的一大特色。"②

拒绝独立人格和贤德的诸侯王存在于专制君主周围,是专制者的根本利益所决定的。徐先生显然是站在在野知识分子的立场进行这番评论的。如果换一个角度,我们知道,即使是家族中多人遭受到党锢之祸,而本人也曾隐居的儒家知识分子荀悦,对徐先生肯定的两汉游士不仅没有同情,而且还有严肃的批评。他说:

> 世有三游,德之贼也。一曰游侠,二曰游说,三曰游行。立气势,作威福,结私交以立疆于世者,谓之游侠;饰辨辞,设诈谋,驰逐于天下,以要时势者,谓之游说;色取仁以合时好,连党类,立虚誉,以为权利者,谓之游行。此三游者,乱之所由生也,伤道害德,败法惑世,失先王之所慎也。③

所谓"三游",包括游侠、游说、游行。在荀悦看来,它们是必然会伤害道德的。为什么呢?所谓"游侠",就是私自交结朋友以形成势力在社会上作威作福的人;所谓"游说",指那种通过巧言善辩和设计智谋,驰逐于天下,以左右时势的人;所谓"游行",即打着仁义的招牌趋时附势,联结朋党,表面上追逐虚伪的荣誉,而实际追求权力的人。这三种人的存在和发展,导致社会标准和尺度混乱,是社会走向动乱的原因。荀悦之所以批判"三游",正是因为相对于儒家伦理、宗法制度和专制统治三元

---

① 徐复观:《两汉思想史》第一卷,第113页。
② 同上书,第107页。
③ 荀悦:《汉纪》,《两汉纪》上册,第158页。

社会结构而言,"三游"加速了社会结构松弛的趋势。这些批评,当然是站在汉廷立场上说的。其中,作为游士中的重要领袖人物曹操和袁绍等人在后来的表现和进一步演绎,可能增加了荀悦得出这番结论的资料,而荀悦的家庭背景和曾隐居的经历,则使我们相信他的这些言论确有自我反思的成分。

针对汉代出现的严重社会危机,荀悦认为"禄薄"是重要的因素之一。他说:"今汉之赋禄薄,而吏非员者众。在位者贪于财产,规夺官民之利,则殖货无厌,夺民之利不以为耻。是以清节毁伤,公义损阙,富者比公室,贫者匮朝夕,非所为济俗也。"①所谓"在位者贪于财产,规夺官民之利……不以为耻。是以清节毁伤,公义损阙",从一个侧面反映了儒家伦理高标道德在政治运作中的限制性。

总体上,荀悦虽对传统社会和政治格局有较为深入的认识和批评,但是,并没有完全超越儒家伦理政治的视野。儒家伦理的理想是他的社会批判和政治批判的标杆,这在一定层面上制约着他的批判的深度。荀悦对现实专制政治的批判,表现为一种历史的反思,其反思历史的价值坐标和理论方法,基本上是儒家式的。在他眼里,传统的封建制度,是对专制权力形成限制的一种制度。他说"昔者圣王之有天下,非所以自为,所以为民也。不得专其权利,与天下同之。唯义而已,无所私焉"②。封建诸侯,各世袭其位,真实目的在欲使亲民如子,爱国如家。不过,荀悦注意到古代封建国家,诸侯弱小而天子强的格局,使桀纣得以肆其虐。周代为改其弊端,故大国方五百里,目的在"崇宠诸侯而自抑损也"。结果却是诸侯强大周室卑微。秦代意识到其中弊害,却不能以好的制度以求二者之中道,结果是废诸侯改为郡县,以统一威权而专天下。秦制的意图在君主之自为,非以为民。所以,秦既能够擅其海内之势,无所拘忌,肆淫奢行,暴虐天下,但又必会短命而亡。汉代意识到周秦之弊,故

① 荀悦:《汉纪》,《两汉纪》上册,第74页。
② 同上书,第72页。

"兼而用之"。其实,荀悦话虽如此说,却不能掩饰汉代"强干弱枝",外戚、宦官专权,乃至最后被取代的社会现实。这反映了儒家伦理政治和专制体制乃至宗法制度之间深刻的矛盾。

　　作为思想家,荀悦对传统社会情势有深刻认识。传统的社会格局,具有浓厚宗法色彩,是大一统的农业社会。儒家思想和古已有之的宗法制度与观念相互配合,形成了相对稳定的局面。一方面,宗法观念依靠儒家的伦理思想而抑制了本身存在的一些缺失;另一方面,儒家伦理借助宗法制度和社会结构而得以在现实中实现其引导的功能和实现自身的价值。不过,由于儒家和宗法观念的结合并非不存在矛盾,在现实中并不能够充分实现其价值理想。这样,在儒家思想作为社会的主流思想正常发挥其功能作用的情况下,宗法社会能够克服其某些局限,社会还能维持其必要的秩序和正常运转。但是,专制统治和儒学的矛盾始终存在。

第十五章　汉末易学与易学在汉魏之际的转变

第一节　东汉易学的传承

东汉易学直接来源于西汉易学。关于西汉易学的传承，《后汉书·儒林列传》作了很好的概括：

> 田何传《易》授丁宽，丁宽授田王孙，王孙授沛人施雠、东海孟喜、琅邪梁丘贺，由是《易》有施、孟、梁丘之学。又东郡京房受《易》于梁国焦延寿，别为京氏学。又有东莱费直，传《易》，授琅邪王横，为费氏学。本以古字，号古文《易》。又沛人高相传《易》，授子康及兰陵毋将永，为高氏学。施、孟、梁丘、京氏四家皆立博士，费、高二家未得立。

东汉易学开始于光武帝刘秀时期。刘秀爱好经术，立《五经》博士凡十四家，其中《易》有施、孟、梁丘、京氏四家。《后汉书·儒林列传》等记载了东汉易学的传人，他们是：戴宾、刘昆传施氏《易》，洼丹、觟阳鸿、任安、虞翻传孟氏《易》，范升、杨政、张兴传梁氏《易》，戴凭、魏满、孙期传京氏《易》，陈元、郑众、马融、郑玄、荀爽传费氏《易》。《后汉书·儒林列传》曰：

建武中，范升传孟氏《易》，以授杨政，而陈元、郑众皆传费氏《易》，其后马融亦为其传。融授郑玄，玄作《易注》，荀爽又作《易传》，自是费氏兴，而京氏遂衰。

汉末，郑玄、荀爽传费氏《易》，三国时期魏王弼亦用费氏《易》。一时，费氏大兴，其他诸家均衰。今本《周易》经文即来自费氏《易》。

随着开枝散叶，东汉经学的歧义在不断增加，甚至在诸家的拘执中经文本身也发生了变异。汉章帝主持白虎观会议，召集儒林，"考详同异"，章帝"亲临称制"，并命班固撰成《白虎通义》①。和帝以"经传之文，多不正定"，于是挑选刘珍及博士、良史到东观"各校雠家法"②。质帝又令通经者"各随家法"③。熹平四年(175)，鉴于经文有失雅正，灵帝"乃诏诸儒正定《五经》，刊于石碑，为古文、篆、隶三体书法以相参检，树之学门，使天下咸取则焉"④，史称熹平石经。汉末，郑玄博采古今，破除家法，综合诸家之说，成为了两汉最大的经学家。

关于易学在汉末及以后的传承，《隋书·经籍志》曰：

> 后汉陈元、郑众，皆传费氏之学。马融又为其传，以授郑玄。玄作《易注》，荀爽又作《易传》。魏代王肃、王弼，并为之注。自是费氏大兴，高氏遂衰。梁丘、施氏、高氏，亡于西晋。孟氏、京氏，有书无师。梁、陈郑玄、王弼二注，列于国学。齐代唯传郑义。至隋，王注盛行，郑学浸微，今殆绝矣。

《隋书》由唐魏徵等人所撰。《隋志》这段话很清晰地叙述了易学诸家在汉魏之后的流传，"至隋，王注盛行，郑学浸微，今殆绝矣"。

东汉易学特别是汉末易学的目的，一般是为了注经和解经，即通过寻找和发现卦爻辞与卦爻象之间的联系，为《周易》作注和解释经义服

---

①《后汉书·儒林列传》。
②《后汉书·宦者列传》。
③《后汉书·质帝纪》。
④《后汉书·儒林列传》。

务;其重点落实在象数方法的运用和建构上。东汉易学以注经、解经为目的,这一点与西汉易学颇不相同,西汉易学多以占验为意。汉末易学不仅继承了西汉易学注重天道的特点,而且重视人道的建构。换一句话说,汉末易学在着重建构一个宇宙图景的同时,力图建构一个人文化的世界。不过,汉易的缺点很明显,一者,在解释上汉易耽于诠释天象和天道;二者,在方法上过于繁琐、新奇和牵强,远离《易十翼》的方法论。不可避免地,汉易象数学在汉魏之际遭到了王弼等人的严厉批判。

总之,在汉易那里,"天道"遮蔽了"人道","方法"遮蔽了"义理"。正是这种偏颇和弊病,最终导致了汉易象数学的终结,进而在魏晋之际,易学开启了通往"人道"和"义理"的阐释之道。

第二节　汉末易学的象数建构与思想主旨

在东汉后期至三国初期,易学家众多,有郑玄、荀爽、魏伯阳、宋衷、刘表、虞翻、陆绩等人,其中郑、荀、虞三家最为重要,他们三人足以为汉末易学的代表。郑玄的象数学以乾坤爻辰说为特色,[①]荀爽的象数学以升降说和卦气说为重点,虞翻集汉易象数学之大成,在博取的同时又力求通贯。

一、郑玄以乾坤爻辰说为中心的象数学

郑玄(127—200),字康成,北海高密人。据《后汉书·郑玄列传》所说,郑玄年少时曾为乡啬夫,但他不乐为吏,随后入太学受业,先后师从京兆第五元先和东郡张恭祖,后来又西入关跟马融学习,一直到四十岁时才归家奉养双亲。四十至六十岁之间,"遇阉尹擅势,坐党禁锢,十有四年乃蒙赦"。六十岁时,大将军何进征辟,然而他"一宿逃去"。官渡之

[①] 本章对郑玄及其易学的论述,参考了丁四新《郑氏易义》。该文已收入氏著《玄圃畜艾》(北京,中华书局,2009)第234—296页。

战,袁绍胁迫郑玄随军,建安五年(200)病死军中。在《戒子益恩书》中,郑玄对自己的一生作了高度概括,一曰"不乐为吏,矢志求学",二曰"但念述先圣之玄意,思整百家之不齐",三曰"显誉成于僚友,德行立于己志",这三点分别代表了他的生平、学问志向和人格生命。郑玄是两汉最大的经学家,他的注释影响至今,是理解经典原意必不可少的中介。郑玄的易学著作主要有《易纬注》《易赞》《易论》《序易》和《周易注》五种,《周易注》有多种辑本。①

《易纬·乾凿度》卷上曰:"(《易》)一元以为元纪。"郑玄《注》曰:"天地一元,万物所纪。""天地"为两仪,"天地之一元"为"淳和未分"的"元气",而"元气"即《易》之"太极"。"太极"为"无",是形下之"有"的逻辑起点。"天地"以下为"有",而"有"自"无"出。在这里,"有"的形下世界是如何在易学中得到建构和恰当表现的? 除了其他方法以外,郑玄着重以乾坤十二爻辰说来建构和表现整个物事的世界。

郑氏易学的象数学包括两个方面,一个是爻位理论,这包括三才六位、得位失位、中位和据乘承应等内容。这些都是传统的卦爻理论,郑玄作了继承。另一个是四象数的生成、互体说、乾坤十二爻辰说等内容,其中爻辰说又包括爻体说和爻得卦气说(简称爻气说)。

先看四象数的生成。四象数即六、七、八、九。这四个数字是如何生成的? 这四个数字本是用大衍之数揲蓍成卦的结果,而郑玄将它们宇宙论化,认为它们源于所谓"天地之数"。所谓天地之数,即天一地二、天三地四、天五地六、天七地八、天九地十。经过"叁天两地""合而为十五"或"五行气并"的步骤,"天地之数"生成"大衍之数",进而生成"五行生成数"。同时,"天地之数"直接生成"五行相合数"。"五行生成数"与"五行

---

① 关于郑《易》的传承,《北史·儒林传序》曰:"郑《易》《诗》《书》《礼》《论语》《孝经》……大行河北。"陆德明《经典释文·序录》云:"永嘉之乱,施氏、梁氏之《易》亡,孟、京、费之《易》无传者,唯郑康成、辅嗣所注行于世。"《隋书·经籍志》曰:"梁、陈,郑玄、王弼二注列于国学,齐代唯传郑义。"据王应麟说,《崇文总目》载郑《易》一卷,存《文言》《序卦》《说卦》《杂卦》四篇,其他的都散佚了。而这最后一卷,也亡于北宋、南宋之间。

相合数"对应,进一步生成"四象之数"。郑玄设置这个复杂的生成过程,目的在于证明"四象数"来源于"天地之数",从而证明来源于所谓"天道"。郑玄关于四象数的生成,可以图示如下:

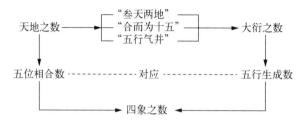

关于四象,郑玄又从宇宙生成论深说之。郑玄注《系辞上》"精气为物,游魂为变"曰:"精气,谓七八也。游魂,谓九六也。七八,木火之数也。九六,金水之数。木水用事而物生,故曰'精气为物'。金水用事而物变,故曰'游魂为变'。精气谓之神,游魂谓之鬼。木火生物,金水终物。二物变化其情,与天地相似,故无所差违之也。"(《周易集解》卷一三)七八、九六四象是直接构成《周易》文本的四个数字,具有宇宙生成论的含义。由此,郑玄认为《周易》从根本上是一部表达天象和天道的著作。

再看互体说。郑玄注《易》,使用互体说甚多。"互体"属于卦爻结构理论中的结聚律则。从成卦来说,互体成经卦,有一爻互、二爻互和三爻互。一爻互,见郑玄的爻体说;二爻互,见虞翻的半象说;三爻互,成八卦,乃汉儒通说。互体成别卦,有四爻连互和五爻连互两种。四爻连互,可成二别卦;五爻连互,可成三别卦。历代没有出现六爻连互的例子。除爻体说外,郑玄互体之法还有三爻互和四爻连互。郑玄注《同人》(䷌)卦云:"卦体有巽。"(《周易集解》卷四)即二、三、四这三爻互体,为巽卦。注《大畜》(䷙)卦云:"自九三至上九有颐象。"(《礼记·表记》正义)这是三、四、五、上四爻连互,成《颐》(䷚)卦。清人袁钧说:"郑康成学《费氏易》,为注九卷,多论互体。"[1]其说是也。

最后看乾坤十二爻辰说。爻辰说之"爻",指阳爻和阴爻;"辰",指地

①《郑氏佚书·易注一》,浙江书局本,光绪戊子夏。

支之子、寅、辰、午、申、戌六阳支,和丑、卯、巳、未、酉、亥六阴支。《周易》六十四卦384爻都可以归纳为阳爻和阴爻两种,且各居于一卦之六位,共十二种情况。乾卦为纯阳爻,坤卦为纯阴爻,因此可以用乾坤二卦之十二爻建构卦爻系统与世间万有的联系。这是郑玄建立乾坤十二爻辰说的基础。一般认为,爻辰说发源于京氏易学的爻纳支说,①《易纬》正式建立了较为完善的爻辰说(每两卦为一组,共32对),而刘歆在《三统历》中首次采用了乾坤十二爻辰说。郑玄在继承刘歆说的基础上大力发展和推广了乾坤十二爻辰说。乾坤十二爻辰说是对于《系辞》"一阴一阳之谓道"在象数上的具体落实。郑氏爻辰说的爻与辰的搭配关系是这样的:以阳支子、寅、辰、午、申、戌,依次搭配乾卦之初至上九爻;以阴支未、酉、亥、丑、卯、巳,依次搭配坤卦之初至上六爻(图示如下)。通过乾坤二卦十二爻纳辰的特例,刘歆、郑氏的爻辰说表达了一个普遍的爻纳辰规律,即将六十四卦384爻凡阳爻初至上依次纳子、寅、辰、午、申、戌六阳支,凡阴爻初至上依次纳未、酉、亥、丑、卯、巳六阴支。以辰支为中介,郑玄的爻辰说进一步向外辐射与周延,建构了一个十分庞大的乾坤十二爻辰说系统。

郑氏乾坤十二爻辰搭配

九　月——戌	四　月－－巳
七　月——申	二　月－－卯
五　月——午	十二月－－丑
三　月——辰	十　月－－亥
正　月——寅	八　月－－酉
十一月——子	六　月－－未
乾	坤

① 爻纳支,可以溯源至清华简《筮法》。据《筮法·地支与爻》一节,子午与九配,丑未与八配,寅申与七配,卯酉与六配,辰戌与五配,巳亥与四配,即每两支配一爻。按天数、地数简化并归类,九、七、五这三个天数正合于汉人六阳爻纳支法,即初四位纳子午,二五位纳寅申,三上位纳辰戌;八、六、四这三个地数大体上合于汉人六阴爻纳支法,即初四位纳丑未,二五位纳卯酉,三上位纳巳亥。不过,《筮法》为支爻匹配,与汉人的爻纳支说有一定的区别。

　　郑氏爻辰说包括爻体说和爻纳卦气说。爻体说是根据《说卦》的相关内容设计出来的。《周易·说卦》曰："乾，天也，故称乎父；坤，地也，故称乎母。震一索而得男，故谓之长男。巽一索而得女，故谓之长女。坎再索而得男，故谓之中男。离再索而得女，故谓之中女。艮三索而得男，故谓之少男。兑三索而得女，故谓之少女。"依此，乾坤二卦并建，六爻交错相索而依次得震、巽、坎、离、艮、兑六子卦。在此基础上，郑玄将目光指向卦爻内部，变卦体为爻体，即：震一索而得震爻，巽一索而得巽爻；坎再索而得坎爻，离再索而得离爻；艮三索而得艮爻，兑三索而得兑爻（图示如下）。这样，爻摄卦体，从而大大增强了卦爻内部结构的复杂性、变异性和延展性。三画卦加倍而成六画卦，以乾坤十二爻辰建构之，其爻体的具体展开式为：凡在别卦（或经卦）中，一、四爻如为阳爻则为震爻体，反之则为巽爻体；二、五爻如为阳爻则为坎爻体，反之则为离爻体；三、六爻如为阳爻则为艮爻体，反之则为兑爻体。其实，爻体说出自先秦，清华简《筮法》有《地支与卦》一节，其地支纳卦情况与此正同。①

　　郑玄以爻体说注《易》较多，例如，郑注《离卦》（☲）九三云："艮爻也。位近丑，丑上值弁星，弁星似缶。"（《诗·宛邱》正义）注《萃卦》（☱）云："四本震爻，震为长子。五本坎爻，坎为隐伏。……二本离爻也。离为目，居正应五，故'利见大人'矣。"（《周易集解》卷九）

郑氏爻体说

戌——艮爻	巳－－兑爻
申——坎爻	卯－－离爻
午——震爻	丑－－巽爻
辰——艮爻	亥－－兑爻
寅——坎爻	酉－－离爻
子——震爻	未－－巽爻
乾	坤

---

① 参见李学勤主编《清华大学藏战国竹简（肆）》，第118页。

爻纳卦气说是根据《说卦传》所说八卦方位图，经过乾坤十二爻辰的建构、改作而来的。如何建构，具体见下。它说明凡是阳爻，从初到上依次得坎气、艮气、巽气、离气、坤气和乾气；凡是阴爻，从初到上依次得坤气、兑气、乾气、艮气、震气和巽气。同时，也再次证明郑氏乾坤十二爻辰说的巨大建构潜能和效用。今举二例以见之，郑注《蛊卦》（䷑）上九云："上九艮爻，艮为山，辰在戌，得乾气，父老之象，是臣之致事也。"（《礼记·表记》正义）注《贲卦》（䷕）六四云："谓九三位在辰，得巽气，为白马。"（《礼记·檀弓》正义）郑氏爻得卦气说进一步把卦与爻紧密关联起来。

郑氏爻气说

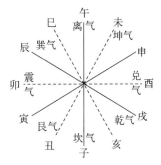

（虚线表示阴爻，实线表示阳爻）

戌——得乾气	巳--得巽气
申——得坤气	卯--得震气
午——得离气	丑--得艮气
辰——得巽气	亥--得乾气
寅——得艮气	酉--得兑气
子——得坎气	未--得坤气
乾	坤

从汉末易学来看，郑氏易学象数学的特点在于乾坤十二爻辰说。通过乾坤十二爻辰的建构，郑玄建立了世间万有的广泛联系，建构了一个贯通天人的宇宙图像（见下页图）。郑氏乾坤十二爻辰说深入而具体地展现了"乾坤，其《易》之缊（蕴）""其《易》之门"（《周易·系辞下》）的《周

易》总旨，而这个宗旨即郑氏易学的总纲。

郑玄乾坤十二爻辰图表

爻辰	初九 子	六四 丑	九二 寅	六五 卯	九三 辰	上六 巳	九四 午	初六 未	九五 申	六二 酉	上九 戌	六三 亥
月律	十一 黄钟	十二 大吕	正 太蔟	二 夹钟	三 姑洗	四 仲吕	五 蕤宾	六 林钟	七 夷则	八 南吕	九 无射	十 应钟
十二消息卦	复	临	泰	大壮	夬	乾	姤	遯	否	观	剥	坤
二十四气	冬至 大雪	大寒 小寒	雨水 立春	春分 惊蛰	谷雨 清明	小满 立夏	夏至 芒种	大暑 小暑	处暑 立秋	秋分 白露	霜降 寒露	小雪 立冬
十二生肖	鼠	牛	虎	兔	龙	蛇	马	羊	猴	鸡	狗	猪
爻体	震爻	巽爻	坎爻	离爻	艮爻	兑爻	震爻	巽爻	坎爻	离爻	艮爻	兑爻
爻得卦气	坎气	艮气	艮气	震气	巽气	巽气	离气	坤气	坤气	兑气	乾气	乾气
十二星区	玄枵	纪星	祈木	木火	寿星	鹑尾	鹑火	鹑首	实沉	大梁	降娄	诹訾
四正卦 四时 四方 四兽	坎 冬 北方 玄武		震 春 东方 苍龙		离 夏 南方 朱鸟		兑 秋 西方 白虎			坎 冬 北方 玄武		
备注	此外还有与八卦、八风、二十八宿、五行、六十卦、七十二候等的配置情况											

二、荀爽的乾升坤降说和卦变说

荀爽（128—190），字慈明，一名谞。延熹九年（166），他曾官拜郎中。后遭党锢，他隐遁十余年，以著述为事，成为一代硕儒。董卓当朝时他又曾出仕，"未十旬而取卿相"，但不久他就病死了，去世时六十三岁。事迹见《后汉书·荀韩钟陈列传》。

荀爽著有《易传》等书，"凡百余篇"，不过在范晔撰著《后汉书》时已"多所亡缺"。《隋书·经籍志》曰："《周易》十一卷，汉司空荀爽注。"新旧《唐志》曰："荀爽《章句》十卷。"这些书现都已佚失。荀氏《易注》，李鼎祚《周易集解》载录较多，马国翰《玉函山房辑佚书》和孙堂《汉魏二十一家易注》有辑本。荀爽传《费氏易》，见《后汉书·儒林传》。在易学上，荀爽重视阴阳升降说，提出了乾升坤降说和卦变说。

先看乾升坤降说（或称乾坤升降说）。所谓升降，本指阴阳的消息和进退。对于易学家来说,阳升阴降不仅是一个宇宙论问题,而且是一个在卦爻位中如何表现阴阳上下的问题。荀爽易学特别之处,在于荀氏提出了乾升坤降说,他以乾坤二五爻的阴阳升降来解释其他卦的来源。其一,乾升坤降说有两个理论依据,一为《乾·文言》"本乎天者亲上,本乎地者亲下"二句。荀爽注此二句曰:"谓《乾》九二本出于《乾》,故曰'本乎天';而居《坤》五,故'亲上'。《坤》六五本出于《坤》,故曰'本乎地';降居《乾》二,故曰'亲下'也。"(《周易集解》卷一)惠栋《易汉学·荀慈明易》曰:"荀慈明论《易》,以阳在二者当上升《坤》五为君,阴在五者当降居《乾》二为臣。盖《乾》升为《坎》,《坤》降为《离》,成《既济》定,则六爻得位。"①乾为纯阳卦,本居天位,而以中爻五为正;坤为纯阴卦,本居地位,而以中爻二为正。正是这一宇宙论特性决定了乾卦二爻升居五位,坤卦五爻降居二位。二为坎离乃乾坤之本。荀爽注《乾·彖传》"大明终始"曰:"乾起于坎而终于离,坤起于离而终于坎。离坎者,乾坤之家而阴阳之府,故曰'大明终始'也。"(《周易集解》卷一)在此,他将乾、坤、坎、离四卦连成一个整体,解释了阳极生阴、阴极生阳的变化之理。离为火、阳气,坎为水、阴气;乾为纯阳,坤为纯阴。在图像上,离火居上,坎水居下,乾居左,坤居右。同时,荀爽的解释与汉人"阳起于子""阴起于午"的说法一致。其二,荀爽的乾升坤降说以成既济定为目的因。乾卦二爻上升和坤卦五爻下降,即生成了上坎下离的既济卦(䷾)。荀爽以此注《易》的例子较多。荀爽注《乾·文言》"水流湿,火就燥"曰:"阳动之坤而为坎,坤者纯阴,故曰湿。阴动之乾而成离,乾者纯阳,故曰燥。"(《周易集解》卷一)注"云行雨施,天下平也"曰:"乾升于坤曰云行,坤降于乾曰雨施。乾坤二卦成雨,既济阴阳和均而得其正,故曰天下平。"(《周易集解》卷一)注"与日月合其明"曰:"谓坤五之乾二成离,离为日;乾二之坤五为坎,坎为月。"(《周易集解》卷一)注《坤·彖传》"含弘光大,品物咸亨"曰:"乾二居坤五为含,坤五居乾二为弘,坤初居乾四为光,乾四居坤初为大。

---

① 惠栋:《易汉学》卷七,载《周易述》,郑万耕点校,第 621 页。

天地交，万物生，故咸亨。"(《周易集解》卷二)注《泰》九二"朋亡，得尚于中行"曰："中谓五，朋谓坤。朋亡而下，则二得上居五，而行中和矣。"(《周易集解》卷四)其三，乾升坤降说体现了汉末易学的共同主题，即《系辞传》所谓"乾坤其《易》之缊（蕴）""《易》之门"的观点。乾升坤降的本质是阳升阴降，而乾为纯阳，坤为纯阴卦，可以表示阴阳变化的一般之道，荀爽即将《周易》六十四卦 11 520 策都看作乾策或坤策。① 由此，其他六十二卦均可以看作乾升坤降的结果。

再看卦变说。"卦变"是指一卦中的一爻或多爻的变动而生成另外一卦。一般认为，"卦变"说起源于《彖传》，《彖传》所言刚柔往来、上下的说法即后人所谓"卦变"。荀爽的卦变说是建立在乾升坤降说的基础上的，其特别之处在于他认为所谓卦变是由乾升坤降导致的，其中乾升坤降是卦变的原因，而卦变本身是乾升坤降的结果。张惠言曾说："荀惟以乾坤为消息，而以泰否为升降。故一阴一阳、二阴二阳之卦皆乾坤相之，观于蹇、解可见。屯、蒙、讼、晋，虽自坎、艮、遯、观，实亦乾之二三，坤之二四耳。泰、否、乾、坤也，故成卦独多。……则知卦变之例皆升降，以求六十四卦，皆得通之矣。"②从总体上看，荀爽的卦变说来自于乾坤二卦的阳升阴降。具体说来，有三种情况：(1) 由乾坤两纯卦生出十二消息卦，再由消息卦生出其他卦；(2) 由乾坤父母卦生出震坎艮巽离兑六子卦，再由六子卦生出其他卦；(3) 合十二消息卦和六子卦，再生出其他卦。从阴阳爻的多少来看，荀爽的卦变说可分为三种情况：其一，一阴一阳之卦，皆自乾坤而来。如荀爽注《剥·象传》曰："谓阴外变五，五者至尊，为阴所变，故剥也。"(《周易集解》卷五)剥卦(䷖)属于消卦，来自坤阴消乾阳。第五位为天位，故曰"五者至尊，为阴所变"。注《复·象传》曰："复者，冬

---

① 荀爽注《乾·象传》"万物资始"曰："谓分为六十四卦，万一千五百二十册，皆受始于乾也。册取始于乾，犹万物之生禀于天。"(《周易集解》卷一)注《坤·象传》"万物滋生"曰："谓万一千五百二十策，皆受始于乾，由坤而生也。策生于坤，犹万物成形，出乎地也。"(《周易集解》卷二)

② 张惠言：《周易荀氏九家义》，《续修四库全书》第 26 册，第 693 页，上海，上海古籍出版社，2002。

至之卦。阳起初九,为天地心。万物所始,吉凶之先,故曰'见天地之心'矣。"(《周易集解》卷六)其二,二阴二阳之卦,或出六子卦,或出十二消息卦。荀爽注《屯·象传》"动乎险中"曰:"物难在始生,此本坎卦也。"(《周易集解》卷二)认为屯卦(☷)来自坎卦(☵)。注《蒙·象传》曰:"此本艮卦也。"(《周易集解》卷二)认为蒙卦(☶)来自艮卦(☶)。其三,三阴三阳之卦,或出泰(☷)否(☷)两卦,或出乾坤两卦。荀爽注《贲·象传》曰:"此本泰卦。"(《周易集解》卷五)注《萃·象传》曰:"此本否卦。"(《周易集解》卷九)注《咸·象传》曰:"乾下感坤,故万物化生于山泽。"(《周易集解》卷七)注《恒·象传》曰:"谓乾气下终,始复升上居四也。坤气上终,始复降下居初者也。"①

此外,荀爽有卦气、世伏和逸象等说。② 荀爽的卦气说和世伏说继承自孟喜、京房,并无什么创见。不过,比较特别的是,他将京房八卦卦气说杂入十二消息卦之中。至于逸象说,陆德明《周易音义》在《说卦》末载:"荀爽《九家集解》本乾后更有四,为龙、为首、为衣、为言;巛后有八,为牝、为迷、为方、为囊、为裳、为黄、为帛、为浆;震后有三,为王、为鹄、为鼓;巽后有二,为杨、为鹳;坎后有八,为宫、为律、为可、为栋、为丛棘、为狐、为蒺藜、为桎梏;离后有一,为牝牛;艮后有三,为鼻、为虎、为狐;兑后有二,为常、为辅颊。注云:常,西方神也。不同,故记之于此。"③共计八卦逸象 31 例。《九家易集解》出于魏晋之后,非荀爽本人所作,不过《九家易》以荀氏为宗,这说明荀爽也可能有八卦逸象说。

总之,荀爽的乾坤升降说和卦变说一方面重视卦爻与天道的联系,另一方面重视卦爻自身的关联,提高了人们对于卦爻符号本身的逻辑思考和卦爻符号对于天道的表达能力。对荀爽的易学成就,虞翻作了很高

---

① 《周易集解》卷七。荀爽的卦变说,可参看林忠军《象数易学发展史》第 1 卷,济南,齐鲁书社,1994 年版,第 181—182 页;徐芹庭《汉易阐微》下册,第 443 页,北京,中国书店,2010。

② 参看张惠言《周易荀氏九家义》,《续修四库全书》第 26 册,第 693 页。

③ 陆德明,黄焯汇校:《经典释文汇校》卷二,第 66 页,北京,中华书局,2006;惠栋:《易汉学》卷七,《周易述》下册,第 626—627 页。

评价,他说:"经之大者,莫过于《易》。汉初以来,海内英才,其读《易》者解之率少。至孝灵之际,颍川荀谞号为知《易》,臣得其注,有愈俗儒。……又南郡太守马融,名有俊才,其所解释,复不及谞。孔子曰'可与共学,未可与适道',岂不其然? 若乃北海郑玄,南阳宋忠,虽各立注,忠小差玄,而皆未得其门,难以示世。"①与马融、郑玄、宋忠相较,虞翻更多地继承了荀爽的象数思想。

三、虞翻的象数学:互体、卦变、月相纳甲等易例

虞翻(164—233),字仲翔,会稽余姚(今浙江余姚)人,汉末至三国吴人。虞翻性格疏直、刚烈,"屡犯颜谏诤"②,得罪了不少权贵。虞氏世代治《孟氏易》,虞翻是第五代。汉末,他曾向孔融"示以所著《易注》"③。虞翻《周易注》,《隋书·经籍志》《旧唐书·经籍志》著录为九卷,《新唐书·艺文志》《经典释文》著录为十卷。他还著有《周易日月变例》《周易集林律历》《易律历》,和注解魏伯阳《周易参同契》、扬雄《太玄经》的著作。《三国志·虞翻传》又曰他曾为《老子》《论语》和《国语》作训注。不过,这些著作都已亡佚。虞翻的《周易注》,主要见于李鼎祚的《周易集解》,清人孙堂《汉魏二十一家易注》等有辑本,清人惠栋、张惠言和民国徐昂等对虞氏易学多有阐发。虞翻易学的成就集中在解易方法(即易例)的推阐和发明上,他的解易方法有卦变说、互体说、月体纳甲说、旁通说、反卦说(反象说)、两象易说、升降说、卦气说、之正说、成既济定说和权变说等。此外,虞翻还增列了许多八卦逸象,以补说经之不足。总之,虞翻集两汉易学象数学之大成。

先看虞氏的互体说。互体,是易学家常用的解经方法。当一卦本身内含的贞悔二卦不足以解经时,经师或易学家就会运用所谓互体之例在

---

① 《三国志·吴书十二·虞翻传》注引,参看陈寿撰、裴松之注《三国志》卷五七,第 1322 页,北京,中华书局,1964。
②③《三国志·吴书十二·虞翻传》。

卦内重组爻画以生成新的经卦或别卦。杜预认为《左传·庄公二十二年》的一则筮例即运用了互体之例，《注》曰："自二至四有艮象，艮为山是也。"孔颖达《正义》曰："二至四、三至五，两体交互各成一卦，先儒谓之互体。"①不过，大多数学者认为互体之例出自京房。《京氏易传》有大量例子，现仅举三例以见之。就中孚卦(䷼)，《京氏易传》卷上曰："互体见艮，止于信义。"这是指三至五爻互体为艮；艮，止也。就兑卦(䷹)，《京氏易传》卷中曰："内卦互体见离巽。"此指二至四爻互体为离，三至五爻互体为巽。就颐卦(䷚)，《京氏易传》卷中曰："六位上下，周而复始。内外交互，降入纯阴。"此指二至五爻交互为坤下坤上，为纯阴卦(䷁)。这是一个五爻连互的例子。京房的互体说，后来郑玄、荀爽等作了继承，虞翻进一步发扬光大。虞翻的互体说，有三爻互、四爻连互、五爻连互。《蒙·大象》曰："山下出泉。"虞翻《注》曰："艮为山，震为出，坎象流出，故山下出泉。"(《周易集解》卷二)蒙卦(䷃)，坎下艮上，"震为出"乃指二至四爻互体为震。《咸》九三曰："咸其股。"虞翻《注》曰："巽为股，谓二也。"(《周易集解》卷七)咸卦(䷞)，艮下兑上，所谓"巽为股"指二至四爻互体为巽。这是三爻互的例子。《泰》九三曰："无往不复。"虞翻《注》曰："从三至上，体复。"(《周易集解》卷四)泰卦(䷊)，乾下坤上，四至上爻连互为复卦(䷗)。《蛊》六四曰："裕父之蛊。"虞翻《注》曰："四阴体大过，本末弱也。"(《周易集解》卷五)蛊卦(䷑)，巽下艮上，初至四爻连互为大过卦(䷛)。这是四爻连互的例子。《谦》上六曰："利用行师。"虞翻《注》曰："三复位时，而体师象，故'用行师'。"(《周易集解》卷六)谦卦(䷎)，艮下坤上，二至上爻连互为师卦(䷆)。《豫》卦辞曰："利建侯行师。"虞翻《注》曰："初至五，体比象。"(《周易集解》卷四)豫卦(䷏)，坤下震上，初至五爻连互为

---

① 《左传·庄公二十二年》曰："周史有以《周易》见陈侯者，陈侯使筮之，遇观䷓之否䷋，曰：是谓'观国之光，利用宾于王'。此其代陈有国乎？不在此，其在异国；非此其身，在其子孙。光，远而自他有耀者也。坤，土也；巽，风也；乾，天也；风为天，于土上，山也。有山之材，而照之以天光，于是乎居土上，故曰：'观国之光，利用宾于王。'"杜《注》、孔《疏》，俱见阮元校刻：《十三经注疏·春秋左传正义》(清嘉庆刊本)，第3853页。

比卦（☷）。这是五爻连互的例子。虞翻又常将连互与半象、之正等例连用。

半象之例与互体近似。所谓半象，指一卦相连之二爻成卦为象，这种方法即所谓半象。半象之例已见于《焦氏易林》，虞翻大力推广之。《需》九二曰："小有言。"虞翻《注》曰："四之五，震象半见，故小有言。"（《周易集解》卷二）需卦（☵），乾下坎上，本无震象。虞翻认为四五两爻易位，上卦则为震；而在需卦中五上两爻已半露震象。《小畜·象传》曰："密云不雨，尚往也。"虞翻《注》曰："上变为阳，坎象半见，故'密云不雨，尚往也。'"（《周易集解》卷三）小畜卦（☴），下乾上巽，本无坎象，虞翻云"上变为阳"，故"坎象半见"。对于半象，后代学者多批评之，焦循在《易图略·论半象》中说："虞翻解'小有言'为'震象半见'，又有半坎之说，余以为不然。盖乾之半亦巽兑之半，坤之半亦艮震之半。震之下半，何异于坎离之半？坎之半，又何异于兑巽艮之半？求其故而不得，造为半象。"[1]半象说的缺点是比较松散、随意，为了求象解经，人为造作的痕迹非常明显。

又看虞氏卦变说。虞翻的卦变说是接着《象传》和荀爽的卦变说来讲的，不过他的目的在于以乾坤为本根来推演八卦和六十四卦的生成，且在形式上变得更为规范、整齐和富于象数逻辑。关于乾坤生六子卦，虞翻是这样说的：《系辞下》曰："刚柔者，立本者也。"虞翻《注》曰："乾刚坤柔，为六子父母。乾天称父，坤地称母。本天亲上，本地亲下，故立本者也。"（《周易集解》卷一五）《说卦》曰："观变于阴阳而立卦。"虞翻《注》曰："谓'立天之道曰阴与阳'。乾坤刚柔，立本者也。卦谓六爻，阳变，成震、坎、艮；阴变，成巽、离、兑。故曰'立卦'。"（《周易集解》卷一七）所谓"卦谓六爻"，即乾坤之别卦而言。坤卦二五两爻阳变，成震、坎、艮三子卦；乾卦二五两爻阴变，成巽、离、兑三子卦。

关于六十四卦的生成，虞翻认为乾坤先生出十二消息卦，然后由十

---

[1] 焦循：《易图略》卷七，《续修四库全书》第 27 册，第 524—525 页，上海，上海古籍出版社，2002。

二消息卦再生出六十四卦。据黄宗羲《易学象数论·卦变二》的概括,具体办法是这样的:

> 一阴一阳之卦各六,皆自复(䷗)、姤(䷫)而变;二阴二阳之卦各九,皆自临(䷒)、遁(䷠)而变;三阴三阳之卦各十,皆自否(䷋)、泰(䷊)而变;四阴四阳之卦各九,皆自大壮(䷡)、观(䷓)而变。中孚(䷼)、小过(䷽)为变例之卦,乾(䷀)、坤(䷁)为生卦之原,皆不在数中。①

具体推演开来,即为:一阳之卦有复(䷗)、师(䷆)、谦(䷎)、豫(䷏)、比(䷇)、剥(䷖)六卦;一阴之卦有姤(䷫)、同人(䷌)、履(䷉)、小畜(䷈)、大有(䷍)、夬(䷪)六卦。二阳之卦有临(䷒)、升(䷭)、解(䷧)、坎(䷜)、蒙(䷃)、明夷(䷣)、震(䷲)、屯(䷂)、颐(䷚)九卦;二阴之卦有遁(䷠)、无妄(䷘)、家人(䷤)、离(䷝)、革(䷰)、讼(䷅)、巽(䷸)、鼎(䷱)、大过(䷛)九卦。三阳之卦有泰(䷊)、恒(䷟)、井(䷯)、蛊(䷑)、丰(䷶)、既济(䷾)、贲(䷕)、归妹(䷵)、节(䷻)、损(䷨)十卦;三阴之卦有否(䷋)、益(䷩)、噬嗑(䷔)、随(䷐)、涣(䷺)、未济(䷿)、困(䷮)、渐(䷴)、咸(䷞)九卦。四阳之卦有大壮(䷡)、大过(䷛)、鼎(䷱)、革(䷰)、离(䷝)、兑(䷹)、睽(䷥)、需(䷄)、大畜(䷙)九卦,实则虞翻认为大过、鼎、革、离四卦来自遁卦;四阴之卦有观(䷓)、颐(䷚)、屯(䷂)、蒙(䷃)、坎(䷜)、艮(䷳)、蹇(䷦)、晋(䷢)、萃(䷬)九卦,实则虞翻认为颐、屯、蒙、坎四卦来自临卦。外加变例之卦——中孚、小过和本原之卦——乾、坤,六十四卦都在其中。②

总之,虞翻的卦变说颇富系统,其演绎的逻辑为乾坤→十二消息卦→六十四卦。其中,乾坤二卦与宇宙生化之原相应。乾为纯阳卦,坤为纯阴卦,乾坤二卦即体现了宇宙的基本原则——对待与流行。复(䷗)、临(䷒)、泰(䷊)、大壮(䷡)、夬(䷪)、乾(䷀)、姤(䷫)、遁(䷠)、否(䷋)、观(䷓)、剥(䷖)、坤(䷁)十二消息卦与十二月相应,表示阴阳二气在

---

① 黄宗羲:《易学象数论》卷二,第69页,北京,中华书局,2010。
② 参见黄宗羲《易学象数论》卷二,第74—77页。

一年十二月中的消息过程。进一步,十二消息卦又生出除中孚、小过、乾、坤四卦之外的其他六十卦。需要指出,此六十卦与卦气说中的六十卦并不一致,这说明虞翻的卦变说在本质上是基于其自身之阴阳逻辑的推演。由此来看,虞翻的卦变说在性质上属于数理的,而不属于宇宙生成论的。后来,虞翻的卦变说成为宋人卦变说的基础。

再看虞氏的月相纳甲说。虞翻的月相纳甲说出自魏伯阳,[①]二人同为会稽人,魏伯阳曾注《周易参同契》。又,学者通常认为魏、虞二氏的月相纳甲说出自西汉京房的纳甲说。现在看来,这一说法未能穷本溯源,纳甲说其实出自先秦。清华简《筮法》篇即有《天干与卦》一节,将乾、坤、艮、兑、劳(坎)、离、震、巽八卦,与甲壬、乙癸、丙、丁、戊、己、庚、辛十天干对应起来。[②]这种纳甲说,正是京房使用的纳甲说。所谓纳甲,甲为十天干之首,故举甲以赅十;卦纳十日,故曰纳甲。京房的纳甲说分为八卦纳甲和别卦纳甲两种,其八卦纳甲与清华简《筮法·天干与卦》一节所说完全一致;其别卦纳甲又分为两种,一种为八纯卦的纳甲,一种为其他卦的纳甲。《京氏易传》卷下曰:"分天地乾坤之象,益之以甲乙、壬癸,震巽之象配庚辛,离坎之象配戊己,艮兑之象配丙丁。"这是八卦的纳甲。八纯卦的纳甲仿此,可推展为:乾卦纳甲壬,内卦纳甲,外卦纳壬;坤卦纳乙癸,内卦纳乙,外卦纳癸;震卦纳庚,巽卦纳辛,坎卦纳戊,离卦纳己,艮卦纳丙,兑卦纳丁。其他别卦的纳甲,均遵循八纯卦之内外卦纳甲之例。

在东汉后期,纳甲说发生了较大变化。而这个变化,一方面是由于天文学的进步导致的,另一方面是由"日月为易"的新观念导致的,其中前者是主导因素。张衡《灵宪》曰:"夫日譬犹火,月譬犹水,火则外光,水则含景。故月光生于日之所照,魄生于日之所蔽,当日则光盈,就日则光尽也。"张衡指出,日是发光体,月光生于日之所照,而月相与日之所照直接相关。张衡还说日犹火、月犹水,而离为火为日、坎为水为月之象,《说

---

① 萧汉明、郭东升:《周易参同契研究》,第173页,上海,上海文艺出版社,2001。
② 李学勤主编:《清华大学藏战国竹简(肆)》,第114页。

卦传》已说之。不但如此,《灵宪》还直接引用了《系辞传》"悬象著明,莫大乎日月"这两句话,表明《灵宪》已具备提出月相纳甲说的主要观念了。大约在同时,"日月为易"的观念提出来了。其后,这一观念不断得到强化。许慎跟张衡都生活在东汉中期,许慎在《说文·易部》中曰:"易……祕书曰:'日月为易,象阴阳也。'"所谓"祕书",指当时流行的纬书。随后,"日月为易"说得到了易学大师的重视。郑玄《易论》曰:"易者,日月也。"魏伯阳《参同契》曰:"日月为易,刚柔相合。"虞翻注《系辞》"是故易者象也"曰:"易,谓日月。"陆德明《经典释文》引虞翻注《参同契》曰:"字从日下月。"魏氏由此提出了月相纳甲说(旧称月体纳甲说),虞翻进而作了改进。魏伯阳《参同契》曰:"三日出为爽,震庚受西方;八日兑受丁,上弦平如绳;十五乾体就,盛满甲东方。蟾蜍与兔魄,日月气双明,蟾蜍视卦节,兔魄吐精光,七八道已讫,屈伸低下降。十六转受统,巽辛见平明;艮直于丙南,下弦二十三;坤乙三十日,阳路丧其朋。节尽相禅与,继体复生龙。壬癸配甲乙,乾坤括始终。"《参同契》又曰:"坎戊月精,离己日光。日月为易,刚柔相合。"其纳甲之法具体为:

三日	爽	震	庚	西方
八日	上弦	兑	丁	
十五日	望	乾	甲壬	东方
十六日	平明	巽	辛	
二十三	下弦	艮	丙	南方
三十日	晦	坤	乙癸	
坎戊月精,离己日光,日月为易,刚柔相合。				中宫

在此,魏伯阳建构了一个乾坤(天地)为体、坎离(日月)为用的宇宙模型,日月在天地之间运行不息,而明生焉,而寒暑生焉。魏伯阳以此来表达所谓"日月为易"的观念。

虞翻的月相纳甲说,是从魏氏月相纳甲说改作而来的。虞翻同样以"日月为易"为基本观念,而以日月在天所成八卦及其方位来构造所谓月

相纳甲说。就《系辞》"县(悬)象著明,莫大乎日月",虞翻《注》曰:

> 谓日月县(悬)天成八卦象。三日暮,震象出庚;八日,兑象见丁;十五日,乾象盈甲。十七日,巽象退辛。二十三日,艮象消丙。三十日,坤象灭乙。晦夕朔旦,坎象流戊。日中则离,离象就己。戊己土位,象见于中。"日月相推而明生焉",故"县(悬)象著明莫大乎日月"者也。(《周易集解》卷一六)

就《系辞》"八卦成列,象在其中矣",虞翻《注》曰:

> 乾坤列东,艮兑列南,震巽列西,坎离在中,故八卦成列,则象在其中。天垂象,见吉凶,圣人象之是也。(《周易集解》卷一六)

就《系辞》"五位相得而各有合",虞翻《注》曰:

> 五位,谓五行之位。甲乾乙坤相得,合木,谓天地定位也;丙艮丁兑相得,合火,山泽通气也;戊坎己离相得,合土,水火相逮也;庚震辛巽相得,合金,雷风相薄也;天壬地癸相得,合水,言阴阳相薄而战乎乾,故"五位相得而各有合"。或以一六合水,二七合火,三八合木,四九合金,五十合土也。(《周易集解》卷一六)

虞翻月相纳甲说的核心是表达"日月悬天成八卦象"的观念,[1]是天文学与易学的融合。这里的"八卦象"既指月相,又指与月相相对应的八卦之象。日为光源,月受日光,日月在天地之间交错运行就产生了不同的月相。而月相可以用八卦来表示,或者说不同的月相即代表了不同的八卦之象。虞翻的月相纳甲说与魏氏的月相纳甲说有所不同,但不值细论。虞氏的月相纳甲说,惠栋曾画了一幅图来示意。[2]

就虞翻利用月相纳甲说注《易》,现举两例以见之。《坤・象传》曰:"西南得朋,乃与类行;东北丧朋,乃终有庆。"虞翻《注》曰:"此指说易道阴阳消息之大要也。谓阳月三日,变而成震出庚。至月八日,成兑见丁。

---

[1] 参见萧汉明、郭东升《周易参同契研究》,第178—179页。
[2] 惠栋:《易汉学》卷三,影印文渊阁《四库全书》第52册,第325页,台北,台湾商务印书馆,1986。

庚西丁南,故'西南得朋'。……二十九日,消乙入坤,灭藏于癸,乙东癸北,故'东北丧朋'。"(《周易集解》卷二)《剥·象传》曰:"君子尚消息盈虚。"虞翻《注》曰:"易亏巽消艮,出震息兑,盈乾虚坤,故于是见之耳。"(《周易集解》卷五)

又再看虞氏的其他易例。虞氏集两汉象数易学之大成,他使用过的其他易例如下:(1)反卦、旁通和上下象易。反卦,指一卦倒过来看,或一卦之爻次倒过来排列,即所谓"以上为下,以下为上",由此构成一个新卦。新卦与本卦构成反对关系,即孔颖达所谓"覆卦"。旁通,指与某卦六爻之爻性全部相反而生出新的一卦。两卦旁通,以阴阳相通为前提。[①]旁通也就是孔颖达所说的"变卦"。惠栋《易例》卷下曰:"有卦之反,有爻之反。卦之反,反卦也;爻之反,旁通也。"旁通卦和反对卦也叫错卦和综卦。例如,虞翻注《剥卦》曰:"阳消乾也,与夬旁通。"(《周易集解》卷五)剥卦的卦画为☶☷(剥),夬卦的卦画为☰☱(夬),这两卦互为旁通的关系。注《革卦》曰:"遁上之初,与蒙旁通。"(《周易集解》卷一〇)革卦的卦画为☱☲,蒙卦的卦画为☶☵,这两卦互为旁通的关系。虞翻注《杂卦》"否泰,反其类也"曰:"否反成泰,泰反成否,故'反其类'。"(《周易集解》卷一七)否卦的卦画为☰☷,泰卦的卦画为☷☰,这两卦互为反对的关系。注《杂卦》"渐,女归待男行也"曰:"兑为女,艮为男,反成归妹。"(《周易集解》卷一七)渐卦的卦画为☴☶,归妹的卦画为☳☱,这两卦互为反对的关系。上下象易,又称两象易,指一卦的上卦和下卦互换内外位置,由此变成另外一卦。在注《系辞》"盖取诸大壮"时,虞翻说"无妄两象易也",即认为无妄(☰☳)上下象相移易而为大壮(☳☰)。在注"盖取诸大过"时,虞翻说"中孚上下象易也",即认为中孚(☴☱)上下象移易而为大过(☱☴)。注"盖取诸夬"时,虞翻说

---

① 旁通之义,陆绩说得最为明白,虞翻已有明确的解释。《乾·文言》曰:"六爻发挥,旁通情也。"陆绩《注》曰:"乾六爻发挥变动,旁通于坤。坤来入乾,以成六十四卦,故曰'旁通情也'。"(《周易集解》卷一)《乾·文言》曰:"乾元者,始而亨者也。"虞翻《注》曰:"乾始开通,以阳通阴,故始通。"(《周易集解》卷一)《坤》卦辞曰:"元亨。"虞翻《注》曰:"谓阴极阳生,乾流坤形,坤含光大,凝乾之元,终于坤亥,出乾初子,'品物咸亨',故'元亨'也。"(《周易集解》卷二)

"履上下象易也",即认为履卦(☰)上下象移易而为夬卦(☱)①。(2)之正说与成既济说。之正说,又称"动之正说",它是建立在《易传》得位、失位说的基础上的。将失位之爻以得位说之,即为"之正说"。虞翻注《坤卦》辞"利牝马之贞"曰:"坤为牝,震为马。初动得正,故'利牝马之贞'矣。"(《周易集解》卷二)注《讼》九四爻辞"安贞吉"曰:"动而得位,故'安贞吉',谓二已变,坤安也。"(《周易集解》卷三)在之正说的基础上,虞翻又提出了"成既济说",或"成既济定说"。之正说的目的是为了使一卦之某一爻得正,而推至其极,六爻皆当位的既济卦则必然是此说的最理想状态。《杂卦》曰:"既济,定也。"虞翻《注》曰:"济成六爻得位,定也。"(《周易集解》卷一七)"定"包含"确定"和"标准"之义,既济卦即是六爻得位的标准。注《咸·彖传》曰:"乾为圣人,初四易位成既济。"(《周易集解》卷七)咸卦(☶)为艮下兑上,初四两爻易位则为离下坎上,成既济卦(☵)。注《革·彖传》曰:"'文明'谓离,'说',兑也,'大亨'谓乾。四动成既济定,故大亨以正。革而当位,故'悔乃亡'也。"(《周易集解》卷一〇)革卦(☲)为离下兑上,九四爻动之正则为离下坎上,成既济定。总之,之正说和成既济说都源于荀爽,虞翻则推为一般体例,大量采用它们来注解经文。之正说丰富和深化了爻变的理论,深化了得位、失位的爻位理论;而成既济说则进一步将之正说的目的和意义昭示出来。之正说和成既济说都带有很强的经学含义。另外,与之正说相对,虞翻还使用了所谓权变说。权变说是指本来正位之爻使之不正的解释方法,"权"与"正"相对,"正"是经是常。(3)虞翻在注经的过程中还使用了卦气说、升降(往来、上下)说和飞伏说等方法,而这些方法都来自前人,本章不再赘述。

最后看虞氏所谓逸象。"逸象",是汉人注《易》的重要手段之一。《焦氏易林》在《说卦》之外增加了卦象,《九家易》增加了31例,②而虞翻

---

① 以上引文,均见《周易集解》卷一五。

② 《九家易》是简称,是汇集注解荀爽易学的九家易注。《隋书·经籍志》著录为《周易荀爽九家注》,新旧《唐志》著录为《荀氏九家集解》,陆德明《经典释文》著录为《荀氏九家集注》。

"八卦取象,十倍于九家"。惠栋《易汉学》卷三《虞仲翔易》"虞氏逸象"
条曰:

> 虞仲翔传其家五世孟氏之学,八卦取象,十倍于九家。……以
> 上取象共三百二十七,(乾六十一,坤七十七,震五十,坎四十五,艮
> 三十九,巽十六,离十九,兑九。)虽大略本诸经,然其授受必有所自,
> 非若后乡(向)壁虚造、漫无根据者也。①

逸象的大量增加,固然为虞翻注解《周易》带来了极大的方便,但也突
出了其注解的随意性。而这种悍然突破经典(《说卦传》)界限的做法,其实
不但得不到其他经师的赞许,反而在很大程度上会招致人们的严厉批评。

总之,从方法论来看,虞翻博取诸种易例,并加以综合和贯通,总结
和发展了汉易象数学。毫无疑问,他是汉易象数学最杰出的代表。在
"象""数"之间,汉易又以"象"为重,虞翻的易学同样是以"象"为中心的。
对于他而言,取象的完成即是解释的完成,不可避免地,在很大程度上,
他颠倒了目的("经义")和手段("象数")的关系。

四、汉末易学的象数逻辑和思想主旨

东汉末期的易学有三大主旨,一个是象数方法的逻辑化和系统化,
再一个是以象数逻辑表达和构建宇宙图景(世界图景),第三个是"中和"
的人文理念。

1. 象数方法的逻辑化和系统化

在东汉末期,易学家和经学家不仅应用和发明了众多的象数方法,
而且着意梳理这些方法之间的逻辑关系,从而力图建构起一个象数的逻
辑系统。象数方法本身的逻辑化和系统化,是汉末象数易学发展的基本

---

① 惠栋:《易汉学》卷三,影印文渊阁《四库全书》第 52 册,第 334 页。这段文字,经训堂丛书本
　作:"虞仲翔传其家五世孟氏之学,八卦取象,十倍于九家……以上取象共三百三十一,(乾六
　十,坤八十二,震五十,坎四十六,艮三十八,巽二十,离十九,兑九。)虽大略本诸经,然其授受
　必有所自,非若后乡(向)壁虚造、漫无根据者也。"参见杨世文等选编《易学集成》第 3 卷,第
　2486 页,成都,四川大学出版社,1998。按,这两个本子所统计之数字都不准确,对应不上。

目标,而尤以郑玄、荀爽和虞翻为代表。汉末象数易学的逻辑化和系统化主要表现在三个方面。

其一,汉末易学都极其重视乾坤二卦的本原作用,均把此二卦看作象数系统推演的根源。对乾坤二卦的重视,始于《易传》。在《易传》各篇中乾坤二卦都占有特殊地位,都认为它们是六十四卦中最重要、最基础的两卦。《系辞上》曰:"乾坤,其《易》之缊(蕴)邪! 乾坤成列,而《易》立乎其中矣。乾坤毁,则无以见《易》。《易》不可见,则乾坤或几乎息矣。"《系辞下》曰:"乾坤,其《易》之门邪! 乾,阳物也。坤,阴物也。阴阳合德,而刚柔有体,以体天地之撰,以通神明之德。"乾坤为《易》之蕴、《易》之门的观念,即为汉末易学的主旨。而为何乾坤二卦可以成为《周易》的主旨呢? 因为乾坤二卦代表了阴阳原则和天地原则。由此,乾坤二卦与《周易》本身具有等值关系,《系辞传》曰"乾坤成列,而《易》立乎其中矣",又曰"乾坤毁,则无以见《易》",即是此意。郑玄、荀爽和虞翻都极力阐扬乾坤"其《易》之缊(蕴)""《易》之门"的传学宗旨,并由此构建和推演他们的易学象数系统。

其二,汉末易学的象数学具有很强的数理逻辑性和系统的时空性。象数方法(易例)的内在推演包括两重逻辑,一个是从乾坤二卦到十二消息卦、再到六十四卦的推演,另一个是乾坤二卦在一卦内部的推演。郑玄以乾坤十二爻辰说建构了《周易》384 爻,将六十四卦 384 爻都变成了居于乾坤十二爻位的阴阳爻,并由此建立了一个高度简化、一致的卦爻体系。荀爽提出乾坤升降说,并由此提出卦变说,进而推演六十四卦。虞翻在继承荀爽易学的基础上完善和发展了卦变说,虞氏的卦变说具有鲜明的逻辑推演特征,从乾坤二卦到十二辟卦、再到六十四卦,这是一个逻辑推演的过程。同时,卦爻的逻辑推演在汉易的发展史中与卦气说等关联在一起,使得汉易象数学具有系统的时空性,能够与具体的物事世界(形下世界)关联起来。这样,汉易的重点不仅在于阐释阴阳之理,而且在于将天道落实和展开为具体时空形式。

乾坤二卦在一卦内部的推演,是汉易象数学的又一重逻辑。爻位论是《周易》解释学的理论基础。而如何统摄六十四卦之上下卦及六爻的

关系呢？这是汉末易学所思考的一个重要问题,彼时的易学家即以乾坤
二卦和八卦来梳理卦爻内部的关系,作出了回答。在乾坤二卦的基础
上,郑玄、荀爽等人提出了爻辰说、爻体说、爻得卦气说和乾坤升降说等
易例。在八卦的基础上,汉末易学家提出了更多的方法。虞翻兼重乾坤
和八卦的象数学建构,他从乾坤推演出卦变说,并与卦气说等易例关联;
又从八卦推演出互体、上下象易、逸象等易例。反过来说,虞翻使用的易
例虽众,但要之,皆归本于乾坤和八卦的两种象数学建构而已。

其三,汉末易学象数学有自己的纲和目,由此形成了庞大的象数学
系统。这个纲就是汉末象数学自身的推演逻辑,而这个目就是各种所谓
易例,或解易方法。郑玄、荀爽和虞翻三位是汉末易学最杰出的代表,他
们大力发展所谓易例,大肆使用所谓象数学方法,因此他们成为王弼批
判的主要对象,这是理所当然的事情。

2. 天道的结构化与宇宙(世界)图景的象数建构

天道的结构化和宇宙图景的象数化,这是象数易学的两项基本任
务。当然,这二者是紧密联系在一起的。汉末易学继承了先秦至西汉易
学的一些基本观念和命题,其宇宙论跟西汉中后期一样具有杂糅盖天说
和浑天说的特征。在天道观上,汉末易学以盖天说为主,同时吸纳了浑
天说的一些成分。在汉末易学中,"天道"首先表现为"天地"和"阴阳"的
二元结构。相应地,在卦爻结构上,汉末易学突出了乾坤二元对待的观
念,并以此观念去重构《周易》六十四卦、384爻的生成及其关系。其次,
汉末易学又在多个方面吸纳了浑天说和《太初历》的成果,不但继承了
《易纬》"一元以为元纪"的思想、孟喜的卦气说等,而且发明了一些符合
新宇宙观和新历法的象数方法,例如魏伯阳、虞翻发明了月相纳甲说,而
二氏的月相纳甲说其实是以浑天说为宇宙论背景的。

从宇宙图景来看,汉末易学展现了一个兼容盖天说和浑天说的宇宙模
式,当然这种宇宙模式不是从实然世界来说的(因为在实际中二说是彼此
对立的,人们要么主张盖天说,要么主张浑天说,二者必居其一),而是从思
想世界来说的,即人们将盖天说设想为浑天说的一种相对模式,从而建立

自己的宇宙观,并在这种宇宙观的妥协中肯定俗世的既定价值! 实际上,西汉后期以来的学者正是如此调和这两种宇宙模式的。而这幅杂糅在一起且包含内在矛盾的宇宙观,曾长期主宰中国人的知识论和价值观。

总之,天道观落实为宇宙图景,而"一阴一阳之谓道"是宇宙生成的普遍原理;从元气到天地,从天地到阴阳、再到万物,这是宇宙生成的过程;天上地下、四方八位,日月往来、四时八节十二度二十四气七十二候,一日八十分、一年 365.25 日,这是宇宙生成的时空结构。所有这些,都是汉易象数学所要着重表现和建构的主题、基本对象和内容。而对于宇宙图景的象数化,汉末易学以"乾坤"和"八卦"为两大核心,从而建构起汉易象数学的符号逻辑和宇宙逻辑。

3. "中正""中和"与人间秩序的建构

人间秩序如何安顿? 这也是汉末易学的一个重要问题。一般,它是这样处理此一问题的:其一,应当根据天道来规范人道和安顿世间伦理;其二,名教或礼乐之教是天道在现实层面的展开;其三,以天道之自然和谐原则——"中正""中和"规范人间秩序。这三点,实际上是汉儒的通义。

《易纬·乾凿度》曰"易一名而含三义",其中"不易"一义即讲天尊地卑、父坐子伏,认为等级秩序是世间不易之常理,它来自天地,来自天道。盖天说不仅肯定了天上地下的空间经验秩序,而且将其上升到宇宙论和天道的高度。这样,天尊地卑就是出自天道、出自自然而然的价值原则,是世间等级秩序的价值之原。《乾凿度》还将这种"不易"的等级秩序通过生成论的论证表现在爻位上。《乾凿度》卷上曰:

> 故《易》始于一,分于二,通于三,□于四,盛于五,终于上。初为元士,二为大夫,三为三公,四为诸侯,五为天子,上为宗庙。凡此六者,阴阳所以进退,君臣所以升降,万人所以为象则也。

卷下曰:

> 岁三百六十五日四分日之一,以卦用事,一卦六爻,爻一日。凡六日,初用事,一日天王诸侯也,二日大夫也,三日卿,四日三公也,

五日辟,六日宗庙。

据上引两段《乾凿度》文,六爻的贵贱,从初至上依次称为元士爻、大夫爻、三公爻、诸侯爻、天子爻和宗庙爻。这无疑是对于《易传》相关爻位理论的社会等级化和秩序化。此外,《易纬·稽览图》又将卦气说的六十卦分为辟、公、卿、侯、大夫五种,以候阴阳、风、雨、寒、温的征应。从注来看,郑玄是赞成《易纬》观念的,他不但继承了"天尊地卑"的原则,而且赞成将一卦之六位人伦化、社会等级化和爻、卦俱有贵贱的做法。而郑玄重视以礼注《易》,正与"天尊地卑""阳主阴从"的宇宙论观念一致。其实,"天尊地卑""阳主阴从"即为价值观念化的天道,乃汉代儒学和易学的通义,郑玄、荀爽、虞翻等人均不例外。这种等级秩序,还通过八卦的人伦化和等级化表现出来。乾坤父母与震、坎、艮、巽、离、兑六子卦的观念出自《说卦传》,汉易高度重视这一观念,并在此基础上作了许多易例的发明,郑玄的爻体说和荀爽、虞翻的乾坤二五两爻交变成六子卦说即是两个例子。

在爻位论中,《易传》以"中正"为最贵,汉末易学亦不例外。"正"即所谓当位。"正"字,在李鼎祚《周易集解》中出现了七百多次,相关注解众多。值得注意的是,虞翻不但重视正位(居位得正)的观念,而且在易例上作了发明。虞氏的之正说、成既济说和权变说都是表现正位说的方法。一爻本居位不正,而以变正说之,即为之正说。一卦之上下二爻易位得正,或者一爻动之正,然后六爻得正成既济卦,即所谓成既济说。本正之爻而以不正说之,即为权变说。权变说与之正说互相反对,虞翻发明此一易例,突出了正位说在爻位理论上的重要性。在爻位论上,"中"比"正"更为重要,二五两爻为中位,居中往往吉辞。从《周易》卦爻辞和《易传》来看,"中"观念确实比"正"更重要。汉人论"中",不仅将其放在人伦中来看,而且将其置于宇宙论中来看。汉末至三国的易学家高度重视"中"观念,"中"字在李鼎祚的《周易集解》中出现了七百多次,如崔觐注《乾·文言传》曰:"言乾是纯粹之精,故有刚、健、中、正之四德也。"

（《周易集解》卷一）虞翻注《临》九二爻辞曰："得中多誉。"（《周易集解》卷五）侯果注《噬嗑·象传》曰："虽则失位，文明以中，断制枉直，不失情理，故'利用狱'。"（《周易集解》卷五）"中正"一词在《周易集解》中出现了四十六次，如果算上句中连言的情况，那么就更多了。王肃注《讼·九五象传》曰："以中正之德，齐乖争之俗，元吉也。"（《周易集解》卷三）虞翻注《观·象传》曰："中正谓五。五以天神道观示天下，咸服其化，宾于王庭。"（《周易集解》卷五）侯果注《遯九五·象传》曰："时否德刚，虽遁，中正，嘉遁者也，故曰'贞吉'。"（《周易集解》卷七）陆绩注《系辞》"系于包桑"曰："五在否家，虽得中正，常自惧以危亡之事者也。"（《周易集解》卷一五）"中正"之例以九五为极则，虞翻注《随·九五象传》即曰："凡五言中正，皆阳得其正，以此为例矣。"（《周易集解》卷五）

"中和"是汉末易学高度重视的又一观念，在《周易集解》中一共出现了十四次。"中"指爻居二五位，"和"就中爻之阴位或阴爻而言，六二、九二和六五这三爻均有"中和"特性。据李鼎祚《周易集解》，荀爽、《九家易》、虞翻、宋衷、崔觐、侯果、韩康伯都有相关注解，其中荀爽最多，计有七条。例如，荀爽注《师·象传》"能以众正，可以王矣"曰："谓二有中和之德，而据群阴，上居五位，可以王也。"（《周易集解》卷三）《九家易》注《泰》六五"帝乙归妹，以祉元吉"曰："谓下居二，以中和相承，故'元吉'也。"（《周易集解》卷四）虞翻注《大壮》六五"丧羊于易，无悔"曰："故'丧羊于易'动各得正，而处中和，故'无悔'矣。"（《周易集解》卷七）"中和"之例以"六二"为极则。与荀、虞诸氏有所不同，郑玄一是将"中"训为"和"，另外他还将"中和"作为最重要的人文精神，而以之注《易》。郑玄注《系辞》"易有太极"曰："极中之道，淳和未分之气也。"（《文选》张茂先《励志诗》注）注"易与天地准"曰："准，中也，平也。"（《经典释文·周易音义》）注《蹇·象传》曰："中，和也。"（《经典释文·周易音义》）这是郑玄释"中"为"和"的例子。郑玄注《咸》卦曰："其于人也，嘉会礼通，和顺于义，干事能正。"（《周易集解》卷七）注《恒》卦曰："其能和顺干事，所行而善矣。"（《周易集解》卷七）注《萃》卦曰："上下相应，有事而和通，故曰'萃，亨'

也。"(《周易集解》卷九)在解经中,郑玄确实更重视"和"的观念。

　　总之,汉末易学认为应当根据天道来安排人间秩序和世间伦理,或者说人间秩序和世间伦理应当得到天道的肯定。在宇宙论上,这个天道就是盖天说的天上地下的空间结构,反映在价值论上就是"天尊地卑"的宇宙法则,反映在卦爻上就是《系辞传》所说"天尊地卑,乾坤定矣。卑高以陈,贵贱位矣"四个经典语句。毫无疑问,卦爻位的上下,即反映了人道世界及其外化的宇宙的价值准则——"贵贱"。汉末易学继承了这一套说法,不但继承了父坐子伏等三纲之说,而且将所谓元士爻、大夫爻、三公爻、诸侯爻、天子爻和宗庙爻应用到《周易》的注解中。汉末易学在重视名教和阐发伦理思想的基础上又定之以"中正""中和"准则,使得自身在价值观上建立了被物事环绕的"太极"。而"中和""中正"其实是汉代经学的通义。① 需要指出,"中正""中和"在汉末易学中同时表现为两种易例(易学解释方法)和爻位论,不过这种爻位论天生地即设定了针对人事的价值标准。

第三节　从象数到义理:汉易的弊病与王弼《周易略例》

一、汉易的方法与弊病

　　先看汉易象数学的方法(即所谓易例)。汉代易学的一个重点在于象数方法,运用象数方法以解经和推阐易理,这是汉易的基本特点。汉易象数学的目的虽然在于解经释义和推阐天人之道,但是其方法论受到了后人更多的关注。在方法论上,汉易一方面将"象"作为解经释义的关注点,另一方面大量使用和发明了具体的象数方法。两汉象数易学的代表性人物较多,但以京房和虞翻为最。后人对于汉易象数方法的梳理和总结,以惠栋最为突出(见《周易述》《易汉学》《易例》三书),今人屈万里、

————————————

① 对汉代经学的"中和"之旨,惠栋《易例》有专门的梳述。参见惠栋《周易述》(附《易汉学》《易例》)下册,郑万耕点校,第659—667页。

徐芹庭、林忠军和刘玉建等均有细致的梳理。① 惠栋《易例》所列易例(它们基本上被汉人使用过)如下：

> 太极生次，伏羲作八卦之法，大衍，太极，元亨利贞大义，八卦，兼三才，易初爻，虞氏之卦大义，占卦，阴爻居中称黄，扶阳抑阴，阳道不绝阴道绝义，阳无死义，中和，易气从下生，中正，时，中，升降，《左传》之卦说，承乘，应，当位不当位，世应，飞伏，贵贱，爻等，贞悔，消息，四正，十二消息，乾坤升降，用九用六，甲子卦气起中孚，既济，刚柔，天道尚刚，君道尚刚不尚柔，七八九六，两象易，反卦，半象，爻变受成法，诸卦旁通，旁通卦变，旁通相应，震巽特变，君子为阳大义，《说卦》方位即明堂方位，往来诸爻例，离四为恶人，五行相次，土数五，乾为仁，初为元士，震为车，艮为言，乾五为圣人，等。②

徐氏《汉易阐微》专辟《〈易经〉条例》一章，列举了汉人用过的易例，如下：

> 三才之位，六爻正位，既济定位，失位不正，贵贱之位，吉凶之位，中和、中正、中行及不中例，乘承据应例，往来，隔，变、动、发与飞伏，权变，易位与利之正，爻之，卦主，互体，卦变，半象，爻体，两象易，反卦与两象对合，升降，同义，五行，纳甲，纳支，四时与方位，八卦方位，十二消息，消息生卦说，卦气卦候，爻辰，八宫世应与游魂归魂，六亲，天地之数，天地生成之数与五行配合之数，四象与九六之数，爻画之数，大衍之数与筮卦法，筮册之数与万物之数，干支之数，取象之范畴，京房八宫卦序，虞氏六十四卦爻象，六十四卦纳干支六

---

① 林忠军：《象数易学史发展史》第 1 卷，济南，齐鲁书社，1994；刘玉建：《两汉象数易学研究》，桂林，广西教育出版社，1996。

② 惠栋：《易例》，载惠栋：《周易述》(附《易汉学》《易例》)下册，第 643—726 页。《四库全书总目·易例提要》说惠栋的《易例》："皆考究汉儒之传，以发明《易》之本例。凡九十类，其中有录无书者十三类。"这部书其实是一份草稿，需要作进一步的整理，"其标目有当为例而立一类者，亦有不当为例而立一类者，有一类为一例者，亦有一类为数例者。"转见前揭书，第 727 页。

亲世庶。[①]

屈万里先生的《先秦汉魏易例述评》一书,分别了汉武帝之前的易例和汉武帝之后至王弼之间的易例。据屈书,汉代新发明的易例有:

> 十二消息卦,卦气,互体及爻变,八宫卦,世应,游魂归魂,飞伏,八卦六位,世卦起月例,爻位贵贱,爻体,爻辰,升降,荀氏卦变,纳甲,虞氏互体,半象,两象易,旁通,反卦,虞氏卦变,三变受上。[②]

汉易象数学是一个十分庞大而繁琐的方法论系统,其目的主要是为了解经,汉末易学更是如此。其易例的构造主要有两个途径,一个是取象,另一个是转化或者沟通天道,为人事服务。当然,这二者往往是关联在一起的,即对于天道的转化和沟通在很大程度上也是为了取象。汉易象数学当然有一定的系统和脉络,而这个系统和脉络是围绕表示天地、阴阳的乾坤二卦和八卦(经卦)来构筑和展开的。汉易象数学长于表示天道,而对于天道的表示又是通过八卦、乾坤二卦和六十四卦来进行的。"卦爻"本身即是汉易象数学环绕的核心。

再看汉易象数学的弊病。汉易象数学的目的,对内是解释《周易》经传文本,对外是沟通天道和人伦,或者说将天道和人伦带入《周易》经学的解释之中。汉易所依赖的天道,包括宇宙论及其原理两个方面,并以它们为基础。宇宙论由盖天说和浑天说交混构成,盖天说的宇宙结构为天上地下,浑天说的宇宙结构为天包地外。由盖天说的宇宙论发展出二元论的哲学观念,它们包括天尊地卑、贵贱有等的观念,和"一阴一阳之谓道"的命题。易学上的爻位论及其等次、贵贱化,"乾坤,其《易》之缊(蕴)""《易》之门"的命题,都是这种二元论的宇宙观及其哲学观念的反

---

① 徐芹庭:《汉易阐微》上册,第37—84页。
② 屈万里:《先秦汉魏易例述评》(《屈万里全集》卷八)卷下"目录",台北、联经文化事业出版公司,1984。是书由台湾学生书局1969年初版。按,根据目前的资料和研究,屈万里认为上引文中的易例均属于汉人新发明,其实这个看法未必正确。其中,部分易例起源于先秦,而不是由汉人新发明的。

映。由浑天说的宇宙论,古人发展出一元论的思想观念,它们包括元气说、天包地外论及《太初历》《三统历》的时间观等。汉易学上的卦气说特别是孟喜的卦气说、《易纬·乾凿度》的"《易》一元以为元纪"及乾元包坤元的观念,都是这种一元论的宇宙观及其哲学观念在易学上的反映。[1]进一步,世间的等级秩序在通过天尊地卑(二元论)及绝对至上(一元论)观念的双重论证和绝对真理化的人为组合之后,很容易被易学家随即带入对《周易》经传的解释之中。我们看到,无论是一元论还是二元论的宇宙观和价值观,及其对应的宇宙结构和人伦结构,都无一例外地进入了汉易象数学的观念表达之中,而且愈到后来,象数方法的运用和构造就愈频繁和繁琐,其中以汉末为最。汉末易学不但发明了大量的易例(象数方法),而且在注经的过程中走向了极端,力求无一字无象,并力求每一象有其方法论的来源,而如不得已,则以逸象补助之。集中起来,汉易象数学的弊病首先在于迂曲、牵合和臆造,而繁琐尚在其次,且在解释上力求无一字无象数之来历和证明,这正是导致汉易象数学产生重大弊病的逻辑所在。

对于汉易象数方法产生的弊病,屈万里曾作了严厉批评。比如,对于"互体"之例,他批评道:

(1)《易》辞非据象而作,先秦及汉初易家,亦不据象以释卦爻辞。故无互体及卦变之说。互体、卦变者,皆所以济象数之穷也。孟喜始以象释《易》辞,京房承其绪余,因时以象数说《易》。然本卦之象,不足以济其说也,乃求之互体;互体仍不足以济也,遂更求诸爻变。《周易》之学,自是而愈纷矣。

(2)一卦之中有本体二,并三画之互体二为四。五画之互体二卦,而有四体;四画之互体三卦,而有六体。复益以半象之互体,则卦体之多莫可究极矣。然后益之以卦变,附之以逸象,则天下无不

---

[1] 郑玄肯定了乾坤一元的思想。此外,"乾元"在《周易集解》中出现了13次,而"坤元"仅出现了1次。

可以卦象求得之物，世间无不可以卦象解释之文。一卦可以括六十四卦之义，六十四卦亦不过一卦之变，则是全部《周易》，一卦已足，复何用六十四卦之纷纷乎？象数之弊，至此极矣。

对于"卦变"之例，他批评道：

（3）惟是卦变之说，本于《彖传》"往来""上下"之文。而《彖传》所谓"往来""上下"者，皆就其前卦之倒转而言，本不合于虞氏之说。《彖传》云云，是否悉当于经文，尚难遽定，则虞氏之涂附，更不足论。又况其例复多自相枘凿乎？

对于"八卦六位"之例（以五行十干十二支分属于八卦各爻），他批评道：

（4）以晚周后起五行比配之术，以说周初之《易》，其纰缪无当，自不待言。东汉易家，于取象之法，已竭其所能，然尚未至于此极也。①

对于汉人新发明的易例，屈万里攻之甚力，一般持批评和否定的态度。本章征引屈文数段，即是为了彰显汉易象数学的缺失和弊病，从而知道为何盛极一时的汉易象数方法在汉魏之际突然衰落下去，而义理之学却遽尔勃兴的原因。

二、从象数到义理与王弼的《周易略例》

王弼（226—249）是魏晋玄学的开创者和代表。《三国志》卷二八《魏书·钟会传》曰："初，会弱冠与山阳王弼并知名。弼好论儒道，辞才逸辩，注《易》及《老子》，为尚书郎，年二十余卒。"据《隋书·经籍志》，王弼的易学著作有《周易注》（《六十四卦》）六卷和《易略例》一卷。《易略例》即所谓《周易略例》。这两种书今天都保存下来了，其中《周易注》被收入

① 以上四段引文，参见屈万里《先秦汉魏易例述评》卷下，第98、129、145、106页。

唐修《五经正义》中。汉魏之际易学从象数到义理的转变,王弼起了关键作用。王弼首先高举经典的旗帜,以孔子的《易传》为标准,质疑汉人所发明的象数方法及以之解释经典的合法性。不过,王弼不是不要象数,而是要回归先秦象数,特别是《易传》象数。《周易略例》是一部以孔子《易传》为标准,而讨论如何解释《周易》(方法论)的著作。"略"谓大略,"例"谓凡例,书名的意思是说"理解或解释《周易》的一般方法"。《周易略例》包括《明象》《明爻通变》《明卦适变通爻》《明象》《辩位》《略例下》《卦略》七篇。王弼写作《周易略例》有两个基本目的,一个是在方法论上阐明《易传》是如何解释《周易》的,另一个是批判汉易特别是汉末易学的象数方法。王弼批评汉易将本为方法的象数误会为经义(圣人之意)本身,在目的与手段之间展开了深入的辨析和批评。

先看王弼对汉易象数学的批判及对自己所持方法论的阐明。在《周易略例》七篇中,《明象》篇最具方法论的意义。《明象》是根据《系辞上》一段文字来立论的。在那段文字中,"言"指圣人之言,"象"指圣人所立之象,"意"指圣人之意。从《周易》来说,王弼对所论"言""象""意"三概念的内涵有所改变:"言"指卦爻辞,"象"指易象(包括《说卦》所列八卦之象和卦爻之象),"意"指文本之意(或经义)。顾名思义,"明象"即阐明"象"的作用,及其在言、象、意三者之间的关系。在《明象》中,王弼首先阐明了"象"与"言""意"的关系。《明象》曰:"夫象者,出意;言者,明象者也。"言、象、意三者前后两两为手段和目的的关系,而"象以出意"是《明象》篇的论述重心。其次,王弼阐明了解经者对"象"应当采取正确的态度。借助《庄子·外物》一段文本,王弼阐明了《周易》"言""象""意"三者之间的关系。《庄子·外物》曰:"荃者所以在鱼,得鱼而忘荃;蹄者所以在兔,得兔而忘蹄;言者所以在意,得意而忘言。"在此,"言""意"是手段和目的的关系,而"忘言"是"得意"的前提。如何注解《周易》,以见圣人之意?据《庄子·外物》,王弼认为,在"言""象""意"三者之间应当"忘言""忘象","象"是"言"的目的,而"意"又是"象"的目的。《明象》一曰:"得象而忘言……得意而忘象。"二曰:"忘象者,乃得意者也;忘言者,乃得象者也。得意在忘象，得象在忘言。"三曰："故立象以尽意，而象可忘也；重画以尽情，而画可忘也。"简言之，"得意忘象"是《明象》篇的基本观点。最后，王弼直接批驳了汉人的"象"观念。《明象》曰：

> 是故触类可为其象，合义可为其征。义苟在健，何必马乎？类苟在顺，何必牛乎？爻苟合顺，何必坤乃为牛？义苟应健，何必乾乃为马？而或（惑）者定马于乾，案文责卦，有马无乾，则伪说滋漫，难可纪矣。互体不足，遂及卦变；变又不足，推致五行。一失其原，巧愈弥甚。纵复或值，而经义、卦义无所取，盖存象忘意之由也。忘象以求其意，义斯见矣。

在王弼看来，汉易象数学的最大问题在于"案文责卦"，死板地寻求卦爻辞之象与卦画之象的对应关系，而如果某卦之内外卦无此所需之卦，那么汉代易学家就会通过易例的发明来推演此卦，从而不可避免地陷入了"存象忘意"的窘境。王弼认为，第一步，"义苟在健，何必马乎？""健"之义不必以"马"象为执。第二步，"义苟应健，何必乾乃为马？"应"健"之义不必执"乾卦"而为"马"象。在王弼看来，"义"在解经中居于第一位，"象"居于第二位，而与此象相应的"卦"则居于第三位。而惑者（指汉易象数学家）则胶固地看待这三者的关系，认为"马"必是"健"之象，而"乾"必是"马"之卦。而如果卦爻辞之"马"象在别卦之上下卦中并无对应的"乾卦"，那么汉易象数学家就会通过易例的发明而生硬地制造出一个乾卦来，"或（惑）者定马于乾，案文责卦，有马无乾，则伪说滋漫，难可纪矣"。所谓"伪说"，指汉人那些迂曲、牵强和在《易传》中无根据的解经之说，反映在方法论上，互体、卦变和五行等皆属于此列，都具体展示了何谓"伪说滋蔓"。

再看王弼所主张的《周易》解释方法。在方法论上，王弼主张"得意忘象"，批评了汉人"存象忘意"，轻视经义或卦义，而将"象"看作解经之目的的荒唐做法。不过，王弼并非一般性地反对象数方法，他的批评特就汉人的象数方法及其运用而言之；事实上，他极力主张回归《易十翼》

的象数方法,并以之为标准。在《明象》篇中,王弼提出了"卦主"的概念,他说:"夫《象》者,何也? 统论一卦之体,明其所由之主也。"这种观念其实出自《象传》,王弼不过在此作了总结而已。在《明爻通变》中,王弼提出了"卦以存时,爻以示变"的观点。其实,"卦以存时"是从《象传》,"爻以示变"是从《象传》《系辞》概括出来的。当然,王弼的观点和方法在《易传》的基础上有所推进和创新。例如,王弼认为"爻变"产生于"情伪之所为",这虽然自出《系辞传》,但与《系辞》所说有一定的差距。在《明卦适变通爻》中,王弼提出了"夫卦者,时也;爻者,适时之变者也"的观点,进一步阐明了爻变和卦时之间的关系,对《易传》爻位理论的关系律则作了一定程度的归纳,及阐明了解卦的一般步骤:先把握卦时,后论爻位和爻变。在《辩位》中,王弼根据《系辞》《文言》《象传》等篇总结了爻位的一般规律和特性。在《略例下》中,王弼除重复了"凡《彖》者,统论一卦之体也""《象》者,各辩一爻之义者也"等说法,又总结出新的易例。

最后看王弼解释《周易》的特点。王弼解《易》的第一个特点是,重义理而轻象数,义理是鹄的,而象数是手段。"义理"与"象数"是一对术语,易学中的"义理"概念指经义及其所含之道理,而"象数"则指易学之"象""数"两种方法,且它们是解经者"得意"的手段。需要指出,王弼主张"忘象",而不主张"废象"。后人常说王弼"扫象","扫象"介于"废象"和"忘象"之间,[1]这一用词不是很准确。"得象而忘言,得意而忘象",这是王弼的基本观点。"忘"是暂忘,是手段,目的是为了"得意"。王弼解《易》的第二个特点是,轻"天道"而重"人事"。李鼎祚《周易集解序》曰:"郑则多参天象,王乃全释人事。"重视天象的表达,是汉易的一个特点,且在汉易

---

[1] 认为王弼"扫象",此说起源于晋人孙盛。《三国志·魏书·钟会传注》引晋人"孙盛曰":"至于六爻变化,群象所效,日时岁月,五气相推,弼皆摈落,多所不关。"(晋陈寿传,宋裴松之注:《三国志》卷二八,第796页,北京,中华书局,1959。)后人一般继承此说。《四库全书提要》说"王注扫弃旧文"(影印文渊阁《四库全书》第7册,第294页),《四库全书总目·周易注》又说"弼全废象数",曰:"弼之说《易》,源出费直。直《易》今不可见,然荀爽《易》即费氏学,李鼎祚书尚颇载其遗说。大抵究爻位之上下,辨卦德之刚柔,已与弼注略近。但弼全废象数,又变本加厉耳。"(永瑢等撰:《四库全书总目》卷一《经部·易类一》,第3页)这是废象说。

学术史上，使用象数方法与诠释天象有密切的关联。王弼注《易》，会归人事，着重就人事作说解和推阐经义。王弼解《易》的第三个特点是，重视通论一卦之义，以及重视对爻所处之时位、阴阳和刚柔作分析，且以二者为体用关系。

　　总之，汉末易学将象数方法发挥到了极致，而在"象""数"二者之中，前一种方法得到了更多运用。不仅如此，汉末易学不断发明新的方法以满足取象的要求，这使得整个易学的解经活动演变成为以取象为中心而不断予以应用和发明相关方法，并据以关联卦画与卦爻辞的解释活动。在汉魏之际，汉易象数学俨然至于疲敝之极，具有迂曲、繁琐、臆造和牵合的病症。诚如王弼所言，汉易特别是汉末易学具有"案文责卦""存象忘意"和"伪说滋蔓"三大弊病。这样，从象数到义理的转变，乃是在彼时易学自身不得不浴火重生的必然逻辑。王弼应运而生，一方面批判了汉易象数学，另一方面又高举"义理"的大旗，在方法论上完成了《周易》解释从象数到义理的重大转变。

第十六章 道教的形成与《太平经》《老子想尔注》的哲学思想

第一节 道教的形成

一、道教的萌芽与教团的形成

　　道教起源甚早,与远古时代先民的神灵崇拜有关,而先秦道家哲学的产生与发展无疑为道教的产生奠定了思想基础。一般认为,战国后期至西汉末年,方仙道与黄老道的相继出现与兴起对道教的产生起着至关重要的作用,而由于此一时期尚未出现系统的教义与正式的组织,因此可视为道教的萌芽期。尽管道教的萌芽可能更早,[①]但道教作为正式的宗教团体到东汉末年才正式形成。东汉中后期,《太平经》《老子想尔注》《周易参同契》等早期道教经典的出现,以及"太平道"与"五斗米道"的产

[①] 饶宗颐指出:"西方学人喜欢采用 Chamanisme(萨满教)的原理,去了解《楚辞》。虽然,它和巫术结上不可避免的宿缘,但从深一步看,楚人本身有他的宗教意识,和巫医关系非常密切。……楚人信巫鬼,崇奉黄神,使用禹步祝咒之术用以治病。宁乡出土人面方鼎应该是象征黄帝四面,如果这说可信的话,楚国黄(老)之学根深蒂固……说明东汉三张之设鬼道,为人治病请祷等活动,实际上秦汉之际,在楚国地区已是司空见惯。……道教的萌芽,可以提前,道教的形成,与楚国巫医存在着非常密切的关系。"参见饶宗颐《道教与楚俗关系新证——楚文化的新认识》,载《饶宗颐史学论著选》,第 125—142 页,上海,上海古籍出版社,1993。

生标志着道教的正式形成。

东汉末年,外戚、宦官专权,豪强割据,土地兼并严重,下层民众生活于水深火热之中,他们为了摆脱生活困境,一方面寻找能够赖以活命存身的团体组织,一方面寻找精神上的寄托与慰藉。与此同时,流行于社会上层的黄老道有着广泛的影响力。孕育宗教产生的现实土壤应有尽有,道教亟待破土而生。逢此之际,太平道与五斗米道相继兴起。据《三国志·张鲁传》注引《典略》记载:

> 初,熹平中,妖贼大气,三辅有骆曜。光和中,东方有张角,汉中有张修。骆曜教民缅匿法,角为太平道,修为五斗米道。太平道者,师持九节杖为符祝,教病人叩头思过,因以符水饮之。得病或日浅而愈者,则云此人信道;其或不愈,则为不信道。修法略与角同,加施静室,使病者处其中思过。又使人为奸令祭酒,祭酒主以老子五千文,使都习,号为奸令。为鬼吏,主为病者请祷。请祷之法,书病人姓名,说服罪之意,作三通,其一上之天,著山上;其一埋之地;其一沉之水,谓之三官手书。使病者家出五斗米,以为常,故号五斗米师也。实无益于疗病,但为淫妄,然小人昏愚,竞共事之。后角被诛,修亦亡。及鲁在汉中,因其民信行修业,遂增饰之。教使作义舍,以米肉置其中以止行人。又教使自隐,有小过者,当治道百步,则罪除。又以月令,春夏禁杀,又禁酒。流移寄在其地者,不敢不奉。

据《汉书·襄楷传》记载,顺帝时宫崇将其师于吉所得《太平清领书》献之于上,顺帝以其"妖妄不经",不予采用。桓帝时,襄楷再次荐书,仍不见用。灵帝熹平年间,河北巨鹿(今河北平乡县)人张角得《太平清领书》,创立"太平道"。张角自称大贤良师,奉事黄老道,畜养弟子,利用符咒手法,为民众治病,组织群众,宣传太平教义,传扩奉天地、顺五行、清大乱、致太平的政治理想。仅十余年间,"太平道"发展信众达数十万人,遍布幽、徐、冀等八州,设置三十六方,大方万人有余,小方六七千人,各立主帅,终于在灵帝中平元年(184)爆发声势浩大的黄巾起义,后被镇压,"太平道"亦因此而遭禁。

与"太平道"的遭遇不同,"五斗米道"没有遭到严酷的镇压,后来演变为中国道教的正宗。东汉顺帝汉安元年(142),张道陵在川陕一带创立"五斗米道"。其徒属有祭酒、鬼吏等名称,祭酒负责传授老子《道德经》以及管理宗教社会事务,鬼吏主为病人祝祷。他们用法术给人治病,每位入会的人要缴纳五斗米,所以世称五斗米道。张道陵的"五斗米道"发展很快,成员达数十万。张道陵的儿子张衡、孙子张鲁先后承袭其道,并在汉中地区建立了政教合一政权。建安二十年(215),曹操北攻汉中,斩杀"五斗米道"教主张鲁之弟张卫,汉中将要陷落,张鲁表示归服朝庭。后来,张鲁被拜为镇南将军,封阆中侯,其家族被迁至江西龙虎山一代,"五斗米道"由此流传入江南,教名转称"天师道"。

与萌芽时期不同,作为早期道教的"太平道""五斗米道"及"天师道",已显示出一些独有的宗教特征:其一,与曾经流行于社会上层的黄老道不同,早期道家主要在社会下层的劳苦民众中传播,以治病消灾作为现实的教旨和布道手段,仅把长生成仙作为长远的目标和宗教理想。其二,早期道教,反对淫祀,以道教信仰取代民间俗神信仰。然而在修持方术上,仍保留有驱鬼祈鬼的巫术。其三,早期道教有较严密的宗教组织系统,而且这套组织系统是仿照汉代的国家行政制度建立起来的。其四,早期道教逐步形成了统一的教主、教义、戒律和初步的宗教仪式,有按道阶组织起来的宗教职业者,具备了伦理型宗教的一般特征。[①]

二、思想来源与理论形成

太平道和天师道为道教的最初形态,在魏晋南北朝时期多有发展。道教以"道"作为最高的信仰,追求长生久视,得道成仙。道教的最高崇拜是由"道"人格化的"三清(太清、上清、玉清)"尊神,修炼的具体方法有

---

① 参见胡孚琛《道学通论》(修订版),第193—194页,北京,社会科学文献出版社,2009。

服饵、导引、胎息、内丹、外丹、符箓、房中、辟谷等。宗教仪式有斋醮、祈祷、诵经、礼忏等。道教认为，"道"可修而得，一切众生皆可修道成仙，长生不死。一般认为，道教的思想来源于以下五个方面：一是古代的宗教与巫术，二是战国至秦汉的神仙传说与方士方术，三是先秦老庄哲学和秦汉道家学说，四是儒学与阴阳五行思想，五是古代医学与体育卫生知识。[①] 其中，战国至秦汉间的方士们鼓吹的方仙道、流行于两汉时期的黄老道、儒家的名教纲常思想对道教思想的形成尤为重要。

神仙思想是道教思想的核心内容，早期道教正是利用神仙传说与"道"的结合建构信仰体系。中国古代神仙思想由来已久，《山海经》中对"不死之山""不死之国""不死之药""不死之民"多有记载。及至战国时期，神仙思想盛行，人们普遍相信"诸仙人及不死药皆在焉"[②]。据载，齐宣王曾使人寻求蓬莱、方丈、瀛洲三座仙山，秦始皇更是为求仙人谋长生久视之道而不遗余力。正是这种神仙思想的流行，使方士们大行其道，成就了战国至秦汉间的方仙道，据《史记·封禅书》记载：

> 自齐威宣时，邹子之徒，论著终始五德之运。及秦帝，而齐人奏之，故始皇采用之。而宋毋忌、正伯侨、充尚、羡门子高，最后皆燕人，为方仙道，形解销化，依于鬼神之事。

方仙道在汉武帝时发展至顶峰，元帝以后，遭到儒臣排斥。由于方仙道持续传播和制造不死的神仙说，并不断展开传道、授徒、著书，加之不断研习和发展古代巫史文化中流传下来的神仙方术，[③]所以使神仙思想在汉代持续产生强烈的影响，《列仙传》的出现就是很好的例证。[④] 这对后来道教的形成影响甚大，"方仙道所具有的这些信仰神

---

① 任继愈主编：《中国道教史》上卷，第9—17页，北京，中国社会科学出版社，2001。
②《史记·封禅书》。
③ 参见胡孚琛《道学通论》（修订版），第184—185页。
④ 卿希泰主编《中国道教史》说："神仙传记的出现，表明了神仙思潮在社会上的广泛传播和强烈反响，在道教形成中有着重要作用。"参见卿希泰主编《中国道教史》第1册，第76页，成都，四川人民出版社，1996。

仙、崇奉黄帝、主张服食丹药成仙等特征，表明它是道教孕育过程的重要阶段"①。

方仙道对道教的影响更多地偏向于技术层面、实践层面，而黄老道对道教的影响则侧重于思想理论层面。西汉黄老之学淡出政治舞台之后，逐渐与神仙之术合为一体，与此同时，方士们亦以清静无为的黄老之学为修炼思想，完成了实践与理论的统一，形成了黄老道。黄老道在神化黄帝的同时，更加热衷于抬高老子，以方术解老，在社会上广泛传播"道"的信仰。黄老道对道教的产生至少有两方面的影响，在实践层面上，黄老道流行于当时的上层社会，对"道"之信仰的传播有重要的推动作用，如汉明帝时楚英王奉事黄老道，"诵黄老之微言"，"洁斋三月，与神为誓"②，桓帝时皇宫中建祠祭祀黄老君等，终于把老子奉为神仙。也正是有了上层社会的喜好，少了来自权势的阻遏，所以黄老道的发展才会日益壮大，而作为黄老道信奉者的于吉、宫崇等人才有勇气和动力献上《太平清领书》。在理论层面上，东汉出现了以修道长生的观点解注《老子》的著作，即《老子河上公注》，"它是神仙方术与黄老思想逐步结合的历史产物，也是《老子》由道教学说向道教理论过渡的重要标志"③。

除了方仙道、神仙道的影响之外，儒家思想对道教作为伦理型宗教的形成也有着不容忽视的作用。早期道教思想在刚形成时，吸收了大量的儒家思想，如尊崇天、地、君、父、师的伦理制度，并以忠、孝、仁、义为收徒的主要条件，认为"欲求仙者，当以忠、孝、和、顺、仁、信为本。若德行不修，而但务方术，皆不得生"④。又如《太平经》对"太平"理想的追求与儒家政治理想的影响密不可分。

---

① 卿希泰主编：《中国道教史》第 1 册，第 73 页。
②《后汉书·楚英王传》。
③ 卿希泰主编：《中国道教史》第 1 册，第 91 页。
④《抱朴子·对俗》。

第二节 《太平经》的宗教哲学思想

一、《太平经》简介

有汉一代哲学的恢弘磅礴气势，孕育了中国本土宗教的元典之作——《太平经》。作为道教最早出世的经书，《太平经》的成书犹如宗教的特性一样，充满了神秘色彩。《后汉书·襄楷传》载："顺帝时，琅邪宫崇诣阙，上其师干吉于曲阳泉水上所得神书百七十卷，皆缥白素、朱介、青首、朱目，号《太平清领书》。其言以阴阳五行为家，而多巫觋杂语。"唐李贤《注》曰："神书，即今道家《太平经》也。其经以甲乙丙丁戊己庚辛壬癸为部，每部一十七卷也。"①一般认为，《太平经》的成书年代，至迟不会晚于东汉中后期，西汉成帝时齐人甘忠进献朝廷的十二卷《包元太平经》就是一百七十卷《太平经》的前身。《太平经》由开始的十二卷增至后来的一百七十卷的过程，已无从考证。但可以确定的是，正如其书所云的那样，《太平经》"非一人蓄积"②，而是自西汉末年好道之士长期酝酿，几经附会，多重演绎的结果。东汉之后，《太平经》广为流传，唐末道士闾丘方远为求"文约旨博，学者便之"，而节录经文，编撰《太平经钞》，后与《太平经》一并收入明朝正统《道藏》。今人王明以《道藏》本五十七卷《太平经》为基本，多方参照，钩沉索稽，编著《太平经合校》（中华书局 1960 年第 1 版，本节所引《太平经》文本皆据此），为全面深入研究《太平经》的思想奠定了可靠的文本基础。《太平经》作为早期道教经典，卷帙浩繁，内容庞杂，精粗并存，其中蕴涵丰富的宗教哲学思想值得我们细致挖掘。

二、道与气：《太平经》在宗教理论的哲学基础

从理论发展脉络来看，《太平经》处于道家哲学向道教思想转化的过

---

① 《后汉书》卷三〇下。
② 《太平经·验道真伪诀》。

渡阶段,其在尊"道"的基础上,又融汇流行于汉代的气化思想,将"道""气"哲学冶为一炉,最终酝酿出恢弘庞杂的神仙宗教思想。

1. 道:生物之主、大化之根

在《太平经》的思想体系之中,"道"是最高的哲学范畴,是一切宗教理论的根本依据。《太平经》之所以把"道"作为理论的起点,是因为其作者认为:

> 道乃主生,道绝万物不生。万物不生则无世类,无可相传,万物不相生相传则败矣。(《太平经钞壬部》)
>
> 天失道,云气乱,地失道,不能藏。(《太平经合校·王者无忧法》)
>
> 故天地不语而长存,其治独神,神灵不语而长仙,皆以内明而外暗,故为万道之端。①

"道"是万物能够生存的主宰,"道"的存在意味着万物的生存,"道"的灭绝则预示着万物的消亡。如果万物因为失去"道"的根本而不能生长的话,那么世界也将因此也不复存在。在这种意义上,"道"不仅是有形生命的存在根据,而且也是意义世界的存在根据。如果"道"的根基动摇了,那么人类的历史、文明以及精神领域的一切价值将面临风雨飘摇的灾难。人类社会的相生相续,皆有赖于生物成物之"道"的存在。也正是在此意义上,《太平经》更加具体地指出:"道者,乃天地所常行,万物所受命而生也。"(《太平经合校·附录·太平经佚文》)"道"之所以能够成为万物的存在根据,是因为包括天地在内的万物都是从"道"那里获得自己的生命。因此,《太平经》指出:"道无不导,道无不生。"(《太平经合校·附录·太平经佚文》)既然没有什么是"道"不能够产生的,那么世间万有都能够从"道"那里获得存在的根据,《太平经》云:

> 道者,乃大化之根,大化之师长也。故天下莫不象而生者也。
> (《天咎四人辱道诫》)

---

① 《太平经钞乙部·阙题》。

"道"作为大化的本根,自然是生命之基。但如果从自然的角度来看的话,那么"道"无心于万物,与其说万物是"道"生,不如说万物乃自生。因此,自生之万物必须寻找生存的根据,即"道"。在这种意义上,受命于"道"的万物必须象"道"而生。所谓象"道",即是遵从于"道"的法则。

在先秦《老子》哲学中,"道""生而不有,为而不恃,长而不宰",作为宇宙本原的"道"生养万物,却不成为万物的主宰。但在《太平经》的宗教哲学中,突出了"道"对世间万物的主宰功能以彰显其宗教属性。正是因为"道"的这种主宰性,所以"道"在宇宙中的处于最高的等级,《太平经》指出:

> 夫道者何等也?万物之元首,不可得名者,六极之中,无道不能变化。(《三合相通诀》)

"道"是万物的元首,说明了由"道"生发的世界是有等级性的,且"道"处于该等级的最高端。由此可见,《太平经》不仅从"受命"的角度肯定"道"的权威性,而且从等级秩序的角度保证"道"的绝对地位。在《老子》哲学中,"道"之不可名,是因为"道"是无形的、无限的,无形无限的"道"是不可以用有限的"名"来形容的。而在《太平经》中,"不可得名"虽然也蕴含无形、无限之义,但更多地是为了说明作为元首之"道"的神秘性。如果说要用一个名号来指称作为元首的"道"的话,那么只能是"神",《太平经》指出:"神哉为道"(《冤流灾求奇方诀》),"神者,道也"(《太平经佚文》)。"道"的神秘性,一方面体现在它的不可测量性,"夫道,乃深远不可测商矣"(《力行博学诀》),这是因为"夫道乃洞,无上无下,无表无里,守其和气,名为神"(《戒六子诀》),"道"就像一个没有表里,没有上下,也即没有边界的洞一样,它只是一团"和气";另一方面表现为它的变化性,《太平经》指出,"夫神,乃无形象变化无穷极之物也"(《神司人守本阴佑诀》),"道"的神秘性不仅体现在它无形无相,而且还体现在它具有无穷无尽的可变性。正是因为"道"是"变化无穷极之物",所以它才能成为万物变化的根本。如果说"道"的绝对性体现在它是万物"受命"的根源的话,那么"道"的神秘性则体现在它是万物变化的根本。万物不仅因"受命"于"道"而相生,而且还要因"相传"而有"世类","相传"就预示着变化,变化的根源在于"道"。至此,绝对权威性、神秘性、通变性一并构成了《太平经》"道"论的本体特征。

在《老子》哲学中,"人法地,地法天,天法道,道法自然",天是地效法的对象,道是天效法的对象,自然是道效法的对象。而在《太平经》的宗教哲学中,天、道、自然的"效法"关系则被置换成"敬畏"的关系。《太平经》说:

> 天畏道,道畏自然。夫天畏道者,天以至行也。道废不行,则天道乱毁。……道畏自然者,天道不因自然,则不可成也。故万物皆因自然乃成,非自然悉难成。①
>
> 自然者,乃万物之自然也。②
>
> 道以毕就,便成自然。③

天为什么要畏"道"呢? 这是因为天的本质特征是健行不已,所谓健行,即是行道,若道之不行,则天道不行。所谓天道,不是说"道"之外别有一"天道",而是说"道者,乃天所案行也","道"是天所遵行的规则,天的运行以"道"为最高指导原则,即"天遵道,用道",天遵道则行,不遵道则废;天用道则成,不用道则毁。因此,天之所以畏道,是因为遵道、用道与否决定天的行废。"道"为什么要畏"自然"呢? 这是因为天之行所因之道其实就是自然之道,万物"受命"于"道",同样是因自然之道而成。所谓自然,其实就是万物自己而然,如果作进一步揭示的话,那么就是万物皆有自性,万物顺着自性的生长与养成就是所谓的"自然者,万物之自然也"。这同样是从"道"之用的意义上说明的,"道"虽然是最高的本体,但最高本体的发用流行须以遵循万物的自性为前提,否则,"道"将无法展开。因此,《太平经》指出,"自然守道而行,万物皆得其所矣"。由此可

---

① 《太平经·壬部》。
② 《太平经·守一明法》。
③ 《太平经·知盛衰还年寿法》。

以看出，"道畏自然"不是说"自然"高于"道"之上，而是蕴涵"道"之本与"道"之用的关系于其中。"道"是最高的本体，"自然"是其发用的根据。万物遵道而行，便成自然。

2. 元气：物之始也

在《太平经》的宇宙生成论中，作为最高本体的"道"虽然是万物"受命"的主宰，但是"道"的创生功能不能凭空产生。"道"之生化功能的展开必须有所凭借，在《太平经》的哲学思想中，这个凭借就是"元气"。

> 夫物始于元气。（《六罪十治诀》）
> 天地开辟贵本根，乃气之元也。（《修一却邪法》）
> 元气乃包裹天地八方，莫不受其气而生。（《分解本末法》）

"元气"是万有的开端，是天地的根本。所谓"气之元"，即元始之气。气有元起之气，又有后起之气，后起之气始于元气。在万物尚未"受命"之时，元气在宇宙八方之外，万物孕育于其中。"元气"之"元"有两层涵义，一是在时间上，元气是物之始；二是在空间上，元气在物之外。《太平经》指出："夫气者，所以通天地万物之命也。"（《来善集三道文书诀》）着重说明"气"是天地万物的命之所系。在生成论意义上，一方面，《太平经》认为万物皆有元气，"元气归留，诸谷草木蚑行喘息蠕动，皆含元气，飞鸟步兽，水中生亦然"（《不忘诫长得福诀》）；另一方面，"元气"决定天地万物的寿夭存亡，如《经》卷九八《包天裹地守气不绝诀》中说："然天地之道所以能长且久者，以其守气而不绝也"，"众星亿亿，不若一日之明也。……天道广从，无复穷极，不若一元气与天持其命纲也"。①

在肯定"元气"是天地之本根的基础上，《太平经》进一步规定"元气"的其他特征：

> 元气无形，以制有形，以舒元气，【莫】不缘道而生。（《守一明法》）

同"道"体一样，"元气"也是无形无象的，也因此是无限的。无形无

_____

① 《经》卷九八《核文寿长诀》。

限的"元气"可以宰制有形有限的世间万物。实存世界都是"元气"舒展的结果。既然如此,那么"元气"是如何展开以形成万物的呢?《太平经》指出,"一气为天,一气为地,一气为人,余气散备万物"[①],天、地、人各得一气,万物得余气。问题是,天地人所得之气有什么区别和联系呢?万物所得之余气与天地人所得之气又有何不同呢?《太平经》指出:"元气有三名,太阳、太阴、中和。形体有三名,天、地、人。"(《和三气兴帝王法》)"元气"有"太阳""太阴""中和"三个名称,这三个名称的"元气"分别对应天、地、人三种形体,即"太阳"之气生成天,"太阴"之气生成地,"中和"之气生成人。尽管这三种气名称各异,但有相同之处:一方面,这三种气的一个典型特征是"纯","太阳"之气是纯阳之气,"太阴"之气是纯阴之气,"中和"之气是纯阳、纯阴之气的中和状态。其他非纯阳、纯阴之气的相摩相荡则生气天、地、人之外的其他形体。另一方面,这三种气都以"元气"为本,是"元气"的不同状态,《太平经》指出,"天地人本同一元气,分为三体,各有自祖始"(《三五优劣诀》),如果追本溯源的话,那么天、地、人三种形体皆始自于"元气"。

《太平经》常将"元气"与"自然"并列,如"元气自然,共为天地之性也"(《名为神诀书》),"元气恍惚自然,共凝成一,名为天也"[②]。既然"元气"和"自然"共为天地之性,那么二者有何异同呢?二者的不同之处在于"元气"是就天地之本根而言,没有"元气"作为本根,就不会有天地的产生,天地产生之后,如果没有"元气"的存在,那么天地亦将不复存在;"自然"则是就天地的运作状态或运行规则而言,天地的可大可久,一方面是因为有"元气"的存在作为其持久的元动力,另一面则因为天地各有其"自性"作为元气运行的规则。《太平经》指出:"道无所不能化,故元气守道,乃行其气,乃生天地,无柱而立,万物无动类而生,遂及其后世相传,言有类也。比若地上生草木,岂有类也,是元气守道而生如此矣。自

[①]《太平金阙帝晨后圣帝君师辅历纪岁次平气去来兆候贤圣功行种民定法本起》。
[②]《太平经合校》卷七三至八五《阙题》,北京,中华书局,1960。

然守道而行,万物皆得其所矣。"(《安乐王者法》)所谓"元气守道,乃行其气",指的就是"元气"是"道"之能够产生天地万物的凭借。所谓"自然守道,万物皆得其所",指的是"道"之舒发"元气"生养万物必须要本着天地万物的"自性"而为。二者的相同之处在于"元气"与"自然"一并参与天地的造化之功,"元气自然乐,则合共生天地,悦则阴阳和合,风雨调,则共生万二千物"(《太平经合校》卷一一五至一一六《阙题》)。可见,"元气"与"自然"一开始就参与到天地的生成过程之中,而后成为天地之性。在天地生成之后,"元气"与"自然"继而又参与到万物的生成过程之中,完成万物"受命"于"道"的过程。

《太平经》把"元气"作为物之始、天地之本根,必然要解决"元气"与"道"的关系问题。从"元气守道""自然守道"的命题来看,"道"比"元气"更为根本。然而,从治道与修养之道来看,"元气"又比"道"更为重要。在治道方面,《太平经》指出:"助帝王治,大凡有十法:一为元气治,二为自然治,三为道治,四为德治,五为仁治,六为义治,七为礼治,八为文治,九为法治,十为武治。"(《六罪十治诀》)在修养之道方面,《太平经》指出:"今善师学人也,乃使下愚贱之人成善人,善善而不止,更贤;贤而不止,乃得次圣;圣而不止,乃得深知道真;守道而不止,乃得仙不死;仙而不止,乃得成真;真而不止,乃得成神;神而不止,乃得与天比其德;天而不止,乃得与元气比其德。"(《分解本末法》)可见,在修养境界上,"与元气比其德"较"深知道真"更高、更远。

"元气"与道虽然在名称与功能上各有不同,但从本质上而言,二者是相通的。架通二者的桥梁是"一"的概念。关于"一",《太平经》云:

夫一者,乃道之根也,气之始也,命之所系属,众心之主也。
(《修一却邪法》)

夫一,乃至道之喉襟也。(《守一入室知神戒》)

一者,其元气纯纯之时也。(《国不可胜数诀》)

一者,数之始也;一者,生之道也;一者,元气所起也;一者,天之

纲纪也。(《五事解承负法》)

一之为本,万事皆行。(《附录·佚文》)

"道"根于"一","气"始于"一","道"与"气"统一于"一"。就"道"而言,"一"是"道"之纲领("喉襟"即"纲领"义),"道"之赋命于万物由"一"开始。就"元气"而言,"一"是"元气纯纯之时"的存在状态。所谓"纯纯之时",指"元气"尚未有纯阳的"太阳"、纯阴的"太阴"以及"中和"的分别之时。就"一"自身而言,"一"是开端,万有始于"一";"一"是生成之道,生命的存在赖于"一"。"一"兼具"道"与"元气"二者的本质属性,成为万事万物运行的规则。

3. 阴阳观念与"三合相通"

"道"是万物"受命"的根本,"元气"是"道"生化的凭借。既然如此,那么"道"与"元气"是如何成就万物的呢?《太平经》提出了"道无奇辞,一阴一阳,为其用也"(《合阴阳顺道法》)的思想,道之本通过阴阳之用而显现。《太平经》中有丰富的阴阳相变的思想,具体体现在四个方面:

首先,《太平经》认为阴阳之道是生养万物的具体规则,它说:"天下凡事,皆一阴一阳,乃能相生,乃能相养。一阳不施生,一阴并虚空,无可养也;一阴不受化,一阳无可施生统也。"(《太平经合校》卷五六至六四《阙题》)阴阳并用而为功是万物实现自然之道的先天条件。

其次,《太平经》认为阴阳之用在"道"的生化之功中不可或缺,且二者的地位是平等的,它指出"天地之道,乃一阴一阳,各出半力,合为一,乃后共成一"(《太平经钞壬部》),在"道"的生化过程中,阴阳平分秋色,合二为一,以生万物,万物"受命"之后,同样是阴阳并用而成就万物之性。

再次,《太平经》指出"天地之性,阳好阴,阴好阳。故阳当变于阴,阴当变于阳。凡阴阳之道,皆如此矣"(《男女反形诀》)。阴阳相好是天地的本来属性,也是天地的存在状态。"阳变于阴,阴变于阳,阴阳相得,道乃可行。天须地乃有所生,地须天乃有所成"(《汉乐却灾法》),在天地之性中,阴阳并非一成不变的,而是向相反的方向转化。这种转化不是自性的丧失,而是自性因"相得"异己的性质而实现更高层次的完善。"当变"说明这种转化不仅有其必然性,而且还具应然性,宇宙万物无不具有阴阳之性,无不应当处于这种变化之中。

最后,《太平经》根据阴阳"当变"的原则肯定了"物极反,反则生"的思想,"夫阳极者能生阴,阴极者能生阳。此两者相传,比若寒尽反热,热尽反寒,自然之术也。故能长相生也"(《守三实法》)。阴极生阳,阳极生阴,无论是阴极,还是阳极,都不是阴阳的衰亡,而是融入到更高层次的"生"之中,正是在此意义上,"极上者当反下,极外者当反内。故阳极当反阴,极于下者当反上;故阴极反阳,极于末者当反本"(《四行本末诀》),极上者反下,是"上"在"下"的过程中获得了新生,同理推之,极阴反阳则预示着阴在反阳的过程中获得了新生,极末反本就表明末在反本的过程中而有了新的发展。

在继承传统阴阳观念的基础上,《太平经》创造性地提出了"凡物皆三通"的思想:

> 元气与自然太和之气相通,并力同心,时悦悦未有形也,三气凝,共生天地。天地与中和相通,并力同心,共生凡物。凡物与三光相通,并力同心,共照明天地。凡物五行刚柔与中和相通,并力同心,共成共万物。四时气阴阳与天地中和相通,并力同心,共兴生天地之物利。孟仲季相通,并力同心,各共成一面。地高下平相通,并力同心,共出养天地之物。蠕动之属雄雌合,乃共生和相通,并力同心,以传其类。男女相通,并力同心,共治一家。君臣民相通,并力同心,共成一国。此皆本之元气自然天地授命。凡事悉皆三相通,乃道可成也。

所谓"三合相通","凡物皆三通"指天地万物的生成是三种不同性质的事物相互作用的结果。"三合相通"思想作为《太平经》生成论的典型特征,是在对传统阴阳观念继承基础上的推进与改造。这主要体现在以下几个方面:

首先,《太平经》提出了天地人"三统共生"的思想:

> 元气恍惚自然，共凝成一，名为天也；分而生阴而成地，名为二也；因为上天下地，阴阳相合施生人，名为三也。三统共生，长养凡物名为财。①

这显然是对《老子》"道生一，一生二，二生三，三生万物"的解释。所谓"一"就是天，天属阳，"二"是地，地属阴，"三"指人，人属和。天地人各为一统，三统相通共生，以成就万物。由此"三统共生"的思想可以推知，《太平经》在生成论上，既主张自然，又肯定人为，自然与人为共同成为万物生长的必要条件。

其次，在"三统共生"的思想基础上，《太平经》把"和"与阴、阳并列为三，作为万物生养的总规则：

> 纯行阳，则地不肯尽成；纯行阴，则天不肯尽生。当合三统，阴阳相得，乃和在中也。（《名为神诀书》）

> 故有阳无阴，不能独生，治亦绝灭；有阴无阳，亦不能独生，治亦绝灭；有阴有阳而无和，不能传其类，亦灭绝。（《三合相通诀》）

阳不独生，阴不独成，阴阳相合乃生万物是传统阴阳观的主要思想。而在《太平经》的思想中，万物的生成不仅需要阴阳相"合"，而且需要阴阳相"和"。阴阳相合只能生万物，阴阳相和则能养成万物，则能传万物之类。也正是在"传类"的意义上，《太平经》在阴阳观念中更加突出"和"的思想，指出"阴阳者，要在中和"（《和三气兴帝王法》）。天地分属阴阳，中和在人，天地主生，人主成，人之合理的作为能够参赞天地之化育，助成物类之绵延。

最后，《太平经》提出了"气之法"的思想：

> 夫天地中和凡三气，内相与共为一家，反共治生，共养万物。（《起土出书诀》）

> 天气悦下，地气悦上，二气相通，而为中和之气，相受共养万物……

---

① 《经钞》戊部，第305页。

气者,乃言天气悦喜下生,地气顺喜上养;气之法行于天下地上,阴
阳相得,交而为和,与中和气三合,共养凡物,三气相爱相通,无复有
害者。(《三合相通诀》)

《太平经》认为"元气行道,以生万物"(《调神灵法》),指"元气"依据
"三合相通"的原则而生天地,天地依据"三合相通"的原则而生"中和之
气",天、地、中和三气共同生养万物。所谓"三合相通",关键在于"通",
有"通"才能"合"。在《太平经》的思想中,"气之法"保证了"通"的可能
性,所谓"气之法",指的是"气"运行的法则,天气悦下,地气悦上,天地之
气相交通,从而实现阴阳相得,而有"中和气"。"和气者,相通往来"(《太
平经钞戊部》),"中和气"是天、地、人互通的媒介,也是"道"生化万物,万
物受命于"道"的关键环节。

三、神道设教:《太平经》的早期道教理论

如果仅就"道""元气"以及阴阳思想而论的话,那么《太平经》的道-
气论可谓是自先秦以来道家哲学的继续发展,其理论特征无疑是自然主
义的。然而,《太平经》的作者对自然之道的哲学思辨不是为了建构形上
学的理论体系,而是通过神道的理论运作以奠定它的宗教基础。

1. 委道于天,神化天道

作为生物之主、造化之根的"道"尽管带有宗教的意蕴,但其更是一种
哲学的诠释。这种最高哲学型态的"道"虽是《太平经》宗教理论的形上基
础,但其本身还不完全具备宗教之神的性格。因此,《太平经》作为早期道
教经典,必须实现哲学之"道"向宗教之"道"的转变,即要设教,必先神道。

尽管《太平经》有"神哉,道也"之论,但无形无相之"道"无法凭感官
去把握。因为无法感性的认知,所以也不能给予情感的寄托。若此,就
必然导致《太平经》宗教色彩的丧失。因此,《太平经》既要肯定"道"的至
上神性,又要把这种神性转化到一个被感性能够认知的类"道"的实体之
上。在《太平经》的理论中,这个类"道"的实体就是"天"。在《天咎四人

辱道诚》中,《太平经》的作者把"道"与"天"的这种关系明确地揭示出来。

首先,《太平经》直接说明"道"比"天"高,指出:"天乃无上,道复尚之。道乃天皇之师法也,乃高尚天。"①又指出:"道者,天之心,天之首","道者,乃皇天之师,天之重宝珍物也。"②与"道"相比,"天"与实存世界的关系无疑更加密切,人们对"天"的敬畏远比对"道"的敬畏更加直接。在这种意义上,"天"更容易成为世俗世界的绝对权威。在《太平经》营造的宗教理论中,"道"的本根地位无可撼动,虽然"天与道乃最居上"③,但是"天"要"畏道""尊道","道"高于"天","天"只是"道"的代言人。

其次,《太平经》指出"天"之所以是"道"的代言人,是因为"天"完全具有"道"的属性,"天"与"道"实乃一体之两面。《太平经》论"天"与"道"的关系云:

> 夫道之生天,天之有道也,乃以为凡事之师长。④
>
> 道者,天经也。天者好生,道亦好生,故为天经。⑤
>
> 故天者,乃道之真,道之纲,道之信,道之所因缘而行也。⑥
>
> 天者,众道之精也。⑦

笼统而言,"天"就是"道","天"由"道"生,"天"以"道"为师法,"道"的属性也是"天"的属性。因此,"天"能够成为万事万物的师长,万事万物能够以"天"为师法。这就从"道"的高度保证了"天"的绝对性、权威性、唯一性。具体而言,一方面,"道"是虚,"天"是实,"天"是"道"最真实无妄的表现形式。更为重要的是,"道"因"天"而行,也就是说,如果没有"天","道"将失去生化的媒介。另一方面,就"道"生化万有而言,"天"是"道"之纲纪,对"道"的生化之功有提纲挈领的意义;就万物各自有"道"

---

① 《天咎四人辱道诚》。
② 《王者无忧法》。
③④ 《天咎四人辱道诚》。
⑤ 《太平经合校》卷七三至八五《阙题》。
⑥ 《忍辱象天地至诚与神相应大戒》。
⑦ 《太平经合校》卷五六至六四《阙题》。

而言,"天"是众"道"之精,即万物都能够在"天"这里找到存在的依据。综合而论,"天"具有贯通"道"与实存世界的作用,也因此能够成为"道"就虚御实的凭借。

再次,《太平经》通过"天人相应"的思想搭建天人相通的桥梁,从而为世俗之人的宗教情感能够寄托于"天"奠定基础。《太平经》认为人的身体与天在结构上是一致的,天与人同属一类,同类互动,二者之间"以类遥相感动"[①],"以类相应和"[②]。天道的失序与紊乱能够导致人的生理变化,人之行为的善恶优劣也能够导致天道的变化。在《太平经》的思想中,"天之照人,与镜无异"[③],人之所作所为无所逃于天之法眼。

最后,《太平经》通过把天道神化为"天君"以完成其宗教转换。在《太平经》的宗教神学体系中,仙道崇拜是其典型的宗教特征。《太平经》列举了从凡人晋升为神人的次第,指出:"奴婢顺从君主,学善能贤,免为善人良民,良民善人学不止成贤人,贤人学不止成圣人,圣人学不止成道人,道人学不止成仙人,仙人学不止成真人,真人学不止成大神人,大神人学不止成委气神人。"[④]"委气神人",又称"天君""太上之君",处于仙道序列的最顶端,享有无上之尊,是仙道的主宰。"天君"其实就是天道的神格化,其无所不通,无所不知。藉此无边的法力,"天君"主宰天国与人间的一切事务。在天国仙道系统里,"天君教出告大神,卿相中二千石文书,群僚在职之神,务尽其忠,务尽其行,上称天君之心。天君与诸师化之,当得升度者就而正,各使成神光景,随其尊卑所化之神,皆随有职位次第官属。"(《太平经合校》卷一三七至一五三《太平经钞壬部》)"天君之心"是众仙道神人修行的参照系。在人世间,天君派"奉职之神,案行民间,调和平均,使各从其愿,不夺其所安。"(《大寿诚》)总而言之,"天君"彻上彻下,无所不能,他的意志渗透到天国人间的事事物物之中。

---

① 《太平经·守一明法》。
② 《去邪文飞明古诀》。
③ 《名为神诀书》。
④ 《太平经合校》卷五六至六四《阙题》。

2. "天师"与《太平经》

《太平经》的作者把"天君"设定为"道"与"天"的代理人,并声称自己是"天君"的代言人,代天传道,名为"天师"。"天师"以天为师,传达天意,成《师策文》曰:

> 吾字十一明为止,丙午丁巳为祖始。四口治事万物理,子巾用角治其右,潜龙勿用坎为纪。人得见之寿长久,居天地间活而已。治百万人仙可待,善治病者勿欺始。乐莫乐乎长安市,使人寿若西王母,比若四时周反始,九十字策传方士。

《师策文》是"天师"秉承天意的隐语,共九十一字。在《解师策书诀》中,天师与真人通过问答的形式对此"九十字策"作出细致的说明。其中,"天师"一方面通过说明自己与"道""天"的关系以肯定其绝对权威性,一方面宣扬《太平经》的作用与重要意义。在论及自身的权威性时,"天师"指出,他是"皇天神人师也",被皇天派往人间为帝王与万民解除万世之承负。在《太平经》中,"天师"反复申明其与天的密切关系,又借真人之口诉说"天师"以下之人对他的尊崇。经《太平经》的酝酿,"天师"渐成为道教体系中的一个权威身份。

《太平经》作者强调自身身份权威的根本目的乃在于假"天师"之口说明《太平经》的神圣地位。"天师"反复声称"吾书(《太平经》)乃天神吏常坐其傍守之也""吾书乃三光之神吏常随而照视之也""吾书即天心也"(《道无价却夷狄法》)。因为有"天神吏"的守护、"三光之神吏"的照察,所以《太平经》不是"天师"主观臆造之作,不是"天师"个人意志的体现,而是"天心"的显现。总之,《太平经》是天意、神意的文字载体。既然《太平经》之成书过程蒙受天神的眷顾,那么其究竟囊括了哪些内容呢?

从根本上而言,《太平经》承载着天道,"能大顺行吾书,即天道也"(《解师策书诀》)。"天师"指出,《太平经》是纵贯上古、中古、下古,横包"天经""圣经""德经""贤经"的"洞极天地阴阳之经"。《件古文名书诀》载曰:

　　所言拘校上古中古下古道书者，假令众贤共读视古今诸道文也。如卷得一善字，如得一善诀事，便记书出之。一卷得一善，十卷得十善……书而记之，聚于一间处，众贤共视古今文章，竟都录出之，以类聚之，各从其家，去中重复，因次其要文字而编之，即已究竟，深知古今天地人万物之精意矣。因以为文，成天经矣。……如都拘校道文经书，及众贤文书、及众人口中善辞诀事，尽记善者，都合聚之，致一间处，都毕竟，乃与众贤明大德共诀之，以类更相微明，去其复重，次其辞文而记置之，是名为得天地书文及人情辞，究竟毕定，其善诀事，无有遗失，若丝发之间。此道道者，名为天地阴阳之经，万万世不可复易也。

在"天师"看来，尽管"天经""圣经""德经""贤经"都是众贤共视、择善类编而成，但是与《太平经》相比，四者皆有所不备。这是因为《太平经》不仅汇集了"天经"等书的"善字""善诀事"，而且其内容符合"天心"与人情，天国与人世间的各种事象无不备洽。在"洞极"的意义上，"天师"批评自天地开辟以来所谓的文书云："先生贤圣各长于一，而俱有不达，俱有所失。天知其不足具，故时出河洛文图及他神书，亦复不同辞也。夫大贤圣异世而出，各作一事，亦复不同辞。是故各有不及，各有短长也。是也明其俱不能尽悉知究洞极之意，故使天地之间，常有余灾，前后讫不绝，但有剧与不耳。"（《件故名书诀》）以往圣贤所作之书皆有偏失，不能俱达，他们虽然能够解一时之承负，但不能除万世之灾难。因此，自天地开辟以来，天地之间承负不绝，灾难时起，只有大小之别，而没有解除之时。而只有《太平经》是"上下极毕备足，乃复生圣人，无可复作，无可复益，无可复容言"的"天地真文正字善辞"（《件古文名书诀》），也只有《太平经》能够使"流灾都灭亡，人民万物乃各得居其所矣，无复殃苦"，最终实现天地"太平"。"太平"即《太平经》的终极价值追求。

何谓"太平"呢？《太平经》作者解释道：

　　太者，大也；大者，天也；天能覆育万物，其功最大。平者，地也，地平,然能养育万物。经者,常也;天以日月五星为经,地以岳渎山川为经。天地失常道,即万物悉受灾。帝王上法皇天,下法后地,中法经纬,星辰岳渎,育养万物,故曰大顺之道。①

所谓"太平",其实就是天地生养之道。天地有常德,故而称经。《太平经》所宣称的"太平"理想境地指的是天地自然人物之间的平衡与和谐。帝王作为人间的主宰,要实现这种理想,必须要法天、法地、法经纬、法山川河岳,总的来说,就是要法自然。所谓"大顺之道",就是要顺应自然之道。帝王之治如此,凡人的养身修行也是如此,人身修"太平"也要顺应天地自然之道。

3."承负"说

"太平"理想是《太平经》的正向价值追求,向善即要除恶。根据《太平经》,天地之间充斥着恶——承负。《太平经》正是为了解除天地开辟以来的种种承负而作。如:

> 请问此书文,其凡大要,都为何等事生? 为何职出哉? ……天地开辟已来,帝王人民承负生,为此事出也。②

> 为皇天解承负之仇,为后土解承负之殃,为帝王解承负之厄,为百姓解承负之过,为万二千物解承负之责。③

正是因为天地间有承负之罪,所以才有解除承负的《太平经》,在这种意义上,"承负"说可谓是"道教立教的理论根据"④。"承负"究竟是何意呢?《太平经》指出:

> 承者为前,负者为后;承者,乃谓先人本承天心而行,小小失之,不自知,用日积久,相聚为多,今后生人反无辜蒙其过谪,连传被其灾,故前为承,后为负也。负者,流灾亦不由一人之治,比连不平,前

---

① 《太平经钞》癸部。
② 《试文书大信法》。
③ 《五事解承负法》。
④ 卿希泰主编:《中国道教史》,第120页。

后更相负,故名之为负。负者,乃先人负于后生者也。①

"承"指的是后人承担因先人过失而致的灾难,"负"指先人之过错将负罪于后人。在现实境遇中,"德福一致"的观念总是遇到善得恶果、恶有福报的困境。"承负"不是一人之负,也不是一人之承,而是"前后更相负",所有的先人都有"承负",今人以及后人也将有"承负",人人都有先人、都有后人,人人都有承负,人世间存在一个代代相传的承负链。若使人类社会摆脱灾难的困扰,就必须打断承负之链,从而解除承负之厄。而要解除承负,必须对承负产生的原因、承负的种类以及如何解除承负有相关的说明。

第三节 《老子想尔注》的哲学思想

《老子想尔注》是一部非常著名的道教经典,学界通常将其与《太平经》《周易参同契》并列为早期道教的三大经典。但在道教的历史上,《老子想尔注》的重要性及影响程度,远甚于其他两书。《老子想尔注》作为道教内部学习《老子》的教材,在早中期的道教发展中一直流传着,大约失传于宋、元时期。② 幸赖敦煌藏经洞存有道经部分,现存于大英博物馆,起自第三章"则民不争,亦不盗",讫于第三十七章"无欲故静,天地自止(正)"。饶宗颐先生以《老子》河上公本秩序整饬残卷,作《老子想尔注校证》,打开研究该典的方便之门。顾名思义,《老子想尔注》是早期天师道的创立者对《老子》的宗教学注解,释义方法独特,内容丰富,是研究早期道教哲学的必读经典。

一、《老子想尔注》及其解《老》方法

《老子想尔注》不见载于正史,《隋书·经籍志》《旧唐书·经籍志》均无说明。据收录于《道藏》第三十二册的大约形成于南北朝晚期的《传授

---

① 《解师策书诀》。
② 参见陈垣《南宋初河北新道教考》,第 28 页,北京,中华书局,1962。又见王卡《敦煌道教文献研究》,第 170—171 页,北京,中国社会科学出版社,2004。

经戒仪注诀》载：

> 系师得道，化道西蜀，蜀风浅末，未晓深言，托遘想尔，以训初
> 回。初回之论，多同蜀浅，辞说切近，因物赋通。三品要戒，济众大
> 航，故次于《河上》。《河上》《想尔》，注解已自有殊，大字文体，意况
> 亦复有异，皆缘时所须，转训成义，舛文同归，随分所及，值兼则兼
> 通，值偏则偏解。

这是研究《老子想尔注》的重要资料，其中透露出三个信息，其一，《老子想尔注》的作者问题；其二，"想尔"的具体含义；其三，《老子想尔注》与《老子河上公注》的区别。

学界一般认为《老子想尔注》产生于东汉末年，关于其作者，饶宗颐认为：

> 当时陵之说而鲁述之；或鲁所作而托始于陵，要为天师道一家
> 之学……天师道以五千文设教，不自张鲁始。陵初作注，传衡至鲁，
> 而鲁更加厘定，故有"系师定本之目"。①

这种说法基本被学界采用，即《老子想尔注》始自张陵，至张鲁增饰而成文，因此《老子想尔注》有"天师道一家之说"。至于"想尔"的含义，唐人孙思邈在《摄养枕中方》中称"想尔为仙人名"②，今人陈世骧称："张鲁托言入静室'存想'见神，以注《老子》，而名其注曰'想尔'"③，饶宗颐亦有此说。④ 所谓"想尔"即存想大道之义，此外还有"想汝"一说。⑤ 至于《老子想尔注》与《老子河上公注》的关系，从释义来看，《想尔注》虽然简洁，但是比《河上公注》更难理解，当是道教内部研究《老子》更加深入的表现，因此其在道教典籍中的地位高于《河上公注》。

---

① 饶宗颐：《老子想尔注校证》，第4—5页，上海，上海古籍出版社，1991。
② 《云笈七签》卷三三引。
③ 陈世骧：《想尔老子道经敦煌残卷论证》，台北，《清华学报》1957年新一卷第二期，第50页。
④ 饶宗颐：《老子想尔注校证》，第120页。
⑤ 马承玉：《"想尔"释义——〈老子想尔注〉与〈四十二章经〉之关系》，《世界宗教研究》1998年第4期。

　　道教推尊《老子》，而《老子》首先是作为哲学著作出现的，具有极强的思辨性，这对于"蜀风浅末，未晓深言"的信徒来说，无异于对牛弹琴。因此，道教的传播者必须要考虑到信众的知识水平和理解能力而对《老子》进行针对性的解读，《想尔注》应运而生。《想尔注》在对《老子》进行宗教性的解读过程中形成了独特的注疏方法，主要表现在以下三个方面：

　　首先，通过增、减、改字以方便宣教。《想尔注》在对《老子》的解释中，删去助词、虚词是其一大特色。如《老子》第二十二章原作：

　　　　道之为物，惟恍惟惚。惚兮恍兮，其中有象；恍兮惚兮，其中有物；窈兮冥兮，其中有精。

《想尔注》删去句中助词"兮"，与指称代词"其"，作：

　　　　道之为物，惟恍惟惚。惚恍中有物，惚恍中有象。窈冥中有精。

　　之所以要删去这些助词、虚词，是因为《老子》不仅是一部极具思辨特色的哲学著作，而且是一篇雅致的散文著作。"兮"字等语气词的运用虽然增加了阅读的美感，但是却不利于文化素养较低的普通信众的理解，因此，《想尔注》删繁就简，方便信众的理解与接受。

　　有时为了文本的完整，或是为了强化道教教义，《想尔注》还特意改动《老子》原文。如将《老子》二十章改为：

　　　　众人熙熙，若享太牢，若春登台。我魄未兆，若婴儿未孩；魁无所归。众人皆有余，我独若遗。我愚人之心纯纯。俗人昭昭，我独若昏。俗人察察，我独闷闷。忽若晦，寂无所止。众人皆有以，我独顽以鄙。

　　为了宣扬道教的特殊思想，《想尔注》也会改动《老子》文本的实词。如将《老子》十六章改为：

　　　　容能公，公能生，生能天，天能道，道能久，没身不殆。

　　这种改动，一方面把"乃"更为"能"，是为了方便"能够"的注解，更有利于受众的直观理解；另一方面，把"王"改为"生"，是为了宣扬道教长生、贵生的教义。

其次，曲解原文，成其教旨。《想尔注》除了删改字词以方便宣教外，还会为了附会教旨而对《老子》原文作望文生义的曲解。如它对《老子》第五章"天地不仁，以万物为刍狗；圣人不仁，以百姓为刍狗"的解释是：

> 天地象道，仁于诸善，不仁于诸恶，故煞万物，恶者不爱也，视之如刍草，如苟畜耳。圣人法天地，仁于善人，不仁恶人。当王政煞恶，亦视之如刍苟也。是以人当积善功，其精神与天通。设欲侵害者，天即救之。庸庸之人，皆是刍苟之徒耳，精神不能通天。所以者，譬如盗贼怀恶，不敢见部史也。精气自然，与天不亲，生死之际，天不知也。黄帝仁圣，知后世意，故结刍草为苟，以置门户上。欲言后世门户，皆刍苟之徒耳。人不解黄帝微意，空而效之，而恶心不改，可谓大恶也。

《老子》本意是天地自然无为，无所偏爱，圣人法天地，亦当无所私爱。《想尔注》则将其理解为天地偏爱善人，讨厌恶人，而王政亦当如此。这种对原文意思的扭曲同样是为了用受众能够理解的话语去宣扬道教惩恶奖善的大义。

又如《想尔注》将《老子》第二十一章"孔德之容，唯道是从"的"孔"字解释为"孔子"，是为了通过说明孔子的智慧来源于道教，以宣扬道教的至高无上地位。

最后，改变句读，生成新意。《老子想尔注》的解老方法还有一大特色就是它通过更改句读而达到宗教目的。如《老子》二十九章作：

> 将欲取天下而为之，吾见其不得已。

《想尔注》将其改为：

> 将欲取天下而为之，吾见，其不得已。

它解释"其不得已"曰：

> 国不可一日无君。五帝精生，河洛著名，七宿精见，五纬合同。明受天任而令为之，其不得已耳。非天下所任，不可妄庶几也。

这显然是对君权神授思想的维护，与《老子》原义大相径庭。

又如《老子》第三十五章原文作：

> 往而不害，安平太，乐与饵，过客止。

《想尔注》将其改为：

> 往而不害，安平大乐，与珥，过客止。

其释文曰：

> 诸与天灾变怪，日月运珥，倍臣纵横。刺贯之咎，过罪所致。五星顺规，客逆不曜，疾疫之气，都悉止矣。

这无非是通过天人感应的灾异思想来增加道教领袖的神秘性与权威性。

综上可知：首先，《老子想尔注》的这种解老方法不是任意妄为，而是为了宣教的方便法门。其次，道教尊奉《老子》，而这种解释是为了将《老子》宗教化、神学化，因此，《想尔注》更多的做法是删削虚词、助词，而更改之处较少，其删改是为了解经，而非改经。最后，《想尔注》作为"注"的根本目的是为了阐发"道"意，以一种让普罗大众能够理解的方式说明"道体"。

二、"道体"说

《老子》作为一部思辨性的哲学著作，有其严密的逻辑构造，而《想尔注》通过删改等方式解老，其实就是对《老子》最高哲学范畴"道"的改动。也正是在这种通过改易文字而实现解释目的的过程中，《想尔注》形成了带有宗教特色的"道"论。

《想尔注》对"道"的含义多有阐发，其中最主要的是"道"的本体意义。其对《老子》第十四章"故混而为一"注云：

> 道者，天下万事之本。诘之者所况多，竹素不能胜载也，故还归
> 一。多者何？伤朴散淳，薄更入耶，故不可诘也。

道是天下万事万物的根本，天地万物皆由道而生，因道而成。《想尔注》在第三十二章的注中亦有类似的表述，其曰："道虽微小，为天下母"。正是因为道是万物的根本，所以探究道是什么的人有很多，并且对道有许多不同譬喻，这反而把至简之道变得繁琐，从而使道之义漫漶不清。而实际上，道就是"一"。如果对道作过多的理解，乃至于穿凿附会，就会斫伤"一"之淳朴。道如何能为天下之本呢？《想尔注》对《老子》"载营魄抱一能无离"注云：

> 一者，道也！……一在天地外，入在天地间，但往来人身中！

作为"一"的道往来于天地人之间，是天地人间的主宰。如果要对道与"一"作出区分的话，那么道是本体之道，"一"是本体之道的发用。道正是通过"一"而成为天地万事万物的根本。

道之根本义，如果从哲学意义上而言，则可以通过逻辑的思辨而得到理解，而如果从宗教意义上而言，就必须让信众确认道的真实存在性。对此，《想尔注》对《老子》十四章"执古之道，以御今之有"注云：

> 何以知此道今端有？观古得仙寿者，悉行之以得，知今俗有不
> 绝也。

《想尔注》试图用逻辑的方法证明道教最高神的存在，指出自古以来那些成仙得寿的人都是因为遵行道义而实现对普通人的超越，据此可以断定道在现实世界中从未断绝。这与"一"出入天地、往来人身的思想是一致的。

作为本体的实有之道以何种方式存在呢？《想尔注》首先说明道"不可见名，如无所有也"（《老子》第十四章"蝇蝇不可名，复归于无"注），道的存在不能用感觉去把握，不能刻意地去把握，因为道是自然地存在着。《想尔注》对《老子》第二十三章"希言自然"注曰：

> 自然，道也，乐清静。希言，入清静，合自然，可久也。

自然，就是道，或者说道的存在方式就是自然。其对《老子》第九章"不若其已"的注亦说"直自然如也"，《想尔注》继承《老子》"清静"的思想，主张人的心神合一，"合一"即自然。自然就能长久，长久即生。其将《老子》二十五章"道大、天大、地大、王亦大"改为"道大、天大、地大、生大"，并注曰：

> 四大之中，何者最大乎？道最大也。四大之中，所以令生处一者，生，道之别体也。自然者，与道同号异体。令更相法，皆共法道也。天地广大，常法道以生，况人可不敬道乎？

《想尔注》刻意将句中的"王"字都改成了"生"字，并且将其解释为"道之别体"，这样就把"生"纳入了本体论的范畴。"生"也就成了道本体存在的一种状态，一种目的。既然"自然"与"生"同是道的存在状态，那么二者有何区别与联系呢？天地人法道而生，而自然是道的存在方式，因此，法道，即法自然。"自然"与"生"是道之一体两面，"自然"侧重于用，"生"侧重于目的。在《老子想尔注》的思想中，凡是"自然"的都是能"生"的，凡是能"生"的必然是"自然"的。

作为本体的道在《想尔注》中还有另外一种存在方式，即人格化的存在。其对《老子》第四章"吾不知谁子？像帝之先"、第十三章"吾所以有大患，为我有身"、第二十九章"将欲取天下而为之，吾见，其不得已"注曰：

> 吾，道也。帝先者，亦道也。
>
> 吾，道也。我者，同吾。道至尊，常畏患，不敢求荣，思欲损身。
>
> 狂惑之人，图欲篡弒，天必煞之，不可为也。吾，道也，同见天下之尊，非当所为，不敢为之。愚人宁能胜道乎？为之，故有害。

在《老子》哲学中，"吾""我"一般指得道之人或作者本人，而《想尔注》则将之解释为"道"。因此在《想尔注》中，吾即道，道即吾。吾就成了道的另一种特殊的存在方式。之所以作这种解释，是因为，一方面为了适应编造《道德真经》由太上老君现身布道亲口所授的需要；另一方面，也是更主要的，完成道成肉身的转变，即要把哲学的、客观的、自然之"道"，变成有好恶意识的主观之道、宗教之道。

三、"道气"说

作为天地万事万物之本，生物之母，能够出入天地，往来人身的本体之道终究是恍惚无形，难以把握的。一方面，道必须有所凭借才能化生万物，另一方面，无形之道必须化为有形之实体才能完成其宗教意义的转变。在《想尔注》的思想体系中，"气"既是道化生万物的凭借，也是道完成宗教性转变的枢纽，而"道气"说更是成为它的一个思想特色。

《想尔注》认为气是道散的结果，《老子》第十章"载营魄抱一能无离"注云：

> 一散形为气，聚形为太上老君。常治昆仑，或言虚无，或言自然，或言无名，皆同一耳。

一是道，一散形为气，也就是道形为气。在道聚形的过程中，道即气，气即道，太上老君就是道气的化身。通过气的载体，无形之道化为有形之人，成为道教的最高神。

作为道散形的结果，道气有什么特征呢？

第十四章"其上不皦，其下不忽"注云：

> 道气常上下，经营天地内外，所以不见，清微故也。上则不皦，下则不忽。忽，有声也。

第三十六章"柔弱胜刚强"注云：

> 道气微弱，故久在无所不伏。

与道一样，"道气"出入天地，往来人身，不可捉摸，其基本特征是清微、能动（常上下）、微弱。因其清微，所以无声无息，不能凭耳目感官去把握;因其能动,所以不依于物,居无定所;因其微弱,所以能够长久存在并随处潜伏。总而言之,道气是实有之物,只能心神合一的静守,而不应费思劳神地去猜度。因此,第五章"天地之间,其犹橐龠,虚而不屈,动而愈出"注云:

> 道气在间,清微不见,含血之类,莫不钦仰。愚者不信。故犹橐者,治工排槀。龠者,可吹竹,气动有声,不可见,故以为喻,以解愚心。清气不见,像如虚也,然呼吸不屈竭也,动之愈益出。

《想尔注》进一步申明道气的实有性,即道气存在于天地之间,只因其清微的缘故,才不被感官所能够把握。但是,有生命的万物无不敬仰道气,而只有那些愚拙之人才会怀疑道气的存在。可见,道气不依于物,自我存在,自我运动,与"生"相通。

道气基本遵守道之清静、能动、柔弱的特征,与道合一。而除了这些特征之外,道气还有其他的表现形式。《老子》第二十八章"为天下谷,常德乃足,复归于朴,朴散为器"注云:

> 朴,道本气也,人行道归朴,与道合。为器,以离道矣,不当令朴散也。

朴是道的本体之气,也就是道气。《老子想尔注》的道气说与流行于汉代的元气说有所不同,元气说的宇宙生成模式大致为元气——阴阳之气——万物,而《想尔注》的道气说则很少关注元气继续舒散的问题,它更加强调道气作为一个整体出入天地、往来人身的功能。因此,《想尔注》认为如果道气之"朴"散而为器的话,那么就离开了大道。第十五章"旷若浊,浊以静之徐清"注云:

> 天地湛然,则云起雾吐,万物滋润。迅雷风趣,则汉燥物疼,道气隐藏,常不周处。人法天地,故不得燥处;常清静为务,晨暮露上下,人身气亦布至。

《想尔注》认为人应当效法天地之澄明,以清静为务,这样道气就会周遍全身。由此可以更明白地看出，"一"散为道气，而道气并没有散为阴阳、化为万物，而是自在自为地存在于天地内外，人物之间。从这个意义上来说，时空内的一切只是道气的寓所，而人与物自身却没有道气。道气只会选择善的寓所，而不会选择恶的寓所，因此，人如果要获得道气以达生，就必须务清静、合自然。

既然道气并不存于人之身体，那么人又如何能够得到道气的驻留呢？为了解决这个问题，《想尔注》提出了"道精"的概念。第十六章"万物并作，吾以观其复。夫物云云，各归其根，归根曰静，静曰复命。复命曰常"注云：

> 万物含道精。并作，初生起时也。吾，道也。观其精复时，皆归其根，故令人宝慎根也。道气归根，愈当清静矣。知宝根清静，复命之常法也。

第二十一章"窈冥中有精，其精甚真，其中有信"注云：

> 大除中也，有道精，分之于万物，万物精共一本。生死之官也，精其真，当宝之也。故仙士实精以生，今人失精而死，大信也。……所以精者，道之别气也，入人身中为根本。……夫欲宝精，百行当修，万善当著，调和五行，喜怒悉去，天曹左契，筭有余数，精乃守之。恶人宝精，唐自苦，终不居，必自泄漏也。心应规，制万事，故号明堂三道，布阳耶阴害，以中正度道气。

道精，即道的精气，是道之别气，是道的另一种显现方式。万物都蕴涵有道精，道精是人体的根本。道精通过往复运动而归于道本。而当道精归于根本时，道气亦归于根本，这就是生命循环不死的法则。由此可以看出，虽然道气不本然地存在于人体之中，但是人因为拥有道精，凭借道精归根的修养方法，道气就可以留存在人体之中。

道气为何会因为道精归根而留驻人体呢？第九章"持而满之……金玉满堂，莫之能守"注云：

道教人结精成神。……人之精气满藏中,苦无爱守之者。

第十章"载营魄抱一,能无离"注曰:

> 魄,白也,故精白,与元同色。身为精车,精落故当载营之。神成气来,载营人身,欲全此功无离一。一者,道也。

《想尔注》认为,只要抟聚道之精气使之归本,就能成就一种精神,而这种精神一旦修成,道气就会入于人身。《想尔注》把人的身体比作运载道精的车子,当道精落下就应该装载起来,从而使道精抟聚。由此可以看出,人获得道气的途径大致经历了道精赋之于人、人抟聚道精归根、精神修成、道气入身四个阶段。

四、道诫

《老子想尔注》对《老子》的宗教性转化,一方面体现在它对"道"的宗教性解释,另一方面体现在其对"道诫"的推崇。"诫"字在《想尔注》中共出现了近 50 次,其中"道诫"19 次,散见于残存三十六篇注文的二十篇中。"道诫"在《老子想尔注》的思想中几乎处于与"道"同等重要的地位。这体现在以下几个方面:

第一,"道诫"是联通道体、道气的中介。第十四章"是无状之状,无物之象"注曰:

> 道至尊,微而隐,无状貌形像也;但可以从其诫,不可见知也。

尽管道体、道气作为形上的本体真实地存在着,但是对于普通信众而言,通达道体,留守道气并非易事。《老子想尔注》通过"道诫"完成道向形下世界的落实。广大信众只要遵循道诫,就能够把握至尊之道。

第二,"道诫"是太上老君的言语,具有绝对权威性。第十章"载营魄抱一能无离"注曰:

> 一散形为气,聚形为太上老君……今布道诫教人,守诫不违,即为守一矣;不行其诫,即为失一也。

又第二十二章"是以圣人抱一为天下式"注曰：

> 一,道也。设诚,圣人行之为抱一也,常教天下为法式也。

太上老君设立道诚,履行道诚就是"抱一",反之,就是"失一","失一"即失道,则道气不至。

第三,"道诚"即道意,奉诚即遵道。第二十三章"同于失者道失之"注云：

> 人举事不惧畏道诚,失道意,道即去之,自然如此。

道意可以转化为"道诚","道诚"能够通达"道意"。人们谨遵"道诚",自然合乎道意。又第三十六章"鱼不可胜于渊"注曰：

> 诚为渊,道犹水,人犹鱼。鱼失渊去水则死。人不行诚守道,道去则死。

诚与道是统一的,行诚与守道互为表里,不可偏废。

第四,"道诚"是普遍遵守的行为规范。第十八章"国家昏乱,有忠臣"注曰：

> 今欲复此疾,要在帝王当专心信道诚。

第三十七章"王侯若能守"注曰：

> 王者虽尊,犹常畏道,奉诚行之。

第十三章"故贵以身于天下"注曰：

> 人但当保身,不当爱身,何谓也？奉道诚,积善成功,积精成神,神成仙寿,以此为身宝也。

上至帝王,下至庶人,大至国家治理,天下太平,小到凡人保身,修成仙道都应恪守道诚。

第五,遵守"道诚",能够获得相应的福报。第十五章"安以动之徐生"注曰：

> 人欲举事,先孝之道诫,安思其义不犯道,乃徐施之,生道不去。

人之所为,当先考之道诫,在不违背道诫的前提下,才能与道相生。因此,道诫其实就是世俗之人的行为准则,道诫与生道的追求是一致的。又第十五章"深不可识"注云:

> 人行道奉诫,微气归之。为气渊渊深也,故不可识也。

人们如果能够遵循道诫的话,那么清微之气就会归来,清微之气就是道气。

现存《老子想尔注》并没有直接说明"道诫"的具体条目,不过可以推测的是,《想尔注》之"道诫"是结合《老子》的基本精神以宣扬五斗米道的基本教理与教义。通理《想尔注》文本,大致可以归纳以下几条道诫:

(1) 贵中和,戒盈溢。《想尔注》把道教尚"虚"的品格作为其中一诫,第四章"道冲而用之不盈"注曰:

> 道贵中和,当中和行之,志意不可盈溢,违道诫。

(2) 贵身形,戒功名。《想尔注》继承道家贵身的思想,将其作为一诫,第九章"名成功遂身退,天之道"注曰:

> 名与功,身之仇;功名就,身即灭,故道诫之。范蠡乘舟去,道意谦信,不隐,身形剥,是其效也。

(3) 尚温和,戒骄淫。《想尔注》吸纳道教尚俭去奢的思想作为一诫。第三十二章"始制有名"注曰:

> 道人求生,不贪荣名。今王侯承先人之后有荣名,不强求也,道听之,但欲令务尊道行诫,勿骄溢也。

(4) 知止足,戒强求。知足戒强是道家的修养论,《想尔注》亦将其作为修道之诫。第三十二章"名亦既有,夫亦将知止"注曰:

> 王侯承先人之后既有名,当知止足,不得复思高尊强求也。

(5) 尚俭约,戒贪奢。道家反对奢侈纵欲,《想尔注》称耳目感官之欲

为恶行,主张摒除恶行。第十二章"是以圣人为腹,不为目。故去彼取此"注曰:

> 腹与目前章以说矣。(第三章"虚其心,实其腹"注)去彼恶行,取此道诫也。

《想尔注》通过"诫"将"道"落在了实处,使修道者有法可依,有路可寻,在对"道诫"的表达中,不仅吸纳了道家清静无为、知足知止的品格,而且融合了儒家贵中和、乐善好仁的品格。总的来说,《想尔注》藉"道诫"思想,利用受众追求长生之道的心理,宣传五斗米道的教理。

五、至诚与为善的修道工夫

《想尔注》"道诫"的内容归根结底体现在两个方面:内在之诚与外在之善。《想尔注》吸收《中庸》"至诚"观念,将其作为世人信道的一个关键途径,其关于"至诚"文字如下:

> 第十九章"绝仁弃义,民复孝慈"注曰:"……人为仁义,自当至诚,天自赏之;不至诚,天自罚之。天察必审于人,皆知尊道畏天仁义,便至诚矣。"
>
> 第二十七章"善计不用筹筭"注曰:"……至心信道者,发自至诚,不须旁人自劝。"
>
> 第二十七章"善结无绳约不可解"注曰:"……至诚者为之,虽无绳约,永不可解。不至诚者,虽有绳约,犹可解也。"
>
> 第二十三章"不失其所者久"注曰:"富贵贫贱,各自守道为务。至诚者,道与之。"

《想尔注》之"至诚"包括"信道至诚"与"守道至诚"两个方面。所谓"信道至诚"的表现是:首先,诚心诚意的信道之人,完全是发自至诚之心,无需他人帮助而能自我勉励。其次,至诚信道之人坚定对道的信念,不为"伪技"所惑。第九章"持而满之,不若其已,揣而挩之,不可长宝"注云:

> 今世间伪技诈称道,托皇帝、玄女、龚子、容成之文相教,从女不施,思还精补脑。心神不一,失其所守,为揣挩不可长宝。

《想尔注》认为"伪技"之中关于养精培神、修炼形体的方法不仅无效,反而会扰乱人的心神。由此可见,《想尔注》虽然主张结精成神,但其方法是培养教徒们的一种信道的守教信念和精神境界,而不是借助于任何神秘的方术。最后,至诚信道之人注重内心信念的笃定,而不追求外在的形式。第二十章"故有道不处"注曰:

> 有道者不处祭餟祷祠之间也。

一方面,祭祀祷告等形式从某种意义上来说其实是对外力的依赖,这与发自至诚的"自劝"信念相悖;另一方面,祭祀祷告与邪说相通,同样有害于心神。

所谓"守道至诚"的表现是:首先,一方面,至诚之人不会因为富贵贫贱等外在条件的变化而改变对道的坚守;另一方面,至诚之人守道是为了亲近于道,得到道的奖与,而不是为了得到诸如富贵等道之外的东西。其次,至诚之人坚守道的方式是,他做任何事情,都是出自至诚之心。比如发自至诚之心去追求仁义,自然会得到上天的奖赏,而如果是因为博取功名与奖赏而行仁义,那么就不是出自至诚之心,就会受到天的惩罚。最后,至诚守道之人坚守清静,自我笃定,而不躁进。第十六章"致虚极,守静笃"注曰:

> 道真自有常度,人不能明之,必复企暮,世间常伪技,因出教授,指形明道,令有处所,欨色长短有分数,而思想之。苦极无福报,此虚诈耳。强欲令虚诈为真,甚极。不如守静,自笃也。

至诚守道之人因为明白道的真理,所以不会去过度追求,他们笃定自我,守静清虚,而不去苦思冥想那些旁门左道的邪说与仪式。

信道、守道之至诚发之于外就是为善去恶。在《想尔注》的"道诫"中,行善是众诫之首,具体而言,可分为以下几个方面:

首先,为善去恶是道性的表现。第三十六章"道常无为而无不为"注曰:

> 道性不为恶事,故能神,无所不作,道人当法之。

第三章"圣人治,虚其心,实其腹"注曰:

> 心者,规也,中有吉凶善恶。腹者,道囊,气常欲实。心为凶恶,道去囊空;空者耶(邪)入,便煞人。虚去心中凶恶,道来归之。

道性向善,人心有善恶,人只有化解掉心中的凶恶,才能让道回归。其次,为善方能宝精、与天通。第二十一章"其中有信"注曰:

> 夫欲宝精,百行当修,万善当著,调和五行,喜怒悉去,天曹左契,笀有余数,精乃守之。

只有保持住道精,使道精抟聚,才能留守道气,道气入身,方能长生。而要保持道精,则要端正自己的各种行为,动善念,行善事,如此方能五行和谐。

又第五章"天地不仁,以万物为刍狗。圣人不仁,以百姓为刍狗"注云:

> 天地像道,仁于诸善,不仁于诸恶……人当积善功,其精神与天通,设欲侵害者,天即救之。庸庸之人皆是刍狗之徒耳,精神不能通天。所以者,譬如盗贼怀恶不敢见部史也,精气自然与天不亲,生死之际,天不知也。

天地向善,善与善通,人只有通过持之以恒的修行去积累善德,才能做到精神与天相通,与天通才能得到天的庇佑。

最后,行善得生,行恶得死。第二十章"人之所畏,不可不畏,莽其未央"注曰:

> 道设生以赏善,设死以威恶,死是人之所畏也,仙王上与俗人同知畏死乐生,但所行异耳。俗人莽莽,未央脱死也,俗人虽畏死,端不信道,好为恶事,奈何未央脱死乎。仙士畏死,信道守诚,故与生

合也。

道主宰人之生死,信道行善者生,违诫作恶者死。得道成仙之人与普通俗人都畏死乐生,只是他们的行为不同罢了。除此之外,《想尔注》还为行善之人设想了一个理想的归宿——太阴之宫,第十六章"殁身不殆"注曰:

> 太阴道积,练形之宫也。世有不可处,贤者避去,托死过太阴中;而复一边生像,没而不殆也。俗人不能积善行,死便真死,属地官去也。

类似的说法还有第三十三章"死而不亡者寿"注云:

> 道人行备,道神归之,避世托死过太阴中,复生去为不亡,故寿也。俗人无善功,死者属地官,便为亡类。

对于行善得道之人来说,当世道慌乱时,可以假托死亡来到太阴之宫中而获得重生。也就是说,如果一心行善,积善成德,即使生命在现实世界中消失,那也会在太阴宫中得到重生,乃至永生。可见,《想尔注》将生命问题与道德修养问题融合在一起,形成了一种道教的生命伦理观。

主要参考文献

班固. 汉书, 颜师古, 注. 北京：中华书局, 2013.

晁公武. 郡斋读书志, 孙猛, 校证. 上海. 上海古籍出版社, 1990.

陈国庆. 汉书艺文志注释汇编. 北京：中华书局, 1983.

陈立. 白虎通疏证. 吴则虞, 点校. 北京：中华书局, 1994.

陈奇猷. 韩非子新校注. 上海：上海古籍出版社, 2000.

陈奇猷. 吕氏春秋校释. 上海：学林出版社, 1984.

陈乔枞. 齐诗翼氏学疏证. 续修四库全书. 上海：上海古籍出版社, 2013.

陈乔枞. 齐诗遗说考. 续修四库全书. 上海：上海古籍出版社, 2013.

陈寿. 三国志. 北京：中华书局, 2012.

陈寿祺. 尚书大传·洪范五行传. 四部丛刊本。

程颐. 伊川易传.《四库全书》文渊阁本. 台北：台湾商务印书馆, 1986.

丁四新. 郭店楚竹书《老子》校注. 武汉：武汉大学出版社, 2010.

丁四新. 楚竹书与汉帛书《周易》校注. 上海：上海古籍出版社, 2011.

杜预, 等. 春秋三传. 上海：上海古籍出版社, 1987.

段玉裁. 说文解字注. 上海：上海古籍出版社, 1988.

范晔. 后汉书. 李贤, 等注. 北京：中华书局, 1965.

高明. 帛书老子校注. 北京：中华书局, 1996.

顾实. 汉书艺文志讲疏. 第 4 版. 上海：商务印书馆, 1929.

顾炎武. 日知录集释. 黄汝成, 集释. 栾保群, 吕宗力, 校点. 上海：上海古籍出版社, 2013.

国学研究社. 诸子集成. 北京：中华书局, 1954.

何宁. 淮南子集释. 北京：中华书局, 1998.

桓谭. 新辑本桓谭新论. 朱谦之, 校. 北京：中华书局, 2009.

黄怀信. 鹖冠子汇校集注. 北京：中华书局，2004.

黄晖. 论衡校释. 北京：中华书局，1990.

黄宗羲. 易学象数论(外二种). 郑万耕，点校. 北京：中华书局，2010.

湖南省博物馆，复旦大学出土文献与古文字研究中心. 长沙马王堆汉墓简帛集成(叁). 北京：中华书局，2014.

慧琳. 一切经音义. 上海：上海古籍出版社，2008.

贾谊. 新书校注. 阎振益，钟夏，校注. 北京：中华书局，2000.

蒋礼鸿. 商君书锥指. 北京：中华书局，2014.

焦循. 易图略. 续修四库全书. 上海：上海古籍出版社版，2002.

孔广森. 经学卮言. 杨新勋，校注. 上海：华东师范大学出版社，2010.

李道平. 周易集解纂疏. 潘雨廷，点校. 北京：中华书局，2011.

黎靖德. 朱子语类. 北京：中华书局，1994.

黎翔凤. 管子校注. 梁运华，整理. 北京：中华书局，2004.

刘文典. 淮南鸿烈集解. 冯逸，乔华，点校. 北京：中华书局，2013.

刘向. 战国策，第 2 版. 上海：上海古籍出版社，1998.

刘向. 说苑校证. 向宗鲁，校证. 北京：中华书局，1987.

楼宇烈. 王弼集校释. 北京：中华书局，1980.

陆德明. 经典释文汇校. 黄焯，汇校. 黄延祖，重辑. 北京：中华书局，2006.

马承源. 上海博物馆藏战国楚竹书(七). 上海：上海古籍出版社，2003.

马王堆汉墓帛书整理小组. 马王堆汉墓帛书《经法》. 北京：文物出版社，1976.

皮锡瑞. 经学历史. 周予同，注释. 北京：中华书局，2008.

皮锡瑞. 经学通论. 北京：中华书局，1954.

十三经注疏. 清嘉庆刊本. 阮元，校刻. 北京：中华书局，2009.

饶宗颐. 老子想尔注校证. 上海：上海古籍出版社，1991.

饶宗颐. 老子想尔注校证. 北京：中华书局，2015.

饶宗颐. 老子想尔注校笺. 香港：Tong Nam Printers & Publishers，1956.

山东中医学院，等. 黄帝内经素问校释. 北京：人民卫生出版社，2009.

释道世. 法苑珠林. 周叔迦，苏晋仁，校注. 北京：中华书局，2003.

睡虎地秦墓竹简整理小组. 睡虎地秦墓竹简. 北京：文物出版社，1990.

司马迁. 史记. 北京：中华书局，1959.

苏舆. 春秋繁露义证. 钟哲，点校. 北京：中华书局，1992.

孙希旦. 礼记集解. 北京：中华书局，1989.

孙启治. 昌言校注. 北京：中华书局，2012.

孙启治. 申鉴注校补. 北京：中华书局，2012.

孙启治. 政论校注. 北京：中华书局，2012.

孙启治. 中论解诂. 北京：中华书局，2014.

唐晏. 两汉三国学案. 北京：中华书局，2012.

王充. 论衡校注. 张宗祥，校注，郑绍昌，标点. 上海：上海古籍出版社，2010.

王夫之. 读通鉴论. 北京:中华书局,2013.

王利器. 吕氏春秋注疏. 成都:巴蜀书社,2002.

王利器. 文子疏义. 北京:中华书局,2000.

王利器. 新语校注. 北京:中华书局,1986.

王利器. 盐铁论校注(定本). 北京:中华书局,1992.

王明. 太平经合校. 北京:中华书局,1960.

王念孙. 读书杂志. 南京:江苏古籍出版社,2000.

王应麟. 周易郑注. 丁杰,后定,张惠言,订正. 续修四库全书. 上海:上海古籍出版社,1995.

王先谦. 庄子集解. 北京:中华书局,2012.

王先谦. 荀子集解. 北京:中华书局,2013.

王先谦. 诗三家义集疏. 吴格,点校. 北京:中华书局,2011.

王先慎. 韩非子集解. 钟哲,点校. 北京:中华书局,1998.

王引之. 经传释词. 南京:江苏古籍出版社,2000.

王应麟. 困学纪闻. 翁元圻,等,注,栾保群,田松青,吕宗力,点校. 北京:中华书局,2008.

汪继培. 尸子. 黄曙辉,点校. 上海:华东师范大学出版社,2009.

汪荣宝. 法言义疏. 北京:中华书局,1987.

吴毓江. 墨子校注. 孙启治,点校. 北京:中华书局,2006.

魏徵,等. 隋书. 北京:中华书局,1973.

萧吉. 五行大义. 马新平,姜燕,点校. 北京:学苑出版社,2014.

荀悦、袁宏. 两汉纪. 张烈,点校. 北京:中华书局,2002.

徐天麟. 西汉会要. 上海:上海古籍出版社,2006.

徐天麟. 东汉会要. 上海:上海古籍出版社,2006.

徐坚,等. 初学记. 第2版. 北京:中华书局,2004.

许维遹. 吕氏春秋集释. 梁运华,整理. 北京:中华书局,2009.

扬雄. 太玄集注. 司马光,集注,刘韶军,点校. 北京:中华书局,1998.

扬雄. 扬雄集校注. 张震泽,校注. 上海:上海古籍出版社,1993.

严遵. 老子指归. 王德有,点校. 北京:中华书局,1994.

姚振宗. 七略别录佚文叙. 快阁师石山房丛书.

永瑢,等. 四库全书总目. 北京:中华书局,2003.

杨伯峻. 列子集释. 北京:中华书局,1979.

朱熹. 四书章句集注. 北京:中华书局,1983.

朱震. 汉上易传. 影印文渊阁《四库全书》. 台北:台湾商务印书馆,1986.

张君房. 云笈七签. 李永晟,点校. 北京:中华书局,2003.

张觉. 潜夫论校注. 长沙:岳麓书社,2008.

赵翼. 廿二史劄记. 曹光甫,校点. 上海:上海古籍出版社,2011.

郑樵. 通志二十略. 王树民,点校. 北京:中华书局,1995.

后　记

　　秦汉哲学是中国哲学的重要组成部分,它承上启下,以"经学"为主要形式,推进了中国思想的深入发展,给后人留下了宝贵的精神遗产。政治哲学是秦汉思想的重头戏,得到了长足的发展。道家的虚静无为,阴阳家的德运受命,儒家的天人感应、阴阳灾异和王道仁政,法家的杂用王霸,都是汉代政治哲学的重要表现。与此同时,浑天说的提出,人性善恶的讨论,医学理论的哲学化,古代知识系统的建构,也是汉代哲学的重要内容。此外,阴阳五行思维、感应思维、象思维和批判性思维,在汉代得到了大力发展,深刻地影响了汉民族思维方式和特质的形成。

　　本卷是"中国哲学通史"(学术版)的重要组成部分,是业师郭齐勇教授下达给我们的任务。原计划,建平兄负责东汉部分,我负责秦、西汉部分。记得 2007 年春天,各卷的主要作者雅集珞珈山,开了一个小会,算是正式启动了这一项目。没想到,十年一晃就过去了。最初几年,我和建平兄都踌躇满志,都想多快好省地完成老师布置的任务。但几年下来,才知道要读的书太多,要探讨的问题太多,要写的文章太多,还有要应酬的俗事太多——孩子,父母,亲朋,师友,同侪,领导,家庭,单位,一个都不能少,这才知道人生一世,精力和时间其实都很有限。事实上,建平兄和我都害怕辜负了老师的一再敦促,拖了大家的后腿,我于是只好打扰利春、永飞、功进、龙灿一干四人,请他们拨冗,研读故书,分担若干章的写作。

如今,本卷的稿子都已集齐!作为负责人,我终于可以长长地舒一口气,向年事已高的老师报告这迟到的好消息。

具体说来,我是从 2011 年,即在完成拙著《郭店楚竹书〈老子〉校注》和《楚竹书与汉帛书〈周易〉校注》的稿子之后才正式投入本卷的写作的。自那以来,我即将大部分业余时间,特别是大部分寒暑假的时间投入到相关资料的阅读和书稿的写作中。但完全没有料到,这件事做起来颇费功夫,从研读原著到具体写稿,每一章其实都需要花费不少时间,一个暑假大概只能写一篇长的,三五万字,一个寒假大概只能写一篇短的,两三万字。两年过后,按照这种速度,我确实感到无力一人独任十余章、40 多万字的写作。而且在这期间,鄙人还要给本科生、研究生上课,审阅博硕士生的论文,还要发表符合校方要求的期刊文章,还要养老携幼,包括每年多次搭车返乡,探望孑然寡居三十多年的老母。于是,为了不再久拖大家的后腿,我只好请求利春等四人出手,分担数章的写作。

本卷一共十七章,各章的作者具体是这样的:导言、第一章、第二章、第三章、第七章、第八章、第九章、第十五章,由丁四新(清华大学)撰稿;第四章,由吴龙灿(温州大学)撰稿;第五章,由袁永飞(河南省社会科学院)撰稿;第六章,由孙功进(曲阜师范大学)撰稿;第十章的桓谭部分由龚建平(西安交通大学)撰稿,张衡部分由闫利春(河南科技大学)撰稿;第十一章、第十二章、第十三章、第十四章,由龚建平撰稿;第十六章,由闫利春撰稿。

借此机会,交待一下拙稿的写作经过:第一、二、七、八四章的初稿,写于 2011—2013 这三年间;第九章的初稿,写于 2014—2015 这两年间;第三、十五两章和导言的初稿,写于 2017 年初至 8 月 31 日之前。最近一个半月,我又连续作战,夜以继日,对拙稿作了一定的修改和润色。需要指出,部分章节经过修改和添加注释,此前已发表在相关期刊和论文集上了。

　　非常感谢建平仁兄,非常感谢利春、龙灿、功进和永飞,感谢你们在百忙中抽出宝贵时间来写稿,促成美事一桩——无论如何,长编"中国哲学通史"(学术版)的问世将是来年的一台重头戏,毕竟搞出这么大规模的"中国哲学通史"似乎还是中国哲学界的头一遭。感谢冯鹏博士(南通大学)编辑了本卷《主要参考文献》的初稿。也感谢郭老师的厚贶,给我们提供了一次梳理和概括秦汉哲学的机会。

　　本卷其他各章,我仅浏览一过,来不及提出修改意见。我深信,几位作者都高度负责,深思熟虑,认真踏实,都已尽心尽力地写好和改好自己的稿子了。

　　是为记。

丁四新

丁酉年霜降记于

清华大学至善路新斋哲学系